Kompendien

für Studium, Praxis und Fortbildung

Prof. Roland Klinger | Prof. Peter-Christian Kunkel |
Prof. Dr. Andreas Kurt Pattar | Ri'in Karen Peters

Existenzsicherungsrecht

SGB XII mit SGB II und AsylbLG

3. Auflage

Nomos

Die Deutsche Nationalbibliothek verzeichnet diese Publikation in
der Deutschen Nationalbibliografie; detaillierte bibliografische
Daten sind im Internet über http://dnb.d-nb.de abrufbar.

ISBN 978-3-8329-6265-4

3. Auflage 2012
© Nomos Verlagsgesellschaft, Baden-Baden 2012. Printed in Germany. Alle Rechte, auch die
des Nachdrucks von Auszügen, der fotomechanischen Wiedergabe und der Übersetzung,
vorbehalten. Gedruckt auf alterungsbeständigem Papier.

Vorwort zur 3. Auflage

Seit Juni 1962 war das Sozialhilferecht im Bundessozialhilfegesetz geregelt. Das Gesetz zur Einordnung des Sozialhilferechts in das Sozialgesetzbuch vom 27.12.2003 hat das BSHG mit Wirkung zum 1.1.2005 aufgehoben und das Sozialhilferecht als Zwölftes Buch des Sozialgesetzbuches (SGB XII) neu geregelt. Zugleich hat das Vierte Gesetz für moderne Dienstleistungen am Arbeitsmarkt („Hartz IV") vom 24.12. 2003 die Existenzsicherung für erwerbsfähige Personen aus dem alten Sozialhilferecht ausgegliedert und als Zweites Buch des Sozialgesetzbuches (SGB II) eigenständig geregelt. Das gerade erst am 1.1.2003 in Kraft getretene Gesetz über eine bedarfsorientierte Grundsicherung im Alter und bei Erwerbsminderung wurde wieder aufgehoben; diese Grundsicherung ist seitdem Teil des Sozialhilferechts im SGB XII.

Das SGB XII wurde mehrmals geändert, zuletzt am 22.12.2011; ebenso das SGB II, das am 13.5.2011 neugefasst wurde. Die Gesetzgebung ist kein langer, ruhiger Fluss mehr, sondern eine Springflut geworden. Die Folge sind hektisch produzierte Ausbesserungsgesetze, Ungereimtheiten, Fehler und Redaktionsversehen. Im Lehrbuch wird auf diese hingewiesen, auch wenn es selbst noch kein ausgereiftes Werk ist. Da die Regelungen im SGB XII Referenzsystem für die des SGB II sind, werden sie vergleichend behandelt. Die Verzahnungen mit dem SGB I, dem SGB X, dem SGB V, dem SGB VIII, dem SGB IX und dem SGB XI sowie dem Asylbewerberleistungsgesetz werden aufgezeigt. Mit Schaubildern, Beispielen und Prüfschemata wird versucht, der Komplexität der Materie Herr zu werden. Studierende, aber auch Praktiker sollen einen schnellen, einprägsamen und trotzdem differenzierten Überblick über die maßgeblichen Grundsätze, Leistungen und Verfahrensfragen des Sozialrechts bekommen. Anregungen und Kritik sind hoch willkommen.

Die 3. Auflage berücksichtigt den Gesetzesstand zum 1.1.2012. Auf die zum 1.4.2012 in Kraft tretenden Änderungen durch das Gesetz zur Verbesserung der Eingliederungschancen am Arbeitsmarkt vom 20.12.2011 (BGBl. 2011 I, S. 2854) ist an den jeweiligen Stellen im Text hingewiesen.

Kehl/Stuttgart/Berlin, im Dezember 2011

Die Verfasser/in

pattar@hs-kehl.de

kunkel@hs-kehl.de

Roland.Klinger@Kvjs.de

karen.peters@sg.berlin.de

Inhaltsverzeichnis

Abkürzungsverzeichnis

a. A.	anderer Ansicht
a.a.O.	am angegebenen Ort
abl.	ablehnend
ABl.	Amtsblatt
Abs.	Absatz
AEUV	Vertrag über die Arbeitsweise der Europäischen Union
AG	Ausführungsgesetz bzw. Arbeitgeber
AGG	Allgemeines Gleichbehandlungsgesetz
AGSGB II BW	Baden-württembergisches Gesetz zur Ausführung des Zweiten Buches Sozialgesetzbuch (AGSGB II)
AGSGB XII BW	Baden-württembergisches Gesetz zur Ausführung des Zwölften Buches Sozialgesetzbuch (AGSGB XII)
Alg II	Arbeitslosengeld II
Alg II-V	Verordnung zur Berechnung von Einkommen sowie zur Nichtberücksichtigung von Einkommen und Vermögen beim Arbeitslosengeld II/Sozialgeld – Arbeitslosengeld II/Sozialgeld-Verordnung (Alg II-V)
AltenpflG	Gesetz über die Berufe in der Altenpflege – Altenpflegegesetz
AltZertG	Gesetz über die Zertifizierung von Altersvorsorge- und Basisrentenverträgen – Altersvorsorgeverträge-Zertifizierungsgesetz
ANBA	Amtliche Nachrichten der Bundesagentur für Arbeit
Anl.	Anlage
ASD	Allgemeiner Sozialer Dienst
ASR	Anwalt/Anwältin im Sozialrecht (Zeitschrift)
AsylbLG	Asylbewerberleistungsgesetz
AsylVfG	Asylverfahrensgesetz (AsylVfG)
AufenthG	Gesetz über den Aufenthalt, die Erwerbstätigkeit und die Integration von Ausländern im Bundesgebiet (Aufenthaltsgesetz – AufenthG)
Az.	Aktenzeichen
BA	Bundesagentur für Arbeit
BAföG	Bundesgesetz über individuelle Förderung der Ausbildung (Bundesausbildungsförderungsgesetz – BAföG)
BayVBl.	Bayerisches Verwaltungsblatt (Zeitschrift)
BB	Brandenburg (in Kleinbuchstaben: brandenburgisch)
BBiG	Berufsbildungsgesetz (BBiG)
BdW	Blätter der Wohlfahrtspflege (Zeitschrift)
BE	Berlin (in Kleinbuchstaben: berlinisch, Berliner)
BEEG	Gesetz zum Elterngeld und zur Elternzeit (Bundeselterngeld- und Elternzeitgesetz – BEEG)
BEG	Bundesgesetz zur Entschädigung für Opfer der nationalsozialistischen Verfolgung – Bundesentschädigungsgesetz
BehindRKonv	Übereinkommen der Vereinten Nationen über die Rechte von Menschen mit Behinderungen (Behindertenrechtskonvention)
BetrAVG	Gesetz zur Verbesserung der betrieblichen Altersversorgung – Betriebsrentengesetz

BetrKV	Verordnung über die Aufstellung von Betriebskosten – Betriebs-kostenverordnung
BG	Bedarfsgemeinschaft
BGB	Bürgerliches Gesetzbuch
BGBl.	Bundesgesetzblatt
BKGG	Bundeskindergeldgesetz
BMAS	Bundesministerium für Arbeit und Soziales
BR-Drucks.	Bundesratsdrucksache
BSG	Bundessozialgericht
BSGE	Entscheidungssammlung der Urteile des Bundessozialgerichts
BSHG	Bundessozialhilfegesetz
Bsp.	Beispiel
BT-Drucks.	Bundestagsdrucksache
BtMG	Gesetz über den Verkehr mit Betäubungsmitteln – Betäubungsmit-telgesetz
BUrlG	Mindesturlaubsgesetz für Arbeitnehmer – Bundesurlaubsgesetz
BVerfG	Bundesverfassungsgericht
BVerfGE	Sammlung der Entscheidungen des Bundesverfassungsgerichts
BVerwG	Bundesverwaltungsgericht
BVerwGE	Sammlung der Entscheidungen des Bundesverwaltungsgerichts
BVFG	Gesetz über die Angelegenheiten der Vertriebenen und Flüchtlinge – Bundesvertriebenengesetz
BVG	Gesetz über die Versorgung der Opfer des Krieges – Bundesver-sorgungsgesetz
BW	Baden-Württemberg (in Kleinbuchstaben: baden-württembergisch)
BY	Bayern (in Kleinbuchstaben: bayerisch)
bzw.	beziehungsweise
d.h.	das heißt
DÖV	Die öffentliche Verwaltung (Zeitschrift)
DVAsyl BY	Verordnung zur Durchführung des Asylverfahrensgesetzes, des Asylbewerberleistungsgesetzes und des Aufnahmegesetzes (Asyl-durchführungsverordnung – DVAsyl)
DVBl.	Deutsches Verwaltungsblatt (Zeitschrift)
DVO	Durchführungsverordnung
E.	Einkommen
EFA	Europäisches Fürsorgeabkommen
EGBGB	Einführungsgesetz zum Bürgerlichen Gesetzbuche
Egr.	Einkommensgrenze
elP	erwerbsfähige leistungsberechtigte Person
ErreichbarkAnO	Erreichbarkeits-Anordnung der Bundesagentur für Arbeit
ESGV	Verordnung zur Bemessung von Einstiegsgeld – Einstiegsgeld-Ver-ordnung
EStG	Einkommensteuergesetz
etc.	et cetera (und so weiter)
EU	Erwerbsunfähigkeit (in Kleinbuchstaben: erwerbsunfähig) bzw. Europäische Union
EUV	Vertrag über die Europäische Union
EuZW	Europäische Zeitschrift für Wirtschaftsrecht

EWR	Europäischer Wirtschaftsraum
EWR-V	Abkommen über den Europäischen Wirtschaftsraum (EWR-Abkommen)
f.	folgende (Seite)
FA	Finanzamt
FamRZ	Zeitschrift für das gesamte Familienrecht
FEVS	Fürsorgerechtliche Entscheidungen der Verwaltungs- und Sozialgerichte
ff.	folgende (Seiten oder Paragraphen)
FG	Finanzgericht
FlüAG BW	Baden-württembergisches Gesetz über die Aufnahme und Unterbringung von Flüchtlingen (Flüchtlingsaufnahmegesetz – FlüAG)
FNA	Fundstellennachweis A zum BGBl. (Bundesrecht ohne völkerrechtliche Vereinbarungen).
FNB	Fundstellennachweis B zum BGBl. (Völkerrechtliche Vereinbarungen).
FreizügAbk EU-Schweiz	Abkommen zwischen der Europäischen Gemeinschaft und ihren Mitgliedstaaten einerseits und der Schweizerischen Eidgenossenschaft andererseits über die Freizügigkeit
FreizügigG/EU	Gesetz über die allgemeine Freizügigkeit von Unionsbürgern (Freizügigkeitsgesetz/EU – FreizügG/EU)
Fundstelle	Die Fundstelle für die Kommunalverwaltung in Baden-Württemberg
FuR	Familie und Recht (Zeitschrift)
g.A.	gewöhnlicher Aufenthalt
GABl.	Gemeinsames Amtsblatt
GBl.	Gesetzblatt
GemO BW	Gemeindeordnung für Baden-Württemberg (Gemeindeordnung – GemO)
GFK	Genfer Flüchtlingskonvention: Abkommen über die Rechtsstellung der Flüchtlinge
GG	Grundgesetz für die Bundesrepublik Deutschland
ggf.	gegebenenfalls
GKG	Gerichtskostengesetz
GSi	Grundsicherung (im Grundsicherungsgesetz oder im SGB XII)
GVBl.	Gesetz- und Verordnungsblatt
GVOBl.	Gesetz- und Verordnungsblatt
h.L.	herrschende Lehre
h.M.	herrschende Meinung
HandwO	Gesetz zur Ordnung des Handwerks – Handwerksordnung
HB	Bremen (in Kleinbuchstaben: bremisch, Bremer)
HbL	Hilfen in besonderen Lebenslagen (im BSHG)
HE	Hessen (in Kleinbuchstaben: hessisch)
HE	Hilfeempfänger
HH	Hamburg (in Kleinbuchstaben: hamburgisch, Hamburger)
HiuL	Hilfe in unterschiedlichen Lebenslagen (im SGB XII)
HLU	Hilfe zum Lebensunterhalt (im BSHG)
HS	Hilfesuchender
HStruktG 1975	Gesetz zur Verbesserung der Haushaltsstruktur (Haushaltsstrukturgesetz – HStruktG –)
HzL	Hilfe zum Lebensunterhalt (nach SGB XII)

i.d.R.	in der Regel
i.S.d.	im Sinne des/der
i.S.v.	im Sinne von
i.V.m.	in Verbindung mit
II. WoBauG	Zweites Wohnungsbaugesetz – Wohnungsbau- und Familienheimgesetz
info also	Informationen zum Arbeitslosenrecht und Sozialhilferecht (Zeitschrift)
insb.	insbesondere
InsO	Insolvenzordnung
JSVG BW	Gesetz über den Kommunalverband für Jugend und Soziales Baden-Württemberg (Jugend- und Sozialverbandsgesetz – JSVG)
JVA	Justizvollzugsanstalt
Kap.	Kapitel
KdU	Bedarfe für Unterkunft und Heizung (Kosten der Unterkunft)
KfzHV	Verordnung über Kraftfahrzeughilfe zur beruflichen Rehabilitation – Kraftfahrzeughilfe-Verordnung
KrWaffKontrG	Ausführungsgesetz zu Artikel 26 Abs. 2 des Grundgesetzes – Gesetz über die Kontrolle von Kriegswaffen
KVJS	Kommunalverband für Jugend und Soziales Baden-Württemberg
LB	Leistungsberechtigter
LJKG BW	Landesjustizkostengesetz
LKrO BW	Landkreisordnung für Baden-Württemberg (Landkreisordnung – LKrO)
LPartG	Gesetz über die Eingetragene Lebenspartnerschaft – Lebenspartnerschaftsgesetz
LSG	Landessozialgericht
LVG BW	Baden-württembergische Neufassung des Landesverwaltungsgesetzes
LVwG SH	Allgemeines Verwaltungsgesetz für das Land Schleswig-Holstein (Landesverwaltungsgesetz – LVwG –)
LVwVfG BW	Verwaltungsverfahrensgesetz für Baden-Württemberg (Landesverwaltungsverfahrensgesetz – LVwVfG)
m. w. Nachw.	mit weiteren Nachweisen
MBZ	Mehrbedarfszuzahlung
MV	Mecklenburg-Vorpommern (in Kleinbuchstaben: mecklenburg-vorpommerisch)
NDV	Nachrichtendienst des Deutschen Vereins für öffentliche und private Fürsorge (Zeitschrift)
NDV-RD	Rechtsprechungsdienst zum NDV (Zeitschrift)
NI	Niedersachsen (in Kleinbuchstaben: niedersächsisch)
NJ	Neue Justiz (Zeitschrift)
NJW	Neue juristische Wochenschrift (Zeitschrift)
NP	Nachfragende Person
Nr.	Nummer
nv	nicht veröffentlicht
NVwZ	Neue Zeitschrift für Verwaltungsrecht
NVwZ-RR	Neue Zeitschrift für Verwaltungsrecht – Rechtsprechungsreport
NW	Nordrhein-Westfalen (in Kleinbuchstaben: nordrhein-westfälisch)
NZS	Neue Zeitschrift für Sozialrecht

o.	oder
o.ä.	oder ähnliche
OLG	Oberlandesgericht
OVG	Oberverwaltungsgericht
PflVG	Gesetz über die Pflichtversicherung für Kraftfahrzeughalter (Pflicht-versicherungsgesetz)
PolG BW	Baden-württembergisches Polizeigesetz (PolG)
RBEG	Gesetz zur Ermittlung der Regelbedarfe nach § 28 des Zwölften Buches Sozialgesetzbuch (Regelbedarfs-Ermittlungsgesetz – RBEG)
RL	Richtlinie
rm.	rechtmäßig
Rn	Randnummer
RP	Rheinland-Pfalz (in Kleinbuchstaben: rheinland-pfälzisch, Rhein-land-Pfalzer)
Rspr.	Rechtsprechung
RVO/RV	Rechtsverordnung
rw.	rechtswidrig
S.	Seite
s.	siehe
SAR	Sozialhilfe- und Asylbewerberleistungsrecht (Zeitschrift)
SchE	Schadensersatz
SchKG	Gesetz zur Vermeidung und Bewältigung von Schwangerschafts-konflikten – Schwangerschaftskonfliktgesetz
SchwbAV	Zweite Verordnung zur Durchführung des Schwerbehindertenge-setzes (Schwerbehinderten-Ausgleichsabgabenverordnung – SchwbAV)
SchwbAwV	Schwerbehindertenausweisverordnung (SchwbAwV)
SdL	Sicherung des Lebensunterhalts (nach SGB II)
SeemG	Seemannsgesetz (SeemG) vom 26.7.1957
SG	Sozialgericht
SGB I	Sozialgesetzbuch (SGB) Erstes Buch (I) – Allgemeiner Teil –
SGB II	Sozialgesetzbuch (SGB) Zweites Buch (II) – Grundsicherung für Ar-beitsuchende –
SGB III	Sozialgesetzbuch (SGB) Drittes Buch (III) – Arbeitsförderung –
SGB IV	Viertes Buch Sozialgesetzbuch – Gemeinsame Vorschriften für die Sozialversicherung – (SGB IV)
SGB V	Sozialgesetzbuch (SGB) Fünftes Buch (V) – Gesetzliche Kranken-versicherung –
SGB VI	Sozialgesetzbuch (SGB) Sechstes Buch (VI) – Gesetzliche Renten-versicherung –
SGB VII	Siebtes Buch Sozialgesetzbuch – Gesetzliche Unfallversiche-rung – (SGB VII)
SGB VIII	Sozialgesetzbuch (SGB) – Achtes Buch (VIII) – Kinder- und Jugend-hilfe –
SGB IX	Sozialgesetzbuch (SGB) Neuntes Buch (IX) – Rehabilitation und Teilhabe behinderter Menschen – vom 19.6.2001
SGB X	Zehntes Buch Sozialgesetzbuch – Sozialverwaltungsverfahren und Sozialdatenschutz

SGB XI	Sozialgesetzbuch (SGB) Elftes Buch (XI) – Soziale Pflegeversicherung –
SGB XII	Sozialgesetzbuch (SGB) Zwölftes Buch (XII) – Sozialhilfe –
SGb.	Die Sozialgerichtsbarkeit (Zeitschrift)
SGG	Sozialgerichtsgesetz (SGG)
SH	Schleswig-Holstein (in Kleinbuchstaben: schleswig-holsteinisch)
SHR	Sozialhilferichtlinien
SHTr.	Sozialhilfeträger
SL	Saarland (in Kleinbuchstaben: saarländisch)
SN	Sachsen (in Kleinbuchstaben: sächsisch)
sog.	sogenannt
Sozg	Sozialgeld
SozR	Sozialrecht. Loseblattausgabe der Rechtsprechung des Bundessozialgerichts
SozSich	Soziale Sicherheit. Zeitschrift für Arbeit und Soziales
ST	Sachsen-Anhalt (in Kleinbuchstaben: sachsen-anhaltinisch, sachsen-anhaltisch)
str.	strittig
TH	Thüringen (in Kleinbuchstaben: thüringisch, Thüringer)
u.a.	unter anderem
U-25	Personen, welche das 25. Lebensjahr noch nicht vollendet haben
Ü-58	Personen, welche das 58. Lebensjahr bereits vollendet haben
UnbilligkeitsV	Verordnung zur Vermeidung unbilliger Härten durch Inanspruchnahme einer vorgezogenen Altersrente
usw.	und so weiter
v.	vom/von
VA	Verwaltungsakt
VAG	Gesetz über die Beaufsichtigung der Versicherungsunternehmen – Versicherungsaufsichtsgesetz
VBl.BW	Verwaltungsblätter Baden-Württemberg (Zeitschrift)
VG	Verwaltungsgericht
VGH	Verwaltungsgerichtshof
vgl.	vergleiche
VO	Verordnung
VVG	Gesetz über den Versicherungsvertrag (Versicherungsvertragsgesetz – VVG)
VwVfG	Verwaltungsverfahrensgesetz
VwV-SozWo BW	Verwaltungsvorschrift des Wirtschaftsministeriums zur Sicherung von Bindungen in der sozialen Wohnraumförderung (VwV-SozWo)
WfbM	Werkstatt für behinderte Menschen
WFNG NW	Gesetz zur Förderung und Nutzung von Wohnraum für das Land Nordrhein-Westfalen (WFNG NW)
WoBiG	Gesetz zur Sicherung der Zweckbestimmung von Sozialwohnungen – Wohnungsbindungsgesetz (WoBiG)
WoFG	Gesetz über die soziale Wohnraumförderung – Wohnraumförderungsgesetz
WoGG	Wohngeldgesetz
z.B.	zum Beispiel
z.T.	zum Teil
ZfF	Zeitschrift für das Fürsorgewesen

ZfS	Zentralblatt für Sozialversicherung, Sozialhilfe und Versorgung
ZFSH/SGB	ZSFH/SGB – Zeitschrift für die sozialrechtliche Praxis. Sozialrecht in Deutschland und Europa
Ziff.	Ziffer
ZPO	Zivilprozessordnung (ZPO)
zul. geä. d.	zuletzt geändert durch
ZVG	Gesetz über die Zwangsversteigerung und die Zwangsverwaltung

Literaturverzeichnis

I. Kommentare

1. Zu SGB II, SGB XII und AsylbLG

Eicher, Wolfgang/Spellbrink, Wolfgang (Hrsg.): SGB II. Grundsicherung für Arbeitsuchende. Kommentar. 2. Aufl., München 2008 (zitiert als: Bearbeiter/in, in: Eicher/Spellbrink, SGB II).

Fichtner, Otto/Wenzel, Gerd (Hrsg.): Kommentar zum SGB XII – Sozialhilfe – Asylbewerberleistungsgesetz. 4. Aufl., München 2009.

Gagel, Alexander (Hrsg.): SGB II/SGB III. Grundsicherung und Arbeitsförderung. Kommentar. Loseblatt, München (Stand: Juni 2011).

Grube, Christian/Wahrendorf, Volker (Hrsg.): SGB XII: Sozialhilfe mit Asylbewerberleistungsgesetz. Kommentar. 3. Aufl., München 2010 (zit. als Bearbeiter/in, in: Grube/Wahrendorf, SGB XII).

Hauck, Karl/Noftz, Wolfgang (Begr.): SGB II – Grundsicherung für Arbeitsuchende. Kommentar. Loseblatt, Berlin (Stand: 2011).

Hauck, Karl/Noftz, Wolfgang (Begr.): SGB XII – Sozialhilfe. Kommentar. Loseblatt, Berlin (Stand: 2011).

Kruse, Jürgen/Reinhard, Hans-Joachim/Winkler, Jürgen: SGB II. Grundsicherung für Arbeitsuchende. 2. Aufl., München 2010.

Linhart, Helmut/Adolph, Olgierd (Hrsg.): SGB II. SGB XII. AsylbLG. Kommentar. Loseblatt, München (Stand: 01/2011).

Löns, Martin/Herold-Tews, Heike (Hrsg.): SGB II. Grundsicherung für Arbeitsuchende. Kommentar mit Checklisten und Prüfungsschemata. 3. Aufl., München 2011.

Mergler, Otto/Zink, Günther (Hrsg.): Handbuch der Grundsicherung und Sozialhilfe (Teil I: SGB II, Teil II: SGB XII und AsylbLG). Kommentar. Loseblatt. Stuttgart (Stand: 01/2011).

Mrozynski, Peter: Grundsicherung und Sozialhilfe. Praxishandbuch zu SGB II und SGB XII. Loseblatt. Stuttgart (Stand: 05/2011).

Münder, Johannes (Hrsg.): Sozialgesetzbuch II. Grundsicherung für Arbeitsuchende. Lehr- und Praxiskommentar. 4. Aufl., Baden-Baden 2011 (zitiert als Bearbeiter/in, in: LPK-SGB II).

Münder, Johannes (Hrsg.): Sozialgesetzbuch XII. Lehr- und Praxiskommentar. 8. Auflage, Baden-Baden 2008 (zitiert als Bearbeiter/in, in: LPK-SGB XII).

Rolfs, Christian/Giesen, Richard/Kreikebohm, Ralf/Udsching, Peter (Hrsg.): Beck'scher Online-Kommentar Sozialrecht. Online-Ressource, München (Stand: 1. 9. 2011; zitiert als Bearbeiter/in, in: BeckOK SGB).

Oestreicher, Ernst (Begr.): SGB II/SGB XII. Sozialhilfe und Grundsicherung für Arbeitsuchende. Mit Asylbewerberleistungsrecht, Erstattungsrecht des SGB X. Kommentar. Loseblatt. München (Stand: 1. 10. 2010; zitiert als Bearbeiter/in, in: Oestreicher).

Schellhorn, Walter/Schellhorn, Helmut/Hohm, Karl H.: Kommentar zum SGB XII. 18. Aufl., Köln 2009.

2. Zu den übrigen Teilen des SGB

Dau, Dirk/Düwell, Franz Josef/Joussen, Jacob (Hrsg.): SGB IX. Rehabilitation und Teilhabe behinderter Menschen. Lehr- und Praxiskommentar. 3. Aufl. 2011.

Diering, Björn/Timme, Hinnerk/Waschull, Dirk (Hrsg.): SGB X. Sozialverwaltungsverfahren und Sozialdatenschutz. Lehr- und Praxiskommentar. 3. Aufl. 2011.

Gagel, Alexander (Hrsg.): SGB II/SGB III. Grundsicherung und Arbeitsförderung. Kommentar. Loseblatt, München (Stand: Juni 2011).

Hauck, Karl/Noftz, Wolfgang (Begr.): SGB I. Allgemeiner Teil. Kommentar. Loseblatt, Berlin (Stand: 2011).

Hauck, Karl/Noftz, Wolfgang (Begr.): SGB III. Arbeitsförderung. Kommentar. Loseblatt, Berlin (Stand: 2011).

Hauck, Karl/Noftz, Wolfgang (Begr.): SGB IV. Gemeinsame Vorschriften für die Sozialversicherung. Kommentar. Loseblatt, Berlin (Stand: 2011).

Hauck, Karl/Noftz, Wolfgang (Begr.): SGB V. Gesetzliche Krankenversicherung. Kommentar. Loseblatt, Berlin (Stand: 2011).

Hauck, Karl/Noftz, Wolfgang (Begr.): SGB VI. Gesetzliche Rentenversicherung. Kommentar. Loseblatt, Berlin (Stand: 2011).
Hauck, Karl/Noftz, Wolfgang (Begr.): SGB VII. Gesetzliche Unfallversicherung. Kommentar. Loseblatt, Berlin (Stand: 2011).
Hauck, Karl/Noftz, Wolfgang (Begr.): SGB VIII. Kinder- und Jugendhilfe. Kommentar. Loseblatt, Berlin (Stand: 2011).
Hauck, Karl/Noftz, Wolfgang (Begr.): SGB IX. Rehabilitation und Teilhabe behinderter Menschen. Kommentar. Loseblatt, Berlin (Stand: 2011).
Hauck, Karl/Noftz, Wolfgang (Begr.): SGB X. Verwaltungsverfahren, Schutz der Sozialdaten, Zusammenarbeit der Leistungsträger und ihre Beziehungen zu Dritten. Kommentar. Loseblatt, Berlin (Stand: 2011).
Hauck, Karl/Noftz, Wolfgang (Begr.): SGB XI. Soziale Pflegeversicherung. Kommentar. Loseblatt, Berlin (Stand: 2011).
Kasseler Kommentar zum Sozialversicherungsrecht. Loseblatt, München (Stand: 07/2011).
Klie, Thomas/Krahmer, Utz (Hrsg.): SGB XI. Soziale Pflegeversicherung. Lehr- und Praxiskommentar. 3. Aufl. 2009.
Krahmer, Utz (Hrsg.): SGB I. Allgemeiner Teil. Lehr- und Praxiskommentar. 2. Aufl., Baden-Baden 2007.
Kruse, Jürgen/Lüdtke, Peter-Bernd/Reinhard, Hans-Joachim/Winkler, Jürgen/Zamponi, Irene: SGB III. Arbeitsförderung. Lehr- und Praxiskommentar. 1. Aufl., Baden-Baden 2008.
Kunkel, Peter-Christian (Hrsg.): SGB VIII. Kinder- und Jugendhilfe. Lehr- und Praxiskommentar. 4. Aufl. 2011.
Lachwitz, Klaus/Schellhorn, Walter/Welti, Felix (Hrsg.): Handkommentar zum SGB IX. Rehabilitation und Teilhabe behinderter Menschen. 3. Aufl., Köln 2010.
Mrozynski, Peter: SGB I. Allgemeiner Teil. Kommentar. 4. Aufl., München 2010.
Rolfs, Christian/Giesen, Richard/Kreikebohm, Ralf/Udsching, Peter (Hrsg.): Beck'scher Online-Kommentar Sozialrecht. Online-Ressource, München (Stand: 1. 9. 2011; zitiert als Bearbeiter/in, in: BeckOK SGB).
von Wulffen, Matthias (Hrsg.): SGB X. Sozialverwaltungsverfahren und Sozialdatenschutz. Kommentar. 7. Aufl., München 2010.

3. Zu sonstigen Gesetzen

Binz, Karl Josef/Dörndorfer, Josef/Petzold, Rainer/Zimmermann, Walter (Hrsg.): GKG/FamFG/JVEG. Kommentar. 2. Aufl., München 2009.
Jauernig, Othmar (Hrsg.): BGB. Kommentar. 13. Aufl., München 2009.
Meyer-Ladewig, Jens/Keller, Wolfgang/Leitherer, Stephan: SGG. Kommentar. 9. Aufl., München 2008.
Münchener Kommentar zum Bürgerlichen Gesetzbuch: BGB. 5. Aufl., München 2010.
Wysk, Peter (Hrsg.): VwGO. Kompaktkommentar. 1. Aufl., München 2011.

II. Lehr- und Lernbücher

1. Zum Existenzsicherungsrecht

Edtbauer/Kievel: Grundsicherungs- und Sozialhilferecht für soziale Berufe. München. 2. Aufl. 2011.
Ehmann, Frank: Grundsicherung im Alter und bei Erwerbsminderung, Rechtsratgeber für Ältere und dauerhaft voll Erwerbsgeminderte, 1. Aufl., Frankfurt am Main 2007.
Freitag, Hans Otto: Sozialhilferecht. 2. Aufl., Stuttgart 2005.
Frommann, Matthias: Sozialhilferecht – SGB XII. Existenzsicherung im Alter und bei Erwerbsminderung; Hilfen in besonderen Lebenslagen. 5. Aufl., Frankfurt am Main 2011.
Gunkel, Alfons: SGB II und SGB XII für Studium und Praxis. Fachbuch mit praktischen Übungen. 3. Aufl., Witten 2011.
Haubelt, Karl Georg: Das Sozialhilferecht des SGB XII. 1. Aufl., Stuttgart 2005.
Herbst, Sebastian: Existenzsicherung durch Grundsicherung für Arbeitsuchende und Sozialhilfe. 1. Aufl., Stuttgart u.a. 2011.
Luthe, Ernst Wilhelm/Dittmar, Christa: Fürsorgerecht. 2. Aufl., Berlin 2007.
Renn, Heribert/Schoch, Dietrich: Grundsicherung für Arbeitsuchende (SGB II). 2. Aufl., Baden-Baden 2007.

Renn, Heribert/Schoch, Dietrich: Grundsicherung im Alter und bei Erwerbsminderung. 2. Aufl., Baden-Baden 2008.

2. Zum Sozialrecht allgemein und im Übrigen

Eichenhofer, Eberhard: Sozialrecht. 7. Aufl., Tübingen 2010.
Fichte, Wolfgang/Plagemann, Hermann/Waschull, Dirk (Hrsg.): Sozialverwaltungsverfahrensrecht, Baden-Baden 2008.
Igl, Gerhard/Welti, Felix/Schulin, Bertram: Sozialrecht. Ein Studienbuch. 8. Aufl., Düsseldorf 2007.
Kokemoor, Axel: Sozialrecht. 4. Aufl., München 2010.
Kunkel, Peter-Christian: Jugendhilferecht. 6. Aufl., Baden-Baden 2010.
Muckel, Stefan/Ogorek, Markus: Sozialrecht. 4. Aufl., München 2011.
Niesel, Klaus (Begr.): Der Sozialgerichtsprozess. 5. Aufl., München 2009.
Stolleis, Michael: Geschichte des Sozialrechts in Deutschland. 1. Aufl., Stuttgart 2003.
Waltermann, Raimund: Sozialrecht. 9. Aufl., Heidelberg 2011.
Winkler, Jürgen: Sozialverwaltungsverfahren und Sozialdatenschutz (SGB X). 1. Aufl., München 2004.

III. Sonstige Literatur

Berlit, Uwe: Die besondere Rechtsstellung der unter 25-Jährigen im SGB II. info also 2011, 59–68, 124–128.
Berlit, Uwe/Conradis, Wolfgang/Sartorius, Ulrich (Hrsg.): Existenzsicherungsrecht. 2. Aufl., Baden-Baden 2012.
Blaser, Frank: Der Begriff der „üblichen Bedingungen des allgemeinen Arbeitsmarktes" im Sozialrecht. Baden-Baden 2009. Diss. jur. Freiburg 2008 (zitiert als Blaser, Übliche Bedingungen).
Brühl, Albrecht/Sauer, Jürgen: Mein Recht auf Sozialleistungen. 20. Aufl., München 2007.
Bundesagentur für Arbeit: Fachliche Hinweise zum SGB II. Zu finden über http://www.arbeitsagentur.de/nn_166486/zentraler-Content/A01-Allgemein-Info/A015-Oeffentlichkeitsarbeit/Allgemein/IW-SGB-II-Fachliche-Hinweise.html (zitiert als BA, Fachl. Hinw.).
Deutscher Verein für öffentliche und private Fürsorge e. V.: Hinweise zur Anwendung des Gesetzes über eine bedarfsorientierte Grundsicherung im Alter und bei Erwerbsminderung. NDV 2002, 341–345.
Deutscher Verein für öffentliche und private Fürsorge e. V.: Empfehlungen des Deutschen Vereins zur Gewährung von Krankenkostzulagen in der Sozialhilfe 2008 – DV 25/08 AF III –. http://www.deutscher-verein.de/05-empfehlungen/empfehlungen_archiv/empfehlungen2008/pdf/DV%2025-08.pdf (zuletzt besucht am 20. 6. 2011; zitiert als DV, Empfehlungen Krankenkostzulagen 2008).
Deutscher Verein für öffentliche und private Fürsorge e. V.: Erste Empfehlungen zu den Leistungen für Unterkunft und Heizung im SGB II (§ 22 SGB II) – DV 37/07 AF III –. http://www.deutscher-verein.de/05-empfehlungen/empfehlungen_archiv/empfehlungen2008/pdf/DV%2037-07.pdf (zuletzt besucht am 20. 6. 2011; zitiert als DV, Empfehlungen Unterkunft u. Heizung 2008).
Ehmann, Frank: Verwaltungsakte mit Dauerwirkung im Sozialhilferecht, Frankfurt am Main 1999 (Diss. jur. Frankfurt am Main 1998)
Fasselt, Ursula (Hrsg.): Handbuch Sozialrechtsberatung. 3. Aufl., Baden-Baden 2011.
Geiger, Udo: Leitfaden zum Arbeitslosengeld II. Der Rechtsratgeber zum SGB II. 8. Aufl., Frankfurt am Main 2011 (zitiert als Leitfaden Alg II).
Großmann, Burkhard: Anmerkung zum Urteil des BSG vom 13. 11. 2008 – B 14 AS 2/08 R. NZS 2009, 639–642.
Groth, Andy/Luik, Steffen/Siebel-Huffmann, Heiko (Hrsg.): Das neue Grundsicherungsrecht. Baden-Baden 2011 (zitiert als Bearbeiter, in: Groth/Luik/Siebel-Huffmann, Neues Grundsicherungsrecht).
Hartz, Peter/Bensel, Norbert/Fiedler, Jobst/Fischer, Heinz/Gasse, Peter/Jann, Werner u. a.: Moderne Dienstleistungen am Arbeitsmarkt. Vorschläge der Kommission zum Abbau der Arbeitslosigkeit und zur Umstrukturierung der Bundesanstalt für Arbeit. http://www.ak-sozialpolitik.de/doku/02_politik/hartz_kommission/berichte/2002_08_16_gesamt.pdf (zuletzt besucht am 30. 6. 2011; zitiert als Hartz u. a., Moderne Dienstleistungen am Arbeitsmarkt).

Hochheim, Danny: Das Ende des Gegenwärtigkeitsprinzips in der Sozialhilfe? Anmerkungen zum Urteil des BSG vom 16. 10. 2007 (B 8/9 b SO 8/06 R). NZS 2009, 24–27.

Hochheim, Danny: § 44 SGB X und das Gegenwärtigkeitsprinzip der Sozialhilfe. NZS 2010, 302–307.

Husmann, Manfred: Reaktionen in der Freizügigkeits-RL 2004/38 und im deutschen Sozialleistungsrecht auf die Rechtsprechung des EuGH. NZS 2009, 652–657.

Hüttenbrink, Jost: Sozialhilfe und Arbeitslosengeld II. 11. Aufl., München 2009.

Knickrehm, Sabine: Der Zwang zur Rente mit 63 gilt nicht für alle ältere ALG-II-Empfänger. Soz-Sich 2008, 192–198.

Knickrehm, Sabine/Voelzke, Thomas: Kosten der Unterkunft nach § 22 SGB II, in: Deutscher Sozialgerichtstag e. V. (Hrsg.), Kosten der Unterkunft nach § 22 SGB II, Stuttgart 2009, 11–50.

Kunkel, Peter-Christian: Das Asylbewerberleistungsgesetz in Konkurrenz mit Sozialleistungsgesetzen. NVwZ 1994, 352–355.

Kunkel, Peter-Christian/Frey, Michael: Können Unionsbürger von Leistungen nach dem SGB II und XII ausgeschlossen werden? ZFSH/SGB 2008, 387–394.

Mangold, Anna Katharina/Pattar, Andreas Kurt: Ausschluss von Leistungen für arbeitsuchende Ausländer: Notwendigkeit einer europa-, völker- und grundrechtskonformen Auslegung des § 7 Abs. 1 S. 2 SGB II. VSSR 2008, 243–268.

Müller, Christian: Der Rückgriff gegen Angehörige von Sozialleistungsempfängern. Arbeitslosengeld II, Sozialgeld, Sozialhilfe, Grundsicherung. 5. Aufl. 2008.

Münder, Johannes: Die Kosten des Umgangsrechts im SGB II und SGB XII. NZS 2008, 617–624.

Münder, Johannes: Entspricht der Regierungsentwurf eines Gesetzes zur Ermittlung von Regelbedarfen und zur Änderung des Zweiten und Zwölften Buches Sozialgesetzbuch vom 20. 10. 2010 den verfassungsrechtlichen Anforderungen der Entscheidung des Bundesverfassungsgerichts 1 BvL 1/09 vom 9. 2. 2010? – Eine rechtsgutachterliche Stellungnahme, in: Deutscher Sozialgerichtstag e. V. (Hrsg.), Verfassungsrechtliche Probleme im SGB II. Neue Regelleistungen und Organisationsreform, Stuttgart 2011, 15–50.

Münder, Johannes/Geiger, Udo: Stationäre Einrichtungen im Sinne des § 7 Abs. 4 SGB II. SGb. 2007, 1–8.

Münder, Johannes/Geiger, Udo: Die generelle Einstandspflicht für Partnerinkinder in der Bedarfsgemeinschaft nach § 9 Abs. 2 Satz 2 SGB II. NZS 2009, 593–599.

Neumann, Volker/Nielandt, Dörte/Philipp, Albrecht: Erbringung von Sozialleistungen nach Vergaberecht? Baden-Baden, 2004.

Pattar, Andreas: Nochmals – Das Ende des Gegenwärtigkeitsprinzips in der Sozialhilfe? NZS 2010, 7–11.

Peters, Karen: Ausgewählte Rechtsprechung zum SGB II. Entscheidungen zum Leistungsausschluss nach § 7 Abs 4 SGB II (stationäre Unterbringung). NDV 2006, 222–226.

Pirntke, Gunter: Das Recht auf Arbeitslosengeld II und Sozialhilfe. 3. Aufl., Renningen 2005.

Rauch, Tobias/Zellner, Frank: Die Eingliederungsvereinbarung nach § 15 SGB II. Stuttgart u. a. 2008.

Rixen, Stefan: Entspricht die neue Hartz-IV-Regelleistung den Vorgaben des Bundesverfassungsgerichts? Sozialrecht aktuell 2011, 121–124.

Rothkegel, Ralf: Hartz-IV-Regelsätze und gesellschaftliche Teilhabe – die geplanten Änderungen im Lichte des Urteils des Urteils des Bundesverfassungsgerichts. ZFSH/SGB 2011, 69–84.

Sartorius, Ulrich: Das Existenzminimum im Recht. Baden-Baden 2000 (Diss. jur. Freiburg im Breisgau 2000).

Schürmann, Heinrich: Kindesunterhalt im Spannungsfeld von Familien- und Sozialrecht. SGb. 2009, 200–206.

Spellbrink, Wolfgang: Einführung: Das Bundesverfassungsgericht und das SGB II, in: Deutscher Sozialgerichtstag e. V. (Hrsg.), Verfassungsrechtliche Probleme im SGB II. Neue Regelleistungen und Organisationsreform, Stuttgart 2011, 9–14.

Stascheit, Ulrich/Winkler, Ute: Leitfaden für Arbeitslose. Der Rechtsratgeber zum SGB III. 27. Aufl., Frankfurt am Main 2010.

Steck, Brigitte/Kossens, Michael: Die Neuordnung von Arbeitslosen- und Sozialhilfe durch Hartz IV. München 2005.

Stephan, Karola: SGB II und SGB XII – Rechtliche Konflikte um die Bedarfsgemeinschaften. Zum Beispiel bei Stiefkindern und „gemischten" Gemeinschaften. SozSich 2009, 434–438.

Storr, Oliver: Der Begriff des „dauernden Getrenntlebens" im Sinne des § 7 Abs. 3 Nr. 3 a SGB II ist nach familienrechtlichen Grundsätzen zu bestimmen. NJ 2010, 394.

1. Kapitel: Sozialhilfe und Grundsicherung im System der sozialen Leistungen

I. Sozialrecht

1. Begriff und System des Sozialrechts

Die Bundesrepublik Deutschland ist ein demokratischer und sozialer Rechtsstaat **1** (Art. 20, 28 GG). Der Sozialstaat wird verwirklicht durch Sozialpolitik auf der Grundlage von Sozialrecht. Das Sozialrecht ist der Teil des öffentlichen Rechts (Besonderes Verwaltungsrecht, das der Verwirklichung sozialer Gerechtigkeit und sozialer Sicherheit dient). Das Sozialrecht ist Gegenstand der konkurrierenden Gesetzgebung (Art. 74 Abs. 1 Nr. 7 GG: „öffentliche Fürsorge"). Für dieses Sachgebiet hat der Bund – seit der Föderalismusreform (2006) – das Gesetzgebungsrecht nur, soweit die Herstellung gleicher Lebensverhältnisse in Deutschland eine einheitliche Regelung erforderlich macht (Art. 72 Abs. 2). Mit dem Sozialgesetzbuch (SGB) hat der Bund von seinem Gesetzgebungsrecht Gebrauch gemacht. Das **Sozialgesetzbuch** ist eine **Kodifikation des Sozialrechts**.

Übersicht: System des Sozialrechts

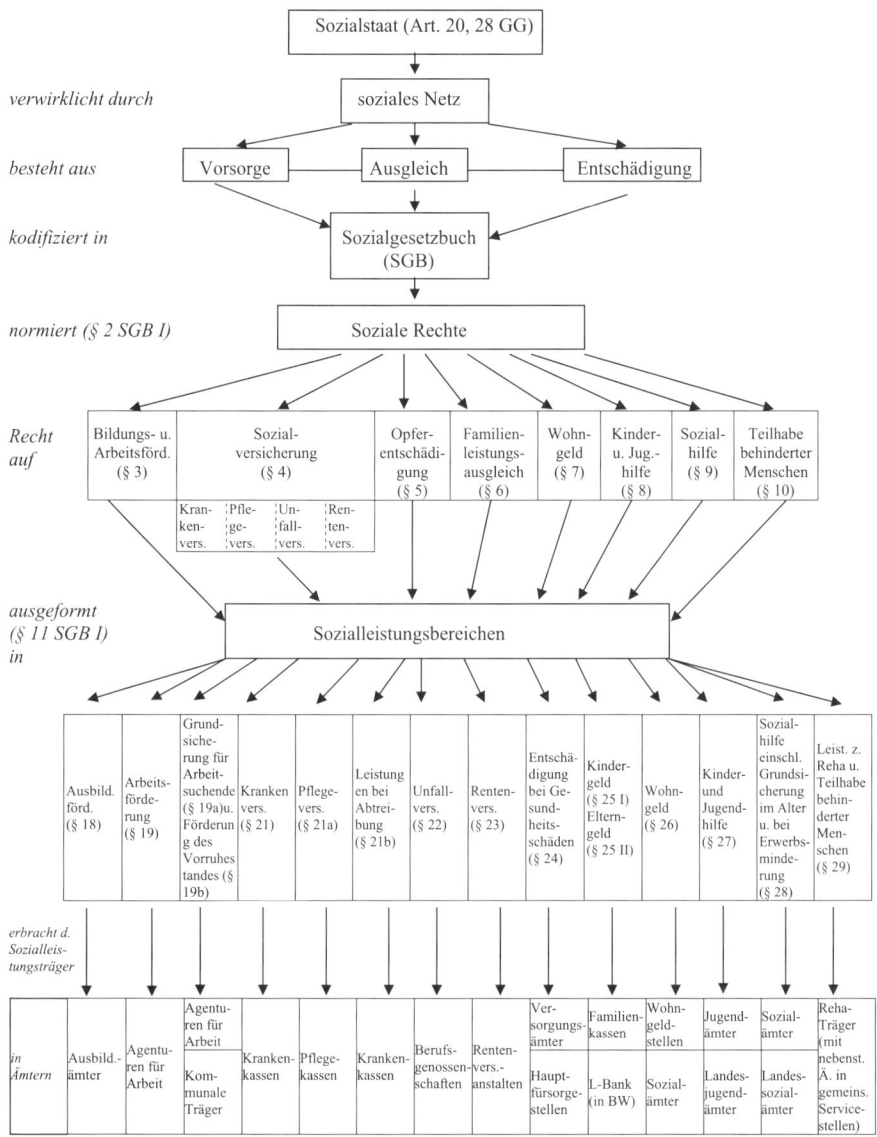

Beachte: Die gesetzliche Regelung der einzelnen Sozialleistungen erfolgt in besonderen Büchern des SGB (z.B. die Sozialhilfe im SGB XII) oder in speziellen Gesetzen (z.B. Unterhaltsvorschuss im UVG); diese sind bzw. gelten als besondere Teile des SGB (§ 68 Nr. 1-17 SGB I).

2. Das Sozialgesetzbuch

Übersicht: „Baustelle" Sozialgesetzbuch

1. Buch (SGB I):	2. Buch (SGB II):	3. Buch (SGB III):	4. Buch (SGB IV):	5. Buch (SGB V):	6. Buch (SGB VI):	7. Buch (SGB VII):	8. Buch (SGB VIII):	9. Buch (SGB IX):	10. Buch (SGB X):	11. Buch (SGB XI):	12. Buch (SGB XII):
Allgem. Teil (in Kraft s. 1.1.76)	Grundsicherung f. Arbeitsuchende (in Kraft s. 1.1.05)	Arbeitsförderung (in Kraft s. 1.1.98)	Sozialvers. 1. Kapitel: Gemeinsame Vorschriften (in Kraft s. 1.7.77)	Krankenversicherung (in Kraft s. 1.1.89)	Rentenversicherung (in Kraft s. 1.1.92)	Unfallversicherung (in Kraft s. 1.1.97)	Kinder- u. Jugendhilfe (in Kraft s. 1.1.91 bzw. 3.10.90)	Rehabilitation und Teilhabe behinderter Menschen (in Kraft s. 1.7.01)	Sozialverwaltungsverfahren und Sozialdatenschutz (in Kraft s. 1.1.81 mit 2 Kapiteln, s. 1.7.83 mit Kapitel 3)	Soziale Pflegevers. (in Kraft s. 1.1.95) Dies war in § 68 Nr. 11 SGB I für die Sozialhilfe früher ausdrücklich geregelt; ist aber wohl entfallen, weil die Geltung des SGB auch bei nur entsprechender Anwendung des SGB XII selbstverständlich ist.	Sozialhilfe (in Kraft s. 1.1.05 – mit einzelnen Ausnahmen auch schon vorher)

Die in § 68 SGB I aufgeführten Sozialgesetze gelten als besondere Teile des Sozialgesetzbuches („adoptierte SGB-Gesetze")

2

Kunkel

3. Das Verhältnis von SGB I und SGB X zu SGB II und SGB XII

3 Der Allgemeine Teil des Sozialgesetzbuchs (SGB I) legt Inhalt und Grundsätze der einzelnen Sozialleistungen fest. Er ist der „Prägestempel" für alle Bücher des Sozialgesetzbuches – also auch für die Sozialhilfe im SGB XII und die Grundsicherung für Arbeitsuchende im SGB II. Das SGB X bestimmt das Verfahren für alle Sozialleistungsbereiche. SGB I und SGB X sind darüber hinaus aber auch auf die in § 68 SGB I enumerativ aufgeführten Sozialgesetze anwendbar, die auf dem Weg in das Sozialgesetzbuch „steckengeblieben" sind. Für Leistungen in hier nicht aufgeführten Gesetzen, z.B. nach dem AsylbLG (vgl. hierzu 10. Kap. Rn 110) gilt das SGB nicht; auch nicht, wenn Leistungen an Asylbewerber in entsprechender Anwendung des SGB X gewährt werden (§ 2 Abs. 1 AsylbLG).

§ 37 SGB I regelt als **Kollisionsnorm** das Verhältnis von SGB XII und SGB II zu den Regelungen in SGB I und X.

a) Grundsätzlicher Vorrang von SGB II und SGB XII

4 Gemäß § 37 S. 1 SGB I gelten die Regelungen des SGB I und X nur unter dem Vorbehalt für die Sozialhilfe und die Grundsicherung, dass sich in SGB II oder SGB XII keine Abweichungen befinden. Abweichende Regelungen sind möglich durch
- den Gesetzeswortlaut des SGB II bzw. SGB XII oder
- Strukturprinzipien des SGB II bzw. SGB XII, insb. das Bedarfsdeckungsprinzip. Solche abweichenden Regelungen aufgrund der Strukturprinzipien des SGB XII sind beispielsweise:

Übersicht: Abweichungen in SGB II bzw. SGB XII von SGB I und SGB X

Regelung im SGB I und SGB X	abweichende Regelung in SGB II bzw. SGB XII
§ 30 SGB I	§ 36 SGB II; § 98 Abs. 1 SGB XII
§ 43 SGB I	Landesrecht (z.B. § 5 AG SGB XII BW)
§§ 51-55 SGB I	§ 43 SGB II; § 26 SGB XII
§§ 56-59 SGB I	§ 19 Abs. 6 SGB XII
§ 67 SGB I	§ 18 SGB XII
§ 2 SGB X	§ 36 SGB II; § 98 SGB XII
§ 28 SGB X	§ 40 Abs. 5 SGB II; § 18 SGB XII
§ 44 SGB X	§ 40 Abs. 1 SGB II; § 18 SGB XII (keine Rücknahme ex tunc, Neufestsetzung ex nunc)
§ 45 Abs. 1 SGB X	§ 40 Abs. 2 SGB II; § 18 SGB XII (keine Rücknahme ex nunc, statt dessen Erledigung des VA nach § 39 Abs. 2 SGB X und Einstellung der Leistung)
§§ 46, 47 SGB X	§ 40 Abs. 2 SGB II; § 18 SGB XII (Widerruf ex nunc nicht möglich)

§§ 48, 45 Abs. 3 SGB X	§ 40 Abs. 2 SGB II; § 18 SGB XII (grundsätzlich kein VA mit Dauerwirkung; Ausnahme evtl. bei Eingliederungshilfe)
§ 50 SGB X	§ 40 Abs. 3, 4 SGB II
§ 52 SGB X	§ 102 Abs. 4 SGB XII
§ 66 SGB X	§ 40 Abs. 6 SGB II
Beachte: Die Abweichungen gelten nicht für die Grundsicherung nach § 41 SGB XII, da für sie das Antragsprinzip gilt und ihre Leistungen Dauerwirkung haben (vgl. 3. Kap. Rn 13).	

b) Ausnahme: Vorrang von SGB I und X

Gemäß § 37 **S. 2** SGB I gelten auch in der Sozialhilfe unmittelbar die §§ 1-17 SGB I und **5** die § 31-36 SGB I (und somit über § 35 Abs. 2 SGB I auch die §§ 67-85 a SGB X (Sozialdatenschutz)).

§ 37 **S. 3** SGB I ist eine „Binnenregelung" für das SGB X. Danach reicht für die Datenerhebung § 20 SGB X als Ermächtigungsgrundlage nicht aus, vielmehr müssen die Voraussetzungen des § 67 a SGB X hinzukommen

II. Sozialhilfe und Grundsicherung im Sozialleistungssystem

1. Ergänzungsfunktion

Das Sozialhilferecht im **SGB XII** ist das „**letzte Netz**" der sozialen Sicherung und damit **6** ein Kernbereich des Sozialrechts. Es sichert die von der regelmäßigen Vorsorge (Sozialversicherung) nicht oder nicht vollständig erfassten Lebensrisiken ab. So ist beispielsweise die gesetzliche Pflegeversicherung von vornherein nur als „Teilkaskoversicherung" angelegt, d.h. ihre Leistungen sind gedeckelt, z.B. bei Pflege in vollstationären Einrichtungen (bei Pflegestufe III) ab 1.1.2012 auf 1550,– € monatlich (vgl. 8. Kap. Rn 72). Die Sozialhilfe hat deshalb insoweit für alle Pflegebedürftigen, die den Differenzbetrag nicht als Selbstzahler finanzieren können, Ergänzungsfunktion. Außerdem hat die Sozialhilfe Individualnotstände zu beheben, die von anderen Sozialleistungszweigen nicht erfasst werden, z.B. Hilfe für Menschen zur Überwindung besonderer sozialer Schwierigkeiten (§ 67 SGB XII), hierzu gehören u.a. Nichtsesshafte, Obdachlose und Strafentlassene. In das Sozialhilferecht nach SGB XII „transplantiert" wurde die Grundsicherung im Alter und bei Erwerbsminderung, die bis 2005 in einem eigenständigen Gesetz (Grundsicherungsgesetz) geregelt war.

Für Erwerbsfähige sind die Leistungen zur Sicherung des Lebensunterhalts nach dem **SGB II** „Auffangnetz".

2. Sozialhilfe und Grundsicherung im Verhältnis zu anderen Leistungen zur Existenzsicherung

7 Erwerbsunfähige Personen erhalten Sozialhilfe (Hilfe zum Lebensunterhalt oder Grundsicherung im Alter und bei dauerhafter voller Erwerbsminderung) nach dem SGB XII.

Erwerbsfähige Personen von 15 bis 67 Jahren erhalten Leistungen zur Sicherung des Lebensunterhalts nach dem SGB II.

Ausländer, die unter das Asylbewerberleistungsgesetz fallen, erhalten Leistungen nach dem AsylbLG. Diese sind keine Sozialleistungen nach dem SGB.

Eltern, denen für ihr Kind Hilfe zur Erziehung in einer Pflegefamilie oder im Heim gewährt wird (§§ 27, 33, 34 SGB VIII), erhalten Leistungen zum Unterhalt nach § 39 SGB VIII.

Für diese Leistungen gilt folgendes **Rangverhältnis**:

Die Grundsicherung im Alter und bei Erwerbsminderung geht der Hilfe zum Lebensunterhalt vor (§ 19 Abs. 2 S. 3 SGB XII), ebenso dem Sozialgeld (§§ 5 Abs. 2 S. 2, 19 Abs. 1 S. 2 SGB II).

Die Grundsicherung für Arbeitsuchende geht der Hilfe zum Lebensunterhalt nach dem SGB XII vor (§ 5 Abs. 2 S. 1 SGB II).

Asylbewerber erhalten keine Leistungen nach dem SGB XII oder SGB II (§ 23 Abs. 2 SGB XII bzw. § 7 Abs. 1 S. 2 Nr. 3 SGB II).

Die Unterhaltsleistungen nach dem SGB VIII gehen der Hilfe zum Lebensunterhalt nach dem SGB XII vor (§ 10 Abs. 4 S. 1 SGB VIII), ebenso der nach dem SGB II (§ 10 Abs. 3 S. 1 SGB VIII). Dies gilt aber nicht für die Kosten des gemeinsamen Mittagsessens (§ 34 Abs. 6 SGB XII bzw. § 28 Abs. 6 SGB II): diese gehen dem SGB VIII vor (§ 10 Abs. 4 S. 2 bzw. Abs. 3 S. 2 SGB VIII).

Übersicht: Leistungen zur Existenzsicherung

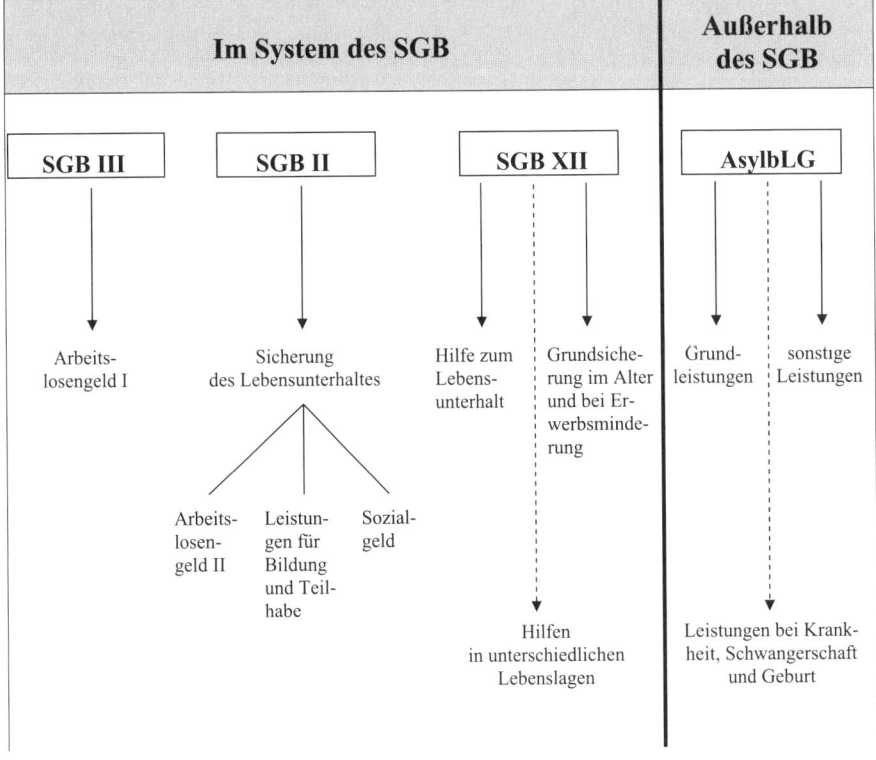

3. Die Existenzsicherung nach dem SGB II und nach dem SGB XII im Vergleich

8 Vgl. hierzu das nachfolgende Schaubild und die Übersicht im Anhang als Anlage 6.

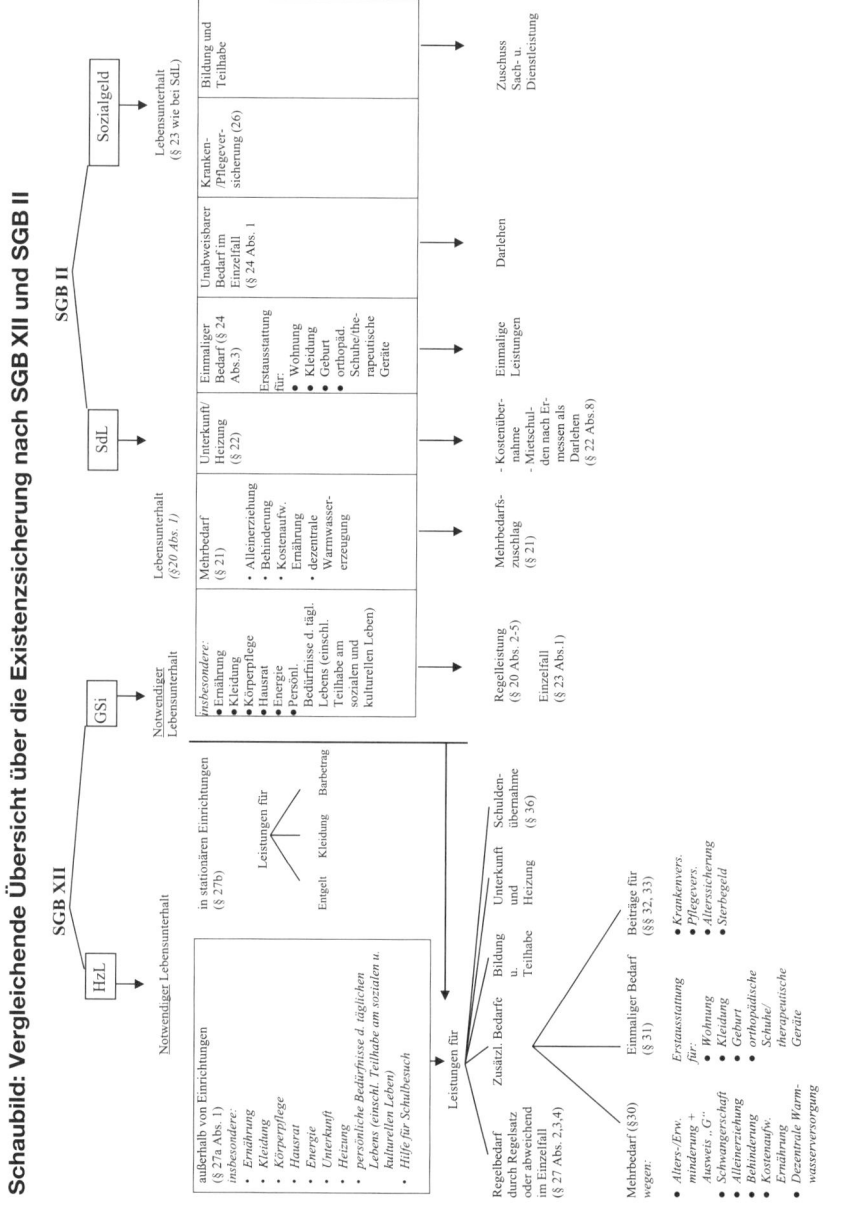

4. Der Anwendungsbereich von SGB XII und SGB II

9 Vgl. hierzu die nachfolgende Übersicht und das Prüfschema.

Kunkel

**Übersicht: Leistungen zum Lebensunterhalt nach SGB II und SGB XII
– Anwendungsbereich nach Altersgruppen –**

GSi (SGB XII)	SdL (SGB II)	HzL (SGB XII)
—	Unter 15 J., wenn in BG mit erwerbsf. Leistungsberechtigtem (Sozialgeld)	unter15 J., wenn nicht in BG mit erwerbsf. Leistungsberechtigtem
18 – 65 bzw. 67 J., wenn dauerhaft erwerbsunfähig	15 – 65 bzw.67 J., wenn erwerbsfähig (Alg II)	18 – 65 bzw.67 J., wenn voraussichtlich nicht auf Dauer, also nur zeitweise erwerbsunfähig
		0 – 65 J., wenn länger als 6 Monate stationär untergebracht
ab 65 bzw. 67 J.	15 – 18 J., wenn dauerhaft erwerbsunfähig und in BG mit erwerbsf. Leistungsberechtigtem (Sozialgeld)	15 – 18 J., wenn dauerhaft oder zeitweise erwerbsunfähig und nicht in BG mit erwerbsf. Leistungsberechtigtem
		ab 65 bzw.67J. oder Erwerbsunfähige
		ab 18 J., wenn Anspruch auf GSi ausgeschlossen ist (bei Verschulden oder bei „100.000 €-Verwandten")

Vgl. das Prüfschema im Anhang als Anlage 3.9

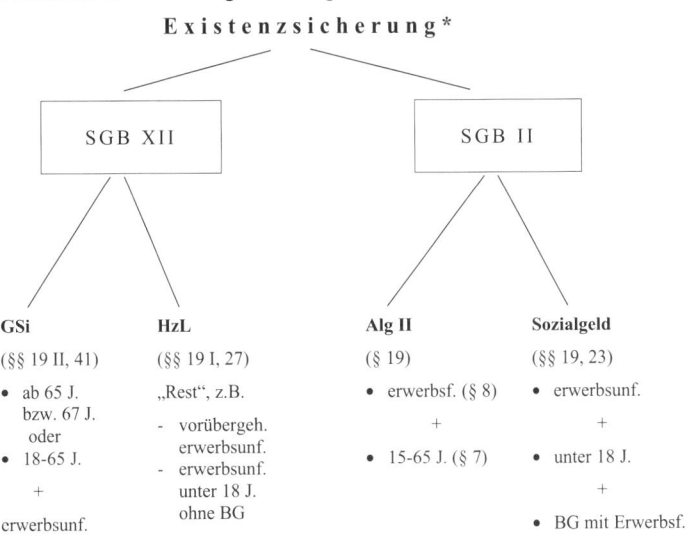

Existenzsicherung*   **10**

* *Beachte:* Hilfen in unterschiedlichen Lebenslagen (§§ 47-74 SGB XII) erhalten auch SGB II-Adressaten.

5. Die Zuständigkeiten des Sozialamts für Leistungen nach SGB XII, SGB II, AsylbLG

11 Vgl. hierzu das nachfolgende Schaubild.

Schaubild: „Türen" zum Sozialamt

SGB XII	**SGB XII**	**SGB XII**
Grundsicherung für – Alte (ab 67 bzw. 65 J.) – Erwerbsunfähige (ab 18 J.)	Hilfen in unterschied- lichen Lebenslagen	Hilfe zum Lebensunterhalt, falls nicht – Grundsicherung nach SGB XII – Grundsicherung nach SGB II
1	2	3

SGB II	**SGB II**	**SGB II**

Grundsicherung insges. für
– Erwerbsfähige (ab 15 J.)
mit allen Leistungen zur
– Eingliederung und
– Sicherung des Lebens-
unterhalts (Alg II)
+
– nicht erwerbsf. Angeh.
in BG
mit Sozialgeld
 	
*nur bei Option kommunaler
Trägerschaft*
	Grundsicherung nur durch
	einzelne Leistungen zur
	– Eingliederung mit
	  • Betreuung v. Kindern
	   oder Pflege v. Angeh.
	  • Schuldnerberatung
	  • psychosoziale Betreuung
	  • Suchtberatung
	    +
	– Sicherung des Lebensunter-
	halts mit
	  • Unterkunft und Heizung
	  • einmaligen Leistungen für
	  (1) Erstausstattung der
	     Wohnung
	  (2) Erstausstattung mit
	     Bekleidung
	  (3) Erstausstattung bei
	     Geburt
	  (4) Orthopäd. Schuhe
	  (5) Therapeut. Geräte
	  • Bildungs- und Teilhabe-
	   paket
		Grundsicherung durch die
		einzelnen Leistungen des
		kommunalen Trägers
		
		zur einheitlichen Aufgaben-
		wahrnehmung in
		
		ARGE mit Agentur für
		Arbeit (eingerichtet im
		Jobcenter)

4	5	6

AsylbLG
Leistungen für – Asylbewerber – Bürgerkriegsflüchtlinge – Geduldete
7

Kunkel

2. Kapitel: Leistungsträger und Zuständigkeiten

I. Begriff des Trägers

1. Träger der Sozialhilfe

Sozialhilfeträger sind die örtlichen und die überörtlichen Träger als öffentliche Träger **1** (§ 3 Abs. 1 SGB XII). Keine Sozialleistungsträger sind die sog. freien Träger (§ 5 SGB XII; § 28 Abs. 2 SGB I, vgl. Rn 30).

Örtliche Träger der Sozialhilfe sind die kreisfreien Städte (Stadtkreise) und die Landkreise (§ 3 Abs. 2 S. 1 SGB XII). Die Stadt- und Landkreise führen die Sozialhilfe als **Selbstverwaltungsangelegenheit** (weisungsfreie Pflichtaufgabe) durch. Sie haben den Sozialhilfeaufwand und die Verwaltungskosten (Personal- und Sachkosten) zu finanzieren. Die Bestimmung des **überörtlichen** Trägers überlässt das SGB XII den Ländern (§ 3 Abs. 3 SGB XII). Aus deren Ausführungsgesetzen ergibt sich, ob ein Land selbst als überörtlicher Träger fungiert oder ob es Kommunalverbände höherer Ordnung (z.B. in Bayern die Bezirke, in Nordrhein-Westfalen die Landschaftsverbände, in Baden-Württemberg den Kommunalverband für Jugend und Soziales) als überörtlichen Träger bestimmt. Zwischen den überörtlichen und örtlichen Trägern besteht kein Über- oder Unterordnungsverhältnis. Sie haben unterschiedliche Aufgaben zu erfüllen. Welche das sind, bestimmt im Wesentlichen der Landesgesetzgeber (z.B. in BW § 3 Abs. 4 Jugend- und Sozialverbandsgesetz; vgl. Rn 7). Nur § 24 Abs. 4 S. 2 SGB XII bestimmt selbst einen Fall der sachlichen und örtlichen Zuständigkeit des überörtlichen Trägers (Sozialhilfe für Deutsche im Ausland).

2. Träger der Grundsicherung für Arbeitsuchende

Träger der Grundsicherung sind die Bundesagentur für Arbeit (BA) sowie die Stadt- **2** und Landkreise (kommunale Träger) gem. § 6 Abs. 1 SGB II. Die BA ist grundsätzlich Träger der Aufgaben nach dem SGB II, die kommunalen Träger sind nur Träger der Beratungs- und Betreuungsleistungen nach § 16 a SGB II, von Unterkunft und Heizung, der einmaligen Leistungen nach § 24 Abs. 3 SGB II sowie des Teilhabe- und Bildungspakets nach § 28. Zur Überwindung dieses Dualismus können BA und kommunaler Träger eine gemeinsame Einrichtung bilden (ARGE), in der sie ihre jeweiligen Aufgaben gemeinsam wahrnehmen (§ 44 b SGB II), aber getrennte Träger bleiben.[1] Eine einheitliche Trägerschaft ist möglich, wenn ein kommunaler Träger beim BM AS beantragt, an Stelle der BA als kommunaler Träger zugelassen zu werden (sog. Optionskommune nach §§ 6 a, 6 b SGB II); er ist dann Träger auch der Aufgaben der BA mit Ausnahme der in § 6 b Abs. 1 SGB II genannten. ARGE und Optionskommune firmieren als „**Jobcenter**" (§ 6 d SGB II).

---

1 Mit Entscheidung v. 20.12.2007 hat das BVerfG § 44 b SGB II für verfassungswidrig erklärt. Daraufhin wurde die Verfassung mit G.v. 21.7.2010 geändert, indem Art. 91 e GG eingefügt wurde.

II. Heranziehung Dritter zur Aufgabendurchführung

3 Das SGB XII hebt u.a. die persönliche Hilfe und die Beratungspflicht der Träger der Sozialhilfe besonders hervor (§ 11 SGB XII). Voraussetzung hierfür eine „bürgernahe" Behörde, die leicht erreichbar ist und die die Umstände des Einzelfalls in Kenntnis der örtlichen Verhältnisse rasch ermitteln und würdigen kann. § 99 SGB XII ermächtigt deshalb die Länder, ortsnahe Regelungen zu treffen. Die Länder können aber nicht regeln, dass eine Aufgabe **als solche** vom Träger der Sozialhilfe übertragen wird **(Delegation)**, sondern es können lediglich Regelungen zur Durchführung einer Aufgabe getroffen werden. Dies bedeutet, dass die Verantwortung für die Erfüllung der Aufgabe weiterhin beim zuständigen Träger verbleibt. Er kann deshalb Weisungen erteilen und erlässt den Widerspruchsbescheid.

Dasselbe gilt in der Grundsicherung für Arbeitsuchende gem. § 6 Abs. 2 SGB II.

1. Heranziehung durch den Landkreis

4 § 99 Abs. 1 SGB XII bzw. § 6 Abs. 2 SGB II ermächtigt den Landesgesetzgeber zu bestimmen, dass Landkreise ihnen zugehörige kreisangehörige Gemeinden zur Durchführung von Aufgaben heranziehen können. Die Voraussetzungen hierfür regelt das jeweilige Ausführungsgesetz des Landes (z.B. § 3 AGSGB XII bzw. § 2 AGSGB II). Danach ist für die Heranziehung erforderlich:
– eine Satzung durch Kreistagsbeschluss
– Einwilligung der kreisangehörigen Gemeinde
– Prüfung der Leistungsfähigkeit der Gemeinde.

5 Für die Gemeinde ist die Durchführung der Aufgabe keine Selbstverwaltungsangelegenheit, sondern Weisungsaufgabe (vgl. 3. Kap. Rn 47). Sachlich zuständig bleibt der Landkreis als örtlicher Träger. Die Gemeinde hat lediglich eine **Vollzugszuständigkeit**; sie wird nicht selbst zum Träger.

6 Auch bei Heranziehung der kreisangehörigen Gemeinde hat der Landkreis die Kosten der Hilfe zu tragen. Landesrecht (z.B. § 6 AGSGB XII bzw. § 3 AGSGBII) regelt, dass die Gemeinde Verwaltungskosten für die Durchführung des Gesetzes in Höhe von 2/3 der Personalkosten erhält, die beim jeweiligen Landkreis für die Durchführung der den Gemeinden übertragenen Sozialhilfeaufgaben entstehen würden, wobei die Personalkosten vom Landkreis festgesetzt werden.

2. Heranziehung durch den überörtlichen Träger

7 § 99 Abs. 2 SGB XII erlaubt den Ländern, zu bestimmen, dass auch der überörtliche Träger der Sozialhilfe kreisangehörige Gemeinden oder örtliche Träger der Sozialhilfe zur Durchführung von Aufgaben heranziehen kann. Auch hier besteht ein Weisungsrecht des überörtlichen Trägers; er erlässt auch den Widerspruchsbescheid nach § 85 Abs. 2 S. 1 Nr. 4 SGG. Auch hier tragen nach Landesrecht die überörtlichen Träger die Kosten für die ihnen obliegenden Aufgaben. Eine Erstattung der Verwaltungskosten erfolgt hier aber nicht. In BW hat der Landesgesetzgeber von der Ermächtigung des § 99 Abs. 2 SGB XII keinen Gebrauch gemacht.

Kunkel

3. Heranziehung freier Träger

Gemäß § 5 Abs. 5 SGB XII können die (örtlichen oder überörtlichen) Träger der Sozi- **8** alhilfe auch die Verbände der freien Wohlfahrtspflege (freie Träger; Rn 30) an der Durchführung von Aufgaben generell beteiligen oder ihnen die Durchführung solcher Aufgaben generell übertragen, wenn diese damit einverstanden sind. Auch hier ändert die Übertragung nichts an der Zuständigkeit und damit an der Verantwortlichkeit des Trägers der Sozialhilfe für die Aufgabenerfüllung.

In der Grundsicherung für Arbeitsuchende gibt es keine freien Träger; hier können aber Dritte mit der Wahrnehmung von Aufgaben betraut werden (§ 6 Abs. 1 S. 2 SGB II), z.B. zur Ermittlung von Leistungsbetrug.

9 Übersicht: Aufgabenerfüllung nach dem SGB XII

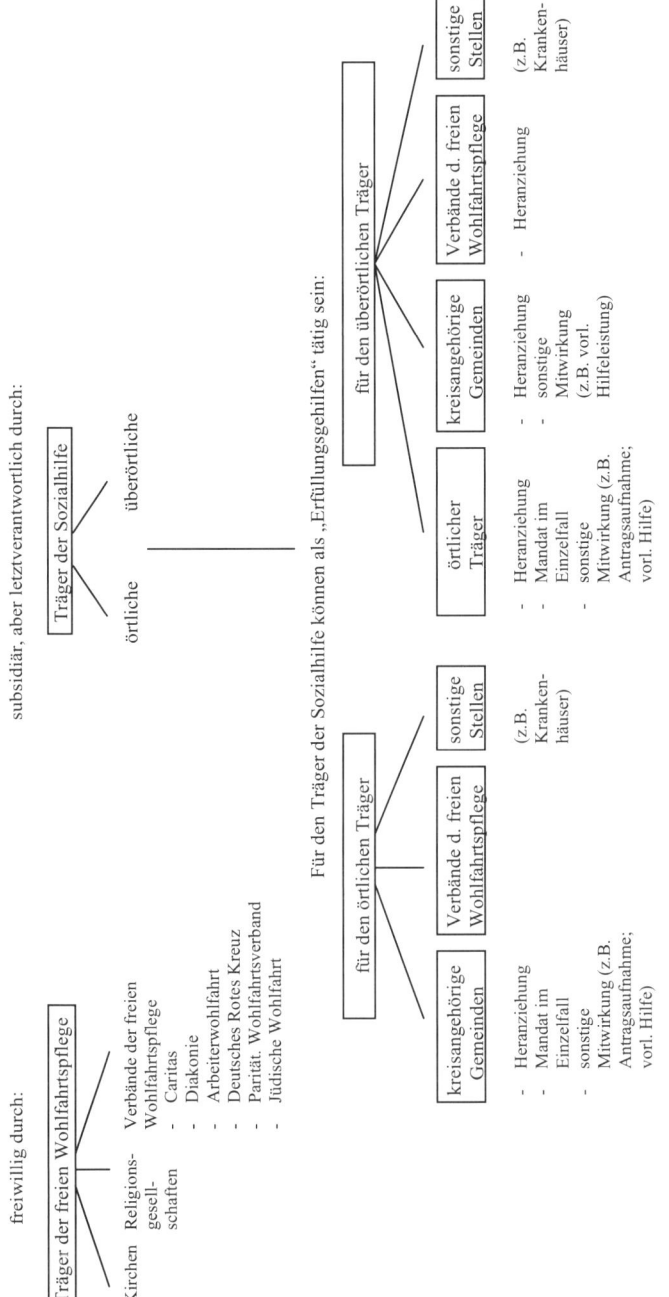

III. Zuständigkeiten

1. Sachliche Zuständigkeit

Die sachliche Zuständigkeit regelt die Kompetenzverteilung

a) in der Sozialhilfe   **10**

zwischen örtlichem und überörtlichem Träger. Der örtliche Träger ist gem. § 97 Abs. 1 SGB XII grundsätzlich zuständig, soweit nicht ausnahmsweise der über-örtliche Träger sachlich zuständig ist. Für den örtlichen Träger spricht deshalb eine **Zuständigkeitsvermutung**. Der überörtliche Träger ist gem. § 97 Abs. 5 SGB XII für die Weiterentwicklung von Leistungen der Sozialhilfe zuständig. Außerdem er-gibt sich aus § 24 Abs. 4 S. 2 SGB XII eine sachliche Zuständigkeit des überörtli-chen Trägers für die Gewährung von Sozialhilfe für Deutsche im Ausland (vgl. 4. Kap. Rn 9). Weitere Zuständigkeiten des überörtlichen Trägers ergeben sich seit 1.1.2007 aus § 97 Abs. 3 SGB XII für die dort genannten Hilfen. Landesrechtliche Regelungen können davon abweichend Zuständigkeiten begründen, z.B. ist in BW für alle Leistungen der örtliche Träger zuständig (§ 2 AGSGB XII i.V.m. § 8 SGB XII), der überörtliche nur für die in § 3 Abs. 4 Jugend- und Sozialverbands-gesetz genannten Aufgaben.

b) in der Grundsicherung für Arbeitsuchende   **11**

zwischen BA und kommunalem Träger gem. § 6 Abs. 1 SGB II.

2. Örtliche Zuständigkeit

Die örtliche Zuständigkeit regelt, welcher sachlich zuständige Träger in einem örtlichen Bereich für die Hilfegewährung verantwortlich ist.

a) § 36 SGB II

§ 36 SGB II knüpft regelmäßig an den **gewöhnlichen** Aufenthalt (g.A.), nur bei Nicht- **12** feststellbarkeit eines solchen an den tatsächlichen Aufenthalt an. Der g.A. wird in § 30 Abs. 3 S. 2 SGB I definiert als Mittelpunkt der Lebensbeziehungen im Sinn eines zu-kunftsoffenen Verbleibs. Der g.A. kann nur an einem Ort begründet werden, an dem auch ein tatsächlicher Aufenthalt besteht.

b) § 98 SGB XII

§ 98 Abs. 1 S. 1 SGB XII knüpft die örtliche Zuständigkeit an den **tatsächlichen** Auf- **13** enthalt des Leistungsberechtigten an (sog. **Aufenthaltsprinzip**). Der Aufenthalt wird schon durch körperliche Anwesenheit begründet. Der Wohnsitz, die polizeiliche Mel-dung oder der gewöhnliche Aufenthalt des Leistungsberechtigten sind also nicht ent-scheidend, vielmehr genügt die auch nur vorübergehende (besuchsweise) Anwesen-heit an einem Ort.

Kunkel

Ausnahmen vom Aufenthaltsprinzip sind:

aa) Grundsicherung im Alter und bei Erwerbsminderung

14 Für Leistungen der Grundsicherung nach § 41 SGB XII ist der gewöhnliche Aufenthalt des Leistungsberechtigten maßgeblich (§ 98 Abs. 1 S. 2 SGB XII).

bb) Fortgesetzte Hilfe

15 Bei fortgesetzter Hilfe wird auch die Zuständigkeit „fortgesetzt". § 98 Abs. 1 S. 3 SGB XII regelt, dass die ursprünglich begründete Zuständigkeit auch dann bis zur Beendigung der Leistung bestehen bleibt, wenn die Leistung außerhalb des ursprünglichen Zuständigkeitsbereiches erbracht wird, z.B. eine fachärztliche Behandlung im Nachbarkreis.

cc) Stationäre Hilfe in einer Einrichtung

16 Bei stationärer Hilfe in einer Einrichtung ist der sachlich zuständige Träger örtlich zuständig, in dessen Bereich der Leistungsberechtigte seinen gewöhnlichen Aufenthalt bei Aufnahme in das Heim (oder in den zwei Monaten davor) zuletzt hatte (§ 98 Abs. 2 SGB XII).

Ausnahme von der Ausnahme: Steht innerhalb von vier Wochen nicht fest, wo dieser gewöhnliche Aufenthalt vor Heimaufnahme bestand oder liegt ein Eilfall vor, gilt wieder das Aufenthaltsprinzip, d.h. die vorläufige Zuständigkeit des Trägers, in dessen Bereich sich der Leistungsberechtigte tatsächlich aufhält.

17 Der Begriff der Einrichtung wird in § 75 Abs. 1 i.V.m. § 13 SGB XII definiert. Danach gibt es stationäre und teilstationäre Einrichtungen, in denen teilstationäre oder stationäre Leistungen erbracht werden. **Stationäre Einrichtungen** sind solche Einrichtungen, in denen der Leistungsberechtigte lebt und eine Hilfe nach dem SGB XII oder nach dem SGB VIII erhält (§ 13 Abs. 2 SGB XII). Über das reine Wohnen hinaus muss der Leistungsberechtigte also eine **Gesamtbetreuung nach einem Hilfekonzept** durch Fachkräfte, insbesondere zur Pflege oder zur Behandlung erhalten. Dies ist i.d.R. nicht der Fall in Frauenhäusern oder in Betreutem Wohnen.

dd) Bestattungskosten

18 Wenn den Angehörigen nicht zuzumuten ist, die Kosten einer Beerdigung zu tragen, werden diese Kosten vom Sozialhilfeträger übernommen (§ 74 SGB XII; vgl. 8. Kap. Rn 117 ff.). Örtlich zuständig ist gem. § 98 Abs. 3 SGB XII der sachlich zuständige Träger, der für den Verstorbenen Sozialhilfe geleistet hat. Dies kann auch ein überörtlicher Träger gewesen sein, weil sich die sachliche Zuständigkeit für eine stationäre Leistung auch auf die Übernahme der Bestattungskosten erstreckt (§ 97 Abs. 4 SGB XII). Wurde aber dem Verstorbenen vor seinem Tod keine Sozialhilfe geleistet, ist Anknüpfungspunkt für die örtliche Zuständigkeit der Sterbeort.

Kunkel

ee) Strafvollzug

Benötigt eine Person im Strafvollzug Sozialhilfe (z.B. Übernahme der weiter laufenden **19** Mietkosten während einer kurzzeitigen Inhaftierung oder Mietkaution für die Anmietung einer Wohnung nach Entlassung), ist § 98 Abs. 2 SGB XII entsprechend anwendbar (§ 98 Abs. 4 SGB XII). Dies bedeutet, dass der Träger örtlich zuständig ist, in dessen Bereich bei Aufnahme in den Strafvollzug (oder in den zwei Monaten zuvor) der gewöhnliche Aufenthalt bestand. Sind Hilfen nach der Entlassung notwendig, gilt wiederum das Aufenthaltsprinzip (§ 98 Abs. 1 SGB XII). Ist aber nach Entlassung stationäre Hilfe in einer Einrichtung notwendig, ist dafür der Träger zuständig, in dessen Bereich der Strafgefangene vor seiner Inhaftierung seinen gewöhnlichen Aufenthalt hatte (§ 98 Abs. 2 S. 2 SGB XII).

ff) Betreutes Wohnen

Erhält eine Person eine Hilfe in Form ambulanter betreuter Wohnmöglichkeit, ist für **20** diese Hilfe gem. § 98 Abs. 5 SGB XII der Träger örtlich zuständig, der zuvor für eine Hilfe zuständig war oder – seit 7.12.2006 – gewesen wäre.[2]

Übersicht: Örtliche Zuständigkeit für Sozialhilfe (außer Grundsicherung, Bestat- **21** **tungskosten, Strafvollzug, Betreutes Wohnen)**

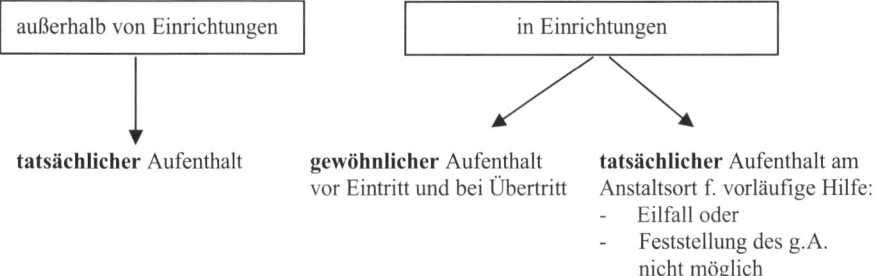

Übersicht: Örtliche Zuständigkeit für Bestattungskosten **22**

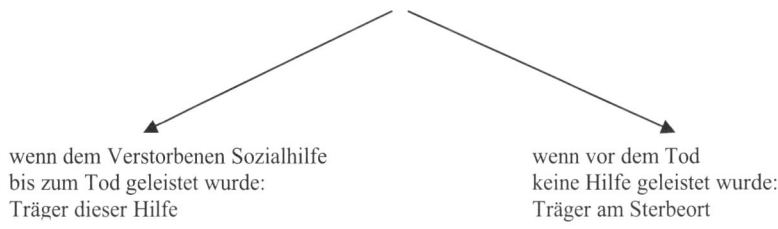

---

2 Hierzu SG Berlin, ZfF 2006, 109.

23 Übersicht: Örtliche Zuständigkeit für Hilfe während oder nach Strafvollzug

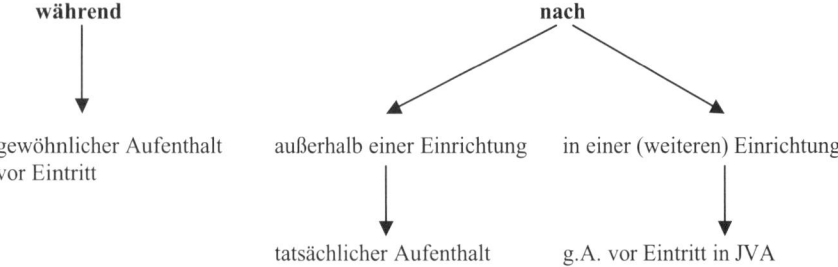

IV. Mitwirkung von kreisangehörigen Gemeinden und anderen Behörden

24 Gemäß § 99 SGB XII bzw. § 6 Abs. 2 SGB II kann Landesrecht bestimmen, dass kreisangehörige Gemeinden bei der Durchführung des SGB XII bzw. SGB II mitwirken müssen. Diese Mitwirkung kann einmal dadurch geschehen, dass der Landkreis der kreisangehörigen Gemeinde alle Aufgaben oder einzelne der Aufgaben nach dem SGB XII generell zur Durchführung überträgt (siehe hierzu Rn 3). Darüber hinaus gibt es aber weitere Mitwirkungspflichten der kreisangehörigen Gemeinde nach Landesrecht:

25 (1) Entgegennahme und Weiterleitung von Anträgen

Nach den Ausführungsgesetzen der Länder (z.B. in BW § 4 AGSGB XII) sind Sozialhilfeanträge von der kreisangehörigen Gemeinde, in der sich der Leistungsberechtigte tatsächlich aufhält, entgegenzunehmen und unverzüglich an den örtlichen Träger weiterzuleiten. Anträge, über die der überörtliche Sozialhilfeträger zu entscheiden hat, leitet der örtliche Träger diesem zu. Für Sozialleistungen generell regelt dies auch (und damit vorrangig gem. § 37 S. 2 SGB I) § 16 Abs. 1 S. 2 SGB I.

26 (2) Vorläufige Hilfeleistung

Wenn und solange der Träger der Sozialhilfe nicht selbst tätig werden kann, und wenn die Gewährung der Hilfe keinen Aufschub duldet, haben Gemeinden unverzüglich die notwendigen Hilfemaßnahmen zu treffen. Nach Unterrichtung des örtlichen Sozialhilfeträgers erstattet dieser die aufgewendeten Kosten.

27 (3) Beauftragung im Einzelfall

Der Landkreis kann eine kreisangehörige Gemeinde auch beauftragen, eine einzelne Aufgabe nach dem SGB XII im Einzelfall (individuell) durchzuführen (**sog. Mandat**). Im Unterschied zur generellen Aufgabenübertragung handelt die Gemeinde dann nicht im eigenen Namen, sondern im Namen des Landkreises. Die für die generelle Aufgabenübertragung genannten Voraussetzungen müssen für das Mandat nicht vorliegen.

28 (4) Weiterleitung von „Irrläufern"

Geht ein Antrag auf Sozialhilfe bei einer nicht zuständigen Gemeinde ein, muss die Gemeinde diesen Antrag unverzüglich an den zuständigen Träger weiterleiten (§ 18 Abs. 2 S. 1 SGB XII). Diese Pflicht ergibt sich auch aus § 16 Abs. 2 S. 1 SGB I, der gem. § 37 S. 2 SGB I vorrangig ist (vgl. 1. Kap. Rn 4 f.).

(5) Allgemeine Amtshilfe **29**

Die Gemeinden und alle anderen Behörden sind aufgrund der für sie geltenden allgemeinen Vorschriften nach dem jeweiligen Landesverwaltungsverfahrensgesetz verpflichtet, den Sozialleistungsträgern Amtshilfe zu leisten. Eine spezielle Amtshilfeverpflichtung („Verwaltungshilfe") regelt § 118 Abs. 4 S. 5 SGB XII (vgl. 3. Kap. Rn 33) für die dort genannten Stellen (z.B. Kfz-Zulassungsstelle; Einwohnermeldeamt).

V. Die freien Träger und der Grundsatz des institutionellen Nachrangs

1. Allgemeines

a) Stellung der freien Träger

Freie Träger sind die Kirchen und die Verbände der freien Wohlfahrtspflege (§ 5 **30** Abs. 1 SGB XII). Die freien Träger sind nicht Normadressat des SGB XII, d.h. sie sind keine Sozialleistungsträger i.S.v. § 12 SGB I. Freie Träger werden originär tätig; der Gesetzgeber verpflichtet sie nicht zu dieser Tätigkeit. Unabhängig davon können sie aber vom öffentlichen Träger durch Vertrag zur Leistungserbringung an den Bürger verpflichtet werden (§ 5 Abs. 5 SGB XII). Den Leistungsberechtigten gegenüber bleibt aber der Träger der Sozialhilfe verantwortlich für die ordnungsgemäße Erfüllung der Aufgabe (§ 5 Abs. 5 S. 2 SGB XII). Da die freien Träger dem öffentlichen Träger helfen, seine Verpflichtung gegenüber dem Leistungsberechtigten zu erfüllen, werden die freien Träger gleichsam als „Erfüllungsgehilfen" für den öffentlichen Träger tätig (derivative Tätigkeit). Als Träger von Einrichtungen schließen die freien Träger mit dem öffentlichen Träger Leistungs- und Vergütungsvereinbarungen gem. §§ 75 bis 78 SGB XII ab.

b) Grundsatz des institutionellen Nachrangs (Subsidiaritätsprinzip)

aa) Passive Subsidiarität

Der öffentliche Träger soll von eigenen Maßnahmen absehen, wenn die Hilfe im Ein- **31** zelfall durch freie Träger gewährleistet wird (§ 5 Abs. 4 und § 75 Abs. 2 SGB XII).

bb) Aktive Subsidiarität

Die öffentlichen Träger sollen die freien Träger in ihrer Tätigkeit angemessen unter- **32** stützen (§ 5 Abs. 3 S. 2 SGB XII). Ein Rechtsanspruch auf Unterstützung in bestimmter Form oder in bestimmter Höhe besteht aber nicht. Vielmehr liegt die Entscheidung über Art und Umfang der Unterstützung beim öffentlichen Träger. Der freie Träger hat allerdings einen Anspruch auf fehlerfreie Ermessensausübung (§ 39 SGB I).

Kunkel

c) Grundsätze nach der Entscheidung des Bundesverfassungsgerichts

33 Das Bundesverfassungsgericht hat in seiner wegweisenden Entscheidung vom 18.7.1967[3] herausgestellt:

– den Grundsatz der Zusammenarbeit, d.h. öffentliche und freie Träger sind zur Zusammenarbeit verpflichtet;
– die Gesamtverantwortung für die Hilfe (Letztverantwortung) liegt bei den öffentlichen Trägern;
– eine unbedingte Förderpflicht gegenüber dem freien Träger besteht nicht;
– die Etathoheit der Kommunen bleibt unberührt;
– ein absoluter Vorrang der freien Träger besteht nicht;
– öffentliche und private Mittel sind zum Wohle des Leistungsberechtigten sinnvoll einzusetzen.

Der Begriff der Subsidiarität wird vom Bundesverfassungsgericht aber nicht gebraucht.

d) Grundsatz der Zusammenarbeit

aa) Funktional

34 (1) Der öffentliche Träger hat die Gesamtverantwortung dafür, dass in seinem Bereich die zur Ausführung von Sozialhilfeleistungen erforderlichen Sozialen Dienste und Einrichtungen rechtzeitig und ausreichend zur Verfügung stehen (§ 17 SGB I).
(2) Die Einrichtungen und Dienste müssen nicht vom öffentlichen Träger selbst bereitgestellt werden, er muss nur für ihr Vorhandensein sorgen.
(3) Soweit freie Träger Einrichtungen schaffen, soll der öffentliche Träger sie dabei unterstützen (durch Finanzmittel oder Sachleistungen).
(4) Die Angemessenheit der Unterstützung ist nach dem Leistungsvermögen des öffentlichen Trägers einerseits und nach der Eigenbeteiligung des freien Trägers andererseits zu bemessen.

bb) Organisatorisch

35 Die Zusammenarbeit kann am besten durch Arbeitsgemeinschaften gewährleistet werden. Die öffentlichen Träger haben in jedem Fall die Selbstständigkeit des freien Trägers in Zielsetzung und Durchführung der Aufgaben zu achten (§ 17 Abs. 3 S. 2 SGB I).

cc) Im Einzelfall

36 Leistet der öffentliche Träger Sozialhilfe nicht in einer eigenen Einrichtung, sondern in einer solchen des freien Trägers, gibt der öffentliche dem freien Träger eine Kostenzusage und erklärt gleichzeitig dem Leistungsberechtigten gegenüber die Kostenübernahme. Die **Kostenzusage** wird durch öffentlich-rechtlichen Vertrag gem. § 53 SGB X geregelt. In diesem Vertrag verpflichtet sich der Träger der Einrichtung andererseits gegenüber dem öffentlichen Träger, Dienst- und Sachleistungen an den Leis-

---

3 BVerfGE 22, 180.

tungsempfänger zu erbringen (Leistungs- und Vergütungsvereinbarung gem. § 75 Abs. 3 SGB XII). Die Vereinbarungen sind für einen zukünftigen Zeitraum (prospektiv) abzuschließen (§ 77 Abs. 1 SGB XII). Ohne den Abschluss solcher Vereinbarungen darf der Träger der Sozialhilfe Leistungen in einer Einrichtung nur erbringen, wenn dies ausnahmsweise nach der Besonderheit des Einzelfalls geboten ist (§ 75 Abs. 4 S. 1 SGB XII). Streitigkeiten schlichtet eine gemeinsame Schiedsstelle (§ 80 SGB XII).

2. Sozialrechtliches Dreiecksverhältnis

a) Begriff

Zwischen dem Leistungsberechtigten, dem Träger der Sozialhilfe und dem Träger der **37** Einrichtung besteht ein sozialrechtliches Dreiecksverhältnis. In diesem Rechtsverhältnis besteht zunächst ein Rechtsanspruch des Leistungsberechtigten gegen den Träger der Sozialhilfe auf eine Hilfe nach dem SGB XII. Der Träger der Sozialhilfe erfüllt den Rechtsanspruch dadurch, dass er mit Verwaltungsakt einen Leistungsbescheid erlässt. Schon mit diesem VA gibt er eine **Kostenübernahmeerklärung** für die in der Einrichtung entstehenden Kosten ab. Ebenfalls mit diesem (oder in einem weiteren) VA verpflichtet er den Leistungsberechtigten zum Aufwendungsersatz in Höhe des zumutbaren Eigenanteils (**Kostenbescheid**). Zwischen dem Leistungsberechtigten und dem Träger der Einrichtung wird ein privatrechtlicher Vertrag abgeschlossen, in dem sich der Träger der Einrichtung verpflichtet, eine Dienstleistung gegenüber dem Leistungsberechtigten zu erbringen, während der Leistungsberechtigte sich verpflichtet, diese Dienstleistung zu bezahlen. Zwischen dem Träger der Sozialhilfe und dem Träger der Einrichtung schließlich wird ein öffentlich-rechtlicher Vertrag (§ 53 SGB X) abgeschlossen. Dieser ist ein Austauschvertrag (§ 55 SGB X), mit dem der Träger der Sozialhilfe dem Träger der Einrichtung eine Kostenzusage gibt, während der Träger der Einrichtung sich verpflichtet, dem Leistungsberechtigten gegenüber (Einzelfall) eine Leistung in bestimmter Qualität zu erbringen. Dieser öffentlich-rechtliche Vertrag wird erst im konkreten Bedarfsfall abgeschlossen. Er wird nur mit einem Träger der Einrichtung abgeschlossen, wenn zuvor mit diesem eine generelle Vereinbarung – ebenfalls in Form eines öffentlich-rechtlichen Vertrages (gem. § 53 SGB X) – getroffen worden ist, in der Kriterien der Leistungsqualität einerseits und die Vergütung hierfür andererseits geregelt sind (§ 75 Abs. 3 SGB XII). Diese Vereinbarungen mit den Trägern der Einrichtungen sind vor Beginn der jeweiligen Wirtschaftsperiode für einen zukünftigen Zeitraum (Vereinbarungszeitraum) abzuschließen (§ 77 Abs. 1 SGB XII). Kommt eine Vereinbarung nicht zustande, weil die Partner sich über deren Inhalt nicht einig werden, entscheidet eine Schiedsstelle über die strittigen Punkte (§ 77 Abs. 1 S. 2 SGB XII). Die Schiedsstelle ist besetzt mit Vertretern der Einrichtungsträger und Vertretern der Träger der Sozialhilfe (§ 80 Abs. 2 SGB XII).

Kunkel

38 Schaubild: Sozialrechtliches Dreiecksverhältnis

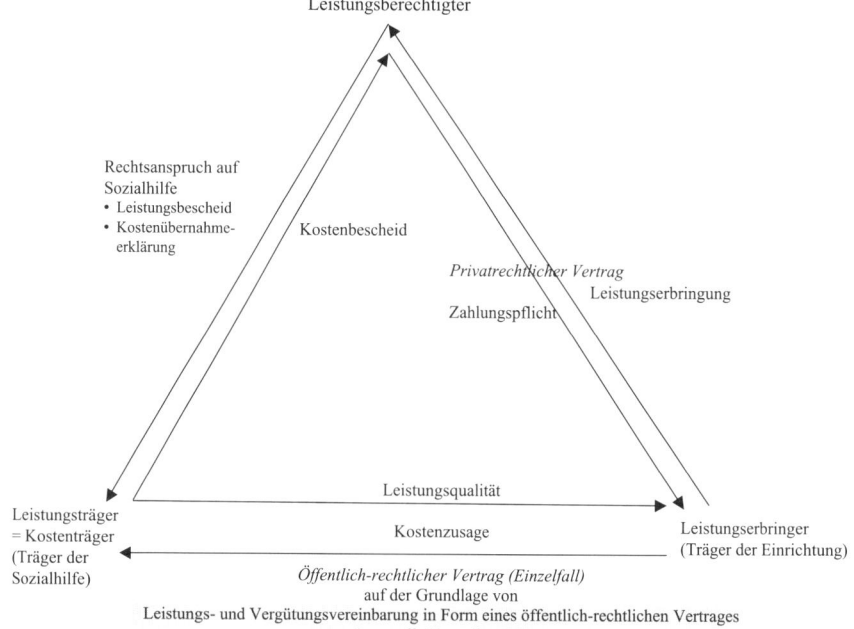

b) Anwendungsfall

39 *Eine Frau (65 Jahre) möchte in einem Altenheim untergebracht werden. Sie nennt dem Sozialamt ein Altenheim der Caritas. Die Leistungsberechtigte hat einen Anspruch auf Grundsicherung gem. § 19 Abs. 2 SGB XII i.V.m. § 41 SGB XII und auf Hilfe bei Unterbringung in einem Altenheim gem. § 71 SGB XII. Ihrem Wunsch auf Unterbringung gerade in einem Heim der Caritas muss gem. § 9 Abs. 2 und 3 SGB XII entsprochen werden. Die Hilfe im Heim erfolgt durch Übernahme der Kosten gem. §§ 42, 27b SGB XII für den notwendigen Lebensunterhalt, die Kosten für Unterkunft und Heizung und Übernahme der Kosten für Mehrbedarfe (der Barbetrag zur persönlichen Verfügung gem. § 27b Abs. 2 SGB XII ist -wohl versehentlich- in § 42 SGB XII nicht erwähnt). Zwischen der Leistungsberechtigten und der Caritas als Heimträger wird ein privater Unterbringungs- und Betreuungsvertrag gemäß dem Heimgesetz abgeschlossen. Zwischen der Caritas und dem Sozialhilfeträger wird ein öffentlich-rechtlicher Vertrag gem. § 53 SGB X geschlossen, in dem geregelt ist, dass der öffentliche Träger die Kosten der Heimunterbringung übernimmt, während der Heimträger sich zur Leistungserbringung an die Heimbewohnerin verpflichtet. Zur Übernahme der Kosten in der Einrichtung der Caritas ist der öffentliche Träger gem. § 75 Abs. 4 S. 1 SGB XII nur verpflichtet (und berechtigt), wenn mit der Caritas eine Leistungs- und Vergütungsvereinbarung gem. § 75 Abs. 3 SGB XII abgeschlossen worden ist. Von der Leistungsberechtigten holt sich der Sozialhilfeträger den Teil der Kosten, den sie aus ihrem Einkommen und Vermögen tragen muss, als Aufwendungsersatz gem. § 19 Abs. 5 SGB XII zurück (VA nach § 31 SGB X).*

Kunkel

3. Kapitel: Verfahrensgrundsätze

I. Sachverhaltsermittlung und Mitwirkung

1. Mitwirkungspflichten und Sachverhaltsermittlung von Amts wegen

Der Sozialhilfeträger ermittelt von Amts wegen, ob die Tatbestandsmerkmale einer **1** Rechtsnorm vorliegen. Dabei gilt der **Untersuchungsgrundsatz** (§ 20 SGB X), d.h., dass der Hilfesuchende keine Beweisführungslast hat. Sind anspruchsbegründende Tatsachen unaufklärbar, geht das zu Lasten dessen, der das Bestehen des Anspruchs behauptet (materielle Beweislast). Bei der Sachverhaltsermittlung bedient sich der Sozialhilfeträger der Beweismittel, die er nach pflichtgemäßem Ermessen für erforderlich hält zur Aufklärung des Sachverhalts (§ 21 SGB X). Er kann insbesondere:
- Auskünfte einholen (z.B. vom Arbeitgeber)
- Gutachten einholen (z.B. vom Amtsarzt)
- Augenschein einnehmen (z.B. durch **Hausbesuch**).

Dieser Ermittlungspflicht entsprechen Mitteilungspflichten **Dritter**, insbesondere: **2**
- die Auskunftspflicht für Unterhaltspflichtige, Kostenersatzpflichtige und Arbeitgeber (§ 117 SGB XII; §§ 57, 58 SGB II; 3 1605 BGB)
- die Auskunftspflicht des Arztes (§ 100 SGB X)
- die Auskunftspflicht der Finanzbehörden (§ 21 Abs. 4 SGB X)
- die Amtshilfepflicht anderer Sozialleistungsträger (§ 3 SGB X)
- die Aussagepflicht von Zeugen und die Pflicht zur Erstattung von Gutachten durch Sachverständige (§ 21 Abs. 3 SGB X)
  - die Auskunftspflicht von Leistungserbringern (§ 60 Abs. 2 SGB II)
  - die Auskunftspflicht von Partnern und ihren Banken (60 Abs. 4 SGB II)

Außerdem besteht bei der Ermittlung des Sachverhalts eine Mitwirkungspflicht des **3** **Hilfesuchenden** (§ 21 Abs. 2 SGB X).

2. Inhalt der Mitwirkungspflicht

Der Inhalt der Mitwirkungspflichten ergibt sich aus §§ 60 bis 64 SGB I. Darüber hinaus **4** bestehen keine Mitwirkungspflichten, also auch beispielsweise nicht die Pflicht, einen Hausbesuch zu dulden.

Der Hilfesuchende muss nach § 60 SGB I: **5**
(1) alle **Tatsachen** angeben, die für die Leistung erheblich sind. Welche das sind, richtet sich nach den Tatbestandsmerkmalen der Anspruchsnorm (z.B. Auskünfte über Einkommen, Vermögen, Familienverhältnisse, unterhaltspflichtige Personen, Alter),
(2) seine **Zustimmung** geben, dass Dritte die erforderlichen Auskünfte erteilen (z.B. Banken oder Ärzte von der Schweigepflicht entbinden),
(3) **Änderungen** in den Verhältnissen mitteilen (z.B. der Einkommens-, Vermögens-, Familienverhältnisse),
(4) **Beweismittel** benennen und vorlegen (z.B. Lohnbescheinigungen, Rentenbescheid, Mietverträge).

Aus § 62 SGB I ergibt sich die Pflicht, sich Untersuchungen und Heilbehandlungen (aus **6** § 63 SGB I) zu unterziehen. Hilfebedürftige nach SGB II haben gem. § 64 SGB I die

Pflicht, an berufsfördernden Maßnahmen teilzunehmen und gem. § 56 SGB II die Pflicht, Arbeitsunfähigkeit anzuzeigen.

3. Grenzen der Mitwirkungspflichten

7 Die Grenzen der Mitwirkungspflichten ergeben sich aus dem **Grundsatz der Verhält-nismäßigkeit** (Art. 20, 28 GG), der in § 65 SGB I konkretisiert wird. Danach müssen die Mitwirkungshandlungen geeignet, erforderlich und angemessen sein. Dies bedeutet:

a) Geeignetheit der Mitwirkungshandlung

8 Die Angabe von Tatsachen ist nur dann geeignet, wenn sie tauglich ist, ihren Zweck zu erfüllen, nämlich die Tatbestandsmerkmale einer Rechtsnorm auszufüllen (Subsumtion) Nicht einschlägige Tatsachen brauchen auch nicht angegeben zu werden.

b) Erforderlichkeit der Mitwirkungshandlung

9 Erforderlich sind nur solche Tatsachen, die im konkreten Hilfefall benötigt werden. Nicht erforderlich ist daher eine Blanko-Einwilligungserklärung für Bankauskünfte jeglicher Art oder Auskünfte bei Ärzten allgemein. Ebenso wenig ist eine Mitwirkungshandlung erforderlich, wenn der Sozialhilfeträger sich durch geringeren Aufwand als der Leistungsberechtigte die Kenntnis selbst beschaffen kann, z.B. im Weg der Amtshilfe von einer anderen Behörde (§ 65 Abs. 1 Nr. 3 SGB I).

c) Angemessenheit der Mitwirkungshandlung

10 Eine Mitwirkungshandlung ist nur dann angemessen, wenn sie in einem angemessenen Verhältnis zu der in Anspruch genommenen Leistung steht (§ 65 Abs. 1 Nr. 1 SGB I). Nicht angemessen sind schwer zu bewerkstelligende Mitwirkungshandlungen für eine nur geringe Leistung. Außerdem darf die Mitwirkungshandlung nicht aus wichtigem Grund unzumutbar sein. Dies kann in Einzelfällen der Weigerung der Mutter, den Namen des Vaters ihres Kindes zu nennen, angenommen werden.

4. Sanktionen bei Nichterfüllung der Mitwirkungspflichten

11 Lässt sich der Sachverhalt infolge fehlender (nicht notwendigerweise auch verpflichtender) Mitwirkung des Hilfesuchenden nicht aufklären, geht die Nichtaufklärbarkeit anspruchsbegründender Tatsachen zu Lasten desjenigen, der das Bestehen des Anspruchs behauptet. Dies kann beispielsweise dann der Fall sein, wenn ein Hausbesuch nicht geduldet wird, obwohl er geeignet, erforderlich und angemessen ist. Wenn das Vorliegen einer eheähnlichen Gemeinschaft ungeklärt bleibt, ist der Einkommenseinsatz und damit eine Tatbestandsvoraussetzung ungeklärt (s. 4. Kap. Rn 76). Bei Verletzung einer Mitwirkungspflicht nach § 60 SGB I kann eine Leistung gem. § 66 Abs. 1 S. 1 SGB I versagt oder entzogen werden. Dies setzt aber voraus, dass die folgenden formellen Anforderungen aus § 66 Abs. 3 SGB I erfüllt werden:

Kunkel

(1) schriftlicher Hinweis auf diese Folge (Rechtsfolgenbelehrung)
(2) Setzen einer angemessenen Frist zur Erfüllung der Mitwirkungspflicht
(3) ergebnisloser Ablauf der Frist.

Bei der Hilfe zum Lebensunterhalt wird ferner § 26 SGB XII analog zu berücksichtigen **12** sein mit der Folge, dass die Hilfe nur bis auf das zum Lebensunterhalt Unerlässliche eingeschränkt werden kann und auch nur, wenn keine „Kollateralschäden" für die Familie eintreten.

§ 67 SGB I ist wegen des Bedarfsdeckungsprinzips im Sozialhilferecht nicht anwend- **13** bar (vgl. 1. Kap. Rn 4).

Weigert sich der Hilfebedürftige, eine Eingliederungsvereinbarung abzuschließen oder **14** verstößt er gegen sie oder nimmt er eine zumutbare Arbeit nicht an, sind Minderung und Wegfall des Arbeitslosengelds II in § 31 SGB II speziell geregelt.

II. Sozialdatenschutz

1. Grundsätze

Der Pflicht des Hilfesuchenden, sich im Rahmen seiner Mitwirkungspflicht nach § 60 **15** SGB I umfassend zu offenbaren, entspricht die Pflicht des Sozialleistungsträgers, diese Daten nicht zu offenbaren. Diese Geheimhaltungspflicht („Sozialgeheimnis") ist in § 35 SGB I geregelt als eine bereichsspezifische Ausformung des Grundrechts auf informationelle Selbstbestimmung aus Art. 1 Abs. 1 i.V.m. Art. 2 Abs. 1 GG. Die bereichsspezifische Regelung des Sozialdatenschutzes im SGB I und X (aber auch im SGB II und SGB XII) hat Vorrang vor den allgemeinen Datenschutzbestimmungen im Bundes- und Landesdatenschutzgesetz. Nur die Überwachung des Datenschutzes durch den Landesdatenschutzbeauftragten erfolgt nach dem Landesdatenschutzgesetz (§ 81 Abs. 2 S. 2 und 3 SGB X). Der Datenschutz gilt für alle Eingriffe in das Sozialgeheimnis – unabhängig davon, ob sich ein Datum in einer Datenverarbeitungsanlage, in Akten oder auch nur im Kopf des Sachbearbeiters befindet.

16 Übersicht: Eingriffe in das Sozialgeheimnis nach § 35 SGB I

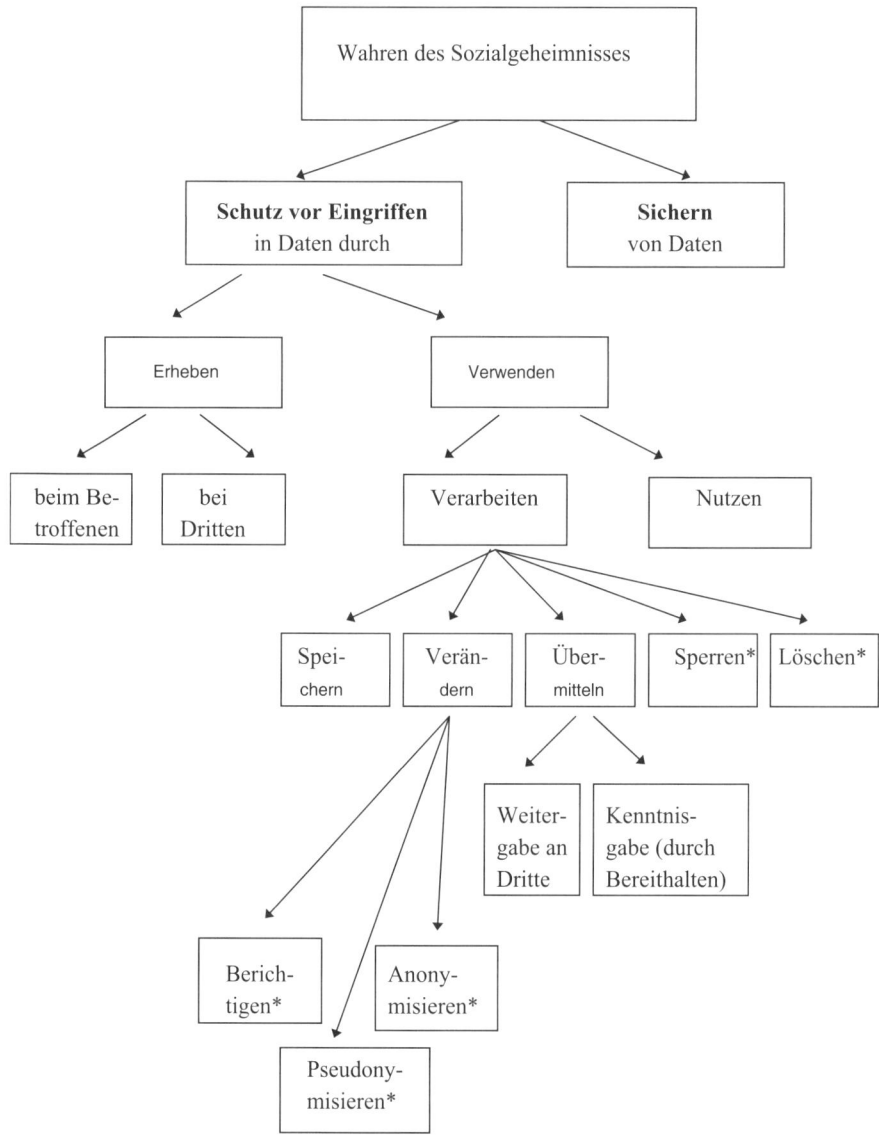

* Zwar Verarbeitungsvorgänge, aber keine Eingriffe, sondern Schutzinstrumente

17 Liegt ein **Eingriff (definiert in § 67 Abs. 5-7 SGB X)** in den Schutzbereich des § 35 SGB I vor, ist dieser nur zulässig, wenn eine gesetzliche Bestimmung ihn erlaubt (§ 35 Abs. 2 SGB I).Für den Eingriff durch **Datenerhebung** ist dies § 67 a SGB X, für den Eingriff durch **Datenspeicherung** sind es §§ 67 c, d SGB X, für die **Datenübermittlung** sind es §§ § 67 b, d SGB X. Soweit eine Übermittlungsbefugnis sich daraus

nicht ergibt, besteht keine Mitteilungspflicht anderen Behörden gegenüber, **keine Zeugnispflicht** im gerichtlichen Verfahren (auch nicht im Strafprozess) und keine Aktenvorlagepflicht (§ 35 Abs. 3 SGB I). Die wichtigsten Übermittlungstatbestände sind die der §§ 68, 69, 71 SGB X. Ob der Empfänger der Daten seinerseits auch zum Datenschutz verpflichtet ist, ist – entgegen landläufiger Meinung – unerheblich. Ebenfalls unerheblich ist es, ob die Daten schriftlich, mündlich, telefonisch oder elektronisch übermittelt werden.

Zu beachten ist die **Schranke** des § 76 SGB X für alle Übermittlungstatbestände. Dies **18** bedeutet, dass solche Daten, die das Sozialamt/Jobcenter von einem Angehörigen einer in § 203 Abs. 1 StGB genannten Berufsgruppe (z.B. Sozialarbeiter/ Sozialpädagoge, Psychologe, Arzt, Berater in anerkannter Beratungsstelle) erhält, die gesetzliche **Übermittlungsbefugnis** nicht ausreicht. Hinzu treten müssen vielmehr die strafrechtlichen Voraussetzungen, unter denen eine Weitergabe des Datums für den Angehörigen der Berufsgruppe möglich wäre. Die wichtigste strafrechtliche **Offenbarungsbefugnis** ist die Einwilligung, die (strafrechtlich) auch stillschweigend (konkludent) erfolgen kann.

Zum Sozialdatenschutz verpflichtet sind alle Stellen des Sozialleistungsträgers **19** (§§ 18-29 SGB I) und die ihm in § 68 SGB I gleichgestellten Stellen, also z.B. die Wohngeldstelle, aber nicht die Asylbewerberleistungsstelle. Nicht Normadressat sind die **freien Träger** (Wohlfahrtsverbände und Kirchen), und nichtöffentliche Stellen es sei denn, dass sie Daten vom Sozialleistungsträger übermittelt bekommen haben, z.B. nach § 51 SGB II. Sie sind dadurch „ abgeleitete Normadressaten" und müssen das Sozialgeheimnis nach § 35 SGB I in gleicher Weise wahren wie der Sozialleistungsträger selbst (§ 78 Abs. 1 S. 2 SGB X). Für die Kirchen gilt der Datenschutz nach dem" Kirchengesetz über den Datenschutz" (EKD)bzw. den „Anordnungen über den kirchlichen Datenschutz"(für die katholischen Bistümer). Im übrigen gilt für öffentliche Stellen das Landesdatenschutzgesetz (z.B. § 2 Abs. 1 LDSG BW) und für nichtöffentliche Stellen das Bundesdatenschutzgesetz (§ 27 Abs. 1 S. 1 Nr. 1 BDSG).

2. Schutzbereich des Sozialgeheimnisses

Personenbezogene Daten sind alle Einzelangaben über die persönlichen und sachli- **20** chen Verhältnisse einer natürlichen – auch schon verstorbenen – Person, gleichgültig, ob diese Daten noch geheim, also unbekannt sind oder nicht (§ 67 Abs. 1 SGB X). Außerdem geschützt sind gem. § 67 Abs. 1 S. 2 auch Betriebs- und Geschäftsgeheimnisse (z.B. die Angaben von freien Trägern zur Zahl ihrer Beschäftigten oder ihrer Finanzen, soweit diese Daten noch unbekannt sind). Schon der Bezug einer Sozialleistung oder die Beziehung zu einem Sozialleistungsträger ist ein geschütztes Datum, das nicht durch Kennzeichnung auf dem Überweisungträger als „Sozialleistung" der Bank mitgeteilt werden darf.[1]

Geschützt ist ein Sozialdatum insbesondere gegen unzulässige **Übermittlung**. Über- **21** mittlung ist die Weitergabe des Datums an Dritte (§ 67 Abs. 6 S. 2 Nr. 3 SGB X). Dritte sind zunächst alle anderen Behörden, Stellen und Personen außerhalb der Körperschaft des Sozialleistungsträgers (z.B. Polizei, Finanzamt oder andere Sozialämter/ Jobcenter oder der kommunale Träger der Grundsicherung im Verhältnis zur Bundesagentur). Außerdem sind Dritte aber auch Stellen innerhalb der Körperschaft des Sozialleistungsträgers, die keine Aufgabe nach dem SGB erfüllen (z.B. das Ausländeramt,

---

1 BVerwG v. 23.6.1994, ZFSH/SGB 1994, 586.

die Kfz-Zulassungsstelle oder das kommunale Krankenhaus). Darüber hinaus sind Dritte gem. § 67 Abs. 10 SGB X auch Stellen innerhalb des Amtes, die nach der internen Geschäftsverteilung für die Bearbeitung des konkreten Falles nicht zuständig sind (z.B. die Weitergabe eines Datums vom Sachgebiet Hilfe zum Lebensunterhalt an das Sachgebiet Hilfe zur Pflege). Keine Weitergabe an Dritte ist es dagegen, wenn beispielsweise die Verwaltungsfachkraft in einem HzL-Fall personenbezogene Daten des Leistungsberechtigten an den Mitarbeiter des ASD weitergibt, damit dieser persönliche Hilfe leistet; beide bearbeiten dann nämlich den HzL-Fall unter verschiedenen Gesichtspunkten. Der umgekehrte Übermittlungsvorgang vom Mitarbeiter des ASD an die Verwaltungsfachkraft ist zwar ebenfalls kein Übermitteln i.S.d. § 35 SGB I, aber ein Offenbaren i.S.v. § 203 Abs. 1 StGB, wenn der Leistungsberechtigte seine Daten dem Sozialarbeiter gerade im Vertrauen auf dessen berufliche Stellung als Sozialarbeiter anvertraut hat. Als strafrechtliche Offenbarungsbefugnis kommt dann eine (auch bloß stillschweigende) Einwilligung in Betracht.

22 **„Wahren"** des Sozialgeheimnisses (§ 35 Abs. 1 S. 2 SGB I) bedeutet, dass die Sozialdaten nicht offenbar werden dürfen, sie also durch positive Vorkehrungen zu schützen sind. Mit der Fallbearbeitung nicht befasste Dritte dürfen daher keinen Zugang zu den Sozialdaten erlangen; daher müssen Schränke bei Verlassen des Zimmers abgeschlossen werden und im Telefon- und Publikumsverkehr muss Diskretion gewahrt werden.

3. Die Einwilligung als Eingriffsbefugnis

23 Einwilligung ist die vor dem Eingriff erteilte Einverständniserklärung des Inhabers des personenbezogenen Datums (Betroffener) mit dem Eingriff. Die Einwilligung muss grundsätzlich schriftlich erteilt werden (§ 67 b Abs. 2 S. 3 SGB X) und muss auf den jeweiligen Einzelfall beschränkt sein (Erforderlichkeit)). Generelle Einwilligungserklärungen für Auskunftserteilungen durch Dritte (z.B. Banken, Ärzte) oder für Aktenanforderungen bei anderen Behörden sind daher unwirksam. Die besonderen Formererfordernisse für die Einwilligung gem. § 67 b Abs. 2 S. 1, 3, 4 SGB X sollen verhindern, dass die Einwilligung zu einem „Sesam-öffne-dich" für Eingriffe jedweder Art wird.

4. Datenerhebung

24 Datenerhebung ist das Beschaffen von Daten über eine Person (§ 67 Abs. 5 SGB X). Sie ist nur zulässig, wenn die Daten erforderlich sind, um eine konkrete Aufgabe nach dem SGB XII erfüllen zu können (§ 67 a Abs. 1 S. 1 SGB X). Der Umfang der Datenerhebung wird also bestimmt von den Tatbestandsmerkmalen der Ermächtigungs- oder Anspruchsgrundlage, die das Sozialamt /Jobcenter durch Subsumtion auszufüllen hat. Daten dürfen nicht auf Vorrat („für alle Fälle") beschafft werden.[2] Zunächst muss das Sozialamt/Jobcenter versuchen, die Daten beim Betroffenen selbst zu erheben (§ 67 a Abs. 2 S. 1 SGB X: „**Betroffenenerhebung**"). Dies geschieht durch mündliches Befragen, Zusenden eines Fragebogens oder Einholen von Auskünften bei Dritten mit Einwilligung des Betroffenen. Nur in den enumerativ begrenzten Ausnahmefällen des § 67 a Abs. 2 S. 2 SGB X darf eine Erhebung von Daten ohne Mitwirkung des Betroffenen erfolgen („**Fremderhebung**"). Eine spezielle Ermächtigungsgrundlage für die

---

2 BVerfG v. 2.3.2010, NJW 2010, 833.

Träger der Grundsicherung nach SGB II ist § 51 b SGB II, z.B. zur Bekämpfung von Leistungsmissbrauch.

Übersicht: Datenerhebung im Sozialamt 25

Betroffenenerhebung

beim Betroffenen selbst   **mit seiner Einwilligung bei Dritten**

wenn:
Daten erforderlich sind für die Erfüllung einer
bestimmten Aufgabe (z.B. §) nach dem SGB XII oder II

Dritterhebung (ohne Einwilligung)

bei SGB-Stellen,
wenn:
(1) diese Übermittlungsbefugnis nach SGB haben

+

(2) Betroffenenerhebung für Leistungsberechtigten zu aufwändig wäre

+

(3) keine überwiegenden schutzwürdigen Interessen des Betroffenen beeinträchtigt werden

bei anderen Stellen/Personen,
wenn:
(1) Gesetz Erhebung erlaubt oder Übermittlung vorschreibt, z.B.:
- § 117 SGB XII bzw. § 57 SGB II
  - bei Arbeitgebern
  - bei Unterhaltspflichtigen
- § 118 SGB XII
  - Kfz-Stelle
  - Einwohnermeldeamt
  - Energieversorgungsunternehmen
- § 21 Abs. 4 SGB X
  - Finanzamt
- § 100 SGB X
  - Arzt (Übermittlungs**pflicht** nur bei Einwilligung)
    oder
(2) Spezifische Aufgabe nach dem SGB XII/SGB II fordert Erhebung

+

keine überwiegenden schutzwürdigen Interessen des Betroffenen beeinträchtigt werden

oder

(3) Betroffenenerhebung wäre zu aufwändig

|

keine überwiegenden schutzwürdigen Interessen des Betroffenen beeinträchtigt werden

Kunkel

26 *Vgl. Prüfschema zur Datenerhebung im Anhang als Anlage 3.1*

5. Datenspeicherung und Datenlöschung

27 Die Datenspeicherung ist eine Form der Datenverarbeitung und bedeutet, dass Daten auf einem Datenträger (z.B. in einer Akte) erfasst werden (§ 67 Abs. 6 S. 2 Nr. 1 SGB X). Sie ist nur unter den in § 67 c SGB X geregelten Voraussetzungen zulässig. Dies ist dann der Fall, wenn und soweit die Aufnahme des personenbezogenen Datums in den Datenträger erforderlich ist, um die konkrete Aufgabe im einzelnen Fall erfüllen zu können. Die Datenspeicherung muss dem selben Zweck dienen wie die Datenerhebung („Zweckkongruenz").

28 Die Datenlöschung ist ebenfalls eine Form der Datenverarbeitung und besteht im Unkenntlichmachen gespeicherter Daten (§ 67 Abs. 6 S. 2 Nr. 5 SGB X). Gemäß § 84 Abs. 2 SGB X sind die Daten zu löschen, wenn sie zur Aufgabenerfüllung nicht mehr erforderlich sind. Aufbewahrungsfristen in Aktenordnungen sind entsprechend zu fassen. Wenn durch eine Löschung schutzwürdige Interessen des Betroffenen beeinträchtigt würden, tritt an die Stelle der Löschung die Datensperrung (§ 84 Abs. 3 SGB X).

6. Datenübermittlung

29 Die Datenübermittlung ist gem. §§ 67 b, d Abs. 1 SGB X dann zulässig, wenn gesetzliche Übermittlungstatbestände vorliegen. Die wichtigsten sind nachfolgend dargestellt:

a) Übermittlung zwischen Sozialleistungsträgern

30 Für die Übermittlung zwischen Sozialleistungsträgern gilt **§ 69** Abs. 1 Nr. 1 SGB X. Danach ist eine Übermittlung immer dann zulässig, wenn sie erforderlich ist, um eine gesetzliche Aufgabe nach dem SGB zu erfüllen. Dies ist sowohl dann der Fall, wenn die übermittelnde Stelle mit der Übermittlung eine eigene SGB-Aufgabe erfüllt, als auch dann, wenn die Übermittlung der Erfüllung einer SGB-Aufgabe durch den Empfänger des Sozialdatums dient. § 50 Abs. 1 SGB II regelt dies ebenso, ist also eine (von vielen) überflüssige und – wegen der immerwährend proklamierten Deregulierung – ärgerliche Regelung.

b) Übermittlung gegenüber anderen Behörden

31 Die Übermittlung von Sozialdaten gegenüber anderen Behörden (z.B. die Polizei), die weder Sozialleistungsträger (§§ 18-29 SGB I) noch nach § 68 SGB I diesen gleichgestellt sind, ist zunächst nach § 68 SGB X möglich. Nur die dort genannten Standarddaten dürfen den dort genannten Behörden mitgeteilt werden, wenn dadurch schutzwürdige Belange des Betroffenen nicht berührt werden. So kann z.B. der gegenwärtige Aufenthalt des Betroffenen (z.B. im Jobcenter) der Polizei mitgeteilt werden – aber nur, wenn diese darum ersucht hat.

Über die Standarddaten hinausgehende Daten dürfen anderen Behörden nur dann mitgeteilt werden, wenn § 71 SGB X dies zur Erfüllung einer **gesetzlichen Mittei-**

lungspflicht erlaubt. Der wichtigste Tatbestand ist dabei für die Sozialämter § 71 Abs. 2 SGB X, der die Mitteilung des Sozialhilfebezugs (aber nicht von Alg II oder Sozialgeld) von Ausländern gegenüber der Ausländerbehörde in Erfüllung der gesetzlichen Mitteilungspflicht nach § 87 AufenthG erlaubt. *Vgl. hierzu das Prüfschema im Anhang als Anlage 3.3.*

c) Übermittlung an Gerichte

Standarddaten können dem Gericht nach § 68 SGB X auf Ersuchen mitgeteilt werden. **32** Darüber hinaus kann das Sozialamt/Jobcenter Sozialdaten mitteilen, wenn dies im Zusammenhang mit der Erfüllung einer SGB-Aufgabe steht. So kann z.B. nach § 69 Abs. 1 Nr. 2 SGB X ein **Leistungsbetrug** der Polizei, der Staatsanwaltschaft und dem Gericht mitgeteilt werden. Im Fall des § 69 Abs. 1 Nr. 2 SGB X ist ein Zusammenhang (örtlich, zeitlich oder funktionell) zwischen der Erfüllung einer Aufgabe nach dem SGB einerseits und dem gerichtlichen Verfahren (einschl. des Ermittlungsverfahrens) andererseits erforderlich. Ob ein solcher Zusammenhang vorliegt, hat der Sozialleistungsträger zu beurteilen, so dass bei ihm das Initiativrecht für eine Datenübermittlung liegt. Demgegenüber hat im Falle des **§ 73 SGB X** der Richter das Initiativrecht; nur er kann die Übermittlung der Daten anordnen (§ 73 Abs. 3 SGB X). Zudem muss es sich – im Falle des § 73 Abs. 1 SGB X – um ein Verbrechen (§ 12 Abs. 1 StGB) handeln oder um ein Vergehen, das dem Verbrechen an krimineller Energie gleichkommt (z.B. Leistungsbetrug in außergewöhnlicher Höhe).

d) Übermittlung zum Datenabgleich

Eine Übermittlungsbefugnis außerhalb des SGB X ist für die Sozialhilfe in **§ 118** **33** **SGB XII** und für die Sicherung des Lebensunterhalts nach dem SGB II in **§ 52** **SGB II**[3] enthalten. Um eine missbräuchliche Inanspruchnahme der Leistungen zu verhindern oder aufdecken zu können, kann der Träger der Sozialhilfe (aber nicht für die Grundsicherung nach § 41 SGB XII) oder der Grundsicherung nach SGB II bei anderen Stellen bestimmte Daten im Weg des **automatisierten Datenabgleichs** abrufen. Der Träger der Sozialhilfe kann beispielsweise nach § 118 Abs. 4 SGB XII bei der Kfz-Zulassungsstelle nachfragen, ob ein Hilfesuchender Kfz-Halter ist. Die Kfz-Zulassungsstelle muss gem. § 118 Abs. 4 S. 5 SGB XII dieses Datum übermitteln. Die Agentur für Arbeit kann bei der Kfz-Zulassungsstelle nur im Einzelfall nachfragen (§ 52 a Abs. 1 Nr. 1 SGB II).

Vgl. Prüfschema für Datenübermittlung im Anhang als Anlage 3.2   **34**

7. Auskunftsrecht des Betroffenen

Jeder Bürger kann gem. § 83 SGB X vom Sozialamt Auskunft über seine personenbe- **35** zogenen Daten – auch über deren Herkunft – verlangen. Im Unterschied zum allgemeinen Akteneinsichtsrecht nach § 25 SGB X (siehe hierzu Rn 40) gilt dieses Auskunftsrecht auch außerhalb eines laufenden Verwaltungsverfahrens i.S.v. § 8 SGB X, beispielsweise für Daten in einer Beratungsakte. Dieses Auskunftsrecht wird aber dadurch beschränkt, dass es sich nicht auf Daten bezieht, die wegen überwiegender

---

3 Näher hierzu Stahlmann, info also 2006, 10 u. 61.

berechtigter Interessen Dritter geheim gehalten werden müssen (§ 83 Abs. 4 Nr. 3 SGB X), wie beispielsweise die Daten eines Informanten, der dem Sozialamt glaubwürdige Angaben über das Bestehen einer eheähnlichen Gemeinschaft macht.[4]

8. Sanktionen

36 Werden Datenschutzbestimmungen verletzt, kommt **Bußgeld** nach § 85 Abs. 2 Nr. 1 SGB X oder (bei böser Absicht) Strafe nach § 85 a SGB X in Betracht. Unzulässig erhobene oder verarbeitete Daten sind „verbrannt", d.h. sie dürfen **nicht verwertet** werden (das folgt im Umkehrschluss aus § 78 Abs. 1 S. 1 SGB X). Neu (2010) eingefügt wurde eine **Informationspflicht** in § 83 a SGB X. Danach muss die Datenschutzverletzung dem Landesdatenschutzbeauftragten und dem Betroffenen „gebeichtet" werden.

III. Rechte im Verwaltungsverfahren und Rechtsschutz

1. Handlungsfähigkeit

37 Handlungsfähig ist nach § 11 Abs. 1 Nr. 1 SGB X jede natürliche Person, soweit sie geschäftsfähig ist. § 11 Abs. 1 Nr. 2 SGB X erweitert die Handlungsfähigkeit insoweit, als auch Minderjährige, die nach §§ 104 ff. BGB noch nicht geschäftsfähig sind, ab 15 Jahren handlungsfähig sein können. Wer das 15. Lebensjahr vollendet hat, kann selbstständig einen Antrag auf eine Sozialleistung stellen und verfolgen (z.B. mit Widerspruch), sowie die Hilfe entgegennehmen. Die Eltern können aber dem widersprechen (§ 36 SGB I). Wer noch nicht 15 Jahre alt ist, ist zwar Leistungsberechtigter, sein Anspruch muss aber von seinem gesetzlichen Vertreter (das sind beide Elternteile gemeinsam: § 1626 BGB) durchgesetzt werden.

2. Anhörung

38 Bevor ein Verwaltungsakt erlassen wird, der in die Rechte eines Beteiligten (§ 12 SGB X) eingreift, ist diesem Gelegenheit zu geben, sich zu den entscheidungserheblichen Tatsachen zu äußern (§ 24 SGB X). Bei Ablehnung eines Antrags wird möglicherweise in das Anspruchsrecht des Leistungsberechtigten eingegriffen, so dass er angehört werden muss. Die Anhörung muss vor Erlass des VA erfolgen und kann mündlich oder schriftlich geschehen. Unterbleibt die Anhörung, führt dies zur Anfechtbarkeit des VA. Allerdings ist eine Heilung des Fehlers möglich, wenn die erforderliche Anhörung nachgeholt wird (§ 41 Abs. 1 Nr. 3 SGB X). Die zunächst unterbliebene Anhörung muss spätestens im gerichtlichen Verfahren nachgeholt werden (§ 41 Abs. 2 SGB X). Ist dies nicht geschehen, ist der VA fehlerhaft und muss aufgehoben werden (§ 42 S. 2 SGB X).

39 Da die Anhörung eine Verfahrenshandlung ist, setzt sie Handlungsfähigkeit voraus. Da Minderjährige nach § 36 SGB I ab 15 Jahren handlungsfähig sind, müssen sie angehört werden, wenn sie einen Antrag auf eine Sozialleistung gestellt haben.

---

4 Vgl. hierzu das Urteil des BVerwG, DVBl 2004, 443 ff.

3. Akteneinsichtsrecht

Den Beteiligten (§ 12 SGB X) ist im Verwaltungsverfahren (§ 8 SGB X) Einsicht in die **40**
sie betreffenden Akten zu gestatten, soweit ein rechtliches Interesse hierfür vorliegt
(§ 25 SGB X). Eine Grenze des Akteneinsichtsrechts ist das Sozialgeheimnis (§ 25
Abs. 3 SGB X i.V.m. § 35 SGB I). Außerhalb eines Verwaltungsverfahrens kann Akteneinsicht nach Ermessen gewährt werden. Nur für die Akteneinsicht bei Bundesbehörden (und in einzelnen Ländern, z.B. NRW) gilt das Informationsfreiheitsgesetz.

Vgl. das Prüfschema zur Akteneinsicht im Anhang als Anlage 3.3

Vom Akteneinsichtsrecht des Bürgers zu unterscheiden ist das Akteneinsichtsrecht **41**
des Gemeinderats, das sich nach der Gemeindeordnung und der Hauptsatzung richtet, und das Akteneinsichtsrecht sozial erfahrener Personen (§ 116 SGB XII), dessen
Gewährung im Ermessen der Behörde steht.

4. Begründungspflicht

Ein schriftlicher VA muss auch schriftlich begründet werden (§ 35 Abs. 1 SGB X). Ob **42**
er belastend oder begünstigend ist, ist für die Begründung unerheblich.

Die Begründung muss enthalten:

– die wesentlichen tatsächlichen und rechtlichen Gründe für die Entscheidung,
– bei Ermessensentscheidungen auch die ermessensleitenden Gesichtspunkte.

Von der Begründung kann aber abgesehen werden, wenn die Sachbearbeiterin die
Sach- und Rechtslage mit dem Bürger erörtert hat oder seinem Antrag entspricht
(§ 35 Abs. 2 SGB X).

5. Tenorierung des Bescheids

Der Tenor (Entscheidungsformel) des VA muss dem Grundsatz der **Bestimmtheit** **43**
(§ 33 Abs. 1 SGB X) genügen. Dies ist ein materielles Erfordernis. Die Bestimmtheit ist
dann gewahrt, wenn der Bürger weiß, was die Behörde von ihm verlangt oder an ihn
leistet. So muss beispielsweise die Auskunftspflicht des Unterhaltspflichtigen nach
§ 117 Abs. 1 SGB XII so klar formuliert sein, dass der Unterhaltsverpflichtete weiß, dass
er über seine wirtschaftlichen Verhältnisse Auskunft zu geben hat. Nur wenn ihm in
einem förmlichen VA diese Verpflichtung auferlegt wird, liegt eine „Regelung" i.S.d.
§ 31 SGB X vor. Fehlt die Form des VA, handelt es sich lediglich um einen Hinweis auf
die Rechtslage nach § 117 SGB XII.

Bei einer **Überleitungsanzeige** nach § 93 SGB XII muss klar erkennbar sein, dass ein **44**
Gläubigerwechsel stattfindet. Außerdem muss die Leistungsverpflichtung klar ausge-
sprochen sein. Die Höhe der erbrachten Leistung muss sich zumindest aus der Überleitungsanzeige ergeben (vgl. 9. Kap. Rn 26).

6. Rechtsschutz

Gegen Bescheide der Sozialämter/Jobcenter in Angelegenheiten nach dem SGB XII / **45**
SGB II kann der Adressat das Gericht, seit 1.1.2005: das Sozialgericht, anrufen (§ 51
Abs. 1 Nr. 4 a und 6 a SGG). Als Klagearten kommen die Anfechtungs- und die Ver-
pflichtungsklage in Betracht. Die Anfechtungsklage richtet sich auf die Aufhebung ei-

nes VA, die Verpflichtungsklage auf den Erlass eines VA. Vorläufigen Rechtsschutz erhält der Bürger mit dem Antrag auf einstweilige Anordnung (§ 86 b Abs. 2 SGG). Das Verfahren ist (bisher) **kostenfrei** (§ 183 SGG).

46 Die Klage ist nur zulässig, wenn der Bürger zunächst Rechtsschutz in einem **Vorverfahren** gesucht hat (§ 62 SGB X i.V.m. § 78 SGG). Auf den Widerspruch des Adressaten hin (daher auch: Widerspruchsverfahren) überprüft die Behörde ihre Entscheidung. Hält sie den Widerspruch für berechtigt, erlässt sie einen Abhilfebescheid (§ 85 Abs. 1 SGG). Hält sie den Widerspruch aber für unberechtigt, erlässt sie einen Widerspruchsbescheid (§ 85 Abs. 2 S. 1 SGG).

47 Diesen Widerspruchsbescheid erlässt in Sozialhilfesachen die Ausgangsbehörde (§ 85 Abs. 2 S. 1 Nr. 4 SGG), das ist die Behörde, die den VA erlassen hat. Die nächst höhere Behörde (Nr. 4) kann den Widerspruchsbescheid deshalb nicht erlassen, weil Sozialhilfe eine Selbstverwaltungsangelegenheit (weisungsfreie Pflichtaufgabe) ist, im Widerspruchsverfahren deshalb die Zweckmäßigkeit des VA nicht von einer höheren Behörde überprüft werden kann. Anders ist es, wenn eine kreisangehörige Gemeinde vom Landkreis zur Erfüllung einer SGB XII-Aufgabe herangezogen worden ist (vgl. hierzu 2. Kap. Rn 4); dann erlässt der Landkreis den Widerspruchsbescheid (§ 99 Abs. 1 SGB XII). Entsprechendes gilt, wenn der überörtliche Träger den örtlichen Träger oder eine kreisangehörige Gemeinden herangezogen hat (§ 99 Abs. 2 SGB XII). Eine sich anschließende Klage vor dem Sozialgericht muss sich aber gegen die herangezogene Gemeinde richten, weil diese die Entscheidung in eigenem Namen getroffen hat.

In Angelegenheiten nach dem SGB II erlässt ebenfalls die Ausgangsbehörde den Widerspruchsbescheid (§ 85 Abs. 2 S. 2 SGG).

48 Der Widerspruch hat grundsätzlich aufschiebende Wirkung (§ 86 a Abs. 1 SGG); ausnahmsweise (§ 86 a Abs. 2 Nr. 4 SGG) aber nicht gegen die Überleitungsanzeige (§ 93 Abs. 3 SGB XII) und nicht gegen die in § 39 SGB II genannten VA., z.B. die Aufhebung eines Leistungsbescheids.

49 Vor einer Widerspruchsentscheidung in Sozialhilfesachen müssen **sozial erfahrene Personen** beratend beteiligt werden (§ 116 Abs. 2 SGB XII). Landesrecht kann aber bestimmen, dass diese Beteiligung entfällt (z.B. nach § 9 AG SGB XII BW). Ungenau ist die Formulierung im Gesetz „Erlass des Bescheides über einen Widerspruch", da nicht der Bescheid gemeint ist, mit dem einem Widerspruch abgeholfen wird, sondern der Bescheid, der ergeht, weil einem Widerspruch nicht abgeholfen wird (Widerspruchsbescheid).

Zur Widerspruchsprüfung vgl. die Schemata im Anhang als Anlage 4.

50

Übersicht: Gegenüberstellung der voneinander abweichenden Regelungen im Landesverwaltungsverfahrensgesetz, im SGB I und X sowie im SGB XII und SGB II *

Inhalt	LVwVfG	SGB I und X	SGB XII	SGB II
1. Örtliche Zuständigkeit	§ 3	§ 2 SGB X	§ 98	§ 36
2. Verfahren				
a. Beratung/Auskunft	§ 25	§ 13 SGB I: Aufklärung § 14 SGB I: Beratung § 15 SGB I: Auskunft	§ 11: Beratung und Unterstützung	
b. Handlungsfähigkeit	§ 12	§ 11 SGB X i.v.m. § 36 SGB I	--	
c. Anhörung	§ 28	§ 24 Abs. 2 Nr. 5 SGB X	--	
d. Akteneinsicht	§ 29	§ 25 Abs. 2 und 5 SGB X	--	
e. Antragstellung	--	§ 16 SGB I und § 28 SGB X	Antrag nur für Leistung nach § 24 und § 41	§ 37; § 40 Abs. 3
f. Mitwirkungsverpflichtung	--	§§ 60-67 SGB I	§ 67 SGB I gilt nicht wg. Bedarfsdeckungsprinz,p	§ 56
g. Geheimhaltung	§ 3 a	§ 35 SGB I i.V.m. §§ 67-85 a SGB X	zusätzlich: §§ 118, 119	§§ 50-52 a
3. Form	--			
a. Begründung	§ 39	§ 35 Abs. 1 S. 3 SGB X („muss")	--	
b. Rechtsbehelfsbelehrung	--	§ 36 SGB X	--	
4. Fehlerfolgen				
a. Heilung	§ 45	§ 41 Abs. 1 Nr. 6 SGB X	--	

Inhalt	LVwVfG	SGB I und X	SGB XII	SGB II
1. Örtliche Zuständigkeit	§ 3	**§ 2 SGB X**	§ 98	§ 36
b. Unbeachtlichkeit	§ 46	**§ 42 S. 2 SGB X** (Anhörungsfehler ist beachtlich)	–	
5. Rücknahme u. Widerruf				
a. Rücknahme eines belastenden VA	§ 48 Abs. 1 S. 1 („kann")	**§ 44 SGB X** („ist")	*keine Rücknahme ex tunc wg. Bedarfsdeckungsprinzip*	*§ 40 Abs. 1 S. 2 Nr. 1*
b. Rücknahme eines begünstigenden VA	§ 48 Abs. 1 S. 2 i.V.m. Abs. 2-4	**§ 45 SGB X**	*keine Rücknahme ex nunc wg. Bedarfsdeckungsprinzip*	*dito*
c. Widerruf eines belastenden VA	§ 49 Abs. 1	**§ 46 SGB X**	*kein Widerruf ex nunc wg. Bedarfsdeckungsprinzip*	*dito*
d. Widerruf eines begünstigenden VA	§ 49 Abs. 2 Nr. 1 und 2	**§ 47 SGB X**	*kein Widerruf ex nunc wg. Bedarfsdeckungsprinzip*	*dito*
e. Widerruf eines VA mit Dauerwirkung	§ 49 Abs. 2 Nr. 3 und 4	**§ 48 SGB X** („ist" und auch bei Änderung der Rechtsprechung)	*i.d.R. keine VA m. Dauerwirkung wg. Bedarfsdeckungsprinzip*	*§ 40 Abs. 2*
f. Erstattung zu Unrecht erbrachter Leistungen	§ 49a	**§ 50 SGB X**	§ 103 Abs. 1 S. 2 SGB XII	
g. Wiederaufgreifen des Verfahrens	§ 51	–	–	

Kunkel

Inhalt	LVwVfG	SGB I und X	SGB XII	SGB II
1. Örtliche Zuständigkeit	§ 3	§ 2 SGB X	§ 98	§ 36
6. Öffentlich-rechtlicher Vertrag	§ 54	§ 53 Abs. 2 SGB X (nur für Ermessensleistungen)	--	
7. Rechtsbehelfsverfahren	§ 79	§ 62 SGB X i.V.m. SGG	--	
8. Kostenerstattung im Vorverfahren	§ 80 Abs. 1 S. 3	§ 63 SGB X	--	

* Beachte:
(1) In Angelegenheiten nach SGB II oder SGB XII gilt nicht das Landesverwaltungsverfahrensgesetz, sondern das Sozialgesetzbuch (so z.B. § 2 Abs. 2 Nr. 3 LVwVfG Bad.-Württ.; § 40 Abs. 1 S. 1 SGB II). Zum größten Teil enthält das Sozialgesetzbuch inhaltsgleiche Vorschriften wie das Landesverwaltungsverfahrensgesetz. Abweichungen im SGB I und X vom LVwVfG sind oben dargestellt.
(2) Zu beachten ist ferner, dass einzelne dieser SGB I und X-Bestimmungen nicht gelten, weil sie ihrerseits durch Abweichungen im SGB II oder SGB XII verdrängt werden (§ 37 S. 1 SGB I). Solche Abweichungen sind durch Wortlaut, aber auch durch Strukturprinzipien, z.B. dem Bedarfsdeckungsprinzip in der Sozialhilfe möglich (vgl. hierzu 1. Kap. Rn 4 f.). § 40 Abs. 1 S. 2 Nr. 1 SGB II enthält eine Abweichung vom SGB X für die Aufhebung von VA; diese richtet sich nach dem SGB III. § 40 Abs. 2 SGB II weicht von der Erstattungsregelung des § 50 SGB X ab. Nur §§ 1-17 und §§ 31-36 SGB I (also z.B. § 16 und § 35 SGB I) sind „abweichungsfest".

Kunkel

4. Kapitel: Leistungsgrundsätze in Sozialhilfe und Grundsicherung

I. Rechtsanspruch

1. Allgemeines

a) Rechtsgrundlage

1 § 9 bzw. § 3 SGB I ist ebenso wenig wie § 28 bzw. § 19 a SGB I eine Anspruchsgrundlage, da in diesen Normen keine Tatbestandsvoraussetzungen geregelt sind. Als Anspruchsgrundlage für Sozialleistungen allgemein kommt dagegen § 38 SGB I in Betracht; er ist allerdings wegen der vorrangigen (§ 37 S. 1 SGB I) Rechtsgrundlage in § 17 SGB XII bzw. § 19 SGB II nicht anwendbar.

2 Nach § 17 Abs. 1 SGB XII besteht der Rechtsanspruch (**subjektives öffentliches Recht**) dann, wenn sich aus den Leistungsnormen des SGB XII ergibt, dass es sich um eine Muss-Leistung handelt, z.B. § 27 Abs. 1 SGB XII. Aus § 19 SGB II ergibt sich der Rechtsanspruch auf Alg II, Sozialgeld und das Bildungs- und Teilhabepaket. Ein Rechtsanspruch auf unverzügliche Vermittlung in Arbeit, Ausbildung oder zumindest Arbeitsgelegenheit „blüht im Verborgenen" in § 3 Abs. 2 SGB II für U-25, in Abs. 2 a für Ü-58.

b) Muss-, Soll-, Kann-Leistungen

3 Bei einer Muss-Leistung ist der Leistungsträger unter allen Umständen (auch bei knappen Finanzmitteln) verpflichtet, die Leistung zu erbringen.

4 Eine Soll-Leistung ist eine Muss-Leistung im Regelfall; Ermessen besteht aber dann, wenn im Einzelfall atypische Umstände vorliegen. Diese atypischen Umstände muss der Leistungsträger darlegen und beweisen. Die schlechte finanzielle Lage des Trägers ist kein atypischer (eher schon ein typischer) Umstand.

5 Bei Kann-Leistungen muss der Leistungsträger nach pflichtgemäßem Ermessen gem. § 39 SGB I entscheiden. Macht er von seinem Ermessen keinen Gebrauch, begeht er den Ermessensfehler des Ermessensnichtgebrauchs („Ermessensunterschreitung"). Weitere **Ermessensfehler** sind die Ermessensüberschreitung bei Verletzung gesetzlicher Grenzen und der Ermessensfehlgebrauch bei zweckwidriger Ermessensausübung. Auf die pflichtgemäße Ausübung des Ermessens besteht ein Rechtsanspruch, soweit die Ermessensnorm den Schutz des Einzelnen bezweckt (Schutzzwecktheorie).

6 **Übersicht über die Muss-, Soll- und Kann-Leistungen nach dem SGB XII**

Muss	Soll	Kann
1. Hilfe zum Lebensunterhalt (einschl. der Leistungen für den einmaligen Bedarf)	1. Schuldenübernahme im Rahmen der HzL bei drohender Wohnungslosigkeit (§ 36 Abs. 1 S. 2 SGB XII)	1. Hilfe für Ausländer (ohne Titel) gem. § 23
	2. ergänzende Leistungen f. unabweisbaren	

Muss	Soll	Kann
gem. § 19 Abs. 1 SGB XII 2. Grundsicherung im Alter und bei Erwerbsminderung gem. § 19 Abs. 2 i.V.m. § 41 Abs. 2 SGB XII 3. Hilfen zur Gesundheit gem. § 19 Abs. 3 i.V.m. §§ 47-52 SGB XII 4. Eingliederungshilfc für behinderte Menschen gem. § 19 Abs. 3 i.V.m. §§ 54, 55 SGB XII 5. Hilfe zur Pflege gem. § 19 Abs. 3 i.V.m. §§ 61, 64, 65 SGB XII 6. Hilfe zur Überwindung bes. soz. Schwierigkeiten gem. § 19 Abs. 3 i.V.m. § 67 SGB XII 7. Hilfe in and. Lebenslagen durch Blindenhilfe oder durch Übernahme der Bestattungskosten gem.	Bedarf i. Rahmen der HzL u. der GSi als Darlehen gem. § 37 Abs. 1 bzw. § 42 Nr. 5 SGB XII 3. Hilfe in anderen Lebenslagen durch Leistungen zur Weiterführung des Haushalts oder durch Altenhilfe gem. § 19	Abs. 1 S. 3 SGB XII durch • vorbeugende Gesundheitshilfe (§ 47 SGB XII) • Hilfe zur Familienplanung (§ 49 SGB XII) • Hilfe bei Sterilisation (§ 51 SGB XII) • Eingliederungshilfe (§§ 54, 55 SGB XII) • Hilfe zur Überwindung bes. soz. Schwierigkeiten (§§ 67, 68 SGB XII) • Hilfe in and. Lebenslagen (§§ 70-74 SGB XII) 2. Wohnungsbeschaffungskosten u. Mietkautionen im Rahmen der HzL (§ 35 Abs. 1 S. 6 SGB XII) 3. Beiträge für eine freiwillige Kranken- u. Pflegevers. (§ 32 Abs. 2 u.3 SGB XII) sowie für Alterssicherung (§ 33 SGB XII) im Rahmen d. HzL 4. Übernahme von Miet- oder Energieschulden im Rahmen der HzL (§ 36 Abs. 1 S. 1 SGB XII) 5. Leistungen bei vorübergeh. Notlage im Rahmen der HzL (§ 38 Abs. 1 SGB XII) 6. Eingliederungshilfc • für nicht wesentlich beh. Menschen (§ 53 Abs. 1 S. 2 SGB XII) und • durch Hilfe in einer sonst. Beschäftigungsstätte (§ 56 SGB XII)

Muss	Soll	Kann
§ 19 Abs. 3 i.V.m. § 72 bzw. § 74 SGB XII	Abs. 3 i.V.m. § 70 bzw. § 71 SGB XII	7. Hilfe zur Pflege d. Beihilfen und Alterssicherung für die Pflegeperson (§ 65 Abs. 1 S. 1 SGB XII) 8. Hilfe in sonstigen (nicht benannten anderen) Lebenslagen (§ 73 SGB XII)

c) Anspruchsberechtigter

7 Anspruchsberechtigt ist jede Person (Leistungsberechtigter), die die Tatbestandsvoraussetzungen der Leistungsnorm erfüllt. Leistungsberechtigt ist jede einzelne Person auch innerhalb einer Bedarfsgemeinschaft (vgl. Rn 65 ff.). Auch Kinder sind anspruchsberechtigt, können ihren Anspruch aber nicht selbstständig verfolgen, solange sie nicht handlungsfähig sind (vgl. hierzu 3. Kap. Rn 37).

d) Rechtsanspruch dem Grunde nach

8 Der Rechtsanspruch auf die betreffende Muss-Leistung besteht in der Sozialhilfe nur dem Grunde nach. Über Form und Höhe („Art und Maß") entscheidet der Sozialhilfeträger nach Ermessen (§ 17 Abs. 2 S. 1 SGB XII). Als Formen (Arten) der Leistung kommen Dienst-, Geld- oder Sachleistung in Betracht (§ 11 SGB I, § 10 Abs. 1 SGB XII; § 4 SGB II). Dabei hat die **Geldleistung** den Vorrang vor der **Sachleistung**. Gutscheine gehören zu den Sachleistungen (§ 10 Abs. 3 SGB XII; § 29 Abs. 1 SGB II). Keine Ermessens-, sondern eine gebundene Entscheidung ist aber dann zu treffen, wenn das Gesetz selbst Ermessen ausschließt (§ 17 Abs. 2 S. 1 SGB XII). Dies ist beispielsweise der Fall mit der Höhe der Regelsätze (§ 27 a SGB XII) oder bei den Leistungen für Unterkunft und Heizung (§ 35 SGB XII) sowie für die Mehrbedarfszuschläge (§ 30 SGB XII) oder für das Pflegegeld (§ 64 SGB XII). Die Gewährung einer Sachleistung anstelle einer Geldleistung ist dann ermessensfehlerfrei, wenn die Geldleistung zweckwidrig verbraucht worden ist.

e) Sozialhilfe für Deutsche im Ausland

9 Als Grundsatz gilt, dass Deutsche im Ausland keine Hilfe erhalten (§ 24 Abs. 1 S. 1 SGB XII). Vielmehr wird ihre Rückkehr nach Deutschland erwartet. Von diesem Grundsatz kann aber nach § 24 Abs. 1 S. 2 SGB XII dann abgewichen werden, wenn die Rückkehr in das Inland aus den gesetzlich bestimmten Gründen nicht möglich und zudem die Hilfe im Einzelfall wegen einer außergewöhnlichen Notlage unabweisbar ist. Als Reaktion auf den legendären Fall „Florida-Rolf" wurde diese Regelung 2004 eingeführt. Zudem ist diese Leistung – abweichend von § 18 SGB XII – nur auf Antrag zu erbringen, der beim überörtlichen Träger des Geburtsorts zu stellen ist (§ 24 Abs. 4 SGB XII; vgl. 2. Kap. Rn 1, 10). Wegen § 37 S. 2 SGB I bleibt aber die Regelung des

§ 16 SGB I hiervon unberührt (vgl. hierzu 1. Kap. Rn 5). Übergangsregelungen bestehen für die in § 132 Abs. 1, 2 und 3 SGB XII genannten drei Personengruppen.

2. Besonderheiten bei Leistungen für Ausländer

a) Allgemeines

Ausländer ist, wer nicht Deutscher i.S.d. Art. 116 Abs. 1 GG ist. Spätaussiedler sind **10** daher Deutsche.[1]

Keine Leistungen nach SGB II oder XII erhalten Leistungsberechtigte, die unter das Asylbewerberleistungsgesetz fallen (§ 23 Abs. 2 SGB XII; s. ausführlich 10. Kap.).

b) Rechtsgrundlage

§ 23 Abs. 1 S. 1 SGB XII nennt die Hilfen, auf die auch Ausländer einen Rechtsanspruch **11** haben. Die dort nicht genannten Hilfen können nach Ermessen erbracht werden (§ 23 Abs. 1 S. 3 SGB XII). Für die Leistungen der Grundsicherung im Alter und bei Erwerbsminderung an Ausländer gilt nur § 41 SGB XII (§ 23 Abs. 1 S. 2 SGB XII). Ebenfalls unberührt von den Einschränkungen in § 23 Abs. 1 S. 1 bleiben Ausländer, die im Besitz einer Niederlassungserlaubnis oder eines befristeten Aufenthaltstitels nach dem Aufenthaltsgesetz sind und sich voraussichtlich dauerhaft im Bundesgebiet aufhalten (§ 23 Abs. 1 S. 4 SGB XII). Ebenfalls unberührt von den Einschränkungen des § 23 Abs. 1 S. 1 SGB XII sind gem. § 23 Abs. 1 S. 5 SGB XII Ausländer, für die Sonderregelungen gelten (z.B. **EU-Recht** oder das EFA; *vgl. die Synopse im Anhang als Anlage 8*). Als Ausfluss der Freizügigkeit (Art. 39 EGV) und des Diskriminierungsverbots (Art. 12 EGV) regelt die VO Nr. 1612/68, dass alle Arbeitnehmer aus EU-Staaten dieselben sozialen Vergünstigungen erhalten wie Inländer. Für 8 der 10 im Jahr 2004 beigetretenen Länder galt dies aber bis zum 1.5.2011 nicht (RL 2004/38/EG). Den Arbeitnehmern gleichgestellt sind alle anderen Unionsbürger, soweit sie ein Recht auf Freizügigkeit haben (§ 2 FreizügG/EU), also auch Arbeitsuchende. Art. 14 RL 2004/38 schränkt für diese aber die Freizügigkeit ein, soweit sie Sozialleistungen unangemessen in Anspruch nehmen. § 7 Abs. 1 S. 2 Nr. 2 SGB II (seit 1.4.2006) und (seit 7.12.2006) § 23 Abs. 3 S. 1 SGB XII schließen Arbeitsuchende aus dem Kreis der Anspruchsberechtigten aus.

Diese Regelungen widersprechen aber wohl dem Freizügigkeitsrecht aus Art. 39 EGV (jetzt: Art. 21 AEUV) und dem Diskriminierungsverbot aus Art. 12 EGV (jetzt: Art. 18 AEUV), weil sie einen Zirkelschluss eröffnen: keine Freizügigkeit bei Inanspruchnahme von Sozialleistungen und keine Sozialleistungen, weil keine Freizügigkeit.

---

1 „Personen mit Migrationshintergrund" ist Soziologenkauderwelsch; „Ausländer und Ausländerinnen" ist Gender-Formalismus.

Kunkel

12 Übersicht: Sozialhilfe* für Ausländer in Deutschland

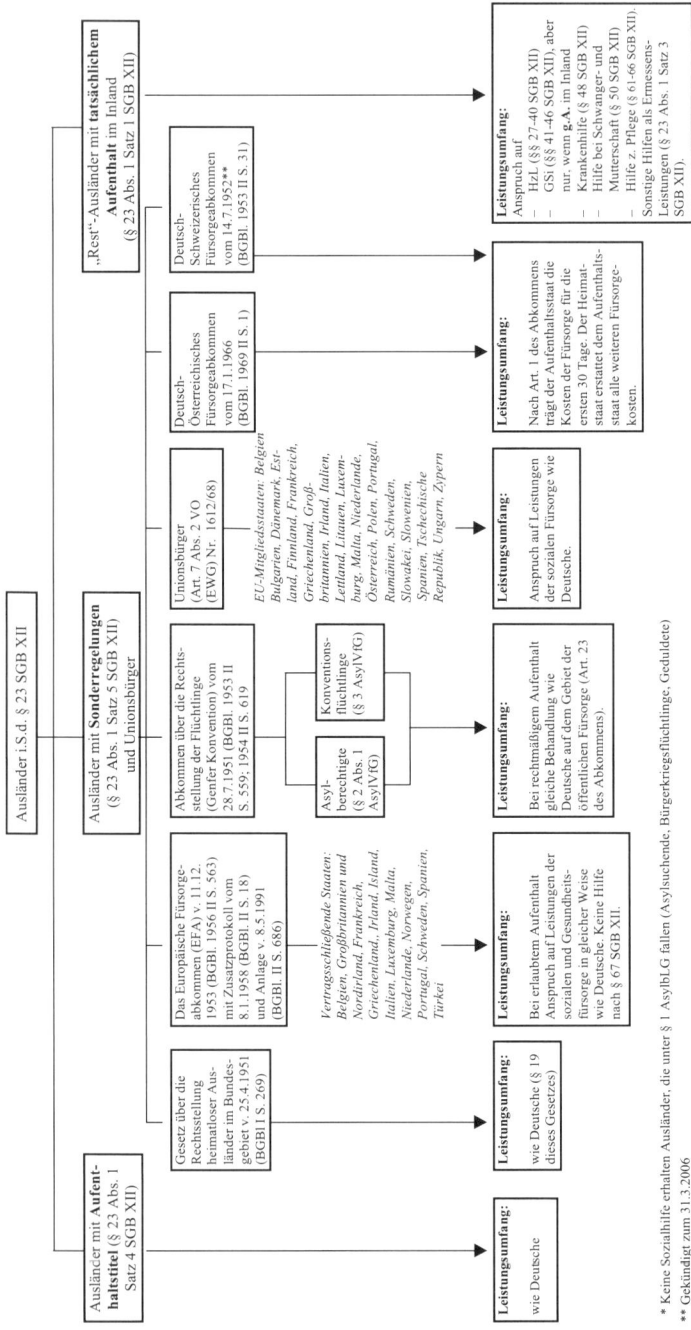

* Keine Sozialhilfe erhalten Ausländer, die unter § 1 AsylbLG fallen (Asylsuchende, Bürgerkriegsflüchtlinge, Geduldete)
** Gekündigt zum 31.3.2006

c) Verlust des Rechtsanspruchs

Hat sich ein Ausländer nach Deutschland begeben in der Absicht, hier Sozialhilfe „ab- **13** zuzocken", hat er gem. § 23 Abs. 3 S. 1 SGB XII keinen Rechtsanspruch auf Sozialhilfe. Diese Absicht ist dann anzunehmen, wenn zwischen der Einreise und der Leistung der Sozialhilfe ein finaler Zusammenhang besteht, d.h. wenn von einem Wissen und Wollen im Sinne eines bedingten Vorsatzes ausgegangen werden kann, der für den Entschluss zur Einreise von prägender Bedeutung gewesen ist. Die Beweislast hierfür liegt bei der Behörde. Indizien können sein: Jemand reist bereits in einer Notlage (Krankheit, Behinderung) ein und das Sozialhilfesystem ist ihm in groben Zügen bekannt. Auch wenn dann kein Anspruch auf Sozialhilfe besteht, besteht immerhin ein Anspruch auf Ausübung fehlerfreien Ermessens. Dabei ist insbesondere der Grundsatz der Menschenwürde (Art. 1 Abs. 1 GG) zu beachten. Krankenhilfe (§ 48 SGB XII) soll (i.d.R.: muss) bei akuter Lebensgefahr sowie bei einer schweren oder ansteckenden Krankheit, die sofortige Behandlung erfordert, geleistet werden (§ 23 Abs. 3 S. 2 SGB XII).

d) Rückführungsprogramme

Unter Berufung auf den Nachranggrundsatz aus § 2 Abs. 1 SGB XII (Selbsthilfe) kann **14** ein Ausländer nicht auf Rückkehr in die Heimat verwiesen werden. Er muss aber auf Rückführungs- und Weiterwanderungsprogramme hingewiesen werden (§ 23 Abs. 4 SGB XII). Das REAG-Programm (Reintegration and Emigration Programme for Asylumseekers in Germany) und das GARB-Programm (Government Assisted Repatriation Programme) werden vom Bundesamt für Migration und Flüchtlinge durchgeführt (§ 75 Nr. 7 AufenthG).

e) Sozialhilfebezug als Ausweisungsgrund/Mitteilungspflichten und Datenschutz

Gemäß § 55 Abs. 2 Nr. 6 AufenthG kann ein Ausländer ausgewiesen werden, wenn er **15** für sich oder seine Familie Sozialhilfe (aber nicht Grundsicherung für Arbeitsuchende) in Anspruch nimmt. Nach § 87 Abs. 2 Nr. 3 AufenthG muss das Sozialamt der Ausländerbehörde unverzüglich von diesem Ausweisungsgrund Mitteilung machen. Das Sozialgeheimnis steht der Übermittlungspflicht nicht entgegen (§ 88 Abs. 1 AufenthG), weil § 71 Abs. 2 S. 1 Nr. 2 SGB X die Übermittlung an die Ausländerbehörde zulässt.

Vgl. Prüfschema im Anhang als Anlage 3.4

II. Einsetzen der Hilfe

1. Bedarfsdeckungsprinzip

a) Allgemeines

Aus § 40 SGB I ergibt sich, dass ein Anspruch auf Hilfe in dem Zeitpunkt entsteht, in **16** dem seine gesetzlich bestimmten Voraussetzungen vorliegen.

Bei der Grundsicherung für Arbeitsuchende ist dafür ein Antrag erforderlich (§ 37 Abs. 1 SGB II). Für die Zeit vor Antragstellung werden keine Leistungen erbracht (§ 37 Abs. 2 SGB II). § 16 Abs. 2 S. 2 SGB I, der vorbehaltlos auch für das SGB II gilt (§ 37 S. 2 SGB I; vgl. 1. Kap. Rn 5), bestimmt, dass der Antrag als zu dem Zeitpunkt gestellt gilt, in dem er bei er bei irgendeinem (auch unzuständigen) Leistungsträger oder bei einer Gemeinde eingeht. Diese Stellen müssen den Antrag dann an den nach § 6 sachlich und nach § 36 örtlich zuständigen Träger der Grundsicherung weiterleiten (§ 16 Abs. 2 S. 1 SGB I); die Leistung setzt aber schon zum Zeitpunkt der Antragstellung bei der unzuständigen Stelle ein. Dass die Grundsicherung den Bedarf decken muss, bestimmt § 3 Abs. 3 SGB II.

Die gesetzlichen Voraussetzungen für das Einsetzen der Sozialhilfe regelt § 18 SGB XII. Daraus ergibt sich, dass Sozialhilfe dann einzusetzen hat, wenn bekannt wird, dass ein Bedarf besteht (Bedarfsdeckungsprinzip). Ein **Antrag** ist dafür nicht notwendig; es muss lediglich die Notwendigkeit der Hilfe zu erkennen sein. Aus welchen Gründen der Leistungsberechtigte in die Notlage geraten ist, ist unerheblich für die Leistungspflicht, kann aber nach Beendigung der Leistung Anlass für eine mögliche Ersatzleistung nach § 103 SGB XII sein (Kostenersatz bei schuldhaftem Verhalten).

17 **Anders** ist die Rechtslage bei der **Grundsicherung** nach § 41 SGB XII. Sie wird nur auf Antrag geleistet. Außerdem ist der Anspruch ausgeschlossen, wenn die Notlage schuldhaft (vorsätzlich oder grob fahrlässig) herbeigeführt worden ist (§ 41 Abs. 3 SGB XII).

18 Eine weitere Ausnahme (insofern ist § 18 Abs. 1 SGB XII unvollständig) regelt § 24 SGB XII, wenn Sozialhilfe für Deutsche im Ausland geleistet werden soll. Auch hier ist nach § 24 Abs. 4 SGB XII ein Antrag notwendig (vgl. Rn 9).

Auch das Bildungs- und Teilhabepaket wird nur auf Antrag erbracht (§ 34 a Abs. 1 SGB XII); auch insoweit ist § 18 Abs. 1 SGB XII unvollständig.

19 Übersicht über das Einsetzen der Sozialhilfe

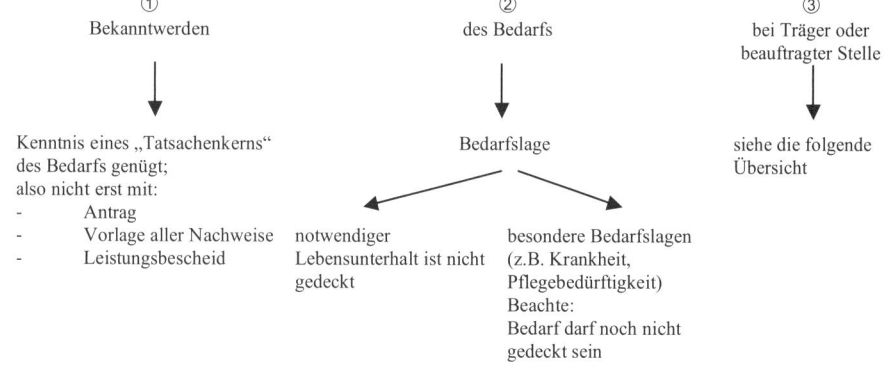

Übersicht über die Adressaten der Kenntnisgabe   **20**

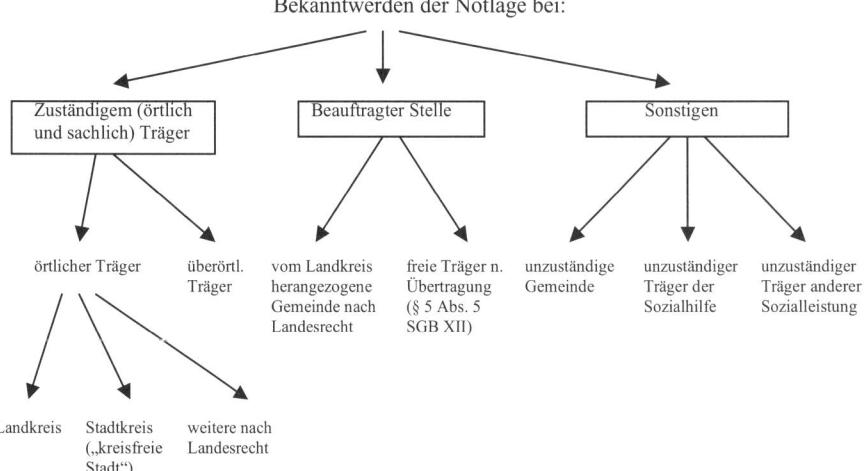

Beachte:

(1) „Beauftragte Stelle" ist nur die vom Landkreis beauftragte Stelle, nicht dagegen die Gemeinde, die nach Landesrecht Anträge entgegennehmen muss („Briefkastengemeinde"; vgl. 2. Kap. Rn 25).

(2) Die „Briefkastengemeinde" ist eine nicht zuständige Gemeinde i.S.v. § 18 Abs. 2 SGB XII. Die Sozialhilfe setzt ein, wenn der Antrag bei ihr abgegeben worden ist (§ 18 Abs. 2 S. 2 SGB XII).

(3) Das Bekanntwerden der Notlage bei einem zuständigen (§ 18 Abs. 1 SGB XII) oder unzuständigen (§ 18 Abs. 2 SGB XII) Träger der Sozialhilfe setzt nicht voraus, dass dem **Sozialamt** die Notlage bekannt geworden ist; vielmehr genügt es, wenn die Notlage bei irgendeiner Dienststelle der Gebietskörperschaft (z.B. Jugendamt, Jobcenter oder Krankenhaus) bekannt geworden ist.

(4) Da § 16 SGB I unmittelbar auch in der Sozialhilfe gilt (§ 37 S. 2 SGB I; vgl. 1. Kap. Rn 5), ist die Regelung des § 18 Abs. 2 SGB XII lediglich deklaratorischer (bestätigender) Art.

(5) Aus § 16 Abs. 2 S. 1 SGB I ergibt sich, dass auch die Kenntnis bei einem für die Sozialhilfe nicht zuständigen Leistungsträger genügt. Nach dem Wortlaut des § 16 Abs. 2 S. 2 SGB I gilt dies zwar nur für Sozialleistungen, die von einem Antrag abhängig sind (in der Sozialhilfe also nur für Leistungen nach § 41 oder nach § 24 SGB XII), im Wege des Erst-recht-Schlusses muss dies aber für antragsunabhängige Leistungen ebenso gelten.

b) Deckung nur des gegenwärtigen Bedarfs

Aus dem sozialhilferechtlichen Bedarfsdeckungsprinzip folgt, dass ein vor dem Bekanntwerden schon bestehender Bedarf (z.B. eine zu geringe Rente hat nicht ausgereicht, den Lebensunterhalt zu decken) nicht zu decken ist. Dies wäre eine **rückwirkende** Bedarfsdeckung, die § 18 SGB XII ausschließt.   **21**

22   Ferner ausgeschlossen ist Sozialhilfe, wenn der Hilfesuchende einen Bedarf schon gedeckt hat und dem Sozialhilfeträger die Rechnung für die Bedarfsdeckung vorlegt (z.B. Kauf einer Waschmaschine). Eine **Schuldenübernahme** ist damit ausgeschlossen. Eine Ausnahme hiervon ist die Schuldenübernahme nach § 36 SGB XII für Miet- oder Energieschulden.

23   Ferner ist ein Bedarf auch dann nicht ein gegenwärtiger, wenn er im Zeitpunkt der Entscheidung über die Hilfe nicht mehr besteht, weil er inzwischen **schon gedeckt** (z.B. der Hilfesuchende hat seine Wohnung ohne Absprache mit dem Sozialamt selbst renoviert) oder entfallen ist (z.B. der Hilfesuchende ist inzwischen gestorben). § 56 SGB I, der eine **Vererbung** zuließe, ist wegen § 37 S. 1 SGB I durch die abweichende Regelung in § 18 SGB XII nicht anwendbar. Eine **Ausnahme** von dieser Ausnahme ist § 19 Abs. 6 SGB XII, der im Fall einer Hilfe zur Pflege dem Pflegenden die Leistung zuerkennt. Eine weitere Ausnahme von dem strengen Prinzip, dass nur ein gegenwärtiger Bedarf zu decken ist, ergibt sich aus dem höherrangigen Prinzip der Rechtsschutzgarantie nach Art. 19 Abs. 4 GG. Dieses würde leer laufen, wenn der Leistungsberechtigte bei berechtigtem Widerspruch oder berechtigter Klage die Leistung nicht zurückgerechnet auf den Zeitpunkt des Bekanntwerdens bekäme. Ist dagegen ein rechtswidriger Bescheid bestandskräftig geworden, weil der Leistungsberechtigte auf Widerspruch oder Klage verzichtet hat, ist dieser Bescheid nicht mit Wirkung für die Vergangenheit gem. § 44 SGB X zurückzunehmen, weil die Geltung von § 44 insoweit durch das Bedarfsdeckungsprinzip als einer abweichenden Regelung nach § 18 SGB XII ausgeschlossen ist (§ 37 S. 1 SGB I). Anders bei der **Grundsicherung** nach § 41 SGB XII, wo das Bedarfsdeckungsprinzip nicht gilt, sondern das Antragsprinzip. Und schließlich muss das Bedarfsdeckungsprinzip aus dem Grundsatz von Treu und Glauben (§ 242 BGB analog im öffentlichen Recht) eingeschränkt werden, wenn der Leistungsberechtigte einen unaufschiebbaren und dringenden Bedarf geltend gemacht hat, der Sozialhilfeträger ihn aber nicht unverzüglich gedeckt hat, so dass der Leistungsberechtigte ihn im Wege der **Selbstbeschaffung** selbst decken musste. Für die Eingliederungshilfe regelt § 15 Abs. 1 S. 3 SGB IX ausdrücklich die Zulässigkeit der Selbstbeschaffung. Für alle anderen Hilfen nach dem SGB XII muss dies wegen des Grundsatzes von Treu und Glauben aus § 242 BGB entsprechend gelten.

24   Aus dem Bedarfsdeckungsprinzip folgt ferner, dass der Bedarf **täglich neu** zu decken ist. Sozialhilfe wird nicht für künftige Zeiträume und nicht mit Dauerwirkung gewährt.[2] Daraus folgt, dass eine Aufhebung eines Bescheids mit Wirkung für die Zukunft gem. § 48 SGB X nicht in Betracht kommt. Vielmehr hat sich ein Bescheid gem. § 39 Abs. 2 SGB X erledigt, wenn sich die Verhältnisse geändert haben. Bei Bewilligung von Sozialhilfe für einen überschaubaren Zeitraum sollte daher der regelmäßig erfolgende Hinweis auf § 60 Abs. 2 S. 1 Nr. 2 SGB I ergänzt werden um den weiteren Hinweis auf diese Rechtsfolge der Erledigung bei Änderung der Verhältnisse. Dem Sozialhilfeträger bleibt es aber unbenommen, Hilfe für die Zukunft – also auf Dauer – zu gewähren, wenn sich die Verhältnisse voraussichtlich nicht ändern, z.B. bei Eingliederungshilfe oder Hilfe zur Pflege.

c) Übertragung, Pfändung und Verpfändung, Aufrechnung

25   Da § 18 SGB XII gebietet, dass ein gegenwärtiger Bedarf zu decken ist, können Ansprüche auf Sozialhilfe nicht übertragen, verpfändet oder gepfändet werden. Dies re-

---

2 Vgl. aber Pattar, NZS 2010, 7.

Kunkel

gelt § 17 Abs. 1 S. 2 SGB XII ausdrücklich. Er ist eine abweichende Regelung i.S.v. § 37 S. 1 SGB I (vgl. 1. Kap. Rn 4) gegenüber den anders lautenden Regelungen der §§ 53 bis 55 SGB I.

Auch die Bestimmungen über Aufrechnung und Verrechnung in §§ 51, 52 SGB I sind **26** in der Sozialhilfe nicht anwendbar wegen der abweichenden Regelung in § 26 Abs. 2 bis 4 SGB XII. Das Bedarfsdeckungsprinzip aus § 18 SGB X steht einer Aufrechnung grundsätzlich entgegen, § 26 Abs. 2 bis 4 SGB XII erlaubt sie aus den dort genannten Gründen aber ausnahmsweise doch. Hat der Sozialhilfeträger seinerseits einen Anspruch gegen den Leistungsberechtigten aus § 50 SGB X (Erstattung zu Unrecht erbrachter Leistungen) oder aus §§ 103 und 104 SGB XII (Anspruch auf Kostenersatz), kann er mit diesen Ansprüchen gegen den Anspruch des Leistungsberechtigten auf Sozialhilfe wenigstens teilweise aufrechnen. Eine Aufrechnung kann aber auch erfolgen, ohne dass der Träger der Sozialhilfe seinerseits einen Anspruch gegen den Leistungsberechtigten hätte. Gemäß § 26 Abs. 3 SGB XII kann nämlich eine Aufrechnung auch dann erfolgen, wenn ein Bedarf ein zweites Mal gedeckt werden muss, weil die erste Leistung nicht zur Bedarfsdeckung verwendet worden ist. Dem Leistungsberechtigten muss nach Aufrechnung immer noch das zum Lebensunterhalt **Unerlässliche** bleiben. Dies bedeutet, dass bei einer HzL eine Kürzung i.H.v. 20 bis 25 % des Regelsatzes erfolgen kann; die Mehrbedarfszuschläge nach § 30 SGB XII und die einmaligen Leistungen nach § 31 SGB XII sind als pauschale Leistungen ebenfalls kürzungsfähig. Dasselbe gilt für die Leistungen der Grundsicherung nach § 41 SGB XII. Die sonstigen Leistungen nach dem SGB XII können ebenfalls gekürzt werden, soweit dadurch ihr Zweck nicht gefährdet wird. § 26 Abs. 4 SGB XII regelt dies ausdrücklich nur für die Hilfe zur Gesundheit.

2. Schuldenübernahme und Schuldnerberatung

a) Schuldenübernahme

Wie oben dargestellt, verbietet der Bedarfsdeckungsgrundsatz des § 18 SGB XII **27** grundsätzlich eine Übernahme von Schulden, wenn der Hilfesuchende den Bedarf selbst gedeckt hat und ihm dadurch Schulden erwachsen sind. Ausnahmsweise kann, soll oder muss eine Schuldenübernahme aber erfolgen, wenn

(1) der Leistungsberechtigte sich deshalb verschuldet hat, weil die Behörde einen dringenden und unaufschiebbaren Bedarf nicht rechtzeitig gedeckt hat und sich der Leistungsberechtigte daher bei einem Dritten verschuldet hat, um sich die Leistung selbst zu beschaffen (vgl. zur Selbstbeschaffung Rn 23);

(2) der Leistungsberechtigte Miet- oder Energieschulden hat und dadurch Wohnungs- oder Energieverlust drohen (§ 36 Abs. 1 SGB XII). Zur Sicherung der Unterkunft kommt aber nicht nur die Übernahme von Mietschulden in Betracht, sondern auch:

- die Übernahme von Verpflichtungen zur Mietvorauszahlung als Sicherheitsleistung für den Vermieter,
  - Schuldentilgungsraten für ein Eigenheim,
  - Begleichung von Reparaturrechnungen,
  - Übernahme von Rechnungen für Instandhaltungskosten einer Wohnung,
  - Übernahme der Rechnung für Maklergebühren.
- Die Schuldenübernahme steht im Ermessen, wenn dies durch die Notlage gerechtfertigt ist. Die Rechtsfolge des Ermessens tritt aber nur ein, wenn die Tatbestandsvoraussetzung „Notlage gerechtfertigt" vorliegt. Dabei handelt es sich

Kunkel

um einen unbestimmten Rechtsbegriff, der der Auslegung und der vollen gerichtlichen Nachprüfung unterliegt; hierfür besteht kein Beurteilungsspielraum, erst recht kein Ermessen. Gerechtfertigt ist die Übernahme dann, wenn mit der Schuldenübernahme die Ziele aus § 1 SGB XII verfolgt werden, also insbesondere dann, wenn eine Notlage besteht, die der Hilfesuchende aus eigener Kraft nicht beseitigen und die für seine weitere Existenz bedrohlich sein kann.

- § 36 Abs. 1 S. 2 SGB XII reduziert das Ermessen aber dann auf atypische Einzelfälle, wenn ohne die Schuldenübernahme Wohnungslosigkeit droht. Im Regelfall („soll") muss dann eine Schuldenübernahme erfolgen. Diese Rechtsfolge tritt aber nicht ein, wenn die Schuldenübernahme zwar notwendig wäre, sie aber nicht gerechtfertigt ist, beispielsweise weil der Mieter die Geldleistung wiederholt für andere Zwecke verwendet hat. Als gegenüber der Ablehnung der Schuldenübernahme milderes Mittel regelt § 35 Abs. 1 S. 3 SGB XII, dass in diesen Fällen die Miete direkt an den Vermieter gezahlt werden soll und der Leistungsberechtigte hiervon schriftlich zu unterrichten ist. Datenschutzrechtlich ist dies unbedenklich, da § 69 Abs. 1 Nr. 1 SGB X die damit verbundene Offenbarung der Tatsache, dass der Mieter Sozialhilfe bezieht, rechtfertigt.
- Sowohl bei der Kann- als auch bei der Soll-Schuldenübernahme steht es im Ermessen, ob der Leistungsberechtigte die Geldleistung als Beihilfe oder als Darlehen erhält (§ 36 Abs. 1 S. 3 SGB XII). Die Gewährung des Darlehens kann durch privatrechtlichen Vertrag nach §§ 488 ff. BGB oder durch öffentlich-rechtlichen Vertrag gem. § 53 SGB X erfolgen, ebenso aber durch VA mit der Auflage (§ 32 Abs. 2 Nr. 4 SGB X) der Rückzahlungspflicht.

(3) Eine Schuldenübernahme kommt ferner in Betracht bei der Hilfe zur Überwindung besonderer sozialer Schwierigkeiten (§ 67 SGB XII) und bei der Hilfe in sonstigen Lebenslagen (§ 73 SGB XII; vgl. 8. Kap. Rn 116);

(4) auch als vorbeugende und nachgehende Leistung (§ 15 SGB XII) kommt eine Schuldenübernahme in Betracht;

(5) eine Berücksichtigung von Schulden (keine Übernahme) ist möglich beim Einkommenseinsatz nach § 87 Abs. 1 S. 2 SGB XII. Die angemessene Höhe des Einkommenseinsatzes hängt auch davon ab, ob besondere Belastungen des Einsatzpflichtigen vorliegen. Solche besonderen Belastungen können im Einzelfall auch Schuldverpflichtungen sein, wenn sie vor Eintritt des Bedarfs eingegangen worden sind (vgl. 8. Kap. Rn 18).

b) Schuldnerberatung

28 Auf Beratung über die Rechte nach dem SGB besteht ein **Rechtsanspruch** aus § 14 SGB I, auf Beratung im Zusammenhang mit der Erfüllung der Aufgaben des SGB XII aus § 11 Abs. 1 SGB XII. Zu dieser Beratung gehört auch eine **Budgetberatung** (§ 11 Abs. 2 S. 4 SGB XII). Darunter ist nicht nur das Persönliche Budget (§ 57 SGB XII) zu verstehen, sondern auch das Haushaltsbudget im Rahmen einer HzL. Dies schließt auch Energieberatung ein. Dies folgt auch aus § 11 Abs. 5 S. 2 SGB XII, wo die Schuldnerberatung ausdrücklich erwähnt wird. Anspruch auf Beratung haben aber lediglich die Leistungsberechtigten nach dem SGB XII, d.h. Personen, die einen Anspruch auf Leistungen nach § 8 Nr. 1 bis 7 SGB XII haben. Schuldnerberatung ist also keine selbstständige Leistung, sondern eine Annex-Leistung. Dies bedeutet aber nicht, dass eine Leistung nach § 8 Nr. 1 bis 7 SGB XII bereits erbracht wird, vielmehr genügt es, dass die Schuldnerberatung präventiv erfolgt, um eine solche Leistung abzuwenden (§ 15 Abs. 1 SGB XII).

Kunkel

Übersicht über die Inhalte der Schuldnerberatung: 29

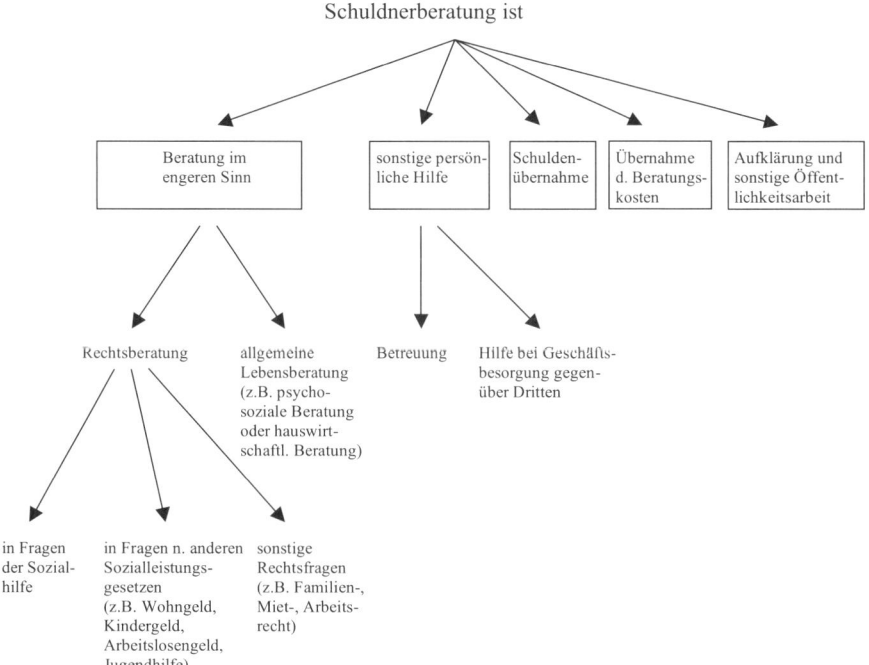

Der Leistungsberechtigte ist zunächst auf Beratungsangebote freier Träger, der **30** Rechtsanwälte, der Verbraucherberatung und anderer Stellen **hinzuweisen** (§ 11 Abs. 5 S. 1 SGB XII), also nicht zu verweisen. Ist gerade eine Schuldnerberatung geboten, muss der Sozialhilfeträger darüber hinaus darauf hinwirken, dass der Leistungsberechtigte das Angebot einer Schuldnerberatungsstelle oder einer anderen Fachberatungsstelle annimmt. Die Kosten einer solchen Beratung müssen im Regelfall („sollen") übernommen werden, wenn damit eine HzL abgewendet werden kann. Bei einem Zusammenhang mit anderen Leistungen nach dem SGB XII steht die Kostenübernahme im Ermessen (§ 11 Abs. 5 S. 3 SGB XII). In jedem Fall sind aber nur angemessene Kosten zu übernehmen. Zweckmäßigerweise wird der Sozialhilfeträger mit der Schuldnerberatungsstelle eine Vereinbarung zur pauschalierten Abgeltung der Leistungen schließen (§ 11 Abs. 5 S. 4 SGB XII). Auch mit dem Leistungsberechtigten sollte eine schriftliche **Leistungsabsprache** gem. § 12 SGB XII erfolgen.

Nach dem **Rechtsdienstleistungsgesetz**, das 2007 das Rechtsberatungsgesetz auf- **31** gehoben hat, ist Rechtsberatung und Rechtsbesorgung nur zulässig, soweit sie gesetzlich erlaubt ist (§ 6 RDG). § 8 Abs. 1 Nr. 2 RDG erlaubt Behörden Rechtsberatung und Rechtsbetreuung im Rahmen ihrer Zuständigkeit. Diese ergibt sich aus § 11 SGB XII. Danach ist die Behörde nicht zur **förmlichen** gerichtlichen oder außergerichtliche Vertretung des Leistungsberechtigten berechtigt.

Diese Grenze ist noch nicht überschritten, wenn dem Leistungsberechtigten Hilfe bei der Korrespondenz geleistet wird. Dagegen können nicht etwa Entschuldungsvereinbarungen mit den Gläubigern in Vertretung des Schuldners erfolgen, und zwar auch dann nicht, wenn der Leistungsberechtigte die Behörde dazu ermächtigt hätte. Eine

Beratungstätigkeit **freier Träger** ist nach § 8 Abs. 1 Nr. 5 RDG nur eingeschränkt (Abs. 2 i.V.m. § 7 Abs. 2) zulässig.

32 Unabhängig von der Kostenübernahme der Beratung nach § 11 Abs. 5 S. 3 SGB XII ist eine kostenlose Beratung durch einen Rechtsanwalt oder das Amtsgericht (Rechtspfleger) nach dem **Beratungshilfegesetz** möglich. Dies setzt aber voraus, dass die Einkommensgrenzen nach den Vorschriften über die Prozesskostenhilfe (§§ 114 ff. ZPO) nicht überschritten werden.

Ablaufschema für eine Schuldnerberatung:

33 (1) Prüfen, ob Schuldnerberatung in Betracht kommt, weil ein Zusammenhang mit Leistungen der Sozialhilfe besteht.
(2) Falls ja: Unterlagen sammeln (Einkommen-Schulden) und auflisten.
(3) Sortieren der Schulden und Prioritätenliste anfertigen. Verjährung prüfen.
(4) Ausgabenseite verringern, insbesondere laufende Verpflichtungen (Versicherungen, Abonnements) und Energieverbrauch.
(5) Einnahmeseite verbessern. Gesetzliche Leistungen beantragen (z.B. Kindergeld, Wohngeld, Sozialhilfe, Arbeitslosengeld).
(6) Höhe der möglichen Rückzahlung festlegen (Maßstab: Pfändungsfreigrenze).
(7) Haushaltsplan aufstellen (Budgetberatung unter Einschluss von Energieberatung).
(8) Möglichkeiten einer Schuldenübernahme im Rahmen des SGB XII oder im Rahmen von Stiftungen (z.B. „Familie in Not") prüfen.
(9) Anschreiben der Gläubiger nach bestimmter Reihenfolge vorbereiten (Vergleich anbieten; Zinsstillstand anstreben).
(10) Vermittlung von Anwälten und Möglichkeiten des Beratungshilfegesetzes prüfen.
(11) Übernahme der Kosten der Beratung durch Sozialhilfeträger prüfen.
(12) Psychosoziale Hilfen leisten. Evtl. Familienhelfer nach § 31 SGB VIII einschalten.
(13) Nachbetreuung.

3. Hilfe im Eilfall

a) Abgrenzung der Nothilfe zum Bedarfsdeckungsprinzip

34 Die Nothilfe ist im Zusammenhang mit den Regeln über das Einsetzen der Sozialhilfe zu beurteilen und wäre deshalb besser nach § 18 SGB XII geregelt worden. Da ein Anderer Leistungen zur Bedarfsdeckung erbracht hat, verbietet das Bedarfsdeckungsprinzip nach § 18 SGB XII es dem Sozialhilfeträger, den Bedarf noch einmal zu decken. Es geht bei der Regelung des § 25 SGB XII daher auch nicht um eine Erstattung von Aufwendungen an den Leistungsberechtigten (dies wäre ein Fall der Schuldenübernahme, siehe oben Rn 27 behandelt), sondern um die Erstattung von Aufwendungen, die ein „Nothelfer" hatte. Dessen Aufwendungen müssen **vor Kenntnis** der Notlage beim Sozialhilfeträger entstanden sein. Wird die Hilfe vom Nothelfer **nach** Kenntnis der Notlage beim Sozialhilfeträger geleistet, hat nur der Leistungsberechtigte selbst einen Anspruch auf Schuldenübernahme gegen den Sozialhilfeträger.

b) Voraussetzungen der Nothilfe

35 Gemäß § 25 SGB XII sind Aufwendungen zu erstatten, die ein Dritter (Nothelfer) zur Beseitigung einer Notlage gemacht hat.

(1) **Dritter** ist jede Person oder Stelle, die nicht zur Gebietskörperschaft des Sozialhilfeträgers gehört (also nicht beispielsweise das eigene Kreiskrankenhaus des Sozialhilfeträgers). Dritte sind ferner nicht andere Sozialhilfeträger oder sonstige Sozialleistungsträger i.S.d. § 12 SGB I. Für sie gilt vorrangig die Kostenerstattung nach §§ 102 bis 105 SGB X bzw. die nach §§ 106 bis 112 SGB XII.

(2) Ein **Eilfall** liegt vor, wenn der Sozialhilfeträger nicht rechtzeitig helfen konnte.

(3) **Leistungen** des Nothelfers sind nur solche, die der Sozialhilfeträger selbst zu erbringen hat (§ 8 Nr. 1 bis 7 SGB XII). Es ist also zu prüfen, ob der Aufwendungsempfänger Leistungsberechtigter für eine der Leistungen aus § 8 SGB XII gewesen wäre.

(4) Eine Erstattung erfolgt nur auf Antrag des Nothelfers. Der **Antrag** muss innerhalb **angemessener Frist** gestellt werden. Wann eine Frist angemessen ist, richtet sich nach den Umständen des Einzelfalles, wobei sowohl die Belange des Nothelfers als auch die des Sozialhilfeträgers zu berücksichtigen sind.

(5) Der Nothelfer darf nicht aufgrund **eigener** rechtlicher oder sittlicher **Verpflichtung** gehandelt haben. Eine rechtliche Verpflichtung liegt z.B. vor, wenn der Dritte zur Pflege in einem Altenteilsvertrag verpflichtet war; eine sittliche Verpflichtung liegt z.B. vor, wenn ein Angehöriger, der nicht unterhaltsverpflichtet nach § 1601 BGB war, die Leistung erbracht hat.

III. Grundsatz der Individualität

1. Begriff und Rechtsquelle

Ein Strukturprinzip der Sozialhilfe, das sie von den anderen Sozialleistungen unter- **36** scheidet, ist der Grundsatz der Individualität. Dies bedeutet, dass Sozialhilfe nicht schematisch gewährt wird, sondern sich nach den Besonderheiten des Einzelfalls und den Wünschen des Leistungsberechtigten zu richten hat. Rechtsquelle sind § 9 SGB XII und § 33 SGB I, der gem. § 37 S. 2 SGB I ohne Vorbehalt in der Sozialhilfe, aber auch in der Grundsicherung für Arbeitsuchende gilt (vgl. 1. Kap. Rn 5). Dort ist sein Anwendungsbereich aber dadurch eingeschränkt, dass das SGB II den Inhalt von Rechten und Pflichten nach Art und Umfang strenger reglementiert als das SGB XII.

2. Inhalt des Individualitätsgrundsatzes

Die Besonderheiten des Einzelfalls die berücksichtigt werden müssen, sind: **37**
- die Art des Bedarfs
- die örtlichen Verhältnisse
- die eigenen Kräfte und Mittel des Leistungsberechtigten und – bei der HzL – der Mitglieder der Haushaltsgemeinschaft nach § 39 SGB XII.

Eine spezielle Ausformung des Grundsatzes der Individualität ist § 16 SGB XII, wonach **38** auch die besonderen Verhältnisse in der Familie des Leistungsberechtigten zu berücksichtigen sind.

Auch das in § 9 Abs. 2 und 3 SGB XII geregelte **Wunschrecht** (vgl. Rn 50) ist eine lo- **39** gische Schlussfolgerung aus dem Individualitätsgrundsatz.

Nicht ausdrücklich geregelt (wie z.B. in § 5 SGB VIII für die Jugendhilfe) ist das **Wahl- 40 recht** des Leistungsberechtigten. Es ergibt sich aber zwingend aus dem Subsidiaritätsprinzip (§ 5 SGB XII) einerseits und dem Wunschrecht andererseits. Nur wenn der

Leistungsberechtigte zwischen Einrichtungen und Diensten verschiedener Träger wählen kann, hat die Trägerpluralität einen Sinn und nur dann hat auch das Wunschrecht substanzielles Gewicht.

3. Konsequenzen aus dem Individualitätsgrundsatz

a) Leistungsart

41 Welche der Leistungen nach § 8 SGB XII erbracht wird, hängt auch davon ab, wie der individuelle Bedarf sich darstellt.

b) Form der Leistung

42 Ob eine Leistung als Dienstleistung, Geldleistung oder Sachleistung (§ 10 Abs. 1 SGB XII bzw. § 4 Abs. 1 SGB II) erbracht wird, hängt von den individuellen Umständen ab. Bei missbräuchlicher Verwendung der Geldleistung kann deshalb eine Sachleistung erbracht werden. Auch die nur darlehensweise Gewährung in diesem Fall ist möglich. Ansonsten darf eine Leistung nur dann als Darlehen erbracht werden, wenn das Gesetz ausdrücklich hierzu ermächtigt.

43 **Übersicht über die darlehensweise Leistungsgewährung in der Sozialhilfe**

Hilfe zum Lebensunterhalt	Grundsicherung	Besondere Hilfearten
Darlehen nach Ermessen, wenn: – besonderer Härtefall bei Auszubildenden (§ 22 Abs. 1 S. 2 SGB XII) – Übernahme von Miet- oder Energieschulden (§ 36 Abs. 1 S. 3 SGB XII). Darlehen als Soll-Leistung, wenn: – unabweisbarer RS-Bedarf – nur auf Antrag (§ 37 Abs. 1 SGB XII) – vorübergehende Notlage (§ 38 SGB XII) – Vermögenseinsatz zeitlich hart wäre (§ 91 SGB XII).	Nur ergänzend nach § 37 SGB XII entsprechend (§ 42 Nr. 5 SGB XII).	Darlehen nach Ermessen: – bei Hilfe in unbenannter anderer Lebenslage, wenn vergleichbare Lebenslage vorliegt (§ 73 SGB XII). Darlehen als Soll-Leistung: – wenn Vermögenseinsatz zeitlich hart wäre (§ 91 SGB XII).

In der **Grundsicherung für Arbeitsuchende** können Darlehen gewährt werden nach §§ 7 Abs. 4, 16 g Abs. 1 S. 2, 22 Abs. 2 S. 2, Abs. 6 S. 3, Abs. 8 S. 4, 24 Abs. 1, Abs. 4, Abs. 5, 27 Abs. 4 SGB II.

c) Höhe (Maß) der Hilfe

44 In der Sozialhilfe muss vom Regelsatz nach unten oder nach oben abgewichen werden, wenn der individuelle Bedarf im Einzelfall dies gebietet (§ 27 a Abs. 4 SGB XII; vgl. 6. Kap. Rn 22 ff.).Das Gleiche gilt für die Mehrbedarfszuschläge nach § 30 Abs. 1, 2, 4, 7 SGB XII. Im Falle eines unabweisbaren Bedarfs ist der Einzelfall zu berücksichtigen

Kunkel

(§ 37 Abs. 1 SGB XII). Der nach § 90 Abs. 2 Nr. 9 SGB XII geschonte kleinere Barbetrag (vgl. Rn 86) ist angemessen zu erhöhen, wenn im Einzelfall eine besondere Notlage besteht. Dies regelt die aufgrund des § 96 Abs. 2 SGB XII erlassene Rechtsverordnung zu § 90 Abs. 2 Nr. 9 SGB XII.

In der Grundsicherung für Arbeitsuchende wird der Bedarf im Einzelfall nur bei der dezentralen Warmwasserversorgung (§ 21 Abs. 7 S. 2 SGB II) und bei einem unabweisbaren Bedarf (§ 21 Abs. 6, § 24 Abs. 1 SGB II) berücksichtigt

d) Trägerübergreifendes Persönliches Budget

Die Leistungen der Eingliederungshilfe können auf Antrag als Teil eines trägerüber- **45** greifenden Persönlichen Budgets erbracht werden (§ 57 SGB XII). Die Entscheidung des Trägers der Sozialhilfe hierüber wird von den Besonderheiten des Einzelfalles nach § 9 SGB XII abhängen.

e) Leistungsabsprache

Die nach § 12 SGB XII notwendige schriftliche Leistungsabsprache erfordert ein indi- **46** viduelles Eingehen auf die Situation des Leistungsberechtigten („Diagnose") und individuelle Wege zur Überwindung der Notlage („Therapie"). Die Leistungsabsprache ist zu unterzeichnen, um ihre Verbindlichkeit zu erhöhen. Sie wird dadurch aber nicht zu einem Vertrag (anders als die Eingliederungsvereinbarung nach § 15 SGB II; vgl. 3. Kap. Rn 14). Sie ist regelmäßig zu überprüfen und fortzuschreiben. In der Grundsicherung für Arbeitsuchende ist die Eingliederungsvereinbarung nach § 15 SGB II notwendig auf den Einzelfall bezogen.

f) Beratung und Unterstützung

Die Erfüllung aller Aufgaben nach dem SGB XII ist durch Beratung zu „unterfüttern"; **47** dies verlangt § 11 Abs. 1 SGB XII. Notwendigerweise muss die Beratung anknüpfen an den persönlichen Umständen des Einzelfalles (§ 11 Abs. 2 S. 1 SGB XII).

g) Ermessensausübung

„Herzstück" jeder Ermessensausübung ist der Einzelfallgrundsatz. Werden die Be- **48** sonderheiten des Einzelfalls nicht berücksichtigt, ist die Ermessensentscheidung gem. § 39 SGB I fehlerhaft, weil sie sowohl dem Zweck der Ermessensnorm nicht entspricht (Ermessensfehlgebrauch) als auch eine gesetzliche Grenze des Ermessens (Individualitätsgrundsatz nach § 33 SGB I) verletzt (Ermessensüberschreitung).

h) Auslegung unbestimmter Rechtsbegriffe

Während die Ermessensausübung auf der Rechtsfolgeseite einer Norm angesiedelt **49** ist, ist die Auslegung unbestimmter Rechtsbegriffe der Tatbestandsseite der Norm zuzuordnen. Der Inhalt der unbestimmten Rechtsbegriffe muss durch Auslegung ermittelt werden; dabei besteht kein Ermessen, vielmehr ist die Auslegung sozialgerichtlich voll nachprüfbar. Maßstab bei der Auslegung ist die Zielbestimmung des § 1 SGB I. Ob eine „Härte" (vgl. Rn 87 f.) vorliegt oder ob „Zumutbarkeit" oder „Angemessenheit" anzunehmen ist, ist nur unter Berücksichtigung der Besonderheiten des Einzelfalls zu ermitteln. Schematische Prüfungen wären ein Subsumtionsfehler und führten zur Rechtswidrigkeit der Entscheidung. Auch die Anwendung von **Sozialhilferichtlinien** steht unter dem Vorbehalt des Individualitätsgrundsatzes.

i) Wunschrecht

50   Der Leistungsberechtigte kann sich wünschen, wie die Hilfe gestaltet sein soll (§ 33 S. 2 SGB I, § 9 Abs. 2 S. 1 SGB XII). Voraussetzung für die Ausübung dieses Wunschrechts ist es, dass der Leistungsberechtigte dieses Recht überhaupt kennt. Er muss deshalb auf dieses Recht hingewiesen werden. Diese Dienstleistung ist Teil der Aufgabenerfüllung (§ 10 Abs. 2 SGB XII; § 4 Abs. 1 Nr. 1 SGB II). Hat der Leistungsberechtigte einen Gestaltungswunsch geäußert, muss diesem i.d.R. („soll") entsprochen werden – allerdings nur, soweit der Wunsch angemessen ist. Angemessen ist der Wunsch, wenn er der Zielbestimmung des § 1 SGB I (Führung eines menschenwürdigen Lebens) entspricht. Ist die Erfüllung eines Wunsches mit **unverhältnismäßigen Mehrkosten** verbunden, darf dem Wunsch i.d.R. („soll i.d.R." ist ein Pleonasmus) nicht entsprochen werden (§ 9 Abs. 2 S. 2 SGB XII). Bei atypischen Umständen des Einzelfalls besteht aber Ermessen, ob trotz unverhältnismäßiger Mehrkosten der Wunsch erfüllt wird. Auf die Ausübung des Ermessens besteht ein Rechtsanspruch. Unverhältnismäßige Mehrkosten sind nur dann anzunehmen, wenn

–   die Kosten der Leistung über dem Durchschnitt der Kosten im überörtlichen Bereich liegen (also über den Zuständigkeitsbereich des Trägers hinaus ermittelt worden sind) und
–   diese Mehrkosten in keinem angemessenen Verhältnis zur Bedeutung des Wunsches stehen.

51   Das Wunschrecht wird relativiert, wenn es sich auf eine Leistung in stationären oder teilstationären Einrichtungen bezieht. Solchen Wünschen muss i.d.R. („soll") nur dann entsprochen werden, wenn

–   die Besonderheit des Einzelfalls gerade diese Art der Bedarfsdeckung erfordert und
–   es sich um eine Vertragseinrichtung i.S.d. § 75 Abs. 3 SGB X handelt (§ 9 Abs. 2 S. 2 SGB XII).

52   Fehlt eine dieser beiden Voraussetzungen, darf der Wunsch nur bei atypischen Umständen im Einzelfall dennoch erfüllt werden. Auch hier besteht auf die Ausübung des Ermessens ein Rechtsanspruch.

53   Bei der Wahl der Einrichtung muss i.d.R. („soll") der Wunsch besonders berücksichtigt werden, der sich auf die **religiöse Betreuung** in dieser Einrichtung bezieht (§ 9 Abs. 3 SGB XII). Damit einem solchen Wunsch entsprochen werden kann, ist es notwendig, gem. dem Subsidiaritätsprinzip (vgl. 2. Kap. Rn 31 ff.) eine plurale Trägerlandschaft zu gewährleisten (§ 5 Abs. 3 SGB XII). Dies kann aber nur gelingen, wenn sich genügend Träger finden, die ein spezifisches, weltanschaulich geprägtes Leitbild haben.

§ 55 SGB XII regelt den Sonderfall eines Wunschrechtes bei der Wahl einer Einrichtung für behinderte Menschen, die zugleich pflegebedürftig sind.

Kunkel

Die Regelung des „Einrichtungswunsches" in § 9 Abs. 2 S. 2 SGB XII ist in Zusam- **54**
menhang zu sehen mit der Bestimmung des § 13 SGB XII. § 13 Abs. 1 S. 3 SGB XII
enthält eine Rangordnung: (1) ambulant (2) teilstationär (3) stationär.

Der Vorrang der ambulanten Leistung gilt aber dann nicht, wenn diese mit unverhält- **55**
nismäßigen Mehrkosten (zum Begriff Rn 50) verbunden ist und die Leistung in („für" ist
irreführend) einer geeigneten stationären Einrichtung zumutbar ist. Wünscht sich beispielsweise ein behinderter oder pflegebedürftiger junger Mensch eine Hilfe rund um
die Uhr in seiner Wohnung, kann nicht auf eine stationäre Einrichtung verwiesen werden, wenn dies für den Leistungsberechtigten unzumutbar ist. Bei der Prüfung der
Zumutbarkeit sind wieder die persönlichen Umstände des Einzelfalls (persönliche, familiäre und örtliche Umstände) zu berücksichtigen (§ 13 Abs. 1 S. 6 SGB XII). Danach
verbietet es sich, einen jungen Menschen in einem Altenheim unterzubringen. Erweist
sich die stationäre Hilfe bereits als unzumutbar, bleibt für die Prüfung der Unverhältnismäßigkeit der Mehrkosten kein Raum. Da der Gesetzgeber der Praxis eine geordnete Tatbestandsprüfung wohl nicht zutraut, erteilt er „Nachhilfe" durch die Regelung
in § 13 Abs. 1 S. 5, 6 und 7 SGB XII.

IV. Nachrang der Sozialhilfe

1. Grundsatz

Grundnorm des Nachrangs ist in der Sozialhilfe § 2 SGB XII, in der Grundsicherung für **56**
Arbeitsuchende § 9 Abs. 1 u. § 3 Abs. 3 SGB II. Die Nachrangigkeit von Leistungen wird
als **materieller** Nachrang bezeichnet. Er ist vom **institutionellen** Nachrang (Grundsatz
der Subsidiarität), d.h. dem Verhältnis der Träger der Sozialhilfe zur freien Wohlfahrtspflege zu unterscheiden (vgl. hierzu 2. Kap. Rn 31 ff.).

Der Leistungsträger hat nur einzutreten, wenn und soweit sich der Hilfesuchende nicht **57**
selbst helfen kann (Grundsatz der **Selbsthilfe**). Selbsthilfe ist möglich durch den Einsatz der Arbeitskraft, des Einkommens und des Vermögens. Der Nachrang bezieht
sich aber auch darauf, dass der Hilfesuchende die erforderliche Hilfe durch Dritte
(Dritthilfe) erhalten kann, d.h. vor allem von Angehörigen oder von Trägern anderer
Sozialleistungen oder von sonstigen Leistungsträgern. Wer nicht alle zumutbaren
Möglichkeiten ausschöpft, um seine Notlage zu beseitigen, kann nicht erwarten, dass
ihm aus öffentlichen Mitteln geholfen wird. Zumutbar ist der Verweis auf andere Mittel
aber nur, wenn es sich um **präsente** Mittel handelt. Dies folgt auch aus der Formulierung des § 2 Abs. 1 SGB XII: „erhält" bzw. des § 3 Abs. 3 SGB II: „beseitigt". Der Hilfesuchende kann daher allenfalls darauf verwiesen werden, bestehende Ansprüche
geltend zu machen, nicht aber, im Falle der Erfolglosigkeit den Klageweg zu beschrei-
ten. Sind die Ansprüche aber im Wege der einstweiligen Anordnung schnell zu verwirklichen, ist es zumutbar, vorrangig von dieser Möglichkeit Gebrauch zu machen.

Ist es nicht zumutbar, vorrangige Ansprüche zu realisieren, muss der nachrangig zu- **58**
ständige Träger die Leistung erbringen. Dies bewirkt aber nicht, dass damit die vorrangige Leistungspflicht des Dritten entfiele oder dass dieser unzuständig wäre. Seine
Leistungspflicht und Zuständigkeit bleiben vielmehr bestehen (§ 2 Abs. 2 S. 1 SGB XII;
§ 5 Abs. 1 SGB II); der Nachrang wird dann **nachträglich** dadurch wiederhergestellt,
dass der Anspruch des Leistungsberechtigten gegen den vorrangig Verpflichteten auf
den nachrangig verpflichteten Träger übergeht (§§ 93, 94 SGB XII; § 33 SGB II) oder
Kostenerstattung geltend gemacht werden kann (§ 104 SGB X).

Kunkel

59   Auf vorrangige Sozialleistungsansprüche (z.B. Rente, Wohngeld, Opferentschädigung) darf der Leistungsberechtigte **nicht verzichten**. Ein solcher Verzicht wäre unwirksam, weil der Träger durch den Verzicht finanziell belastet würde (§ 46 Abs. 2 SGB I); dies gilt ebenso für den Verzicht auf einen zivilrechtlichen Anspruch, der nach § 138 Abs. 1 BGB nichtig wäre.

60   Der allgemeine Nachranggrundsatz aus § 2 SGB XII ist bei der **Grundsicherung** im Alter und bei Erwerbsminderung eingeschränkt. Gemäß § 41 Abs. 2 SGB XII müssen hier nur Einkommen und Vermögen eingesetzt werden. Außerdem werden Unterhaltsansprüche gegen Eltern oder Kinder nur berücksichtigt, wenn diese „Großverdiener" sind.

61   Ebenfalls eingeschränkt ist der Nachranggrundsatz aus § 2 SGB XII für die **Hilfen in unterschiedlichen Lebenslagen** nach den §§ 47 bis 74 SGB XII. Bei diesen Hilfen muss das Einkommen nur eingesetzt werden, soweit dies zuzumuten ist. Die Zumutbarkeit wird durch eine Einkommensgrenze bestimmt (§ 85 SGB XII; vgl. Schaubild 8. Kap. Rn 30).

62   Modifiziert ist der Nachranggrundsatz in den Fällen der sog. **erweiterten Hilfe** (§ 19 Abs. 5 und § 92 Abs. 1 S. 1 SGB XII). Hier wird die Leistung zunächst in voller Höhe erbracht, später aber in Höhe des Selbsthilfeanteils zurückgefordert. Bemerkenswert ist – auch hier – eine Nachlässigkeit des Gesetzgebers: für die Leistung der erweiterten Hilfe fehlt die erforderliche (wegen des Vorbehalts des Gesetzes aus § 31 SGB I) Rechtsgrundlage (wie noch in § 11 Abs. 2 BSHG enthalten).

63   **Übersicht: Nachrangprinzip und Einkommenseinsatz**

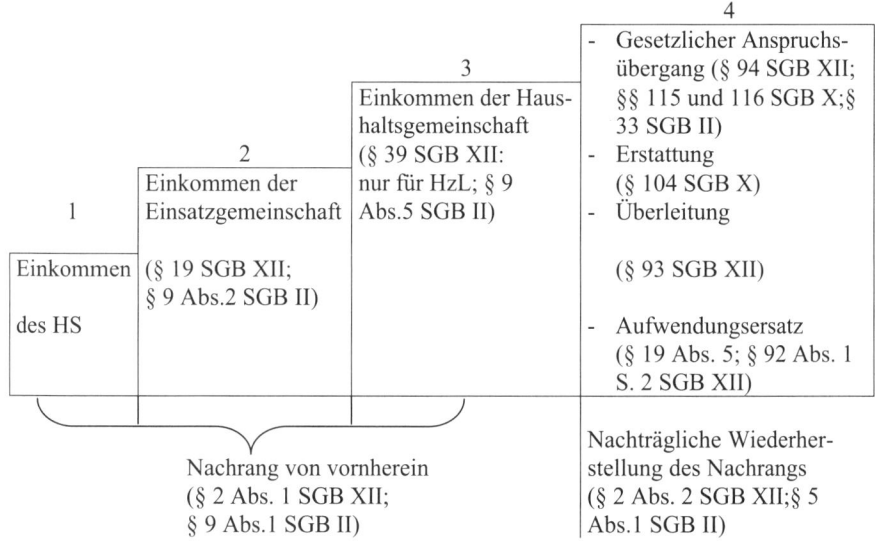

2. Einsatz des Einkommens

a) Einkommensbegriff

Der Einkommensbegriff hat sich in der Grundsicherung für Arbeitsuchende (§§ 11, 11 a SGB II) mehr und mehr gelöst von dem in der Sozialhilfe (§ 82 SGB XII) geltenden Begriff; er wird deshalb dort eigenständig behandelt (vgl. 5. Kap. Rn 345 ff.).

Einkommen i.S.d. SGB XII sind alle Einkünfte i.S.v. § 1 der Verordnung zu § 82 SGB XII. Davon macht das Gesetz selbst (§ 82 Abs. 1 S. 1 SGB XII) aber einige Ausnahmen, indem es einzelne Leistungen (fiktiv) nicht als Einkommen behandelt. Dafür sind überwiegend sozialpolitische Gründe maßgebend. Solche freibleibenden Leistungen sind:

- Sozialhilfeleistungen selbst;
- die Grundrenten nach dem Bundesversorgungsgesetz (für Kriegsopfer und Hinterbliebene);
- in entsprechender Anwendung des BVG gewährte Grundrenten (z.B. für Opfer von Gewalttaten nach dem OEG);
- Renten nach dem Bundesentschädigungsgesetz (für Nazi-Opfer);
- zweckbestimmte Leistungen (§ 83 Abs. 1 SGB XII), die aufgrund öffentlich-rechtlicher Vorschriften zu einem ausdrücklich genannten Zweck gewährt werden, soweit die Sozialhilfe nicht demselben Zweck dient; d.h. keine Anrechnung bei Zweckverschiedenheit beider Leistungen (z.B. kann eine Leistung bei Pflegebedürftigkeit nach dem SGB XI nicht bei der Hilfe zum Lebensunterhalt oder bei der Gesundheitshilfe, sondern nur bei der Hilfe zur Pflege berücksichtigt werden);
- Zuwendungen der freien Wohlfahrtspflege (§ 84 Abs. 1 SGB XII), es sei denn (Ausnahme von der Ausnahme), die Lage des Leistungsberechtigten wird durch die Zuwendung so günstig beeinflusst, dass daneben Sozialhilfe ungerechtfertigt wäre;
- Zuwendungen Dritter ohne rechtliche oder sittliche Pflicht (§ 84 Abs. 2 SGB XII), aber nur dann, wenn ihre Berücksichtigung für den Leistungsberechtigten eine **besondere** Härte bedeuten würde;
- Schmerzensgeld nach § 253 Abs. 2 BGB;
- Bundes- und Landeserziehungsgeld (§ 8 BErzGG), Mutterschaftsgeld, Elterngeld – nur vor der Geburt – in Höhe von 300 € (§ 10 Abs. 5 S. 2 BEEG) sowie Leistungen der Bundesstiftung „Mutter und Kind – Schutz des ungeborenen Lebens" (§ 5 des Gesetzes).

Beispiele zu § 83 Abs. 1 SGB XII: Anrechnung (bei HzL)   **64**

Ja	Nein
- Kindergeld (nach BKGG oder EStG) - Unterhaltsvorschuss (UVG) - Pflegegeld nach § 39 SGB VIII, außer Erziehungszuschlag	- Erziehungszuschlag im Mutter-Kind-Programm Baden-Württ. - Erziehungszuschlag im Pflegegeld nach § 39 SGB VIII - Pflegegeld nach § 57 SGB V - Pflegegeld nach § 37 SGB XI (aber Anrechnung bei Hilfe zur Pflege nach § 66 SGB XII) - Blindengeld nach BliHG

Wohngeld wird für HzL-Berechtigte nicht mehr gezahlt (§ 1 Abs. 2 WoGG).

Kunkel

Prüfe bei § 83 Abs. 1 SGB XII:

(1) Leistung in öffentlich-rechtlicher Norm?

(2) Zweck der Leistung im Gesetz ausdrücklich bestimmt?

(3) Ist dieser Zweck verschieden von dem der Sozialhilfe? Falls ja: keine Anrechnung.

Beachte:

Alg II oder Sozialgeld nach SGB II ist nicht bei HzL anzurechnen, sondern schließt HzL aus (§ 21 SGB XII).

Ebenso wenig sind Leistungen nach dem BAföG oder nach §§ 60 bis 62 SGB III (Berufsausbildungsbeihilfen, also nicht Weiterbildungshilfen nach § 77 SGB III) bei HzL anzurechnen; auch sie schließen HzL ganz aus (§ 22 SGB XII).

Das Kindergeld ist nicht bei dem Kindergeldberechtigten, sondern beim Kind einzusetzen, wenn das Kind das Kindergeld – was der Regelfall sein wird – benötigt, um den Lebensunterhalt zu decken (§ 82 Abs. 1 S. 3 SGB XII).

b) Einsatzgemeinschaft/Haushaltsgemeinschaft/eheähnliche Gemeinschaft

aa) Die Bedarfs- und Einsatzgemeinschaft

65 In der Sozialhilfe kommt dieser Begriff im SGB XII nirgends vor. Sein Inhalt ergibt sich aber aus § 19 SGB XII – allerdings auch nur für die Einsatzgemeinschaft. In der Praxis wird die Berechnung aber für eine Bedarfsgemeinschaft vorgenommen, wenn die Personen der Einsatzgemeinschaft ihren Bedarf ebenfalls nicht aus eigenen Mitteln decken können. Auch in einer Bedarfsgemeinschaft hat jeder einzelne Leistungsberechtigte einen eigenen Rechtsanspruch auf die Leistung, sodass sich eine Berechnung für jede einzelne Person empfiehlt.

In der Grundsicherung für Arbeitsuchende beschreibt § 7 Abs. 3 SGB II unter Verwendung dieses Begriffs den Kreis der Bedarfsgemeinschaft und leitet daraus den Kreis der Einsatzgemeinschaft ab (§ 9 Abs. 2 SGB II). Näher 5. Kap. Rn 85 ff.

66 Bei den Hilfen in unterschiedlichen Lebenslagen nach §§ 47 bis 74 SGB XII ist eine Bedarfsgemeinschaft begrifflich nicht möglich, da die dort genannten Bedarfslagen nicht addierbar sind. Bei der Grundsicherung nach § 41 SGB XII muss der Partner sein Einkommen und Vermögen nur soweit einsetzen, als es „überschießend" ist, d.h., wenn es höher ist, als zur Deckung des eigenen Bedarfs benötigt. Nur dann liegt eine Einsatzgemeinschaft vor. Reichen Einkommen und Vermögen aber nicht, um den eigenen Bedarf zu decken, besteht lediglich eine Bedarfs-, aber keine Einsatzgemeinschaft.

67 Eltern müssen ausnahmsweise Einkommen und Vermögen für ihre hilfesuchende Tochter nicht einsetzen, wenn sie schwanger ist oder ihr Kind (bis 6 Jahre) betreut (§ 19 Abs. 4 SGB XII; § 9 Abs. 3 SGB II). Diese Regelung ist eine Folge des Urteils des Bundesverfassungsgerichts[3] zur Strafbarkeit des Schwangerschaftsabbruchs. Mit dieser Freistellung der Eltern soll vermieden werden, dass die Eltern aus finanziellen Gründen Druck auf ihre Tochter ausüben, ihr Kind abtreiben zu lassen („Schutzschild für das werdende Leben"). Dieser Zweck kann aber nur erreicht werden, wenn die Freistellung von der Heranziehung nicht nur für die Zeit der Schwangerschaft erfolgt, sondern auch noch für einen gewissen Zeitraum danach, nämlich bis das Kind 6 J. ist. Entsprechend dem Zweck dieser Regelung gilt sie nur für Mütter, nicht aber für Väter,

---

3 Urteil vom 28.5.1993, NJW 1993, 1751.

die ihr Kind betreuen. Weitere Voraussetzung ist, dass die Tochter bei ihren Eltern leben muss. Gleichgültig ist es – anders aber nach § 9 Abs. 3 SGB II –, ob sie verheiratet und ob sie minderjährig ist.

Liegen die Voraussetzungen einer Einsatzgemeinschaft nicht vor, werden unterhalts- **68** pflichtige Eltern oder Ehegatten nach Übergang des Unterhaltsanspruchs gem. § 94 SGB XII bzw. § 33 SGB II herangezogen. Auch dann aber greift die Freistellungsregelung zum Schutz des werdenden Lebens (§ 94 Abs. 1 S. 4 SGB XII bzw. § 9 Abs. 3 SGB II).

Übersicht: Bedarfs- und Einsatzgemeinschaft nach SGB XII und SGB II   **69**

§ 19 SGB XII		§ 7 Abs. 3 SGB II § 9 Abs. 2 SGB II	
GSi	HzL	HiuL	SdL
HS	HS	HS	HS
+	+	+	+
1. Partner			
a. Ehegatte	a. Ehegatte	a. Ehegatte	a. Ehegatte
b. (gleichgeschl., eingetr.) Lebenspartner	b. (gleichgeschl., eingetr.) Lebenspartner	b. (gleichgeschl., eingetr.) Lebenspartner	b. (gleichgeschl., eingetr.) Lebenspartner
c. eheähnl. zusammenlebender Partner	c. ähnl. wie diese zusam.lebende Partner	c. ähnl. wie diese zusam.lebende Partner	c. ähnl. wie diese zusam.lebende Partner
2. Eltern	– wenn HS • mj. und • unverh. und • im Haushalt der Eltern und • bedürftig	– wenn HS • mj. und • unverh.	– oder *Stiefeltern,* wenn (erwerbsf.) Kind • unter 25 J. und • unverh. und • im Haushalt der Eltern und • bedürftig.

Grundsicherung nach SGB XII (GSi):

Die Partner bilden eine Einsatzgemeinschaft. Jeder Partner muss sein Einkommen/ **70** Vermögen einsetzen, aber nur dann, wenn er nicht selbst bedürftig ist. Ist er selbst bedürftig, muss er sein Einkommen/Vermögen lediglich für sich selbst einsetzen und bildet mit seinem Partner dann eine Bedarfsgemeinschaft (nicht aber eine Einsatzgemeinschaft), wenn auch bei ihm die Voraussetzungen nach § 41 SGB XII vorliegen. Liegen sie nicht vor, erhält er (bei Erwerbsfähigkeit) Alg II, sonst HzL.

Hilfe zum Lebensunterhalt (HzL):

71 Der Hilfesuchende und sein Partner/seine Eltern bilden eine Einsatzgemeinschaft. Einkommen/Vermögen der Eltern werden bei ihren Kindern eingesetzt, aber nicht umgekehrt.

Auch wenn Einkommen/Vermögen des Partners/der Eltern ausreicht, ihren eigenen Lebensunterhalt zu decken, bilden sie dennoch auch eine Bedarfsgemeinschaft (§ 19 Abs. 1 SGB XII: „gemeinsam zu berücksichtigen").

Hilfen in unterschiedlichen Lebenslagen (HiuL):

72 Der Hilfesuchende und sein Partner/seine Eltern bilden lediglich eine Einsatz-, aber keine Bedarfsgemeinschaft (vgl. 8. Kap. Rn 7).

Sicherung des Lebensunterhalts nach SGB II (Alg II/Sozialgeld):

73 Der erwerbsfähige Hilfebedürftige bildet mit seinem Partner/seinen Eltern eine Einsatzgemeinschaft. Einkommen/Vermögen der Eltern werden bei den Kindern eingesetzt, nicht aber umgekehrt (vgl. 5. Kap. Rn 468).

Sind auch Partner/Eltern selbst erwerbsfähig und hilfebedürftig, erhalten alle zusammen (Bedarfsgemeinschaft) Alg II; nicht erwerbsfähige hilfebedürftige Personen der Bedarfsgemeinschaft erhalten Sozialgeld, wenn nicht Grundsicherung nach § 41 SGB XII zu leisten ist. Reichen Einkommen/Vermögen des Partners/der Eltern aus, ihren eigenen Lebensunterhalt zu decken, bilden sie zusammen mit dem erwerbsfähigen Hilfebedürftigen lediglich eine Einsatzgemeinschaft, aber keine Bedarfsgemeinschaft.

Beachte:

Werden zugleich Hilfe zum Lebensunterhalt und eine der Hilfen in unterschiedlichen Lebenslagen benötigt (z.B. im Pflegeheim), sind zunächst Einkommen und Vermögen der Einsatzgemeinschaft für die HzL einzusetzen. Bei der Hilfe in einer unterschiedlichen Lebenslage (z.B. Hilfe zur Pflege) können dann Einkommen und Vermögen nicht noch einmal eingesetzt werden, da sie schon „verbraucht" sind. Dies gilt auch dann, wenn der Einsatzpflichtige seinen eigenen Lebensunterhalt aus seinem Einkommen oder Vermögen bestreiten könnte, Einkommen und Vermögen aber für seinen Partner einsetzen musste.

bb) Die eheähnliche Gemeinschaft

74 § 19 SGB XII bzw. § 9 Abs. 2 SGB II stellt hinsichtlich der Einstandspflicht (§ 7 Abs. 3 Nr. 3 SGB II auch hinsichtlich der Bedarfsgemeinschaft) den Lebenspartner dem Ehegatten gleich. Lebenspartner sind nur solche nach dem LPartG (§ 33 b SGB I). Lebenspartner sind nach der Legaldefinition in § 1 LPartG zwei Personen gleichen Geschlechts, die eine eingetragene Lebenspartnerschaft begründen. Personen verschiedenen Geschlechts, die zusammenleben, müssen aber nach § 20 SGB XII hinsichtlich der Einstandspflicht genauso behandelt werden wie Ehegatten, wenn sie in eheähnlicher Gemeinschaft leben. Sie dürfen wegen des Schutzes der Ehe und Familie nach Art. 6 Abs. 1 GG nicht besser gestellt sein als Ehegatten. Daher werden auch diese Partner mit ihrem Einkommen und Vermögen in die Einsatzgemeinschaft einbezogen.

Kunkel

Bilden sie auch eine Bedarfsgemeinschaft, weil ihre Mittel nicht ausreichen, den eigenen Bedarf zu decken, steht jedem der beiden Partner 90 % des Basisregelsatzes zu, ohne dass es darauf ankommt, wer Haushaltsvorstand ist (Regelbedarfsstufe 2 in der Anlage zu § 28 SGB XII bzw.§ 20 Abs. 4 SGB II: seit 1.1.2012: 337 €).

Große Schwierigkeiten bereitete es der Praxis, festzustellen, wann eine eheähnliche **75** Gemeinschaft vorliegt. Nach der Rechtsprechung des BVerfG[4]müssen zwischen den Partnern so enge Beziehungen bestehen, dass von ihnen ein gegenseitiges Einstehen in den Not- und Wechselfällen des Lebens erwartet werden kann ("Verantwortungs- und Einstehensgemeinschaft"). Nach der Rechtsprechung des BVerwG[5] muss es sich um eine auf Dauer angelegte Lebensgemeinschaft zwischen einem Mann und einer Frau handeln, die über eine reine Haushalts- und Wirtschaftsgemeinschaft hinausgeht. Wegen dieser hohen Ansprüche müsste man wohl besser von einer "ehegleichen" Gemeinschaft sprechen. Diese Voraussetzungen nennt § 7 Abs. 3 a SGB II. Liegt eine der dort aufgeführten Nummern 1-4 vor, wird eine eheähnliche Gemeinschaft vermutet. Diese Vermutung ist widerlegbar. Das Gleiche gilt, wenn zwei gleichgeschlechtliche Partner zusammenleben.

Das Vorliegen dieser Voraussetzungen muss vom Träger nachgewiesen werden. Als **76** Beweismittel stehen ihm dabei die in § 21 SGB X genannten, also auch die Augenscheinseinnahme durch **Hausbesuch** zur Verfügung. Da der Leistungsberechtigte den Hausbesuch aber nicht dulden muss (vgl. hierzu 3. Kap. Rn 11), kann die Verweigerung des Hausbesuchs zur Nichtaufklärbarkeit des Sachverhalts führen. Lässt sich die anspruchsbegründende Tatsache, dass der Bedarf nicht durch die Einsatzgemeinschaft gedeckt werden kann, nicht aufklären, kann die Hilfe nicht gewährt werden.

Die Bestimmung des § 20 S. 2 SGB XII, dass § 39 SGB XII entsprechend gelte, war für **77** die frühere Regelung der Haushaltsgemeinschaft in § 16 BSHG sinnvoll, da damit auch die Verwandten des Partners einer eheähnlichen Gemeinschaft in die Haushaltsgemeinschaft einbezogen wurden; nach der Neuregelung in § 39 SGB XII ist § 20 S. 2 SGB XII aber sinnlos geworden, da es nun nicht mehr darauf ankommt, dass Verwandte oder Verschwägerte zusammen leben.

cc) Die Haushaltsgemeinschaft

Von einer Einsatz- und Bedarfsgemeinschaft zu unterscheiden ist die Haushaltsge- **78** meinschaft. Sie bezieht sich auf einen anderen Personenkreis und sie hat andere Rechtsfolgen. Für ihr Vorliegen genügt, dass der Hilfesuchende (vom Gesetz euphemistisch "nachfragende Person" genannt) mit irgend einem Dritten (§ 39 SGB XII; anders § 9 Abs. 5 SGB II: Verwandtem oder Verschwägertem) in einer Wohnung oder auch nur in einer nach außen in gewisser Weise abgeschlossenen Unterkunft zusammenlebt. An diese Wohngemeinschaft wird dann eine doppelte Vermutung angeknüpft, nämlich dass in der Wohngemeinschaft auch gemeinsam gewirtschaftet wird, sie also auch Haushaltsgemeinschaft ist. Ferner wird vermutet, dass die Wohngemeinschaft sich gegenseitig unterstützt. Da es sich um eine Vermutung (und nicht um eine Fiktion) handelt, ist diese doppelte Vermutung auch doppelt widerlegbar. Sie ist widerlegt, wenn der Hilfesuchende nachweist, dass gemeinsames Wirtschaften nicht vorliegt oder dass er keine Unterstützung von der Wohngemeinschaft erhält. Dieser Nachweis wird dann als erbracht anzusehen sein, wenn der Hilfesuchende oder die

---

4 Urt. v. 17.11.1992, NDV 1993, 124.
5 Urt. v. 17.5.1995, NJW 1995, 2802.

Dritten dies zweifelsfrei versichern. Die Dritten sind nach § 117 Abs. 1 S. 3 SGB XII bzw. § 60 Abs. 1 SGB II zur Auskunft verpflichtet. Eine an das Zusammenleben geknüpfte Vermutung wird vom Gesetz gar nicht erst aufgestellt, wenn die hilfesuchende Person behindert oder pflegebedürftig ist und von den mit ihr zusammenlebenden Personen betreut wird (§ 39 S. 3 Nr. 2 SGB XII). Dass § 39 S. 3 Nr. 1 SGB XII die Vermutung auch für eine schwangere oder alleinerziehende Frau, die mit ihren Eltern zusammenlebt, ausschließt, hat nur für eine Volljährige Bedeutung, da bei einer Minderjährigen schon § 19 Abs. 4 SGB XII den Einkommenseinsatz ausschließt. Über den Wortlaut des § 39 SGB XII hinaus muss der Einkommenseinsatz nicht nur bei Zusammenleben mit den Eltern ausgeschlossen sein, sondern auch bei Zusammenleben mit anderen Personen, weil dies dem Sinn der Regelung entspricht, die Schwangere nicht finanziellem Druck ihrer Umgebung auszusetzen. Darüber hinaus muss der aus der Verfassung abzuleitende (vgl. Rn 67) Ausschluss des Einkommenseinsatzes auch für § 9 Abs. 5 SGB II gelten, wo eine entsprechende Regelung überhaupt fehlt.

79 Die Vermutung der Bedarfsdeckung greift nur Platz, wenn das Einkommen der in der Haushaltsgemeinschaft lebenden Personen den sozialhilferechtlichen Bedarf deutlich übersteigt. Sind Personen in der Haushaltsgemeinschaft gegenüber der nachfragenden Person zum Unterhalt verpflichtet, kann erwartet werden, dass eine Unterstützung in Höhe der gesetzlichen Unterhaltspflicht geleistet wird. Bestehen aber keine Unterhaltsverpflichtungen, kann die erwartete Leistung nie höher sein als die Leistung, die von einem Unterhaltspflichtigen erwartet werden kann. Eltern, die mit ihren Kindern zwischen 18 und 21 Jahren in Haushaltsgemeinschaft leben, sind gem. § 1603 Abs. 2 S. 2 BGB gesteigert unterhaltspflichtig, wenn die Kinder noch in der allgemeinen Schulausbildung sind. Deshalb kann hier auch eine Leistung erwartet werden, wenn das Einkommen die Werte in der folgenden Tabelle unterschreitet. In allen anderen Fällen setzt die Leistungserwartung erst ein, wenn die Werte der Tabelle[6] überschritten werden. Von dem übersteigenden Betrag kann eine Leistung in Höhe von 50 % erwartet werden.

Stellung im Haushalt	Zuschlag in Prozent	Zuschlag in Euro
1. Unterhaltspflichtige ersten Grades in absteigender Linie (Eltern zu volljährigen Kindern) -> Ausgangsbetrag		1.000,00
2. Ehegatte bzw. Lebens- und eheähnlicher Partner	75	750,00
3. Unterhaltspflichtige ersten Grades in aufsteigender Linie (Kinder zu ihren Eltern)	25	250,00
4. Unterhaltspflichtige im 2. oder entfernteren Grad	30	300,00
5. Nicht unterhaltspflichtige Verwandte	40	400,00

6 Nach Schoch, ZfF 2004, 176.

Stellung im Haushalt	Zuschlag in Prozent	Zuschlag in Euro
6. Verschwägerte und wie solche zu be- handelnde Personen (Verwandte des eheähnlich zusammenlebenden oder des Lebenspartners)	50	500,00
7. Andere Personen in der Haushaltsge- meinschaft	100	1.000,00

Beispiel: Lebt ein Enkel in Haushaltsgemeinschaft mit seiner Großmutter, gilt Nr. 4. Von der Großmutter kann also eine Leistung erst erwartet werden, wenn ihr Einkommen über 1300.- liegt. Dann können aber auch nur 50% des 1300.- überschreitenden Betrags verlangt werden.

Übersicht: Die Einsatz- und die Haushaltsgemeinschaft   **80**

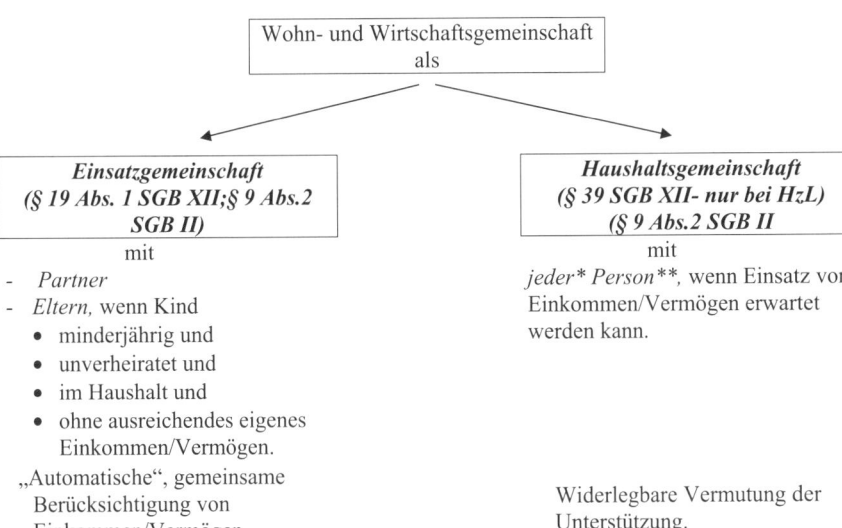

* nach § 9 Abs. 2 SGB II nur mit Verwandten (§ 1589 BGB) und Verschwägerten (§ 1590 BGB)

**nur, wenn sie nicht schon eine Einsatzgemeinschaft nach § 19 SGB XII bzw.§ 9 Abs. 2 SGB II bilden.

c) Absetzungen vom Einkommen

In der Sozialhilfe **müssen** nach § 82 Abs. 2 SGB XII vom Einkommen abgesetzt wer- **81** den:

– Einkommenssteuern,
– Sozialversicherungsbeiträge,
– Versicherungsbeiträge, wenn sie gesetzlich vorgeschrieben oder angemessen sind (z.B. Hausrat- oder Haftpflichtversicherung); die Kfz-Haftpflichtversicherung nur, wenn das Kfz als Vermögen nach § 90 Abs. 2 Nr. 5 SGB XII geschont und nicht schon in der Pauschale nach § 3 Abs. 6 VO zu § 82 SGB XII berücksichtigt ist,
– Altersvorsorgebeiträge nach § 82 EStG,

- Werbungskosten und Betriebsausgaben, soweit sie nicht schon nach der VO zu § 82 SGB XII abgesetzt werden können (z.B. Arbeitsmittel, Fahrten zur Arbeitsstätte, Beiträge für Berufsverbände, Mehraufwendungen wegen doppelter Haushaltsführung),
- Arbeitsförderungsgeld nach § 43 SGB IX.

In der Grundsicherung für Arbeitsuchende gilt § 11 b SGB II (s.dort 5. Kap. Rn 363 ff.).

82 Bei der **HzL und der GSi** ist (schon bei der Prüfung der Leistungsberechtigung, also nicht erst wenn feststeht, dass Hilfe zu gewähren ist) vom Einkommen ein Betrag in Höhe von 30 % des mit einer Beschäftigung erzielten (nach Abs. 2 bereinigten)[7] Einkommens abzusetzen (§ 82 **Abs. 3** SGB XII). Die Höhe des Absetzungsbetrages kann aber variieren, wenn dies im Einzelfall notwendig sein sollte (z.B. um einen besonderen Anreiz zur Arbeit zu geben oder beim Ferienjob eines Schülers); es sind aber höchstens 50 % des Betrages der Regelbedarfsstufe 1 (in der Anlage zu § 28 SGB XII) absetzbar. Da für erwerbsfähige Personen Alg II nach SGB II gezahlt wird, ist der Absetzungsbetrag nur noch für die Personen von Bedeutung, die weniger als 3 Stunden täglich (Grundsicherung nach § 41 SGB XII) oder nur vorübergehend (HzL) arbeiten können.

83 Mit § 92 a SGB XII ist seit 7.12.2006 der Einkommenseinsatz bei Leistungen der HzL oder der GSi in einer Einrichtung neu geregelt. Er ist grundsätzlich auf die häusliche Ersparnis beschränkt, es sei denn, die Person lebt für längere Zeit in der (stationären) Einrichtung.

Vgl. Prüfschema zum Einkommenseinsatz im Anhang als Anlage 3.5

3. Einsatz des Vermögens

a) Begriff des Vermögens

84 Unter Vermögen sind Geld und Geldeswerte (z.B. Bankguthaben, Wertpapiere), bewegliche und unbewegliche Sachen sowie Forderungen und sonstige Rechte zu verstehen. Geld und Geldwerte sind aber dann dem Einkommen zuzurechnen, wenn sie im Bedarfszeitraum zugeflossen sind („Zuflusstheorie"), der sich das Bundesverwaltungsgericht[8] angeschlossen hat. Unerheblich ist dabei, ob es sich um laufende oder einmalige Einkünfte (z.B. Spielgewinne, Nachzahlungen oder Steuererstattungen) handelt. Der nach Ablauf eines Bedarfsabschnitts (= Monat) nicht verbrauchte Teil dieser Einkünfte wächst dem Vermögen zu.

85 Einzusetzen ist aber nur das **verwertbare** Vermögen (§ 90 Abs. 1 SGB XII bzw. § 12SGB II). Verwertbar ist ein Vermögen, wenn ein Verkehrswert erzielt werden kann. Es ist auch dann verwertbar, wenn die Verwertung einige Zeit in Anspruch nimmt oder wenn seine Veräußerung im Augenblick ungünstig ist (z.B. wegen Verlust der Sparprämien oder Zinsen; vgl. dazu Rn 88) oder wenn es belastet ist (z.B. durch ein lebenslanges unentgeltliches Wohnrecht oder durch einen Niesbrauch). Nicht verwertbar sind Nutzungsrechte, die ausschließlich an die Person des Rechtsinhabers gebunden sind (z.B. Wohnrechte nach §§ 1092, 1093 BGB).

---

7 Nach a.A. 30% vom Nettoeinkommen; dagegen spricht aber der Wortlaut „ferner".
8 NDV-RD 1999, 91. Zur Rechtsprechung zum Vermögenseinsatz näher Mester, ZfF 2007, 1.

b) Geschütztes Vermögen

In der Grundsicherung für Arbeitsuchende gilt § 12 SGB II (s. 5. Kap. 400 ff.).

In der Sozialhilfe ist nach § 90 Abs. 2 SGB XII das dort genannte Vermögen uneingeschränkt geschützt, obwohl es verwertbar ist; d.h. Einsatz oder Verwertung (z.B. durch Beleihung oder Vermietung) darf nicht verlangt werden bei:

(1) Vermögen aus öffentlichen Existenzförderungsmitteln (z.B. Aufbaudarlehen nach LAG);

(2) Altersvorsorge („Riester-Rente")

(3) Kapital zur Hausbeschaffung und -erhaltung für behinderte oder pflegebedürftige Menschen;

(4) angemessenem Hausrat, wobei die Angemessenheit nach dem bisherigen Lebenszuschnitt zu beurteilen ist;

(5) Gegenständen zur Berufsausübung (z.B. Pkw, wenn die Benutzung öffentlicher Verkehrsmittel nicht möglich ist; Betriebsgründstücke; Arbeitsgeräte; Schutzbekleidung; Maschinen; Material), wenn sie für die Berufsausübung unentbehrlich sind; dies ist der Fall, wenn die Erwerbstätigkeit zu dauerhaften Erträgen führt;

(6) Familien- und Erbstücken, deren Veräußerung für den HS oder seine Familie eine **besondere** Härte wäre (z.B. ein Schmuckstück als letzte Erinnerung an die Mutter);

(7) Gegenständen zur Befriedigung geistiger Bedürfnisse, das sind wissenschaftliche, künstlerische, literarische, religiöse oder bildende Bedürfnisse (z.B. Bücher, Bilder, Musikinstrumente, Briefmarkensammlung), wenn deren Besitz nicht Luxus ist; Luxus ist dann anzunehmen, wenn eine Sache nach Anzahl, Art oder Qualität das bei vergleichbaren Bevölkerungsgruppen allgemein Übliche übertrifft und ihr Verkehrswert in keinem angemessenen Verhältnis zur Lebenssituation des Hilfesuchenden steht. Bei der Auslegung dieses und der anderen unbestimmten Rechtsbegriffe in § 90 Abs. 2 SGB XII besteht weder Beurteilungsspielraum noch Ermessen;

(8) angemessenem Hausgrundstück, wenn es von dem HS oder Personen der Einsatzgemeinschaft allein oder zusammen mit Angehörigen bewohnt wird und nach deren Tod von den Angehörigen bewohnt werden soll. Als angemessen gilt ein Hausgrundstück mit einer Wohnfläche bis zu 130 qm und einer Grundstücksgröße bis 500 qm im städtischen und 800 qm im ländlichen Bereich. Bewohnen mehr als vier Personen das Haus, erhöht sich die Wohnfläche für jede weitere Person um 20 qm. Auch besondere persönliche Bedürfnisse können die Wohnflächengrenzen erweitern. Auch der Wert des Grundstücks ist zu berücksichtigen. Dabei ist auf die örtlichen Verhältnisse abzustellen, die beim Bauamt zu erfragen sind. Alle in § 90 Abs. 2 Nr. 8 SGB XII genannten Faktoren sind in einer Gesamtbetrachtung zu würdigen („Kombinationstheorie" des Bundesverwaltungsgerichts);[9]

(9) kleineren Barbeträgen, deren Höhe in der VO zu § 90 SGB XII bestimmt wird.

Beachte·

Nach § 90 Abs. 2 Nr. 1 bis 8 SGB XII nicht geschützte Vermögensgegenstände werden **mittelbar** über § 90 Abs. 2 Nr. 9 SGB XII geschützt, wenn das bei einer Verwertung zu erlangende Geld den geschonten kleineren Barbetrag nicht überschreitet. Dies folgt aus dem Nebeneinander der Begriffe „kleinerer Barbeträge" und „sonstiger Geldwerte" in § 90 Abs. 2 Nr. 9 SGB XII.[10] Ergibt die Verwertung

---

9 NDV 1993, 236.
10 So BVerwG, NDV-RD 1998, 53.

eines Vermögensgegenstandes einen über den geschonten Barbetrag hinausreichenden Betrag, ist nicht der Vermögensgegenstand selbst geschützt, sondern nur der Geldwert bis zur Schongrenze. Den (mittelbaren) Schutz über § 90 Abs. 2 Nr. 9 SGB XII genießen die sonstigen Vermögensgegenstände aber nur, soweit die Schongrenze nicht schon durch den kleineren Barbetrag erreicht ist.

Das über die Schongrenze hinausgehende Vermögen muss im Bedarfszeitraum (= Monat) eingesetzt werden. Ist im darauf folgenden Monat kein die Schongrenze überschreitendes Vermögen mehr vorhanden (sei es, dass es eingesetzt, sei es, dass es verschleudert wurde), muss Sozialhilfe geleistet werden.

86 Übersicht: Kleinerer (= geschonter) Barbetrag nach § 90 Abs. 2 Nr. 9 SGB XII i.V.m. § 1 VO

VO § 1	Wer hat Vermögen einzusetzen? (= Einsatzgemeinschaft)	Geschont sind bei	
		HzL	HiuL
Abs. 1			
Nr. 1	HS allein	2.600 € (+ 256 € f. unterhaltenen Angeh.)**	2.600 € (+ 256 € f. unterhaltenen Angeh.)
Nr. 2	HS + Ehegatte/ Lebenspartner	2.214 € (+ 256 € f. unterhaltenen Angeh.)	3.214 € (+ 256 € f. unterhaltenen Angeh.)
Nr. 3	mj. HS + Eltern	2.470 € (+ 256 € f. unterhaltenen Angeh.)	3.470 € (+ 256 € f. unterhaltenen Angeh.)
Abs. 2	mj. HS + Elternteil	1.856 € (+ 256 € f. unterhaltenen Angeh.)	2.856 € (+ 256 € f. unterhaltenen Angeh.)

*Bei über 60-Jährigen und voll Erwerbsgeminderten: 2.600 €; wohl auch bei der Grundsicherung nach § 41 SGB XII, die anscheinend versehentlich in der Neufassung der VO nicht erwähnt ist.

**Wohl Redaktionsversehen, dass dieser Betrag nicht mehr in § 1 Abs. 1 Nr. 1a aufgeführt ist.

> *Beachte:* Die Zuordnung zu einer der drei Gruppen nach Nr. 1 bis 3 richtet sich nach § 19 i.V.m. § 20 SGB XII mit seiner Bestimmung der Einsatzgemeinschaft.
>
> *Beispiel:*
> (1) *Eltern leben mit einem minderjährigen Kind zusammen; bei HzL (§ 19 Abs. 1 S. 2 HS 2 SGB XII) ergibt sich als Schonvermögen nach § 1 Abs. 1 Nr. 3 VO: 2.470 €.*
> (2) *Zwei Grundsicherungsberechtigte leben verheiratet zusammen. Ihr Schonvermögen ergibt sich aus § 1 Abs. 1 Nr. 2 VO: 3.214 €.*

Kunkel

c) Härtefall

Um atypischen Umständen – und damit dem Grundsatz der Individualität (s. Rn 36) – **87** gerecht zu werden, verbietet **§ 90 Abs. 3** SGB XII (im SGB II fehlt eine entsprechende Regelung) Einsatz oder Verwertung von Vermögen, wenn dies für den HS und seine unterhaltsberechtigten Angehörigen eine Härte bedeuten würde. Die Gesamtumstände des Falles (z.B. Art, Schwere und Dauer des Bedarfs, Alter, Familienstand, besondere Belastungen) müssen den Vermögenseinsatz unzumutbar hart erscheinen lassen; eine besondere Härte verlangt das Gesetz aber nicht. Es genügt nicht, dass der Vermögenseinsatz vom HS als Härte empfunden wird, vielmehr muss die Härte objektiv bestehen. Eine Auslegungshilfe gibt § 90 Abs. 3 S. 2 SGB XII für Fälle der Hilfe in unterschiedlichen Lebenslagen nach §§ 47 bis 74 SGB XII. In diesen Fällen liegt eine Härte insbesondere dann vor, wenn eine angemessene Lebensführung oder die Aufrechterhaltung einer angemessenen Alterssicherung wesentlich erschwert würde. Eine angemessene Lebensführung wird insbesondere dann erschwert, wenn der Einsatz des Vermögens zu einer ungerechtfertigten Verschlechterung der bisherigen Lebensverhältnisse des HS und der unterhaltsberechtigten Angehörigen führen würde. Die Aufrechterhaltung einer angemessenen Alterssicherung wird vor allem dann wesentlich erschwert, wenn das Vermögen die spätere Altersversorgung des HS und seiner unterhaltsberechtigten Angehörigen sichern soll und der Einsatz des Vermögens die allgemeine Lebensführung im Alter gefährden würde (z.B. der Einsatz einer Lebensversicherung). Diese Prüfung entfällt, wenn das Kapital zur Altersvorsorge schon nach § 90 Abs. 2 Nr. 2 SGB XII geschützt ist. Ganz allgemein entfällt die Härteprüfung nach § 90 Abs. 3 SGB XII, wenn ein Vermögensgegenstand schon nach § 90 Abs. 2 Nr. 1 bis 9 SGB XII geschont ist. Ermessen besteht bei der Entscheidung nach § 90 Abs. 3 SGB XII nicht. Ebenso wenig besteht ein Beurteilungsspielraum bei der Auslegung des Begriffs „Härte".

Von der Härte nach § 90 Abs. 3 SGB XII ist die Härte nach **§ 91** SGB XII zu unterschei- **88** den. Hier bezieht sich die Härte lediglich auf den Zeitpunkt der Verwertung oder des Verbrauchs. Diese Härte ist auch nach § 24 Abs. 5 SGB II zu berücksichtigen. Sie liegt dann vor, wenn beispielsweise die Kündigung eines Bausparvertrags oder die Inanspruchnahme des Rückkaufwertes einer Lebensversicherung zu finanziellen Einbußen führt (Ausnahme: der Rückkaufwert liegt erheblich unter den eingezahlten Beträgen). *Weitere Beispiele: Beim Verkauf eines Pkw im Frühjahr statt im Winter kann ein wesentlich höherer Preis erzielt werden; Ackerland wird durch eine Änderung des Flächennutzungsplanes Bauerwartungsland mit einem höheren Quadratmeterpreis.* Rechtsfolge dieser – zeitbedingten – Härte ist dann die Leistung der Sozialhilfe als Darlehen. Der Anspruch auf Rückzahlung des Darlehens kann dinglich oder in anderer Weise gesichert werden. Das Darlehen kann auch zinslos gewährt werden. Im Regelfall muss das Darlehen gewährt werden, nur bei atypischen Umständen des Einzelfalls, die der Sozialhilfeträger darzulegen hat, besteht Ermessen, das Darlehen zu gewähren. Nur dann kann das Darlehen durch öffentlich-rechtlichen Vertrag gewährt werden (§ 53 Abs. 2 SGB X). Im Regelfall ist ein privatrechtlicher Darlehensvertrag nach § 488 BGB abzuschließen. Das Rechtsverhältnis nach § 91 SGB XII gestaltet sich dabei in zwei Stufen: auf der ersten Stufe erfolgt die Entscheidung über die Gewährung der Sozialhilfe (öffentlich-rechtlich) durch VA, auf der zweiten Stufe wird (privat-rechtlich) der Darlehensvertrag abgeschlossen. Da auf die Sozialhilfeleistung ein Anspruch besteht, kann die darlehensweise Gewährung nicht als Nebenbestimmung (z.B. mit einer Auflage) geregelt werden (§ 32 Abs. 1 SGB X). Dies wäre nur möglich, wenn die Sozialhilfegewährung im Ermessen stünde (§ 32 Abs. 2 SGB X).

Kunkel

4. Einsatz der Arbeitskraft in der Sozialhilfe

a) Arbeitspflicht

89 § 2 SGB XII verlangt weiterhin den Einsatz der Arbeitskraft, obwohl für Erwerbsfähige das SGB II gilt und für Nichterwerbsfähige, die Grundsicherung nach § 41 SGB XII erhalten, der Einsatz der Arbeitskraft ausgeschlossen ist. § 19 Abs. 2 SGB XII verlangt zwar auch hier den Einsatz „eigener Kräfte", § 41 Abs. 2 SGB XII beschränkt diese eigenen Kräfte aber auf Einkommen und Vermögen, so wie dies § 19 Abs. 3 SGB XII für die Hilfen in unterschiedlichen Lebenslagen regelt. Der Einsatz der Arbeitskraft kann daher nur für Hilfesuchende in Betracht kommen, die nur bis 3 Stunden täglich erwerbsfähig sein können, ohne Grundsicherung nach § 41 SGB XII zu erhalten (vgl. 7. Kap. Rn 7). § 11 Abs. 3 S. 4 SGB XII verpflichtet Leistungsberechtigte allgemein zur Aufnahme einer zumutbaren Tätigkeit, um daraus Einkommen zu erzielen. Diese Verpflichtung kann sich aber nur auf Leistungsberechtigte für Hilfe zum Lebensunterhalt beziehen. Ein fiktives Einkommen kann nicht angesetzt werden, wenn der Leistungsberechtigte seiner Arbeitspflicht nicht nachkommt; vielmehr kommt als Sanktion nur die Einschränkung der Leistung nach § 39 a SGB XII, der nur für die Hilfe zum Lebensunterhalt gilt, in Betracht. Der Leistungsberechtigte ist nur verpflichtet, eine **zumutbare** Tätigkeit aufzunehmen. Zumutbar ist jede Tätigkeit, auch wenn

– sie nicht einer früheren beruflichen Tätigkeit des Leistungsberechtigten entspricht,
– sie im Hinblick auf die Ausbildung des Leistungsberechtigten als geringwertig anzusehen ist,
– der Beschäftigungsort vom Wohnort des Leistungsberechtigten weiter entfernt ist als ein früherer Beschäftigungs- oder Ausbildungsort,
– die Arbeitsbedingungen ungünstiger sind als bei den bisherigen Beschäftigungen des Leistungsberechtigten.

90 **Unzumutbar** ist eine Tätigkeit nur, wenn

– der Leistungsberechtigte sie nicht ausüben kann, weil er
  • erwerbsgemindert
  • krank
  • behindert
  • pflegebedürftig ist oder
– er das Rentenalter (§ 35 SGB VI: 65 bzw. 67 Jahre) erreicht hat oder
– ein wichtiger Grund der Tätigkeit entgegensteht, insbesondere weil
  • die geordnete Erziehung eines Kindes gefährdet würde
  • die Pflege eines Angehörigen oder
  • die Führung des Haushalts den Leistungsberechtigten voll in Anspruch nimmt.

91 Wann die geordnete Erziehung eines Kindes gefährdet ist, wird in § 11 Abs. 4 S. 3 SGB XII näher erläutert. Danach ist bei einem 3 Jahre alten Kind die geordnete Erziehung durch Aufnahme einer Tätigkeit i.d.R. nicht gefährdet, wenn das Kind in einer Tageseinrichtung (§ 22 SGB VIII, z.B. Kindergarten) oder in Tagespflege (§ 23 SGB VIII) betreut wird. Im Gegenschluss ist daraus zu folgern, dass bei einem Kind unter 3 Jahren eine Fremdunterbringung nicht gefordert werden kann. Die Pflicht des Sozialhilfeträgers beim Jugendhilfeträger darauf hinzuwirken, dass Alleinerziehenden vorrangig ein Platz zur Tagesbetreuung angeboten wird, kann sich daher nur auf Plätze für über 3 Jahre alte Kinder beziehen. Für diese besteht allerdings schon jetzt ein Rechtsanspruch auf einen Kindergartenplatz (§ 24 SGB VIII). Auch für Alleinerziehende kann dies aber kein Ganztagsplatz sein, da sie nur dann in den Anwendungsbereich des SGB XII fällt, wenn sie weniger als 3 Stunden täglich arbeiten kann.

Kunkel

b) Anreize und Sanktionen

Als Leistungsanreiz ist (kein Ermessen) gemäß § 82 Abs. 3 S. 1 SGB XII ein Betrag in **92** Höhe von 30 % des Einkommens (vgl. Rn 82) nicht als Einkommen anzusetzen. In begründeten Fällen kann davon nach oben oder unten abgewichen werden (§ 82 Abs. 3 S. 3 SGB XII).

Lehnt dagegen der Leistungsberechtigte eine zumutbare Tätigkeit ab, ist der für ihn **93** maßgebliche Regelsatz stufenweise zu kürzen (§ 39a Abs. 1 SGB XII). Dabei besteht kein Entschließungsermessen, aber ein (beschränktes) Auswahlermessen bezüglich der Höhe der Kürzung (1 % bis 25 %). Bei wiederholter Ablehnung ist jeweils auf einer weiteren Stufe eine Kürzung vorzunehmen, wobei die Kürzung auf jeder Stufe jeweils wiederum bis zu 25 % der maßgeblichen Regelsatzstufe betragen kann. Wurden beispielsweise auf der 1. Stufe 60,- € gekürzt, können auf der 2. Stufe weitere 60,- € gekürzt werden. Theoretisch kann der Regelsatz so bis auf 0,- € herabgekürzt werden, ohne dass dies gegen den Grundsatz der Menschenwürde (Art. 1 GG) verstieße, da der Leistungsberechtigte es durch Aufnahme der Tätigkeit jederzeit in der Hand hat, das zum Leben Unerlässliche oder Notwendige zu erhalten. Allerdings darf die Kürzung nicht dazu führen, dass unterhaltsberechtigte Angehörige oder andere in Haushaltsgemeinschaft mit ihm lebende Leistungsberechtigte durch die Kürzung mitbetroffen werden (§ 39a Abs. 2 i.V.m. § 26 Abs. 1 S. 2 SGB XII).

Die Kürzung erfolgt durch VA. Daher müssen die formellen Voraussetzungen (insbe- **94** sondere Anhörung, Begründung, Rechtsbehelfsbelehrung gem. §§ 24, 35, 36 SGB X) erfüllt werden. Zusätzlich muss eine **Belehrung** (Rechtsfolgebelehrung; vgl. 3. Kap. Rn 11) des Leistungsberechtigten erfolgen (§ 39 Abs. 1 S. 2 SGB XII), die etwas anderes ist als die bloße Gelegenheit zur Stellungnahme im Rahmen einer Anhörung.

5. Kapitel: Grundsicherung für Arbeitsuchende

I. Einführung und Überblick

1 Die **Grundsicherung für Arbeitsuchende**, die seit 1. 1. 2005 im SGB II geregelt ist, ist neben der Hilfe zum Lebensunterhalt nach dem Dritten Kapitel SGB XII (hierzu 6. Kapitel) und der Grundsicherung im Alter und bei Erwerbsminderung nach dem Vierten Kapitel SGB XII (hierzu 7. Kapitel) eines von drei parallelen sozialrechtlichen Existenzsicherungssystemen in Deutschland. Diese drei Systeme bilden das letzte Netz des deutschen Systems der Sozialen Sicherung.

2 Für bestimmte Ausländerinnen und Ausländer besteht daneben mit dem AsylbLG ein ausländerrechtliches Existenzsicherungssystem, welches sehr eng an die sozialrechtlichen Existenzsicherungssysteme angelehnt ist (hierzu 10. Kapitel). Obwohl auch die Ausbildungsförderungssysteme im BAföG und die Berufsausbildungsbeihilfe nach den §§ 60–62 SGB III nachrangig zu eigenem Einkommen und Vermögen und zu Unterhaltsansprüchen die Existenz der Auszubildenden während der Ausbildung sicherstellen sollen, werden sie gemeinhin nicht zu den Existenzsicherungssystemen gerechnet.

3 Das SGB II geht auf Vorschläge der von der Bundesregierung im Februar 2002 eingesetzten Kommission „Moderne Dienstleistungen am Arbeitsmarkt" zurück. Diese von *Peter Hartz* geleitete und im allgemeinen Sprachgebrauch nach ihm benannte Kommission stellte im August 2002 ihren Abschlussbericht[1] vor. In dessen Modul 6 war die Zusammenlegung der damaligen Arbeitslosenhilfe des SGB III und der Sozialhilfe des früheren BSHG in ein einheitliches Existenzsicherungssystem vorgesehen.[2] Während die BSHG-Sozialhilfe in etwa dem heutigen Sozialhilfesystem (SGB XII ohne Viertes Kapitel) entsprach, wenn auch mit umfangmäßig geringeren Leistungen,[3] stand die Arbeitslosenhilfe zwischen Sozialversicherung und Fürsorge. Die Arbeitslosenhilfe hing der Höhe nach sowohl vom letzten Nettoarbeitsentgelt – insofern versicherungstypisch –, als auch von Einkommen und Vermögen der Leistungsberechtigten während des Leistungsbezuges ab – insofern fürsorgetypisch.[4] Die Vorschläge der Hartz-Kommission wurden in insgesamt vier Gesetzespaketen, dem Ersten,[5] dem Zweiten,[6] dem Dritten[7] und dem Vierten[8] Gesetz für moderne Dienstleistungen am Arbeitsmarkt, umgesetzt, die im allgemeinen Sprachgebrauch als Hartz-I-, Hartz-II-, Hartz-III- und Hartz-IV-Gesetze bezeichnet wurden. Art. 1 des Vierten Gesetzes für moderne Dienstleistungen am Arbeitsmarkt war das SGB II.[9] Dies erklärt den heutigen untechnischen Sprachgebrauch, wonach „Hartz IV" sowohl das SGB II und die Alg II-V als auch das Leistungssystem der Grundsicherung für Arbeitsuchende im Allgemeinen als auch die Leistungen zur Sicherung des Lebensunterhalts, die im Rahmen dieses Systems ge-

---

1 *Hartz u. a.,* Moderne Dienstleistungen am Arbeitsmarkt.
2 *Hartz u. a.,* Moderne Dienstleistungen am Arbeitsmarkt, S. 125–138.
3 *Steck/Kossens,* Neuordnung, Rn 10.
4 Für einen Vergleich des SGB II mit der früheren Rechtslage *Steck/Kossens,* Neuordnung, Rn 14–17.
5 Erstes Gesetz für moderne Dienstleistungen am Arbeitsmarkt vom 23. 12. 2002 (BGBl. 2002 I, S. 4607).
6 Zweites Gesetz für moderne Dienstleistungen am Arbeitsmarkt vom 23. 12. 2002 (BGBl. 2002 I, S. 4621).
7 Drittes Gesetz für moderne Dienstleistungen am Arbeitsmarkt vom 23. 12. 2003 (BGBl. 2003 I, S. 2848).
8 Viertes Gesetz für moderne Dienstleistungen am Arbeitsmarkt vom 24. 12. 2003 (BGBl. 2003 I, S. 2954).
9 Zum Gesetzgebungsverfahren *Steck/Kossens,* Neuordnung, Rn 1–8.

währt werden, bezeichnet. Seit seinem Erlass ist das SGB II bereits mehrfach, teils erheblich geändert worden.

Das heutige SGB II bietet **Leistungen zur Sicherung des Lebensunterhalts** und **zur** 4 **Eingliederung in Arbeit** (§ 1 Abs. 3 SGB II). Die von ihm geregelte Grundsicherung für Arbeitsuchende soll es Leistungsberechtigten ermöglichen, ein **Leben** zu führen, **das der Würde des Menschen** entspricht (§ 1 Abs. 1 SGB II), und dazu beitragen, dass die Leistungsberechtigten ihren Lebensunterhalt unabhängig von der Grundsicherung aus eigenen Mitteln und Kräften bestreiten können (§ 1 Abs. 2 S. 1 SGB II). Weil auch die Sozialhilfe nach dem SGB XII diese Aufgabe hat (§ 1 SGB XII), muss zunächst bestimmt werden, wer überhaupt nach dem SGB II leistungsberechtigt ist (II. ab Rn 5). Nach einem Blick auf das Verhältnis des SGB II zu anderen Leistungssystemen (III. ab Rn 142) werden die Leistungen des SGB II und damit zusammenhängende weitere Leistungen betrachtet (ab IV. ab Rn 148). Schließlich geht die Darstellung auf das Verwaltungsverfahrensrecht (XIV. ab Rn 774) und den Rechtsschutz (XV. ab Rn 794) ein.

II. Leistungsberechtigter Personenkreis

1. Überblick

Entscheidend für die Abgrenzung jedenfalls der Leistungen zur Sicherung des Le- 5 bensunterhalts in den verschiedenen Existenzsicherungssystemen (Grundsicherung für Arbeitsuchende nach SGB II, Sozialhilfe nach SGB XII und Asylbewerberleistungen nach AsylbLG) voneinander ist die Leistungsberechtigung. Zunächst muss also geklärt werden, wer nach dem SGB II **leistungsberechtigt** ist.

Das SGB II kennt zwei Gruppen von Leistungsberechtigten: **Erwerbsfähige Leis-** 6 **tungsberechtigte** (§ 7 Abs. 1 SGB II, ab Rn 7) und **nichterwerbsfähige Leistungs- berechtigte** (§ 7 Abs. 2 SGB II, ab Rn 80).

2. Erwerbsfähige Leistungsberechtigte (§ 7 Abs. 1 SGB II)

a) Überblick

§ 7 Abs. 1 S. 1 SGB II enthält die **Legaldefinition** des Begriffs **erwerbsfähige Leis-** 7 **tungsberechtigte**. Hiernach sind Personen erwerbsfähige Leistungsberechtigte und erhalten als solche Leistungen nach dem SGB II, die

1. innerhalb gewisser Altersgrenzen sind (Rn 8),
2. erwerbsfähig sind (Rn 13),
3. hilfebedürftig sind (Rn 46) und
4. ihren gewöhnlichen Aufenthalt in der Bundesrepublik Deutschland haben (Rn 50).

Hiervon sind bestimmte Personen wiederum ausgenommen. Fünfte Voraussetzung ist also, dass kein Leistungsausschluss vorliegt (ab Rn 51).

b) Altersgrenzen (§ 7 Abs. 1 S. 1 Nr. 1, § 7 a SGB II)

Um als erwerbsfähige Leistungsberechtigte angesehen zu werden, müssen Personen 8 das 15. Lebensjahr vollendet haben, dürfen jedoch die Altersgrenze nach § 7 a SGB II noch nicht erreicht haben. Mit diesen Altersgrenzen bestimmt der Gesetzgeber, in welchem Lebensalter er von einem Menschen grundsätzlich eine Erwerbstätigkeit erwartet.

9 Die **untere Altersgrenze** ist auf die Vollendung des **15. Lebensjahres** festgelegt. Die **obere Altersgrenze** richtet sich nach der Tabelle in § 7 a SGB II. Personen, die vor dem 1. 1. 1947 geboren sind, erreichen die Altersgrenze mit Ablauf des Monats, in dem sie das **65. Lebensjahr** vollenden, für später Geborene wird die Altersgrenze stufenweise bis auf **67 Jahre** angehoben. Die obere Altersgrenze entspricht der Regelaltersgrenze, ab der in der gesetzlichen Rentenversicherung[10] Anspruch auf Regelaltersrente besteht (§§ 35, 99, 235 SGB VI), und der Altersgrenze, die Voraussetzung für die Leistungen der Grundsicherung im Alter nach dem Vierten Kapitel SGB XII ist (§ 41 Abs. 2 SGB XII).

10 Das **Lebensalter** wird nach § 26 Abs. 1 SGB X entsprechend §§ 187 Abs. 2, 188 Abs. 2 und 3 BGB berechnet. Danach haben Personen am Beginn ihres Geburtstages das jeweilige Lebensalter vollendet.[11]

11 **Beispiele:** A ist am 15. 1. 1995 geboren, hat also am Beginn des 15. 1. 2010 sein fünfzehntes Lebensjahr vollendet. Er befand sich von diesem Tag an bis zum Ablauf des Tages vor seinem nächsten Geburtstag (also dem 14. 1. 1996) in seinem 16. Lebensjahr. Er wird die obere Altersgrenze mit Ablauf des 31. 1. 2062 erreichen.

B ist am 15. 4. 1955 geboren. Sie hat ihr fünfzehntes Lebensjahr am Beginn des 15. 4. 1970 vollendet und wird die obere Altersgrenze mit Ablauf des 31. 1. 2021 im Alter von 65 Jahren und 9 Monaten erreichen.

C, geboren am 29. 2. 1960, hat das fünfzehnte Lebensjahr am Beginn des 28. 2. 1975 (§ 188 Abs. 3 BGB!) vollendet und wird die obere Altersgrenze mit Ablauf des 30. 6. 2026 im Alter von 66 Jahren und 4 Monaten erreichen.

12 Bei der **Berechnung des Lebensalters** ist § 33 a SGB I zu beachten. Maßgeblich ist das Geburtsdatum, das sich aus der ersten Angabe des oder der Berechtigten gegenüber einem Sozialleistungsträger ergibt; hiervon kann nur unter den Voraussetzungen des § 33 a Abs. 2 SGB I (Schreibfehler, Vorlage einer älteren Urkunde) abgewichen werden.

c) Erwerbsfähigkeit (§ 7 Abs. 1 S. 1 Nr. 2, § 8 SGB II)

aa) Einführung

13 Zweite Voraussetzung ist die **Erwerbsfähigkeit**. Dieser Begriff ist in § 8 SGB II legal definiert. Dabei enthält § 8 Abs. 1 SGB II die für alle Menschen (Deutsche und Nichtdeutsche) geltenden Voraussetzungen für die Annahme von Erwerbsfähigkeit (hierzu sogleich ab Rn 14). § 8 Abs. 2 SGB II enthält für Ausländerinnen und Ausländern eine weitere Voraussetzung (hierzu Rn 39).

14 Nach § 8 Abs. 1 SGB II ist **erwerbsfähig,**

> **wer nicht**
>> wegen Krankheit oder Behinderung (hierzu näher Rn 21)
>> auf absehbare Zeit (hierzu näher Rn 26)
> **außerstande ist,**

---

10 Bei Erfüllung der allgemeinen Wartezeit von fünf Jahren, grob gesprochen also, wenn für den oder die Versicherte(n) fünf Jahre lang Beiträge in die gesetzliche Rentenversicherung eingezahlt worden sind (s. im Einzelnen §§ 35, 235, 50 Abs. 1 S. 1 Nr. 1, 51 Abs. 1, 54 Abs. 1 Nr. 1, 55, 197 SGB VI).

11 Vgl. a. *Spellbrink,* in: Eicher/Spellbrink, SGB II, § 7, Rn 7.

unter den üblichen Bedingungen des allgemeinen Arbeitsmarktes (hierzu näher Rn 31)

mindestens drei Stunden täglich (hierzu näher Rn 20)

erwerbstätig zu sein.

Grob gesprochen ist also **erwerbsfähig**, wer nicht außerstande ist, mindestens drei **15** Stunden täglich erwerbstätig zu sein, **wer** also **mindestens drei Stunden täglich arbeiten kann**; dagegen ist voll erwerbsgemindert, wer dies nicht (mehr) kann. Die weiteren, in Rn 14 tiefer eingerückten Voraussetzungen dienen zur genauen Abgrenzung. Manche dieser Voraussetzungen führen dazu, dass bestimmte Personen zu einem bestimmten Zeitpunkt als erwerbsfähig anzusehen sind, obwohl sie zu diesem Zeitpunkt nicht mehr mindestens drei Stunden täglich arbeiten können. Andere Voraussetzungen führen im Gegenteil dazu, dass bestimmte Personen in einem bestimmten Zeitpunkt als nicht erwerbsfähig anzusehen sind, obwohl sie zu diesem Zeitpunkt in der Lage sind, mindestens drei Stunden täglich zu arbeiten.

Die Definition der Erwerbsfähigkeit in § 8 Abs. 1 SGB II lehnt sich eng an die Definition **16** der vollen Erwerbsminderung in § 43 Abs. 2 S. 2 SGB VI an, einer Vorschrift aus dem Rentenversicherungsrecht.[12] Bei Erfüllung weiterer Voraussetzungen haben voll erwerbsgeminderte Versicherte nach § 43 Abs. 2 S. 1 SGB VI einen Anspruch auf Rente wegen voller Erwerbsminderung. Auf diesen Begriff verweist auch § 41 Abs. 3 SGB XII für die Grundsicherung bei Erwerbsminderung.[13] Deshalb kann zur Auslegung des Begriffs der Erwerbsfähigkeit auch auf die rentenversicherungsrechtliche Literatur und Rechtsprechung zur vollen Erwerbsminderung zurückgegriffen werden.

Voll erwerbsgemindert ist nach § 43 Abs. 2 S. 2 SGB VI, wer wegen Krankheit oder **17** Behinderung auf nicht absehbare Zeit außerstande ist, unter den üblichen Bedingungen des allgemeinen Arbeitsmarktes mindestens drei Stunden täglich erwerbstätig zu sein. Schon aus dieser genau gegenteiligen Formulierung lässt sich ableiten, dass die Begriffe „voll erwerbsgemindert" im Sinne von § 43 Abs. 2 S. 2 SGB VI und „erwerbsfähig" im Sinne von § 8 Abs. 1 SGB II komplementär sind, sich also gegenseitig ergänzen.[14] Ein Mensch kann demnach begrifflich zu einem bestimmten Zeitpunkt nur entweder erwerbsfähig oder voll erwerbsgemindert sein. Es gibt weder ein „Sowohl-als-Auch" noch ein „Weder-Noch".

Der im Rentenversicherungsrecht ebenfalls verwendete Begriff der *teilweisen Er-* **18** *werbsminderung* ist für die Abgrenzung der Existenzsicherungssysteme unerheblich. Nach § 43 Abs. 1 S. 2 SGB VI ist teilweise erwerbsgemindert, wer wegen Krankheit oder Behinderung auf nicht absehbare Zeit außerstande ist, unter den üblichen Bedingungen des allgemeinen Arbeitsmarktes mindestens sechs Stunden täglich erwerbstätig zu sein. Der Begriff der teilweisen Erwerbsminderung sagt also über die Frage der Erwerbsfähigkeit nichts aus. Ein weiterer Punkt kann aber zu Verwirrung führen: Nach dem Rentenversicherungsrecht haben Personen, die ein zeitliches Leistungsvermögen von drei bis unter sechs Stunden täglich haben, also teilweise erwerbsgemindert sind, unter Umständen einen Anspruch auf Rente wegen voller Erwerbsminderung, weil – so die Rechtsprechung – der Teilzeitarbeitsmarkt verschlos-

---

[12] So ausdrücklich Gesetzentwurf der Fraktionen SPD und BÜNDNIS 90/DIE GRÜNEN eines Vierten Gesetzes für moderne Dienstleistungen am Arbeitsmarkt, BT-Drucks. 15/1516, S. 52, noch enger BT-Drucks. 15/1516, S. 46.

[13] S. hierzu näher 7. Kapitel, Rn 7–12.

[14] *Schumacher,* in: Oestreicher, SGB II/SGB XII, § 8 SGB II, Rn 6; *Blaser,* Übliche Bedingungen, S. 162; ähnlich *Adolph,* in: Linhart/Adolph, SGB II. SGB XII. AsylbLG, § 8 SGB II, Rn 6.

sen ist.[15] In diesen Fällen ist es möglich, dass eine Person eine Rente wegen voller Erwerbsminderung bezieht, obwohl sie nicht voll erwerbsgemindert ist, sondern erwerbsfähig.[16] Erkennbar ist das an der Begründung eines Rentenbescheides.

19 Da die Erwerbsfähigkeit einerseits ein wesentliches Kriterium zur Abgrenzung der verschiedenen Existenzsicherungssysteme ist, die von unterschiedlichen Trägern getragen werden, andererseits hierüber wegen der Abhängigkeit von Prognosen leicht Streit entstehen kann, hat der Gesetzgeber ein gesondertes Verfahren für ihre Feststellung vorgesehen (§ 44 a Abs. 1–3 SGB II; hierzu ab Rn 784). Zunächst sollen jedoch diese praktischen Schwierigkeiten bei der Feststellung ausgeblendet und dafür die einzelnen Voraussetzungen der Erwerbsfähigkeit einer Person näher betrachtet werden.

bb) … mindestens drei Stunden täglich …

20 Die Leistungsberechtigten müssen in der Lage sein, **mindestens drei Stunden täglich** erwerbstätig zu sein. Auszugehen ist von einer Fünf-Tage-Woche.[17] Theoretisch ist die Grenze also sehr scharf: Wer an fünf Tagen in der Woche jeweils zwei Stunden und 59 Minuten arbeiten kann, ist nicht erwerbsfähig, wer jeweils mindestens drei Stunden arbeiten kann, ist erwerbsfähig. Praktisch bestehen jedoch gerade bei der Feststellung des zeitlichen Restleistungsvermögens Probleme.

cc) … wegen Krankheit oder Behinderung …

21 Die Leistungsberechtigten müssen **wegen Krankheit oder Behinderung** außerstande zu Erwerbstätigkeit im vorgesehenen Umfang sein.

22 Eine **Krankheit** liegt bei einem regelwidrigen körperlichen, geistigen oder seelischen Zustand vor.[18] Eine **Behinderung** liegt nach § 2 Abs. 1 SGB IX vor, wenn die körperliche Funktion, geistige Fähigkeit oder seelische Gesundheit eines Menschen mit hoher Wahrscheinlichkeit länger als sechs Monate von dem für das Lebensalter typischen Zustand abweichen und daher seine Teilhabe am Leben in der Gesellschaft beeinträchtigt ist.[19] Es ist für den Begriff der Erwerbsfähigkeit in § 8 SGB II nicht erforderlich, genau zwischen Krankheit und Behinderung zu unterscheiden, es ist nur erheblich, dass eines von beiden tatsächlich vorliegt.

23 **Alle Arten von Krankheiten oder Behinderungen**, sowohl körperliche als auch geistige oder seelische, können zu einer Minderung der Erwerbsfähigkeit führen. So kann die Erwerbsfähigkeit beispielsweise wegen einer Querschnittslähmung (körperliche Behinderung), einer Intelligenzminderung (geistige Behinderung) oder wegen einer depressiven Episode (seelische Krankheit/Behinderung) eingeschränkt sein. Dagegen ist eine Schwangerschaft weder eine Krankheit noch eine Behinderung im Rechtssinne.

24 Können oder dürfen Leistungsberechtigte dagegen **aus anderen Gründen**, beispielsweise wegen Schwangerschaft (Mutterschutz!), Kindererziehung, mangelnder Sprach-

---

15 Sog. Arbeitsmarktrenten oder „konkrete Betrachtungsweise"; *BSG*, 28. 5. 1963 – 12/4 RJ 142/61, BSGE 19, 147–153; *BSG (GS)*, 11. 12. 1969 – GS 4/69, BSGE 30, 167–192; *BSG*, 12. 12. 1974 – 1 RA 33/74, SozR 2200 § 1246 Nr. 5; *BSG*, 18. 3. 1982 – 11 RA 26/81, SozR 2200 § 1246 Nr. 89; vgl. hierzu auch die Darstellung bei *Blaser*, Übliche Bedingungen, S. 78–80 und 128–133.

16 Ebenso *Schumacher*, in: Oestreicher, SGB II/SGB XII, § 8 SGB II, Rn 6.

17 So zum Rentenversicherungsrecht *Gürtner*, in: KassKomm, § 43 SGB VI, Rn 30.

18 *Blüggel*, in: Eicher/Spellbrink, SGB II, § 8 Rn 20 m. Nachw.; *Brühl*, in: LPK-SGB II, § 8, Rn 6.

19 *Blüggel*, in: Eicher/Spellbrink, SGB II, § 8, Rn 23; *Brühl*, in: LPK-SGB II, § 8, Rn 6.

kenntnisse (es sei denn, diese beruhen auf einer Behinderung) oder Schulbesuchs nicht erwerbstätig sein, bleiben sie im Sinne des SGB II **erwerbsfähig.**[20]

Lässt sich das Hinabsinken der Leistungsfähigkeit auf mehrere Ursachen zurückführen, kommt es darauf an, dass die Krankheit oder Behinderung die **wesentliche Ursache** ist.[21] Wann dies der Fall ist, ist nach der im Sozialrecht herrschenden Theorie von der wesentlichen Bedingung durch eine wertende Betrachtung aller in Frage kommenden Umstände zu ermitteln.[22]   **25**

dd) ... auf (nicht) absehbare Zeit ...

Das Tatbestandsmerkmal „**auf absehbare Zeit**" ist in dieser Form missglückt und auf ein Redaktionsversehen des Gesetzgebers zurückzuführen. Gemeint ist eigentlich „auf *nicht* absehbare Zeit".[23]   **26**

Die Leistungsberechtigten dürfen also nicht **auf *nicht* absehbare Zeit** außerstande sein, mindestens drei Stunden täglich erwerbstätig zu sein.   **27**

Eine Person ist demnach erwerbsfähig, wenn sie zwar zu einem bestimmten Zeitpunkt nicht erwerbstätig sein kann, aber zu erwarten ist, dass sich dies in absehbarer Zeit ändern wird. Nur, wenn erst in unabsehbarer Zeit mit einer Leistungsfähigkeit von mindestens drei Stunden täglich zu rechnen ist, ist eine Person nicht erwerbsfähig.

Als **absehbare Zeit** wird dabei einhellig ein **Zeitraum von mindestens sechs Monaten Dauer** angesehen. Kann eine Person also derzeit nicht mindestens drei Stunden täglich erwerbstätig sein, ist aber zu erwarten, dass sie dies innerhalb eines Zeitraums von sechs Monaten (wieder oder erstmals) können wird, ist sie erwerbsfähig.[24] Ist das nicht zu erwarten, sei es, dass keinerlei Besserung zu erwarten ist, sei es, dass ein Leistungsvermögen von mindestens drei Stunden täglich erst nach mehr als sechs Monaten zu erwarten ist, ist die Person nicht erwerbsfähig, sondern voll erwerbsgemindert.   **28**

Dieses Verständnis lässt sich aus dem Rentenversicherungsrecht ableiten. Dort werden befristete Renten wegen verminderter Erwerbsfähigkeit erst ab dem siebten Monat nach Eintritt der Erwerbsminderung geleistet (§ 101 Abs. 1 SGB VI). Befristet sind Renten wegen verminderter Erwerbsfähigkeit immer dann, wenn eine Behebung der Erwerbsfähigkeit nicht unwahrscheinlich ist oder die Rentenzahlung auf der Arbeitsmarktlage beruht, also etwa, weil der Teilzeitarbeitsmarkt verschlossen ist (§ 102 Abs. 2 SGB VI; s. o. Rn 18 a. E.). Hieraus wird abgeleitet, dass vor Ablauf von sechs Monaten noch keine rechtserhebliche Erwerbsminderung vorliegt. Dieses Kriterium auf das Grundsicherungsrecht zu übertragen, ist sachgerecht.[25]   **29**

Beispiele: A hat sich beim Skifahren beide Beine gebrochen. Er kann für voraussichtlich sechs Wochen keinerlei Erwerbstätigkeit nachgehen, weil er das Haus nicht verlassen kann; danach wird er aber voraussichtlich wieder in Vollzeit arbeiten können. – A ist im Sinne des Gesetzes während des gesamten Zeitraums erwerbsfähig, auch in der Zeit, in der er nicht arbeiten kann, weil er nicht für mindestens sechs Monate, also nicht „auf absehbare Zeit" außerstande ist, erwerbstätig zu sein.   **30**

---

20 *Blüggel,* in: Eicher/Spellbrink, SGB II, § 8, Rn 25; *Brühl,* in: LPK-SGB II, § 8, Rn 9.
21 *Blüggel,* in: Eicher/Spellbrink, SGB II, § 8, Rn 24; vgl. *BSG,* 14. 5. 1996 – 4 RA 60/94, SozR 2200 § 1246 Nr. 139, Rn 41.
22 Vgl. z. B. *BSG,* 9. 12. 2003 – B 2 U 8/03 R, SozR 4-2200 § 589 Nr. 1, Rn 17.
23 *Blüggel,* in: Eicher/Spellbrink, SGB II, § 8, Rn 26 f. m. w. Nachw. und überzeugender Begründung.
24 So schon BT-Drucks. 15/1516, S. 52; ebenso *Blüggel,* in: Eicher/Spellbrink, SGB II, § 8, Rn 28 m. zahlr. Nachw.; *Brühl,* in: LPK-SGB II, § 8, Rn 20; *Schumacher,* in: Oestreicher, SGB II/SGB XII, § 8 SGB II, Rn 8 a.
25 *Blüggel,* in: Eicher/Spellbrink, SGB II, § 8, Rn 28; *Brühl,* in: LPK-SGB II, § 8, Rn 20. – In der Begründung anders *Schumacher,* in: Oestreicher, SGB II/SGB XII, § 8 SGB II, Rn 8 a, der die Sechsmonatsfrist aus § 7 Abs. 4 S. 3 Nr. 1 SGB II ableiten will.

B hat bei einem schweren Unfall eine Querschnittslähmung vom Schultergürtel an erlitten. Sie kann seither keinerlei Erwerbstätigkeit mehr ausüben. Es ist unwahrscheinlich, dass sie das je wieder können wird. – B ist im Sinne des Gesetzes seit dem Unfall voll erwerbsgemindert und damit nicht erwerbsfähig.

C hat einen leichten Hirnschlag erlitten, der ihn für voraussichtlich acht Monate außerstande setzen wird, Tätigkeiten im Umfang von mindestens drei Stunden täglich zu verrichten. Allerdings ist davon auszugehen, dass er nach Ablauf der acht Monate wieder leichte Tätigkeiten im Umfang von vier Stunden täglich wird ausführen können. – C ist im Sinne des Gesetzes seit dem Hirnschlag und bis zu dem Tag, an dem er wieder vier Stunden täglich arbeiten können wird, voll erwerbsgemindert und damit nicht erwerbsfähig. Bei ihm ist zwar eine Besserung in Sicht, da diese aber voraussichtlich erst nach Ablauf von sechs Monaten eintreten wird, ist er im Rechtssinne „auf absehbare Zeit" außerstande, erwerbstätig zu sein.

ee) … unter den üblichen Bedingungen des allgemeinen Arbeitsmarktes …

(1) Allgemeines

31 Die Leistungsberechtigten müssen in der Lage sein, **unter üblichen Bedingungen des allgemeinen Arbeitsmarkts** mindestens drei Stunden täglich erwerbstätig zu sein.

32 Dieses Tatbestandsmerkmal erfüllt zwei Aufgaben: Zum einen definiert es den Arbeitsmarkt näher, auf dem Leistungsberechtigte erwerbstätig zu sein in der Lage sein müssen (Rn 33). Zum anderen beschränkt es die in Betracht zu nehmenden Tätigkeiten auf solche zu „üblichen Bedingungen" (Rn 35).

(2) Allgemeiner Arbeitsmarkt

33 Maßgeblich ist der **allgemeine Arbeitsmarkt**. Es kommt also nicht darauf an, ob Leistungsberechtigte ihren bisherigen Beruf oder eine fachlich-qualitativ vergleichbare Tätigkeit noch ausüben können, auch nicht darauf, wie viel Einkommen sie durch Einsatz ihrer Arbeitskraft noch erzielen können. Maßgeblich sind vielmehr alle Tätigkeiten, zu denen innerhalb Deutschlands[26] ein Arbeitsmarkt existiert, einschließlich einfachster ungelernter Tätigkeiten.[27]

34 **Beispiel:** A, eine Klarinettistin, kann nach dem Verlust von zwei Fingern nicht mehr Klarinette spielen. – Da sie sonst keine Leistungseinschränkungen hat, kann sie aber durchaus noch andere Tätigkeiten des allgemeinen Arbeitsmarktes verrichten.

B, ein Hochschulprofessor, darf nach einer Verletzung seiner Stimmbänder höchstens eine Stunde täglich am Stück sprechen. Da er sonst keine Leistungseinschränkungen hat, kann er aber durchaus noch andere Tätigkeiten des allgemeinen Arbeitsmarktes verrichten, auch wenn diese Tätigkeiten nicht das Prestige seiner bisherigen Tätigkeit bieten.

(3) Übliche Bedingungen

35 Erwerbsfähig ist aber nur, wer auf diesem sehr weit gefassten allgemeinen Arbeitsmarkt zu **üblichen Bedingungen** arbeiten kann. Zu dem entsprechenden Begriff in § 43 SGB VI hatte die Rechtsprechung sehr ausdifferenzierte Kriterien entwickelt,[28] auf die im Rahmen von § 8 SGB II zurückgegriffen werden kann.[29] Eine ausführliche Darstellung muss hier unterbleiben. Wegen ihrer praktisch größten Bedeutung[30] seien je-

---

26 *Blaser,* Übliche Bedingungen, S. 87 f., 163.
27 *Blaser,* Übliche Bedingungen, S. 163.
28 S. dazu ausführlich *Blaser,* Übliche Bedingungen, S. 93 f., 104–128.
29 *Blaser,* Übliche Bedingungen, S. 162 f.
30 Zum Grund hierfür *Blaser,* Übliche Bedingungen, S. 115, 166.

doch zwei Fallgruppen erwähnt (Rn 36 und 37), bei denen die Rechtsprechung nicht mehr von einer Leistungsfähigkeit zu üblichen Bedingungen ausgeht, nämlich die sogenannten Unüblichkeitsfälle.[31] In beiden Fällen kann die Unüblichkeit dadurch beseitigt (und damit die Erwerbsfähigkeit hergestellt) werden, dass der zuständige Träger eine *konkrete Stelle* benennt, welche die leistungsberechtigte Person mit ihrem verminderten Leistungsvermögen noch ausfüllen kann.[32]

Nicht erwerbsfähig ist, wer nur noch Tätigkeiten verrichten kann, die nur unter **nicht** **betriebsüblichen Arbeitsbedingungen** ausgeübt werden können. Die Rechtsprechung hat mehrere Unterfallgruppen anerkannt, in denen das der Fall ist.[33] So sind Menschen nicht erwerbsfähig, wenn sie nur noch Tätigkeiten zu Arbeitszeiten verrichten können, die in Betrieben nicht üblich sind, oder wenn sie ihre Arbeit aus gesundheitlichen Gründen betriebsunüblich häufig unterbrechen müssen. Das kann etwa bei Diabetikern der Fall sein, die häufige Zwischenmahlzeiten einnehmen müssen, aber auch bei Menschen mit krankheitsbedingt sehr häufigem Stuhlgang. Weiter sind auch Personen mit ekelerregenden oder ansteckenden Krankheiten nicht erwerbsfähig, weil sie nicht in Betrieben arbeiten können. Schließlich fallen auch Personen mit Anfallserkrankungen oder Behinderungen, die besondere Anpassungen vom Arbeitgeber erfordern, oft nicht unter den Erwerbsfähigkeitsbegriff. **36**

Der zweite Unüblichkeitsfall ist die fehlende Fähigkeit, einen Arbeitsweg zurückzulegen (sogenannte **Wegefähigkeit**). Weil Arbeitsplätze in der Regel außerhalb der eigenen Wohnung liegen, vermutet die Rechtsprechung bei Personen, die aus gesundheitlichen Gründen Arbeitsplätze außerhalb ihrer Wohnung nicht aufsuchen können, dass sie nicht mehr zu üblichen Bedingungen tätig sein können. Nach der Rechtsprechung des BSG ist wegefähig, wer dazu in der Lage ist, vier Mal am Tag ohne übermäßige körperliche Anstrengungen oder erhebliche Schmerzen Wegstrecken von mindestens 500 Metern innerhalb von jeweils 20 Minuten zu Fuß zurückzulegen und darüber hinaus zwei Mal täglich in der Hauptverkehrszeit öffentliche Verkehrsmittel zu nutzen.[34] Darauf kommt es allerdings nicht an, wenn die Leistungsberechtigten ein Kraftfahrzeug und eine entsprechende Fahrerlaubnis haben, mit dem sie auch entfernter liegende Arbeitsstellen aufsuchen können oder der Leistungsträger eine näher gelegene, erreichbare Stelle benennen kann.[35] **37**

Beispiele: A kann wegen eines Hüftleidens nicht mehr zu Fuß gehen. – Sie ist deshalb nicht erwerbsfähig. **38**

A erbt ein Kraftfahrzeug, für das sie eine Fahrerlaubnis hat und das sie trotz ihres Leidens fahren kann. – Sie ist erwerbsfähig.

B kann zwar noch leichte Tätigkeiten mindestens sechs Stunden täglich verrichten, allerdings leidet er an einer Ozaena (sog. „Stinknase"), infolge deren seine Nase ständig ein übelriechendes Sekret absondert.[36] – Solange der Träger ihm keine konkrete Stelle anbieten kann, ist er nicht erwerbsfähig.

---

31 Das BSG hat in seiner Rechtsprechung insgesamt sieben sogenannte Katalogfälle anerkannt und durchnummeriert (*BSG*, 9. 9. 1986 – 5 b RJ 50/84, SozR 2200 § 1246 Nr. 139, Rn 13–20; *Blaser,* Übliche Bedingungen, S. 113 f. m. w. Nachw.). Später hat es die Katalogfälle in Unüblichkeits- (Katalogfälle Nr. 1 und 2) und Seltenheitsfälle (Katalogfälle Nr. 3–7) unterteilt (*Blaser,* Übliche Bedingungen, S. 114–124; *BSG,* 14. 5. 1996 – 4 RA 60/94, SozR 2200 § 1246 Nr. 139).
32 *Blaser,* Übliche Bedingungen, S. 124 f., 165 f.
33 *Blaser,* Übliche Bedingungen, S. 115–118.
34 *Blaser,* Übliche Bedingungen, S. 119.
35 *Blaser,* Übliche Bedingungen, S. 120.
36 Vgl. *FG RP,* 1. 7. 1994 – 1 K 2299/90, EFG 1995, 72–73, Rn 27.

ff) Erwerbsfähigkeit von Ausländerinnen und Ausländern (§ 8 Abs. 2 SGB II)

39 Für **Ausländerinnen und Ausländer** stellt § 8 Abs. 2 SGB II eine weitere, **rechtliche Voraussetzung** auf. Er stellt darauf ab, ob Ausländerinnen und Ausländer, welche die gesundheitlichen Anforderungen des § 8 Abs. 1 SGB II erfüllen und deshalb an sich erwerbsfähig wären, rechtlich eine Beschäftigung im Inland aufnehmen dürfen: Ausländerinnen und Ausländer können nach § 8 Abs. 2 SGB II nur erwerbstätig (und damit auch erwerbsfähig) sein, wenn ihnen die Aufnahme einer Beschäftigung erlaubt ist (Rn 40) oder erlaubt werden könnte (Rn 41). Wann das der Fall ist, richtet sich nach dem Ausländerrecht.[37]

40 Ohne besonderen Titel **erlaubt ist die Erwerbstätigkeit** Unionsbürgerinnen und Unionsbürgern (mit Ausnahme von Staatsangehörigen von Bulgarien und Rumänien),[38] Staatsangehörigen eines anderen Staates des Europäischen Wirtschaftsraums (EWR)[39] sowie der Schweiz. Diese Personen genießen volle Freizügigkeit.[40] Dasselbe gilt für anerkannte Flüchtlinge im Sinne der Genfer Flüchtlingskonvention (GFK).[41] Anderen Ausländerinnen und Ausländern ist die Erwerbstätigkeit dann erlaubt, wenn dies im jeweiligen Aufenthaltstitel so vermerkt ist (§ 4 Abs. 3 AufenthG).[42]

41 Umstritten ist, wann die zweite Alternative erfüllt ist, wann also eine **„Beschäftigung erlaubt werden könnte"**. Hierzu werden zwei Positionen vertreten:

42 Nach der wohl überwiegenden Meinung in der Rechtsprechung[43] ist dies nur dann der Fall, wenn eine **konkrete Aussicht auf** die Erteilung der **Beschäftigungserlaubnis** besteht. Hiernach reicht es nicht aus, dass dieser konkreten Person abstrakt-generell eine Beschäftigungserlaubnis erteilt werden könnte, vielmehr müsse aufgrund einer Arbeitsmarktprognose auch eine konkrete Aussicht auf Erteilung dieser Erlaubnis bestehen. Sonst bestehe kein Bezug zum deutschen Arbeitsmarkt.[44]

43 Die andere Meinung lässt hingegen die **abstrakt-generelle Möglichkeit** zur Erteilung einer Beschäftigungserlaubnis ausreichen. Sie beruft sich auf die – insoweit allerdings nicht sehr ergiebige – ursprüngliche Gesetzesbegründung.[45] Nach dieser Meinung sind durch § 8 Abs. 2 SGB II nur Touristinnen und Touristen sowie Personen, denen ausländerrechtlich wirksam eine Erwerbtätigkeit untersagt ist, von der Erwerbsfähig-

---

37 *BSG,* 13. 11. 2008 – B 14 AS 24/07 R, BSGE 102, 60–68 (= SozR 4-4200 § 7 Nr. 10), Rn 22; *Adolph,* in: Linhart/Adolph, SGB II. SGB XII. AsylbLG, § 8 SGB II, Rn 12.
38 Unionsbürger ist, wer die Staatsangehörigkeit eines Mitgliedstaats der Europäischen Union hat (Art. 20 AEUV). Mitgliedstaaten der EU sind neben Deutschland Belgien, Bulgarien, Dänemark, Estland, Finnland, Frankreich, Griechenland, Großbritannien, Irland, Italien, Lettland, Litauen, Luxemburg, Malta, die Niederlande, Österreich, Polen, Portugal, Rumänien, Schweden, die Slowakei, Slowenien, Spanien, Tschechien, Ungarn und Zypern.
39 Mitgliedstaaten des EWR sind neben den Mitgliedstaaten der EU Island, Liechtenstein und Norwegen.
40 Für Unionsbürgerinnen und -bürger außer Staatsangehörigen aus Bulgarien und Rumänien Art. 45 AEUV, für EWR-Bürgerinnen und -Bürger Art. 28 EWR-V, für Schweizerinnen und Schweizer Art. 4 FreizügAbk EU-Schweiz; ebenso *Brühl,* in: LPK-SGB II, § 8, Rn 29 f.; *Schumacher,* in: Oestreicher, SGB II/SGB XII, § 8 SGB II, Rn 10 f.; nur unter Bezugnahme auf Unionsbürgerinnen und -bürger *Blüggel,* in: Eicher/Spellbrink, SGB II, § 8, Rn 47.
41 *Brühl,* in: LPK-SGB II, § 8, Rn 28; *Schumacher,* in: Oestreicher, SGB II/SGB XII, § 8 SGB II, Rn 12.
42 *Blüggel,* in: Eicher/Spellbrink, SGB II, § 8, Rn 44; *Schumacher,* in: Oestreicher, SGB II/SGB XII, § 8 SGB II, Rn 13.
43 Nachw. bei *Brühl,* in: LPK-SGB II, § 8, Rn 32 und *Blüggel,* in: Eicher/Spellbrink, SGB II, § 8, Rn 65.
44 *Blüggel,* in: Eicher/Spellbrink, SGB II, § 8, Rn 63, 65–67 m. w. Nachw.
45 *Brühl,* in: LPK-SGB II, § 8, Rn 32 m. w. Nachw., insbesondere unter Berufung auf BT-Drucks. 15/1516, S. 52.

keit ausgenommen.[46] Seit sich die Bundesagentur für Arbeit dieser Auffassung angeschlossen hat,[47] sind Gerichtsentscheidungen hierzu praktisch nicht mehr zu finden.

Seit Inkrafttreten des Gesetzes zur Ermittlung von Regelbedarfen und zur Änderung **44** des Zweiten und Zwölften Buches Sozialgesetzbuch[48] spricht ein weiteres Argument für die liberalere zweite Meinung. Nach dem neuen § 8 Abs. 2 S. 2 SGB II reicht nämlich nun ausdrücklich die rechtliche Möglichkeit aus, eine Beschäftigung vorbehaltlich einer Zustimmung nach § 39 AufenthG aufzunehmen. In der Gesetzesbegründung heißt es dazu, die Vorschrift greife die gängige Praxis auf und verdeutliche, „dass es darauf ankommt, dass zumindest rechtlich-theoretisch eine Zustimmung zur Aufnahme einer Beschäftigung durch die Bundesagentur für Arbeit erfolgen könnte".[49] Dieser Satz bezieht sich zwar unmittelbar nur auf Personen mit nachrangigem Arbeitsmarktzugang,[50] muss aber vor dem Hintergrund der bisherigen Praxis und aus Gleichheitsgründen verallgemeinert werden. Die **abstrakt-generelle Möglichkeit zur** Erteilung einer **Beschäftigungserlaubnis reicht** also **aus**.

Bei Ausländerinnen und Ausländern ist als weitere Hürde der Leistungsausschluss in **45** § 7 Abs. 1 S. 2 SGB II zu beachten (s. u. Rn 52).

d) Hilfebedürftigkeit (§ 7 Abs. 1 S. 1 Nr. 3, § 9 SGB II)

Hilfebedürftig ist nach § 9 Abs. 1 SGB II, wer seinen Lebensunterhalt nicht oder nicht **46** ausreichend aus dem zu berücksichtigenden Einkommen oder Vermögen sichern kann und die erforderliche Hilfe nicht von Anderen, insbesondere von Angehörigen oder Trägern anderer Sozialleistungen erhält. Zur Ermittlung der Hilfebedürftigkeit sind also das zum Lebensunterhalt Notwendige (Bedarf) und das zu berücksichtigende Einkommen und Vermögen gegenüberzustellen. Decken das zu berücksichtigende Einkommen und Vermögen den Bedarf nicht, ist die erwerbsfähige Person in Höhe der Differenz hilfebedürftig.

Das zu berücksichtigende Einkommen und Vermögen wird als **Selbsthilfe** bezeichnet. **47** Bei der Bestimmung der Hilfebedürftigkeit in diesem Sinne ist auch Einkommen und Vermögen anderer Personen zu berücksichtigen (sog. Einsatzgemeinschaft). Maßgeblich hierfür ist insbesondere § 9 Abs. 2 SGB II.

Leistungen, welche die leistungsberechtigte Person von Dritten erhält, werden als **48** **Dritthilfe** bezeichnet. Sie werden teils unmittelbar bei der Leistungsberechnung, überwiegend jedoch bei der Wiederherstellung des Nachrangs im Nachhinein berücksichtigt.

Die Frage, ob eine Person hilfebedürftig ist, kann also erst beantwortet werden, wenn **49** bekannt ist, was ihr Bedarf ist (u. ab Rn 151 u. 161) und welches Einkommen und Vermögen zu berücksichtigen ist (u. ab Rn 336). Da die Hilfebedürftigkeit für alle Existenzsicherungssysteme Leistungsvoraussetzung ist, kann sie nicht zur Abgrenzung der Existenzsicherungssysteme voneinander dienen.

---

46 *Brühl,* in: LPK SGB II, § 8, Rn 34 a. E.
47 BA, Fachl. Hinw. § 8 SGB II, Rn 8.15 (S. 5 f.) und Rn 8.21 (S. 7).
48 Vom 24. 3. 2011 (BGBl. 2011 I, S. 453).
49 Gesetzentwurf der Fraktionen der CDU/CSU und FDP eines Gesetzes zur Ermittlung von Regelbedarfen und zur Änderung des Zweiten und Zwölften Buches Sozialgesetzbuch, BT-Drucks. 17/3404, S. 93.
50 Derzeit noch Staatsangehörige aus Bulgarien und Rumänien (§ 284 Abs. 4 SGB III).

e) Gewöhnlicher Aufenthalt in der Bundesrepublik Deutschland (§ 7 Abs. 1 S. 1 Nr. 4 SGB II, § 30 Abs. 3 S. 2 SGB I)

50 Letzte Leistungsvoraussetzung nach § 7 Abs. 1 SGB II ist, dass die Leistungsberechtigten ihren **gewöhnlichen Aufenthalt in Deutschland** haben.[51] Legal definiert ist der gewöhnliche Aufenthalt in § 30 Abs. 3 S. 2 SGB I; hiernach hat eine Person ihren gewöhnlichen Aufenthalt an dem Ort, an dem sie sich unter Umständen aufhält, die darauf schließen lassen, dass sie an diesem Ort oder in diesem Gebiet nicht nur vorübergehend verweilt. Auf die Rechtmäßigkeit des Aufenthalts kommt es nicht an (vgl. aber Rn 39–45 und 52 ff.).

f) Kein Leistungsausschluss

aa) Überblick

51 Weitere Leistungsvoraussetzung ist, dass **kein Ausschlusstatbestand** vorliegt. Die Ausschlusstatbestände sind weniger übersichtlich als die übrigen Voraussetzungen über § 7 SGB II verteilt. Von den Leistungen ausgeschlossen sind bestimmte Ausländerinnen und Ausländer (Rn 52), stationär untergebrachte Personen (Rn 60), Personen, die eine bestimmte Rente beziehen (Rn 66), Personen, die sich außerhalb des ortsnahen Bereichs aufhalten (Rn 70) und Personen, die Leistungen der Ausbildungsförderung erhalten könnten (Rn 74)

bb) Leistungsausschluss für bestimmte Ausländerinnen und Ausländer (§ 7 Abs. 1 S. 2–4 SGB II)

52 Nach § 7 Abs. 1 S. 2 und 3 SGB II sind drei Gruppen von Ausländerinnen und Ausländern vom Leistungsbezug nach dem SGB II ausgeschlossen:
1. Nicht freizügigkeitsberechtigte Ausländerinnen und Ausländer in den ersten drei Monaten ihres Inlandsaufenthalts (Rn 53),
2. allein wegen der Arbeitssuche aufenthaltsberechtigte Ausländerinnen und Ausländer (Rn 55) und
3. Leistungsberechtigte nach dem AsylbLG (Rn 58).

53 § 7 Abs. 1 S. 2 Nr. 1 SGB II nimmt **für die ersten drei Monate** ihres Aufenthalts in Deutschland solche Ausländerinnen und Ausländer aus der Leistungsberechtigung aus, die nicht als Arbeitnehmerinnen, Arbeitnehmer oder Selbständige freizügigkeitsberechtigt sind. Nicht von diesem Ausschluss betroffen ist auch, wer wegen Krankheit oder Unfall vorübergehend erwerbsgemindert ist, wer unfreiwillig arbeitslos ist oder eine selbständige Tätigkeit eingestellt hat oder im Zusammenhang mit der früheren Erwerbstätigkeit eine Berufsausbildung aufnimmt (§ 2 Abs. 3 FreizügG/EU). Damit sind nur solche Ausländerinnen und Ausländer von dem Leistungsausschluss betroffen, welche (noch) keinen Bezug zum deutschen Arbeitsmarkt hergestellt haben. Wer bereits Arbeitnehmerin, Arbeitnehmer oder selbständig tätige Person im Inland ist, erhält hingegen Leistungen. Weil Art. 24 Abs. 2 RL 2004/38/EG[52] einen solchen Leistungs-

---

51 Zur Europarechtskonformität dieses Erfordernisses *BSG*, 18. 1. 2011 – B 4 AS 14/10 R, SozR 4-4200 § 7 Nr. 22, Rn 28–30.
52 Auch als „Freizügigkeits-" oder als „Unionsbürger-Richtlinie" bezeichnet.

ausschluss ausdrücklich erlaubt,[53] ist er auch für Unionsbürgerinnen und Unionsbürger mit EU-Recht vereinbar.[54]

Dieser **Leistungsausschluss** gilt wiederum **nicht**, wenn sich die Ausländerinnen und **54** Ausländer mit einem Aufenthaltstitel nach Kapitel 2 Abschnitt 5 AufenthG in Deutschland aufhalten (§ 7 Abs. 1 S. 3 SGB II). Nach diesem Abschnitt werden Aufenthaltstitel aus völkerrechtlichen, humanitären oder politischen Gründen erteilt. Hierunter fallen eine Reihe von Ausländerinnen und Ausländern, beispielsweise **anerkannte Asylberechtigte und Flüchtlinge** (§ 25 AufenthG),[55] aber auch Personen, denen eine oberste Landesbehörde nach einem Härtefallersuchen einer Härtefallkommission im Einzelfall eine Aufenthaltserlaubnis erteilt hat (§ 23 a AufenthG). Bei diesem Personenkreis wird ein Leistungsausschluss nicht für gerechtfertigt gehalten.

§ 7 Abs. 1 S. 2 Nr. 2 SGB II geht über diesen Leistungsausschluss hinaus. Die Vor- **55** schrift nimmt **auf unbegrenzte Dauer** solche Personen vom Leistungsbezug nach dem SGB II aus, deren Aufenthaltsrecht sich **allein aus ihrer Arbeitssuche** ergibt; der Leistungsausschluss umfasst auch die **Familienangehörigen der Arbeitsuchenden**. Besteht das Aufenthaltsrecht – neben oder statt der Arbeitssuche – noch aus einem anderen Grund, greift der Leistungsausschluss des § 7 Abs. 1 S. 2 Nr. 2 SGB II nicht.[56] Wessen Aufenthalt also zur Ausübung einer – auch geringfügigen – selbständigen Tätigkeit oder Beschäftigung oder zum Studium erlaubt ist, der- oder diejenige ist nicht von den Leistungen nach dem SGB II ausgeschlossen.[57]

Wegen der primärrechtskonformen ausdrücklichen Erlaubnis eines solchen Leistungs- **56** ausschlusses in Art. 24 Abs. 2 in Verbindung mit Art. 14 Abs. 4 Buchst. b RL 2004/38/ EG[58] verstößt dieser Leistungsausschluss auch für Unionsbürgerinnen und Unionsbürger nicht gegen Unionsrecht.[59] Das Europäische Fürsorgeabkommen (EFA) sieht hingegen einen solchen Leistungsausschluss nicht vor. Deshalb verstößt § 7 Abs. 1 S. 2 Nr. 2 SGB II für Staatsangehörige eines Signatarstaates dieses Abkommens[60] gegen das EFA. Für Staatsangehörige eines Signatarstaates des EFA gilt dieser Ausschluss also nicht; dieser Personenkreis erhält auch dann Leistungen nach dem SGB II, wenn sich sein Aufenthaltsrecht ausschließlich aus der Arbeitssuche ergibt.[61]

Ein weiterer Einwand gegen diesen Leistungsausschluss lässt sich aus dem in der **57** Menschenwürdegarantie des Art. 1 GG in Verbindung mit dem Sozialstaatsprinzip des Art. 20 Abs. 1 GG wurzelnden Menschenrecht auf Gewährleistung eines menschenwürdigen Existenzminimums[62] herleiten: Wer von den Leistungen der Grundsicherung

---

53 Anders hingegen *Husmann,* NZS 2009, 652, 655 f., der Leistungen zur Sicherung des Lebensunterhalts nach dem SGB II nicht für Sozialhilfeleistungen im Sinne der RL 2004/38/EG hält.

54 S. hierzu *Mangold/Pattar,* VSSR 2008, 243, 248 f., 257.

55 Ein Leistungsausschluss für diese Personengruppe würde auch gegen Art. 23 GFK verstoßen.

56 Weil Unionsbürger stets ein zweckfreies Aufenthaltsrecht hätten, hält *Husmann,* NZS 2009, 652, 656 den Leistungsausschluss des § 7 Abs. 1 S. 2 Nr. 2 SGB II für leer laufend.

57 *LSG NI-HB,* 11. 3. 2011 – L 13 AS 52/11 B ER, in juris, Rn 7; *Mangold/Pattar,* VSSR 2008, 243, 25 I m. w. Nachw.

58 Anders hingegen *Husmann,* NZS 2009, 652, 655 f., der Leistungen zur Sicherung des Lebensunterhalts nach dem SGB II nicht für Sozialhilfeleistungen im Sinne der RL 2004/38/EG hält.

59 *Mangold/Pattar,* VSSR 2008, 243, 248 f., 257; anders hingegen *Kunkel/Frey,* ZFSH/SGB 2008, 387, 393.

60 Das EFA gilt außer für Deutschland für Belgien, Dänemark, Estland, Frankreich, Griechenland, Irland, Island, Italien, Luxemburg, Malta, die Niederlande, Norwegen, Portugal, Schweden, Spanien, die Türkei und das Vereinigte Königreich (http://conventions.coe.int/Treaty/Commun/ChercheSig.asp?NT=014&CM=8 &DF=31/05/2011&CL=GER, besucht am 31. 5. 2011).

61 *BSG,* 19. 10. 2010 – B 14 AS 23/10 R, SozR 4-4200 § 7 Nr. 21, Rn 21–35; *Mangold/Pattar,* VSSR 2008, 243, 258–262.

62 Hierzu *BVerfG,* 9. 2. 2010 – 1 BvL 1/09, 1 BvL 3/09, 1 BvL 4/09, BVerfGE 125, 175–260.

für Arbeitsuchende ausgeschlossen ist, erhält auf den ersten Blick ja keinerlei Leistungen zur Sicherung des Lebensunterhalts.[63] Daneben liegt im vollständigen Ausschluss von Leistungen eine ungerechtfertigte Ungleichbehandlung gegenüber Leistungsberechtigten nach dem AsylbLG, die sich in das Inland begeben haben, um Leistungen nach dem AsylbLG zu erhalten: Diese Personen erhalten trotz ihres rechtswidrigen Aufenthalts nach § 1a AsylbLG immerhin unabweisbar gebotene Leistungen.[64] Zur Vermeidung dieses Ergebnisses müssen deshalb auch die nach § 7 Abs. 1 S. 2 SGB II ausgeschlossenen Personen mindestens analog § 1a AsylbLG Leistungen erhalten.[65] Zuständig hierfür sind aber nicht die Träger der Grundsicherung für Arbeitsuchende,[66] sondern die Träger der Sozialhilfe als des letzten Auffangsystems.[67]

58 Ausgeschlossen sind weiter Leistungsberechtigte nach dem AsylbLG. Wer **nach dem AsylbLG leistungsberechtigt** ist, ergibt sich aus § 1 AsylbLG.[68] Da die Leistungen nach dem AsylbLG erheblich geringer sind als die Leistungen nach dem SGB II, ist die Leistungsberechtigung für die Betroffenen eher nachteilig. Der Leistungsausschluss des § 7 Abs. 1 S. 2 Nr. 3 SGB II sichert, dass die Leistungsberechtigten wirklich dem geringere Leistungen vorsehenden System zugeordnet werden.

cc) Leistungsausschluss für stationär Untergebrachte (§ 7 Abs. 4 S. 1 Hs. 1, S. 2 u. 3 SGB II)

59 Mehrere weitere Leistungsausschlusstatbestände kennt § 7 Abs. 4 SGB II. Hiernach erhalten stationär untergebrachte Personen (Rn 60) und Rentenbezieherinnen und Rentenbezieher (Rn 66) keine Leistungen nach dem SGB II.

60 Nach § 7 Abs. 4 S. 1 Hs. 1 SGB II erhält **keine Leistungen** nach dem SGB II, wer in einer **stationären Einrichtung** untergebracht ist. Nach der Rechtsprechung des Bundessozialgerichts liegt – anders als im Sozialhilferecht – eine Einrichtung im Sinne dieser Vorschrift immer dann vor, wenn es den dort Untergebrachten wegen der objektiven Struktur und Gestalt der Einrichtung nicht möglich ist, „aus der Einrichtung heraus eine Erwerbstätigkeit auszuüben, die den zeitlichen Kriterien des § 8 SGB II genügt", wenn also „durch die Unterbringung in der Einrichtung die Fähigkeit zur Aufnahme einer mindestens dreistündigen täglichen Erwerbstätigkeit auf dem allgemeinen Arbeitsmarkt [grundsätzlich] ausgeschlossen ist."[69]

---

63 Vgl. *LSG BY,* 22. 12. 2010 – L 16 AS 767/10 B ER, in juris, Rn 59.

64 *Mangold/Pattar,* VSSR 2008, 243, 266–268. S. hierzu näher 10. Kapitel, ab Rn 73. Ähnlich *LSG BY,* 22. 12. 2010 – L 16 AS 767/10 B ER, in juris, Rn 60, das aber auf den Vergleich mit „normalen" Leistungsberechtigten nach dem AsylbLG abstellt.

65 *Mangold/Pattar,* VSSR 2008, 243, 267; diese Leistung kann – allerdings nur bei Rückreisebereitschaft – auch in der Gewährung einer Rückfahrkarte nebst Reiseproviant bestehen, *Mangold/Pattar,* VSSR 2008, 243, 267 f. – Das *LSG BY,* 22. 12. 2010 – L 16 AS 767/10 B ER, in juris, gewährt weitergehend sogar Leistungen analog zu den Grundleistungen des AsylbLG.

66 So aber *LSG BY,* 22. 12. 2010 – L 16 AS 767/10 B ER, in juris, Rn 60.

67 *Mangold/Pattar,* VSSR 2008, 243, 267.

68 S. hierzu näher 10. Kapitel, ab Rn 4. Soweit sich nach § 1 AsylbLG leistungsberechtigte Staatsangehörige von Signatarstaaten des EFA (hierzu Rn 56) erlaubt im Inland aufhalten (z.B. Erstantragsteller), dürfte das EFA dem Leistungsausschluss entgegenstehen.

69 *BSG,* 6. 9. 2007 – B 14/7 b AS 16/07 R, BSGE 99, 88–94 (= FEVS 59, 305–312), Rn 14; *Münder/Geiger,* SGb. 2007, 1, 7; *Spellbrink,* in: Eicher/Spellbrink, SGB II, § 7, Rn 62; *Brühl/Schoch,* in: LPK-SGB II, § 7, Rn 92.

§ 7 Abs. 4 S. 2 SGB II stellt klar,[70] dass der Aufenthalt in einer Einrichtung zum Vollzug **61** richterlich angeordneter **Freiheitsentziehung** der Unterbringung in einer stationären Einrichtung gleichsteht. Dies gilt für alle Arten richterlich angeordneter Freiheitsentziehung, also beim Vollzug von Strafhaft, von Untersuchungshaft oder von Maßregeln zur Besserung und Sicherung, aber auch bei Maßnahmen nach den Unterbringungsgesetzen der Länder oder zur Vermeidung der Krankheitsverbreitung;[71] gleiches muss in der Zwangs- oder Verwaltungsvollstreckung gelten. Nach der neuesten Rechtsprechung des BSG gilt dieser Ausschluss – entgegen der bisher weit überwiegenden Auffassung in Rechtsprechung und Kommentarliteratur[72] – auch für Freigänger.[73]

Der Leistungsausschluss des § 7 Abs. 4 S. 1 Hs. 1 SGB II beginnt vom ersten Tag der **62** Unterbringung in einer solchen stationären Einrichtung. Von vornherein als kurzzeitige angelegte Unterbrechungen – Wochenendheimfahrt, Freigang – lassen den Leistungsausschluss nicht entfallen. Erst bei vollständiger Beendigung der stationären Unterbringung endet auch der Leistungsausschluss.[74]

§ 7 Abs. 4 S. 3 SGB II kennt **zwei Ausnahmen** vom Leistungsausschluss wegen stationärer **63** Unterbringung: Den kurzzeitigen Krankenhausaufenthalt (§ 7 Abs. 4 S. 3 Nr. 1 SGB II, Rn 64) und eine tatsächliche Erwerbstätigkeit im Umfang von 15 Stunden wöchentlich (§ 7 Abs. 4 S. 3 Nr. 2 SGB II, Rn 65).

So gilt der **Leistungsausschluss nicht** für Personen, die **voraussichtlich für weniger** **64** **als sechs Monate** in einem **Krankenhaus** einschließlich Vorsorge- und Rehabilitationseinrichtungen[75] im Sinne des § 107 SGB V untergebracht sind. Es kommt – wegen des Wortes „voraussichtlich" – auf eine Prognose an, wie lange der Krankenhausaufenthalt vom Zeitpunkt der Aufnahme in das Krankenhaus an noch dauern wird.[76] Nach – problematischer – herrschender Meinung greift der Leistungsausschluss hingegen in jedem Fall vom ersten Tag des siebten Monats des stationären Aufenthalts an.[77]

Weiter gilt der **Leistungsausschluss nicht** für diejenigen Personen, die **tatsächlich** **65** unter üblichen Bedingungen des allgemeinen Arbeitsmarktes – also nicht etwa in einer Werkstatt für behinderte Menschen – eine **Erwerbstätigkeit im wöchentlichen Umfang von mindestens 15 Stunden ausüben**.

Diese Gegenausnahme ist einerseits logisch, weil durch eine tatsächliche Erwerbstätigkeit die Fiktion fehlender Erwerbsfähigkeit durch den stationären Aufenthalt[78] widerlegt wird. Andererseits passt sie nicht mit der vom BSG aufgestellten Definition der stationären Einrichtung zusammen, das eine tatsächlich wahrgenommene Arbeitsge-

---

70 *BSG*, 6. 9. 2007 – B 14/7 b AS 60/06 R, SozR 4-4200 § 7 Nr. 5 (= FEVS 59, 344–349), Rn 16; *Spellbrink,* in: Eicher/Spellbrink, SGB II, § 7, Rn 64.

71 S. die zahlreichen Beispiele in der Gesetzesbegründung zum Gesetzentwurf der Fraktionen der CDU/CSU und SPD eines Gesetzes zur Fortentwicklung der Grundsicherung für Arbeitsuchende, BT-Drucks. 16/1410, S. 20.

72 *BSG*, 6. 9. 2007 – B 14/7 b AS 60/06 R, SozR 4-4200 § 7 Nr. 5, Rn 60 a. E.; *LSG BE-BB,* 2. 2. 2006 – L 14 B 1307/05 AS ER, FEVS 57, 464–466, Rn 10 f.; *Peters,* NDV 2006, 222, 224; *Schumacher,* in: Oestreicher, SGB II/SGB XII, § 7 SGB II, Rn 27b a. E.; *Spellbrink,* in: Eicher/Spellbrink, SGB II, § 7, Rn 65.

73 *BSG,* 24. 2. 2011 – B 14 AS 81/09 R, in juris, Rn 22; so nun auch *LSG BE-BB,* 15. 4. 2011 – L 14 AS 218/11 B ER, in juris, Rn 10.

74 *Schumacher,* in: Oestreicher, SGB II/SGB XII, § 7 SGB II, Rn 27 b a. E.

75 *Spellbrink,* in: Eicher/Spellbrink, SGB II, § 7, Rn 66.

76 *Spellbrink,* in: Eicher/Spellbrink, SGB II, § 7, Rn 67.

77 *Schumacher,* in: Oestreicher, SGB II/SGB XII, § 7 SGB II, Rn 27 c; zu Recht krit. hierzu *Spellbrink,* in: Eicher/ Spellbrink, SGB II, § 7, Rn 67 m. w. Nachw. auf die h. M.

78 So *BSG,* 6. 9. 2007 – B 14/7 b AS 16/07 R, BSGE 99, 88, Rn 13.

legenheit („1-Euro-Job") als Indiz gegen den Einrichtungscharakter ansieht.[79] Hier steht eine endgültige Klärung noch aus.

dd) Leistungsausschluss für Rentenbezieherinnen und -bezieher (§ 7 Abs. 4 S. 1 Hs. 2 SGB II)

66 Leistungen nach dem SGB II erhält nicht, wer **Rente wegen Alters** oder **Knappschaftsausgleichsleistung** oder ähnliche Leistungen öffentlich-rechtlicher Art bezieht (§ 7 Abs. 4 S. 1 Hs. 2 SGB II). Diese Vorschrift entspricht § 142 Abs. 1 S. 1 Nr. 4 SGB III; Rechtsprechung zu dieser Norm kann also herangezogen werden.[80]

67 **Altersrenten** im Sinne dieser Vorschrift sind zum einen die in § 33 Abs. 2 SGB VI genannten Renten,[81] zum anderen auch ausländische öffentlich-rechtliche Renten,[82] die in Abhängigkeit von einem bestimmten Lebensalter gezahlt werden. Die sogenannte Knappschaftsausgleichsleistung (§ 239 SGB VI) ist ebenfalls eine Rente; weil sie das Erreichen des 55. Lebensjahres zur Voraussetzung hat, stellt § 7 Abs. 4 S. 1 Hs. 2 Alt. 2 SGB II sie den anderen Altersrenten gleich.

68 **Ähnliche Leistungen öffentlich-rechtlicher Art** liegen vor, wenn eine Leistung unter den selben Voraussetzungen gewährt wird wie die Altersrenten, also eine Leistung „eines öffentlich-rechtlichen Trägers [ist], die bei Erreichen einer bestimmten Altersgrenze Entgeltersatz [bietet] und nach ihrer Konzeption den Lebensunterhalt des Berechtigten im Allgemeinen, nicht notwendig auch im Einzelfall [sicherstellt]",[83] sofern dem Charakter der Leistung nach davon auszugehen ist, dass die Leistungsberechtigten endgültig aus dem Erwerbsleben ausgeschieden sind.[84]
Dies trifft beispielsweise auf das Ruhegehalt zu, das ein wegen Erreichens der Altersgrenze in den Ruhestand getretener Beamter bezieht, nicht aber, wenn das Ruhegehalt wegen Dienstunfähigkeit bezogen wird.

69 Da der Ausschluss des § 7 Abs. 4 S. 1 Hs. 2 SGB II nur für diejenigen Leistungsberechtigten zur Anwendung kommen kann, welche nicht voll erwerbsgemindert sind und welche die Altersgrenze nach § 7 a SGB II noch nicht erreicht haben, können die nach § 7 Abs. 4 S. 1 Hs. 2 SGB II vom Leistungsbezug nach dem SGB II ausgeschlossenen Rentenbezieherinnen und -bezieher ergänzende Leistungen nur nach dem Dritten Kapitel SGB XII erhalten, wenn sie ihren Lebensunterhalt nicht decken können.[85]

---

79 *BSG*, 6. 9. 2007 – B 14/7 b AS 16/07 R, BSGE 99, 88, Rn 20. – Kritisch auch *Spellbrink*, in: Eicher/Spellbrink, SGB II, § 7, Rn 68 f.
80 *Spellbrink*, in: Eicher/Spellbrink, SGB II, § 7, Rn 74.
81 Regelaltersrente (§§ 35, 235 SGB VI), die Altersrente für langjährig Versicherte (§§ 36, 236 SGB VI), die Altersrente für schwerbehinderte Menschen (§§ 37, 236 a SGB VI), die Altersrente für besonders langjährig Versicherte (§ 38 SGB VI), die Altersrente für langjährig unter Tage beschäftigte Bergleute (§§ 40, 238 SGB VI), die Altersrente wegen Arbeitslosigkeit oder nach Altersteilzeitarbeit (§ 237 SGB VI) und die Altersrente für Frauen (§ 237 a SGB VI).
82 *Spellbrink*, in: Eicher/Spellbrink, SGB II, § 7, Rn 72 m. Nachw. auf Rechtsprechung zu bestimmten ausländischen Renten. – Anders *Brühl/Schoch*, in: LPK-SGB II, § 7, Rn 96, die ausländische Altersrenten allerdings als ähnliche öffentlich-rechtliche Leistungen ansehen.
83 *Spellbrink*, in: Eicher/Spellbrink, SGB II, § 7, Rn 72 m. zahlr. w. Nachw.
84 *Spellbrink*, in: Eicher/Spellbrink, SGB II, § 7, Rn 72 m. zahlr. w. Nachw.
85 *Schumacher*, in: Oestreicher, SGB II/SGB XII, § 7 SGB II, Rn 30, der allerdings – unzutreffend – auf angeblich mögliche Leistungen nach dem Vierten Kapitel SGB XII hinweist.

ee) Leistungsausschluss für Ortsabwesende (§ 7 Abs. 4 a SGB II)

Nach § 7 Abs. 4 a SGB II erhalten diejenigen erwerbsfähigen Leistungsberechtigten **70** **keine Leistungen**, die **sich ohne Zustimmung des** zuständigen **Trägers außerhalb des zeit- und ortsnahen Bereichs aufhalten und deshalb nicht** für die Eingliederung in Arbeit **zur Verfügung stehen**. Was unter dem Begriff „zeit- und ortsnaher Bereich" zu verstehen ist, kann das Bundesministerium für Arbeit und Sozialordnung in einer Rechtsverordnung regeln (§ 13 Abs. 3 SGB II); es kann dabei auch regeln, wie lange und unter welchen Voraussetzungen erwerbsfähige Leistungsberechtigte sich ohne Leistungsverlust außerhalb dieses zeit- und ortsnahen Bereichs aufhalten dürfen. Bis eine solche Verordnung in Kraft tritt, gilt nach § 77 Abs. 1 SGB II die bisherige Regelung fort. Hiernach bestimmte sich der zeit- und ortsnahe Bereich nach der Erreichbarkeits-Anordnung der Bundesagentur für Arbeit. Es ist zu erwarten, dass die Neuregelung sich hieran und an die hierzu ergangene Rechtsprechung anlehnen wird.[86]

Was genau unter dem **zeit- und ortsnahen Bereich** zu verstehen ist, muss der Ver- **71** ordnungsgeber klären. Bisher war darunter in Anlehnung an § 2 Nr. 3 S. 2 Erreichbark-AnO und § 121 Abs. 4 SGB III jeder Ort verstanden worden, von dem aus die Leistungsberechtigten mit einem Zeitaufwand von insgesamt zweieinhalb Stunden (hin und zurück) den zuständigen Träger erreichen können, wobei die einzelnen Träger kürzere Fahrzeiten bestimmen konnten.[87] Unklar war nach der bisherigen Rechtslage, ob der Leistungsausschluss auch dann galt, wenn sich Leistungsberechtigte zwar innerhalb des so bezeichneten zeit- und ortsnahen Bereichs aufhielten, aber entgegen der in § 1 Abs. 1 ErreichbarkAnO aufgestellten Pflicht nicht täglich postalisch erreichbar waren.[88] Richtigerweise setzte die bisherige Rechtslage eine postalische Erreichbarkeit nicht voraus. Da sich der Wortlaut von § 7 Abs. 4 a SGB II insoweit nicht geändert hat, muss dies auch für die künftige Rechtslage gelten.

§ 7 Abs. 4 a S. 2 SGB II enthält eine Vorgabe an die zuständigen Träger: Die **Zustim-** **72** **mung zur Ortsabwesenheit** ist **zwingend** zu erteilen, wenn ein **wichtiger Grund** dafür vorliegt **und** die **Eingliederung in Arbeit** dadurch **nicht beeinträchtigt** ist. Als Regelbeispiele für wichtige Gründe führt § 7 Abs. 4 a S. 3 SGB II sodann auf: Teilnahme an einer ärztlich verordneten Vorsorge- oder Rehabilitationsmaßnahme, an einer staatspolitischen,[89] kirchlichen oder gewerkschaftlichen Zwecken dienenden oder sonst im öffentlichen Interesse liegenden[90] Veranstaltungen oder die Ausübung einer ehrenamtlichen Tätigkeit. Weitere, vergleichbar wichtige Gründe sind möglich.

Weil § 7 Abs. 4 a S. 1 SGB II nur Zustimmung, nicht aber *vorherige* Zustimmung des zuständigen Trägers verlangt, ist bei Vorliegen eines wichtigen Grundes und bei fehlender Beeinträchtigung der Eingliederung in Arbeit auch nachträglich eine Zustimmung zu erteilen. Damit entfällt in diesen Fällen der Leistungsausschluss.

Dem Verordnungsgeber vorgegeben ist in § 7 Abs. 4 a S. 4 und 5 SGB II schließlich, **73** dass der zuständige Träger **auch ohne** Vorliegen eines **wichtigen Grundes** seine Zu-

---

86 Gleiche Einschätzung bei *Geiger*, Leitfaden Alg II, S. 90.
87 *Spellbrink*, in: Eicher/Spellbrink, SGB II, § 7, Rn 79; *BA*, Fachl. Hinw. § 7 SGB II (Nr. 7.61); *SG Hildesheim*, 18. 2. 2009 – S 43 AS 1230/07, in juris, Rn 19.
88 Für einen Leistungsausschluss auch in diesen Fällen: *Brühl/Schoch*, in: LPK-SGB II, § 7, Rn 110; *Schumacher*, in: Oestreicher, SGB II/SGB XII, § 7 SGB II, Rn 30 a Abs. 6; gegen einen Leistungsausschluss in diesen Fällen jedoch: *Spellbrink*, in: Eicher/Spellbrink, SGB II, § 7, Rn 80; *Geiger*, Leitfaden Alg II, S. 91; *LSG BY*, 23. 9. 2010 – L 11 AS 586/10 B ER, in juris, Rn 17; *SG Hildesheim*, 18. 2. 2009 – S 43 AS 1230/07, in juris, Rn 21–23; *LSG NW*, 15. 4. 2008 – L 20 B 24/08 AS, in juris, Rn 22; die Gerichtsentscheidungen sämtlich m. w. Nachw.
89 Also erstaunlicherweise nicht: kommunalpolitischen! S. aber Fn. 90.
90 Hierher gehören kommunalpolitischen Zwecken dienende Veranstaltungen.

Pattar

stimmung zu einer Ortsabwesenheit erteilen kann. Diese Vorschrift[91] ist vor allem auf Urlaubsfahrten anzuwenden. Nach § 7 Abs. 4 a S. 5 SGB II soll die Dauer solcher „grundloser" Ortsabwesenheiten **im Kalenderjahr** insgesamt **drei Wochen** nicht übersteigen. Durch die Formulierung „soll in der Regel" haben die zuständigen Träger in atypischen Ausnahmefällen Ermessen, auch längere Ortsabwesenheiten zu genehmigen.[92]

ff) Leistungsausschluss für Auszubildende (§ 7 Abs. 5 und 6 SGB II)

74 § 7 Abs. 5 SGB II enthält einen in doppelter Hinsicht besonderen Ausschlusstatbestand. Er schließt grundsätzlich **Auszubildende, deren Ausbildung** im Rahmen des Bundesausbildungsförderungsgesetzes (BAföG) oder der Berufsausbildungsbeihilfe nach den §§ 60 bis 62 SGB III (ab 1.4.2012: §§ 51, 57 und 58 SGB III) **dem Grunde nach förderungsfähig ist**, von Arbeitslosengeld II, Sozialgeld und den Leistungen für Bildung und Teilhabe aus. Die beiden Besonderheiten liegen in zwei Ausnahmen, die bereits im Ausschlusstatbestand enthalten sind: Leistungen nach § 27 SGB II, der gerade die Leistungen an die Auszubildenden in einer Vorschrift zusammenfasst, sind nicht ausgeschlossen (hierzu unter IX.7 ab Rn 623). Ebenfalls nicht ausgeschlossen sind die Leistungen zur Eingliederung in Arbeit;[93] sie zählen weder zum Arbeitslosengeld II oder Sozialgeld noch zu den Leistungen für Bildung und Teilhabe.

75 Voraussetzung für den Leistungsausschluss ist nur, dass die **Ausbildung nach dem BAföG oder** den **§§ 60–62 SGB III** (ab 1.4.2012: §§ 51, 57 und 58 SGB III) **dem Grunde nach förderungsfähig** ist. Es kommt nicht darauf an, ob tatsächlich Leistungen nach dem BAföG oder Berufsausbildungsbeihilfe bezogen werden. Ziel der Vorschrift ist es, die Entstehung eines Ausbildungsförderungssystems „der zweiten Ebene" neben BAföG und Berufsausbildungsbeihilfe zu vermeiden.[94] Die Förderungsfähigkeit einer Ausbildung soll sich allein nach dem BAföG und dem SGB III bestimmen. Endet also die Förderung nach BAföG oder SGB III zum Beispiel wegen Überschreitens der Förderungshöchstdauer, wegen eines im Sinne des BAföG zu spät erfolgten Fachrichtungs- oder Ausbildungswechsels oder wegen der Staatsangehörigkeit der Auszubildenden (§ 8 BAföG), ist die Ausbildung aber weiterhin dem Grunde nach förderungsfähig, sind die Leistungen dennoch ausgeschlossen; die Leistungsberechtigten erhalten dann keinerlei öffentlich-rechtliche Leistungen.[95]

76 Ausführlich auf die förderungsfähigen Ausbildungsgänge einzugehen, würde den Rahmen dieser Ausführungen sprengen. In Betracht kommt **nach § 2 Abs. 1 BAföG** die Ausbildung an weiterführenden allgemeinbildenden Schulen und Berufsfachschulen ab der zehnten Klasse (Nr. 1), (Berufs-)Fachschulklassen (Nr. 2), Fach(ober)schulklas-

---

91 Ebenso wie zuvor § 3 Abs. 1 ErreichbarkAnO.

92 Ähnlich auch die Regelung in § 3 Abs. 3 ErreichbarkAnO, der „in Fällen außergewöhnlicher Härten, die aufgrund unvorhersehbarer und für den Arbeitslosen unvermeidbarer Ereignisse entstehen," die Möglichkeit einer tageweisen Verlängerung um bis zu drei Tage vorsieht.

93 *Spellbrink,* in: Eicher/Spellbrink, SGB II, § 7, Rn 94.

94 *Spellbrink,* in: Eicher/Spellbrink, SGB II, § 7, Rn 90; *BVerwG,* 12. 2. 1981 – 5 C 51/80, BVerwGE 61, 352–360 (= FEVS 29, 353–361), Rn 18 zur erstmaligen Einführung dieses Leistungsausschlusses in § 31 Abs. 4 BSHG durch das HStruktG 1975. Die Verfassungsbeschwerde gegen die Parallelentscheidung *BVerwG,* 12. 2. 1981 – 5 C 3/80, in juris, hat das Bundesverfassungsgericht nicht zur Entscheidung angenommen (*BVerfG,* 4. 1. 1982 – 1 BvR 56/81, unveröffentlicht [dokumentiert in juris bei dem angefochtenen BVerwG-Urteil]).

95 *Spellbrink,* in: Eicher/Spellbrink, SGB II, § 7, Rn 95 f., 97 m. w. Nachw. – Zum Leistungsausschluss für beamtete Studierende an Hochschulen für öffentliche Verwaltung BSG, 19. 8. 2010 – B 14 AS 24/09 R, SozR 4-4200 § 7 Nr. 20, Rn 17–19.

sen (Nr. 3), Abendhauptschulen, Berufsaufbauschulen, Abendrealschulen, Abend-gymnasien und Kollegs (Nr. 4), höheren Fachschulen und Akademien (Nr. 5) und Hoch-schulen (Nr. 6), wobei gemäß § 7 Abs. 1 BAföG Ausbildungsförderung grundsätzlich nur bis zum ersten berufsqualifizierenden Abschluss geleistet wird. Unter den engen Voraussetzungen der weiteren Absätze des § 7 BAföG wird auch für eine darüber hi-nausgehende Ausbildung (Masterstudiengang nach § 7 Abs. 1 a BAföG, Zweitausbil-dung nach § 7 Abs. 2–4 BAföG) Ausbildungsförderung geleistet. Nur dann, wenn eine Ausbildung hiernach schon dem Grunde nach nicht förderungsfähig ist, greift der Aus-schlusstatbestand nicht.

Beispiel: A studiert im 13. Semester an der Universität Romanistik mit Abschlussziel Bachelor; **77** die Regelstudienzeit beträgt sieben Semester. Wegen Überschreitens der Förderungshöchst-dauer nach § 15 a BAföG erhält er nach § 15 Abs. 2 S. 1 BAföG jedoch keinerlei BAföG-Leistungen mehr. Dennoch greift der Leistungsausschluss des § 7 Abs. 5 SGB II, weil die Ausbildung dem Grunde nach förderungsfähig ist.[96]

B ist nach ihrem Bachelor- und Masterstudium an einer Hochschule für öffentliche Verwaltung als Promotionsstudentin an einer Universität eingeschrieben. Weil das Promotionsstudium nicht förderungsfähig ist, greift der Leistungsausschluss nicht; sie hat – bei Vorliegen der übrigen Vor-aussetzungen – einen Anspruch auf Leistungen nach dem SGB II.[97]

C ist ivorischer Staatsangehöriger mit einer Aufenthaltserlaubnis nach § 25 Abs. 3 AufenthG, der sich erst seit einem Jahr im Inland aufhält. Er besucht eine Berufsfachschule. Weil § 8 BAföG die Ausbildungsförderungsleistungen nur bestimmten Ausländerinnen und Ausländern zuerkennt, zu denen C nicht gehört, erhält er keine Leistungen nach dem BAföG. Trotzdem greift der Leis-tungsausschluss des § 7 Abs. 5 SGB II, weil die Ausbildung dem Grunde nach förderungsfähig ist.[98]

Nach den §§ 60 bis 62 SGB III (ab 1.4.2012: §§ 51, 57 und 58 SGB III) ist eine **berufliche 78 Ausbildung** oder eine **berufsvorbereitende Bildungsmaßnahme** förderungsfähig. Eine berufliche Erstausbildung ist nach § 60 SGB III (ab 1.4.2012: § 57 SGB III) förde-rungsfähig, wenn sie in einem nach dem Berufsbildungsgesetz, der Handwerksord-nung oder dem Seemannsgesetz staatlich anerkannten Ausbildungsberuf betrieblich oder außerbetrieblich oder nach dem Altenpflegegesetz betrieblich durchgeführt wird und der dafür vorgesehene Berufsausbildungsvertrag abgeschlossen worden ist. Eine berufsvorbereitende Bildungsmaßnahme, die außerschulisch auf die Aufnahme einer Ausbildung vorbereitet oder der beruflichen Eingliederung dient und nach Ausbildung und Berufserfahrung von Leitung und Betreuungspersonal eine erfolgreiche berufliche Bildung erwarten lässt, ist nach § 61 SGB III (ab 1.4.2012: § 51 SGB III) förderungsfä-hig. Schließlich ist auch der Erwerb eines Hauptschulabschlusses im Rahmen einer berufsvorbereitenden Bildungsmaßnahme förderungsfähig (§ 61 a SGB III bzw. ab 1.4.2012: § 51 Abs. 3 SGB III).

Ausnahmen von den **Leistungsausschlüssen** des § 7 Abs. 5 SGB II sind in § 7 **79** Abs. 6 SGB II geregelt. Hiernach findet der Leistungsausschluss keine Anwendung auf Auszubildende, die aus bestimmten Gründen trotz Leistungsberechtigung dem Grun-de nach keinen Anspruch auf Leistungen der Ausbildungsförderung oder von Berufs-ausbildungsbeihilfe haben (§ 7 Abs. 6 Nr. 1 und Nr. 3 SGB II) oder deren Bedarf sich nach bestimmten Vorschriften bemisst (§ 7 Abs. 6 Nr. 2 SGB II). Grob gesprochen be-treffen diese Ausnahmen

---

96 Ähnlich die Fallgestaltung bei *BSG*, 6. 9. 2007 – B 14/7 b AS 36/06 R, SozR 4-4200 § 7 Nr. 6, Rn 15, wo der Kläger wegen zu spät erfolgten Fachrichtungswechsels im Zweitstudium keine BAföG-Leistungen mehr erhielt.

97 Ähnlich die Fallgestaltung bei *SG Reutlingen*, 13. 3. 2006 – S 12 AS 2707/05, ZfF 2007, 231–233.

98 Ähnlich die Fallgestaltung bei *BSG*, 6. 9. 2007 – B 14/7 b AS 28/06 R, SozR 4-4200 § 7 Nr. 8.

1. Schülerinnen und Schüler, die nicht bei ihren Eltern wohnen, obwohl eine zumut-
    bare Schule von der elterlichen Wohnung aus erreichbar ist, es sei denn, die Leis-
    tungsberechtigten hätten bereits in Ehe oder Lebenspartnerschaft oder mit einem
    eigenen Kind einen eigenen Haushalt geführt (§ 7 Abs. 6 Nr. 1 SGB II in Verbindung
    mit § 2 Abs. 1 a BAföG bzw. § 64 Abs. 1/ab 1.4.2012: § 60 SGB III),
2. Schülerinnen und Schüler an Berufsfachschulen oder in Fachschulklassen sowie
    Berechtigte von Berufsausbildungsbeihilfen, die im Haushalt ihrer Eltern unterge-
    bracht sind (§ 7 Abs. 6 Nr. 2 SGB II in Verbindung mit § 12 Abs. 1 Nr. 1 BAföG bzw.
    §§ 66 Abs. 1, 106 Abs. 1 Nr. 1/ab 1.4.2012: §§ 62 Abs. 1, 124 Abs. 1 Nr. 1 SGB III)
    und
3. Leistungsberechtigte, die eine Abendhaupt- oder -realschule oder ein Abend-
    gymnasium besuchen, aber wegen Überschreitens der Altersgrenze des § 10
    Abs. 3 BAföG – in der Regel Vollendung des 30. Lebensjahres – keine BAföG-
    Leistungen erhalten.

Leistungsberechtigte, auf welche diese Ausnahmen zutreffen, erhalten **ohne Einschränkungen** Leistungen nach dem SGB II.

3. Nichterwerbsfähige Leistungsberechtigte

a) Überblick

80 Nach dem SGB II sind nicht nur Erwerbsfähige, sondern auch andere Personen leistungsberechtigt. Anders als der Begriff der erwerbsfähigen Leistungsberechtigten ist
der Begriff der **nichterwerbsfähigen Leistungsberechtigten** nicht legal definiert, obwohl das Gesetz ihn in der Anspruchsgrundlage an zentraler Stelle verwendet (§ 19
Abs. 1 S. 2 SGB II). Gemeint sind damit **Leistungsberechtigte** nach dem SGB II, **die
nicht „erwerbsfähige Leistungsberechtigte" im Sinne von § 7 Abs. 1 SGB II sind**,
weil sie nicht die Altersgrenzen nach §§ 7 Abs. 1 Nr. 1, 7 a SGB II einhalten oder nicht
nach §§ 7 Abs. 1 Nr. 2, 8 SGB II erwerbsfähig sind.

81 Die Hilfebedürftigkeit (§§ 7 Abs. 1 Nr. 3, 9 SGB II) und der gewöhnliche Aufenthalt in
der Bundesrepublik Deutschland (§ 7 Abs. 1 Nr. 4 SGB II) dürfen hingegen nicht fehlen.[99] Die Hilfebedürftigkeit wird für diesen Personenkreis zwar nicht in § 7 Abs. 2
SGB II, aber über § 19 Abs. 3 SGB II vorausgesetzt. Das Erfordernis des gewöhnlichen
Inlandsaufenthalts oder -wohnsitzes ergibt sich aus § 30 Abs. 1 SGB I.

82 Damit können unter den Begriff der nichterwerbsfähigen Leistungsberechtigten **Kinder** und **Jugendliche** fallen, die das 15. Lebensjahr noch nicht vollendet haben, sowie
Personen, die zwar innerhalb der Altersgrenzen des § 7 Abs. 1 Nr. 1 SGB II sind, aber
aus tatsächlichen oder rechtlichen Gründen **nicht erwerbsfähig** im Sinne von § 8
SGB II sind. Auch ältere Menschen, welche die Altersgrenze nach § 7 a SGB II bereits
erreicht haben, können hierunter fallen. Weil die zentrale Anspruchsgrundlage für
nichterwerbsfähige Leistungsberechtigte (§ 19 Abs. 1 S. 2 SGB II) allerdings als weitere
Voraussetzung aufstellt, dass die nichterwerbsfähigen Leistungsberechtigten keinen
Anspruch auf Leistungen der Grundsicherung im Alter und bei Erwerbsminderung
nach dem Vierten Kapitel SGB XII haben und ältere Menschen diese Voraussetzungen
in aller Regel erfüllen, wird die Leistungsberechtigung für diesen Personenkreis selten
praktisch (beispielsweise dann, wenn die älteren Menschen ihre Hilfebedürftigkeit
selbst herbeigeführt haben).[100]

---

99   *Brühl/Schoch,* in: LPK-SGB II, § 7, Rn 57.
100 Zu diesem Ausschlusstatbestand im Vierten Kapitel SGB XII s. 7. Kapitel Rn 14.

Welche anderen Personen außer erwerbsfähigen Leistungsberechtigten im Sinne von **83** § 7 Abs. 1 SGB II nach dem SGB II leistungsberechtigt sind, regelt § 7 Abs. 2 SGB II. Man kann in dieser Vorschrift also die Definition des Begriffs der „nichterwerbsfähigen Leistungsberechtigten" erkennen. Dabei enthält § 7 Abs. 2 S. 1 SGB II die allgemeinen Voraussetzungen für nichterwerbsfähige Leistungsberechtigte (sogleich ab Rn 84). § 7 Abs. 2 S. 2 SGB II schränkt die Leistungen für diesen Personenkreis ein (s. u. ab Rn 133). Für die Bedarfe für Bildung und Teilhabe (sog. Bildungs- oder Teilhabepaket) eröffnet schließlich § 7 Abs. 2 S. 3 SGB II eine besondere Leistungsberechtigung (s. u. ab Rn 134).

b) Allgemeine Voraussetzungen für nichterwerbsfähige Leistungsberechtigte (§ 7 Abs. 2 S. 1 SGB II)

Nach § 7 Abs. 2 S. 1 SGB II erhalten auch solche Personen Leistungen nach dem **84** SGB II, die mit erwerbsfähigen Leistungsberechtigten in einer **Bedarfsgemeinschaft** leben. Leistungsberechtigt sind also nicht alle Menschen, sondern nur diejenigen, die mit mindestens einem oder einer erwerbsfähigen Leistungsberechtigten zusammen eine sogenannte Bedarfsgemeinschaft bilden. Zwischen welchen Personen eine Bedarfsgemeinschaft besteht, ist in § 7 Abs. 3 SGB II bestimmt.

c) Bedarfsgemeinschaft (§ 7 Abs. 3 SGB II)

aa) Einführung

Die Bedarfsgemeinschaft im Sinne von § 7 Abs. 3 SGB II erfüllt mehrere **Funktionen**. **85** Zum einen führt sie über die Regelung des § 7 Abs. 2 S. 1 SGB II (und § 19 Abs. 1 S. 2 SGB II) typischerweise dazu, dass **Familien** (im weitesten Sinne) eine **einheitliche Leistung** erhalten. Liegt eine Bedarfsgemeinschaft vor, zieht § 7 Abs. 2 S. 1 SGB II die nächsten Familienangehörigen von erwerbsfähigen Leistungsberechtigten in den Anwendungsbereich des SGB II. Gäbe es diese Vorschrift nicht, würden in einer Familie die minderjährigen Kinder Leistungen der Hilfe zum Lebensunterhalt nach dem Dritten Kapitel SGB XII erhalten, die Eltern hingegen Leistungen nach dem SGB II. Das wäre für alle Beteiligten äußerst unpraktisch. Darüber hinaus erleichtert der Begriff der Bedarfsgemeinschaft die **Anrechnung von Einkommen und Vermögen** unter den Mitgliedern der Bedarfsgemeinschaft. Allerdings ist hier Vorsicht geboten: Auch innerhalb einer Bedarfsgemeinschaft ist nicht das gesamte Einkommen und Vermögen bei allen Mitgliedern der Bedarfsgemeinschaft anzurechnen; vielmehr müssen hierfür jeweils die Voraussetzungen vorliegen (§ 9 Abs. 2 SGB II, s. hierzu Rn 336 und 450).

Der Begriff der Bedarfsgemeinschaft darf nicht darüber hinwegtäuschen, dass das **86** SGB II wie alle Existenzsicherungssysteme **Individualleistungen** vorsieht. Es gibt also nicht etwa einen Anspruch „der Bedarfsgemeinschaft", sondern immer Einzelansprüche jedes einzelnen Mitglieds der Bedarfsgemeinschaft.[101]

---

101 St. Rspr. seit *BSG,* 7. 11. 2006 – B 7 b AS 8/06 R, SozR 4-4200 § 22 Nr. 1 (= BSGE 97, 217–230 = FEVS 58, 259–271), Rn 12 m. Nachw. auf die insoweit einhellige Literaturmeinung. S. zum Individualisierungsgrundsatz auch *Brühl/Schoch,* in: LPK-SGB II, § 7, Rn 52, *Spellbrink,* in: Eicher/Spellbrink, SGB II, § 7, Rn 32 sowie o. 4. Kapitel ab Rn 37.

bb) Ausgangspunkt: Erwerbsfähige leistungsberechtigte Person (§ 7 Abs. 3 Nr. 1 SGB II)

87 Zur **Bedarfsgemeinschaft** gehört zunächst der oder die **erwerbsfähige Leistungsberechtigte selbst** (§ 7 Abs. 3 Nr. 1 SGB II). Jede Bedarfsgemeinschaft muss mindestens einen erwerbsfähigen Leistungsberechtigten oder eine erwerbsfähige Leistungsberechtigte umfassen. Er oder sie bildet den **Ausgangs- oder „Ankerpunkt"** für die Bestimmung, welche weiteren Personen zur Bedarfsgemeinschaft gehören. Diese weiteren Personen sind in § 7 Abs. 3 Nr. 2–4 SGB II aufgeführt; zur Bedarfsgemeinschaft gehört, wer zu einer erwerbsfähigen leistungsberechtigten Person in einem der dort aufgeführten bestimmten Verhältnisse steht.[102]

88 Weil die Bedarfsgemeinschaft im Sinne des § 7 Abs. 3 SGB II nicht nur die Funktion erfüllt, den Anwendungsbereich des SGB II auf Personen auszuweiten, die nicht erwerbsfähige Leistungsberechtigte im Sinne von § 7 Abs. 1 SGB II sind, kann eine **Bedarfsgemeinschaft auch mehrere erwerbsfähige Leistungsberechtigte** umfassen, ja, sie kann sogar ausschließlich aus erwerbsfähigen Leistungsberechtigten bestehen. Die Personen müssen aber in jedem Fall mindestens zu einer erwerbsfähigen leistungsberechtigten Person in einem der in § 7 Abs. 3 Nr. 2–4 SGB II genannten Verhältnisse stehen.

89 **Beispiel:** A und B wohnen unter derselben Anschrift. A ist eine erwerbsfähige leistungsberechtigte Person. Ob A und B miteinander eine Bedarfsgemeinschaft bilden, hängt davon ab, ob sie in einem § 7 Abs. 3 Nr. 2–4 SGB II genannten Verhältnis stehen. Es ist dabei unerheblich, ob B selbst eine erwerbsfähige leistungsberechtigte Person ist.

90 Ist eine **Person** von den Leistungen nach dem SGB II **ausgeschlossen**, ist sie keine erwerbsfähige *leistungsberechtigte* Person; sie kann daher **nicht Ausgangspunkt für** eine **Bedarfsgemeinschaft** sein.[103] Eine Ausnahme gilt nur für den Leistungsausschluss nach § 7 Abs. 5 SGB II (BAföG-Leistungs- oder Berufsausbildungsbeihilfenberechtigung dem Grunde nach), weil die Auszubildenden nur von einem Teil der Leistungen nach dem SGB II ausgeschlossen sind:[104] Leistungen zur Eingliederung in Arbeit erhalten sie wie alle anderen Leistungsberechtigten und über § 27 SGB II haben sie Zugang zu einem Großteil der Leistungen zur Sicherung des Lebensunterhalts.[105]

91 **Beispiel:** A erfüllt alle Voraussetzungen von § 7 Abs. 1 SGB II, allerdings bezieht sie eine Altersrente für behinderte Menschen. Deshalb ist sie nach § 7 Abs. 4 S. 1 Hs. 2 SGB II von den Leistungen nach dem SGB II ausgeschlossen. Sie kann nicht Ausgangspunkt für eine Bedarfsgemeinschaft sein (wohl aber über § 7 Abs. 3 Nr. 2–4 SGB II in eine Bedarfsgemeinschaft einbezogen werden; s. sogleich Rn 92).

B ist erwerbsfähiger Leistungsberechtigter. Weil er studiert, ist er wegen § 7 Abs. 5 SGB II von den Leistungen des SGB II im Wesentlichen ausgeschlossen. Er lebt zusammen mit seiner Tochter C, 5 Jahre alt. Trotz Leistungsausschlusses bildet B mit C – bei Vorliegen der Voraussetzungen – eine Bedarfsgemeinschaft, weil er Leistungen nach § 27 SGB II beziehen kann.

92 Auf der anderen Seite steht der **Leistungsausschluss** der **Einbeziehung** als weiteres Mitglied der **Bedarfsgemeinschaft nicht entgegen.**

93 **Beispiel:** A aus dem ersten Beispielsfall Rn 91 ist verheiratet mit D, einem nicht ausgeschlossenen erwerbsfähigen Leistungsberechtigten, von dem sie nicht dauernd getrennt lebt. Zwar ist

---

102   *Spellbrink,* in: Eicher/Spellbrink, SGB II, § 7, Rn 37.
103   Zutreffend daher *BA,* Fachl. Hinw. § 20 SGB II, Rn 20.9 Abs. 4 a. E. (S. 3).
104   *Brühl/Schoch,* in: LPK-SGB II, § 7, Rn 118; *Spellbrink,* in: Eicher/Spellbrink, SGB II, § 7, Rn 37, 107.
105   Zum Leistungsausschluss nach § 7 Abs. 5 SGB II s. o. ab Rn 74, zu den Leistungen nach § 27 SGB II s. u. ab Rn 623.

sie von den Leistungen nach dem SGB II ausgeschlossen, trotzdem ist sie – als Partnerin, § 7 Abs. 3 Nr. 3 Buchst. a SGB II – Mitglied in der von D ausgehenden Bedarfsgemeinschaft.[106]

Eine alleinstehende leistungsberechtigte Person kann schließlich sprachlich keine Bedarfsge- **94** *meinschaft* bilden; auch das Gesetz nimmt erst bei mindestens zwei Personen eine Bedarfsgemeinschaft an (vgl. etwa den Formulierungsunterschied zwischen § 9 Abs. 1 und Abs. 2 SGB II).[107] Allerdings hat sich im Sprachgebrauch der Träger eingebürgert, auch alleinstehende Leistungsberechtigte als Bedarfsgemeinschaften zu bezeichnen (Ein-Personen-Bedarfsgemeinschaften); zudem führt die Anwendung der Regelungen über Bedarfsgemeinschaften auf Einzelpersonen zu zutreffenden Ergebnissen.

cc) Partnerin oder Partner der erwerbsfähigen leistungsberechtigten Person (§ 7 Abs. 3 Nr. 3 SGB II)

(1) Überblick

Auch wenn das Gesetz dieses Verhältnis erst an zweiter Stelle aufführt, ist als erstes **95** die Eigenschaft als **Partnerin oder Partner** der erwerbsfähigen leistungsberechtigten Person zu nennen, durch die eine Person in die Bedarfsgemeinschaft einbezogen wird. Partnerin oder Partner sind nach § 7 Abs. 3 Nr. 3 SGB II entweder

1. die nicht dauernd getrennt lebende **Ehegattin** oder der nicht dauernd getrennt lebende **Ehegatte** (§ 7 Abs. 3 Nr. 3 Buchst. a SGB II; Rn 96 und 98),
2. die nicht dauernd getrennt lebende **Lebenspartnerin** oder der nicht dauernd getrennt lebende **Lebenspartner** (§ 7 Abs. 3 Nr. 3 Buchst. b SGB II; Rn 97 und 98) oder
3. eine **Person**, die mit der erwerbsfähigen leistungsberechtigten Person in einem gemeinsamen Haushalt so zusammenlebt, dass nach verständiger Würdigung der wechselseitige Wille anzunehmen ist, Verantwortung füreinander zu tragen und füreinander einzustehen (§ 7 Abs. 3 Nr. 3 Buchst. c SGB II; ab Rn 102).

(2) Nicht dauernd getrennt lebende Ehegattin oder Lebenspartnerin oder nicht dauernd getrennt lebender Ehegatte oder Lebenspartner des oder der erwerbsfähigen Leistungsberechtigten (§ 7 Abs. 3 Nr. 3 Buchst. a und b SGB II)

Ehegattin und Ehegatte ist, wer als grundsätzlich verschiedengeschlechtliches **96** Paar[108] miteinander in rechtlich gültiger Ehe (§§ 1303 ff. BGB) verheiratet ist. Maßgeblich ist die bürgerliche, also im Inland regelmäßig unter Mitwirkung einer Standesbeamtin oder eines Standesbeamten begründete Ehe (vgl. Art. 13 Abs. 3 EGBGB). Eine religiöse Eheschließung alleine erfüllt diese Voraussetzung in der Regel nicht.[109] Bei im Ausland geschlossenen Ehen kann dies anders sein; die Wirksamkeit einer solchen

---

106 *BSG*, 15. 4. 2008 – B 14/7 b AS 58/06 R, SozR 4-4200 § 9 Nr. 5 (= FEVS 60, 259–267), Rn 31; *BSG*, 19. 9. 2008 – B 14/7 b AS 10/07 R, SozR 4-4200 § 11 Nr. 18, Rn 18 m. w. Nachw.; *Brühl/Schoch*, in: LPK-SGB II, § 7, Rn 58.
107 *Brühl/Schoch*, in: LPK-SGB II, § 7, Rn 62.
108 Zu einer Ausnahme vom Erfordernis der Verschiedengeschlechtlichkeit für die Ehe nach deutschem Recht s. *BVerfG*, 27. 5. 2008 – 1 BvL 10/05, BVerfGE 121, 175–205.
109 S. aber zur Ausweitung von § 13 Abs. 3 S. 2 EGBGB auf sogenannte hinkende Ehen *BVerfG*, 30. 11. 1982 – 1 BvR 818/81, BVerfGE 62, 323–333.

Ehe im Inland richtet sich nach Art. 13 EGBGB.[110] Allerdings dürften Personen, die in einer religiösen Zeremonie die Ehe geschlossen haben, regelmäßig als eheähnliche Lebensgefährten im Sinne von § 7 Abs. 3 Nr. 3 Buchst. c SGB II anzusehen sein (dazu u. ab Rn 102).

97 **Lebenspartnerinnen oder Lebenspartner** sind jeweils zwei Personen grundsätzlich gleichen Geschlechts,[111] die miteinander eine rechtlich gültige eingetragene Lebenspartnerschaft im Sinne von § 1 LPartG führen (§ 33 b SGB I). Auch hier genügt eine religiöse Zeremonie nicht, dürfte aber regelmäßig zur Annahme einer lebenspartnerschaftsähnlichen Lebensgemeinschaft führen. Die Wirksamkeit im Ausland geschlossener Lebenspartnerschaften und nach herrschender Meinung auch im Ausland geschlossener gleichgeschlechtlicher Ehen[112] im Inland richtet sich nach Art. 17 b EGBGB.

98 Wann Ehepaare und in Lebenspartnerschaft verbundene Paare **dauernd getrennt leben**, richtet sich nach den familienrechtlichen Grundsätzen, die zu § 1567 Abs. 1 BGB beziehungsweise § 15 Abs. 5 LPartG entwickelt worden sind.[113] Nach § 1567 Abs. 1 BGB leben Ehegatten erst getrennt, wenn zwischen ihnen keine häusliche Gemeinschaft besteht und ein Ehegatte sie erkennbar nicht herstellen will, weil er die eheliche Lebensgemeinschaft ablehnt. Die häusliche Gemeinschaft besteht dabei auch dann nicht mehr, wenn die Ehegatten innerhalb der ehelichen Wohnung getrennt leben. Für ein Getrenntleben ist also neben der räumlichen Trennung auch der Trennungswille mindestens eines der beiden Ehegatten erforderlich. § 15 Abs. 5 LPartG enthält dieselbe Definition für das Getrenntleben Verpartnerter.

99 Demnach geht der Gesetzgeber zwar grundsätzlich von der Annahme aus, **typischerweise** bildeten miteinander Verheiratete oder Verpartnerte einen **gemeinsamen Haushalt**. Voraussetzung für die Annahme einer Bedarfsgemeinschaft ist dies jedoch

---

110   Gegebenenfalls unter Beachtung von Art. 6 EGBGB. Unter Berücksichtigung internationalprivatrechtlicher Grundsätze kann auch eine im Ausland nach deutschem Verständnis gültig geschlossene Mehrehe im Inland wirksam sein (vgl. nur *Sonnenberger,* in: Münchener Kommentar [Bd. 10] [5. Aufl. 2010], Art. 6 EGBGB, Rn 85). In diesen Fällen bestehen in aller Regel zwar Partnerbeziehungen zwischen insgesamt mehr als zwei Personen, an jeder einzelnen dieser Partnerbeziehungen sind jedoch jeweils nur zwei Personen beteiligt. So bestehen bei einem Mann, der wirksam gleichzeitig mit vier Frauen verheiratet ist, zwar Partnerbeziehungen zwischen insgesamt fünf Personen. Allerdings ist keine der Frauen Partnerin einer der anderen Frauen; jede einzelne Frau ist nur Partnerin ihres (gemeinsamen) Ehemannes. Damit bestehen grundsicherungsrechtlich mehrere, in der Person des Ehemannes überlappende Bedarfsgemeinschaften. Echte Mehrehen im Sinne von gleichberechtigten Beziehungen zwischen mehr als zwei Partnern – die dann zu einer Einbeziehung aller Partnerinnen und Partner in eine einzige Bedarfsgemeinschaft führen müssten – existieren bislang in keiner Rechtsordnung der Erde. Da polygame Beziehungen keine typische Erscheinung in Deutschland sind, durfte der Gesetzgeber sie ungeregelt lassen. Es dürfte sich anbieten, zwar eine übergreifende Bedarfsgemeinschaft zur Einbeziehung aller Ehegatten in das SGB II anzunehmen, bei der Einkommensanrechnung hingegen die (zumeist) Ehefrauen zunächst – ähnlich wie Kinder in einer Bedarfsgemeinschaft (u. ab Rn 468) – gesondert zu betrachten und im Übrigen – ähnlich wie bei der gemischten Bedarfsgemeinschaft (u. Rn 132, 466) – nur den ihren Bedarf übersteigenden Teil des Einkommens nur beim einzelnen Ehemann anzurechnen.

111   Zu einer Ausnahme vom Erfordernis der Gleichgeschlechtlichkeit für die Lebenspartnerschaft nach deutschem Recht s. *BVerfG,* 11. 1. 2011 – 1 BvR 3295/07, BGBl. 2011 I, 224 (= NJW 2011, 909–914).

112   S. nur *KG,* 3. 3. 2011 – 1 W 74/11, in juris, *OLG Köln,* 5. 7. 2010 – 16 Wx 64/10, StAZ 2010, 264–265 und *VG Berlin,* StAZ 2010, 372–375 m. w. Nachw.

113   *BSG,* 18. 2. 2010 – B 4 AS 49/09 R, SozR 4-4200 § 7 Nr. 16 (= BSGE 105, 291–297 = FEVS 62, 1–6), Rn 13–15 (Ehe) m. zahlr. Nachw. zur entsprechenden familienrechtlichen Literatur und Judikatur; *BSG,* 19. 10. 2010 – B 14 AS 50/10 R, SozR 4-4200 § 22 Nr. 42, Rn 17 (Lebenspartnerschaft); *LSG NW,* 27. 9. 2010 – L 6 AS 660/10 B ER, in juris; *Spellbrink,* in: Eicher/Spellbrink, SGB II, § 7, Rn 41. Krit. zu dieser Rechtsprechung unter dem Gesichtspunkt der Benachteiligung von Ehen gegenüber nichtehelichen Lebensgemeinschaften *Storr,* NJ 2010, 394.

nicht.[114] So können miteinander Verheiratete oder Verpartnerte sogar vom ersten Tag ihrer Ehe oder Lebenspartnerschaft an eine Lebensgestaltung vereinbaren, die keinen räumlichen Lebensmittelpunkt (Ehe- oder Lebenspartnerschaftswohnung) kennt. Dieser Extremfall mag nicht sehr verbreitet sein. Er kann aber nicht anders behandelt werden als die – in der Lebenswirklichkeit nicht selten anzutreffenden – Fälle, in denen ein verheiratetes oder verpartnertes Paar wegen der Berufstätigkeit oder wegen Krankheit oder Pflegebedürftigkeit (Pflegeheim!) einer der beteiligten Personen tatsächlich räumlich getrennt lebt, ohne dass die Beteiligten das Ehe- oder Lebenspartnerschaftsband in Frage stellen. In diesen Fällen tritt dauerndes Getrenntleben im Sinne auch von § 7 Abs. 3 Nr. 3 Buchst. a und b SGB II erst ein, wenn eine der beteiligten Personen die eheliche oder lebenspartnerschaftliche Lebensgemeinschaft erkennbar ablehnt, wenn also ein Trennungswille vorliegt.[115]

100 Aus dem Abstellen auf familienrechtliche Grundsätze folgt allerdings auch, dass verheiratete und verpartnerte Paare trotz gemeinsamer Wohnung und formal noch bestehender Ehe oder Lebenspartnerschaft keine Bedarfsgemeinschaft bilden, wenn sie innerhalb der gemeinsamen Wohnung getrennt leben: § 1567 Abs. 1 S. 2 BGB (für Lebenspartnerschaften in Verbindung mit § 15 Abs. 5 S. 2 LPartG)[116] sieht diese Möglichkeit ausdrücklich vor. Diese Vorschriften wollen vor allem solchen Paaren, die aus finanziellen oder sonstigen tatsächlichen Gründen nicht in der Lage sind, zwei getrennte Wohnungen zu bewohnen, den „normalen" Weg zur Scheidung beziehungsweise Aufhebung der Lebenspartnerschaft bieten und sie nicht auf die Vorschriften zur Unzumutbarkeit verweisen.[117] Sie dürften deshalb gerade bei Paaren im Leistungsbezug der Existenzsicherungssysteme nicht selten praktisch werden.

101 Die familienrechtliche Rechtsprechung und Literatur fordert für ein solches Getrenntleben in einer Wohnung – über den immer nötigen Trennungswillen bei mindestens einer der beiden betroffenen Personen hinaus – recht streng eine Aufhebung der häuslichen Gemeinschaft, soweit diese über das Unvermeidbare hinausgeht.[118] Sie müssen in der gemeinsamen Wohnung wie Fremde nebeneinander her leben.[119] So dürfen Verheiratete oder Verpartnerte keinen gemeinsamen Haushalt mehr führen, nicht mehr aus einer gemeinsamen Kasse einkaufen, kochen oder gemeinsame Mahlzeiten einnehmen.[120] Sie müssen jeweils über einen eigenen Lebensbereich verfügen, also insbesondere in getrennten Räumen wohnen und schlafen; es ist aber unvermeidbar und steht einem Getrenntleben deshalb nicht entgegen, wenn beide Küche, Flur, Bad und Toilette benutzen und hierüber Absprachen treffen.[121] Ebenfalls unvermeidbar sind gemeinsame Maßnahmen zur Betreuung gemeinsamer oder gemeinsam erzogener

---

114 *BSG,* 18. 2. 2010 – B 4 AS 49/09 R, SozR 4-4200 § 7 Nr. 16, Rn 13 f. Anders *Brühl/Schoch,* in: LPK-SGB II, § 7, Rn 58, die das Zusammenleben in einem gemeinsamen Haushalt zur Grundvoraussetzung für das Vorliegen einer Bedarfsgemeinschaft auch von miteinander verheirateten oder verpartnerten Personen erklären. In diese Richtung auch *Schumacher,* in: Oestreicher, SGB II/SGB XII, § 7 SGB II, Rn 16 f. und *Adolph,* in: Linhart/Adolph, SGB II. SGB XII. AsylbLG, § 7 SGB II, Rn 63 f., der auf die Rechtsprechung des Bundesverwaltungsgerichts zum früheren § 28 BSHG abstellt.

115 *BSG,* 18. 2. 2010 – B 4 AS 49/09 R, SozR 4-4200 § 7 Nr. 16, Rn 13 (Ehe); *BSG,* 19. 10. 2010 – B 14 AS 50/10 R, SozR 4-4200 § 22 Nr. 42, Rn 17 (Lebenspartnerschaft). Zu Folgeproblemen bei dieser Konstellation und Vorhandensein von Kindern s. u. Rn 113, insbes. Fn. 145.

116 Die Anforderungen an das Getrenntleben Verheirateter und Verpartnerter entsprechen einander; vgl. *Wacke,* in: Münchener Kommentar (Bd. 7/2), § 15 LPartG, Rn 7.

117 *Ey,* in: Münchener Kommentar (Bd. 7/1), § 1567 BGB, Rn 23.

118 *Ey,* in: Münchener Kommentar (Bd. 7/1), § 1567 BGB, Rn 24.

119 *BGH,* 14. 6. 1978 – IV ZR 164/77, NJW 1978, 1810–1811; *Chr. Berger,* in: Jauernig, BGB, § 1567 BGB, Rn 3; *Wacke,* in: Münchener Kommentar (Bd. 7/2), § 15 LPartG, Rn 7.

120 *Ey,* in: Münchener Kommentar (Bd. 7/1), § 1567 BGB, Rn 24, 25 m. w. Nachw.

121 *Ey,* in: Münchener Kommentar (Bd. 7/1), § 1567 BGB, Rn 26 m. w. Nachw.

Kinder.[122] Liegt in diesem Sinne eine Trennung vor, bilden die verheirateten oder verpartnerten Personen keine Bedarfsgemeinschaft mehr im Sinne des SGB II.

(3) Eheähnliche oder lebenspartnerschaftsähnliche Lebensgefährtinnen oder Lebensgefährten der erwerbsfähigen Leistungsberechtigten (§ 7 Abs. 3 Nr. 3 Buchst. c SGB II)

102 Außer mit der oder dem erwerbsfähigen Leistungsberechtigten verheiratete oder verpartnerte Personen bezieht § 7 Abs. 3 Nr. 3 Buchst. c SGB II auch nicht durch eine formale rechtliche Anerkennung wie Ehe oder eingetragene Lebenspartnerschaft miteinander verbundene Personen in die Bedarfsgemeinschaft mit ein. Der Gesetzgeber reagiert damit auf die gesellschaftliche Realität, dass nicht wenige Paare ohne diese formale rechtliche Anerkennung zusammen sind, mit den verheirateten oder verpartnerten Paaren aber dennoch die typische Eigenschaft teilen, einander in Notsituationen zu unterstützen („Wilde Ehen", „Ehen ohne Trauschein"). Zwar verwendet das SGB II den Begriff der **„eheähnlichen Gemeinschaft"** nicht mehr,[123] § 7 Abs. 3 Nr. 3 Buchst. c SGB II will aber genau diese Gemeinschaften erfassen.[124] Wegen Art. 6 Abs. 1 GG ist der Gesetzgeber zum Schutz der Ehe verpflichtet, Ehepaare nicht schlechter zu behandeln als eheähnliche Lebensgemeinschaften.[125] Er darf Letztere deshalb auch in die Bedarfsgemeinschaft einbeziehen.[126] Weil Ehe und Lebenspartnerschaft wiederum – zwar nicht streng formal, aber der Intention nach – an der sexuellen Orientierung anknüpfen, die den verbotenen Anknüpfungsmerkmalen des Art. 3 Abs. 3 GG sehr nahe steht,[127] muss der Gesetzgeber zur Vermeidung eines Gleichheitsverstoßes sowohl Ehe und Lebenspartnerschaft als auch eheähnliche und lebenspartnerschaftsähnliche Lebensgemeinschaften streng gleich behandeln. Somit ist die Einbeziehung dieses Personenkreises in die Existenzsicherungssysteme verfassungsrechtlich gerechtfertigt.

103 Um eine Person als Partnerin oder Partner in die Bedarfsgemeinschaft einzubeziehen, die nicht mit dem oder der erwerbsfähigen Leistungsberechtigten verheiratet oder verpartnert ist, stellt § 7 Abs. 3 Nr. 3 Buchst. c SGB II drei[128] Voraussetzungen auf:

1. Die Person muss mit dem oder der erwerbsfähigen Leistungsberechtigten **in einem gemeinsamen Haushalt** zusammenleben (**Haushaltsgemeinschaft**; hierzu Rn 104),

2. sie muss dies **als Partnerin oder als Partner** tun (hierzu Rn 105) und

3. dieses Zusammenleben muss sich so gestalten, dass nach verständiger Würdigung der wechselseitige Wille anzunehmen ist, Verantwortung füreinander zu tragen und füreinander einzustehen (**Verantwortungs- und Einstehenswille**; hierzu ab Rn 106).

---

122 *Ey,* in: Münchener Kommentar (Bd. 7/1), § 1567 BGB, Rn 27 m. w. Nachw.

123 Seit 1. 8. 2006 (geändert durch das Gesetz zur Fortentwicklung der Grundsicherung für Arbeitsuchende vom 20. 7. 2006 [BGBl. 2006 I, S. 1706]). Vgl. aber § 20 SGB XII, der noch immer die „eheähnliche oder lebenspartnerschaftsähnliche Gemeinschaft" kennt.

124 *Brühl/Schoch,* in: LPK-SGB II, § 7, Rn 58; ähnlich *Spellbrink,* in: Eicher/Spellbrink, SGB II, § 7, Rn 43.

125 *BVerfG,* 10. 7. 1984 – 1 BvL 44/80, BVerfGE 67, 168–199 (= BGBl. 1984 I, S. 1332), Rn 40–49, 51.

126 So zur früheren Regelung in der Arbeitslosenhilfe *BVerfG,* 17. 11. 1992 – 1 BvL 8/87, BVerfGE 87, 234–269 (= BGBl. 1993 I, S. 42), Rn 90–101; *BVerfG,* 16. 12. 1958 – 1 BvL 3/57, 1 BvL 4/57 und 1 BvL 8/58, BVerfGE 9, 20–35 (= BGBl. 1959 I, S. 26).

127 Vgl. zum Verbot der Ungleichbehandlung wegen der sexuellen Orientierung *BVerfG,* 7. 7. 2009 – 1 BvR 1164/07, BVerfGE 124, 199–235, Rn 87, 91. Anders als hier im Text vertreten noch mit der Begründung, die gleichgeschlechtliche Lebensgemeinschaft stelle keinen deutlich herausgebildeten sozialen Typus dar, der in großer Zahl vorkomme *BVerfG,* 17. 11. 1992 – 1 BvL 8/87, BVerfGE 87, 234, Rn 102.

128 *LSG SN,* 7. 1. 2011 – L 7 AS 115/09, in juris, Rn 31; *Spellbrink,* in: Eicher/Spellbrink, SGB II, § 7, Rn 44.

Pattar

Eine **Haushaltsgemeinschaft** im Sinne des § 7 Abs. 3 SGB II liegt vor, wenn die be- **104** treffenden Personen eine **Wohn- und Wirtschaftsgemeinschaft** bilden, wenn sie also in derselben Wohnung wohnen[129] und in dieser Wohnung **„aus einem Topf"** wirtschaften.[130] Wann das der Fall ist,

> „kann nicht generell und für alle Fälle abschließend beantwortet werden. Es kommt stets auf die Umstände des Einzelfalles an. Hierbei ist der Erkenntnis Rechnung zu tragen, daß in der eheähnlichen Gemeinschaft die gesamte Bandbreite von Gestaltungsformen möglich ist, wie sie auch bei zusammenlebenden Ehegatten vorkommen […]. Ebenso wie bei Ehen, in denen das Zusammenleben der Ehegatten weitgehend deren Disposition überlassen bleibt, sind auch bei eheähnlichen Gemeinschaften aufgrund ihrer von den Partnern bestimmten individuellen Ausgestaltung die vielfältigsten Erscheinungsformen denkbar. Diese Vielfalt hat zur Folge, daß im Einzelfall die besonderen Gestaltungen der gemeinsamen Lebensführung festzustellen sind, um daraus, ggf indiziell, auf das Vorliegen einer eheähnlichen Gemeinschaft iS einer Wohn- und Wirtschaftsgemeinschaft schließen zu können […]. Notwendig ist dabei nicht, daß sämtliche in Betracht kommenden Merkmale oder Indizien in jedem Einzelfall vorliegen; ausreichend ist es, wenn im Einzelfall genügend Anhaltspunkte vorhanden und festgestellt sind, die trotz des Fehlens anderer Merkmale den Schluß auf das Bestehen einer ehetypischen gemeinsamen Haushalts- und Wirtschaftsführung rechtfertigen".[131]

Teilen also zusammenlebende Personen die Haushaltsausgaben unabhängig vom jeweiligen Einkommen streng nach Köpfen auf oder werden nur einzelne Gegenstände (z. B. Putzmittel, die vornehmlich für die gemeinsam genutzten Räume verwendet werden sollen) gemeinsam gekauft, liegt mangels Wirtschaftens „aus einem Topf" keine Wirtschafts-, sondern eine bloße Wohngemeinschaft vor. Dies gilt auch dann, wenn aus Ersparnisgründen gemeinsam Großgebinde angeschafft werden. Andererseits schadet es der Annahme einer Wirtschaftsgemeinschaft nicht, wenn bestimmte Gegenstände, etwa Toilettenartikel oder Kleidung, von jeder Partnerin oder jedem Partner aus eigenen Mitteln angeschafft werden.

Die einzubeziehende Person muss **als Partnerin oder als Partner** mit der oder dem **105** erwerbsfähigen Leistungsberechtigten zusammenleben. Dieses Kriterium lässt sich zwar nicht dem Gesetzeswortlaut, wohl aber dem Sinn und Zweck des Gesetzes entnehmen. Ausgeschlossen sind wegen der Nähe zu den anderen in § 7 Abs. 3 Nr. 3 SGB II geregelten Fallgruppen solche Personen, mit denen der oder die erwerbsfähige Leistungsberechtigte keine Ehe oder Lebenspartnerschaft eingehen könnte, also etwa

---

129 Vor diesem Hintergrund ist die Kritik von *Storr*, NJ 2010, 394 an der Entscheidung *BSG*, 18. 2. 2010 – B 4 AS 49/09 R, SozR 4-4200 § 7 Nr. 16 (s. hierzu o. Fn. 113 a.E.) verständlich. Sie trifft jedoch nicht zu: Der Gesetzgeber ist zur Erfüllung der Erfordernisse einer modernen Massenverwaltung berechtigt, mit Typisierungen zu arbeiten. Stellt er das nichteheliche oder nichtpartnerschaftliche Zusammenleben zweier Personen mit der ehelichen oder lebenspartnerschaftlichen Lebensgemeinschaft gleich, dann darf er grundsätzlich von der typischen ehelichen oder lebenspartnerschaftlichen Lebensgemeinschaft ausgehen. Unterstützen Partnerinnen oder Partner einer (untechnischen) eheähnlichen oder lebenspartnerschaftsähnlichen Lebensgemeinschaft einander in einer Notlage tatsächlich, ohne dass sie eine Haushaltsgemeinschaft bilden, schließt diese Unterstützung nach § 9 SGB II die Hilfebedürftigkeit aus, in der Regel als Einkommen. Vgl. a. *BVerfG*, 16. 12. 1958 – 1 BvL 3/57, 1 BvL 4/57 und 1 BvL 8/58, BVerfGE 9, 20, Rn 42.

130 *BSG*, 24. 3. 1988 – 7 RAr 81/86, SozR 4100 § 138 Nr. 17 (= BSGE 63, 120–134), Rn 23–25; *BSG*, 13. 11. 2008 – B 14 AS 2/08 R, SozR 4-4200 § 9 Nr. 7 (= FEVS 61, 22–32), Rn 36. „Wirtschaften aus einem Topf" war bereits für das Bundesverwaltungsgericht das entscheidende Kriterium zur Annahme einer eheähnlichen Lebensgemeinschaft: *BVerwG*, 27. 2. 1963 – V C 105.61, BVerwGE 15, 306–316 (= FEVS 9, 241), Rn 31; *BVerwG*, 20. 1. 1977 – V C 62.75, BVerwGE 52, 11–16 (= FEVS 25, 278–283), Rn 5.

131 *BSG*, 24. 3. 1988 – 7 RAr 81/86, SozR 4100 § 138 Nr. 17, Rn 28.

Pattar

Geschwister oder in gerader Linie Verwandte. Ausgeschlossen sind hiernach allerdings auch eheähnliche Lebensgemeinschaften zwischen zwei Minderjährigen[132] und lebenspartnerschaftsähnliche Lebensgemeinschaften, an denen auch nur eine minderjährige Person beteiligt ist.[133] Bei anderen Personen, also solchen, die einander grundsätzlich heiraten oder miteinander eine Lebenspartnerschaft begründen könnten, setzt die Partnereigenschaft voraus, dass die Beziehung zwischen den Partnerinnen oder Partnern – eben ähnlich wie eine Ehe oder Lebenspartnerschaft – auf eine gewisse Ausschließlichkeit hin ausgerichtet ist.[134] Erst recht sind verwandtschaftsähnliche Beziehungen nicht einzubeziehen. Allerdings ist es zur Annahme einer ehe- oder lebenspartnerschaftsähnlichen Lebensgemeinschaft nicht erforderlich, dass die beiden betreffenden Personen „durch geschlechtliche Beziehungen miteinander verbunden sind".[135]

106   Zur Bedarfsgemeinschaft wird die Wohn- und Wirtschaftsgemeinschaft von Partnerinnen und Partnern jedoch erst, wenn diese auch von einem wechselseitigen **Verantwortungs- und Einstehenswillen** getragen wird. Damit nimmt der Gesetzgeber die Vorgabe des Bundesverfassungsgerichts auf, nur diejenigen nicht formal verbundenen Paare in Existenzsicherungssystemen in Verantwortung zu nehmen, „in denen die Bindungen der Partner so eng sind, daß von ihnen ein gegenseitiges Einstehen in den Not- und Wechselfällen des Lebens erwartet werden kann."[136] Dieser Verantwortungs- und Einstehenswille ist gerade nicht formalisiert. Partnerinnen und Partner einer ehe- oder lebenspartnerschaftsähnlichen Lebensgemeinschaft können diesen Willen jederzeit und ohne Weiteres aufgeben. So, wie bei einer Ehe oder Lebenspartnerschaft dauerndes Getrenntleben letztlich vom bloßen Willen eines der Beteiligten abhängt, so kann auch von einer ehe- oder lebenspartnerschaftsähnlichen Lebensgemeinschaft nur die Rede sein, solange beiderseits der Einstehenswille vorhanden ist. Ist das auch nur bei einer Partnerin oder einem Partner nicht mehr der Fall, besteht auch keine Bedarfsgemeinschaft mehr.

107   Als innere Tatsache ist der Verantwortungs- und Einstehenswille einer objektiven Feststellung nicht zugänglich. Sofern er nicht von den betreffenden Personen selbst geäußert wird, ist es Dritten – den Trägern der Grundsicherung für Arbeitsuchende und den sie überprüfenden Gerichten – daher kaum möglich, diesen Willen festzustellen. Um dennoch eine sachgerechte Handhabung der Regeln über die ehe- oder lebenspartnerschaftsähnliche Lebensgemeinschaft zu ermöglichen, sieht das SGB II in § 7 Abs. 3 a eine **gesetzliche Vermutung für diesen Verantwortungs- und Einstehenswillen** vor. Hiernach wird der Verantwortungs- und Einstehenswille vermutet, wenn Partnerinnen oder Partner

1.   länger als ein Jahr zusammenleben,
2.   mit einem gemeinsamen Kind zusammenleben,
3.   Kinder oder Angehörige im Haushalt versorgen oder
4.   befugt sind, über Einkommen oder Vermögen des oder der anderen zu verfügen.

---

132   Eine Ehe kann nur geschlossen werden, wenn mindestens eine der verlobten Personen volljährig ist, § 1303 BGB. – Abweichend hiervon sieht die *BA,* Fachl. Hinw. § 20 SGB II, Rn 20.14 (S. 3 f.) für minderjährige Partner eines minderjährigen Leistungsberechtigten den Regelbedarf für sonstige Haushaltsangehörige vor.

133   Eine Lebenspartnerschaft können nur volljährige Personen miteinander eingehen, § 1 Abs. 2 LPartG.

134   *Spellbrink,* in: Eicher/Spellbrink, SGB II, § 7, Rn 45; ähnlich *Brühl/Schoch,* in: LPK-SGB II, § 7, Rn 72.

135   *BVerfG,* 16. 12. 1958 – 1 BvL 3/57, 1 BvL 4/57 und 1 BvL 8/58, BVerfGE 9, 20, Rn 45; *BVerwG,* 27. 2. 1963 – V C 105.61, BVerwGE 15, 306, Rn 31; *BVerwG,* 20. 1. 1977 – V C 62.75, BVerwGE 52, 11, Rn 5 (aus historischen Gründen nur zur eheähnlichen Lebensgemeinschaft).

136   *BVerfG,* 17. 11. 1992 – 1 BvL 8/87, BVerfGE 87, 234, Rn 95. Hierauf weisen auch *Brühl/Schoch,* in: LPK-SGB II, § 7, Rn 83 hin.

Es genügt, dass einer dieser Tatbestände vorliegt, um die Vermutungswirkung aus-zulösen.[137]

Dass § 7 Abs. 3 a SGB II als **Vermutung** konstruiert ist, bedeutet zweierlei: Zum einen **108** bleibt selbst bei Vorliegen eines der dort genannten Tatbestände stets die Möglichkeit, das Vorliegen des Verantwortungs- und Einstehenswillens zu **widerlegen**.[138] Zum an-deren können der Leistungsträger (oder das Gericht) auch ohne Vorliegen eines der Tatbestände des § 7 Abs. 3 a SGB II aufgrund anderer Indizien zu der **Überzeugung** gelangen, dass ein wechselseitiger Verantwortungs- und Einstehenswille vorliegt.[139] Damit erleichtert die Vermutungsregelung des § 7 Abs. 3 a SGB II zwar bei einer ganzen Reihe von Fällen die Lösung, sie entbindet aber nicht davon, im Rahmen der Amtser-mittlung (§ 20 SGB X) auch die Vermutung entkräftenden Hinweisen nachzugehen.

Schließlich ist zu betonen, dass die Vermutung des § 7 Abs. 3 a SGB II erst dann greift, **109** wenn **feststeht**, dass zwischen zwei Personen eine **Wohngemeinschaft und** eine **Wirtschaftsgemeinschaft** besteht. Insbesondere kennt das SGB II **keine Vermu-tungsregelung**, die § 39 S. 1 SGB XII entspricht. Nach dieser Vorschrift wird bei einer Wohngemeinschaft (widerleglich) eine Wirtschaftsgemeinschaft vermutet. Im Rahmen des SGB II muss also nicht nur das Vorliegen einer Wohn-, sondern gerade einer Wirt-schaftsgemeinschaft vollständig ermittelt und bewiesen sein; erst wenn das vorliegt, kann bei Erfüllung eines Tatbestandes von § 7 Abs. 3 a SGB II das Vorliegen des Ver-antwortungs- und Einstehenswillens vermutet werden.[140]

dd) Eltern oder Elternteil einer erwerbsfähigen leistungsberechtigten Person und deren Partnerin oder Partner (§ 7 Abs. 3 Nr. 2 SGB II)

Nach § 7 Abs. 3 Nr. 2 SGB II gehören auch   **110**

1. die im Haushalt lebenden **Eltern** oder
2. der im Haushalt lebende **Elternteil**

eines unverheirateten erwerbsfähigen Kindes, welches das 25. Lebensjahr noch nicht vollendet hat, sowie

3. die im Haushalt lebende **Partnerin** oder der im Haushalt lebende **Partner die-ses** (in Nr. 2 bezeichneten) **Elternteils**

zur Bedarfsgemeinschaft. Damit führt die Vorschrift die Bedarfsgemeinschaft zwi-schen Eltern und ihren Kindern über das Volljährigkeitsalter hinaus bis zur Grenze von 25 Jahren weiter.

Unter **„Eltern"** oder „Elternteil" sind nur die rechtlichen Eltern, also (leibliche oder **111** Adoptiv-)Väter und Mütter zu verstehen. Pflegeeltern sowie Groß- und Urgroßeltern

---

137 Kritisch hierzu *Brühl/Schoch,* in: LPK-SGB II, § 7, Rn 86, welche die Vorschrift auf eine Gesamtschau der Umstände reduzieren wollen.
138 *LSG SN,* 7. 1. 2011 – L 7 AS 115/09, in juris, Rn 34; *LSG BW,* 22. 3. 2007 – L 7 AS 640/07 ER-B, in juris, Rn 34; *LSG BW,* in juris, Rn 25; *Spellbrink,* in: Eicher/Spellbrink, SGB II, § 7, Rn 48. *Brühl/Schoch,* in: LPK-SGB II, § 7, Rn 88 weisen zu Recht darauf hin, dass die Anforderungen an den Gegenbeweis nicht so hoch gestellt werden dürfen, dass der Beweis praktisch unmöglich ist.
139 *LSG SN,* 13. 9. 2007 – L 2 B 312/07 AS ER, in juris, Rn 35; *LSG BE-BB,* 21. 6. 2006 – L 29 B 314/06 AS ER, in juris, Rn 13; *Spellbrink,* in: Eicher/Spellbrink, SGB II, § 7, Rn 47, 49. Enger hingegen *LSG NW,* 4. 7. 2007 – L 19 B 56/07 AS ER, FEVS 59, 128–129, Rn 8, *LSG HH,* 8. 2. 2007 – L 5 B 21/07 ER AS, NDV-RD 2007, 39–40, Rn 3 und *Brühl/Schoch,* in: LPK-SGB II, § 7, Rn 84, die bei Nichter-füllung der Tatbestände des § 7 Abs. 3 a SGB II einen erhöhten Begründungsaufwand fordern.
140 *Spellbrink,* in: Eicher/Spellbrink, SGB II, § 7, Rn 51.

fallen – anders als etwa in § 56 Abs. 3 SGB I – nicht unter den Elternbegriff des § 7 Abs. 3 Nr. 2 SGB II.[141]

112 Mit der **Partnerin oder** dem **Partner des Elternteils** bezieht § 7 Abs. 3 Nr. 2 SGB II diejenige Person mit ein, die im Sinne von § 7 Abs. 3 Nr. 3 SGB II als Partnerin oder Partner mit dem Elternteil und der unter 25-jährigen erwerbsfähigen leistungsberech-tigten Person in einem Haushalt lebt, und zwar gerade dann, wenn diese Person nicht selbst Vater oder Mutter des oder der erwerbsfähigen Leistungsberechtigten ist.

113 Diese Einbeziehung der haushaltsangehörigen Stiefelternteile in die Bedarfsgemein-schaft ist zwar auf heftige Kritik gestoßen, vor allem mit der Begründung, dass zwi-schen Stiefeltern und ihren Stiefkindern keine Unterhaltspflichten bestünden und dass es nicht der Lebenswirklichkeit entspreche anzunehmen, dass die neue Partnerin oder der neue Partner eines Elternteils bereitwillig den Unterhalt von dessen oder deren Kind aus einer anderen Beziehung übernehme.[142] Problematisch ist dabei weniger die Einbeziehung der Stiefeltern beziehungsweise Stiefkinder in die Bedarfsgemeinschaft als vielmehr die Berücksichtigung von Einkommen und Vermögen des Stiefelternteils beim Bedarf des Kindes nach § 9 Abs. 2 S. 2 SGB II. Das Bundessozialgericht hat sie jedoch für verfassungsgemäß gehalten: Da der Gesetzgeber zwischen dem Elternteil und seiner Partnerin oder seinem Partner einen gemeinsamen Haushalt und damit eine Wirtschaftsgemeinschaft im Sinne eines **Wirtschaftens aus einem Topf** voraussetze, dürfe er auch davon ausgehen, dass der Elternteil seinen Einfluss auf den gemeinsa-men Topf zu Gunsten seines minderjährigen Kindes geltend mache und dafür sorge, dass der Lebensunterhalt seines minderjährigen Kindes sichergestellt ist.[143] Ob dies auch für volljährige Kinder gilt, hat das Bundessozialgericht offen gelassen.[144] Dieser Rechtsprechung ist zuzustimmen, allerdings nur unter strenger Beachtung der vom Gesetzgeber in § 7 Abs. 3 Nr. 2 (und Nr. 4) SGB II aufgestellten Prämisse, dass die Wirtschaftsgemeinschaft zwischen den Partnerinnen oder Partnern tatsächlich vor-liegt: Verschafft der Stiefelternteil dem leiblichen Elternteil keine Möglichkeit, aus dem gemeinsamen Topf auch Mittel für sein Kind zu entnehmen, besteht keine Wirtschafts-gemeinschaft, damit auch keine Haushaltsgemeinschaft, sodass auch keine Bedarfs-gemeinschaft zwischen Stiefelternteil und Stiefkind besteht.[145]

114 In der Literatur wird teilweise vertreten, § 7 Abs. 3 Nr. 2 SGB II könne nur angewandt werden, wenn die Eltern oder der Elternteil und dessen Partner nicht erwerbsfähig im Sinne von § 8 SGB II wären.[146] Diese Einschränkung wird vorgenommen, um einen

---

141 *BSG,* 29. 3. 2007 – B 7 b AS 12/06 R, SozR 4-4200 § 11 Nr. 3, Rn 14; *BSG,* 27. 1. 2009 – B 14/7 b AS 8/07 R, SozR 4-4200 § 21 Nr. 4 (= FEVS 61, 13–17), Rn 14.

142 *Münder/Geiger,* NZS 2009, 593, 594 f.; *Großmann,* NZS 2009, 639, insbes. 642; *Stephan,* SozSich 2009, 434–438; zustimmend hingegen *Schürmann,* SGb. 2009, 200, 205; *Schumacher,* in: Oestreicher, SGB II/ SGB XII, § 9 SGB II, Rn 35; *Adolph,* in: Linhart/Adolph, SGB II. SGB XII. AsylbLG, § 9 SGB II, Rn 17.

143 *BSG,* 13. 11. 2008 – B 14 AS 2/08 R, SozR 4-4200 § 9 Nr. 7, Rn 36.

144 *BSG,* 13. 11. 2008 – B 14 AS 2/08 R, SozR 4-4200 § 9 Nr. 7, Rn 34: „... jedenfalls bezogen auf minder-jährige Kinder ...".

145 Darauf weist auch hin *BSG,* 13. 11. 2008 – B 14 AS 2/08 R, SozR 4-4200 § 9 Nr. 7, Rn 37. – Hiergegen kann auch nicht das Urteil *BSG,* 18. 2. 2010 – B 4 AS 49/09 R, SozR 4-4200 § 7 Nr. 16 und die Argu-mentation oben Rn 99 angeführt werden: Im dortigen Fall bestand gerade keine Haushaltsgemeinschaft. Das Besondere am dortigen Fall war die Aufrechterhaltung der Bedarfsgemeinschaft zwischen den ein-vernehmlich in verschiedenen Haushalten lebenden Ehegatten. Allerdings entstehen auch bei diesem Fall Probleme: Hätte dort ein Kind eines der Ehegatten in einem der ehelichen Haushalte gelebt, hätte zwar eine Bedarfsgemeinschaft zwischen den Ehegatten und zwischen dem Kind und dem haushaltsange-hörigen (Stief-)Elternteil bestanden, jedoch nicht zwischen dem Kind und dem anderen Ehegatten. Für die Einkommens- und Vermögensanrechnung in einem solchen Fall dürfte sich ein ähnliches Vorgehen wie bei gemischten Bedarfsgemeinschaften anbieten (u. Rn 132 und o. Fn. 110).

146 *Spellbrink,* in: Eicher/Spellbrink, SGB II, § 7, Rn 38 Abs. 3; *Brühl/Schoch,* in: LPK-SGB II, § 7, Rn 66.

eindeutigen „Kopf der Bedarfsgemeinschaft" zu bestimmen, ohne dass jedoch hieraus leistungsrechtliche Konsequenzen erwüchsen.[147] Deshalb ist diese Einschränkung abzulehnen.

Einer anderen in Rechtsprechung und Literatur vorgenommenen einschränkenden **115** Auslegung ist jedoch zuzustimmen; diese kann indes erst nach Vorstellung von § 7 Abs. 3 Nr. 4 SGB II sinnvoll diskutiert werden (u. ab Rn 121). Gleiches gilt für die Figur der temporären Bedarfsgemeinschaft (u. ab Rn 131).

ee) Kind einer der in Nr. 1 bis 3 genannten Personen (§ 7 Abs. 3 Nr. 4 SGB II)

Spiegelbildlich zu § 7 Abs. 3 Nr. 2 SGB II, welche die haushaltsangehörigen Eltern ei- **116** nes oder einer erwerbsfähigen Leistungsberechtigten bis zur Vollendung des 25. Lebensjahres einbezieht, bezieht § 7 Abs. 3 Nr. 4 SGB II **die dem Haushalt angehörenden unverheirateten Kinder** in die Bedarfsgemeinschaft ein, die das 25. Lebensjahr noch nicht vollendet haben. Allerdings geht § 7 Abs. 3 Nr. 4 SGB II erheblich weiter als Nr. 2: Es werden die **Kinder aller in § 7 Abs. 3 Nr. 1 bis Nr. 3 SGB II genannten Personen** einbezogen. Damit sind einbezogen

1. die haushaltsangehörigen Kinder des oder der erwerbsfähigen Leistungsberechtigten selbst (Kinder von Personen nach Nr. 1: „echte" leibliche oder Adoptivkinder),
2. die haushaltsangehörigen Kinder der Partnerin oder des Partners des oder der erwerbsfähigen Leistungsberechtigten (Kinder von Personen nach Nr. 3: Stiefkinder) und
3. die haushaltsangehörigen Kinder der haushaltsangehörigen Eltern, des haushaltsangehörigen Elternteils und der haushaltsangehörigen Partnerin oder des haushaltsangehörigen Partners dieses Elternteils (Kinder von Personen nach Nr. 2: Vollbürtige oder halbbürtige leibliche, Adoptiv- oder Stiefgeschwister).

Wie bei § 7 Abs. 3 Nr. 2 SGB II[148] eröffnet nur das echte rechtliche Kindschaftsverhältnis (leibliche oder Adoptivkinder) den Weg in die Bedarfsgemeinschaft.

Beispiele: M, 32 Jahre alt, erwerbsfähig, ist verheiratet mit F, 31 Jahre alt, nicht erwerbsfähig. **117** Im ehelichen Haushalt lebt noch K, 10 Jahre alt, das Kind der F aus einer früheren Verbindung. – Alle drei bilden eine Bedarfsgemeinschaft nach § 7 Abs. 3 SGB II (M über Nr. 1, F über Nr. 3 Buchst. a und K über Nr. 4).

S, 16 Jahre alt, erwerbsfähig, lebt in einem Haushalt mit seiner Mutter M, 38 Jahre alt, nicht erwerbsfähig, deren Lebenspartnerin L, 40 Jahre alt, erwerbsfähig und der Tochter der L, T, 17 Jahre alt, nicht erwerbsfähig. – Alle vier bilden eine Bedarfsgemeinschaft (S über Nr. 1, M über Nr. 2, L über Nr. 2, T über Nr. 4 oder L über Nr. 1, M über Nr. 3 Buchst. b, S und T über Nr. 4).

Gegenüber den anderen Nummern des § 7 Abs. 3 SGB II enthält § 7 Abs. 3 Nr. 4 **118** SGB II die Besonderheit, dass **die einzubeziehenden Personen für sich allein betrachtet hilfebedürftig** sein müssen: Sie werden nur einbezogen, „soweit sie die Leistungen zur Sicherung ihres Lebensunterhalts nicht aus eigenem Einkommen oder Vermögen beschaffen können." Auf den ersten Blick scheint dieses Kriterium bei § 7 Abs. 3 Nr. 2 SGB II zu fehlen. Dies trifft jedoch nicht zu: § 7 Abs. 3 Nr. 2 SGB II bezieht nur die Eltern einer erwerbsfähigen *leistungsberechtigten* Person mit in die Bedarfs-

---

147 So zählt *Spellbrink,* in: Eicher/Spellbrink, SGB II, § 20, Rn 22, die nicht erwerbsfähigen Eltern einer unter 25-jährigen erwerbsfähigen leistungsberechtigten Person nicht zu den „sonstigen Mitgliedern der Bedarfsgemeinschaft" im Sinne von § 20 Abs. 2 S. 2 SGB II und geht auch nicht darauf ein, welcher Regelbedarf den Mitgliedern eines Elternpaares zusteht.

148 S. o. Rn 111 m. Nachw.

gemeinschaft ein. Das ist jedoch nur dann der Fall, wenn das Kind seinen Lebensunterhalt nicht aus *eigenem* Einkommen und Vermögen decken kann: Nach § 9 Abs. 2 S. 2 SGB II ist nämlich nur das Einkommen und Vermögen der (Stief-)Eltern auf den Bedarf der (Stief-)Kinder anzurechnen, nicht jedoch umgekehrt.

119 In der Literatur besteht die einhellige Meinung, dass als „eigenes Einkommen" des Kindes auch der Kinderzuschlag nach § 6a BKGG[149] und das Kindergeld zu gelten haben.[150] Diese beiden Leistungen werden an die Eltern oder einen Elternteil eines Kindes ausgezahlt. Nach § 11 Abs. 1 S. 3 und 4 SGB II sind sie jedoch „dem jeweiligen Kind" zuzuordnen und können daher zu einem Ausschluss aus der Bedarfsgemeinschaft führen.

120 Wie § 7 Abs. 3 Nr. 2 SGB II muss auch § 7 Abs. 3 Nr. 4 SGB II einschränkend ausgelegt werden, um sinnvoll angewendet werden zu können (sogleich ab Rn 121). Auch für § 7 Abs. 3 Nr. 4 SGB II gilt die Figur der temporären Bedarfsgemeinschaft (u. ab Rn 131).

ff) Einschränkende Auslegung von § 7 Abs. 3 Nr. 2 und Nr. 4 SGB II

(1) Problemstellung

121 In Rechtsprechung und Literatur wird vielfach vertreten, dass § 7 Abs. 3 Nr. 2 und Nr. 4 SGB II einschränkend auszulegen seien.[151] Diese Auffassungen haben mehrere Zielrichtungen: Zum einen wollen sie vermeiden, eine zu große Zahl von ansonsten nicht bedürftigen Personen in das Leistungssystem der Grundsicherung für Arbeitsuchende einzubeziehen. Zum anderen wollen sie einander ganz oder teilweise überlappende Bedarfsgemeinschaften und die daraus entstehenden, vom Gesetzgeber nicht geregelten Folgeprobleme bei der Anrechnung von Einkommen und Vermögen sowie bei der Bestimmung des jeweiligen Bedarfs vermeiden.[152]

122 **Zur Veranschaulichung:** F, 24 Jahre alt, lebt unverheiratet mit ihrem Partner P, ihrem Kind K und ihrer Mutter M sowie deren (nicht mit ihr verheirateten) Partner S in einem Haushalt.[153] Nimmt man § 7 Abs. 3 SGB II wörtlich, leben **ausgehend von F** alle diese Personen in einer einzigen Bedarfsgemeinschaft (F selbst über Nr. 1, P über Nr. 3 Buchst. c, K über Nr. 4, M und S über Nr. 2 [für S in Verbindung mit Nr. 3 Buchst. c]). **Ausgehend von P** hingegen besteht die Bedarfsgemeinschaft nur aus F, P und K (P selbst über Nr. 1, F über Nr. 3 Buchst. c und K über Nr. 4); dasselbe gilt theoretisch ausgehend von K, wobei K wegen des Mindestalters von 15 Jahren kaum je erwerbsfähige leistungsberechtigte Person sein kann. Geht man **von M aus**, leben nur M selbst (über Nr. 1), S (über Nr. 3 Buchst. c) und F (über Nr. 4) in einer Bedarfsgemeinschaft; dasselbe gilt, wenn man von S ausgeht. Damit bestehen **drei** mögliche **Konstellationen** für Bedarfsgemeinschaften:
1. F, P, K, M und S,
2. F, P und K und
3. M, S und F.

123 Wäre die einzige Funktion der Bedarfsgemeinschaft die, Personen in den Anwendungsbereich des SGB II „hineinzuziehen" und die Leistungssysteme der Grundsicherung für Arbeitsuchende und der Sozialhilfe voneinander abzugrenzen, könnte man

---

149 S. a. u. Rn 636.
150 *Spellbrink,* in: Eicher/Spellbrink, SGB II, § 7, Rn 53; *Brühl/Schoch,* in: LPK-SGB II, § 7, Rn 82; *BA,* Fachl. Hinw. § 7 SGB II, Nr. 7.23.
151 *Brühl/Schoch,* in: LPK-SGB II, § 7, Rn 66; *Spellbrink,* in: Eicher/Spellbrink, SGB II, § 7, Rn 38; *LSG BW,* 25. 3. 2011 – L 12 AS 910/10, in juris.
152 So ausdrücklich *LSG BW,* 25. 3. 2011 – L 12 AS 910/10, in juris.
153 Fallkonstellation ähnlich zu *LSG BW,* 25. 3. 2011 – L 12 AS 910/10, in juris.

dem Gesetzeswortlaut folgen und stets einfach die größtmögliche Bedarfsgemeinschaft zu Grunde legen. Problematisch werden die verschiedenen Möglichkeiten zur Bestimmung der Bedarfsgemeinschaft aber bei den Folgen, die sich hieraus ergeben:

1. Die Vertretungsfiktion des § 38 SGB II: Nach dieser Vorschrift wird vermutet, dass die oder der erwerbsfähige Leistungsberechtigte bevollmächtigt ist Leistungen auch für die mit ihm in einer Bedarfsgemeinschaft lebenden Personen zu beantragen und entgegenzunehmen. Gilt dies auch für solche Personen, die jeweils nur Mitglied in unterschiedlichen sich überlappenden Bedarfsgemeinschaften sind? Kann also S den P vertreten?

2. Die Höhe des zu Grunde zu legenden Bedarfs nach § 20 SGB II: Bei alleinstehenden Personen werden hiernach (und seit 1. 1. 2012 nach der Bekanntmachung des BMAS vom 20. 10. 2011 [BGBl. 2011 I, S. 2093]) 374 Euro monatlich, für erwachsene Partnerinnen und Partner jeweils 337 Euro, für weitere erwachsene Personen im Haushalt 299 Euro monatlich der Berechnung zu Grunde gelegt. Wer gilt als Partnerin oder Partner, wer als sonstiges Mitglied in der Bedarfsgemeinschaft?

3. Die Berücksichtigung fremden Einkommens nach § 9 Abs. 2 SGB II: Hiernach ist bei Personen, die in einer Bedarfsgemeinschaft leben, auch das Einkommen und Vermögen des Partners oder der Partnerin zu berücksichtigen. Bei Kindern in Bedarfsgemeinschaft mit ihren Eltern ist darüber hinaus das Einkommen und Vermögen der Eltern sowie der Partnerin oder des Partners des Elternteils zu berücksichtigen, nicht aber umgekehrt. Ebenfalls nicht zu berücksichtigen ist das Einkommen und Vermögen der Eltern eines Partners oder einer Partnerin beim anderen Partner oder der anderen Partnerin. Wie dies rechnerisch vonstatten gehen soll, ist im Gesetz nicht geregelt.
   Im Beispielsfall Rn 122 müsste etwa bei F Einkommen und Vermögen von M, S und P berücksichtigt werden. Bei K müsste Einkommen und Vermögen von F und P berücksichtigt werden; Einkommen und Vermögen von M und S dürfte hingegen nicht berücksichtigt werden. Ähnlich P: Bei ihm müsste Einkommen und Vermögen der F berücksichtigt werden, solches von M und S hingegen nicht.

(2) Diskussion der Lösungsmöglichkeiten

Zur Lösung dieser Folgeprobleme gibt es im Grunde zwei Möglichkeiten (wobei Misch- **124** formen möglich sind):

1. Man setzt bei jedem einzelnen dieser Folgeprobleme an und findet jeweils eine spezielle Lösung oder

2. man vermeidet alle oder jedenfalls die meisten Folgeprobleme durch eine einschränkende Auslegung der Vorschriften über die Einbeziehung von Eltern und Kindern in die Bedarfsgemeinschaft. Dabei müssten diejenigen Kinder aus der Bedarfsgemeinschaft mit ihren Eltern herausgenommen werden, die ihrerseits eine Partnerin oder einen Partner oder ein oder mehrere eigene Kinder haben.

Lösung 2, die einschränkende Auslegung der Vorschriften über die Bedarfsgemein- **125** schaft, ist dabei die weitaus einfachere Lösung. Die bei ihrer Anwendung entstehende Besonderheit ist die Bildung mehrerer Bedarfsgemeinschaften innerhalb eines Haushalts beziehungsweise eine Verschiebung der Leistungsberechtigung für einzelne Personen weg vom SGB II und hin zum SGB XII. Diese Lösung hat aber nicht nur den Vorzug der Einfachheit für sich. Vielmehr spricht einiges dafür, dass der Gesetzgeber gerade diese Auffassung vor Augen hatte, als er ursprünglich die rechtliche Konstruktion der Bedarfsgemeinschaft einführte:

Pattar

126 Ursprünglich bezogen § 7 Abs. 3 Nr. 2 und 4 SGB II nur minderjährige unverheiratete Kinder beziehungsweise die Eltern solcher Kinder in die Bedarfsgemeinschaft ein. Für diese Personengruppe ist es vollkommen untypisch, bereits eigene Kinder zu haben oder in einer so intensiven Partnerschaft zu leben, welche die Voraussetzungen des § 7 Abs. 3 Nr. 3 Buchst. c SGB II erfüllt. Eine Lebenspartnerschaft zu führen ist Minderjährigen sogar rechtlich unmöglich (vgl. § 1 LPartG). Zum 1. 7. 2006[154] weitete der Gesetzgeber diese Regelungen dann auf unter 25-Jährige aus, ohne jedoch in Betracht zu ziehen, dass für junge Volljährige bis zum Alter von 25 Jahren im Vergleich zu Minderjährigen viel häufiger die Situation bestehen kann, selbst Elternteil zu sein oder in einer Partnerschaft im Sinne des § 7 Abs. 3 Nr. 3 Buchst. c SGB II zu leben. Dem Gesetzgeber war dieser Unterschied schlicht nicht bewusst; er wollte mit den erst in der Ausschussberatung ins Gesetzgebungsverfahren eingebrachten Änderung nur die unter 25-Jährigen in die Bedarfsgemeinschaften einbeziehen.[155] Dass der Gesetzgeber mit heißer Nadel vorgegangen ist und Folgen seiner Änderungen nicht überblickt hat, zeigt sich auch daran, dass er ohne sachlichen Grund und ohne Erwähnung in der Gesetzesbegründung weiterhin nur un*verheiratete* Kinder aus den Bedarfsgemeinschaften ausnimmt, obwohl es keinen Grund gibt, verpartnerte Kinder in den Bedarfsgemeinschaften zu belassen. Eine weitere Stütze dafür, dass der Gesetzgeber die bisherige Praxis beibehalten wollte, wonach Personen, die mit einem Partner oder mit einem eigenen Kind im Haushalt der Eltern lebten, eine eigene Bedarfsgemeinschaft bildeten, findet sich darin, dass die Bundesagentur für Arbeit im Gesetzgebungsverfahren gerade auf diese Praxis hingewiesen hat.[156]

127 Hatte der Gesetzgeber aber ursprünglich gerade die Lösung 2 als typische Gestaltung geregelt und erst durch spätere Änderungen *unbewusst* auch *un*typische Fallgestaltungen mit einbezogen, muss die neue Regelung einschränkend so ausgelegt werden, dass nur die vom Gesetzgeber als typisch angesehenen Fallgestaltungen erfasst werden.

128 Diese Lösung 2 widerspricht auch nicht der Rechtsprechung des Bundessozialgerichts, wonach die Zugehörigkeit zur Bedarfsgemeinschaft unabhängig von einem Leistungsausschluss besteht.[157] In diesen Fällen geht das Bundessozialgericht den Lösungsweg 1, bezieht die ausgeschlossenen Personen grundsätzlich in die Bedarfsgemeinschaft ein, berücksichtigt aber ihren Leistungsausschluss bei der Leistungsberechnung.[158] Allerdings entspricht auch diese Lösung noch dem typischen, vom Gesetzgeber vor Augen gehabten Modell, das sich an folgendem Fallbeispiel ablesen lässt:

129 M, 60, erwerbsfähig, bezieht eine Altersrente. Er ist verheiratet mit F, 45, erwerbsfähig. Im Haushalt lebt noch der 23-jährige erwerbsfähige Sohn S des M. Nach der Rechtsprechung des BSG bilden M, F und S eine Bedarfsgemeinschaft, obwohl M von den Leistungen ausgeschlossen ist. Bei S hier – beispielsweise – nicht das Einkommen und Vermögen von M und F anzurechnen, nur weil M von den Leistungen ausgeschlossen

---

154 Durch das Gesetz zur Änderung des Zweiten Buches Sozialgesetzbuch und weiterer Gesetze vom 24. 3. 2006 (BGBl. 2006 I, S. 558).

155 Vgl. Beschlussempfehlung und Bericht des Ausschusses für Arbeit und Soziales (11. Ausschuss) zu dem Gesetzentwurf der Bundesregierung – Drucksache 16/99 – Entwurf eines Ersten Gesetzes zur Änderung des Zweiten Buches Sozialgesetzbuch u. a, BT-Drucks. 16/688, S. 13 f.

156 Berichtet bei BT-Drucks. 16/688, S. 9.

157 S. o. Rn 92 f.; *BSG,* 15. 4. 2008 – B 14/7 b AS 58/06 R, SozR 4-4200 § 9 Nr. 5, Rn 31; *BSG,* 19. 9. 2008 – B 14/7 b AS 10/07 R, SozR 4-4200 § 11 Nr. 18, Rn 18 m. w. Nachw.; *Brühl/Schoch,* in: LPK-SGB II, § 7, Rn 58.

158 Zu diesen sogenannten gemischten Bedarfsgemeinschaften s. u. Rn 132.

ist, ist jedoch nicht gerechtfertigt; der Fall liegt nicht anders als der typische Fall eines Kindes, das mit einem Eltern- und einem Stiefelternteil in einem gemeinsamen Haushalt lebt.

(3) Ergebnis

Deshalb sind im Ergebnis § 7 Abs. 3 Nr. 2 und Nr. 4 SGB II wie folgt einschränkend **130** **auszulegen:**[159]

Nach § 7 Abs. 3 Nr. 2 SGB II sind nur Eltern (oder Elternteile und ihre Partnerin oder ihr Partner) von solchen Kindern einzubeziehen, die selbst weder eine Partnerin oder einen Partner im Sinne von § 7 Abs. 3 Nr. 3 SGB II noch ein oder mehrere eigene Kinder haben.

Nach § 7 Abs. 3 Nr. 4 SGB II sind nur solche Kinder einzubeziehen, die selbst weder eine Partnerin oder einen Partner im Sinne von § 7 Abs. 3 Nr. 3 SGB II noch ein oder mehrere eigene Kinder[160] haben.

gg) Besondere Bedarfsgemeinschaften

(1) Temporäre Bedarfsgemeinschaften

In der Lebensrealität kommt es nicht selten vor, dass Personen, vor allem Kinder, in **131** mehr als einem Haushalt leben. Dies betrifft meist den Fall, dass die Eltern eines Kindes selbst getrennt leben. Hier sind alle möglichen Konstellationen anzutreffen: So kann das Kind gleichberechtigt bei beiden Elternteilen leben, es kann aber auch mehrheitlich bei dem einen Elternteil leben, aber dennoch ganze Tage, Wochenenden oder auch Wochen und Monate bei dem anderen Elternteil verbringen. In diesen Fällen nimmt das Bundessozialgericht sogenannte **temporäre Bedarfsgemeinschaften**[161] an: Verbringt ein **Kind mehr als zwölf Stunden** eines Kalendertages **im Haushalt eines Elternteils,** so bildet es an diesem Kalendertag **mit diesem Elternteil** eine **Bedarfsgemeinschaft**, nicht jedoch an den übrigen Kalendertagen dieses Monats. Das erfordert vom Leistungsträger, genau die Umgangsregelung mit dem Kind nachzuvollziehen. In der Folge gehört das Kind (und möglicherweise, vermittelt über § 7 Abs. 3 SGB II auch der Elternteil) nur tageweise zum berechtigten Personenkreis; ihm stehen nur tageweise Leistungen zu. Folgeprobleme, die sich bei der Berechnung der Leistung ergeben, werden jeweils dort besprochen (Rn 477).

---

159 Ebenso *Adolph,* in: Linhart/Adolph, SGB II. SGB XII. AsylbLG, § 7 SGB II, Rn 87; anders hingegen *Brühl/ Schoch,* in: LPK-SGB II, § 7, Rn 76, und *Schumacher,* in: Oestreicher, SGB II/SGB XII, § 7 SGB II, Rn 21, die teils mehrere überlappende Bedarfsgemeinschaften annehmen, teils eine andere Zuordnung vornehmen.

160 Ähnlich *BA,* Fachl. Hinw. § 7 SGB II, Nr. 7.23. Dort wird allerdings – anders als hier – auch noch das Kind mit in die Bedarfsgemeinschaft einbezogen, das selbst nicht erwerbsfähig ist und ohne Partnerin oder Partner, aber mit einem eigenen Kind im Haushalt der Eltern lebt. Nur dieses Kindeskind fällt nach Auffassung der Bundesagentur aus der Bedarfsgemeinschaft heraus. Diese Auffassung hat zwar die Parallelität zu § 7 Abs. 3 Nr. 2 SGB II für sich. Dagegen spricht aber die gesellschaftliche Annahme, dass, wer ein eigenes Kind hat, als eigenständig gilt.

161 *BSG,* 7. 11. 2006 – B 7 b AS 14/06 R, SozR 4-4200 § 20 Nr. 1 (= FEVS 58, 289–300 = BSGE 97, 242–254), Rn 27; *BSG,* 2. 7. 2009 – B 14 AS 75/08 R, SozR 4-4200 § 7 Nr. 13 (= FEVS 61, 345–351), Rn 15; ablehnend zu dieser Konstruktion *Münder,* NZS 2008, 617, 621–623.

(2) Gemischte Bedarfsgemeinschaften

132 Sogenannte **gemischte Bedarfsgemeinschaften** liegen vor, wenn **ein Mitglied** der Bedarfsgemeinschaft **von** den **Leistungen** nach dem SGB II **ausgeschlossen** ist, zum Beispiel weil es Leistungen eines anderen Leistungssystems, vor allem der Grundsicherung im Alter und bei Erwerbsminderung nach dem Vierten Kapitel SGB XII oder des AsylbLG bezieht.[162] „Gemischt" sind diese Bedarfsgemeinschaften, weil sie aus Leistungsberechtigten und Nichtleistungsberechtigten nach dem SGB II bestehen.[163] Im Rahmen des SGB II bestehen für diese gemischten Bedarfsgemeinschaften beim Regelbedarf (u. Rn 185) und bei der Berücksichtigung von Einkommen und Vermögen (u. Rn 466) Besonderheiten.

d) Leistungseinschränkung für nichterwerbsfähige Leistungsberechtigte (§ 7 Abs. 2 S. 2 SGB II)

133 Nichterwerbsfähige Leistungsberechtigte erhalten bestimmte Leistungen nicht, welche erwerbsfähige Leistungsberechtigte erhalten. § 7 Abs. 2 S. 2 SGB II schließt Dienst- und Sachleistungen für nichterwerbsfähige Leistungsberechtigte grundsätzlich aus, es sei denn, durch diese Leistungen würden Hemmnisse bei der Eingliederung der erwerbsfähigen Leistungsberechtigten beseitigt oder vermindert.

e) Besondere Leistungsberechtigung für Bildungs- und Teilhabebedarfe (§ 7 Abs. 2 S. 3 SGB II)

134 Nach § 7 Abs. 2 S. 3 SGB II erhalten die in § 28 SGB II genannten Personen auch dann **Leistungen für Bildung und Teilhabe**, wenn sie mit Personen in einem Haushalt zusammenleben, mit denen sie nur deshalb keine Bedarfsgemeinschaft bilden, weil diese aufgrund des zu berücksichtigenden Einkommens oder Vermögens selbst nicht leistungsberechtigt sind. Diese Vorschrift ist erforderlich, weil § 28 SGB II die Bedarfe für Bildung und Teilhabe den Kindern zuordnet und Einkommen und Vermögen auf diese Bedarfe nicht horizontal, sondern vertikal anrechnet (s. u. Rn 567 und 586). Es sind nun Fälle denkbar, in denen die Bedarfe aller erwerbsfähigen Personen in der – gedachten – Bedarfsgemeinschaft im Rahmen von Arbeitslosengeld II und Sozialgeld gedeckt sind, Bedarfe der Kinder nach § 28 SGB II jedoch nicht. Da die Leistungsberechtigung für nichterwerbsfähige Personen – unter 15-Jährige und nicht erwerbsfähige unter 25-Jährige – jedoch nach § 7 Abs. 2 S. 1 SGB II eine Bedarfsgemeinschaft mit einer erwerbsfähigen *leistungsberechtigten* Person voraussetzt, hätten diese Nichterwerbsfähigen trotz bestehenden Bedarfs mangels Leistungsberechtigung keinen Anspruch auf Leistungen für Bildung und Teilhabe. § 7 Abs. 2 S. 3 SGB II regelt „die Leistungsberechtigung nur des Kindes, bei dem nur die Bedarfe für Bildung und Teilhabe nicht gedeckt sind, ausdrücklich".[164] Liegt ein anderer Grund vor, aus dem

---

162 Vom BSG entschiedene Fälle zur gemischten Bedarfsgemeinschaft: *BSG,* 19. 10. 2010 – B 14 AS 51/09 R, in juris; *BSG,* 21. 12. 2009 – B 14 AS 66/08 R, SozR 4-4200 § 7 Nr. 14 (= NZS 2010, 513–515; FEVS 61, 498–502); *BSG,* 19. 5. 2009 – B 8 SO 8/08 R, SozR 4-3500 § 42 Nr. 2 (= FEVS 61, 108–114 = BSGE 103, 181–190); *BSG,* 15. 4. 2008 – B 14/7 b AS 58/06 R, SozR 4-4200 § 9 Nr. 5; *BSG,* 18. 3. 2008 – B 8/9 b SO 11/06 R, SozR 4-3500 § 82 Nr. 4 (= FEVS 60, 103–107 = BSGE 100, 139–144); *BSG,* 16. 10. 2007 – B 8/9 b SO 2/06 R, SozR 4-3500 § 28 Nr. 1 (= FEVS 59, 249–254 = BSGE 99, 131–137).

163 Berechtigt ist die Ablehnung dieses Begriffs durch *Brühl/Schoch,* in: LPK-SGB II, § 7, Rn 64 deshalb nur für den Bereich des SGB XII.

164 BT-Drucks. 17/3404, S. 92 noch zu § 7 Abs. 2 S. 2 des ursprünglichen Entwurfs.

Pattar

das Kind nicht zur Bedarfsgemeinschaft gehört, zum Beispiel, weil das Kind eine Partnerin oder einen Partner oder ein eigenes Kind hat, gilt diese Leistungsberechtigung nach dem SGB II nicht.

f) Kein Leistungsausschluss

aa) Überblick

Auch nichterwerbsfähige Leistungsberechtigte dürfen **nicht** von den Leistungen nach **135** dem SGB II **ausgeschlossen** sein. Für sie gelten im Wesentlichen dieselben Leistungsausschlüsse wie für erwerbsfähige Leistungsberechtigte (s. o. ab Rn 51 und sogleich Rn 136). Daneben wirkt der Vorrang für Leistungen des Vierten Kapitels SGB XII vor dem Sozialgeld ebenfalls wie ein Leistungsausschluss (Rn 139).

bb) Allgemeine Leistungsausschlüsse

Ausgeschlossen sind nach dem Gesetzeswortlaut eindeutig **stationär unterge-** **136** **brachte Personen** (Rn 60), Personen, die eine bestimmte **Rente** beziehen (Rn 66) und Personen, die **Leistungen der Ausbildungsförderung** erhalten könnten (Rn 74). Hier gelten keine Besonderheiten.

Weil der **Leistungsausschluss für** bestimmte **Ausländerinnen und Ausländer** **137** (Rn 52) in § 7 Abs. 1 SGB II verankert ist, könnte zweifelhaft sein, ob auch nichterwerbsfähige Ausländerinnen und Ausländer von den Leistungen nach dem SGB II ausgeschlossen sind. Die Rechtsprechung wendet diesen Ausschluss unter Berufung auf den gesetzgeberischen Willen und die Gesamtsystematik des Gesetzes dennoch an und schließt auch nichterwerbsfähige Ausländerinnen und Ausländer von den Leistungen nach dem SGB II aus.[165]

Weil nichterwerbsfähige Personen nicht die Obliegenheit haben, sich um Arbeit zu **138** bemühen, gilt schließlich andererseits der **Leistungsausschluss** für Personen, die sich **außerhalb des ortsnahen Bereichs** aufhalten (Rn 70), **nicht für nichterwerbsfähige Leistungsberechtigte**. Diese dürfen sich, solange die übrigen Voraussetzungen, insbesondere der gewöhnliche Aufenthalt im Inland und die für die Bedarfsgemeinschaft vorausgesetzte Haushaltsgemeinschaft erfüllt sind, ohne leistungsrechtliche Konsequenzen aufhalten, wo sie wollen.
Bis zum Inkrafttreten einer Verordnung nach § 13 Abs. 3 SGB II gilt gemäß § 77 Abs. 1 SGB II § 7 Abs. 4 a SGB II in der bis zum 31. 12. 2010 geltenden Fassung weiter. Obwohl der Leistungsausschluss nach dem damaligen Gesetzeswortlaut unbeschränkt galt, haben Rechtsprechung und Kommentarliteratur ihn auch damals schon zu Recht auf solche erwerbsfähige Hilfebedürftige beschränkt, denen irgendeine Arbeit zumutbar war.[166]

---

165 *BSG,* 21. 12. 2009 – B 14 AS 66/08 R, SozR 4-4200 § 7 Nr. 14, Rn 14–20 mit zahlreichen Nachweisen aus der Literatur und ausführlicher, überzeugender Begründung; *LSG NW,* 28. 7. 2008 – L 19 AS 13/08, juris, Rn 37. Hierauf deutet auch die Gesetzesbegründung hin: BT-Drucks. 15/1516, S. 52. Vgl. a. 10. Kapitel, Rn 20.

166 *LSG BW,* 14. 7. 2009 – L 3 AS 3552/09, in juris, Rn 39–46; *SG Karlsruhe,* 14. 3. 2011 – S 5 AS 4172/10, in juris, Rn 16–22; *Brühl/Schoch,* in: LPK-SGB II, § 7, Rn 96; *Schumacher,* in: Oestreicher, SGB II/SGB XII, § 7 SGB II, Rn 30 a Abs. 4; a. A. *Spellbrink,* in: Eicher/Spellbrink, SGB II, § 7, Rn 87.

cc) Leistungsberechtigung nach dem Vierten Kapitel SGB XII

139 **Ähnlich wie** ein **Leistungsausschluss** wirkt der **Vorrang für Leistungen der Grundsicherung im Alter und bei Erwerbsminderung** nach dem Vierten Kapitel SGB XII vor dem Sozialgeld (§ 5 Abs. 2 S. 2 SGB II) und die ausschließenden Tatbestandsvoraussetzungen in § 19 Abs. 1 S. 2 und Abs. 2 SGB II, wo es jeweils heißt: „soweit sie keinen Anspruch auf Leistungen nach dem Vierten Kapitel des Zwölften Buches haben". Ausgeschlossen sind allerdings nur Personen, die tatsächlich Leistungen nach dem Vierten Kapitel SGB XII erhalten, die also auch einen Antrag auf diese Leistungen gestellt haben; die bloße Erfüllung der übrigen Leistungsvoraussetzungen[167] von § 41 SGB XII reicht nicht aus.[168] Ob dieser Ausschluss vollständig ist oder ob eine leistungsberechtigte Person nach dem Vierten Kapitel SGB XII wegen des Wörtchens „soweit" insoweit Anspruch auf ergänzendes Sozialgeld oder ergänzende Leistungen für Bildung und Teilhabe nach dem SGB II hat, als diese Bedarfe nicht durch Leistungen nach dem Vierten Kapitel SGB XII abgedeckt sind, ist offen.[169] Angesichts der unter anderem in dieser Vorschrift zum Ausdruck kommenden Absicht des Gesetzgebers, nicht nur Einzelpersonen, sondern sogar ganze Bedarfsgemeinschaften hinsichtlich der Leistungen zur Sicherung des Lebensunterhalts möglichst nur einem der drei Existenzsicherungssysteme SGB II, Drittes und Viertes Kapitel SGB XII zuzuordnen, spricht mehr dafür, diese Sätze als vollständigen Leistungsausschluss zu begreifen. Ohnehin sind solche „Ergänzungsfälle" in der Praxis kaum denkbar.[170] In jedem Fall können Leistungsberechtigten nach dem Vierten Kapitel SGB XII unabhängig von den Leistungen zur Sicherung des Lebensunterhalts unter den Voraussetzungen des § 7 Abs. 2 S. 2 SGB II Dienst- und Sachleistungen zur Eingliederung in Arbeit (s. hierzu o. Rn 133) erbracht werden.

4. Fazit

140 **Leistungsberechtigt** sind also sowohl **erwerbsfähige** wie **nichterwerbsfähige Leistungsberechtigte**.

141 Nicht nur hieran zeigt sich, dass die Bezeichnung dieses Existenzsicherungssystems als „Grundsicherung für Arbeitsuchende" irreführend ist: Die Leistungsberechtigung hängt überhaupt nicht davon ab, dass die Leistungsberechtigten eine Arbeit suchen. Im Gegenteil besteht ein Großteil der Leistungsberechtigten aus Personen, die keine Arbeit suchen und dies auch nicht müssen, entweder, weil sie eine Arbeit (selbständig oder unselbständig) haben, davon aber ihren Lebensunterhalt nicht bestreiten können (sog. Aufstocker), weil sie noch zur Schule gehen oder weil ihnen aus gesundheitlichen oder sonstigen Gründen keine Arbeit zugemutet werden kann. Zuverlässige statistische Daten hierzu existieren jedoch nicht.

---

167 S. hierzu näher 7. Kapitel, Rn 5–12.
168 *Knickrehm,* in: Eicher/Spellbrink, SGB II, § 28, Rn 14; *LSG TH,* 7. 7. 2005 – L 7 AS 334/05 ER, in juris, Rn 30; *SG Berlin,* 5. 12. 2008 – S 37 AS 19304/07, ZFSH/SGB 2009, 49–50, Rn 12; in diese Richtung *BSG,* 7. 11. 2006 – B 7 b AS 10/06 R, SozR 4-4200 § 22 Nr. 2 (= FEVS 58, 248–258 = BSGE 97, 231–242), Rn 18: Die Anspruchsvoraussetzungen des § 41 SGB XII sind im Einzelnen zu prüfen.
169 Für einen ergänzenden Anspruch: *Knickrehm,* in: Eicher/Spellbrink, SGB II, § 28, Rn 14; *Birk,* in: LPK-SGB II, § 28, Rn 13; *SG Schleswig,* 18. 5. 2005 – S 5 AS 155/05 ER, in juris, Rn 20; in diese Richtung auch *LSG TH,* 7. 7. 2005 – L 7 AS 334/05 ER, in juris, Rn 30. Tendenziell gegen einen ergänzenden Anspruch, aber offen gelassen: *BSG,* 16. 10. 2007 – B 8/9 b SO 2/06 R, SozR 4-3500 § 28 Nr. 1, Rn 18. Von „Leistungsausschluss" spricht: *BSG,* 7. 11. 2006 – B 7 b AS 10/06 R, SozR 4-4200 § 22 Nr. 2, Rn 18.
170 Darauf weist zu Recht hin *Knickrehm,* in: Eicher/Spellbrink, SGB II, § 28, Rn 14.

III. Verhältnis zu anderen Existenzsicherungssystemen

Die Leistungen der **Grundsicherung für Arbeitsuchende** sind grundsätzlich gegen- **142**
über Leistungen aller anderen sozialen Sicherungssysteme **nachrangig**. Gegenüber
den meisten Leistungssystemen wird dieser Nachrang dadurch hergestellt, dass die
Leistungen der anderen Leistungssysteme als Einkommen angerechnet werden (vgl.
§ 9 Abs. 1 SGB II: „Hilfebedürftig ist, wer [...] die erforderliche Hilfe nicht von anderen,
insbesondere [...] von Trägern anderer Sozialleistungen, erhält."). Geschieht dies nicht
bereits bei Leistungserbringung, etwa weil die vorrangige Leistung noch nicht gewährt
worden ist, stellen die Träger der Grundsicherung für Arbeitsuchende den Nachrang
nachträglich wieder her, indem sie Erstattungsansprüche geltend machen (§ 104
SGB X; s. u. Rn 696). Eine Ausnahme besteht für bestimmte Leistungen des sozialen
Entschädigungsrechts nach dem BVG und ähnlicher Leistungssysteme, die ausdrücklich nicht als Einkommen anzurechnen sind (§ 11 a Abs. 1 Nr. 2 und 3 SGB II).[171]

Dieses Vorgehen kann jedoch im Verhältnis zu anderen, ebenfalls nachrangigen **Exis-** **143**
tenzsicherungssystemen nicht zum Erfolg führen. Hier sind vielmehr andere Regelungen erforderlich. Der Gesetzgeber löst die Konkurrenz zwischen den verschiedenen
Existenzsicherungssystemen im Wesentlichen mit Leistungsausschlüssen: Leistungsberechtigte eines („vorrangigen") Existenzsicherungssystems sind vollständig von den
Leistungen der („nachrangigen")[172] Existenzsicherungssysteme ausgeschlossen.

Vorrangig vor den Leistungen der Grundsicherung für Arbeitsuchende **sind** demnach: **144**

1. **Asylbewerberleistungen** nach dem Asylbewerberleistungsgesetz: Leistungsberechtigte nach diesem Gesetz sind gemäß § 7 Abs. 1 S. 2 Nr. 3 SGB II vollständig
   von den Leistungen der Grundsicherung für Arbeitsuchende ausgeschlossen.[173]
2. Leistungen der **Grundsicherung im Alter und bei Erwerbsminderung** nach dem
   Vierten Kapitel SGB XII: Weil sich die Tatbestände gegenseitig ausschließen,[174]
   können Leistungsberechtigte nach dem Vierten Kapitel SGB XII schon tatbestand-
   lich kein Arbeitslosengeld II beziehen; Gleiches gilt für das Sozialgeld.[175] Darüber
   hinaus regelt § 5 Abs. 2 S. 2 SGB II, dass Leistungen nach dem Vierten Kapitel
   SGB XII gegenüber dem Sozialgeld vorrangig sind. Nicht ausgeschlossen sind
   Leistungsberechtigte nach dem Vierten Kapitel SGB XII demnach von den Leistungen zur Eingliederung in Arbeit; hier ist allerdings die Leistungseinschränkung
   des § 7 Abs. 2 S. 2 SGB II zu beachten.
3. **Leistungen nach dem BAföG und Berufsausbildungsbeihilfe:** Leistungsberechtigte nach dem BAföG und auf Berufsausbildungsbeihilfe sind – bis auf die in
   § 27 SGB II geregelten Ausnahmen – von den Leistungen der Grundsicherung für
   Arbeitsuchende ausgeschlossen, § 7 Abs. 5, 6 SGB II.[176]

---

171 Leistungen der Kriegsopfer*fürsorge* (§§ 25–27 j BVG) sind hingegen grundsätzlich als Einkommen anzurechnen, auch wenn für sie in der Regel der Anrechnungsausschluss des § 11 a Abs. 3 S. 1 SGB II gelten
dürfte.

172 Ein echtes Vor-/Nachrangverhältnis besteht gerade nicht, weil es nicht auf die Kongruenz der Leistungen
ankommt, sondern der Leistungsausschluss auch und gerade bei inkongruenten Leistungen greift. Vgl.
für ein echtes Rangverhältnis die Darstellung „Leistungskonkurrenz bei Leistungskongruenz" bei
Kunkel, Jugendhilferecht. Rn 49.

173 Zu diesem Leistungsausschluss oben Rn 58.

174 Die Grundsicherung im Alter und bei Erwerbsminderung fordert ein Mindestalter, das jenseits der Altersgrenze des § 7 a SGB II liegt (§ 41 Abs. 2 SGB XII), oder fehlende Erwerbsfähigkeit (§ 41 Abs. 3 SGB XII).

175 § 19 Abs. 1 S. 2 SGB II: „... soweit sie keinen Anspruch auf Leistungen nach dem Vierten Kapitel des
Zwölften Buches haben.".

176 S. hierzu Rn 74 ff. und 623 ff.

145 Andersherum sind Leistungsberechtigte nach dem SGB II in den nachrangigen Existenzsicherungssystemen von den Leistungen ausgeschlossen:

1. § 21 S. 1 SGB XII bestimmt, dass „**Personen,** die **nach dem Zweiten Buch** als Erwerbsfähige oder als Angehörige dem Grunde nach **leistungsberechtigt** sind," **keine** Leistungen für den Lebensunterhalt nach dem Dritten Kapitel SGB XII **(Hilfe zum Lebensunterhalt)** erhalten.
2. § 7 Abs. 1 Nr. 1 WoGG schließt diejenigen Empfängerinnen und Empfänger von Arbeitslosengeld II und Sozialgeld vom **Wohngeld** aus, bei deren Leistungsberechnung Kosten der Unterkunft berücksichtigt worden sind. Das gilt auch für Personen, die Zuschüsse nach § 27 Abs. 3 SGB II erhalten.

146 Leistungen der **Jugendhilfe** sind gemäß § 10 Abs. 3 S. 1 SGB VIII **grundsätzlich vorrangig vor** den Leistungen der **Grundsicherung** für Arbeitsuchende. Dies gilt jedoch **nicht** für die Leistungen zur **Eingliederung in Arbeit;** hier gehen nach § 10 Abs. 3 S. 2 SGB VIII die Leistungen des SGB II denen des SGB VIII vor.[177]

147 Für die Leistungen zur **Eingliederung in Arbeit** ist schließlich das Konkurrenzverhältnis in § 22 Abs. 4 SGB III zu beachten. § 22 Abs. 4 S. 1 SGB III regelt, dass die Bundesagentur für Arbeit als Trägerin der Leistungen nach dem SGB III bestimmte Leistungen zur Eingliederung in Arbeit an oder für erwerbsfähige Leistungsberechtigte im Sinne des SGB II nicht erbringt. Hierfür sind dann vielmehr die Leistungsträger nach dem SGB II zuständig, sofern das SGB II diese Leistungen ebenfalls vorsieht. Abweichungen von diesem Grundsatz enthalten die Sätze 2 bis 5 des § 22 Abs. 4 SGB III. Deren wichtigster ist § 22 Abs. 4 S. 5 SGB III; hiernach erbringt die Bundesagentur für Arbeit als Trägerin der Leistungen nach dem SGB III die meisten der Leistungen zur Eingliederung in Arbeit an die sogenannten Aufstockerinnen und Aufstocker, also erwerbsfähige Leistungsberechtigte im Sinne von § 7 Abs. 1 SGB II, die daneben einen Anspruch auf Arbeitslosengeld nach dem SGB III haben.

IV. Überblick über die Leistungen der Grundsicherung für Arbeitsuchende

148 Die Grundsicherung für Arbeitsuchende soll es Leistungsberechtigten ermöglichen, ein **Leben** zu führen, **das der Würde des Menschen** entspricht (§ 1 Abs. 1 SGB II). Sie soll aber auch die **Eigenverantwortung von** erwerbsfähigen **Leistungsberechtigten** und Personen, die mit ihnen in einer Bedarfsgemeinschaft leben, **stärken** und dazu beitragen, dass sie ihren Lebensunterhalt unabhängig von der Grundsicherung aus eigenen Mitteln und Kräften bestreiten können (§ 1 Abs. 2 S. 1 SGB II). Deshalb soll die Grundsicherung für Arbeitsuchende erwerbsfähige Leistungsberechtigte bei der Aufnahme oder Beibehaltung einer Erwerbstätigkeit unterstützen und den Lebensunterhalt sichern (§ 1 Abs. 2 S. 2 SGB II).

149 Um diese Aufgaben zu erfüllen und diese Ziele zu erreichen, sieht die Grundsicherung für Arbeitsuchende zwei große Gruppen von Leistungen vor: Sie umfasst nach § 1 Abs. 3 SGB II und § 19 a Abs. 1 SGB I Leistungen

1. zur Beendigung oder Verringerung der Hilfebedürftigkeit insbesondere durch Eingliederung in Arbeit **(Leistungen zur Eingliederung in Arbeit)** und
2. **zur Sicherung des Lebensunterhalts.**

---

177 Zwar erwähnt § 10 Abs. 3 S. 2 SGB VIII weiterhin nur die §§ 14 bis 16 SGB II. Da in diesen Vorschriften ursprünglich die gesamten Leistungen zur Sicherung des Lebensunterhalts geregelt waren, ist davon auszugehen, dass diese Rangfolge heute für die §§ 14–16 g SGB II gelten soll.

Obwohl das SGB II mit den Leistungen zur Eingliederung in Arbeit beginnt (Abschnitt 1 des Kapitels 3, §§ 14–18 e SGB II), geht die Darstellung in diesem Buch andersherum vor und beginnt mit den Leistungen zur Sicherung des Lebensunterhalts nach dem SGB II (ab Teil V ab Rn 151). Danach folgt ein Exkurs zum Kinderzuschlag und zu den Leistungen für Bildung und Teilhabe, die entsprechend § 28 SGB II für nach dem SGB II nicht leistungsberechtigte Kindergeld- und Wohngeldberechtigte erbracht werden (Teil X ab Rn 635). Erst danach folgt eine Darstellung der Leistungen zur Eingliederung in Arbeit (Teil XI ab Rn 642). **150**

V. Die Leistungen zur Sicherung des Lebensunterhalts nach dem SGB II

1. Überblick über die Leistungen zur Sicherung des Lebensunterhalts

Die Leistungen zur Sicherung des Lebensunterhalts sind im Abschnitt 2 „Leistungen zur Sicherung des Lebensunterhalts" des Kapitels 3 „Leistungen" des SGB II geregelt. Die zentrale **Anspruchsgrundlagennorm** dieses Abschnitts findet sich in **§ 19 SGB II**, weitere Anspruchsgrundlagen enthalten die §§ 24 bis 27 SGB II. Aus diesen Anspruchsgrundlagen kann sowohl abgeleitet werden, welche Leistungen zur Sicherung des Lebensunterhalts vorgesehen sind, als auch, in welchem Umfang diese Leistungen zu erbringen sind. **151**

Das SGB II kennt hiernach folgende Leistungen zur Sicherung des Lebensunterhalts: **152**
1. Arbeitslosengeld II (§ 19 Abs. 1 S. 1 SGB II),
2. Sozialgeld (§ 19 Abs. 1 S. 2 SGB II),
3. Leistungen für Bildung und Teilhabe (§ 19 Abs. 2, § 28 SGB II),
4. Darlehensleistungen für vom Regelbedarf umfasste, unabweisbare Bedarfe (§ 24 Abs. 1 SGB II),
5. Leistungen für Sonderbedarfe (§ 24 Abs. 3 SGB II),
    a) Erstausstattung für die Wohnung (§ 24 Abs. 3 S. 1 Nr. 1, Abs. 6 SGB II),
    b) Erstausstattung für Bekleidung (§ 24 Abs. 3 S. 1 Nr. 2 SGB II),
    c) Erstausstattung bei Schwangerschaft und Geburt (§ 24 Abs. 3 S. 1 Nr. 2 SGB II),
    d) Anschaffung und Reparatur von orthopädischen Schuhen und therapeutischen Geräten (§ 24 Abs. 3 S. 1 Nr. 3 SGB II),
6. Darlehensleistungen bei zu erwartendem Einkommen (§ 24 Abs. 4 SGB II),
7. Vorschussleistungen bei medizinischer Rehabilitation (§ 25 SGB II),
8. Zuschuss zu Versicherungsbeiträgen (§ 26 SGB II) als
    a) Zuschuss zu Krankenversicherungsbeiträgen (§ 26 Abs. 1 SGB II),
    b) Zuschuss zu Pflegeversicherungsbeiträgen (§ 26 Abs. 2 SGB II),
    c) Übernahme des Zusatzbeitrages (§ 26 Abs. 3 SGB II),
9. Leistungen für Auszubildende (§ 27 SGB II),
10. Ergänzende Sachleistungen bei Sanktionen (§ 31 a Abs. 3 S. 1 und 2 SGB II)

Von diesen Leistungen hat das Gesetz zur Ermittlung von Regelbedarfen und zur Änderung des Zweiten und Zwölften Buches Sozialgesetzbuch[178] nur die Leistungen für Bildung und Teilhabe neu eingeführt; alle anderen Leistungen bestanden zuvor bereits ebenso oder in ähnlicher Form. Allerdings wurde das SGB II durch dieses Gesetz neu geordnet: Zuvor bestanden nur die Leistungen Arbeitslosengeld II (§ 19 SGB II a. F.), Sozialgeld (§ 28 SGB II a. F.) und der Zuschuss zu den Unterkunftskosten für Auszubildende (§ 22 Abs. 7 SGB II a. F.). Die weiteren oben Rn 152 in Nr. 4 bis 8 aufgeführten Leistungen wurden jeweils als Teil des Arbeitslosengeldes II beziehungs- **153**

---

178 Vom 24. 3. 2011 (BGBl. 2011 I, S. 453).

weise des Sozialgeldes erbracht.[179] Die Neuregelung ändert dies nunmehr: Nach § 19 Abs. 1 S. 3 SGB II umfassen Arbeitslosengeld II und Sozialgeld nur mehr den Regelbedarf, Mehrbedarfe und den Bedarf für Unterkunft und Heizung. Ausdrücklich aus Arbeitslosengeld II und Sozialgeld herausgenommen hat der Gesetzgeber die Leistungen für Auszubildende (§ 27 Abs. 1 S. 2 SGB II). Hier führt er den früheren § 19 S. 2 SGB II a. F. konsequent fort. Die Änderung hat aber auch Auswirkungen auf die Sonderbedarfe des § 24 Abs. 3 SGB II (§ 23 Abs. 3 SGB II a. F.) und die Darlehensleistung für vom Regelbedarf umfasste, unabweisbare Bedarfe nach § 24 Abs. 1 SGB II (§ 23 Abs. 1 SGB II a. F.): Sie gehören nun nicht mehr zum Arbeitslosengeld II oder Sozialgeld. Das lässt sich nicht nur an § 19 Abs. 1 S. 3 SGB II, sondern auch an §§ 6 Abs. 1 S. 1 Nr. 2 und 37 Abs. 1 S. 2 SGB II ablesen. Dort unterscheidet der Gesetzgeber sehr genau zwischen z. B. „Leistungen nach § 24 Absatz 1 und 3" und „Leistungen *für die Bedarfe* nach § 28 Absatz 2, Absatz 4 bis 7" oder „Arbeitslosengeld II und Sozialgeld[, welches] *für den Bedarf* für Unterkunft und Heizung geleistet wird". Hinzu kommt die Bezeichnung des Unterabschnitts 3 des Abschnitts 2 des Kapitels 3 SGB II, der diese Leistungen enthält, als „Abweichende Leistungserbringung und weitere Leistungen", aus der hervorgeht, dass darin weitere, über die im Unterabschnitt 2 geregelten Leistungen Arbeitslosengeld II und Sozialgeld hinausgehende Leistungen vorgesehen sind. Gegen dieses Ergebnis ließe sich allenfalls anführen, dass der Gesetzgeber keine inhaltliche Änderung bei Arbeitslosengeld II und Sozialgeld vornehmen wollte[180] und in Vorschriften außerhalb des SGB II weiterhin manche dieser Leistungen als Teil des Arbeitslosengeldes II auffasst. So schließt er etwa in § 5 Abs. 1 Nr. 2 a SGB V Personen von der Versicherungspflicht in der gesetzlichen Krankenversicherung aus, die nur Leistungen nach § 24 Abs. 3 S. 1 SGB II beziehen. Trotz alledem spricht mehr für als gegen die Erhebung aller früheren Sonderbedarfe[181] zu Sonderleistungen.[182]

2. Grundstruktur der Leistungen zur Sicherung des Lebensunterhalts

154 § 19 Abs. 3 S. 1 SGB II enthält sodann die **Grundstruktur aller Leistungen zur Sicherung des Lebensunterhalts** nach dem SGB II: Leistungen werden in Höhe der in § 19 Abs. 1 (Arbeitslosengeld II und Sozialgeld) und 2 (Leistungen für Bildung und Teilhabe) SGB II in Bezug genommenen Bedarfe erbracht, soweit diese nicht durch das zu berücksichtigende Einkommen und Vermögen gedeckt sind. Für jede der **Leistungen zur Sicherung des Lebensunterhalts** muss also zunächst der jeweilige **Bedarf** bestimmt werden. In einem zweiten Schritt muss sodann **das zu berücksichtigende Einkommen und Vermögen** bestimmt werden. Schließlich sind die beiden Positionen – Bedarf einerseits, zu berücksichtigendes Einkommen und Vermögen andererseits – einander gegenüber zu stellen: In Höhe der **Differenz aus Bedarf und Einkommen und Vermögen** ist dann die Leistung zu erbringen. Dieselbe Struktur gilt – ohne zentrale gesetzliche Grundlage – auch für die weiteren Leistungen zur Sicherung des Lebensunterhalts.

155 Da die Leistungen zum Teil von unterschiedlichen Trägern getragen werden (§ 6 Abs. 1 SGB II; s. a. Rn 771 und 2. Kapitel Rn 2), ist es erheblich, **in welcher Reihenfolge** Einkommen und Vermögen auf die verschiedenen Bedarfe anzurechnen ist. Dies regelt § 19 Abs. 3 S. 2 und 3 SGB II: Zu berücksichtigendes Einkommen und Vermögen deckt zunächst die Bedarfe nach den §§ 20, 21 und 23 SGB II, darüber hinaus die Bedarfe nach § 22 SGB II. Weiteres zu berücksichtigendes Einkommen und Vermögen deckt sodann die Bedarfe für Bildung und Teilhabe in der Reihenfolge der Absätze 2 bis 7 nach § 28 SGB II.

---

179 *Spellbrink,* in: Eicher/Spellbrink, SGB II, § 19, Rn 8–11; *Brünner,* in: LPK-SGB II, Vor §§ 19 ff., Rn 2 f.; *Schmidt,* in: Oestreicher, SGB II/SGB XII, § 19 SGB II, Rn 12.
180 BT-Drucks. 17/3404, S. 97 (zu § 19 Absatz 1 SGB II).
181 In der Tendenz für den Beitragszuschuss schon zur früheren Rechtslage *Schmidt,* in: Oestreicher, SGB II/SGB XII, § 19 SGB II, Rn 12 a. E.
182 Ebenso recht lapidar Siebel-Huffmann, in: Groth/Luik/Siebel-Huffmann, Neues Grundsicherungsrecht, § 9, Rn 185.

Beispiel: A hat einen monatlichen Bedarf nach § 20 SGB II in Höhe von 374 Euro, nach § 21 **156**
SGB II in Höhe von 63,58 Euro und nach § 22 SGB II in Höhe von 275 Euro. Außerdem hat sie in
diesem Monat einen Bedarf nach § 28 Abs. 2 SGB II in Höhe von 450 Euro und nach § 28 Abs. 3
SGB II in Höhe von 70 Euro. Sie hat zu berücksichtigendes Einkommen in Höhe von 500 Euro
(Ausgangsfall) beziehungsweise in Höhe von 750 Euro (Variante).

Dieses Einkommen deckt ihre Bedarfe nach §§ 20 und 21 SGB II voll.

Im Ausgangsfall verbleiben von den 500 Euro 62,42 Euro, die auf den Bedarf der A nach § 22
SGB II anzurechnen sind. Die Bedarfe nach § 22 SGB II sind also in Höhe von 212,58 Euro un-
gedeckt; in dieser Höhe müssen Leistungen dafür erbracht werden. Auch die Bedarfe nach § 28
SGB II sind ungedeckt; hierfür müssen in vollem Umfang (520 Euro) Leistungen erbracht werden.

In der Variante decken die 750 Euro über die Bedarfe nach §§ 20 und 21 SGB II hinaus auch noch
die Bedarfe nach § 22 SGB II voll. Die übrigen 37,42 Euro werden auf die Bedarfe nach § 28
SGB II angerechnet, und zwar zunächst auf die Leistungen für Bedarfe nach § 28 Abs. 2 SGB II
(zu erbringen: 450 Euro – 37,42 Euro = 412,58 Euro). Ein Rest, der sodann auf Leistungen nach
§ 28 Abs. 3 SGB II anzurechnen wäre, verbleibt nicht, sodass hiernach weitere 70 Euro zu erbringen sind.

Auf die **weiteren Leistungen** zur Sicherung des Lebensunterhalts ist Einkommen und **157**
Vermögen **nicht** nach der zentralen Norm des § 19 SGB II anzurechnen. Die Frage, ob
und wenn ja in welchem Umfang Einkommen und Vermögen bei den weiteren Leistungen anzurechnen ist, richtet sich deshalb ausschließlich nach den jeweiligen Anspruchsgrundlagen.

3. Weiterer Gang der Darstellung

Die Reihenfolge der folgenden Abschnitte orientiert sich an diesem Gesetzesaufbau. **158**
Zunächst werden die am weitesten verbreiteten Leistungen **Arbeitslosengeld II** und
Sozialgeld behandelt (sogleich VI. ab Rn 159). Danach folgt eine Darstellung der
Leistungen für Bildung und Teilhabe (VIII. ab Rn 563). Schließlich werden die wei-
teren Leistungen zur Sicherung des Lebensunterhalts im SGB II in den Blick genom-
men (IX. ab Rn 594).

VI. Arbeitslosengeld II und Sozialgeld

1. Einführung

Anspruchsgrundlage für das **Arbeitslosengeld II** ist § 19 Abs. 1 S. 1 SGB II. Hiernach **159**
erhalten **erwerbsfähige Leistungsberechtigte** – also solche im Sinne von § 7 Abs. 1
SGB II – Arbeitslosengeld II. Der anspruchsberechtigte Personenkreis ist – bis auf die
Voraussetzung der Hilfebedürftigkeit – bereits oben (Rn 7 bis 79) ausführlich erläutert
worden.

Anspruchsgrundlage für das **Sozialgeld** ist § 19 Abs. 1 S. 2 SGB II. Hiernach erhalten **160**
nichterwerbsfähige Leistungsberechtigte, also solche im Sinne von § 7 Abs. 2
SGB II, die mit erwerbsfähigen Leistungsberechtigten in einer **Bedarfsgemeinschaft**
leben, Sozialgeld, soweit sie keinen Anspruch auf Leistungen nach dem Vierten Kapitel
SGB XII haben. Dass § 19 Abs. 1 S. 2 SGB II die Bedarfsgemeinschaft erneut aufführt,
ist dabei überflüssig: Es ist bereits nach § 7 Abs. 2 SGB II Voraussetzung dafür, dass
Nichterwerbsfähige überhaupt Leistungen nach dem SGB II erhalten können (s. o.
Rn 80 bis 139). Der Halbsatz „soweit sie keinen Anspruch auf Leistungen nach dem
Vierten Kapitel des Zwölften Buches haben" wirkt wie ein **Leistungsausschluss** für
ältere und dauerhaft voll erwerbsgeminderte Personen. Leistungsberechtigte haben

nach hier vertretener Auffassung keinen ergänzenden Anspruch auf Sozialgeld, sollten die Leistungen nach dem Vierten Kapitel SGB XII die Bedarfe nach dem SGB II nicht decken (s. zu dieser Diskussion bereits oben Rn 139).

161 Der **Umfang** für Arbeitslosengeld II und Sozialgeld ergibt sich übereinstimmend aus § 19 Abs. 1 S. 3 und Abs. 3 SGB II. Nach § 19 Abs. 1 S. 3 SGB II umfassen Arbeitslosengeld II und Sozialgeld den **Regelbedarf, Mehrbedarfe** und den **Bedarf für Unterkunft und Heizung**. Nach § 19 Abs. 3 SGB II werden Arbeitslosengeld II und Sozialgeld in Höhe dieser Bedarfe erbracht, soweit sie nicht durch das zu berücksichtigende Einkommen und Vermögen gedeckt sind. Im Folgenden werden daher zunächst die zu Grunde zu legenden **Bedarfe** vorgestellt (sogleich unter 2. ab Rn 162). Danach wird betrachtet, welches **Einkommen und Vermögen** zu berücksichtigen ist (unter 3. ab Rn 336). Es folgt eine Betrachtung von Leistungsbeginn und -ende (unter 4. ab Rn 487), der Sanktionen (unter 5. ab Rn 499) sowie der Leistungsform (unter 6. ab Rn 524).

2. Bedarfe

a) Überblick

162 Nach § 19 Abs. 1 S. 3 SGB II umfassen Arbeitslosengeld II und Sozialgeld den Regelbedarf, Mehrbedarfe und den Bedarf für Unterkunft und Heizung. Der **Regelbedarf** (näher sogleich unter b ab Rn 163) soll dabei grob gesprochen dasjenige abdecken, was eine leistungsberechtigte Person zur Sicherung ihres Lebensunterhalts benötigt. **Mehrbedarfe** (unter c ab Rn 187) werden in die Berechnung eingestellt, wenn Leistungsberechtigte in einer Bedarfssituation sind, in der sie typischerweise oder tatsächlich und unabweisbar einen erheblich über den durchschnittlichen Bedarf hinausgehenden Bedarf haben. **Bedarfe für Unterkunft und Heizung** schließlich (unter d ab Rn 233) decken die Kosten ab, die Leistungsberechtigte für eine Unterkunft und deren Beheizung aufwenden müssen.

b) Regelbedarf

aa) Regelungsort und Geschichte des Regelbedarfs

163 **Inhalt und Funktion des Regelbedarfs** werden im Wesentlichen in § 20 Abs. 1 SGB II definiert. Der Regelbedarf zur Sicherung des Lebensunterhalts umfasst hiernach insbesondere Ernährung, Kleidung, Körperpflege, Hausrat, Haushaltsenergie ohne die auf die Heizung und Erzeugung von Warmwasser entfallenden Anteile sowie persönliche Bedürfnisse des täglichen Lebens. Zu den persönlichen Bedürfnissen des täglichen Lebens gehört in vertretbarem Umfang eine Teilhabe am sozialen und kulturellen Leben in der Gemeinschaft. Der Regelbedarf wird als monatlicher Pauschalbetrag berücksichtigt. Über die Verwendung der zur Deckung des Regelbedarfs erbrachten Leistungen entscheiden die Leistungsberechtigten eigenverantwortlich; dabei haben sie das Eintreten unregelmäßig anfallender Bedarfe zu berücksichtigen.

164 Die Leistungsberechtigten erhalten also einen **monatlichen Pauschalbetrag**. Mit diesem Pauschalbetrag sollen sie alle in § 20 Abs. 1 S. 1 SGB II genannten Bedarfe decken können. Anderseits müssen sie aber auch mit ihm auskommen: **Weitere Leistungen** kann es **nur in** den **Fällen** geben, **die das Gesetz ausdrücklich vorsieht**. Ist ein Bedarf bei der Berechnung des Regelbedarfs berücksichtigt worden,[183] kann er nicht noch einmal durch andere Leistungen gedeckt werden.

Die Regelbedarfe im SGB II entsprechen den bundeseinheitlichen Regelbedarfen, welche auch **165** im Rahmen des SGB XII zu Grunde gelegt werden.[184] Sie werden nach § 20 Abs. 5 SGB II zum 1. Januar eines jeden Jahres entsprechend § 28 a SGB XII fortgeschrieben[185] und nach Vorliegen einer neuen Einkommens- und Verbrauchsstichprobe entsprechend § 28 SGB XII neu bestimmt. Eine Besonderheit besteht – wie im SGB XII – für die bei Minderjährigen zu berücksichtigenden Regelbedarfe: Nach der Neuberechnung zum 1. 1. 2011 im RBEG wären diese eigentlich niedriger ausgefallen als sie nach der alten Rechtslage bis 31. 12. 2010 bereits waren. Um eine Absenkung der Leistungen zu verhindern, hat der Gesetzgeber in § 77 Abs. 4 SGB II übergangsweise die alten Beträge fortbestehen lassen. Er hat sie aber aus der Fortschreibung ausgenommen, um den überschießenden Teil abzuschmelzen: Erst wenn die Fortschreibung der fiktiven Beträge nach dem RBEG die „alten" Beträge übersteigt, setzt die Fortschreibung wieder ein. Weil die Regelbedarfe in SGB II und SGB XII einander weitestgehend entsprechen, kann für die Entstehungsgeschichte der Regelbedarfe und für die Fortschreibungsregeln im Einzelnen auf die Ausführungen zum SGB XII verwiesen werden.[186]

Der Gesetzgeber hat die Regelbedarfe ermittelt, indem er die in der Einkommens- und Ver- **166** brauchsstichprobe ermittelten tatsächlichen durchschnittlichen Ausgaben bestimmter Haushalte einer bestimmten Einkommensgruppe im Jahr 2008 zunächst nach verschiedenen Abteilungen ermittelt und danach addiert hat (sog. Statistikmodell). Dies erschließt sich, wenn man beispielsweise § 5 Abs. 1 RBEG betrachtet: Für Nahrungsmittel haben etwa die betrachteten Einzelpersonenhaushalte 2008 durchschnittlich 128,46 Euro ausgegeben, welche der Gesetzgeber für regelbedarfsrelevant hält, für Haushaltsenergie und Wohnungsinstandhaltung 30,24 Euro. In der Gesamtsumme ergeben diese Ausgaben einen Betrag von 361,81 Euro. Diesen Gesamtbetrag hat der Gesetzgeber wegen der Preisentwicklung für das Jahr 2011 auf 364 Euro (2012: 374 Euro) für Alleinstehende angepasst. Theoretisch enthält der Regelbedarf für Alleinstehende also im Jahr 2011 einen Betrag von 129,24 Euro[187] (2012: 132,79 Euro) für Nahrungsmittel. Da es sich aber um einen Pauschalbetrag handelt, sind die Leistungsberechtigten nicht gezwungen, exakt 129,24 Euro (2012: 132,79 Euro) ausschließlich für Nahrungsmittel auszugeben. Sie können vielmehr das Geld so einsetzen, wie sie wollen, etwa teurere oder mehr Nahrungsmittel kaufen und dafür bei anderen Anschaffungen sparen. Freilich ist der Spielraum hierfür wegen der knappen Bemessung der Regelbedarfe denkbar gering. Für die Fälle, in denen Leistungsberechtigte typischerweise einen höheren als den durchschnittlichen Bedarf haben, sind Mehrbedarfe vorgesehen (u. ab Rn 187).

In den Regelbedarf sind **auch Bedarfspositionen** eingerechnet worden, die zwar **167** **selten**, aber dafür **in größerem Umfang** anfallen. Beispiele sind Bekleidung und Schuhe[188] oder Reparaturen und Ersatzanschaffungen von Haushaltsgeräten.[189] Bei diesen Bedarfen erwartet der Gesetzgeber von den Leistungsberechtigten, dass sie sich den monatlichen Pauschalbetrag einteilen und für größere Anschaffungen monatlich **ansparen**. Ist das nicht geschehen, ist nur ein Darlehen möglich (näher u. Rn 595).

183 Dies lässt sich aus dem RBEG und insbesondere der Gesetzesbegründung hierzu ablesen (BT-Drucks. 17/3404).
184 BT-Drucks. 17/3404, S. 97 (zu § 20 Absätze 2–4 SGB II).
185 Zuletzt zum 1. 1. 2012 durch Bekanntmachung des BMAS vom 20. 10 .2011 (BGBl. 2011 I, S. 2093).
186 S. hierzu u. 6. Kapitel, Rn 10. – Zu Ermittlung und Bemessung der Regelbedarfe nach dem neuen Recht ausführlich *Siebel-Huffmann,* in: Groth/Luik/Siebel-Huffmann, Neues Grundsicherungsrecht, § 10. Zur Entwicklung und verfassungsrechtlichen Beurteilung der Regelbedarfe *Spellbrink,* in: Deutscher Sozialgerichtstag e. V. (Hrsg.), Verfassungsrechtliche Probleme im SGB II, S. 9–14, und – die neuen Regelbedarfe großteils für verfassungswidrig haltend – *Münder,* in: Deutscher Sozialgerichtstag e. V. (Hrsg.), Verfassungsrechtliche Probleme im SGB II, S. 15–50.
187 Errechnet als Ernährungsbedarf 2008 dividiert durch Summe der Bedarfe 2008 multipliziert mit Regelbedarf 2011, also 128,46 Euro : 361,81 Euro · 364 Euro = 129,24 Euro.
188 Hierfür hat der Gesetzgeber bei Einpersonenhaushalten für das Jahr 2008 monatlich 30,40 Euro berücksichtigt (§ 5 Abs. 1 RBEG), hochgerechnet auf den Regelbedarf 2011 also 30,58 Euro (2012: 31,42 Euro).
189 Für das Jahr 2008 monatlich 27,41 Euro (§ 5 Abs. 1 RBEG), hochgerechnet auf den Regelbedarf 2011 also 27,58 Euro (2012: 28,33 Euro).

bb) Höhe und Stufen des Regelbedarfs

(1) Überblick

168 Konkret bestehen derzeit – wie im SGB XII – drei Regelbedarfsgruppen in **sechs Regelbedarfsstufen**, auch wenn diese im SGB II nicht so bezeichnet werden. Es sind dies namentlich

1. der Regelbedarf für **Alleinstehende** oder Alleinerziehende oder Personen mit minderjähriger Partnerin oder minderjährigem Partner (§ 20 Abs. 2 S. 1 SGB II; Rn 169),
2. der Regelbedarf für **Partnerinnen und Partner** (§ 20 Abs. 4 SGB II; Rn 174),
3. der Regelbedarf für **sonstige Mitglieder der Bedarfsgemeinschaft** (Rn 176), die
   a) das 18. Lebensjahr vollendet haben (§ 20 Abs. 2 S. 2 Nr. 2 SGB II),
   b) das 14., aber noch nicht das 18. Lebensjahr vollendet haben (§§ 20 Abs. 2 S. 2 Nr. 1, 23 Nr. 1, 77 Abs. 4 Nr. 1 u. 4 SGB II),
   c) das sechste, aber noch nicht das 14. Lebensjahr vollendet haben (§ 23 Nr. 1, 77 Abs. 4 Nr. 3 SGB II) und
   d) die das sechste Lebensjahr noch nicht vollendet haben (§ 23 Nr. 1, 77 Abs. 4 Nr. 2 SGB II).

(2) Regelbedarf für Alleinstehende oder Alleinerziehende oder Personen mit minderjähriger Partnerin oder minderjährigem Partner (§ 20 Abs. 2 S. 1 SGB II)

169 Den Regelbedarf der höchsten Stufe erhalten nach § 20 Abs. 2 S. 1 SGB II Leistungsberechtigte, die **alleinstehend** oder **alleinerziehend** sind oder deren **Partnerin oder Partner minderjährig** ist. Dabei führen die im Gesetz verwendeten Begriffe „alleinstehend" und „alleinerziehend" in die Irre:[190] Sie suggerieren einen unklaren, einerseits zu weiten, andererseits zu engen Anwendungsbereich dieser Vorschrift. Nach dem in der Praxis herausgearbeiteten und nach Sinn und Zweck der Vorschrift unter Berücksichtigung ihres Zusammenspiels mit anderen Vorschriften einzig sinnvollen Verständnis von „alleinstehend oder alleinerziehend" sind nur solche Personen **alleinstehend oder alleinerziehend** im Sinne von § 20 Abs. 2 S. 1 SGB II,[191] welche

1. **weder in Bedarfsgemeinschaft mit ihren Eltern oder einem Elternteil**[192] und
2. **noch in Bedarfsgemeinschaft mit einer volljährigen Partnerin oder einem volljährigen Partner**[193]

leben.

170 Wer in Bedarfsgemeinschaft mit seinen Eltern oder einem Elternteil lebt, gilt unabhängig von der Erwerbsfähigkeit der Beteiligten als sonstiges Mitglied der Bedarfsgemeinschaft im Sinne von § 20 Abs. 2 S. 2 SGB II.[194] Damit wird der Beobachtung Rechnung getragen, dass Haushalte, in denen Personen unter 25 Jahren mit ihren Eltern leben, typischerweise als Haushalte der Eltern anzusehen sind.

171 **Beispiele:** T (24 Jahre, erwerbsfähig), lebt in einem Haushalt mit ihrer Mutter M (46 Jahre, wegen einer Depression vorübergehend nicht erwerbsfähig). – Bei M wird der Regelbedarf nach § 20 Abs. 2 S. 1 SGB II, bei T der Regelbedarf nach § 20 Abs. 2 S. 2 SGB II berücksichtigt.

---

190 Ebenso schon die Bundesagentur im Gesetzgebungsverfahren zum Ersten Gesetz zur Änderung des Zweiten Buches Sozialgesetzbuch (Berichtet bei BT-Drucks. 16/688, S. 9).
191 Anderes gilt für § 21 Abs. 3 SGB II, wo der Begriff auch gar nicht verwendet wird; s. u. Rn 194 ff.
192 Dies lässt sich aus § 20 Abs. 3 SGB II ableiten. Zur früheren Rechtslage ebenso *Adolph,* in: Linhart/Adolph, SGB II. SGB XII. AsylbLG, § 20 SGB II, Rn 30.
193 Zu Ausnahmen hiervon s. Rn 172.
194 *BSG,* 19. 10. 2010 – B 14 AS 51/09 R, in juris, Rn 12 f.; *BA,* Fachl. Hinw. § 20 SGB II, Rn 20.7 (S. 2).

T (24 Jahre, erwerbsfähig), lebt in einem Haushalt mit ihrer Mutter M (46 Jahre, wegen einer Depression vorübergehend nicht erwerbsfähig) und ihrer eigenen Tochter T (2 Jahre). – Da T nicht in einer Bedarfsgemeinschaft mit ihrer Mutter lebt (s. o. Rn 121 ff.), gilt sie als alleinerziehend; sie erhält den Regelbedarf nach § 20 Abs. 2 S. 1 SGB II.

Personen, die in **Bedarfsgemeinschaft mit** einer **Partnerin oder** einem **Partner** le- **172** ben, sind **nicht alleinstehend** oder alleinerziehend. Sie erhalten nur dann den Regelbedarf für Alleinstehende, wenn ihre Partnerin oder ihr Partner minderjährig ist. Ansonsten ist bei ihnen grundsätzlich der Regelbedarf für Partnerinnen und Partner anzusetzen (Rn 174). Besonderheiten können sich bei Personen unter 25 Jahren (hierzu Rn 183), bei Haushaltsabwesenheit der Partnerin oder des Partners (hierzu Rn 184) und bei gemischten Bedarfsgemeinschaften (Rn 185) ergeben.

Der Regelbedarf für Alleinstehende oder Alleinerziehende beträgt seit 1. 1. 2012 **mo- 173 natlich 374 Euro**.[195]

(3) Regelbedarf für Partnerinnen und Partner (§ 20 Abs. 4 SGB II)

Haben **zwei Partner der Bedarfsgemeinschaft** das 18. Lebensjahr vollendet, ist für **174** jede dieser Personen ein Betrag in Höhe von **monatlich 337 Euro**[196] anzuerkennen.

Dieser Betrag ist niedriger als der Regelbedarf für Alleinstehende; er beträgt nur etwa **175** 90 % dieses Betrages.[197] Der Gesetzgeber berücksichtigt dabei, dass Personen, die in einer Bedarfsgemeinschaft leben, typischerweise einen gemeinsamen Haushalt führen und dass diese **gemeinsame Haushaltsführung** eine **Kostenersparnis** zur Folge hat. So fallen etwa Kosten für Hausratsgegenstände nur ein Mal an, weiter kann durch den Kauf größerer Gebinde ebenfalls Geld eingespart werden.[198] Besonderheiten können sich bei Haushaltsabwesenheit der Partnerin oder des Partners (u. Rn 184) und bei gemischten Bedarfsgemeinschaften (u. Rn 185) ergeben.

(4) Regelbedarf für sonstige Mitglieder der Bedarfsgemeinschaft

Die Regelbedarfe für **sonstige Mitglieder der Bedarfsgemeinschaft** werden bei allen **176** Mitgliedern der Bedarfsgemeinschaft in Ansatz gebracht, die keiner anderen Gruppe zuzurechnen sind, die also weder alleinstehend oder alleinerziehend sind noch mit einem minderjährigen Partner oder einer Partnerin zusammenleben. Obwohl der Gesetzeswortlaut („sonstige *erwerbsfähige* Mitglieder") das Gegenteil nahelegt, wird dieser Regelbedarf auch bei *nicht* erwerbsfähigen Mitgliedern der Bedarfsgemeinschaft angesetzt. Auch bei diesem Regelbedarf berücksichtigt der Gesetzgeber eine **Ersparnis wegen gemeinsamer Haushaltsführung**.

Der Regelbedarf für sonstige Mitglieder der Bedarfsgemeinschaft ist in vier Alters- **177** gruppen gestaffelt.

Hat ein sonstiges Mitglied der Bedarfsgemeinschaft das **18. Lebensjahr** vollendet, **178** wird gemäß § 20 Abs. 2 S. 2 Nr. 2 SGB II ein Regelbedarf von **monatlich 299 Euro**[199] angesetzt.

---

195 Bekanntmachung des BMAS vom 20. 10. 2011 (BGBl. 2011 I, S. 2093). 2011 betrug er 364 Euro.
196 Bekanntmachung des BMAS vom 20. 10. 2011 (BGBl. 2011 I, S. 2093). 2011 war der Betrag 328 Euro monatlich.
197 *Siebel-Huffmann,* in: Groth/Luik/Siebel-Huffmann, Neues Grundsicherungsrecht, § 10, Rn 207.
198 Dies hat auch das Bundesverfassungsgericht so akzeptiert; *BVerfG,* 9. 2. 2010 – 1 BvL 1/09, 1 BvL 3/09, 1 BvL 4/09, BVerfGE 125, 175, Rn 154.
199 Bekanntmachung des BMAS vom 20. 10. 2011 (BGBl. 2011 I, S. 2093). 2011 war der Betrag 291 Euro monatlich. Dieser Betrag entspricht etwa 80 % des Regelbedarfs Alleinstehender; *Siebel-Huffmann,* in: Groth/Luik/Siebel-Huffmann, Neues Grundsicherungsrecht, § 10, Rn 208.

179 Bei sonstigen Mitgliedern der Bedarfsgemeinschaft, die das **14., nicht aber das 18. Lebensjahr** vollendet haben, wird ein Regelbedarf von **monatlich 287 Euro** angesetzt. Dieser Betrag ergibt sich für Leistungsberechtigte ab Vollendung des 15. Lebensjahres aus § 20 Abs. 2 S. 2 Nr. 1 SGB II und der Übergangsregelung in § 77 Abs. 4 Nr. 1 SGB II. Für nichterwerbsfähige Leistungsberechtigte im 15. Lebensjahr ergibt er sich aus § 23 Nr. 1 SGB II und der Übergangsregelung in § 77 Abs. 4 Nr. 4 SGB II. Die Übergangsbeträge sind für alle Regelbedarfe an Minderjährige so lange maßgebend, wie sich aus der Fortschreibung der Regelbedarfe kein höherer Betrag ergibt.

180 Für sonstige Mitglieder der Bedarfsgemeinschaft, die das **sechste, aber noch nicht das 14. Lebensjahr** vollendet haben, wird der Bedarfsberechnung ein Regelbedarf von **monatlich 251 Euro** zu Grunde gelegt. Dieser Betrag ergibt sich aus § 23 Nr. 1 SGB II und der Übergangsregelung in § 77 Abs. 4 Nr. 4 SGB II.

181 Schließlich wird für sonstige Mitglieder der Bedarfsgemeinschaft, die **noch nicht das sechste Lebensjahr** vollendet haben, ein Regelbedarf von **monatlich 219 Euro** angesetzt.[200]

cc) Besonderheiten beim Regelbedarf

182 In bestimmten Fällen bestehen **Besonderheiten** bei der Bestimmung des Regelbedarfs.

183 Die erste Besonderheit betrifft **Personen unter 25 Jahren**. Leben Personen unter 25 Jahren in einer Bedarfsgemeinschaft mit ihren Eltern, wird bei ihrer Bedarfsberechnung nach den obigen Regeln ein Regelbedarf von 299 Euro monatlich angesetzt. Hätten sie einen eigenen Haushalt, würde hingegen ein Regelbedarf für Alleinstehende, also 374 Euro monatlich berücksichtigt. Daneben würden in beiden Fällen die notwendigen Kosten für eine Unterkunft berücksichtigt. Eine solche Regelung würde einen starken Anreiz dafür setzen, dass Kinder aus dem Haushalt ihrer Eltern ausziehen und eigene Haushalte gründen. Dies hätte wiederum erheblich Kosten für die Leistungsträger zur Folge. Nach entsprechenden Erfahrungen in den ersten Monaten der Geltung des SGB II[201] hat der Gesetzgeber deshalb Vorschriften eingeführt, wonach unter 25-jährige Leistungsberechtigte vor einer ersten eigenen Haushaltsgründung eine Zusicherung des zuständigen kommunalen Trägers einholen sollen, dass auch nach dem Umzug Unterkunftskosten übernommen werden (§ 22 Abs. 5 SGB II;[202] näher ab Rn 306). Diese Zusicherung muss aus bestimmten, in § 22 Abs. 5 S. 2 SGB II näher aufgezählten Gründen erteilt werden. Grob gesprochen gilt dies dann, wenn ein eigener Haushalt für die unter 25-jährige Person erforderlich ist. Über § 20 Abs. 3 SGB II[203] hat nun eine solche Haushaltsgründung ohne die erforderliche Zusicherung auch Auswirkungen auf den Regelbedarf: Bei **unter 25-jährigen Leistungsberechtigten**, die **ohne** die nach § 22 Abs. 5 SGB II erforderliche **Zusicherung** aus dem elterlichen Haushalt **ausgezogen** sind, ist hiernach **nur** der **Regelbedarf für sonstige volljährige Haushaltsangehörige** anzurechnen. Sie werden also im Hinblick auf den Regelbedarf weiterhin so behandelt, als lebten sie in Bedarfsgemeinschaft mit ihren

---

200 Bekanntmachung des BMAS vom 20. 10. 2011 (BGBl. 2011 I, S. 2093). 2011 war der Betrag 215 Euro.
201 So ausdrücklich BT-Drucks. 16/688, S. 14 (Zu Nr. 6 Buchst. a).
202 Bis 31. 12. 2010 § 22 Abs. 2 a SGB II, eingeführt zum 1. 4. 2006 durch Gesetz vom 24. 3. 2006 (BGBl. 2006 I, S. 558).
203 Bis 31. 12. 2010 § 20 Abs. 2 a SGB II, ebenfalls eingeführt zum 1. 4. 2006 durch Gesetz vom 24. 3. 2006 (BGBl. 2006 I, S. 558).

Eltern. Für Leistungsberechtigte, die bereits vor ihrem Erstantrag auf Leistungen nach dem SGB II aus der elterlichen Wohnung ausgezogen waren, besteht kein Zusicherungserfordernis. Damit erhalten diese auch den vollen Regelbedarf.[204]

Die zweite Besonderheit tritt ein, wenn zwei Personen zwar als **Partnerinnen oder** **184** **Partner in Bedarfsgemeinschaft** leben, **eine** der beiden Personen **aber nicht** dem **Haushalt** angehört, weil sie inhaftiert oder sonst in einer stationären Einrichtung untergebracht ist, weil sie aus beruflichen Gründen ortsabwesend sein muss (Fernfahrer/in) oder schlicht weil die beiden Partner das so wollen. Bei Inhaftierung oder sonstigem stationären Aufenthalt tritt in der Regel ein Leistungsausschluss der stationär untergebrachten Person ein (o. Rn 60 ff.). Da sich in diesen Fällen die vom Gesetzgeber angenommene **Ersparnis** durch gemeinsame Haushaltsführung **nicht verwirklicht** (o. Rn 175), weil ja gerade kein gemeinsamer Haushalt geführt wird, kann auch bei keiner der beiden Personen der Partnerregelbedarf angesetzt werden. Vielmehr muss **bei beiden** – Leistungsberechtigung vorausgesetzt – der **Regelbedarf für Alleinstehende** zu Grunde gelegt werden. Die überwiegende Meinung[205] beschränkt diese Lösung allerdings auf die Fälle, in denen die haushaltsabwesende Person zugleich von den Leistungen ausgeschlossen ist. Bei berufsbedingter oder freiwilliger Haushaltsverschiedenheit der beiden Partner wendet sie hingegen den Partnerregelbedarf an. Dies ist bedenklich, ist durch Art. 6 GG doch auch die Ausgestaltung der ehelichen (und über Art. 3 Abs. 1 GG entsprechend der lebenspartnerschaftlichen) Lebensgemeinschaft umfassend geschützt.[206]

Schließlich liegt bei bestimmten **gemischten Bedarfsgemeinschaften** eine Beson- **185** derheit vor: Ist ein Partner oder eine Partnerin der Bedarfsgemeinschaft wegen Leistungsberechtigung nach dem AsylbLG von den Leistungen nach dem SGB II ausgeschlossen (§ 7 Abs. 1 S. 2 Nr. 3 SGB II), erhält der andere Partner oder die andere Partnerin dennoch die Regelleistung für Alleinstehende. Die Grundleistungen nach § 3 AsylbLG[207] umfassen nämlich nicht im selben Umfang die Generalunkosten des Haushalts wie der Regelbedarf nach dem SGB II oder dem SGB XII; Leistungsberechtigte nach dem SGB II wären also durch ihre Partnerschaft mit AsylbLG-Leistungsberechtigten benachteiligt.[208] Bei anderen gemischten Bedarfsgemeinschaften bestehen hingegen keine Besonderheiten.[209]

---

204 *LSG SN,* 2. 7. 2009 – L 3 AS 128/08, in juris, Rn 32–40; *LSG ST,* 7. 12. 2009 – L 5 AS 4/09 B ER, in juris, und *LSG ST,* 3. 6. 2010 – L 5 AS 155/10 B ER, in juris (die letzten beiden mit Gegenausnahmen bei missbräuchlichen Umgehungsversuchen). Anders hingegen *SG Reutlingen,* 18. 12. 2007 – S 2 AS 2399/07, in juris.

205 *BA,* Fachl. Hinw. § 20 SGB II, Rn 20.8, 20.9 (S. 2); *Schmidt,* in: Oestreicher, SGB II/SGB XII, § 20 SGB II, Rn 36; in den Fällen *BSG,* 18. 2. 2010 – B 4 AS 49/09 R, SozR 4-4200 § 7 Nr. 16 und *BSG,* 19. 10. 2010 – B 14 AS 50/10 R, SozR 4-4200 § 22 Nr. 42 war der Regelbedarf nicht Streitgegenstand.

206 Gänzlich abl. zu einer Besonderheit in diesen Fällen *Spellbrink,* in: Eicher/Spellbrink, SGB II, § 20, Rn 13.

207 Zu diesen 10. Kapitel, ab Rn 26.

208 So *SG Hamburg,* 24. 4. 2008 – S 56 AS 796/08 ER, InfAuslR 2009, 39–40, Rn 27 f.; *LSG BE-BB,* 14. 4. 2010 – L 10 AS 1228/09, in juris, Rn 21–30.

209 *LSG BE-BB,* 14. 4. 2010 – L 10 AS 1228/09, in juris, Rn 30; vgl. a. *BSG,* 19. 5. 2009 – B 8 SO 8/08 R, SozR 4-3500 § 42 Nr. 2.

dd) Zusammenfassung

186 Damit ergibt sich folgende **Übersicht für den Regelbedarf**:

Alleinste- hend/ Alleinerzie- hend	Partner in Bedarfsge- meinschaft	sonstiges Mitglied der Bedarfsgemeinschaft im Alter von				Jahr
		18+	14–17	6–13	0–5	
§ 20 II 1 SGB II	§ 20 IV SGB II	§ 20 II 2 Nr. 2 SGB II	§§ 20 II 2 Nr. 1, 77 IV Nr. 1 SGB II §§ 23 Nr. 1, 77 IV Nr. 4 SGB II	§§ 23 Nr. 1, 77 IV Nr. 3 SGB II	§§ 23 Nr. 1, 77 IV Nr. 2 SGB II	
364 Euro	328 Euro	291 Euro	287 Euro	251 Euro	215 Euro	2011
374 Euro	**337 Euro**	**299 Euro**	**287 Euro**	**251 Euro**	**219 Euro**	**2012**

c) Mehrbedarfe

aa) Regelungsort und Überblick

187 Regelungen zu **Mehrbedarfen** finden sich in § 21 SGB II und – als besondere Mehrbedarfe nur für Sozialgeldempfänger – in § 23 Nr. 2–4 SGB II. Mehrbedarfe umfassen nach § 21 Abs. 1 SGB II Bedarfe, die nicht durch den Regelbedarf abgedeckt sind. Das SGB II kennt folgende sieben Mehrbedarfe:

1. Mehrbedarf bei **Schwangerschaft** (§ 21 Abs. 2 SGB II; Rn 192),
2. Mehrbedarf für **Alleinerziehende** (§ 21 Abs. 3 SGB II; Rn 194),
3. Mehrbedarf für **behinderte** Leistungsberechtigte, **die** bestimmte **weitere Leistungen beziehen** (§§ 21 Abs. 4, 23 Nr. 2 und 3 SGB II; Rn 201),
4. Mehrbedarf für **voll erwerbsgeminderte** Inhaberinnen und Inhaber eines **Schwerbehinderten**ausweises **mit Merkzeichen G** (§ 23 Nr. 4 SGB II; Rn 211),
5. Mehrbedarf für **kostenaufwändige Ernährung** (§ 21 Abs. 5 SGB II; Rn 218),
6. Mehrbedarf für dezentrale **Warmwassererzeugung** (§ 21 Abs. 7 SGB II; Rn 222),
7. Mehrbedarf für weitere **unabweisbare Bedarfe** (§ 21 Abs. 6 SGB II; Rn 227).

188 Bei einem Teil der Mehrbedarfe – die in Rn 187 mit den Nummern 1–4 bezeichneten Mehrbedarfe – richtet sich die **Höhe** nach dem Regelbedarf: Sie beträgt pauschal einen bestimmten **Prozentsatz** des Regelbedarfs. Bei einem anderen Teil der Mehrbedarfe – in Rn 187 mit den Nummern 5 und 7 bezeichnet – bestimmt sich die Höhe hingegen nach dem tatsächlichen Bedarf. Bei dem Mehrbedarf für dezentrale Warmwassererzeugung schließlich (Nr. 6 in Rn 187) sind zwar Pauschalbeträge vorgesehen, weichen die tatsächlichen Bedarfe jedoch davon ab, sind die tatsächlichen Bedarfe einzusetzen.

189 Bis zum 31. 12. 2011 war bei der Berechnung der Mehrbedarfe des § 21 SGB II (also nicht bei dem Mehrbedarf für voll erwerbsgeminderte Inhaberinnen und Inhaber eines Schwerbehindertenausweises mit Merkzeichen G gemäß § 23 Nr. 4 SGB II) die Rundungsvorschrift des § 77 Abs. 5 SGB II zu beachten. Hiernach sind Beträge, die nicht volle Euro ergeben, bis unter 0,50 Euro auf den nächsten Euro-Betrag abzurunden, ab 0,50 Euro hingegen aufzurunden. Seit 1. 1. 2012 gilt für alle Mehrbedarfe § 41 Abs. 2 SGB II (Berechnung auf zwei Dezimalstellen; kaufmännische Rundung).

Pattar

bb) Mehrere Mehrbedarfe und Summierungsverbot

Die verschiedenen **Mehrbedarfe** sind **unabhängig voneinander**. Liegen die Voraus- **190** setzungen für mehrere Mehrbedarfe vor, sind diese mehreren Mehrbedarfe **nebeneinander** in die Bedarfsberechnung einzustellen.[210] Allerdings enthält § 21 Abs. 8 SGB II eine Einschränkung hierfür: Die **Summe** des insgesamt anerkannten Mehrbedarfs nach § 21 Abs. 2 bis 5 SGB II – das sind die pauschal gewährten Mehrbedarfe mit Ausnahme des Mehrbedarfs für voll erwerbsgeminderte Inhaberinnen und Inhaber eines Schwerbehindertenausweises mit Merkzeichen G nach § 23 Nr. 4 SGB II – darf die **Höhe des für erwerbsfähige Leistungsberechtigte maßgebenden Regelbedarfs nicht übersteigen.** Gemeint ist damit trotz fehlender Bezugnahme auf § 20 die für die jeweilige leistungsberechtigte Person maßgebliche Regelbedarfsstufe nach § 20.[211] Die Mehrbedarfe, welche in tatsächlicher Höhe gewährt werden, sowie der Mehrbedarf für voll erwerbsgeminderte Inhaberinnen und Inhaber eines Schwerbehindertenausweises mit Merkzeichen G nach § 23 Nr. 4 SGB II sind hingegen nicht von der Kappungsregelung des § 21 Abs. 8 SGB II erfasst.

Diese Kappungsgrenze ist im Hinblick auf den Bedarfsdeckungsgrundsatz problematisch: Be- **191** steht in den in § 21 SGB II genannten Fällen typischerweise ein Mehrbedarf in der dort geregelten Höhe, um eine menschenwürdige Existenz zu sichern, muss dieser Mehrbedarf auch gedeckt werden.[212] Seit Einführung des § 21 Abs. 6 SGB II[213] hat sich dieses Problem jedoch abgemildert: Ein tatsächlich bestehender höherer Mehrbedarf muss nunmehr durch diese Vorschrift aufgefangen werden.

cc) Die einzelnen Mehrbedarfe

(1) Mehrbedarf bei Schwangerschaft (§ 21 Abs. 2 SGB II)

§ 21 Abs. 2 SGB II sieht für **werdende Mütter** nach der zwölften Schwangerschafts- **192** woche einen Mehrbedarf in Höhe von 17 Prozent des nach § 20 SGB II maßgebenden Regelbedarfs vor. Dieser Mehrbedarf soll die besonderen mit einer **Schwangerschaft** verbundenen Kosten – Ernährung, Körperpflege, Fahrtkosten und Informationsbedarf – abdecken.[214] Der Mehrbedarf ist taggenau vom ersten Tag der 13. Schwangerschaftswoche an bis zum letzten tatsächlichen Schwangerschaftstag – also bis zum Geburtstag des Kindes oder zum Tag der sonstigen Schwangerschaftsbeendigung – in die Bedarfsberechnung einzustellen.[215] Dabei ist nach § 41 Abs. 1 S. 2 und 3 SGB II der Monat mit 30 Tagen zu berechnen; für jeden Schwangerschaftstag steht also $\frac{1}{30}$ des monatlichen Mehrbedarfs zu.

---

210 *Münder,* in: LPK-SGB II, § 21, Rn 32.
211 Ebenso *Lang/Knickrehm,* in: Eicher/Spellbrink, SGB II, § 21, Rn 58 f. und *Schmidt,* in: Oestreicher, SGB II/SGB XII, § 21 SGB II, Rn 64. Anders hingegen (immer Alleinstehenden-Regelbedarf) *Münder,* in: LPK-SGB II, § 21, Rn 32.
212 Ebenso *Münder,* in: LPK-SGB II, § 21, Rn 32 und *Lang/Knickrehm,* in: Eicher/Spellbrink, SGB II, § 21, Rn 60.
213 Zum 3. 6. 2010 durch Gesetz vom 27. 5. 2010 (BGBl. 2010 I, S. 671). Für die Zeit vom 9. 2. 2010 bis zum 2. 6. 2010 war dieser Anspruch unmittelbar auf Art. 1 Abs. 1 GG i. V. m. Art. 20 Abs. 1 GG zu stützen (Zweiter Satz des Tenors Nr. 3 in *BVerfG,* 9. 2. 2010 – 1 BvL 1/09, 1 BvL 3/09, 1 BvL 4/09, BVerfGE 125, 175). Für Zeiträume vor dem 9. 2. 2010 bestand der Anspruch jedoch nicht (*BVerfG,* 24. 3. 2010 – 1 BvR 395/09, ZFSH/SGB 2010, 349–350).
214 *Lang/Knickrehm,* in: Eicher/Spellbrink, SGB II, § 21, Rn 16.
215 *Lang/Knickrehm,* in: Eicher/Spellbrink, SGB II, § 21, Rn 21; *Münder,* in: LPK-SGB II, § 21, Rn 7.

193 Der **Höhe** nach beträgt der Mehrbedarf 17 Prozent des für die Schwangere nach § 20 SGB II maßgebenden Regelbedarfs. Der Mehrbedarf beträgt also[216]

1. für alleinstehende oder allein erziehende Schwangere 17 Prozent von 374 Euro (§ 20 Abs. 2 S. 1 SGB II), demnach 63,58 Euro monatlich,
2. für eine volljährige Schwangere, die mit einem Partner oder einer Partnerin (volljährig) zusammenlebt, 17 Prozent von 337 Euro (§ 20 Abs. 4 SGB II), also 57,29 Euro monatlich,
3. für eine Schwangere, die sonst Mitglied einer Bedarfsgemeinschaft ist, je nach Lebensalter
   a) für Volljährige 17 Prozent von 299 Euro (§§ 20 Abs. 2 S. 2 Nr. 2 SGB II), also 50,83 Euro,
   b) für mindestens 14-Jährige, aber noch nicht Volljährige 17 Prozent von 287 Euro (§§ 20 Abs. 2 S. 2 Nr. 1, [23 Nr. 1,] 77 Abs. 4 Nr. 2 SGB II), also 48,79 Euro und
   c) für unter 14-Jährige 17 Prozent von 251 Euro (§§ 20 Abs. 2 S. 2, 23 Nr. 1, 77 Abs. 4 Nr. 3 SGB II), also 42,67 Euro.

(2) Mehrbedarf für Alleinerziehende (§ 21 Abs. 3 SGB II)

194 Wer **mit** einem oder mehreren **minderjährigen Kindern** zusammenlebt und **allein für** deren **Pflege und Erziehung sorgt**, hat Anspruch auf Berücksichtigung eines Mehrbedarfs bei der Bedarfsberechnung. Voraussetzung ist also, dass der oder die Leistungsberechtigte

1. mit einem oder mehreren minderjährigen Kindern in einem Haushalt zusammenlebt (Rn 196) und
2. allein für dessen oder deren Pflege und Erziehung sorgt (Rn 197).

Diesen Mehrbedarf hat der Gesetzgeber aus dem früheren Bundessozialhilfegesetz übernommen.[217] Als Grund für diesen Mehrbedarf nannte der Gesetzgeber 1985, „daß Alleinerziehende wegen der Sorge für ihre Kinder weniger Zeit haben, preisbewußt einzukaufen und zugleich höhere Aufwendungen zur Kontaktpflege und zur Unterrichtung in Erziehungsfragen tragen müssen."[218]

195 Auch der Mehrbedarf wegen Alleinerziehung ist taggenau zu berechnen. Er beginnt mit der Haushaltsaufnahme – bei Neugeborenen also mit der Geburt – und endet mit Wegfall der Voraussetzungen, insbesondere der Vollendung des 18. Lebensjahres des Kindes.

196 Um den Mehrbedarf zu erlangen, genügt eine **Haushaltsgemeinschaft mit dem Kind** oder den Kindern; eine Bedarfsgemeinschaft muss nicht bestehen.[219] Auch auf die Inhaberschaft der Personensorge kommt es nicht an.[220] Damit wird auch für Pflegekinder[221] und für sonstige, tatsächlich in den Haushalt aufgenommene fremde Kinder ein Mehrbedarf anerkannt.

---

216 Die Beträge waren bis 31. 12. 2011 auf den nächsten vollen Euro-Betrag zu runden, § 77 Abs. 5 SGB II, und betrugen 62 Euro, 56 Euro, 49 Euro, 49 Euro und 43 Euro.
217 BT-Drucks. 15/1516, S. 57; ebenso *BSG*, 2. 7. 2009 – B 14 AS 54/08 R, SozR 4-1500 § 71 Nr. 2 (= BSGE 104, 48–57), Rn 15.
218 Gesetzentwurf des Bundesrates eines Vierten Gesetzes zur Änderung des Bundessozialhilfegesetzes, BT-Drucks. 10/3079, S. 5.
219 *BSG*, 27. 1. 2009 – B 14/7 b AS 8/07 R, SozR 4-4200 § 21 Nr. 4, Rn 16.
220 *Münder*, in: LPK-SGB II, § 21, Rn 9; *Lang/Knickrehm*, in: Eicher/Spellbrink, SGB II, § 21, Rn 28.
221 So ausdrücklich das Urteil *BSG*, 27. 1. 2009 – B 14/7 b AS 8/07 R, SozR 4-4200 § 21 Nr. 4.

Darüber hinaus muss der oder die Leistungsberechtigte **allein für Pflege und Erzie-** **197** **hung** des oder der Kinder **sorgen**. Das ist dann der Fall, „wenn bei der Pflege und Erziehung keine andere Person in erheblichem Umfang mitwirkt, insbesondere, wenn der hilfebedürftige Elternteil nicht von dem anderen Elternteil oder Partner nachhaltig unterstützt wird".[222] Es kommt dabei auf die tatsächlichen Verhältnisse an: Selbst wenn also eine andere volljährige Person im Haushalt lebt, etwa ein anderes, volljähriges Kind der leistungsberechtigten Person,[223] fällt der Mehrbedarf nur dann weg, wenn diese Person tatsächlich nachhaltig Unterstützungsleistungen bei Pflege und Erziehung erbringt.[224] Auch dann, wenn ein Elternteil länger als zwei Wochen abwesend ist (berufliche Abwesenheit, Auslands- oder Gefängnisaufenthalt) und keine Unterstützungsleistung erbringen kann, liegt für diesen Zeitraum Alleinerziehung vor.[225] Umgekehrt kann auch eine nicht haushaltsangehörige Person tatsächlich nachhaltig Unterstützung leisten.[226]

Die Frage, ab welcher Unterstützungsleistung genau eine nachhaltige Unterstützung vorliegt, ist **198** nicht leicht zu beantworten. Abzustellen ist darauf, ob der oder die Leistungsberechtigte durch die Unterstützungsleistung in den Stand gesetzt wird, ähnlich wie typischerweise zu zweit Erziehende Preise zu vergleichen, leichter Kontakte zu pflegen und Fragen der Kindererziehung mit der Unterstützungsperson abzusprechen, sodass die vom Gesetzgeber genannten Gründe für den Mehrbedarf entfallen. Bei getrennt lebenden Elternteilen stellt das Bundessozialgericht auf die zeitliche Betreuungsleistung ab: Teilen sich die Elternteile die Erziehung in größeren Zeitintervallen von wenigstens einer Woche Dauer auf und tragen sie die Kosten der Erziehung je etwa zur Hälfte, hat jeder Elternteil Anspruch auf einen halben Mehrbedarf.[227] Ist der Erziehungsanteil eines Elternteils hingegen geringer, steht allein dem anderen Elternteil ein Mehrbedarf zu.[228]

Die **Höhe** des Mehrbedarfs für Alleinerziehende bestimmt sich nach einem Prozentsatz **199** des Regelbedarfs für Alleinerziehende nach § 20 Abs. 2 SGB II, derzeit also 374 Euro. Dieser Prozentsatz beträgt **zwischen zwölf Prozent** (monatlich 44,88 Euro/bis 31. 12. 2011:[229] 44 Euro) **und 60 Prozent** (224,40 Euro/bis 31. 12. 2011: 218 Euro) und hängt davon ab, mit **wie vielen Kindern in welchem Alter** die allein erziehende Person zusammenlebt. Lebt sie mit einem Kind unter sieben Jahren oder mit zwei oder drei Kindern unter 16 Jahren zusammen, beträgt der Prozentsatz nach § 21 Abs. 3 Nr. 1 SGB II mindestens 36 Prozent von 374 Euro (134,64 Euro/bis 31. 12. 2011: 131 Euro). Alternativ beträgt der Prozentsatz nach § 21 Abs. 3 Nr. 2 SGB II zwölf Prozent für jedes Kind, wenn sich hierdurch ein höherer Prozentsatz ergibt. Der Mehrbedarf ist jedoch nach § 21 Abs. 3 Nr. 2 am Ende SGB II **gedeckelt auf 60 Prozent**.

Beispiele: A erzieht seine drei Kinder B (5 Jahre), C (7 Jahre) und D (9 Jahre) alleine. – Er hat **200** Anspruch auf Berücksichtigung eines Mehrbedarfs von 36 %, also 134,64 Euro monatlich (bis 31. 12. 2011: 131 Euro), weil er mit drei Kindern unter 16 Jahren zusammenlebt und sich aus Nr. 2 kein höherer Betrag ergibt.

E erzieht ihre vier Kinder F (7 Jahre), G (9 Jahre), H (16 Jahre) und I (17 Jahre) alleine. – Sie hat Anspruch auf Berücksichtigung eines Mehrbedarfs von 48 %, also 179,52 Euro monatlich

---

222 *BSG*, 2. 7. 2009 – B 14 AS 54/08 R, SozR 4-1500 § 71 Nr. 2, Rn 15.
223 *Lang/Knickrehm,* in: Eicher/Spellbrink, SGB II, § 21, Rn 29.
224 *Lang/Knickrehm,* in: Eicher/Spellbrink, SGB II, § 21, Rn 30 m. w. Nachw.; *Münder,* in: LPK-SGB II, § 21, Rn 9.
225 *Lang/Knickrehm,* in: Eicher/Spellbrink, SGB II, § 21, Rn 32; *Münder,* in: LPK-SGB II, § 21, Rn 13.
226 Hierzu, allerdings im konkreten Fall abgelehnt: *SG Berlin,* 14. 2. 2006 – S 104 AS 271/06 ER, in juris.
227 *BSG*, 3. 3. 2009 – B 4 AS 50/07 R, SozR 4-4200 § 22 Nr. 5 (= FEVS 61, 18–22 = BSGE 102, 290–295), Rn 16–21; *BSG*, 2. 7. 2009 – B 14 AS 54/08 R, SozR 4-1500 § 71 Nr. 2, Rn 15 f.
228 *BSG*, 3. 3. 2009 – B 4 AS 50/07 R, SozR 4-4200 § 22 Nr. 5, Rn 22; *BSG*, 2. 7. 2009 – B 14 AS 54/08 R, SozR 4-1500 § 71 Nr. 2, Rn 15 f. Zutreffend deshalb *SG Berlin,* 14. 2. 2006 – S 104 AS 271/06 ER, in juris, und *Münder,* in: LPK-SGB II, § 21, Rn 10, nach denen allein in der Ausübung des Umgangsrechts im üblichen Rahmen noch keine nachhaltige Unterstützungsleistung vorliegt.
229 § 77 Abs. 5 SGB II.

(bis 31. 12. 2011: 175 Euro). Sie lebt zwar mit zwei Kindern unter 16 Jahren zusammen (F und G), aus Nr. 2 ergibt sich jedoch ein höherer Betrag.

J erzieht sein einziges Kind K (4 Jahre) alleine. – Er hat Anspruch auf Berücksichtigung eines Mehrbedarfs von 36 %, weil er mit einem Kind unter sieben Jahre zusammen lebt.

L erzieht ihr einziges Kind M (7 Jahre) alleine. – Sie hat Anspruch auf Berücksichtigung eines Mehrbedarfs von 12 % (Nr. 2), weil sie weder mit einem Kind unter sieben Jahren noch mit zwei oder drei Kindern unter 16 Jahren zusammenlebt (Nr. 1).

N erzieht sieben minderjährige Kinder alleine. – Hier besteht wegen der Deckelungsregelung in Nr. 2 nur ein Anspruch auf Berücksichtigung eines Mehrbedarfs von 60 % (und nicht von 84 %).

(3) Mehrbedarf für behinderte Leistungsberechtigte, die bestimmte weitere Leistungen beziehen (§ 21 Abs. 4, § 23 Nr. 2 und 3 SGB II)

201 Für behinderte Menschen sieht das SGB II zwei Arten von Mehrbedarfen vor: Mehrbedarf für behinderte Leistungsberechtigte, die bestimmte weitere Leistungen beziehen (ab Rn 202), und Mehrbedarf für voll erwerbsgeminderte Inhaberinnen und Inhaber eines Schwerbehindertenausweises mit Merkzeichen G (Rn 211).

202 Rechtsgrundlage für den Mehrbedarf für **behinderte Leistungsberechtigte, die bestimmte weitere Leistungen beziehen,** ist zunächst § 21 Abs. 4 S. 1 SGB II. Hiernach erhalten diesen Mehrbedarf erwerbsfähige behinderte Leistungsberechtigte, denen eine oder mehrere der folgenden Leistungen erbracht werden:

1. Leistungen zur Teilhabe am Arbeitsleben nach § 33 SGB IX,
2. sonstige Hilfen zur Erlangung eines geeigneten Platzes im Arbeitsleben oder
3. Eingliederungshilfe nach § 54 Abs. 1 S. 1 Nr. 1–3 SGB XII.

Dieser Mehrbedarf soll den Mehraufwand der behinderten Menschen ausgleichen, den sie infolge ihrer Beeinträchtigungen im Vergleich zu nicht behinderten Menschen haben.[230]

203 Die Grundregelung in § 21 Abs. 4 S. 1 SGB II sieht nach ihrem Wortlaut nur einen Mehrbedarf für *erwerbsfähige* Leistungsberechtigte vor. Daneben sehen § 23 Nr. 2 und 3 SGB II den Mehrbedarf teilweise auch für nichterwerbsfähige Leistungsberechtigte vor (s. hierzu Rn 207).

204 Die erwerbsfähigen Leistungsberechtigten müssen im Sinne von § 2 Abs. 1 SGB IX behindert sein.[231] Ob eine Behinderung vorliegt, haben zwar auch die Träger der Grundsicherung für Arbeitsuchende zu prüfen.[232] Da eine Behinderung aber für die Leistungen nach § 33 SGB IX und die Leistungen der Eingliederungshilfe ohnehin Voraussetzung ist, dürfte ihre Feststellung in der Regel unproblematisch sein. Eine Feststellung durch die Versorgungsverwaltung oder eine Schwerbehinderung müssen nicht vorliegen.[233]

205 Die **Behinderung alleine reicht** allerdings **nicht aus**, um den Anspruch auf Berücksichtigung des Mehrbedarfs auszulösen. Darüber hinaus muss den Leistungsberechtigten – in der Regel von einem anderen Leistungsträger – eine der Rn 202 genannten Leistungen erbracht werden,[234] mindestens also bewilligt worden[235] sein. Es ist relativ leicht, die Leistungen zur Teilhabe am Arbeitsleben nach § 33 SGB IX (lesen!) – erbracht als Rehabilitationsleistung der Bundesagentur für Arbeit, der Träger der gesetzlichen

---

230 So *Lang/Knickrehm,* in: Eicher/Spellbrink, SGB II, § 21, Rn 38.
231 S. zum Behindertenbegriff bereits oben Rn 22.
232 *Lang/Knickrehm,* in: Eicher/Spellbrink, SGB II, § 21, Rn 42; *Münder,* in: LPK-SGB II, § 21, Rn 20.
233 *Lang/Knickrehm,* in: Eicher/Spellbrink, SGB II, § 21, Rn 42.
234 *BSG,* 25. 6. 2008 – B 11 b AS 19/07 R, SozR 4-3500 § 28 Nr. 1 § 54 Nr. 1 (= BSGE 101, 79–86), Rn 22.
235 *Münder,* in: LPK-SGB II, § 21, Rn 21.

Unfallversicherung, der gesetzlichen Rentenversicherung, der Kriegsopferversorgung, der öffentlichen Jugendhilfe oder der Sozialhilfe (vgl. §§ 5 Nr. 3, 6 Abs. 1 SGB IX) – oder der Eingliederungshilfe für behinderte Menschen nach § 54 Abs. 1 S. 1 Nr. 1 bis 3 SGB XII (lesen!)[236] zu erkennen. Problematisch ist dies nur für die sonstigen Hilfen zur Erlangung eines geeigneten Platzes im Arbeitsleben: Erfasst sind damit alle Leistungen öffentlicher Träger, die (auch) wegen der Behinderung gewährt werden und einen direkten Bezug zur Erlangung eines geeigneten Arbeitsplatzes haben.[237]

Beispielhaft zu nennen sind begleitende Hilfen im Arbeitsleben nach § 102 Abs, 1 S. 1 Nr. 3 SGB IX, sofern diese Leistungen einen konkreten Arbeitsplatzbezug haben: Sie sind von den Integrationsämtern[238] zu erbringen und umfassen Leistungen für technische Arbeitshilfen (§ 19 SchwbAV), zum Erreichen des Arbeitsplatzes (§ 20 SchwbAV), zur Gründung und Erhaltung einer selbständigen beruflichen Existenz (§ 21 SchwbAV), zur Beschaffung, Ausstattung und Erhaltung einer behinderungsgerechten Wohnung (§ 22 SchwbAV), zur Teilnahme an Maßnahmen zur Erhaltung und Erweiterung beruflicher Kenntnisse und Fertigkeiten (§ 24 SchwbAV) und in besonderen Lebenslagen (§ 25 SchwbAV).

206 Grundsätzlich ist auch der Mehrbedarf nach § 21 Abs. 4 SGB II taggenau nur so lange zu gewähren, wie seine Voraussetzungen vorliegen. Allerdings räumt § 21 Abs. 4 S. 2 SGB II dem Leistungsträger Ermessen ein, den Mehrbedarf während einer angemessenen Übergangszeit, vor allem einer Einarbeitungszeit, weiter zu gewähren.[239]

207 § 23 Nr. 2 SGB II weitet den Anwendungsbereich des § 21 Abs. 4 S. 1 SGB II aus: Nach § 23 Nr. 2 SGB II wird der Mehrbedarf auch bei *nichterwerbsfähigen* behinderten Menschen anerkannt, die das 15. Lebensjahr vollendet haben und Leistungen der Eingliederungshilfe nach § 54 Abs. 1 S. 1 Nr. 1 und 2 SGB XII erhalten. Für jüngere nichterwerbsfähige behinderte Leistungsberechtigte ist der Mehrbedarf also nicht zu leisten. Der Wortlaut von § 23 Nr. 2 SGB II legt nahe, dass der Mehrbedarf auch nicht für solche nichterwerbsfähigen Leistungsberechtigten gewährt wird, welche andere Leistungen als Hilfen zu einer angemessenen Schulbildung (§ 54 Abs. 1 S. 1 Nr. 1 SGB XII) oder einer schulischen Ausbildung für einen angemessenen Beruf (§ 54 Abs. 1 S. 1 Nr. 2 SGB XII) erhalten. Vor dem Hintergrund der Entstehungsgeschichte der Vorschrift lässt sich dieser Schluss jedoch nicht halten:

208 Im ursprünglichen Gesetzentwurf des SGB II war in § 21 Abs. 4 S. 1 SGB II-E[240] kein Mehrbedarf vorgesehen, wenn die Leistungsberechtigten Eingliederungshilfe nach § 54 Abs. 1 S. 1 Nr. 1 oder Nr. 2 SGB XII bezogen. Zwar wollte der Gesetzgeber den Mehrbedarf in § 21 Abs. 4 S. 1 SGB II parallel zu § 30 Abs. 4 SGB XII regeln, der einen Mehrbedarf bei Bezug von Eingliederungshilfe vorsieht.[241] Nach diesem ursprünglichen Gesetzentwurf war es jedoch wegen des im Vergleich zur endgültigen Fassung teils weiteren, teils engeren Leistungsausschlusses in § 7 Abs. 4 SGB II-E[242] (heute § 7 Abs. 5 SGB II) gar nicht denkbar, dass Erwerbsfähige Eingliederungshilfe-

236 S. zur Eingliederungshilfe nach dem SGB XII 8. Kapitel, ab Rn 47. – Sind Leistungen der Eingliederungshilfe für seelisch behinderte Kinder und Jugendliche (§ 35 a SGB VIII) oder die entsprechenden Leistungen für junge Volljährige (§ 41 SGB VIII) bewilligt, wird der Lebensunterhalt des jungen Menschen durch Annexleistungen sichergestellt (§ 39 SGB VIII), sodass regelmäßig keine Bedürftigkeit im Sinne von § 9 SGB II besteht. Für diesen Personenkreis stellt sich die Frage des Mehrbedarfs daher regelmäßig nicht.

237 Jeweils ähnlich *Lang/Knickrehm,* in: Eicher/Spellbrink, SGB II, § 21, Rn 45 und *Münder,* in: LPK-SGB II, § 21, Rn 23.

238 In Baden-Württemberg nimmt der Kommunalverband für Jugend und Soziales die Aufgaben des Integrationsamtes wahr; § 3 Abs. 3 JSVG BW.

239 *Lang/Knickrehm,* in: Eicher/Spellbrink, SGB II, § 21, Rn 48. – Dort finden sich auch Angaben zur Dauer der angemessenen Übergangszeit.

240 BT-Drucks. 15/1516, S. 14.

241 BT-Drucks. 15/1516, S. 57.

242 BT-Drucks. 15/1516, S. 10. Die Entwurfsfassung lautete: „Erwerbsfähige Hilfebedürftige, die sich in Ausbildung an einer Schule oder Hochschule befinden oder stationär untergebracht sind, erhalten keine Leistungen nach diesem Buch.".

leistungen nach § 54 Abs. 1 S. 1 Nr. 1 oder Nr. 2 SGB XII beziehen.[243] Für nicht Erwerbsfähige war dies hingegen durchaus möglich. Deshalb sah der Gesetzentwurf in der Vorgängervorschrift zu § 23 Nr. 2 SGB II[244] vor, im Rahmen des Sozialgeldes den Mehrbedarf für behinderte Menschen auch bei Bezug von Eingliederungshilfe zu gewähren.[245] Die Vorschrift sollte den Anwendungsbereich von § 21 Abs. 4 S. 1 SGB II nach der Intention des Entwurfs also *erweitern*, nicht einschränken. Im weiteren Gesetzgebungsverfahren erhielt der Leistungsausschluss des § 7 Abs. 4 SGB II a. F. die Form des heutigen § 7 Abs. 5 SGB II, ohne dass § 21 Abs. 4 SGB II angepasst worden wäre.[246] Dieses Redaktionsversehen führte zu einer nicht gerechtfertigten Benachteiligung der erwerbsfähigen Leistungsberechtigten;[247] diese beseitigte der Gesetzgeber zum 1. 8. 2006,[248] indem er auch Beziehrinnen und Bezieher von Eingliederungshilfe in § 21 Abs. 4 S. 1 SGB II aufnahm. Allerdings passte er die – ursprünglich anspruchsausweitende – Vorgängervorschrift zu § 23 Nr. 2 SGB II nicht an; durch dieses Redaktionsversehen entstand der – nicht durch gesetzgeberischen Willen getragene – Eindruck einer leistungs*einschränkenden* Norm.[249] Mit den jüngsten Änderungen durch das Gesetz zur Ermittlung von Regelbedarfen und zur Änderung des Zweiten und Zwölften Buches Sozialgesetzbuch schließlich hat der Gesetzgeber keine inhaltliche Änderung, sondern nur eine redaktionelle Anpassung beabsichtigt.[250] Dasselbe gilt im Übrigen für § 23 Nr. 3 SGB II, welche eine Weitergewährung des Mehrbedarfs wie nach § 21 Abs. 4 S. 2 SGB II (soeben Rn 206) für eine Übergangszeit ins Ermessen des Leistungsträgers stellt.

209 Deshalb haben nicht nur erwerbsfähige, sondern **auch nichterwerbsfähige Leistungsberechtigte** ab Vollendung des 15. Lebensjahres bei Erfüllung der übrigen Voraussetzungen des § 21 Abs. 4 SGB II Anspruch auf den dortigen Mehrbedarf.[251]

210 Der **Höhe** nach sieht § 21 Abs. 4 SGB II einen Mehrbedarf von 35 Prozent des nach § 20 SGB II maßgebenden Regelbedarfs vor. Die Höhe hängt also von der jeweiligen Regelbedarfsstufe des oder der Leistungsberechtigten ab; sie beträgt monatlich für Alleinstehende oder Alleinerziehende 130,90 Euro (35 % von 374 Euro), für Partnerinnen und Partner 117,95 Euro (35 % von 337 Euro), für sonstige Mitglieder der Bedarfsgemeinschaft ab Vollendung des 18. Lebensjahres 104,65 Euro (35 % von 299 Euro) und von Vollendung des 15. Lebensjahres an 100,45 Euro (35 % von 287 Euro).[252]

(4) Mehrbedarf für voll erwerbsgeminderte Inhaberinnen und Inhaber eines Schwerbehindertenausweises mit Merkzeichen G (§ 23 Nr. 4 SGB II)

211 Einen Mehrbedarf, der **nur bei nichterwerbsfähigen Leistungsberechtigten**, also nur beim Sozialgeld berücksichtigt werden kann, führt § 23 Nr. 4 SGB II auf. Hiernach erhält eine nicht erwerbsfähige Person, die voll erwerbsgemindert nach dem SGB VI ist, einen Mehrbedarf von 17 Prozent des maßgebenden Regelbedarfs, wenn sie Inhaberin oder Inhaber eines Ausweises nach § 69 Abs. 5 SGB IX, also eines Schwerbehindertenausweises, mit dem Merkzeichen G ist. Dies gilt allerdings nicht, sofern diese Person bereits Anspruch auf einen Mehrbedarf für behinderte Leistungsberechtigte nach § 21 Abs. 4 SGB II in Verbindung mit § 23 Nr. 2 oder 3 SGB II hat.

---

243 BT-Drucks. 15/1516, S. 57. Dort wird auf § 49 Abs. 1 Nr. 1 und Nr. 2 SGB XII-E Bezug genommen.
244 § 28 Abs. 1 S. 3 Nr. 2 SGB II a. F.
245 BT-Drucks. 15/1516, S. 59.
246 *LSG NI-HB*, 23. 3. 2006 – L 8 AS 350/05, ZFSH/SGB 2006, 473–476 und 555–558, Rn 25.
247 Überzeugend u. lesensw. *LSG NI-HB*, 23. 3. 2006 – L 8 AS 350/05, ZFSH/SGB 2006, 473, Rn 16–27.
248 Durch das Gesetz zur Fortentwicklung der Grundsicherung für Arbeitsuchende vom 20. 7. 2006 (BGBl. 2006 I, S. 1706).
249 *Schmidt*, in: Oestreicher, SGB II/SGB XII, § 28 SGB II, Rn 17.
250 BT-Drucks. 17/3404, S. 97 (Zu § 21) und S. 102 (Zu § 23).
251 So auch – mit lesenswerter Begründung – *Schmidt*, in: Oestreicher, SGB II/SGB XII, § 28 SGB II, Rn 17; *Birk*, in: LPK-SGB II, § 28, Rn 16 und *Knickrehm*, in: Eicher/Spellbrink, SGB II, § 28, Rn 28.
252 Bis 31. 12. 2011 waren die Beträge auf ganze Euro zu runden, § 77 Abs. 5 SGB II, also auf 127 Euro, 115 Euro, 102 Euro und 100 Euro.

Pattar

Das Bundessozialgericht hält es in ständiger Rechtsprechung für verfassungsgemäß, **212** dass dieser Mehrbedarf nur bei *nicht*erwerbsfähigen Leistungsberechtigten und nicht bei erwerbsfähigen Leistungsberechtigten berücksichtigt werden kann: Der Gesetzgeber habe nach der Erwerbsfähigkeit differenzieren dürfen, weil für erwerbsfähige Leistungsberechtigte außerhalb des SGB II und in § 21 Abs. 4 SGB II weitere Leistungen vorgesehen seien.[253]

Voll erwerbsgemindert ist nach § 43 Abs. 2 S. 2 SGB VI, wer wegen Krankheit oder **213** Behinderung auf nicht absehbare Zeit außerstande ist, unter den üblichen Bedingungen des allgemeinen Arbeitsmarktes mindestens drei Stunden täglich erwerbstätig zu sein. Damit ist auch ein Teil der nichterwerbsfähigen Leistungsberechtigten im Sinne des § 7 Abs. 2 SGB II von diesem Mehrbedarf ausgeschlossen, insbesondere Kinder und Jugendliche bis vor Vollendung des 15. Lebensjahres: Solche Kinder und Jugendliche sind keine „erwerbsfähigen Leistungsberechtigten" im Sinne von § 7 Abs. 1 SGB II, weil sie das nötige Mindestalter (§ 7 Abs. 1 Nr. 1 SGB II) noch nicht erreicht haben. Sie sind aber auch nicht voll erwerbsgemindert, weil sie nicht „wegen Krankheit oder Behinderung", sondern wegen ihres Alters tatsächlich und rechtlich außerstande sind, mindestens drei Stunden täglich zu arbeiten.[254]

Leistungsberechtigte müssen schließlich einen **Schwerbehindertenausweis mit** **214** **Merkzeichen G** besitzen. Einen solchen Schwerbehindertenausweis erhält gemäß § 69 Abs. 5 SGB IX, wer im Sinne von § 2 Abs. 2 SGB IX schwerbehindert ist, also einen Grad der Behinderung von wenigstens 50 hat und seinen gewöhnlichen Aufenthalt im Inland hat. Der Schwerbehindertenausweis trägt nach § 3 Abs. 2 S. 1 Nr. 2, S. 3 Schwb-AwV das Merkzeichen G, wenn der schwerbehinderte Mensch im Sinne von § 146 Abs. 1 SGB IX in seiner Bewegungsfähigkeit im Straßenverkehr erheblich beeinträchtigt ist, also infolge einer Einschränkung seines Gehvermögens nicht ohne erhebliche Schwierigkeiten oder nicht ohne Gefahren für sich oder andere Wegstrecken im Ortsverkehr zurückzulegen vermag, die üblicherweise noch zu Fuß zurückgelegt werden.

In Rechtsprechung und Literatur werden verschiedene Meinungen dazu vertreten, ab **215** welchem Zeitpunkt dieser Mehrbedarf zu gewähren ist. Die eine Meinung stellt unter Berufung auf den Gesetzeswortlaut auf den Zeitpunkt der tatsächlichen Aushändigung des Schwerbehindertenausweises ab.[255] Die andere Ansicht[256] lässt den Anspruch auf den Mehrbedarf hingegen auf den Zeitpunkt zurückwirken, ab dem im Schwerbehindertenausweis das Vorliegen der Voraussetzungen für die Inanspruchnahme der Nachteilsausgleiche nachgewiesen ist.

Diese letztgenannte Auffassung ist im Rahmen der Grundsicherung für Arbeitsuchen- **216** de vorzugswürdig: Der Mehrbedarf des behinderten Menschen entsteht nicht durch das Inhändenhalten eines entsprechenden Ausweises, sondern durch die tatsächlichen behinderungsbedingten Einschränkungen seines Gehvermögens. Der Ausweis

---

253 *BSG,* 21. 12. 2009 – B 14 AS 42/08 R, SozR 4-4200 § 8 Nr. 1 (= FEVS 62, 15–22 = BSGE 105, 201–210), Rn 23–26; *BSG,* 18. 2. 2010 – B 4 AS 29/09 R, SozR 4-1100 Art 1 Nr. 7 (= BSGE 105, 279–291), Rn 14–19, 35–40; *BSG,* 15. 12. 2010 – B 14 AS 44/09 R, in juris, Rn 16.

254 *BSG,* 6. 5. 2010 – B 14 AS 3/09 R, SozR 4-4200 § 28 Nr. 3 (= FEVS 62, 177–182), Rn 20; ebenso *Birk,* in: LPK-SGB II, § 28, Rn 18.

255 So zur inhaltlich entsprechenden, vom Wortlaut her jedoch leicht abweichenden Mehrbedarfsregelungen in § 30 Abs. 1 SGB XII neuestens das *BSG,* 10. 11. 2011 – B 8 SO 12/10 R (noch unveröffentlicht); *LSG BW,* 20. 11. 2008 – L 7 SO 3246/08, FEVS 61, 42–45, Rn 32–35 und *LSG NI-HB,* 25. 2. 2010 – L 8 SO 219/07, in juris, Rn 22–34; zur Vorgängervorschrift des § 23 Abs. 1 S. 1 Nr. 2 BSHG *OVG NI,* 16. 7. 2001 – 12 PA 2413/01, FEVS 53, 445–447 und *OVG BE,* 25. 11. 2003 – 6 N 55.03, FEVS 55, 271–273, Rn 5 f.

256 *LSG HE,* 24. 3. 2011 – L 1 AS 15/10, in juris, Rn 18–30; *Knickrehm,* in: Eicher/Spellbrink, SGB II, § 28, Rn 33.

weist die Einschränkungen lediglich nach. Die Bezugnahme auf den Schwerbehindertenausweis führt nur dazu, dass er zum einzigen möglichen Nachweis dieses Bedarfs wird.[257] Der Grundsicherungsträger muss deshalb nicht selbst das eingeschränkte Gehvermögen ermitteln.

217   Sind diese Voraussetzungen erfüllt, wird bei der Bedarfsberechnung ein Mehrbedarf in **Höhe** von 17 Prozent des jeweiligen Regelbedarfs, also in gleicher Höhe wie der Schwangerschaftsmehrbedarf (s. Rn 193) berücksichtigt.

(5) Mehrbedarf für kostenaufwändige Ernährung (§ 21 Abs. 5 SGB II)

218   Bei Leistungsberechtigten, die aus medizinischen Gründen einer **kostenaufwändigen Ernährung** bedürfen, wird nach § 21 Abs. 5 SGB II ein Mehrbedarf in angemessener Höhe gewährt. Im Regelbedarf ist nur ein Durchschnittsbetrag für Ernährung vorgesehen. Bei manchen Krankheiten ist jedoch eine teurere Ernährung medizinisch erforderlich, sei es, dass mehr Nahrungsmittel konsumiert werden müssen, sei es, dass bestimmte günstige Nahrungsmittel durch andere Nahrungsmittel substituiert (ersetzt) werden müssen. Unter einer kostenaufwändigen Ernährung ist also eine gegenüber dem Durchschnitt kostenaufwändigere Ernährung zu verstehen.[258]

219   Wann Leistungsberechtigte einer kostenaufwändigen Ernährung bedürfen, ist im Einzelfall nicht leicht zu beantworten. Voraussetzung ist zunächst, dass **medizinische Gründe** einer Ernährung ausschließlich mit zu Durchschnittspreisen im unteren Viertel der Preisstreuung[259] erhältlichen Nahrungsmitteln entgegenstehen. Liegen nur andere Gründe vor – z. B. religiöse Speiseverbote (hier kann allerdings ein Mehrbedarf nach § 21 Abs. 6 SGB II in Betracht kommen) oder eine weltanschauliche Abneigung gegen Discounter- oder nicht mit Bio-Siegel versehene Nahrungsmittel –, reicht dies nicht aus, um einen Mehrbedarf auszulösen. Darüber hinaus muss die aus medizinischen Gründen erforderliche Ernährung insgesamt teurer sein als der im Regelbedarf für Nahrungsmittel insgesamt vorgesehene Bedarf. Dies zu ermitteln, ist in der Praxis außerordentlich schwierig, insbesondere bei Nahrungsmittelunverträglichkeiten.

220   Der Deutsche Verein für öffentliche und private Fürsorge e. V. hat zum entsprechenden Mehrbedarf nach dem SGB XII (§ 30 Abs. 5 SGB XII) Empfehlungen[260] abgegeben, welche in der Praxis auch des SGB II herangezogen werden können. Die jüngsten dieser Empfehlungen stammen allerdings aus dem Jahr 2008; sie arbeiten demnach mit den Regelsätzen jenes Jahres und müssen vor ihrer Anwendung im Einzelfall auf ihre Validität überprüft werden. Zudem umfassen die Empfehlungen nur Erwachsene und nicht alle Situationen, in denen aus medizinischen Gründen eine kostenaufwändigere Ernährung benötigt wird; vor allem Nahrungsmittelunverträglichkeiten wurden nicht geprüft.[261] In diesen Fällen muss der Mehrbedarf im Einzelfall ermittelt werden.

221   Als Rechtsfolge sieht § 21 Abs. 5 SGB II keinen pauschalen Mehrbedarf, sondern einen Mehrbedarf **„in angemessener Höhe"** vor. Auch hier können die Empfehlungen des Deutschen Vereins herangezogen werden; dort sind für bestimmte Krankheiten vom früheren Eckregelsatz (heute: Regelbedarfsstufe 1) abgeleitete Prozentsätze als Pauschalen ermittelt worden.[262] In Fällen, die in den Empfehlungen nicht angesprochen sind, muss der Mehrbedarf wertend ermittelt werden: Dabei dürfen höchstens die tat-

---

257   Ebenso *LSG HE*, 24. 3. 2011 – L 1 AS 15/10, in juris, Rn 25.
258   DV, Empfehlungen Krankenkostzulagen 2008, S. 5.
259   DV, Empfehlungen Krankenkostzulagen 2008, S. 19.
260   DV, Empfehlungen Krankenkostzulagen 2008, zum Inhalt dieser Empfehlungen näher u. 6. Kapitel, Rn 57.
261   DV, Empfehlungen Krankenkostzulagen 2008, S. 10 f.
262   DV, Empfehlungen Krankenkostzulagen 2008, S. 13.

sächlichen Mehrkosten übernommen werden. Allerdings sollte zur Kontrolle etwa überprüft werden, ob die Mehrkosten durch die Substitution bestimmter Nahrungsmittel – etwa von Milch durch teurere, laktosefreie Milch bei einer Laktoseunverträglichkeit – nicht auch durch einen Verzicht auf das jeweilige Lebensmittel zumutbar gesenkt werden können. Im Zweifel ist hier jedoch wegen der besonderen Grundrechtsrelevanz der Leistungen großzügig zu verfahren.

(6) Mehrbedarf für dezentrale Warmwassererzeugung (§ 21 Abs. 7 SGB II)

Nach § 21 Abs. 7 SGB II ist ein **Mehrbedarf** anzuerkennen, soweit **Warmwasser** durch **222** **in der Unterkunft installierte Vorrichtungen** erzeugt wird (dezentrale Warmwasserversorgung) und deshalb keine Bedarfe für zentral bereitgestelltes Warmwasser nach § 22 anerkannt werden. Dieser Mehrbedarf füllt eine Lücke auf, die durch das Zusammenspiel von Regelbedarf und Bedarfen für Unterkunft und Heizung entstehen kann: Der Regelbedarf deckt nach § 20 Abs. 1 S. 1 SGB II auch die Haushaltsenergie, allerdings ohne die auf die Heizung und die Erzeugung von Warmwasser entfallenden Anteile. Da die Deckung dieser Bedarfe für ein menschenwürdiges Leben jedoch unabdingbar sind, müssen die von den Leistungsberechtigten hierfür aufgewendeten Kosten nach anderen Vorschriften als Bedarf berücksichtigt werden. Typischerweise entstehen den Leistungsberechtigen Kosten für die Beheizung ihrer Wohnung und Bereitung von Warmwasser im Zusammenhang mit ihren Wohnungskosten; meist sind sie Teil der Miete. Das gilt vor allem dann, wenn das Warmwasser – wie häufig – zentral über die Heizungsanlage erzeugt wird. Deshalb werden diese Kosten in der Regel als Teil der Heizungskosten im Rahmen des § 22 SGB II in die Bedarfsberechnung eingestellt.[263] Nicht selten allerdings wird warmes Wasser nicht über zentrale Einrichtungen bereitet, also zum Beispiel die Heizungsanlage, sondern durch gesonderte Boiler oder Durchlauferhitzer in der Wohnung selbst. Für diese Fälle sieht § 21 Abs. 7 SGB II einen Mehrbedarf[264] vor.

Voraussetzung ist zum einen, dass das **Warmwasser** – mindestens teilweise – **de-** **223** **zentral**, also ausschließlich für die Unterkunft der Leistungsberechtigten **bereitet** wird. Zum anderen dürfen **deshalb,** also auf Grund der dezentralen Bereitung, **keine Bedarfe für** zentral bereitgestelltes Warmwasser **nach § 22 SGB II** anerkannt werden. Wegen Sinn und Zweck der Vorschrift kann es trotz des Wortlauts „in der Unterkunft installierte Vorrichtungen" nicht auf den konkreten Aufstellungsort der Warmwasserbereitungseinrichtung innerhalb oder außerhalb der Wohnung ankommen. Maßgeblich muss sein, dass die Leistungsberechtigten die Kosten für die Warmwasserbereitung nicht als Teil der Heizungskosten, sondern als ununterscheidbaren Teil der sonstigen Energiekosten ihres Haushalts tragen müssen.

Sind diese Voraussetzungen erfüllt, sieht § 21 Abs. 7 SGB II eine je nach Alter des oder **224** der Leistungsberechtigten gestaffelte **Pauschale** vor. Anders als bei den anderen pauschalierten Mehrbedarfen hängt hier nicht nur der einzusetzende Regelbedarf vom Alter des oder der Leistungsberechtigten ab, sondern auch der Prozentsatz, der zwischen 0,8 Prozent (bis zur Vollendung des sechsten Lebensjahres) und 2,3 Prozent (ab Vollendung des 15. Lebensjahres) des jeweils maßgeblichen Regelbedarfs beträgt.

Beispiel: A (42 Jahre alt, erwerbsfähig) lebt zusammen mit seinen Kindern B (19, erwerbsfähig), **225** C (14), D (12) und E (5) in Bedarfsgemeinschaft. Sie erzeugen das Warmwasser mittels eines

---

263 Diesen Teil von Arbeitslosengeld II und Sozialgeld tragen nach § 6 Abs. 1 S. 1 Nr. 2 SGB II die kommunalen Träger.
264 Diesen Teil von Arbeitslosengeld II und Sozialgeld trägt nach § 6 Abs. 1 S. 1 Nr. 1 SGB II die Bundesagentur für Arbeit.

Durchlauferhitzers in der Wohnung. – Es sind folgende Mehrbedarfe nach § 21 Abs. 7 SGB II in die Bedarfsberechnung einzustellen:

Für A 2,3 % von 374 Euro (§§ 21 Abs. 7 Nr. 1, 20 Abs. 2 S. 1 SGB II), also 8,60 Euro,[265]

für B 2,3 % von 299 Euro (§§ 21 Abs. 7 Nr. 1, 20 Abs. 2 S. 2 Nr. 2 SGB II), also 6,88 Euro,

für C 1,4 % von 287 Euro (§§ 21 Abs. 7 Nr. 2, 23 Nr. 1, 77 Abs. 4 Nr. 4 SGB II), also 4,02 Euro,

für D 1,2 % von 251 Euro (§§ 21 Abs. 7 Nr. 2, 23 Nr. 1, 77 Abs. 4 Nr. 3 SGB II), also 3,01 Euro, und

für E 0,8 % von 219 Euro (§§ 21 Abs. 7 Nr. 2, 23 Nr. 1, 77 Abs. 4 Nr. 2 SGB II), also 1,75 Euro.

226 Diese **pauschale Bestimmung** der Mehrbedarfshöhe gilt jedoch **nicht, soweit** im Einzelfall ein **abweichender Bedarf** besteht oder ein Teil des angemessenen Warmwasserbedarfs nach § 22 Abs. 1 SGB II anerkannt wird. Ein abweichender Bedarf besteht, wenn den Leistungsberechtigten tatsächlich höhere Kosten der Warmwasserbereitung entstehen. Hier sind die tatsächlichen Aufwendungen für die Erzeugung von Warmwasser zu übernehmen.[266] Wenn bereits ein Teil des angemessenen Warmwasserbedarfs nach § 22 Abs. 1 SGB II übernommen wird, weil ein Teil des Warmwassers (z. B. im Badezimmer) über die Zentralheizung und nur ein anderer Teil dezentral (z. B. über einen Durchlauferhitzer in der Küche) erzeugt wird, muss dies zu einer Kürzung der Mehrbedarfspauschale führen. Die Bundesagentur für Arbeit will den Mehrbedarf – an sich vernünftig – entsprechend dem Verhältnis von zentraler zu dezentraler Warmwassererzeugung kürzen.[267] Hier sind allerdings Schwierigkeiten in der praktischen Umsetzung zu erwarten.

(7) Mehrbedarf für unabweisbare Bedarfe (§ 21 Abs. 6 SGB II)

227 Nach § 21 Abs. 6 SGB II wird bei Leistungsberechtigten ein Mehrbedarf anerkannt, soweit im Einzelfall ein **unabweisbarer, laufender,** nicht nur einmaliger **besonderer Bedarf** besteht. Mit diesem Mehrbedarf soll sichergestellt werden, dass auch und gerade in atypischen Bedarfslagen der Leistungsberechtigten stets das verfassungsrechtlich gebotene Existenzminimum abgedeckt wird. Damit gleicht der Gesetzgeber aus, dass die über das Statistikmodell bestimmten Regelbedarfe (Rn 166) nur einen durchschnittlichen Bedarf erfassen und atypische Bedarfslagen damit systematisch ausblenden.

228 § 21 Abs. 6 SGB II hat der Gesetzgeber zum 3. 6. 2010[268] in das SGB II eingefügt, nachdem ihn das Bundesverfassungsgericht in seinem – unbedingt lesenswerten – Hartz-IV-Urteil zur Gewährleistung eines menschenwürdigen Existenzminimums dazu verpflichtet hatte.[269] Dieses Urteil muss daher zur Auslegung herangezogen werden. Für die Übergangszeit vom 9. 2. 2010 bis zum 2. 6. 2010 ordnete das Bundesverfassungsgericht an, dass ein solcher Anspruch unmittelbar auf die Menschenwürdegarantie in Verbindung mit dem Sozialstaatsprinzip (Art. 1 Abs. 1 GG i. V. m. Art. 20 Abs. 1 GG) gestützt werden kann.[270]

229 Voraussetzung für die Zuerkennung des Mehrbedarfs ist es, dass es sich um einen **besonderen Bedarf** handelt. Darunter ist ein Bedarf zu verstehen, der in einer atypi-

---

265   Die Beträge waren wegen § 77 Abs. 5 SGB II bis 31. 12. 2011 zu runden auf 8 Euro, 7 Euro, 4 Euro, 3 Euro und 2 Euro.

266   Ebenso *BA,* Fachl. Hinw. zu § 21 SGB II, Rn 21.45 (S. 13).

267   *BA,* Fachl. Hinw. § 21 SGB II, Rn 21.45 (S. 13).

268   Durch Gesetz vom 27. 5. 2010 (BGBl. 2010 I, S. 671).

269   Tenor Nr. 3 in *BVerfG,* 9. 2. 2010 – 1 BvL 1/09, 1 BvL 3/09, 1 BvL 4/09, BVerfGE 125, 175 sowie Rn 204–209 (C.IV).

270   Zweiter Satz des Tenors Nr. 3 in *BVerfG,* 9. 2. 2010 – 1 BvL 1/09, 1 BvL 3/09, 1 BvL 4/09, BVerfGE 125, 175 sowie Rn 220 (D.II). Für Zeiträume vor dem 9. 2. 2010 bestand dieser Anspruch jedoch nicht (*BVerfG,* 24. 3. 2010 – 1 BvR 395/09, ZFSH/SGB 2010, 349); bestimmte Bedarfslagen stützte die Rechtsprechung ergänzend auf § 73 SGB XII.

Pattar

schen Lebenssituation neben dem Regelbedarf auftritt.[271] Er ist **unabweisbar**, „wenn er entweder in einer Sondersituation auftritt und seiner Art nach nicht von dem Regelbedarf erfasst ist bzw. einen atypischen Ursprung hat (qualitativer Mehrbedarf) oder zwar grundsätzlich im Regelbedarf enthalten ist, aber im konkreten Einzelfall erheblich überdurchschnittlich ist (quantitativer Mehrbedarf)."[272] Da der Regelbedarf den gesamten Bedarf der Leistungsberechtigten abdecken soll und die Leistungsberechtigten nicht daran gebunden sind, die in die Regelbedarfsberechnung für bestimmte Bedarfe eingegangenen Beträge ausschließlich für diese Bedarfe zu verwenden, ist der Mehrbedarf nur insoweit unabweisbar, als die Leistungsberechtigten ihn nicht durch Leistungen Dritter oder durch zumutbare Einsparungen bei anderen Bedarfen decken können.[273] Ob und welche Einsparungen zumutbar sind, muss im Einzelfall beurteilt werden. Die von der Bundesagentur für Arbeit angenommene Grenze von 10 Prozent des Regelbedarfs[274] kann allenfalls eine Orientierung bieten. Liegt eine Sondersituation nicht vor, kann ein Mehrbedarf nicht anerkannt werden.

Der Bedarf muss **laufend**, also **regelmäßig** anfallen und darf **nicht nur einmalig** sein. **230**
Das ist dann der Fall, wenn er seiner Art nach in regelmäßig wiederkehrenden Abständen wiederholt anfällt.[275] Einmalige Bedarfsspitzen sind hingegen entweder nach § 24 Abs. 3 SGB II (Rn 600) als Zuschuss oder nach § 24 Abs. 1 SGB II (Rn 595) als Darlehen zu decken.

Angesichts der Einzelfallbezogenheit von § 21 Abs. 6 SGB II ist eine erhebliche Kasu- **231**
istik[276] in der Rechtsprechung zu befürchten.[277] Bislang sind in der Rechtsprechung folgende Fallgruppen anerkannt:

1. Kosten für aus medizinischen Gründen regelmäßig erforderliche Medikamente, Hilfs-, Heil- und Pflegemittel, die von der Leistungspflicht der gesetzlichen Krankenversicherung nicht umfasst sind.[278]

---

271 *BA,* Fachl. Hinw. § 21 SGB II, Rn 21.33 (S. 7).
272 *BA,* Fachl. Hinw. § 21 SGB II, Rn 21.33 (S. 7).
273 *BVerfG,* 9. 2. 2010 – 1 BvL 1/09, 1 BvL 3/09, 1 BvL 4/09, BVerfGE 125, 175, Rn 208; *BA,* Fachl. Hinw. § 21 SGB II, Rn 21.34 (S. 7 f.).
274 *BA,* Fachl. Hinw. § 21 SGB II, Rn 21.34 (S. 7 f.).
275 Anders die *BA,* Fachl. Hinw. § 21 SGB II, Rn 21.36 (S. 8), die einen mehrmaligen Bedarfsanfall innerhalb eines Bewilligungszeitraums von sechs Monaten (§ 41 Abs. 1 S. 3 SGB II) voraussetzt. – Zu weitgehend dagegen *SG Detmold,* 11. 1. 2011 – S 21 AS 926/10, das zur Bewilligung von Kosten für eine Gleitsichtbrille auf eine kontinuierliche Verschlechterung der Sehschärfe abstellt.
276 Kasuistik = Vielzahl von Einzelfallentscheidungen, die sich nicht oder nur schwer systematisieren lassen und deren Ergebnisse deshalb kaum auf andere Fälle übertragbar sind.
277 Genannt seien nur einzelne Beispiele aus der jüngsten Rechtsprechung, welche sich nicht durch die Einführung von § 28 SGB II erledigt haben (ja = Mehrbedarf anerkannt; nein = Mehrbedarf abgelehnt): Fahrtkosten zu regelmäßigen medizinischen Behandlungen (ja, *SG Wiesbaden,* 11. 10. 2010 – S 23 AS 766/10 ER, ZFSH/SGB 2010, 694–695); Gegenstände zur Berufsausübung (nein, *LSG BY,* 14. 4. 2010 – L 7 AS 172/10 B ER, in juris); Gleitsichtbrille ([zu Unrecht] ja, *SG Detmold,* 11. 1. 2011 – S 21 AS 926/10); Passbeschaffungskosten (nein, *LSG NW,* 3. 1. 2011 – L 7 AS 460/10 B, SAR 2010, 46–48); Zahnersatzkosten (nein, *LSG BE-BB,* 16. 11. 2010 – L 18 AS 1432/08, in juris); Zusatzbeitrag zur Krankenkasse (nein, *SG Lübeck,* 21. 10. 2010 – S 21 AS 754/10, in juris; *SG Neuruppin,* 30. 11. 2010 – S 26 AS 1166/10, in juris).
278 Beschlussempfehlung und Bericht des Haushaltsausschusses (8. Ausschuss) zu dem Gesetzentwurf der Bundesregierung – Drucksache 17/983 – eines Gesetzes zur Abschaffung des Finanzplanungsrates, BT-Drucks. 17/1465, S. 9 und *BA,* Fachl. Hinw. § 21 SGB II, Rn 21.37 (S. 8 f.) (Hygienemittel bei HIV-Infektion und Neurodermitis). – Hautpflegemittel bei Neurodermitis: *LSG BY,* 25. 6. 2010 – L 7 AS 404/10 B ER, ASR 2010, 261–263 (in Concreto wg. Behandlungsalternativen abgelehnt); Erhöhter Hygienebedarf bei HIV-Infektion: *BSG,* 19. 8. 2010 – B 14 AS 13/10 R, SozR 4-3500 § 73 Nr. 3, Rn 24 (obiter Dictum).

Pattar

2. Kosten der Ausübung des Umgangsrechts.[279]
3. Kosten der Führung eines Haushalts für körperlich stark beeinträchtigte Personen.[280]

232 Liegen die Voraussetzungen vor, ist der Mehrbedarf in Höhe der unvermeidbaren tatsächlich entstehenden Kosten in die Bedarfsberechnung einzustellen.

d) Bedarfe für Unterkunft und Heizung

aa) Einführung und Überblick

233 Den – neben Regelbedarf und eventuellen Mehrbedarfen – dritten in die Bedarfsberechnung einzustellenden Bestandteil bilden die in den §§ 22–22 c SGB II geregelten **Bedarfe für Unterkunft und Heizung**. Dieser Teil von Arbeitslosengeld II und Sozialgeld soll es den Leistungsberechtigten ermöglichen, eine menschenwürdige Unterkunft zu bewohnen und zu beheizen. Zentrale Norm zur Bedarfsbestimmung ist dabei § 22 SGB II (hierzu sogleich Rn 234). Die folgenden §§ 22 a bis 22 c SGB II enthalten Regelungen, nach denen kommunale Satzungen zur näheren Bestimmung dieser Bedarfe erlassen werden können (hierzu Rn 291).

234 Nach § 22 Abs. 1 S. 1 SGB II werden Bedarfe für Unterkunft und Heizung in Höhe der tatsächlichen Aufwendungen anerkannt (hierzu näher Rn 237), soweit diese angemessen sind (hierzu näher ab Rn 263). In bestimmten Fällen sind Unterkunftskosten auch dann zu übernehmen, wenn sie nicht angemessen sind (näher Rn 296), in anderen Fällen sind sie selbst dann nicht oder nicht vollständig zu übernehmen, wenn sie angemessen sind (näher Rn 302).

235 § 22 SGB II enthält darüber hinaus Regelungen zur Bedarfsdeckung durch Rückzahlungen (Rn 311) und sieht schließlich auch noch eine Reihe weiterer Bedarfe vor (Rn 317).

bb) Individualisierung der Bedarfe für Unterkunft und Heizung: Die Kopfanteilsmethode

236 Keine Regelung trifft § 22 SGB II zur Frage, wie Bedarfe für Unterkunft und Heizung aufzuteilen sind, wenn mehrere Personen gemeinsam eine Wohnung bewohnen. Nach der Rechtsprechung des Bundessozialgerichts sind die anzuerkennenden Kosten zu

---

279 BT-Drucks. 17/1465, S. 9; *BA,* Fachl. Hinw. § 21 SGB II, Rn 21.37 (S. 9 f.); *BSG,* 7. 11. 2006 – B 7 b AS 14/06 R, SozR 4-4200 § 20 Nr. 1 (noch zu § 73 SGB XII); *LSG BY,* 25. 6. 2010 – L 7 AS 404/10 B ER, ASR 2010, 261 (konkret wg. Einsparmöglichkeiten abgelehnt); *LSG NW,* 27. 9. 2010 – L 6 AS 660/10 B ER, in juris, Rn 17 (konkret für die Zeit abgelehnt, in der die Eltern wegen fehlenden Trennungswillens nicht dauerhaft getrennt lebten, aber verschiedene Haushalte hatten). – Sehr weit gehend mit bis zu vier jährlichen USA-Reisen: *LSG RP,* 24. 11. 2010 – L 1 SO 133/10 B ER, ZFSH/SGB 2011, 168–170 (= NJW 2011, 1837–1839). – Zu eng hingegen *LSG BW,* 3. 8. 2010 – L 13 AS 3318/10 ER-B, FEVS 62, 228–229 (= ZFSH/SGB 2010, 600–601), Rn 4, soweit es einen tragfähigen Grund für einen Wegzug des Leistungsberechtigten von seinem Kind fordert.
280 BT-Drucks. 17/1465, S. 9; *BA,* Fachl. Hinw. § 21 SGB II, Rn 21.37 (S. 9); *BSG,* 26. 8. 2008 – B 8/9 b SO 18/07 R, SozR 4-3500 § 18 Nr. 1 (= FEVS 60, 385–391) (Haushaltshilfe als Hilfe zur Pflege); *SG Stuttgart,* 7. 7. 2010 – S 24 AS 3645/10 ER, ZFSH/SGB 2010, 499–501 (in concreto abgelehnt).

gleichen Teilen **auf alle Mitglieder eines Haushalts** aufzuteilen.[281] Es ist dabei unerheblich, ob die Haushaltsangehörigen zugleich Mitglieder einer Bedarfsgemeinschaft[282] oder von den Leistungen ausgeschlossen[283] sind. Etwas anderes gilt dann, wenn die Haushaltsangehörigen eine andere Aufteilung der Unterkunftskosten vereinbart haben und sich auch tatsächlich an diese Vereinbarung halten[284] oder wenn eine Person im Haushalt wegen besonderer Umstände, etwa einer Behinderung, einen erheblich davon abweichenden Unterkunftsbedarf hat.[285] Für längere Zeiträume, in denen ein Mitglied der Bedarfsgemeinschaft die Wohnung tatsächlich nicht bewohnt, etwa während eines Auslands- oder Klinikaufenthalts, sind dagegen die Bedarfe nicht nach Köpfen aufzuteilen, sondern allein dem oder der in der Wohnung verbliebenen Leistungsberechtigten zuzurechnen.[286]

cc) Ausgangspunkt für die Unterkunftskosten: Tatsächliche Aufwendungen

Ausgangspunkt für die Bemessung der Bedarfe für Unterkunft und Heizung sind also **237** die Aufwendungen, die der leistungsberechtigten Person tatsächlich für ihre Unterkunft und für die Beheizung ihrer Unterkunft entstehen; im Grundsatz sind diese tatsächlich entstehenden Kosten vom Leistungsträger zu übernehmen.

(1) Tatsächliche Aufwendungen bei Haus- oder Wohnungsmiete – Überblick

Im – wohl häufigsten – Fall der Haus- oder Wohnungs**miete**[287] können folgende Auf- **238** wendungen im Rahmen des § 22 SGB II als Bedarf anerkannt werden:

---

281 St. Rspr. *BSG,* 24. 2. 2011 – B 14 AS 61/10 R, zur Veröffentlichung in SozR 4 vorgesehen, Rn 18; *BSG,* 18. 2. 2010 – B 14 AS 73/08 R, SozR 4-4200 § 22 Nr. 34, Rn 24; *BSG,* 27. 1. 2009 – B 14/7 b AS 8/07 R, SozR 4-4200 § 21 Nr. 4, Rn 18 f.; *BSG,* 25. 6. 2008 – B 11 b AS 45/06 R, in juris, Rn 35; *BSG,* 18. 6. 2008 – B 14/11 b AS 61/06 R, SozR 4-4200 § 22 Nr. 12 (= FEVS 60, 289–293), Rn 19; *BSG,* 15. 4. 2008 – B 14/7 b AS 58/06 R, SozR 4-4200 § 9 Nr. 5, Rn 33 m. w. Nachw.; *BSG,* 19. 3. 2008 – B 11 b AS 13/06 R, SozR 4-4200 § 22 Nr. 6 (= FEVS 60, 54–57), Rn 13; *BSG,* 27. 2. 208 – B 14/11 b AS 55/06 R, SozR 4-4200 § 22 Nr. 9, Rn 17 f.; *BSG,* 31. 10. 2007 – B 14/11 b AS 7/07 R, FamRZ 2008, 688–690, Rn 19; *BSG,* 23. 11. 2006 – B 11 b AS 1/06 R, SozR 4-4200 § 20 Nr. 3 (= FEVS 58, 353–366 = BSGE 97, 265–279), Rn 28; *Berlit,* in: LPK-SGB II, § 22, Rn 28; *Schmidt,* in: Oestreicher, SGB II/SGB XII, § 22 SGB II, Rn 51; *Lang/Link,* in: Eicher/Spellbrink, SGB II, § 22, Rn 38 a.

282 St. Rspr. *BSG,* 24. 2. 2011 – B 14 AS 61/10 R, zur Veröffentlichung in SozR 4 vorgesehen, Rn 18; *BSG,* 27. 1. 2009 – B 14/7 b AS 8/07 R, SozR 4-4200 § 21 Nr. 4, Rn 18 f.; *BSG,* 25. 6. 2008 – B 11 b AS 45/06 R, in juris, Rn 35; *BSG,* 18. 6. 2008 – B 14/11 b AS 61/06 R, SozR 4-4200 § 22 Nr. 12, Rn 19; *BSG,* 15. 4. 2008 – B 14/7 b AS 58/06 R, SozR 4-4200 § 9 Nr. 5, Rn 33 m. w. Nachw.; *BSG,* 19. 3. 2008 – B 11 b AS 13/06 R, SozR 4-4200 § 22 Nr. 6, Rn 13; *BSG,* 31. 10. 2007 – B 14/11 b AS 7/07 R, FamRZ 2008, 688, Rn 19; *BSG,* 23. 11. 2006 – B 11b AS 1/06 R, SozR 4-4200 § 20 Nr. 3; *Berlit,* in: LPK-SGB II, § 22, Rn 28; *Schmidt,* in: Oestreicher, SGB II/SGB XII, § 22 SGB II, Rn 51; *Lang/Link,* in: Eicher/Spellbrink, SGB II, § 22, Rn 38 a.

283 *Berlit,* in: LPK-SGB II, § 22, Rn 28; *Schmidt,* in: Oestreicher, SGB II/SGB XII, § 22 SGB II, Rn 51.

284 *BSG,* 18. 6. 2008 – B 14/11 b AS 61/06 R, SozR 4-4200 § 22 Nr. 12, Rn 19; *LSG BE-BB,* 9. 11. 2007 – L 28 AS 1059/07, ZFSH/SGB 2008, 229–233, Rn 22–24; *Berlit,* in: LPK-SGB II, § 22, Rn 28; *Lang/Link,* in: Eicher/Spellbrink, SGB II, § 22, Rn 38 b. – Ein Fremdvergleich (gefordert von *LSG BW,* 15. 9. 2006 – L 8 AS 5071/05, in juris, Rn 39; *LSG BW,* 14. 3. 2008 – L 8 AS 5912/06, ZFSH/SGB 2008, 354–358, Rn 23 und *Lang/Link,* in: Eicher/Spellbrink, SGB II, § 22, Rn 38 c) hat jedoch nicht stattzufinden: *BSG,* 3. 3. 2009 – B 4 AS 37/08 R, SozR 4-4200 § 22 Nr. 15 (= FEVS 61, 39–42), Rn 26.

285 *Berlit,* in: LPK-SGB II, § 22, Rn 28; *Schmidt,* in: Oestreicher, SGB II/SGB XII, § 22 SGB II, Rn 51.

286 *BSG,* 19. 10. 2010 – B 14 AS 50/10 R, SozR 4-4200 § 22 Nr. 42, Rn 19. Anders *Berlit,* in: LPK-SGB II, § 22, Rn 28.

287 Zu den zu berücksichtigenden Kosten von Haus- und Wohnungseigentümerinnen und -eigentümern u. Rn 259.

1. Als Unterkunftsbedarf
   a) die Kaltmiete für die Unterkunft (näher Rn 242) und
   b) die kalten Nebenkosten (näher Rn 243) sowie
2. als Heizungsbedarf die Heizungskosten und die übrigen warmen Nebenkosten mit Ausnahme des Haushaltsstroms (näher Rn 249).

239 Es sind nur die Kosten für eine **tatsächlich bewohnte Unterkunft** zu übernehmen. Eine Unterkunft soll das Bedürfnis der Leistungsberechtigten nach Schutz vor der Witterung und Schlaf decken und sicherstellen, dass sie darin ihre persönlichen Gegenstände verwahren können.[288] Damit können grundsätzlich weder die Kosten für mehrere Unterkünfte[289] noch für Geschäftsräume[290] noch für eine Garage[291] übernommen werden.

240 Für **Nebenräume** oder -flächen wie **Garagen** oder **Pkw-Stellplätze** ist allerdings dann eine Ausnahme zu machen, wenn eine Wohnung nur mit diesen Nebenräumen oder -flächen angemietet werden kann.[292] Die für die Haupt- und Nebenflächen zusammen entstehenden Gesamtkosten müssen sich jedoch im Rahmen der Angemessenheit halten. Diese Rechtsprechung wird auch auf andere Mietanteile oder Nebenleistungen übertragen. So gehört etwa der Mietanteil für die Küchennutzung oder eine sonstige Möblierung zur Kaltmiete, soweit die Wohnung nur mit diesem Zuschlag anmietbar ist,[293] ebenso die Kosten für Serviceleistungen im Rahmen eines betreuten Wohnens.[294]

241 Schließlich ist es möglich, dass Leistungsberechtigte ihren Unterkunftsbedarf nur durch Anmieten mehrerer, nicht zusammenhängender Räumlichkeiten decken können. Dann sind die gesamten Kosten für diese mehreren Räumlichkeiten zu übernehmen. Dies gilt etwa dann, wenn eine Großfamilie keine zusammenhängende, für sie angemessen große Wohnung findet, sondern sich stattdessen auf zwei oder mehr kleinere Wohnungen „verteilt", oder wenn die Hauptunterkunft einer leistungsberechtigten Person so klein ist, dass sie einen zusätzlichen Lagerraum benötigt.[295] In diesen Fällen ist die Summe der Aufwendungen für alle so angemieteten Räumlichkeiten als tatsächliche Aufwendungen im Sinne von § 22 Abs. 1 SGB II zu berücksichtigen. Diese Gesamtkosten müssen sich allerdings im Rahmen der Angemessenheit halten.[296]

---

288 *BSG,* 16. 12. 2008 – B 4 AS 1/08 R, SozR 4-4200 § 22 Nr. 14 (= FEVS 60, 535–538), Rn 16.
289 *LSG BE-BB,* 16. 6. 2006 – L 10 B 488/06 AS ER, FEVS 58, 329–330 Rn 5 f., auch zu Ausnahmen hiervon. Hat der Leistungsberechtigte mehrere Unterkünfte angemietet, ist die hauptsächlich genutzte Unterkunft maßgeblich.
290 *BSG,* 23. 11. 2006 – B 11 b AS 3/05 R, SozR 4-4200 § 16 Nr. 1 (= FEVS 58, 490–596), Rn 15; *Schmidt,* in: Oestreicher, SGB II/SGB XII, § 22 SGB II, Rn 22.
291 *BSG,* 7. 11. 2006 – B 7 b AS 10/06 R, SozR 4-4200 § 22 Nr. 2, Rn 28.
292 *BSG,* 7. 11. 2006 – B 7 b AS 10/06 R, SozR 4-4200 § 22 Nr. 2, Rn 28.
293 *BSG,* 7. 5. 2009 – B 14 AS 14/08 R, SozR 4-4200 § 22 Nr. 20 (= FEVS 61, 148–153), Rn 19–21. Es sind auch keine Abzüge vorzunehmen, weil im Regelbedarf bereits Anteile für eine Möblierung enthalten seien; *BSG,* 7. 5. 2009 – B 14 AS 14/08 R, SozR 4-4200 § 22 Nr. 20, Rn 22–26. – Anderes gilt dann, wenn die Wohnung auch ohne Einrichtungsgegenstände anmietbar wäre *BSG,* 15. 4. 2008 – B 14/7 b AS 58/06 R, SozR 4-4200 § 9 Nr. 5, Rn 34.
294 *LSG BW,* 25. 11. 2010 – L 12 AS 1520/09, ZFSH/SGB 2011, 158–162, Rn 30; *Lang/Link,* in: Eicher/Spellbrink, SGB II, § 22, Rn 19. – In solchen Fällen darf nicht der allgemeine, sondern muss ein konkret auf die Situation der Hilfebedürftigen angepasster Angemessenheitsmaßstab gelten.
295 *BSG,* 16. 12. 2008 – B 4 AS 1/08 R, SozR 4-4200 § 22 Nr. 14, Rn 12–20.
296 *BSG,* 16. 12. 2008 – B 4 AS 1/08 R, SozR 4-4200 § 22 Nr. 14, Rn 21.

(2) Kaltmiete

Als tatsächliche Aufwendungen für die **Kaltmiete** sind Aufwendungen dann zu be- **242** rücksichtigen, „soweit sie auf der Grundlage einer mit dem Vermieter getroffenen Vereinbarung beruhen und vom erwerbsfähigen Hilfebedürftigen tatsächlich gezahlt werden".[297] Auf die Rechtmäßigkeit der Kaltmietforderung kommt es nur dann an, wenn die jeweilige leistungsberechtigte Person wusste oder hätte wissen müssen, dass der Mietzins in dieser Höhe nicht geschuldet war.[298] Allerdings sind rechtswidrige Mietzinsforderungen – unabhängig von der allgemeinen Angemessenheitsgrenze – als unangemessen anzusehen.[299]

(3) „Kalte Nebenkosten"

Was als **„kalte Nebenkosten"** zu berücksichtigen ist, lässt sich abschließend an Hand **243** der Betriebskostenverordnung (BetrKV) beantworten. Soweit Leistungsberechtigte nach einer mietvertraglichen Abrede weitere, in der BetrKV nicht aufgeführte Betriebskostenarten tragen müssten, sind diese *nicht* zu übernehmen.[300]

Nach § 1 Abs. 1 S. 1 BetrKV sind Betriebskosten die **Kosten, die** dem Eigentümer oder **244** Erbbauberechtigten **durch** das **Eigentum** oder Erbbaurecht am Grundstück **oder** durch den **bestimmungsmäßigen Gebrauch** des Gebäudes, der Nebengebäude, Anlagen, Einrichtungen und des Grundstücks **laufend entstehen**. Nicht zu den Betriebskosten gehören gemäß § 1 Abs. 2 BetrKV Verwaltungskosten sowie Instandhaltungs- und Instandsetzungskosten. § 2 BetrKV zählt sodann 16 verschiedene Arten von Betriebskosten auf und definiert sie näher. Betriebskosten sind hiernach

1. die laufenden öffentlichen Lasten des Grundstücks,
2. die Kosten der Wasserversorgung,
3. die Kosten der Entwässerung,
4. die Kosten für die Beheizung der Wohnung,
5. die Kosten für die Warmwasserversorgung in der Wohnung,
6. die Kosten verbundener Heizungs- und Warmwasserversorgungsanlagen,
7. die Kosten des Betriebs des Personen- oder Lastenaufzugs,
8. die Kosten der Straßenreinigung und Müllbeseitigung,
9. die Kosten der Gebäudereinigung und Ungezieferbekämpfung,
10. die Kosten der Gartenpflege,
11. die Kosten der Beleuchtung außerhalb der Wohnung,
12. die Kosten der Schornsteinreinigung,
13. die Kosten der Sach- und Haftpflichtversicherung,
14. die Kosten für den Hauswart,

---

297 *BSG*, 22. 9. 2009 – B 4 AS 8/09 R, SozR 4-4200 § 22 Nr. 24 (= FEVS 61, 358–363 = BSGE 104, 179–185), Rn 16.
298 So zu einer (wohl) rechtlich unwirksamen Staffelmietvereinbarung *BSG*, 22. 9. 2009 – B 4 AS 8/09 R, SozR 4-4200 § 22 Nr. 24, insbes. Rn 16.
299 *BSG*, 22. 9. 2009 – B 4 AS 8/09 R, SozR 4-4200 § 22 Nr. 24, Rn 21–23.
300 *BSG*, 19. 2. 2009 – B 4 AS 48/08 R, SozR 4-4200 § 22 Nr. 18 (= FEVS 61, 33–38 = BSGE 102, 274–281), Rn 16. – Diese Entscheidung steht in einem gewissen Spannungsverhältnis zur Entscheidung *BSG*, 22. 9. 2009 – B 4 AS 8/09 R, SozR 4-4200 § 22 Nr. 24, nach der es auf die Rechtmäßigkeit einer Forderung nicht ankommen soll, welcher die leistungsberechtigte Person ausgesetzt ist. Als Unterscheidungsmerkmal mag man akzeptieren, dass die Zugehörigkeit von Kosten zu einer der Betriebskostengruppen des § 2 BetrKV unmittelbar aus einer Rechtsnorm ablesbar ist, während die Frage, ob und in welcher Höhe eine Mietzinsforderung rechtswirksam ist, für Laien des Mietrechts regelmäßig nicht eindeutig beantwortet werden kann. In diese Richtung lässt sich auch der Hinweis *BSG*, 22. 9. 2009 – B 4 AS 8/09 R, SozR 4-4200 § 22 Nr. 24, Rn 19 verstehen.

Pattar

15. die Betriebskosten einer Gemeinschafts-Antennenanlage oder eines Kabelan-
schlusses,
16. die Kosten des Betriebs der Einrichtungen für die Wäschepflege.

Die Auffangvorschrift des § 2 Nr. 17 BetrKV erklärt schließlich weitere Betriebskosten
im Sinne von § 1 BetrKV zu Betriebskosten. Zu den „kalten" Betriebskosten gehören
dabei alle Betriebskostenarten mit Ausnahme der in § 2 Nr. 4 bis 6 BetrKV genannten
Betriebskostenarten; diese „warmen" Betriebskosten sind im Rahmen der Heizungskosten (sogleich Rn 249) zu übernehmen.

245 Aus der Auflistung der Betriebskosten geht bereits hervor, dass die Haushaltsenergie,
also insbesondere Haushaltsstrom und Kochfeuerung, nicht zu den Betriebskosten
gehören. Diese Kosten sind bereits in den pauschalen Regelbedarf nach §§ 20, 23
SGB II einberechnet (näher hierzu u. Rn 252).

246 Es ist für die Zuordnung eines Bedarfs zu § 22 Abs. 1 SGB II unerheblich, ob Betriebskosten im Sinne der BetrKV an die Vermieterseite oder unmittelbar an Dritte gezahlt
werden. So gehören etwa die Müllgebühren zu den Bedarfen für die Unterkunft, auch
wenn die Leistungsberechtigten sie unmittelbar an die zuständige Gebietskörperschaft abführen.

247 Zu übernehmen sind laufende monatliche Abschläge, aber auch eventuelle Nachzah-
lungsforderungen der Vermieterseite oder von Dritten, wenn die Abschläge zur Deckung der tatsächlichen Kosten nicht ausgereicht haben. Diese Nachzahlungsforde-
rungen erhöhen den Bedarf in dem Monat, in dem sie tatsächlich zu zahlen sind.

(4) Kosten für die Ein- und Auszugsrenovierung

248 Ebenfalls zu den Aufwendungen für die Unterkunft gehören Aufwendungen für Ein-
oder Auszugsrenovierungen, die an die Stelle der regelmäßig anfallenden Schönheits-
reparaturen treten.[301]

(5) Heizungskosten

249 Tatsächliche **Aufwendungen für Heizung** sind die Kosten, die für die Beheizung der
Wohnung erforderlich sind, also die Kosten für die **Brennstoffe** Öl, Gas, Holz oder
Kohle oder bei Elektroheizungen für den hierfür erforderlichen **Strom** und die weiteren
Kosten für den **Betrieb der Heizungsanlagen**.

250 Es ist dabei unerheblich, ob die Kosten monatlich oder in größeren Abständen anfallen.
Sie sind als Bedarf **in dem Monat** anzuerkennen, **in dem sie** tatsächlich **angefallen
sind**. Müssen etwa die Leistungsberechtigten selbst das Brennmaterial (beispielsweise Brennholz oder Heizöl) besorgen, so haben sie unter der Voraussetzung, dass nicht
mehr genügend Brennmaterial für den Bewilligungszeitraum (§ 41 Abs. 1 S. 4, 5
SGB II) vorhanden ist, in dem Monat, in dem ihnen das Brennmaterial auf Vorrat für
diesen – oder, wenn der weitere Bezug von Leistungen nach dem SGB II wahrscheinlich ist, auch einen längeren – Zeitraum geliefert worden ist, einen Bedarf in Höhe der
hierfür aufgewendeten Kosten.[302]

251 Seit 1. 1. 2011 gehören auch die **Kosten der Warmwasserbereitung** (vgl. § 2 Nr. 5
BetrKV) zu den Bedarfen für Heizung nach § 22 Abs. 1 SGB II. Sie sind also grund-

---

301 *Berlit,* in: LPK-SGB II, § 22, Rn 25 m. Nachw.; *BSG,* 16. 12. 2008 – B 4 AS 49/07 R, SozR 4-4200 § 22
    Nr. 16 (= FEVS 60, 529–535 = BSGE 102, 194–201).
302 *BSG,* 16. 5. 2007 – B 7 b AS 40/06 R, SozR 4-4200 § 22 Nr. 4 (= FEVS 58, 481–485), Rn 12; *Berlit,* in:
    LPK-SGB II, § 22, Rn 77 m. w. Nachw.

sätzlich als Bedarf nach § 22 Abs. 1 SGB II anzuerkennen. Nach allgemeinen Regeln kommt es nicht darauf an, ob die Kosten hierfür an die Vermieterseite oder zum Beispiel an ein Energieversorgungsunternehmen zu entrichten sind.[303] Problematisch ist dies allerdings dann, wenn das Warmwasser durch dezentrale Einrichtungen (Boiler, Durchlauferhitzer) bereitet wird. Steht in diesen Fällen fest, wie hoch die Kosten für den Betrieb dieser dezentralen Einrichtungen ist, etwa durch einen gesonderten Stromkostenzähler, sind diese Kosten als Bedarf nach § 22 SGB II anzuerkennen. Sind die Kosten für den Betrieb dieser Einrichtungen hingegen ununterscheidbar in den übrigen Energiekosten der Leistungsberechtigten enthalten, ist dies nicht möglich. Stattdessen ist dann ein Mehrbedarf nach § 21 Abs. 7 SGB II anzuerkennen (hierzu näher o. Rn 222).

(6) Vermeidung einer Doppeldeckung von Bedarfen

Nicht zu den **Bedarfen für Unterkunft und Heizung** gehören Bedarfe, die bereits **252** durch den **pauschalen Regelbedarf** nach §§ 20, 23 SGB II abgedeckt sind. Sie können nicht noch einmal im Rahmen des § 22 SGB II in die Bedarfsberechnung eingestellt werden, weil der **Bedarf** sonst **doppelt gedeckt** wäre. Allerdings fallen bei den Leistungsberechtigten solche Kosten nicht selten im Zusammenhang mit den Unterkunftskosten an: Mal werden diese Kosten von der Vermieterseite mit in Rechnung gestellt, etwa bei Bruttowarmmieten, die auch den Haushaltsstrom enthalten, mal kommt es vor, dass Leistungsberechtigte mit Gas oder Brennholz sowohl heizen und Warmwasser bereiten als auch kochen.

Seit 1. 1. 2011 betrifft dies in erster Linie die über die für Heizung und Warmwasser- **253** bereitung hinaus erforderliche **Haushaltsenergie**: Sie ist nach § 20 Abs. 1 S. 1 SGB II normativ im Regelbedarf enthalten. Tatsächlich hat auch der Gesetzgeber bei der Berechnung des Regelbedarfs einen Betrag hierfür berücksichtigt (vgl. §§ 5 Abs. 1, 6 Abs. 1 Nr. 1, 2 und 3 SGB II, jeweils unter Abteilung 4).

Unproblematisch ist der Umgang mit diesen bereits gedeckten Bedarfen, wenn sie der **254** Höhe nach **unterscheidbar** sind: In diesen Fällen sind die tatsächlich entstehenden Kosten zur Deckung dieser Bedarfe nicht als tatsächliche Aufwendungen für Unterkunft und Heizung anzuerkennen.[304]

Beispiel: Die Leistungsberechtigte A heizt und bereitet Warmwasser mit einer Gastherme. Au- **255** ßerdem kocht sie mit einem Gasherd. Am Gasherd ist ein gesonderter Gaszähler angebracht. Hieraus kann man ablesen: Vom Gesamtgasverbrauch der A entfallen $\frac{4}{5}$ auf die Gastherme, $\frac{1}{5}$ hingegen auf den Gasherd. Daher können nur $\frac{4}{5}$ der Gasrechnung als Bedarf nach § 22 Abs. 1 SGB II anerkannt werden.

Problematisch ist dies allerdings, wenn die Kosten **ununterscheidbarer Teil** von **256** Rechnungen sind, welche ansonsten unzweifelhaft Bedarfe für Unterkunft und Heizung darstellen. Vor allem anhand des früheren Hauptanwendungsfalls der Warmwasserbereitungskosten[305] hat das Bundessozialgericht entwickelt, dass in diesen Fällen der bei der Regelbedarfsberechnung eingerechnete Teil für diese Bedarfsposition **pauschal** in Abzug gebracht werden muss.[306] Dies gilt allerdings nur dann, wenn

---

303 Vgl. Rn 246.
304 St. Rspr.; *BSG,* 27. 2. 2008 – B 14/11 b AS 15/07 R, SozR 4-4200 § 22 Nr. 5 (= FEVS 59, 537–545 = BSGE 100, 94–103), Rn 27; *BSG,* 19. 2. 2009 – B 4 AS 48/08 R, SozR 4-4200 § 22 Nr. 18, Rn 24 f.; *BSG,* 20. 8. 2009 – B 14 AS 41/08 R, in juris, Rn 28.
305 Die Kosten der Warmwasserbereitung waren bis 31. 12. 2010 im Regelbedarf enthalten.
306 St. Rspr.: *BSG,* 27. 2. 2008 – B 14/11 b AS 15/07 R, SozR 4-4200 § 22 Nr. 5, Rn 23–26; *BSG,* 19. 2. 2009 – B 4 AS 48/08 R, SozR 4-4200 § 22 Nr. 18, Rn 28.

sich ein Bezugspunkt für eine realistische Schätzung des Betrages ergibt, den der Gesetzgeber in die Regelbedarfsberechnung eingestellt hat.[307]

257 So hat der Gesetzgeber bei der Berechnung des Regelbedarfs für Alleinstehende tatsächlich einen Ausgabenanteil von 30,24 Euro an Aufwendungen für Wohnen, Energie und Wohnungsinstandhaltung zu Grunde gelegt (§ 5 Abs. 1 RBEG). Davon entfielen nach der Gesetzesbegründung monatlich 26,80 Euro auf Strom.[308] Rechnet man diesen Betrag auf den tatsächlichen Regelbedarf von 374 Euro hoch, sind im Regelbedarf für Alleinstehende rechnerisch 27,70 Euro enthalten. Dieser Betrag ist von einer Gesamtstromrechnung in Abzug zu bringen, welche auch Bedarfe für Unterkunft und Heizung nach § 22 Abs. 1 SGB II deckt.

258 **Beispiele:** B beheizt seine Wohnung mittels strombetriebener Nachtspeicheröfen. Er erhält eine Gesamtstromrechnung über 150 Euro monatlich, ohne dass die Kosten für die Nachtspeicheröfen gesondert ausgewiesen wären. Von diesen Gesamtkosten sind pauschal 27,70 Euro abzuziehen: Diese Haushaltsstromkosten sind bereits durch den Regelbedarf nach § 20 SGB II gedeckt. Die restlichen 123,30 Euro sind als Heizungskosten im Rahmen des § 22 Abs. 1 SGB II zu berücksichtigen.

A aus dem Beispiel in Rn 255 habe abweichend keinen gesonderten Gaszähler an ihrem Gasherd. Grundsätzlich wären also die Kosten für die Kochenergie aus der Gesamtgasrechnung herauszurechnen, weil diese Kosten bereits durch den Regelbedarf nach § 20 SGB II gedeckt sind. Die Gesetzesbegründung bietet allerdings keinen Bezugspunkt für eine realistische Schätzung des Betrages, den der Gesetzgeber für Kochenergie in die Regelbedarfsberechnung eingestellt hat. Deshalb kann kein Abzug für Kochenergie vorgenommen werden.[309]

(7) Tatsächliche Aufwendungen bei Haus- und Wohnungseigentümerinnen und -eigentümern

259 Auch bei **selbstbewohntem** Haus- oder **Wohnungseigentum** fallen Bedarfe für Unterkunft und Heizung an. Außer den (kalten [Rn 261] und warmen [Rn 262]) Betriebskosten gehören hierzu vor allem Aufwendungen für einen Kredit zur Anschaffung der Immobilie (sogleich Rn 260). Alle diese Aufwendungen müssen sich im Rahmen der Angemessenheit halten.

260 Von den **Kreditraten zur Finanzierung** einer selbst bewohnten Immobilie ist jedenfalls der **Zinsanteil** als Bedarf für die Unterkunft anzuerkennen.[310] Der **Tilgungsanteil** ist hingegen **grundsätzlich nicht** zu übernehmen, weil es nicht Aufgabe der Grundsicherung für Arbeitsuchende ist, bei den Leistungsberechtigten Vermögen aufzubauen.[311] Dieses Argument muss allerdings dann zurücktreten, „wenn der Hilfebedürftige ohne (gegebenenfalls anteilige) Übernahme von Tilgungsraten gezwungen wäre, seine Wohnung aufzugeben";[312] in diesen Fällen ist **auch der Tilgungsanteil** zu übernehmen, wenn der Leistungsberechtigte alles unternommen hat, um die Tilgungskosten so niedrig wie möglich zu halten.

261 Bei selbst bewohntem Wohneigentum gehören als **kalte Wohnkosten** zu den Bedarfen nach § 22 SGB II alle notwendigen Ausgaben, die bei der Berechnung der Einkünfte

---

307 Zur Kochenergie *BSG,* 19. 10. 2010 – B 14 AS 50/10 R, SozR 4-4200 § 22 Nr. 42, Rn 35.
308 BT-Drucks. 17/3404, S. 55 f.
309 Ebenso *Geiger,* Leitfaden Alg II, S. 267.
310 *Berlit,* in: LPK-SGB II, § 22, Rn 25; *Lang/Link,* in: Eicher/Spellbrink, SGB II, § 22, Rn 26; *Schmidt,* in: Oestreicher, SGB II/SGB XII, § 22 SGB II, Rn 26 m. w. Nachw.
311 *BSG,* 7. 11. 2006 – B 7 b AS 8/06 R, SozR 4-4200 § 22 Nr. 1, Rn 35 m. w. Nachw.; *Lang/Link,* in: Eicher/Spellbrink, SGB II, § 22, Rn 27.
312 *BSG,* 18. 6. 2008 – B 14/11 b AS 67/06 R, SozR 4-4200 § 22 Nr. 13 (= FEVS 60, 293–296), Rn 23; *Berlit,* in: LPK-SGB II, § 22, Rn 27; anders *Lang/Link,* in: Eicher/Spellbrink, SGB II, § 22, Rn 27–30 unter Aufgabe der in der Vorauflage vertretenen, vom BSG übernommenen Auffassung.

aus Vermietung und Verpachtung abzusetzen sind.[313] Hierbei orientiert sich das Bundessozialgericht grundsätzlich an § 7 Abs. 2 VO zu § 82 SGB XII, ohne jedoch die dortigen Prämissen unbesehen zu übernehmen: So ist nach dem Bundessozialgericht bei einem selbst bewohnten Haus keine Pauschale für den Erhaltungsaufwand zu berücksichtigen, solange keine tatsächlichen Erhaltungsaufwendungen angefallen sind.[314] Solche tatsächlichen Erhaltungsaufwendungen können allerdings nach § 22 Abs. 2 SGB II gesondert als Bedarf anzuerkennen sein (Rn 324). Anders ist die Situation bei selbst bewohnten Eigentumswohnungen: Hier sind die aufgrund der Beschlüsse der Eigentümerversammlung zu leistenden Instandhaltungsrücklagen durchaus Teil der tatsächlichen Aufwendungen.[315]

Bei den Heizungs- und Warmwasserbereitungskosten von Haus- oder Wohnungseigentümerinnen und -eigentümern ergeben sich keine Besonderheiten gegenüber Mieterinnen und Mietern.[316] **262**

dd) Angemessenheit als Obergrenze

(1) Überblick

Nach den bisherigen Ausführungen lässt sich nur die Frage beantworten, welche Aufwendungen der Leistungsberechtigten als tatsächliche Aufwendungen für Unterkunft und Heizung anzusehen sind. Allerdings werden die tatsächlichen Aufwendungen nach § 22 Abs. 1 S. 1 SGB II nur übernommen, „soweit sie **angemessen** sind." Die Angemessenheit stellt also eine Art **Deckel** dar: Übersteigen die tatsächlichen Aufwendungen die Angemessenheitsgrenze, hat die leistungsberechtigte Person keinen Anspruch auf Übernahme des Überschussbetrages. Der Leistungsträger darf und muss in diesen Fällen nur die angemessenen Aufwendungen übernehmen; den übersteigenden Betrag muss die leistungsberechtigte Person aus anderen Mitteln, beispielsweise dem Regelbedarf oder geschontem Einkommen oder Vermögen, selbst decken. **263**

Alle Aufwendungen für Unterkunft und Heizung müssen **angemessen** sein. Dabei bestehen für die einzelnen Bestandteile der Bedarfe nach § 22 SGB II – Aufwendungen für Unterkunft einerseits (Rn 265) und Aufwendungen für Heizung andererseits (Rn 287) – je getrennte Angemessenheitsmaßstäbe; die Bildung einer Gesamtangemessenheitsgrenze ist unzulässig.[317] **264**

313 *BSG,* 15. 4. 2008 – B 14/7 b AS 34/06 R, SozR 4-4200 § 12 Nr. 10 (= FEVS 60, 241–248 = BSGE 100, 186–196), Rn 38; *BSG,* 19. 9. 2008 – B 14 AS 54/07 R, FEVS 60, 490–495, Rn 18.
314 *BSG,* 3. 3. 2009 – B 4 AS 38/08 R, SozR 4-4200 § 22 Nr. 17 (= FEVS 61, 9–12), Rn 15.
315 *Berlit,* in: LPK-SGB II, § 22, Rn 25; *LSG BW,* 26. 1. 2007 – L 12 AS 3932/06, FEVS 461–464, Rn 27 allerdings mit dem fehlerhaften Argument (vgl. § 1 Abs. 2 Nr. 2 BetrKV), dass die Instandhaltungsrücklage auf Mieterinnen und Mieter überwälzt werden könnte. Maßgeblich ist – wie auch das LSG BW erkannt hat –, dass sich die Wohnungseigentümerinnen und -eigentümer nicht ohne Aufgabe ihrer Wohnung der Instandhaltungsrücklage entziehen können.
316 Statt vieler *BSG,* 15. 4. 2008 – B 14/7 b AS 34/06 R, SozR 4-4200 § 12 Nr. 10, Rn 38 a. E.; *BSG,* 19. 9. 2008 – B 14 AS 54/07 R, FEVS 60, 490, Rn 20; *Knickrehm/Voelzke,* in: Deutscher Sozialgerichtstag e. V. (Hrsg.), Kosten der Unterkunft nach § 22 SGB II, S. 11, S. 24 f.
317 *BSG,* 2. 7. 2009 – B 14 AS 36/08 R, SozR 4-4200 § 22 Nr. 23 (= FEVS 61, 352–358 = BSGE 104, 41–48), Rn 19.

(2) Angemessenheit der Unterkunftskosten – Überblick

265 Zu den **Aufwendungen für die Unterkunft** gehören die **Kaltmiete** und die **kalten Nebenkosten**; für sie ist die Angemessenheit einheitlich zu beurteilen.[318] Das Bundessozialgericht unterscheidet zwischen der **abstrakten** und der **konkreten Angemessenheit** der Aufwendungen: Zunächst ist die abstrakte Angemessenheitsgrenze zu ermitteln (Rn 267). Überschreiten die tatsächlichen Aufwendungen die hiernach abstrakt angemessenen Kosten, ist zu überprüfen, ob zu diesem Preis auf dem in Betracht kommenden Wohnungsmarkt tatsächlich eine bedarfsgerechte Wohnung verfügbar und zugänglich ist (konkrete Angemessenheit; Rn 282). Steht hiernach die Unangemessenheit der Aufwendungen fest, muss überprüft werden, ob die unangemessenen Kosten dennoch übernommen werden müssen (Rn 296).

266 Für die **Angemessenheit** von Aufwendungen macht das Bundessozialgericht **keinen Unterschied, ob** die Aufwendungen für eine **Mietwohnung oder** für **Wohneigentum** entstehen. Zwar hat es die Maßstäbe für die Angemessenheit für Mietwohnungen entwickelt, aus Gleichbehandlungsgründen wendet es dieselben Maßstäbe jedoch einheitlich auch auf selbst genutztes Wohneigentum an.[319]

(3) Abstrakte Angemessenheit der Unterkunftskosten

267 Nach der Rechtsprechung des Bundessozialgerichts hängt die **abstrakte Angemessenheit der Kaltmiete** von der **Wohnfläche** (Rn 268) und dem sogenannten **Wohnstandard** (Rn 272) ab.[320] Da sich der Wohnstandard üblicherweise im Quadratmeterpreis einer Wohnung niederschlägt, kann man diesen Begriff auch mit dem **Quadratmeterpreis** gleichsetzen. Die **Aufwendungen** sind dann **abstrakt angemessen, wenn** sie das **Produkt aus Wohnfläche und Wohnstandard nicht übersteigen** (Rn 276).

(4) Erster Faktor: Angemessene Wohnungsgröße

268 Zunächst muss deshalb die **angemessene Größe** einer Wohnung bestimmt werden. Das Bundessozialgericht greift hierzu auf Verwaltungsvorschriften zurück, welche die Bundesländer zu § 10 WoFG beziehungsweise zur Vorgängervorschrift im WoBiG erlassen haben, einer Vorschrift aus dem sozialen Wohnungsbau.[321] In den Bundesländern, die das WoFG nach der Föderalismusreform durch eigene Ländervorschriften ersetzt haben, sind stattdessen die hierzu erlassenen Verwaltungsvorschriften in ihrer jeweils geltenden Fassung heranzuziehen.[322]
Danach sind beispielsweise in Baden-Württemberg für eine Einzelperson 45 m² angemessen, je weitere Person kommen 15 m² hinzu.[323] In Nordrhein-Westfalen ist hingegen seit 1. 1. 2010 eine

---

318 *BSG,* 19. 10. 2010 – B 14 AS 50/10 R, SozR 4-4200 § 22 Nr. 42, Rn 33; *BSG,* 19. 10. 2010 – B 14 AS 65/09 R, in juris, Rn 36; *BSG,* 24. 2. 2011 – B 14 AS 61/10 R, zur Veröffentlichung in SozR 4 vorgesehen, Rn 21.

319 *BSG,* 15. 4. 2008 – B 14/7 b AS 34/06 R, SozR 4-4200 § 12 Nr. 10; allerdings sind die Jahres-, nicht die Monatsbeträge zu vergleichen *BSG,* 24. 2. 2011 – B 14 AS 61/10 R, zur Veröffentlichung in SozR 4 vorgesehen, Rn 20.

320 St. Rspr. Statt vieler *BSG,* 6. 4. 2011 – B 4 AS 119/10 R, zur Veröffentlichung in SozR 4 und BSGE vorgesehen, Rn 36.

321 St. Rspr. seit *BSG,* 7. 11. 2006 – B 7 b AS 18/06 R, SozR 4-4200 § 22 Nr. 3 (= FEVS 58, 271–281 = BSGE 97, 254–265), Rn 19.

322 Überzeugend *SG Dortmund,* 28. 12. 2010 – S 22 AS 5857/10 ER, in juris, Rn 26. – Anders hingegen in einem eher überraschenden obiter Dictum *LSG NW,* 29. 4. 2010 – L 9 AS 58/08, in juris, Rn 27.

323 Nr. 5.7.1 VwV-SozWo BW; *LSG BW,* 22. 12. 2010 – L 12 AS 5641/09, in juris, Rn 26.

Wohnfläche von 50 m^2 und von weiterer 15 m^2 für jede weitere Person in der Bedarfsgemeinschaft als angemessen zu Grunde zu legen.[324]

Maßgebend für die Bestimmung der angemessenen Wohnungsgröße ist dabei nicht **269** die Zahl der Haushaltsangehörigen, sondern nur die **Zahl der Bedarfsgemeinschaftsangehörigen**.[325] Wohnt also eine alleinstehende leistungsberechtigte Person in einer Wohngemeinschaft, ist für die Bestimmung der angemessenen Unterkunftskosten dieselbe Fläche zu Grunde zu legen, wie wenn sie in einer eigenen Wohnung wohnen würde.

Beispiel: A und B leben mit ihren drei Kindern C (24), D (21) und E (18) in Bedarfsgemeinschaft **270** in einer Wohnung in Baden-Württemberg. Die für alle fünf zusammen angemessenen Unterkunftskosten sind auf der Basis einer angemessenen Wohnfläche von 105 m^2 (45 m^2 + 4 · 15 m^2; zu den Zahlen o. Rn 268) zu bestimmen.

Ein Jahr später fällt das Kind C durch Vollendung des 25. Lebensjahres aus der Bedarfsgemeinschaft mit seinen Eltern und Geschwistern heraus. Nunmehr sind zwei Angemessenheitsgrenzen zu bilden: Für die verbliebene Bedarfsgemeinschaft aus A, B, D und E sind die angemessenen Unterkunftskosten auf der Grundlage einer Wohnfläche von 90 m^2 (45 m^2 + 3 · 15 m^2) zu bestimmen, für C auf der Grundlage von 45 m^2.

Liegen **besondere Umstände** vor, die bei der konkreten leistungsberechtigten Person **271** eine **größere Wohnfläche** angemessen erscheinen lassen, ist diese zugrunde zu legen. Solche Umstände können etwa in einer Behinderung eines Mitgliedes der Bedarfsgemeinschaft liegen,[326] darin, dass in absehbarer Zeit eine Vergrößerung der Bedarfsgemeinschaft zu erwarten ist (Schwangerschaft!),[327] oder in einem Flächenbedarf bei Ausübung des Umgangsrechts.[328]

(5) Zweiter Faktor: Angemessener Wohnstandard

Der zweite Berechnungsfaktor ist der **Wohnstandard**. Da sich der Wohnstandard üb- **272** licherweise im Quadratmeterpreis einer Wohnung niederschlägt, kann man diesen Begriff auch mit dem **Quadratmeterpreis** gleichsetzen. Grundsätzlich ist eine Wohnung nur dann **angemessen**, wenn sie nach Ausstattung, Lage und Bausubstanz **einfachen und grundlegenden Bedürfnissen** entspricht und **keinen gehobenen Wohnstandard** aufweist;[329] sie muss sich ins **untere Marktsegment** einordnen lassen.[330]

Da der Quadratmetermietpreis für solche einfach ausgestatteten Wohnungen regional **273** und teilweise sogar innerhalb derselben Stadt sehr unterschiedlich ausfällt, kommt es zur Bestimmung des angemessenen Mietpreises entscheidend darauf an, welche Ge-

---

324 Rn 8.2 WohnrNutzBest NW – Das nordrhein-westfälische Ministerium für Arbeit, Integration und Soziales hält hingegen für eine Einzelperson wie vor dem 1. 1. 2010 weiterhin 45 m^2 für angemessen; *Ministerium für Arbeit, Integration und Soziales des Landes Nordrhein-Westfalen*, Arbeitshilfe: Kosten der Unterkunft und Heizung gemäß § 22 SGB II. 5. Aufl., Düsseldorf 2010, S. 17 f.

325 St. Rspr. *BSG*, 18. 2. 2010 – B 14 AS 73/08 R, SozR 4-4200 § 22 Nr. 34, Rn 23; *BSG*, 18. 6. 2008 – B 14/11 b AS 61/06 R, SozR 4-4200 § 22 Nr. 12, Rn 21. – Anders *Schmidt*, in: Oestreicher, SGB II/ SGB XII, § 22 SGB II, Rn 53 (Abstellen auf die Zahl der Haushalts-, nicht der Bedarfsgemeinschaftsangehörigen) und *Lang/Link*, in: Eicher/Spellbrink, SGB II, § 22, Rn 44 (zwar grundsätzlich wie BSG, aber Abschlag für gemeinsam genutzte Räume).

326 *Schmidt*, in: Oestreicher, SGB II/SGB XII, § 22 SGB II, Rn 42; *Berlit*, in: LPK-SGB II, § 22, Rn 33.

327 *Berlit*, in: LPK-SGB II, § 22, Rn 33 m. Nachw.

328 Allerdings abhängig vom Einzelfall: *LSG SH*, 4. 8. 2010 – L 11 AS 105/10 B PKH, FEVS 62, 189–192; *LSG BE-BB*, 5. 12. 2008 – L 25 B 2022/08 ER, in juris; *LSG NW*, 17. 6. 2008 – L 20 B 225/07 AS ER, info also 2009, 78–80; *Berlit*, in: LPK-SGB II, § 22, Rn 33 m. w. Nachw.

329 Statt vieler *BSG*, 17. 12. 2009 – B 4 AS 27/09 R, SozR 4-4200 § 22 Nr. 27 (= FEVS 61, 502–521), Rn 15.

330 *BSG*, 18. 2. 2010 – B 14 AS 73/08 R, SozR 4-4200 § 22 Nr. 34 Rn 25.

genden, Orte und Stadtteile in den Mietpreisvergleich einbezogen werden; das Bundessozialgericht spricht hier vom **räumlichen Vergleichsraum oder -maßstab.**[331]

274 Dieser **Vergleichsraum** soll so gewählt werden, dass Hilfesuchende im Regelfall ihr **soziales Umfeld** beizubehalten vermögen. Es muss sich deshalb um einen ausreichend großen Raum der Wohnbebauung handeln, der auf Grund seiner räumlichen Nähe, seiner Infrastruktur und insbesondere seiner verkehrstechnischen Verbundenheit einen insgesamt betrachtet **homogenen Lebens- und Wohnbereich** bildet.[332] Demnach kann ein Vergleichsraum je nach Siedlungsstruktur eine oder mehrere politische Gemeinden umfassen; bei besonders großen Städten wird auch eine Unterteilung innerhalb der Stadt für möglich gehalten. Zu große oder zu kleine Einheiten dürfen indes nicht gebildet werden, weil in beiden Fällen die Gefahr einer Ghettobildung besteht.[333] Die korrekte Abgrenzung des Vergleichsraums hängt von den konkreten örtlichen Verhältnissen ab.

275 Zur **Ermittlung** des angemessenen Quadratmeterpreises kann auf **Mietspiegel, Mietdatenbanken, Wohnungsmarktanzeigen,** Anfragen bei **Maklern, Wohnungsbaugenossenschaften** oder anderen **Großvermieterinnen und -vermietern** zurückgegriffen werden. Auf dieser Stufe sind nicht nur tatsächlich am Markt angebotene Wohnungen, sondern **auch vermietete Wohnungen** einzubeziehen.[334] Die Grundsicherungsträger haben bei Fehlen solcher Erkenntnisquellen zu erwägen, eigene Mietspiegel oder Tabellen zu erstellen.[335]

(6) Produkttheorie

276 Die angemessene Wohnfläche und der angemessene Bruttoquadratmetermietpreis sind dabei jedoch **nur Rechengrößen**: Es ist nicht so, dass eine zu große Wohnung oder eine zu luxuriös ausgestattete Wohnung als unangemessen anzusehen wäre. Maßgeblich ist vielmehr, dass die tatsächlichen Kosten das **Produkt** aus angemessener Wohnfläche und angemessenem Quadratmeterpreis nicht übersteigen. Diese sogenannte **Produkttheorie**[336] lässt sich auch am Wortlaut von § 22 Abs. 1 S. 1 SGB II ablesen, wonach es auf die Angemessenheit der Unterkunfts*kosten* ankommt, nicht etwa auf die Angemessenheit einer Unterkunft selbst.

277 **Beispiel:** A (alleinstehend) bewohnt eine Wohnung mit 150 m^2 Wohnfläche und zahlt hierfür 325 Euro monatlich inkl. kalter Betriebskosten. An seinem Wohnort in Baden-Württemberg wäre eine Bruttokaltmiete von 7,50 Euro pro m^2 angemessen. Weil die von ihm für die Unterkunft aufgewendeten Kosten das Produkt aus angemessener Wohnfläche (45 m^2) und angemessenem Quadratmeterpreis, also 337,50 Euro, nicht übersteigen, sind sie angemessen.

B (alleinstehend) bewohnt am selben Ort eine Wohnung mit 28,5 m^2 Wohnfläche und gehobener Ausstattung; sie zahlt dafür 337,50 Euro (entspricht einem Quadratmeterpreis von 11,84 Euro). Die Aufwendungen sind angemessen.

---

331 Z. B. *BSG,* 19. 10. 2010 – B 14 AS 50/10 R, SozR 4-4200 § 22 Nr. 42, Rn 25.
332 *BSG,* 17. 12. 2009 – B 4 AS 27/09 R, SozR 4-4200 § 22 Nr. 27 Rn 18; *BSG,* 18. 2. 2010 – B 14 AS 73/08 R, SozR 4-4200 § 22 Nr. 34 Rn 25.
333 Zum Ganzen auch *Knickrehm/Voelzke,* in: Deutscher Sozialgerichtstag e. V. (Hrsg.), Kosten der Unterkunft nach § 22 SGB II, S. 11, 16 f. m. w. Nachw.
334 *Knickrehm/Voelzke,* in: Deutscher Sozialgerichtstag e. V. (Hrsg.), Kosten der Unterkunft nach § 22 SGB II, S. 11, 17.
335 *BSG,* 7. 11. 2006 – B 7 b AS 18/06 R, SozR 4-4200 § 22 Nr. 3, Rn 23; *Knickrehm/Voelzke,* in: Deutscher Sozialgerichtstag e. V. (Hrsg.), Kosten der Unterkunft nach § 22 SGB II, S. 11, 17 m. w. Nachw.
336 St. Rspr., vgl. nur *BSG,* 7. 11. 2006 – B 7 b AS 18/06 R, SozR 4-4200 § 22 Nr. 3; *BSG,* 27. 2. 2008 – B 14/7b AS 70/06 R, SozR 4-4200 § 22 Nr. 8 (= FEVS 60, 49–53); *BSG,* 1. 6. 2010 – B 4 AS 78/09 R, SozR 4-4200 § 22 Nr. 36 (= BSGE 106, 155–159); *BSG,* 19. 10. 2010 – B 14 AS 50/10 R, SozR 4-4200 § 22 Nr. 42.

Pattar

(7) Rückgriff auf Tabellenwerte und schlüssiges Konzept

Wenn für einen Ort trotz aller Bemühungen des Leistungsträgers die in Rn 275 ge- **278** nannten Erkenntnisquellen zur Ermittlung des angemessenen Quadratmeterpreises nicht ausreichen, darf er ausnahmsweise zur Bestimmung der Angemessenheit auf Tabellenwerte nach dem WoGG zurückgreifen. In diesem Fall gelten die in § 12 WoGG[337] genannten Beträge zuzüglich eines maßvollen Sicherheitszuschlages von 10 % als Grenze für die angemessenen Aufwendungen für Unterkunft.[338]

Zwar unterliegt die Prüfung, ob Aufwendungen abstrakt angemessen sind, grundsätz- **279** lich der vollen gerichtlichen Nachprüfung.[339] Das Bundessozialgericht hat allerdings die gerichtliche Überprüfung darauf reduziert, ob die Behörde bei der Ermittlung der abstrakten Angemessenheit ein **schlüssiges Konzept** verfolgt hat.[340]

Ein solches Konzept setzt ein **planmäßiges Vorgehen** des Leistungsträgers voraus. Er muss die **280** zu Grunde liegenden Tatsachen systematisch im gesamten Vergleichsraum ermittelt und für sämtliche Anwendungsfälle und nicht nur punktuell im Einzelfall bewertet haben. Schlüssig ist das Konzept, wenn es folgende Kriterien erfüllt:[341]
– Die Datenerhebung ist ausschließlich in dem genau eingegrenzten Vergleichsraum, aber auch über den gesamten Vergleichsraum erfolgt (keine Ghettobildung);
– der Beobachtungsgegenstand ist nachvollziehbar definiert worden; es muss also beispielsweise angegeben und unter Umständen danach differenziert werden, welche Art von Wohnungen mit welchem Standard und in welchen Größenkategorien genau in die Betrachtung einbezogen worden sind und ob auf die Brutto- oder die Nettomiete abgestellt wird (Vergleichbarkeit);
– es muss festgelegt sein, auf welche Art und Weise die Daten erhoben werden;
– die Daten müssen innerhalb eines angegebenen Zeitraums valide und repräsentativ erhoben worden sein;
– mathematisch-statistische Grundsätze zur Datenauswertung müssen eingehalten worden sein;
– das Konzept enthält Schlussfolgerungen aus den erhobenen Daten.

Liegt ein solches schlüssiges Konzept nicht vor, darf das Gericht erst dann auf die um **281** 10 % erhöhten Tabellenwerte nach § 12 WoGG (vgl. Rn 278) zurückgreifen, wenn auch das Gericht selbst[342] keine Erkenntnismöglichkeiten hat.

(8) Konkrete Angemessenheit der Unterkunftskosten

Übersteigen die tatsächlichen Aufwendungen für die Unterkunft die abstrakt ange- **282** messenen Aufwendungen, muss in einem nächsten Schritt die **konkrete Angemessenheit** ermittelt werden.

Dass dieser Punkt der konkreten Angemessenheit geprüft werden muss, darüber herrscht inner- **283** halb des Bundessozialgerichts Einigkeit. Die beiden Senate des Bundessozialgerichts, die für die Grundsicherung für Arbeitsuchende zuständig sind, machen die konkrete Angemessenheit indes an zwei verschiedenen Punkten fest: Der 14. Senat sieht die konkrete Angemessenheit als einen Teil des Angemessenheitsbegriffs nach § 22 Abs. 1 S. 1 SGB II an, der 4. Senat hingegen erfasst diese konkrete Wohnungsmarktlage nach § 22 Abs. 1 S. 3 SGB II und nimmt eine Unmöglichkeit der Kostensenkung an.[343] Letztlich führen stets beide Wege zum selben Ergebnis.

---

337 Bis 31. 12. 2008: Die in der rechten Spalte der Tabelle in § 8 WoGG genannten Beträge.
338 *BSG,* 17. 12. 2009 – B 4 AS 50/09 R, SozR 4-4200 § 22 Nr. 29, Rn 21 f., 27; *BSG,* 18. 2. 2010 – B 14 AS 73/08 R, SozR 4-4200 § 22 Nr. 34, Rn 29; *BSG,* 19. 10. 2010 – B 14 AS 15/09 R, in juris, Rn 20; *BSG,* 17. 12. 2009 – B 4 AS 27/09 R, SozR 4-4200 § 22 Nr. 27, Rn 23.
339 Statt vieler *BSG,* 19. 2. 2009 – B 4 AS 30/08 R, SozR 4-4200 § 22 Nr. 19, Rn 12.
340 *BSG,* 17. 12. 2009 – B 4 AS 27/09 R, SozR 4-4200 § 22 Nr. 27, Rn 26.
341 Zusammengefasst bei *BSG,* 17. 12. 2009 – B 4 AS 27/09 R, SozR 4-4200 § 22 Nr. 27, Rn 26 und *BSG,* 17. 12. 2009 – B 4 AS 50/09 R, SozR 4-4200 § 22 Nr. 29, Rn 23.
342 *BSG,* 18. 2. 2010 – B 14 AS 73/08 R, SozR 4-4200 § 22 Nr. 34, Rn 29.
343 Nachweise bei *BSG,* 23. 3. 2010 – B 8 SO 24/08 R, SozR 4-3500 § 29 Nr. 1 (= FEVS 62, 163–168), Rn 18.

284 Hierzu ist zu überprüfen, ob die leistungsberechtigte Person auf dem für sie maßgeblichen Wohnungsmarkt, also insbesondere innerhalb des für sie maßgeblichen Vergleichsraums, **tatsächlich konkret eine Wohnung anmieten kann**. Es muss also – beispielsweise anhand von Zeitungsannoncen oder von Angeboten in Onlinebörsen – überprüft werden, ob tatsächlich Wohnungen zu einem Preis bis zur abstrakten Angemessenheitsgrenze angeboten werden, welche der leistungsberechtigten Person und den mit ihr in einer Bedarfsgemeinschaft lebenden Personen zumutbar sind. Ist das der Fall, bleibt es bei der abstrakten Angemessenheitsgrenze. **Andernfalls** sind die Kosten auch darüber hinaus bis zum **derzeitigen Marktpreis** zu übernehmen.

285 Dabei ist es der leistungsberechtigten Person **zumutbar**, auch **Wohnungen** in die Betrachtung mit **einzubeziehen, welche** die angemessene **Wohnungsgröße nicht erreichen**, aber einen höheren Wohnstandard aufweisen und deshalb teurer sind. Wo von der Fläche her die untere Grenze der Zumutbarkeit liegt, ist noch nicht geklärt. Man wird von der Wohnfläche für eine um eine Person kleinere Bedarfsgemeinschaft ausgehen können. Bei Alleinstehenden sollte die für weitere Personen jeweils hinzuzuaddierende Wohnfläche abgezogen werden. Allerdings müssen diese Wohnungen auch vom Zuschnitt her angemessen sein, also insbesondere eine ausreichende Anzahl von Zimmern aufweisen.

286 **Beispiel:** A, B und C leben in Bedarfsgemeinschaft in Baden-Württemberg. Sie zahlen monatlich eine Bruttokaltmiete von 570 Euro. An ihrem Wohnort ist ein Bruttoquadratmetermietpreis von 7,50 Euro abstrakt angemessen. Das ergibt abstrakt angemessene Aufwendungen für die Unterkunft in Höhe von 562,50 Euro (75 m^2 · 7,50 $^{Euro}/_m{}^2$), damit übersteigen sie die tatsächlichen Aufwendungen die abstrakt angemessenen Aufwendungen. Zur Ermittlung der konkreten Angemessenheit ist zu überprüfen, zu welchem Preis im Vergleichsraum Dreizimmerwohnungen ab einer Wohnfläche von 60 m^2 tatsächlich zu mieten sind.

D lebt alleine am selben Ort. Zur Ermittlung der konkreten Angemessenheit muss untersucht werden, zu welchem Bruttokaltmietpreis im Vergleichsraum Wohnungen ab einer Wohnfläche von 30 m^2 vermietet werden.

(9) Angemessenheit der Aufwendungen für Heizung

287 Nicht nur die Aufwendungen für die Unterkunft, auch die **Aufwendungen für die Heizung** einschließlich der Aufwendungen für die Warmwasserbereitung müssen sich im Rahmen der **Angemessenheit** halten. Die Angemessenheit der Heizungskosten ist allerdings sehr **schwer zu bestimmen**, hängt der Heizungsbedarf doch von zahlreichen objektiven und subjektiven Faktoren ab: Der Größe der Wohnung, der Lage der Wohnung im Gebäude, der Ausrichtung der Wohnung zur Sonne, dem Dämmstandard des Gebäudes als Ganzes, davon, ob die Wohnung von Bäumen oder anderen Gebäuden beschattet wird, vom Alter der Bewohnerschaft der übrigen Wohnungen des Gebäudes (ältere Menschen und Kleinkinder haben einen höheren Wärmebedarf) und weiteren Faktoren.[344] Trotzdem muss auch hierfür ein allgemeingültiger Maßstab gefunden werden.

288 In einer jüngeren Entscheidung wendet das Bundessozialgericht nunmehr die **Produkttheorie** auch auf die Aufwendungen für Heizung an: **Abstrakt angemessen** sind die **Heizungskosten** nach dieser Rechtsprechung dann, wenn sie das **Produkt** aus **angemessener Wohnfläche** und einem **angemessenen Quadratmeterheizwert**

---

344   Einen Überblick über diese Faktoren bietet *DV*, Empfehlungen Unterkunft u. Heizung 2008, S. 25–32. Zur früheren Diskussion um die Heizungskosten *Knickrehm/Voelzke,* in: Deutscher Sozialgerichtstag e. V. (Hrsg.), Kosten der Unterkunft nach § 22 SGB II, S. 11, 25–30.

nicht übersteigen.[345] Diesen Quadratmeterheizwert entnimmt das Bundessozialgericht dem jeweiligen kommunalen beziehungsweise, falls es einen solchen nicht gibt, dem bundesweiten **Heizspiegel**.[346] Er enthält eine Tabelle mit Werten für verschiedene Gebäudegrößen und verschiedene Beheizungsformen.[347] Das Bundessozialgericht legt als Grenze den Wert der jeweiligen rechten Spalte „zu hoch" zu Grunde. Erst, wenn die Heizungskosten das Produkt aus der angemessenen Wohnfläche (s. zu deren Bestimmung o. Rn 268) und diesem Quadratmeterheizwert übersteigen, sind sie abstrakt unangemessen.

Keine Aussage trifft der Heizspiegel über die Angemessenheit der Warmwasserbereitungskosten. **289**

Überschreiten die tatsächlichen Aufwendungen der Leistungsberechtigten für die Heizung diese abstrakte Angemessenheitsgrenze, muss in einem **zweiten Schritt** die **konkrete Angemessenheit** überprüft werden, ob also die Leistungsberechtigten konkret in der Lage sind, die Heizungskosten in ihrer Wohnung auf das angemessene Maß zu reduzieren. Nur in dem Umfang, in dem das möglich ist, sind die tatsächlichen Aufwendungen auch konkret unangemessen.[348] **290**

(10) Bestimmung der Angemessenheit durch kommunale Satzung

Nach § 22 a Abs. 1 SGB II können die Länder die **Kreise** und **kreisfreien Städte** (in **291** Baden-Württemberg: Land- und Stadtkreise) durch Gesetz ermächtigen oder verpflichten, **durch Satzung** zu **bestimmen**, in welcher Höhe **Aufwendungen für Unterkunft und Heizung** in ihrem Gebiet **angemessen** sind. Wenn auf dem örtlichen Wohnungsmarkt ausreichend freier Wohnraum verfügbar ist und dies dem Grundsatz der Wirtschaftlichkeit entspricht, können die Länder die Kreise und kreisfreien Städte (Land- und Stadtkreise) **auch** dazu ermächtigen, die Bedarfe für Unterkunft und Heizung abweichend von § 22 Abs. 1 S. 1 SGB II nicht mehr in Höhe der tatsächlichen Aufwendungen, sondern in Höhe einer **Pauschale** zu berücksichtigen. An versteckter Stelle, in § 22 b Abs. 1 S. 3 SGB II, ist geregelt, dass – in Abkehr von der Rechtsprechung des Bundessozialgerichts zu § 22 SGB II – **auch** ein **Angemessenheitswert für** die **Gesamtkosten** unter Einschluss der Nettokaltmiete, der kalten Nebenkosten und der Heizungskosten gebildet werden kann. Den Mindestinhalt der Satzungen regeln sodann § 22 a Abs. 3 und § 22 b SGB II. § 22 c SGB II stellt Maßstäbe für die Datenerhebung, -auswertung und -überprüfung auf.[349]

Bislang hat noch kein Bundesland von dieser zum 1. 4. 2011 eingeführten[350] Ermächtigung Gebrauch gemacht. **292**

---

345 *BSG*, 2. 7. 2009 – B 14 AS 36/08 R, SozR 4-4200 § 22 Nr. 23, Rn 18–23, auch zum Folgenden. – Ebenso *Geiger*, Leitfaden Alg II, S. 268.
346 Abzurufen unter http://www.heizspiegel.de.
347 Die Beheizung über Elektro-Nachtspeicheröfen ist in dem Heizspiegel nicht erfasst. Wie hier vorzugehen ist, ist offen.
348 So lässt sich die Rechtsprechung des Bundessozialgerichts auch mit dem Hinweis im Heizspiegel in Einklang bringen, dass der Heizspiegel nicht für Einzelfallentscheidungen im Rahmen von SGB II und SGB XII geeignet ist.
349 Zur Satzungslösung *Groth,* in: Groth/Luik/Siebel-Huffmann, Neues Grundsicherungsrecht, § 12, Rn 365–382.
350 Durch das Gesetz zur Ermittlung von Regelbedarfen und zur Änderung des Zweiten und Zwölften Buches Sozialgesetzbuch vom 24. 3. 2011 (BGBl. 2011 I, S. 453).

293 Die Satzungsermächtigung und insbesondere die Pauschalierungsmöglichkeit war im Gesetzgebungsverfahren besonders umstritten.[351] Klar ist, dass Satzungen gerichtlich überprüfbar sind, insbesondere auf ihre Vereinbarkeit mit höherrangigem Recht einschließlich dem Recht auf Gewährleistung eines menschenwürdigen Existenzminimums aus Art. 1 Abs. 1 GG in Verbindung mit Art. 20 Abs. 1 GG.[352] Klar ist auch, dass sich eventuell mit einer Satzungslösung, insbesondere einer Pauschalierungslösung verbundene Hoffnungen auf Kosteneinsparungen über bloße Verwaltungskosten hinaus nicht werden verwirklichen lassen: Im SGB XII, wo eine solche Pauschalierungsmöglichkeit bereits länger existiert, ist anerkannt, dass eine Pauschale niemals niedriger als die Angemessenheitsgrenze liegen darf.[353] Hinzu kommt, dass durch die Satzung die Regelungen zur Übernahme auch *un*angemessener Unterkunfts- und Heizungsaufwendungen in § 22 Abs. 1 S. 3 SGB II (hierzu Rn 296) gerade nicht umgangen werden. Damit ist einerseits sichergestellt, dass in jedem Einzelfall der Wohnbedarf befriedigt wird, andererseits kann weiterhin in jedem Einzelfall Streit entstehen. Ob die Satzungslösung die vom Gesetzgeber erwünschte Akzeptanz[354] und Befriedung der Rechtslage bringen wird, ist daher sehr zweifelhaft.

ee) Folge der Unangemessenheit tatsächlicher Aufwendungen für Unterkunft und Heizung

(1) Grundsatz

294 Sind die tatsächlichen Aufwendungen für die Unterkunft oder für die Heizung unangemessen hoch, führt das nicht dazu, dass überhaupt keine Bedarfe für Unterkunft und Heizung zu berücksichtigen sind (kein Alles-oder-Nichts-Prinzip). Vielmehr sind die unter der Angemessenheitsgrenze liegenden tatsächlichen Aufwendungen durchaus zu übernehmen. Die **Angemessenheitsgrenze** des § 22 Abs. 1 S. 1 SGB II stellt also nur einen **Deckel** dar, bis zu dem Aufwendungen als Bedarf zu berücksichtigen sind (s. aber Rn 296).

295 **Beispiel:** A wendet für ihre Wohnung 450 Euro Unterkunftskosten (Nettokaltmiete + kalte Nebenkosten) und 200 Euro Heizungskosten auf. An ihrem Wohnort sind für Alleinstehende nur 250 Euro an Unterkunftskosten und 150 Euro an Heizungskosten abstrakt und konkret angemessen. Nach § 22 Abs. 1 S. 1 SGB II sind deshalb nur diese angemessenen Beträge als Bedarf einzustellen.

(2) Übernahme auch unangemessener Kosten (§ 22 Abs. 1 S. 3 SGB II)

296 Aufgeweicht wird der harte Deckel der Angemessenheit durch § 22 Abs. 1 Satz 3 SGB II. Danach sind auch **unangemessene tatsächliche Aufwendungen** für Unterkunft und Heizung **als Bedarf** zu berücksichtigen, **solange** es der leistungsberechtigten Person oder der Bedarfsgemeinschaft **nicht möglich oder nicht zuzumuten** ist, die **Kosten** durch einen Wohnungswechsel, durch Vermieten oder auf andere Weise **zu senken**.

297 **Unmöglich** ist die Kostensenkung etwa dann, wenn eine leistungsberechtigte Person trotz intensiver Bemühungen tatsächlich keine Wohnung zu angemessenen Kosten

---

351 So hat die Fraktion der Grünen in zwei Anträgen ihre Ablehnung der Satzungsermächtigung und der Pauschalierungsmöglichkeit für Unterkunftskosten zum Ausdruck gebracht (Antrag einzelner Abgeordneter und der Fraktion BÜNDNIS 90/DIE GRÜNEN „Menschenwürdiges Dasein und Teilhabe für alle gewährleisten", BT-Drucks. 17/3435, S. 4 und Änderungsantrag einzelner Abgeordneter und der Fraktion BÜNDNIS 90/DIE GRÜNEN zum Entwurf eines Gesetzes zur Ermittlung von Regelbedarfen und zur Änderung des Zweiten und Zwölften Buches Sozialgesetzbuch, BT-Drucks. 17/4098) Sie befürchtet eine Zunahme sozialer Brennpunkte.

352 Zu diesem Recht s. *BVerfG*, 9. 2. 2010 – 1 BvL 1/09, 1 BvL 3/09, 1 BvL 4/09, BVerfGE 125, 175.

353 Statt vieler *LSG MV*, 6. 3. 2007 – L 9 SO 3/07, in juris.

354 BT-Drucks. 17/3404, S. 99–102, insbesondere S. 100: „Die durch eine Stadtvertretung oder den Kreistag erlassene kommunale Satzung wird zudem ein höheres Maß an Akzeptanz innerhalb der örtlichen Gemeinschaft beanspruchen können.".

findet. Nachzuweisen wäre das zunächst beispielsweise durch die Vorlage selbst erstellter Telefonlisten.[355] Unmöglich ist die Kostensenkung weiter, wenn rechtlich keine Lösung vom bisherigen Mietvertrag möglich ist.[356] **Unzumutbar** kann eine Kostensenkung sein, wenn das Ende der Hilfebedürftigkeit unmittelbar bevorsteht, wenn also beispielsweise feststeht, dass ein Hilfebedürftiger in zwei Monaten eine neue Arbeit annehmen wird,[357] oder wenn aus Alters- oder gesundheitlichen Gründen ein Umzug nicht verlangt werden kann.[358]

Nach dem Gesetzeswortlaut ist diese Übernahme der unangemessenen Aufwendun- **298** gen in der Regel auf einen Zeitraum von **sechs Monaten** beschränkt. Allerdings ist dies nur eine Regelfrist; ist es der leistungsberechtigten Person über den Zeitraum von sechs Monaten hinaus unmöglich oder unzumutbar, sind die **unangemessenen Kosten** vor allem zur Erfüllung des Rechts auf Sicherung eines menschenwürdigen Existenzminimums **weiter zu übernehmen**.[359]

§ 22 Abs. 1 S. 3 SGB II gilt nur, wenn Leistungsberechtigte zu Beginn des Leistungs- **299** bezuges unangemessen hohe Aufwendungen für Unterkunft und Heizung haben oder sich die tatsächlichen Aufwendungen während des Leistungsbezuges **ohne** einen **Umzug** über das Angemessene erhöhen.[360] Um zu vermeiden, dass die Aufwendungen durch einen Umzug unangemessen werden, sollen Leistungsberechtigte vor dem Abschluss eines Vertrages über eine neue Unterkunft nach § 22 Abs. 4 SGB II eine **Zusicherung** des Leistungsträgers einholen, die Aufwendungen weiterhin zu berücksichtigen (hierzu Rn 304).

(3) Kostensenkungsverfahren

Aus dem Zusammenspiel von § 22 Abs. 1 S. 1 und S. 3 SGB II ergibt sich auch das **300** mögliche Vorgehen des Leistungsträgers zur Absenkung des von ihm zu berücksichtigenden Bedarfs für Unterkunft und Heizung: Nach zutreffender Auffassung des Bundessozialgerichts ist den Leistungsberechtigten die Senkung der Aufwendungen auf das angemessene Maß erst dann möglich und zumutbar, wenn ihnen die Angemessenheitsgrenze bekannt ist.[361] Dieses Wissen kann der Leistungsträger durch eine **Kostensenkungsaufforderung** herstellen, in der er die Leistungsberechtigten zutreffend über die angemessenen Aufwendungen informiert. Eine solche Kostensenkungsaufforderung ist kein Verwaltungsakt, sondern ein bloßes Informationsschreiben mit Hinweis- und Warnfunktion.[362] Hat der Leistungsträger die Angemessenheitsgrenze also nicht oder unzutreffend mitgeteilt und ist der leistungsberechtigten Person die

---

355 Nachw. bei *Berlit,* in: LPK-SGB II, § 22, Rn 69; ebenso *Lang/Link,* in: Eicher/Spellbrink, SGB II, § 22, Rn 53.
356 *Schmidt,* in: Oestreicher, SGB II/SGB XII, § 22 SGB II, Rn 72–75; *Lang/Link,* in: Eicher/Spellbrink, SGB II, § 22, Rn 54.
357 *Lang/Link,* in: Eicher/Spellbrink, SGB II, § 22, Rn 56. Ähnlich *Berlit,* in: LPK-SGB II, § 22, Rn 65 m. Nachw.: Alsbaldiges Ausscheiden aus dem Leistungsbezug.
358 *Berlit,* in: LPK-SGB II, § 22, Rn 65 m. Nachw.; *Schmidt,* in: Oestreicher, SGB II/SGB XII, § 22 SGB II, Rn 75 a; *Lang/Link,* in: Eicher/Spellbrink, SGB II, § 22, Rn 57.
359 So auch *Schmidt,* in: Oestreicher, SGB II/SGB XII, § 22 SGB II, Rn 76. In diese Richtung auch *Berlit,* in: LPK-SGB II, § 22, Rn 63; *Lang/Link,* in: Eicher/Spellbrink, SGB II, § 22, Rn 60.
360 *Berlit,* in: LPK-SGB II, § 22, Rn 63; *BSG,* 17. 12. 2009 – B 4 AS 19/09 R, SozR 4-4200 § 22 Nr. 28 (= FEVS 61, 481 = BSGE 105, 188–191), Rn 17.
361 *BSG,* 7. 11. 2006 – B 7 b AS 10/06 R, SozR 4-4200 § 22 Nr. 2, Rn 23; *BSG,* 19. 3. 2008 – B 11 b AS 41/06 R, SozR 4-4200 § 22 Nr. 7, Rn 20 f.; *Berlit,* in: LPK-SGB II, § 22, Rn 71.
362 *BSG,* 7. 11. 2006 – B 7 b AS 10/06 R, SozR 4-4200 § 22 Nr. 2, Rn 23; *BSG,* 27. 2. 2008 – B 14/7 b AS 70/06 R, SozR 4-4200 § 22 Nr. 8, Rn 13; *BSG,* 19. 3. 2008 – B 11 b AS 41/06 R, SozR 4-4200 § 22 Nr. 7, Rn 20 f.

Angemessenheitsgrenze nicht anderweit bekannt, sind die tatsächlichen Aufwendungen weiter zu übernehmen.[363]

301 Nach § 22 Abs. 1 S. 4 SGB II **muss** der Träger eine **Absenkung** der unangemessenen Aufwendungen **nicht fordern, wenn** dies unter Berücksichtigung der bei einem Wohnungswechsel zu erbringenden Leistungen **unwirtschaftlich** wäre. Dies wird vor allem bei relativ geringfügigen Überschreitungen der Angemessenheitsgrenze in Betracht kommen, wenn sich die für einen Umzug oder die Wohnungsbeschaffung zu anzuerkennenden Bedarfe (hierzu Rn 318) sowie die Kosten einer etwaigen Auszugsrenovierung (o. Rn 248) durch die längerfristige Ersparnis voraussichtlich nicht amortisieren werden. Zwar sieht der Gesetzgeber in dieser Vorschrift ausdrücklich kein subjektives Recht der Leistungsberechtigten, einen Wirtschaftlichkeitsvergleich vorzunehmen.[364] Allerdings haben die Leistungsberechtigten ein subjektives Recht auf ermessensfehlerfreie Entscheidung, so dass es nach allgemeinen Grundsätzen durch Selbstbindung der Verwaltung zu einem solchen subjektiven Recht der Leistungsberechtigten kommen kann.

ff) Übernahme geringerer als der tatsächlichen, angemessenen Aufwendungen (§ 22 Abs. 1 S. 2, Abs. 5 SGB II)

(1) Überblick

302 In zwei Fällen sieht das Gesetz vor, tatsächliche Aufwendungen von Hilfebedürftigen für Unterkunft und Heizung selbst dann nicht oder nicht vollständig zu übernehmen, wenn sie angemessen sind: Bei **Erhöhung der** angemessenen **Aufwendungen durch** einen nicht erforderlichen **Umzug** (Rn 303) und bei Auszug unter 25-jähriger Leistungsberechtigter aus dem Haushalt ihrer Eltern ohne Zusicherung des Trägers (Rn 306).

(2) Nicht erforderlicher Umzug

303 **Erhöhen sich nach** einem nicht erforderlichen **Umzug** die angemessenen **Aufwendungen für Unterkunft und Heizung**, wird nach § 22 Abs. 1 S. 2 SGB II nur der **bisherige Bedarf für Unterkunft und Heizung** als Ganzer[365] bei der Bedarfsberechnung berücksichtigt. Mit dieser Regelung will der Gesetzgeber Kostensteigerungen durch vollständiges Ausschöpfen der Angemessenheitsgrenzen entgegenwirken.[366] Als Gründe für die „Erforderlichkeit" eines Umzuges nennt der Gesetzgeber insbesondere Eingliederung in Arbeit, gesundheitliche oder soziale Gründe. Sie können bei einer Änderung der Verhältnisse vorliegen (Geburt eines Kindes,[367] Heranwachsen eines Kindes mit daraus folgendem eigenem Raumbedarf,[368] Zerwürfnis zwischen den bisherigen Mitbewohnenden, Wegfall der Möglichkeit der Badbenutzung)[369], aber auch schon immer der bisherigen Wohnung immanent gewesen sein (wiederholter Schim-

363 *BSG,* 17. 12. 2009 – B 4 AS 19/09 R, SozR 4-4200 § 22 Nr. 28 (= FEVS 61, 481 = BSGE 105, 188–194), Rn 13–19. – Zum Kostensenkungsverfahren s. a. *Knickrehm/Voelzke,* in: Deutscher Sozialgerichtstag e. V. (Hrsg.), Kosten der Unterkunft nach § 22 SGB II, S. 11, 38–42.
364 BT-Drucks. 17/3404, S. 98 (Zu § 22 Abs. 1).
365 *Berlit,* in: LPK-SGB II, § 22, Rn 50.
366 BT-Drucks. 16/1410, Rn 23; *Berlit,* in: LPK-SGB II, § 22, Rn 48.
367 *LSG MV,* 7. 5. 2009 – L 8 AS 87/08, in juris.
368 *LSG NI-HB,* 11. 10. 2007 – L 7 AS 623/07 ER, ASR 2008, 91–93; *SG Dresden,* 2. 8. 2007 – S 10 AS 1957/07 ER, ZFSH/SGB 2007, 680–683.
369 *LSG ST,* 31. 3. 2011 – L 5 AS 359/10 B ER, in juris.

melbefall,[370] unterster Wohnstandard ohne abgeschlossenen Wohnbereich)[371]. § 22 Abs. 1 S. 2 SGB II gilt nur bei einem Umzug innerhalb des örtlichen Vergleichsraums[372] und nur dann, wenn bei Veranlassung des Umzugs Hilfebedürftigkeit im Sinne von § 9 SGB II bestand.[373]

Der Unsicherheit, ob auch nach einem Umzug die tatsächlichen Aufwendungen über- **304** nommen werden, können Leistungsberechtigte entgehen, indem sie beim Leistungsträger vor Abschluss eines neuen Mietvertrages die **Zusicherung** einholen, dass die Aufwendungen für die neue Unterkunft berücksichtigt werden. § 22 Abs. 4 S. 1 SGB II stellt eine entsprechende **Obliegenheit** für die Leistungsberechtigten auf. Zuständig für die Erteilung der Zusicherung ist – nach Beteiligung des für Ort der neuen Unterkunft örtlich zuständigen kommunalen Trägers – der bisher örtlich zuständige kommunale Träger. Die Leistungsberechtigten haben einen Anspruch auf die Erteilung der Zusicherung als Verwaltungsakt,[374] wenn der Umzug erforderlich ist und die Aufwendungen für die neue Unterkunft angemessen sind.

Liegen die Anspruchsvoraussetzungen für die Erteilung der Zusicherung vor, ist es **305** unerheblich, ob die Leistungsberechtigten der Obliegenheit nachgekommen sind: In beiden Fällen sind die Aufwendungen bis zur angemessenen Höhe als Bedarf anzuerkennen.[375] Die **Zusicherung des § 22 Abs. 4 SGB II** hat also **nur deklaratorische**, nicht konstitutive Wirkung.

(3) Sonderregelung für unter 25-Jährige

Den zweiten Fall, in dem nur weniger als die tatsächlichen angemessenen Aufwen- **306** dungen übernommen werden, regelt § 22 Abs. 5 SGB II. Nach Satz 1 dieser Vorschrift werden bei **Personen, die das 25. Lebensjahr noch nicht vollendet haben und die umziehen**, Bedarfe für Unterkunft und Heizung für die Zeit nach einem Umzug bis zur Vollendung des 25. Lebensjahres überhaupt **nur dann anerkannt, wenn** der kommunale Träger dies vor Abschluss des Vertrages über die Unterkunft **zugesichert hat**. Mit dieser Regelung, die zudem in § 20 Abs. 3 SGB II von einer Absenkung des Regelbedarfs flankiert wird (o. Rn 183), wollte der Gesetzgeber einer Kostensteigerung entgegenwirken, die in der Anfangsphase des SGB II dadurch entstand, dass in großer Zahl volljährig gewordene Leistungsberechtigte aus dem elterlichen Haushalt auszogen und erstmalig einen eigenen Haushalt gründeten.[376] Wegen dieser gesetzgeberischen Intention gilt § 22 Abs. 5 S. 1 SGB II **nur für den erstmaligen Auszug aus dem elterlichen Haushalt**.[377] Er gilt also nicht, wenn der junge Mensch schon vor dem Leistungsbezug einen eigenen Haushalt hatte,[378] wenn er aus dem Haushalt des einen

---

370 *SG Dortmund*, 4. 10. 2010 – S 31 AS 317/08, in juris.

371 *LSG ST*, 31. 3. 2011 – L 5 AS 359/10 B ER, in juris.

372 *LSG BW*, 16. 8. 2010 – L 2 AS 3640/10 ER-B, in juris; *Berlit*, in: LPK-SGB II, § 22, Rn 51 m. w. Nachw.; *Schmidt*, in: Oestreicher, SGB II/SGB XII, § 22 SGB II, Rn 67 a.

373 *BSG*, 30. 8. 2010 – B 4 AS 10/10 R, SozR 4-4200 § 22 Nr. 40.

374 *Schmidt*, in: Oestreicher, SGB II/SGB XII, § 22 SGB II, Rn 90.

375 *Schmidt*, in: Oestreicher, SGB II/SGB XII, § 22 SGB II, Rn 68.

376 Vgl. BT-Drucks. 16/688, S. 14 (Zu Nr. 6 Buchst. a).

377 *Berlit*, in: LPK-SGB II, § 22, Rn 88–91; *Schmidt*, in: Oestreicher, SGB II/SGB XII, § 22 SGB II, Rn 99 f. – W. Nachw. bei *Geiger*, Leitfaden Alg II, S. 97 f.

378 *Berlit*, in: LPK-SGB II, § 22, Rn 89; *Schmidt*, in: Oestreicher, SGB II/SGB XII, § 22 SGB II, Rn 99; *LSG BE-BB*, 15. 2. 2010 – L 25 AS 35/10 B ER, in juris, Rn 15.

Elternteils in den des anderen Elternteils zieht[379] oder wenn die gesamte Bedarfsgemeinschaft umzieht – egal, ob der junge Mensch mit umzieht oder nicht.[380]

307	Der junge Mensch hat nach § 22 Abs. 5 S. 2 SGB II dann einen **Anspruch auf** Erteilung der **Zusicherung** durch den kommunalen Träger, wenn der junge Mensch aus **schwerwiegenden sozialen Gründen** nicht auf die Wohnung der Eltern oder eines Elternteils verwiesen werden kann, der Bezug der Unterkunft zur Eingliederung in den Arbeitsmarkt erforderlich ist oder ein sonstiger, ähnlich schwerwiegender Grund vorliegt. Schwerwiegende soziale Gründe liegen zum Beispiel vor, wenn die Beziehungen zwischen Eltern und jungem Menschen oder einem anderen Bedarfsgemeinschaftsmitglied und dem jungen Menschen über das Maß üblicher familiärer Konflikte hinaus zerrüttet ist, sodass ein weiteres Zusammenleben nicht zumutbar ist.[381] Auch dann, wenn der junge Mensch mit seinem Partner oder seiner Partnerin einen gemeinsamen Haushalt gründen will, wird das Zusammenleben im Haushalt der Eltern des jungen Menschen oft nicht zumutbar sein.

308	Nach § 22 Abs. 5 S. 3 SGB II kann **von dem Erfordernis der Zusicherung abgesehen** werden, wenn es der oder dem Betroffenen aus wichtigem Grund nicht zumutbar war, die Zusicherung einzuholen.

309	Ob § 22 Abs. 5 S. 3 SGB II Ermessen einräumt, ist umstritten.[382] Nach der wohl überwiegenden Meinung ist zwar bei der Frage, wann ein wichtiger Grund vorliegt, der eine Einholung der Zusicherung unzumutbar macht, relativ großzügig vorzugehen, ein Übergehen dieses Tatbestandsmerkmals lehnt sie jedoch ab.[383] So soll etwa Unkenntnis des Erfordernisses, eine vorherige Zusicherung einzuholen, Ungeduld oder eine Fehleinschätzung der Dringlichkeit nicht für eine Unzumutbarkeit ausreichen.[384] In dieser Auslegung ist die Vorschrift indes verfassungswidrig: Sie stellt nicht das mildeste Mittel dar, um ihr legitimes Ziel der Kostenbegrenzung auf die im Sinne von § 22 Abs. 5 S. 2 SGB II sozial gebotenen Fälle zu erreichen; die Bindung an die tatsächliche Erforderlichkeit des Umzuges wäre vielmehr ebenso wirksam. So verstanden ist die Vorschrift deshalb nicht erforderlich. Geboten ist daher eine verfassungskonforme Auslegung: Ohne den Wortlaut des Gesetzes zu überspielen,[385] ist deshalb von Unzumutbarkeit der vorherigen Einholung einer Zusicherung immer dann auszugehen, wenn die Voraussetzungen des § 22 Abs. 5 S. 2 SGB II vorliegen, und in diesen Fällen zugleich eine Ermessensreduzierung auf Null anzunehmen.[386] Damit wirkt die **Zusicherung** auch im Fall **des § 22 Abs. 5 SGB II** bloß **deklaratorisch.**

310	Zwar bedarf **keiner Zusicherung** nach § 22 Abs. 5 S. 1 SGB II, wer als unter 25-jährige Person **vor der Antragstellung** umzieht. Geschieht dies jedoch in der Absicht, die Voraussetzungen für die Leistungsgewährung herbeizuführen, werden nach § 22

379	*Geiger,* Leitfaden Alg II, S. 98.
380	*LSG SH,* 18. 3. 2007 – L 11 B 13/07 AS ER, FEVS 58, 459–460 (= NZS 2007, 388–389); *LSG NI-HB,* 30. 3. 2007 – L 13 AS 38/07 ER, NDV-RD 2007, 63–64 (= ZFSH/SGB 2007, 278–281), Rn 14.
381	*Berlit,* in: LPK-SGB II, § 22, Rn 95 m. zahlr. Nachw.
382	Gegen Ermessen und für Annahme eines „Kompetenz-Kann": *Lang/Link,* in: Eicher/Spellbrink, SGB II, § 22, Rn 80v. – Für Ermessen, allerdings reduziert auf Null bei Vorliegen der Voraussetzungen des Satzes 3 (im Ergebnis daher gleich): *Schmidt,* in: Oestreicher, SGB II/SGB XII, § 22 SGB II, Rn 111. Für Ermessen, allerdings reduziert auf Null bei Vorliegen der Voraussetzungen des Satzes 2: *Berlit,* in: LPK-SGB II, § 22, Rn 99.
383	*SG Reutlingen,* 18. 12. 2007 – S 2 AS 2399/07, in juris, Rn 48; *Schmidt,* in: Oestreicher, SGB II/SGB XII, § 22 SGB II, Rn 110; *Lang/Link,* in: Eicher/Spellbrink, SGB II, § 22, Rn 80 w.
384	*Lang/Link,* in: Eicher/Spellbrink, SGB II, § 22, Rn 80 w.
385	So der Vorwurf des *SG Reutlingen,* 18. 12. 2007 – S 2 AS 2399/07, in juris, Rn 48, an *Berlit,* in: LPK-SGB II, § 22, Rn 91.
386	So bereits *Berlit,* in: LPK-SGB II, § 22, Rn 91 und 99.

Abs. 5 S. 4 SGB II ebenfalls keine Bedarfe für Unterkunft und Heizung berücksichtigt. Die von § 22 Abs. 5 S. 4 SGB II geforderte Absicht liegt erst dann vor, wenn der Leistungsbezug das hauptsächliche Ziel des Umzuges der unter 25-jährigen Person war. Es genügt nicht, dass der eintretende Leistungsbezug ein untergeordnetes Motiv in dem zum Umzugsentschluss führenden Motivbündel war.[387]

gg) Unmittelbare Deckung des Bedarfs für Unterkunft und Heizung

Gegenüber den anderen Bedarfen besteht beim Bedarf für Unterkunft und Heizung **311** nach § 22 SGB II die Besonderheit, dass **bestimmte Einnahmen** der Leistungsberechtigten **nicht** als **Einkommen** anzurechnen sind, **sondern** unmittelbar den **Bedarf für Unterkunft und Heizung decken.** Zwar ist das nur für zwei Gruppen von Einnahmen ausdrücklich (Rn 312) beziehungsweise andeutungsweise (Rn 314) im Gesetz geregelt, es handelt sich dabei aber um einen allgemeinen Grundsatz (Rn 316). Für diese Einnahmen gelten nicht die Vorschriften über das Einkommen.

Nach der ausdrücklichen Regelung in § 22 Abs. 3 SGB II mindern **Rückzahlungen und 312 Guthaben**, die dem **Bedarf für Unterkunft und Heizung** zuzuordnen sind, die Aufwendungen für Unterkunft und Heizung nach dem Monat der Rückzahlung oder der Gutschrift, wobei Kosten außer Betracht bleiben, die sich auf die Kosten für Haushaltsenergie beziehen. Die letztere Einschränkung liegt daran, dass die Haushaltsenergie im Regelbedarf und nicht in den Bedarfen für Unterkunft und Heizung enthalten ist. Was von der Rückzahlung nicht im unmittelbaren Folgemonat „verbraucht" wird, muss in späteren Monaten angerechnet werden.

Beispiel: A bezieht laufend Arbeitslosengeld II. Darin sind monatlich 250 Euro für Bedarfe für **313** Unterkunft und Heizung enthalten. Im Juni erhält A nun die Nebenkostenabrechnung seiner Vermieterin, die ihm von den im Vorjahr geleisteten Vorauszahlungen auf die Neben- und Heizungskosten insgesamt 350 Euro zurückerstattet. – Im Monat Juli sind keine (250 Euro – 350 Euro = – 100 Euro „Rest"), im Monat August nur 150 Euro (= 250 Euro – 100 Euro „Rest") an Bedarfen für Unterkunft und Heizung zu berücksichtigen.

Angedeutet ist dasselbe Vorgehen für die Zahlungen, die eine leistungsberechtigte **314** Person durch Untervermietung ihrer Wohnung erhält: § 22 Abs. 1 S. 3 SGB II setzt voraus, dass eine Senkung der Aufwendungen auch „durch Vermieten" möglich ist. Deshalb ist auch der Untermietzins inklusive der Nebenkosten kein Einkommen, sondern mindert die tatsächlichen Aufwendungen der leistungsberechtigten Person beziehungsweise Bedarfsgemeinschaft. Nur, soweit diese Einnahmen die Gesamtaufwendungen übersteigen, können sie als Einkommen angerechnet werden.

Beispiel: A zahlt für seine Mietwohnung insgesamt 500 Euro monatlich. Ein Zimmer hat er für **315** 250 Euro monatlich untervermietet. – Es sind von vornherein nur 250 Euro an Bedarfen für Unterkunft und Heizung zu berücksichtigen. Eine Anrechnung des Untermietbetrages als Einkommen kommt nicht in Betracht.

B zahlt für ihre Mietwohnung insgesamt 750 Euro monatlich. Zwei der drei Zimmer hat sie für je 400 Euro monatlich untervermietet. – Es sind von vornherein keine Bedarfe für Unterkunft und Heizung zu berücksichtigen. Die die Aufwendungen für Unterkunft und Heizung übersteigenden 50 Euro sind hingegen als Einkommen anzurechnen.

---

387 *Berlit,* in: LPK-SGB II, § 22, Rn 103; *Schmidt,* in: Oestreicher, SGB II/SGB XII, § 22 SGB II, Rn 117; *Lang/ Link,* in: Eicher/Spellbrink, SGB II, § 22, Rn 80 z.

316 Diese Grundsätze gelten auch für andere Einnahmen, die unmittelbar auf die Unterkunft bezogen sind. So mindern etwa auch kommunale Mietkostenzuschüsse unmittelbar den Bedarf für Unterkunft und Heizung.[388]

hh) Weitere Bedarfe für Unterkunft und Heizung: Überblick

(1) Überblick

317 Neben diesen laufenden Aufwendungen für Unterkunft und Heizung erkennt § 22 SGB II auch noch weitere Punkte als Bedarfe für Unterkunft und Heizung an, nämlich Wohnungsbeschaffungs- und Umzugskosten sowie Mietkaution (Rn 318), Renovierungskosten (Rn 324) und schließlich Miet- und andere im Zusammenhang mit der Unterkunft stehende Schulden (Rn 329).

(2) Wohnungsbeschaffungs- und Umzugskosten sowie Mietkaution (§ 22 Abs. 6 SGB II)

318 Nach § 22 Abs. 6 SGB II können **Wohnungsbeschaffungskosten** und **Umzugskosten** bei vorheriger Zusicherung durch den bis zum Umzug örtlich zuständigen kommunalen Träger als Bedarf anerkannt werden. Auch eine **Mietkaution** kann nach Zusicherung durch den am Ort der neuen Unterkunft zuständigen kommunalen Träger als Bedarf anerkannt werden.

319 Die Begriffe der Wohnungsbeschaffungs- und der Umzugskosten sind grundsätzlich weit, allerdings nicht über die Wortlautgrenze hinaus auszulegen.[389] Wohnungsbeschaffungskosten sind danach „Aufwendungen, die mit dem Finden und Anmieten der Wohnung verbunden sind".[390] Zu den Umzugskosten gehören demgegenüber nur die eigentlichen „Kosten des Umzugs" („Transportkosten, Kosten für eine Hilfskraft, erforderliche Versicherungen, Benzinkosten, Verpackungsmaterial usw").[391]

320 Auf der Rechtsfolgenseite ist § 22 Abs. 6 SGB II missverständlich formuliert: Dem kommunalen Träger ist nach richtiger Auffassung **Ermessen** eingeräumt, die **Zusicherung zu erteilen**; nach erteilter Zusicherung hat er hingegen kein Ermessen mehr.[392] Es handelt sich hierbei um eine andere Zusicherung als die in § 22 Abs. 4 und 5 SGB II genannte Zusicherung (hierzu Rn 304 und 306): Geht es bei diesen darum zuzusichern, dass und in welchem Umfang der Träger auch künftig *laufende* Bedarfe für Unterkunft und Heizung anerkennen werde, sichert der zuständige Träger in § 22 Abs. 6 SGB II gerade die Übernahme der für einen *konkreten* Umzug in *konkreter* Höhe anfallenden Kosten zu.

321 § 22 Abs. 6 S. 2 SGB II hebt das Ermessen des Trägers für bestimmte Fälle wieder auf: Die Zusicherung soll erteilt werden, wenn der Umzug durch den kommunalen Träger veranlasst oder aus anderen Gründen notwendig ist. **Veranlasst** ist der Umzug bei-

---

388 *BSG*, 22. 9. 2009 – B 4 AS 8/09 R, SozR 4-4200 § 22 Nr. 24, Rn 24–26. – Vgl. a. *Schmidt*, in: Oestreicher, SGB II/SGB XII, § 11 SGB II, Rn 35, 137.

389 *BSG*, 16. 12. 2008 – B 4 AS 49/07 R, SozR 4-4200 § 22 Nr. 16, Rn 13; *Berlit*, in: LPK-SGB II, § 22, Rn 109; *Lang/Link*, in: Eicher/Spellbrink, SGB II, § 22, Rn 83.

390 *BSG*, 16. 12. 2008 – B 4 AS 49/07 R, SozR 4-4200 § 22 Nr. 16, Rn 13; *Lang/Link*, in: Eicher/Spellbrink, SGB II, § 22, Rn 83.

391 *BSG*, 16. 12. 2008 – B 4 AS 49/07 R, SozR 4-4200 § 22 Nr. 16, Rn 15; *Lang/Link*, in: Eicher/Spellbrink, SGB II, § 22, Rn 84.

392 *Schmidt*, in: Oestreicher, SGB II/SGB XII, § 22 SGB II, Rn 122; *Berlit*, in: LPK-SGB II, § 22, Rn 104; *Lang/ Link*, in: Eicher/Spellbrink, SGB II, § 22, Rn 87.

spielsweise nach einer Kostensenkungsaufforderung; aus anderen Gründen notwendig ist der Umzug dann, wenn er im Sinne von § 22 Abs. 4 SGB II „erforderlich" wäre (hierzu Rn 303)[393] und die neue Wohnung den Angemessenheitskriterien genügt.[394] In beiden Fällen muss hinzukommen, dass ohne die Zusicherung eine Unterkunft nicht in einem angemessenen Zeitraum, also einem Zeitraum von etwa sechs Monaten,[395] gefunden werden kann.

Fehlt die Zusicherung, besteht grundsätzlich kein Anspruch auf Berücksichtigung der **322** Wohnungsbeschaffungs- und Umzugskosten oder der Mietkaution als Bedarf. Daraus folgt, dass die Zusicherung des § 22 Abs. 6 SGB II regelmäßig konstitutiv und nicht bloß deklaratorisch wirkt. Allerdings ist die Zusicherung nicht erforderlich, wenn sie aus in der Sphäre des Leistungsträgers liegenden Gründen erst verspätet erteilt wird[396] oder wenn der leistungsberechtigten Person eine vorherige Einholung der Zusicherung unzumutbar war.[397]

Schließlich soll eine Kaution nach § 22 Abs. 6 S. 3 SGB II als Darlehen erbracht werden **323** (s. a. u. Rn 539).

(3) Renovierungskosten (§ 22 Abs. 2 SGB II)

Nach § 22 Abs. 2 SGB II werden bei selbst bewohntem Wohneigentum auch unab- **324** weisbare **Aufwendungen für Instandhaltung und Reparatur** anerkannt. Damit trägt der Gesetzgeber einer Besonderheit bei selbst genutztem Wohneigentum Rechnung: Während Mieterinnen und Mieter mit ihrer Miete die Bewohnbarkeit ihrer Unterkunft mit ihrer Miete bezahlen, müssen Eigentümerinnen und Eigentümer diese selbst herstellen. Übernommen werden nur tatsächlich entstehende Aufwendungen. Unabweisbar sind die Kosten dann, wenn sie zeitlich unaufschiebbar sind und nicht zu einer Verbesserung des Wohnstandards führen.[398] Sie können nur übernommen werden, wenn das selbst bewohnte Wohneigentum im Sinne von § 12 Abs. 3 Nr. 4 SGB II angemessen ist, also als Vermögensgegenstand geschützt ist (s. u. Rn 424).

Um eine Gleichbehandlung von Eigentümerinnen und Eigentümern mit Mieterinnen **325** und Mietern herzustellen,[399] sind die Bedarfe nach § 22 Abs. 2 SGB II gedeckt: Die Aufwendungen für Instandhaltung und Reparatur dürfen zusammen mit den übrigen Aufwendungen für die Unterkunft nach § 22 Abs. 1 SGB II, die im Monat der Entstehung der Instandhaltungsaufwendungen und den folgenden elf Monaten entstehen, insgesamt nicht die **Angemessenheitsgrenze** übersteigen.

Beispiel: A ist erwerbsfähiger Leistungsberechtigter und bewohnt mit seiner Frau B und ihren **326** drei gemeinsamen Kindern C, D und E ein im Eigentum der Eheleute stehendes Einfamilienhaus von angemessener Größe. Das Haus ist schuldenfrei. Die Bedarfsgemeinschaft wendet monatlich 250 Euro an kalten Betriebskosten auf. Am Wohnort der Bedarfsgemeinschaft gelten für einen Fünfpersonenhaushalt Unterkunftsaufwendungen in Höhe von 787,50 Euro als angemessen. Nunmehr fallen unaufschiebbare Reparaturen am Hausdach an; die Reparaturkosten belaufen sich auf insgesamt 8.000 Euro. – Grundsätzlich sind die Reparaturkosten nach § 22 Abs. 2 S. 1 SGB II als Bedarf anzuerkennen. Allerdings ist der Bedarf gedeckt. Im Monat der Reparatur und in den folgenden elf Monaten fallen insgesamt Aufwendungen nach § 22 Abs. 1 SGB II in Höhe von 3.000 Euro an (12 · 250 Euro). Angemessen sind Aufwendungen bis zu einem Betrag von

---

393 *Berlit,* in: LPK-SGB II, § 22, Rn 104.
394 *Schmidt,* in: Oestreicher, SGB II/SGB XII, § 22 SGB II, Rn 123.
395 *Schmidt,* in: Oestreicher, SGB II/SGB XII, § 22 SGB II, Rn 123; *Lang/Link,* in: Eicher/Spellbrink, SGB II, § 22, Rn 92.
396 *Berlit,* in: LPK-SGB II, § 22, Rn 106 m. Nachw.
397 *Lang/Link,* in: Eicher/Spellbrink, SGB II, § 22, Rn 85.
398 BT-Drucks. 17/3404, S. 98 (Zu § 22 Abs. 2).
399 BT-Drucks. 17/3404, S. 98 (Zu § 22 Abs. 2).

insgesamt 9.450 Euro (12 · 787,50 Euro). Damit werden nur noch 6.450 Euro (9.450 Euro – 3.000 Euro) als Bedarf nach § 22 Abs. 1 S. 1 SGB II anerkannt.

327 Übersteigen die Aufwendungen für Instandhaltung und Reparatur zusammen mit den Bedarfen nach § 22 Abs. 1 SGB II in den zwölf Monaten ab Entstehung der Instand-haltungsaufwendungen die Jahresangemessenheitsgrenze, kann der kommunale Trä-ger ein entsprechendes **Darlehen** erbringen. Das Trägerermessen ist dabei auf Null reduziert, wenn die Instandhaltungsaufwendungen zur Sicherung der Bewohnbarkeit der Unterkunft erforderlich sind. Dieses Darlehen soll dinglich, also etwa durch eine Grundschuld oder eine Hypothek, gesichert werden.

328 **Beispiel:** Im Beispielsfall Rn 326 muss der Leistungsträger die übrigen 1.550 Euro (8.000 Eu-ro – 6.450 Euro) als Darlehen übernehmen.

(4) Übernahme von Miet- und sonstigen im Zusammenhang mit der Unterkunft stehenden Schulden (§ 22 Abs. 8 SGB II)

329 § 22 Abs. 8 SGB II schließlich enthält eine Besonderheit: Nach dieser Vorschrift können **Schulden übernommen werden**, soweit dies zur Sicherung der Unterkunft oder zur Behebung einer vergleichbaren Notlage gerechtfertigt ist. Voraussetzung hierfür ist,

1. dass Arbeitslosengeld II oder Sozialgeld[400] bereits anderweit[401] für den Bedarf für Unterkunft und Heizung erbracht wird und
2. dass die Übernahme der Schulden
   a. zur Sicherung der Unterkunft oder
   b. zur Behebung einer vergleichbaren Notlage

gerechtfertigt ist.

330 **Gerechtfertigt** ist die Übernahme von Schulden **zur Sicherung einer Unterkunft** dann, wenn die Unterkunft durch sie dauerhaft erhalten werden kann. Dies ist bei-spielsweise bei Mietschulden der Fall, welche die Vermieterseite zu einer fristlosen Kündigung berechtigen würde (§§ 543 Abs. 1, 2 S. 1 Nr. 3, 569 Abs. 3 BGB). Nicht ge-rechtfertigt ist die Schuldenübernahme, wenn alsbald wieder mit dem Auflaufen neuer Schulden zu rechnen ist, wenn also beispielsweise die Aufwendungen für die Unter-kunft unangemessen hoch sind.[402] Eine **vergleichbare Notlage** liegt vor, wenn ohne ihre Behebung die Nutzung der Unterkunft gefährdet wäre. Dies ist etwa der Fall, wenn eine Strom- oder Energiesperre droht. **Nicht gerechtfertigt** ist die Schuldenübernah-me, wenn die Notlage auch auf andere Weise beseitigt werden kann, etwa durch In-stallation eines Münzzählers bei der Energieversorgung.[403]

331 Die Schuldenübernahme ist auch **nicht gerechtfertigt**, wenn die Leistungsberechtig-ten über ansonsten geschontes Vermögen verfügen: Nach § 22 Abs. 8 S. 3 SGB II ist der nach § 12 Abs. 2 S. 1 Nr. 1 SGB II geschonte Grundfreibetrag des Vermögens (s. hierzu u. Rn 439) vorrangig einzusetzen.

---

400 Obwohl im Gesetz die Gewährung von Sozialgeld nicht erwähnt wird, muss der Bedarf auch bei denje-nigen anerkannt werden, denen Sozialgeld für den Bedarf für Unterkunft und Heizung gewährt wird; das ergibt sich auch daraus, dass der Gesetzgeber mit dem neuen § 22 Abs. 8 SGB II keine Änderung ge-genüber dem früheren Zustand in § 22 Abs. 5 SGB II herbeiführen wollte (BT-Drucks. 17/3404, S. 99 [zu § 22 Abs. 8]).

401 *Berlit,* in: LPK-SGB II, § 22, Rn 120.

402 Zum Ganzen *Berlit,* in: LPK-SGB II, § 22, Rn 121–124; *Schmidt,* in: Oestreicher, SGB II/SGB XII, § 22 SGB II, Rn 140, 142–144; *Lang/Link,* in: Eicher/Spellbrink, SGB II, § 22, Rn 103 f.; alle m. w. Nachw.

403 Zum Ganzen *Berlit,* in: LPK-SGB II, § 22, Rn 125 f.; *Schmidt,* in: Oestreicher, SGB II/SGB XII, § 22 SGB II, Rn 141–144; *Lang/Link,* in: Eicher/Spellbrink, SGB II, § 22, Rn 105 f.; alle m. w. Nachw.

Bei Vorliegen dieser Voraussetzungen eröffnet § 22 Abs. 8 S. 1 SGB II dem Jobcenter **332** grundsätzlich **Ermessen** zur Übernahme der Schulden.[404] Diese Rechtsfolge wird durch § 22 Abs. 8 S. 2 SGB II modifiziert: Ist die Schuldenübernahme gerechtfertigt und notwendig und droht ohne die Schuldenübernahme Wohnungslosigkeit, **sollen** die Schulden übernommen werden. Die Schuldenübernahme kann also nur noch in atypischen Ausnahmefällen verweigert werden. Gerechtfertigt und notwendig ist die Schuldenübernahme dann, wenn anders die Wohnungslosigkeit nicht mehr abgewendet werden kann.[405] Trotz drohender Wohnungslosigkeit soll eine Schuldenübernahme nicht in Betracht kommen, wenn für die bewohnte Unterkunft unangemessen hohe Kosten aufgewendet werden.[406] In diesem Fall wird das Jobcenter die zuständige Polizei- oder Ordnungsbehörde zu informieren haben, dass diese die Wohnungslosigkeit mit polizei- oder ordnungsrechtlichen Mitteln verhindert.[407]

In der Regel werden Schulden durch Geldleistung gedeckt. Nach § 22 Abs. 8 S. 4 **333** SGB II sollen Geldleistungen zur Schuldenübernahme als Darlehen gewährt werden (siehe auch ab Rn 534).

Flankiert wird die Schuldenübernahme in § 22 Abs. 8 SGB II durch zwei Vorschriften, **334** welche das Auflaufen von Schulden überhaupt verhindern sollen beziehungsweise ein rechtzeitiges Einschreiten des Jobcenters ermöglichen sollen. Nach § 22 Abs. 7 SGB II soll Arbeitslosengeld II und Sozialgeld,[408] soweit es für den Bedarf für Unterkunft und Heizung geleistet wird, in bestimmten Fällen **unmittelbar an Vermieterinnen und Vermieter** oder andere Empfangsberechtigte gezahlt werden (näher u. ab Rn 529). § 22 Abs. 9 SGB II schließlich sieht vor, dass ein Gericht, bei dem eine Klage auf Räumung von Wohnraum nach fristloser Kündigung wegen Zahlungsrückständen eingeht, den zuständigen Träger nach dem SGB II hierüber **informiert**. Damit wird der Träger in den Stand gesetzt, die erforderlichen Maßnahmen zur Abwendung der Wohnungslosigkeit zu ergreifen.

e) Zusammenfassung

Für jeden Leistungsberechtigten und **jede Leistungsberechtigte** ist also zunächst **335** festzustellen, in welcher Höhe jeweils Regelbedarf, Mehrbedarfe und Bedarfe für Unterkunft und Heizung zu berücksichtigen sind. Steht das fest, kann betrachtet werden, ob diese **Bedarfe durch Selbst- oder Dritthilfe gedeckt** sind.

---

404 *Berlit,* in: LPK-SGB II, § 22, Rn 127; *Schmidt,* in: Oestreicher, SGB II/SGB XII, § 22 SGB II, Rn 145; *Lang/ Link,* in: Eicher/Spellbrink, SGB II, § 22, Rn 107.
405 *Schmidt,* in: Oestreicher, SGB II/SGB XII, § 22 SGB II, Rn 148; *Lang/Link,* in: Eicher/Spellbrink, SGB II, § 22, Rn 109.
406 *Schmidt,* in: Oestreicher, SGB II/SGB XII, § 22 SGB II, Rn 148; *Lang/Link,* in: Eicher/Spellbrink, SGB II, § 22, Rn 109.
407 In Baden-Württemberg beispielsweise Beschlagnahme der bewohnten Unterkunft nach § 33 PolG BW.
408 Obwohl im Gesetz die Gewährung von Sozialgeld nicht erwähnt wird, muss der Bedarf auch bei denjenigen anerkannt werden, denen Sozialgeld für den Bedarf für Unterkunft und Heizung gewährt wird; das ergibt sich auch daraus, dass der Gesetzgeber mit dem neuen § 22 Abs. 7 SGB II nur die frühere Regelung in § 22 Abs. 4 SGB II konkretisieren wollte (BT-Drucks. 17/3404, S. 98 [zu § 22 Abs. 7]).

3. Selbst- und Dritthilfemöglichkeiten

a) Einführung und Überblick

336 Die letzte, bislang noch nicht angesprochene Leistungsvoraussetzung für Arbeitslosengeld II und Sozialgeld ist die **Hilfebedürftigkeit**. Diese muss grundsätzlich bei allen Leistungen zur Sicherung des Lebensunterhalts vorliegen. Nach § 9 Abs. 1 SGB II ist hilfebedürftig, wer seinen Lebensunterhalt nicht oder nicht ausreichend aus dem zu berücksichtigenden Einkommen oder Vermögen sichern kann und die erforderliche Hilfe nicht von anderen, insbesondere von Angehörigen oder von Trägern anderer Sozialleistungen erhält. Zur Sicherung des Lebensunterhalts werden in erster Linie Arbeitslosengeld II und Sozialgeld erbracht. Wie schon erwähnt (o. Rn 161), werden diese Leistungen gemäß § 19 Abs. 3 SGB II erbracht, soweit die Bedarfe (Regelbedarf, Mehrbedarf und Bedarf für Unterkunft und Heizung; § 19 Abs. 1 SGB II) nicht durch das zu berücksichtigende Einkommen und Vermögen gedeckt sind. Je größer also das zu berücksichtigende Einkommen und Vermögen, desto geringer ist der Leistungsanspruch.

337 Zu klären ist demnach, was als **Einkommen** (Rn 345) und was als **Vermögen** (Rn 399) zu berücksichtigen ist, und zuvor, wie diese abzugrenzen sind (Rn 338). Weiter sind Fälle anzusprechen, in denen zu vermuten ist, dass der oder die Leistungsberechtigte die Leistungen von anderen erhält (Rn 481). Der Übersichtlichkeit halber geschieht diese Betrachtung zunächst anhand einer **alleinstehenden Person**. Danach ist darauf einzugehen, wie beim Zusammenleben mehrerer Leistungsberechtigter in einer **Bedarfsgemeinschaft** vorzugehen ist (Rn 450).

b) Abgrenzung von Einkommen und Vermögen

338 Nach § 11 Abs. 1 S. 1 SGB II sind alle Einnahmen in Geld oder Geldeswert als **Einkommen** zu berücksichtigen. Demgegenüber bestimmt § 12 Abs. 1 SGB II, dass als **Vermögen** alle verwertbaren Vermögensgegenstände zu berücksichtigen sind.

339 Da für den Einsatz von Einkommen und Vermögen unterschiedliche Regelungen gelten, ist die genaue Abgrenzung zwischen den beiden Positionen erheblich. Hierzu kann man sich an dem – auch in § 11 Abs. 2 und 3 SGB II niedergelegten – **Zuflussprinzip** orientieren: **Einkommen** ist **alles das, was jemand in der Bedarfszeit** zufließt, was er also **wertmäßig dazu erhält. Vermögen** ist demgegenüber **das, was die** leistungsberechtigte **Person** zu Beginn der Bedarfszeit **bereits hat.**[409] Es kommt allein auf den *tatsächlichen Zufluss* des Einkommens an, nicht darauf, ob das Einkommen für diesen oder einen anderen Zeitraum vorgesehen war.[410]

340 Die Bedarfszeit beginnt mit der **Antragstellung** auf Leistungen nach dem SGB II; sie stellt die zeitliche Grenze zur Abgrenzung von Einkommen und Vermögen dar.[411] Abzustellen ist auf den Zeitpunkt, zu dem der Antrag wirksam wird; das ist nach § 37

---

409 *BSG,* 30. 7. 2008 – B 14 AS 26/07 R, SozR 4-4200 § 11 Nr. 17 (= FEVS 60, 404–410), Rn 23; *BSG,* 30. 9. 2008 – B 4 AS 29/07 R, SozR 4-4200 § 11 Nr. 15 (= FEVS 60, 337–345 = BSGE 101, 291–301), Rn 18; *BSG,* 24. 2. 2011 – B 14 AS 45/09 R, SozR 4-4200 § 11 Nr. 36, Rn 19 (Zuflusszeitpunkt bei Erbschaft); *Schmidt,* in: Oestreicher, SGB II/SGB XII, § 11 SGB II, Rn 15; *Brühl,* in: LPK-SGB II, § 11, Rn 7; *Mecke,* in: Eicher/Spellbrink, SGB II, § 11, Rn 18.
410 *Schmidt,* in: Oestreicher, SGB II/SGB XII, § 11 SGB II, Rn 16 m. Nachw.
411 *BSG,* 30. 7. 2008 – B 14 AS 26/07 R, SozR 4-4200 § 11 Nr. 17, Rn 23; *BSG,* 30. 9. 2008 – B 4 AS 29/07 R, SozR 4-4200 § 11 Nr. 15, Rn 18; *Schmidt,* in: Oestreicher, SGB II/SGB XII, § 11 SGB II, Rn 18; *Brühl,* in: LPK-SGB II, § 11, Rn 8 f.

Abs. 2 S. 2 SGB II[412] der Erste des Antragsmonats. Wird der Antrag ausdrücklich mit Wirkung für einen späteren Monatsersten[413] gestellt, gilt dieser Zeitpunkt. Damit gilt: Was die Leistungsberechtigten vor dem Ersten des Antragsmonats bereits haben, ist Vermögen; was sie ab dem Ersten des Antragsmonats dazu erhalten, ist Einkommen.

Da Einkommen nur dasjenige ist, das die Leistungsberechtigten wertmäßig dazu erhalten, stellen **Vermögensumschichtungen kein Einkommen** dar. Verkauft also eine leistungsberechtigte Person einen Vermögensgegenstand, ist der erhaltene Kaufpreis grundsätzlich kein Einkommen.[414]   **341**

Eine Besonderheit in der Abgrenzung ergibt sich bei **Forderungen der Leistungsbe-** **342** **rechtigten**: Hat die leistungsberechtigte Person bei Antragstellung fällige und liquide Forderungen ist danach zu unterscheiden, ob sie die Forderung bewusst zur Vermögensbildung angespart hat: Soweit das nach wertender Betrachtung der Fall ist, so ist die Forderung als Vermögen anzusehen; ihre Liquidierung zählt dann nicht als Einkommen. Ist das hingegen nicht so, wird die Forderung erst im Moment ihrer Befriedigung als Einkommen berücksichtigt.[415]

Beispiel: A beantragt am 15. 7. Arbeitslosengeld II. Sie hat am 15. 6. 2011 ihr Fahrrad verkauft **343** und deshalb am 1. 7. eine ausstehende Kaufpreisforderung über 250 Euro. Der Käufer zahlt den Kaufpreis am 20. 7. Außerdem hat sie ein Sparbuch, das am 1. 7. einen Wert von 5.000 Euro hat. Hiervon hebt sie am 20. 7. einen Betrag von 500 Euro ab. – Die Kaufpreisforderung ist bei wertender Betrachtung nicht bewusst zur Vermögensbildung angespart. Deshalb ist sie nicht als Vermögen anzusehen. Vielmehr stellt die Zahlung in Höhe von 250 Euro Einkommen dar. Umgekehrt ist die Situation bei dem Sparguthaben: Dieses ist bei wertender Betrachtung bewusst zur Vermögensbildung angespart und stellt daher Vermögen dar. Der Zugriff auf die 500 Euro stellt lediglich eine Vermögensumschichtung dar und ist deshalb nicht als Einkommen anzusehen.

In bestimmten Fällen kann sich Einkommen in diesem Sinne auch in Vermögen um- **344** wandeln. Diese Frage wird erst nach Behandlung der einmaligen Einnahmen betrachtet (u. Rn 357).

c) Einkommen

aa) Überblick

Was als **Einkommen** zu berücksichtigen ist, lässt sich aus den §§ 11–11 b SGB II und **345** der auf Grund von § 13 Abs. 1 SGB II erlassenen Alg II-V ablesen. Die Systematik des Gesetzes ist dabei so, dass in **§ 11 SGB II** (flankiert von einigen Vorschriften der Alg II-V) zunächst **allgemein definiert** wird, **was** als **Einkommen** anzusehen **ist** (Rn 346). **§ 11 a SGB II und § 1 Alg II-V nehmen** sodann aus verschiedenen Gründen bestimmte Einnahmearten als solche von der Berücksichtigung als Einkommen **aus** (Rn 360). Von dem verbliebenen Einkommen sind sodann Absetzungen vorzunehmen, deren Höhe sich aus § 11 b SGB II und §§ 5 und 6 Alg II-V ergibt (Rn 363).

---

412 So erst zum 1. 1. 2011 eingeführt.
413 Angesichts der gesetzgeberischen Intention, stets das in einem Monat zugeflossene Einkommen einzubeziehen (BT-Drucks. 17/3404, S. 114 [Zu § 37]), dürfte eine Antragstellung zu einem anderen Zeitpunkt als einem Monatsersten seit 1. 1. 2011 nicht mehr möglich sein. So auch *Siebel-Huffmann,* in: Groth/Luik/Siebel-Huffmann, Neues Grundsicherungsrecht, § 16, Rn 502.
414 *Mecke,* in: Eicher/Spellbrink, SGB II, § 11, Rn 25; *Schmidt,* in: Oestreicher, SGB II/SGB XII, § 11 SGB II, Rn 26 m. w. Nachw.
415 Zu diesem Komplex *Mecke,* in: Eicher/Spellbrink, SGB II, § 11, Rn 20; *Schmidt,* in: Oestreicher, SGB II/ SGB XII, § 11 SGB II, Rn 21–24, jeweils m. Nachw. – Strikt ablehnend („fortgesetzte höchstrichterliche Vermögensenteignung") *Brühl,* in: LPK-SGB II, § 11, Rn 18 f.

Pattar

bb) Allgemeine Definition des Einkommens (§ 11 SGB II, §§ 2–4 Alg II-V)

346 Nach § 11 Abs. 1 S. 1 SGB II sind alle Einnahmen in Geld oder Geldeswert abzüglich der nach § 11 b SGB II abzusetzenden Beträge mit Ausnahme der in § 11 a SGB II genannten Einnahmen als **Einkommen** zu berücksichtigen. Als Einkommen sind also grundsätzlich **alle Einnahmen** zu berücksichtigen, unabhängig von Art, Herkunft oder Rechtsnatur. Die einzige Ausnahme stellen Einnahmen dar, welche lediglich die Bedarfe für Unterkunft und Heizung decken sollen; sie mindern unmittelbar diese Bedarfe (vgl. o. ab Rn 311).[416]

347 Anzurechnen sind nur Einnahmen in **Geld oder Geldeswert**. Geldeswert haben dabei nach übereinstimmender Auffassung alle Einnahmen, die einen Marktwert haben, also in Geld umgesetzt werden können.[417] Ob – weiter gehend – auch alle Einnahmen angerechnet werden können, durch welche die Leistungsberechtigten Aufwendungen ersparen,[418] ist nicht endgültig geklärt. Den besonders erbittert geführten Streit, ob Verpflegungsleistungen Einkommen darstellen,[419] hat der Verordnungsgeber dadurch entschärft, dass er sie in § 1 Abs. 1 Nr. 11 Alg II-V jedenfalls aus der Anrechnung ausgenommen hat, soweit sie nicht im Rahmen einer Erwerbstätigkeit oder von Wehr- oder Ersatzdienst zur Verfügung gestellt werden.

348 Wie genau der Umfang des Einkommens zu bestimmen ist, richtet sich nach näherer Bestimmung der Alg II-V.

349 So ist bei **Einkommen aus nichtselbständiger Arbeit** und bei Einkommen, die nicht aus selbständiger Arbeit, Gewerbebetrieb oder Land- und Forstwirtschaft erzielt werden (§ 4 Alg II-V), von den **Bruttoeinnahmen** auszugehen (§ 2 Abs. 1 Alg II-V). Die Alg II-V enthält auch Vorschriften zur Anrechnung von Sachleistungen: Erhält die leistungsberechtigte Person etwa als Teil ihres Arbeitsentgelts eine Vollverpflegung, ist diese nach § 2 Abs. 5 Alg II-V mit täglich 1 Prozent des maßgebenden monatlichen Regelbedarfs anzusetzen; bei Teilverpflegung sind für das Mittag- und Abendessen je 40 Prozent, für das Frühstück 20 Prozent dieses Betrages anzusetzen. Sonstige Einnahmen in Geldeswert sind nach § 2 Abs. 6 Alg II-V mit dem Verkehrswert anzusetzen. Dieser ist allerdings gedeckelt auf den Wert, der für die Einnahme in Geldeswert in den Regelbedarf eingerechnet ist, sofern die Einnahme einen vom Regelbedarf enthaltenen Bedarf deckt. Für schwankende Einkommen enthält § 2 Abs. 3 Alg II-V die Möglichkeit, vorläufig ein Durchschnittseinkommen zu Grunde zu legen. Nach § 2 Abs. 7 Alg II-V kann schließlich das Einkommen geschätzt werden

350 Bei **Einkommen aus selbständiger Arbeit**, Gewerbebetrieb oder Land- und Forstwirtschaft ist demgegenüber nach § 3 Abs. 1 Alg II-V von den Betriebseinnahmen auszugehen. Hiervon sind dann gemäß § 3 Abs. 2 Alg II-V die tatsächlich geleisteten notwendigen Ausgaben abzusetzen, allerdings mit Ausnahme der (erst später abzusetzenden) Beträge nach § 11 b SGB II. Anders als im Steuerrecht ist also ein Betriebsmittel nicht nur mit einem Abschreibungsanteil, sondern im Moment der Ausgabe ganz von den Einnahmen abzuziehen – wenn seine Anschaffung notwendig war. Wann tatsächliche Ausgaben nicht notwendig sind, bestimmt § 3 Abs. 3 Alg II-V näher: Sie sollen unter anderem nicht abgesetzt werden, soweit sie ganz oder teilweise vermeidbar sind oder offensichtlich nicht den Lebensumständen während des Bezuges der Leistungen entsprechen. Unter Umständen sind auch die angegebenen Einnahmen zu erhöhen (§ 3 Abs. 3 S. 2 Alg II-V). Wird ein Kraftfahrzeug betrieblich genutzt, sind die hierfür erforderlichen Aufwendungen

---

416 Ebenso *Schmidt,* in: Oestreicher, SGB II/SGB XII, § 11 SGB II, Rn 35.

417 *Schmidt,* in: Oestreicher, SGB II/SGB XII, § 11 SGB II, Rn 36; *Mecke,* in: Eicher/Spellbrink, SGB II, § 11, Rn 12; *Brühl,* in: LPK-SGB II, § 11, Rn 23.

418 Bejahend: *Schmidt,* in: Oestreicher, SGB II/SGB XII, § 11 SGB II, Rn 36; *Mecke,* in: Eicher/Spellbrink, SGB II, § 11, Rn 12. – In der Allgemeinheit verneinend: *Brühl,* in: LPK-SGB II, § 11, Rn 23.

419 Vgl. etwa – alle m. w. Nachw. – die leistungsempfängerfreundliche Position von *Brühl,* in: LPK-SGB II, § 11, Rn 23 einerseits und die – mit teils guten Gründen – strengeren Positionen von *Schmidt,* in: Oestreicher, SGB II/SGB XII, § 11 SGB II, Rn 44 a f., und *Mecke,* in: Eicher/Spellbrink, SGB II, § 11, Rn 12 andererseits. – Mangels Reichweite der Ermächtigung in § 13 Abs. 1 SGB II konnte der Verordnungsgeber damit allerdings nicht – wie *Schmidt,* in: Oestreicher, SGB II/SGB XII, § 11 SGB II, Rn 151 meint – klarstellen, dass Verpflegung Einkommenscharakter hat.

nach § 3 Abs. 7 Alg II-V zu berechnen. Grundsätzlich ist bei Einkommen nach § 3 Alg II-V auf den Bewilligungszeitraum abzustellen (§ 3 Abs. 1 und 4 Alg II-V), im Einzelfall kann aber auch auf eine jährliche Berechnung umgestellt werden (§ 3 Abs. 5 Alg II-V). Schließlich enthält § 3 Abs. 6 Alg II-V die Möglichkeit, nach einer vorläufigen Bewilligung das Einkommen für eine endgültige Bewilligung zu schätzen.

Erhält die leistungsberechtigte Person Geld oder geldwerte Leistungen als **Darlehen**, **351** ist dies **grundsätzlich nicht** als **Einkommen** anzusehen: Zu Recht sieht das Bundessozialgericht „als Einkommen […] nur solche Einnahmen in Geld oder Geldeswert an[…], die eine Veränderung des Vermögensstandes dessen bewirken, der solche Einkünfte hat. Dieser Zuwachs muss dem Hilfebedürftigen zur endgültigen Verwendung verbleiben, denn nur dann lässt er seine Hilfebedürftigkeit dauerhaft entfallen."[420] Eine Ausnahme hiervon enthält nur § 11 Abs. 1 S. 2 SGB II: Zuflüsse aus darlehensweise gewährten Sozialleistungen, soweit sie dem Lebensunterhalt dienen, sind kraft gesetzlicher Anordnung als Einkommen zu berücksichtigen.

cc) Zuflussprinzip; laufende und einmalige Einnahmen

Laufende Einnahmen sind **in dem Kalendermonat** als **Einkommen** zu berücksich- **352** tigen, in dem sie **zufließen** (§ 11 Abs. 3 SGB II). Laufende Einnahmen sind dabei solche Einnahmen, die ihrer Art nach in gewissen Abständen immer wieder zufließen. Hierzu zählen auch Einnahmen, die an einzelnen Tagen eines Monats auf Grund von kurzzeitigen Beschäftigungsverhältnissen erzielt werden.

Einmalige Einnahmen sind demgegenüber Einnahmen, die ihrer Art nach nicht wie- **353** derkehrend zufließen. Wiederkehrende Einnahmen, die in größeren als monatlichen Zeitabständen zufließen, werden wie einmalige Einnahmen behandelt (§ 11 Abs. 2 S. 3 SGB II).

Beispiel: Einmalige Einnahmen sind ein Lottogewinn, ein Hochzeitsgeschenk, eine Erbschaft, **354** eine Einkommensteuerrückerstattung. Wie einmalige Einnahmen werden Urlaubsgeld und Weihnachtsgeld behandelt.

Solche **einmaligen Einnahmen** sind nach § 11 Abs. 3 SGB II zu behandeln. Sie sind **355** entweder im Zuflussmonat oder, wenn dafür Leistungen bereits erbracht sind, **im Folgemonat** zu **berücksichtigen**. Entfällt durch die einmalige Einnahme in einem Monat die Hilfebedürftigkeit, ist sie **gleichmäßig auf einen Zeitraum von sechs Monaten** zu **verteilen** und monatlich mit einem entsprechenden Teilbetrag zu berücksichtigen.

Beispiel: A ist alleinstehend und wendet für Unterkunft und Heizung angemessene 126 Euro **356** monatlich auf. Er hat also einen Gesamtbedarf von 500 Euro. A erzielt regelmäßige Einnahmen aus Erwerbstätigkeit, von denen nach Abzug der Beträge nach § 11 b SGB II monatlich 50 Euro anrechenbar sind. Am 10. 6. gewinnt er 400 Euro auf einem geschenkten Rubbellos. – Da das Arbeitslosengeld II für den Juni bereits ausgezahlt ist, werden die 400 Euro im Juli berücksichtigt; er erhält im Juli Arbeitslosengeld II nur in Höhe von 50 Euro (500 Euro Bedarf – 50 Euro laufende Einnahmen – 400 Euro einmalige Einnahmen).

Statt der genannten 400 Euro gewinnt A 900 Euro. Durch die Anrechnung dieses Betrages entfiele im Juli die Hilfebedürftigkeit. Deshalb sind die 900 Euro in gleichmäßigen Beträgen auf die Monate Juli bis Dezember aufzuteilen, also je 150 Euro. Er erhält also nur mehr 300 Euro monatlich (500 Euro Bedarf – 50 Euro laufende Einnahmen – 150 Euro aufgeteilte einmalige Einnahmen).

---

420 *BSG*, 17. 6. 2010 – B 14 AS 46/09 R, SozR 4-4200 § 11 Nr. 30 (= BSGE 106, 185–190), Rn 16 m. zahlr. Nachw., auch für die Gegenansicht. – Es stellt allerdings Rn 18 an die Anerkennung eines Darlehens unter Verwandten (richtigerweise: Familienangehörigen) hohe Anforderungen.

357 Wird die einmalige Einnahme durch diese Anrechnung in diesem sechsmonatigen **Verteilzeitraum** vollständig „verbraucht", ist kein Raum mehr für die weitere Anrechnung. Verbleibt hingegen ein anrechnungsfreier Rest, der über den Bedarf in den sechs Monaten hinausgeht, ist dieser in der Zeit nach Ende dieses Verteilzeitraums als **Vermögen** anzusehen.[421] Die Anrechnung als Vermögen ist jedoch auf dasjenige begrenzt, das bei der neuen Antragstellung tatsächlich noch vorhanden ist.

358 **Beispiel:** A aus dem Beispiel Rn 356 gewinnt nicht 400 Euro, sondern 3.600 Euro. – Auf die Monate Juli bis Dezember entfallen hiervon jeweils 600 Euro. Damit entfällt der Anspruch für diesen Zeitraum: Von dem Bedarf von 500 Euro sind 50 Euro aus laufenden Einnahmen und die weiteren 450 Euro aus der einmaligen Einnahme gedeckt. Insgesamt sind daher bei A im Zeitraum Juli bis Dezember 2.700 Euro der einmaligen Einnahme als Einkommen berücksichtigt worden. Gibt A von den gewonnenen 3.600 Euro bis Dezember 3.500 Euro aus, können bei der Entscheidung über den Folgebetrag für die Zeit ab Januar des Folgejahres nur mehr die restlichen 100 Euro als Vermögen angerechnet werden; verbraucht er tatsächlich nur 2.500 Euro, können die gesamten verbleibenden 1.100 Euro angerechnet werden, soweit nicht § 12 Abs. 2 oder 3 SGB II eingreifen.

359 Durch die Regelung des Verteilzeitraums in § 11 Abs. 3 SGB II ist die frühere Rechtsprechung des Bundessozialgerichts zum Verteilzeitraum[422] obsolet geworden.

dd) Ausnahmen vom Einkommen (§ 11 a SGB II, § 1 Alg II-V)

360 § 11 a SGB II und § 1 Alg II-V führen eine Reihe von Einnahmen auf, die nicht als Einkommen anzusehen sind.

361 **1.** Dies betrifft zunächst die **Leistungen nach dem SGB II** selbst (§ 11 a Abs. 1 Nr. 1 SGB II). Die Anrechnungsfreiheit gilt auch dann, wenn die Leistungen für einen zurückliegenden Zeitraum nachgezahlt werden. Dies dient der Vermeidung von Zirkelschlüssen.

    2. Ebenfalls nicht zu berücksichtigen sind die **Grundrente nach dem BVG** und den hierauf verweisenden weiteren Gesetzen des sozialen Entschädigungsrechts (§ 11 a Abs. 1 Nr. 2 SGB II). Hiermit achtet der Gesetzgeber den besonderen Grund, aus dem die Leistungen des **sozialen Entschädigungsrechts** erbracht werden.

    3. Nicht zu berücksichtigen sind Renten oder Beihilfen, die nach dem **BEG** für Körper- oder Gesundheitsschäden erbracht werden, bis zur Höhe der vergleichbaren Grundrente nach dem BVG (§ 11 a Abs. 1 Nr. 3 SGB II). Auch hiermit achtet der Gesetzgeber den besonderen Leistungsgrund.

    4. Weiter sind **Schmerzensgeldzahlungen** nicht als Einkommen zu berücksichtigen (§ 11 a Abs. 2 SGB II).

    5. § 11 a Abs. 3 S. 1 SGB II nimmt **öffentlich-rechtliche Leistungen**, die zu einem ausdrücklich genannten **Zweck** erbracht werden, von der Anrechnung aus, soweit sie nicht im Einzelfall demselben Zweck wie die Leistungen nach dem SGB II dienen. Hierher gehört beispielsweise grundsätzlich das Pflegegeld, welches nach § 39 SGB VIII als Annexleistung einer Hilfe zur Erziehung (§§ 27, 33 SGB VIII) an die Pflegeeltern gezahlt wird: Nach § 39 Abs. 1 S. 2 SGB VIII umfasst dieses Pflegegeld die Kosten für den Sachaufwand (also Unterhalt des Kindes oder Jugendlichen) sowie für die Pflege und Erziehung des Kindes oder Jugendlichen. Beide Teile des Pflegegeldes dienen damit nicht dem Zweck, den Lebensunterhalt der

---

421 So auch *Siebel-Huffmann*, in: Groth/Luik/Siebel-Huffmann, Neues Grundsicherungsrecht, § 14, Rn 435.
422 Grundlegend *BSG*, 30. 9. 2008 – B 4 AS 29/07 R, SozR 4-4200 § 11 Nr. 15; näher dazu auch *Schmidt*, in: Oestreicher, SGB II/SGB XII, § 11 SGB II, Rn 19.

Pflegeeltern sicherzustellen oder sie in Arbeit einzugliedern. Für den Teil des Pflegegeldes, der für die Pflege und Erziehung des Kindes oder Jugendlichen gewährt wird, macht § 11 a Abs. 3 S. 2 Nr. 1 SGB II jedoch eine Gegenausnahme: Für den dritten Pflegling sind sie zu 75 Prozent, ab dem vierten Pflegling ganz als Einkommen anzurechnen. Eine weitere Gegenausnahme macht § 11 a Abs. 3 S. 2 Nr. 2 SGB II für die Geldleistung an Tageseltern nach § 23 SGB VIII; diese ist vollständig als Einkommen anzurechnen.

6. Zuwendungen der **freien Wohlfahrtspflege** sind nur dann anzurechnen, wenn daneben Leistungen nach dem SGB II nicht gerechtfertigt wären (§ 11 a Abs. 4 SGB II). Wann dies der Fall ist, muss eine Abwägung der Gesamtsituation der Leistungsberechtigten ergeben.[423] Die Bundesagentur prüft hier erst bei Offensichtlichkeit.[424]

7. Nach § 11 a Abs. 5 Nr. 1 SGB II sind solche **Zuwendungen Dritter** nicht zu berücksichtigen, für die keine rechtliche oder sittliche Pflicht besteht, soweit ihre Berücksichtigung für die Leistungsberechtigten grob unbillig wäre. Der Gesetzgeber nennt hier als Beispiele „Soforthilfen bei Katastrophen, gesellschaftliche Preise zur Ehrung von Zivilcourage, Ehrengaben aus öffentlichen Mitteln (z. B. bei Alters- oder Ehejubiläum, Lebensrettung), Spenden aus Tombolas für bedürftige Menschen, insbesondere in der Vorweihnachtszeit)" und „Begrüßungsgelder" für Neugeborene.[425]

8. Dasselbe gilt gemäß § 11 a Abs. 5 Nr. 2 SGB II, wenn die **Zuwendungen der Dritten** die Lage der Leistungsberechtigten nicht so günstig beeinflussen, dass neben ihnen Leistungen nach dem SGB II nicht gerechtfertigt wären. Hier nennt der Gesetzgeber ein geringfügiges Taschengeld von Groß- oder Urgroßeltern als Beispiel.[426]

Von den nach § 1 Alg II-V nicht als Einkommen zu berücksichtigenden Einnahmen **362** können aus Platzgründen nicht alle erwähnt werden. Beispielhaft genannt seien jedoch folgende Tatbestände:

1. Die **Bagatellgrenze** in § 1 Abs. 1 Nr. 1 Alg II-V: Danach stellen Einnahmen unter 10 Euro im Kalendermonat kein Einkommen dar.

2. Wird das **Kindergeld** an das nicht im Haushalt lebende Kind **weitergeleitet**, wird es nicht als Einkommen des Elternteils angerechnet (§ 1 Abs. 1 Nr. 8 Alg II-V – Zur Berücksichtigung des Kindergeldes im Übrigen s. u. ab Rn 468).

3. Erzielen unter 15-jährige Leistungsberechtigte Einnahmen aus Erwerbstätigkeit unter 100 Euro monatlich, werden diese nicht angerechnet (§ 1 Abs. 1 Nr. 9 Alg II-V).

4. **Verpflegung**, die nicht im Zusammenhang mit Erwerbstätigkeit oder Wehr- oder Ersatzdienst geleistet wird, wird nicht angerechnet (§ 1 Abs. 1 Nr. 11 Alg II-V).

5. Nicht angerechnet werden **Geldgeschenke** an Minderjährige **anlässlich** Firmung, Kommunion, Konfirmation, oder vergleichbarer **religiöser Feste** (Beschneidung, Bar- oder Bat-Mizwa-Feier) oder Jugendweihe bis zu einem Betrag von insgesamt 3.100 Euro (§ 1 Abs. 1 Nr. 12 Alg II-V)

6. Schließlich stellen nach der kompliziert geratenen Regelung des § 1 Abs. 4 Alg II-V Einnahmen aus **Ferienjobs** von unter 25-jährigen Schülerinnen und Schülern allgemein- oder berufsbildender Schulen bis zu 1.200 Euro jährlich kein Einkommen dar. Voraussetzung ist, dass die Erwerbstätigkeit höchstens bis zu vier Wochen

---

423   Zu den Kriterien *Schmidt,* in: Oestreicher, SGB II/SGB XII, § 11 SGB II, Rn 132 f.
424   *BA,* Fachl. Hinw. §§ 11, 11 a, 11 b SGB II, Rn 11.105 f. (S. 28).
425   BT-Drucks. 17/3404, S. 94 (Zu § 11 a).
426   BT-Drucks. 17/3404, S. 95 (Zu § 11 a).

je Kalenderjahr während der Schulferien ausgeübt wird. In diese vier Wochen wird jedoch eine Tätigkeit nicht eingerechnet, wenn in einem Kalendermonat weniger als 100 Euro eingenommen wird.

ee) Absetzungen vom Einkommen (§ 11 b SGB II, § 6 Alg II-V)

(1) Überblick

363 Von dem nach §§ 11, 11 a SGB II bestimmten Einkommen sind anschließend die in § 11 b SGB II genannten Beträge **abzusetzen**. § 11 b SGB II wird teilweise durch § 6 Alg II-V konkretisiert. Bestimmte Abzugsbeträge gelten dabei nicht für alle Einkommensarten, sondern nur für Einkommen aus Erwerbstätigkeit. Entsprechend dem Zuflussprinzip sind die Abzüge grundsätzlich in dem Monat vorzunehmen, in dem die Zahlungen tatsächlich erbracht werden. Fallen allerdings Ausgaben einmalig für mehrere Monate an, etwa eine Einkommensteuernachzahlung, können sie auf Wunsch der Leistungsberechtigten anteilig über einen längeren Zeitraum verteilt werden.[427] Negative Einkünfte oder eine Art Verlustvortrag sind hingegen nicht möglich.[428] Im Folgenden werden die einzelnen Abzugsbeträge näher betrachtet.

(2) Steuern auf das Einkommen (§ 11 b Abs. 1 S. 1 Nr. 1 SGB II)

364 Nach § 11 b Abs. 1 S. 1 Nr. 1 SGB II sind vom Einkommen abzusetzen **auf das Einkommen entrichtete Steuern**. Hierher gehören alle Steuerarten, die an den Anfall von Einkommen anknüpfen, also die Einkommensteuer (auch in Form der Lohnsteuer), der Solidaritätszuschlag, Kirchensteuer, Gewerbesteuer, Kapitalertragsteuer,[429] Erbschaft- und Schenkungsteuer. Abzusetzen sind sie in der Höhe, in der sie tatsächlich entrichtet werden.

(3) Sozialversicherungspflichtbeiträge (§ 11 b Abs. 1 S. 1 Nr. 2 SGB II)

365 Nach § 11 b Abs. 1 S. 1 Nr. 2 SGB II sind vom Einkommen abzusetzen **Pflichtbeiträge zur Sozialversicherung einschließlich** der Beiträge zur **Arbeitsförderung**. Hierher gehören die von den Leistungsberechtigten tatsächlich selbst zu tragenden Beitragsanteile zur **gesetzlichen Kranken-, Renten-,**[430] **Unfall-**[431] und **sozialen Pflegeversicherung** sowie zur **Arbeitsförderung**,[432] soweit es sich um **Pflichtbeiträge** handelt. Freiwillige Beiträge zur Sozialversicherung oder Beiträge zu einer privaten Versicherung können hingegen nicht nach § 11 b Abs. 1 S. 1 Nr. 2 SGB II, sondern höchstens nach Nr. 3 abgesetzt werden.[433]

---

427 *Mecke,* in: Eicher/Spellbrink, SGB II, § 11, Rn 94, 101; *Schmidt,* in: Oestreicher, SGB II/SGB XII, § 11 SGB II, Rn 55 b.

428 *Schmidt,* in: Oestreicher, SGB II/SGB XII, § 11 SGB II, Rn 55 c.

429 *Mecke,* in: Eicher/Spellbrink, SGB II, § 11, Rn 100 f.; *Schmidt,* in: Oestreicher, SGB II/SGB XII, § 11 SGB II, Rn 56.

430 Einschließlich der Alterssicherung der Landwirte.

431 Diese Beiträge betreffen nur Selbständige, weil nur diese ihre eigenen Unfallversicherungsbeiträge tragen (als „Unternehmer", § 150 Abs. 1 S. 2 SGB VII).

432 Sog. Arbeitslosenversicherung nach SGB III.

433 Vgl. hierzu *Mecke,* in: Eicher/Spellbrink, SGB II, § 11, Rn 102; *Schmidt,* in: Oestreicher, SGB II/SGB XII, § 11 SGB II, Rn 57–59.

(4) Versicherungsaufwendungen (§ 11 b Abs. 1 S. 1 Nr. 3 SGB II)

Nach § 11 b Abs. 1 S. 1 Nr. 3 SGB II sind vom Einkommen abzusetzen **Beiträge zu** 366
öffentlichen oder privaten **Versicherungen** oder ähnlichen Einrichtungen, **soweit** diese Beiträge entweder gesetzlich **vorgeschrieben (Rn 367) oder** nach Grund und Höhe
angemessen (Rn 368 f.) sind. Halbsatz 2 dieser Vorschrift stellt klar, dass dazu insbesondere Beiträge für den Fall der Krankheit und der Pflegebedürftigkeit bei nicht
versicherungspflichtigen sowie zur Altersvorsorge für in der gesetzlichen Rentenversicherung befreite Personen zählen, allerdings nur, soweit diese Beiträge nicht nach
§ 26 SGB II bezuschusst werden.

Zu den **gesetzlich vorgeschriebenen Versicherungen** gehören beispielsweise die 367
private Krankenversicherung für Personen, die nicht in der gesetzlichen Krankenversicherung versichert sind (§ 193 Abs. 3 VVG) und die private Pflegeversicherung für
privat Krankenversicherte (§ 23 SGB XI). Hierher gehören auch Beiträge zu Versorgungswerken.[434] Ob eine **Kraftfahrzeug-Haftpflichtversicherung** (§ 1 PflVG) in jedem Fall hierher gehört, ist umstritten; manche wollen sie nur für solche Kraftfahrzeuge
anerkennen, die notwendig sind.[435] Jedenfalls dann, wenn das Kraftfahrzeug nach
§ 12 Abs. 3 Nr. 2 SGB II als Vermögensgegenstand geschützt ist, sind zur Vermeidung
von Wertungswidersprüchen die hierfür anfallenden Versicherungsbeiträge vom Einkommen abzusetzen.[436] Die gesetzlich vorgeschriebenen Versicherungen sind in tatsächlich anfallender Höhe zu übernehmen; eine Pauschalierung oder Deckelung ist für
diese Beiträge nicht vorgesehen.[437]

Neben den Beiträgen zu gesetzlich **vorgeschriebenen Versicherungen** sind solche 368
Versicherungsbeiträge abzusetzen, **die nach Grund und Höhe angemessen sind.**
Angemessen sind solche Versicherungen, die auch Personen mit Einkommen knapp
oberhalb des Leistungsbezuges üblicherweise allgemein oder in ihrer je besonderen
Situation abschließen.[438] Dem Grunde nach angemessen sind deshalb beispielsweise
Beiträge zu einer **(Familien-)Haftpflichtversicherung,** einer **Hausratversicherung,**
einer **Teilkaskoversicherung** und einer **Unfallversicherung,**[439] sowie stets zu einer
freiwilligen Versicherung in der **gesetzlichen Sozialversicherung,** sofern im jeweiligen Versicherungszweig nicht wegen des Bezuges der Leistungen nach dem SGB II
Versicherungspflicht besteht (s. u. Rn 553–562).[440]

Für die Versicherungsbeiträge, die nach Grund und Höhe angemessen sind, sehen 369
§ 6 Abs. 1 Nr. 1 und 2 Alg II-V eine **Mindestpauschale** vor. Nach § 6 Abs. 1 Nr. 1
Alg II-V ist für diese Versicherungsbeiträge bei Volljährigen eine **Pauschale** in Höhe
von 30 Euro monatlich abzusetzen. Dies gilt unabhängig davon, ob die leistungsberechtigte Person überhaupt über die Pflichtversicherungen hinaus Versicherungen abgeschlossen hat. Bei Minderjährigen wird die Pauschale von 30 Euro hingegen nach

---

434 *BSG,* 30. 7. 2008 – B 14 AS 44/07 R, in juris, Rn 14.
435 Offen gelassen von *BSG,* 7. 11. 2006 – B 7 b AS 18/06 R, SozR 4-4200 § 22 Nr. 3, Rn 26; Nachw. für diese
     Meinungen bei *Schmidt,* in: Oestreicher, SGB II/SGB XII, § 11 SGB II, Rn 63; *Mecke,* in: Eicher/Spellbrink,
     SGB II, § 11, Rn 107.
436 Ebenso *LSG NI-HB,* 23. 3. 2006 – L 8 AS 290/05, in juris, Rn 34; *Schmidt,* in: Oestreicher, SGB II/
     SGB XII, § 11 SGB II, Rn 63; *Mecke,* in: Eicher/Spellbrink, SGB II, § 11, Rn 107; *Brühl,* in: LPK-SGB II,
     § 11, Rn 40 und für die frühere Arbeitslosenhilfe *BSG,* 9. 12. 2004 – B 7 AL 22/04 R, in juris.
437 *Schmidt,* in: Oestreicher, SGB II/SGB XII, § 11 SGB II, Rn 64 m. w. Nachw.
438 Sehr ähnlich schon *Brühl,* in: LPK-SGB II, § 11, Rn 43 in Anlehnung an *BVerwG,* 27. 6. 2002 – 5 C 43/01,
     FEVS 54, 5–8 (= BVerwGE 116, 342–346), Rn 12 und *BSG,* 9. 12. 2004 – B 7 AL 22/04 R, in juris, Rn 22.
439 Nachweise zu Einzelfragen bei *Schmidt,* in: Oestreicher, SGB II/SGB XII, § 11 SGB II, Rn 78, *Brühl,* in:
     LPK-SGB II, § 11, Rn 43, *Mecke,* in: Eicher/Spellbrink, SGB II, § 11, Rn 107.
440 *BSG,* 1. 6. 2010 – B 4 AS 67/09 R, SozR 4-4200 § 11 Nr. 28, Rn 23–25; *Schmidt,* in: Oestreicher, SGB II/
     SGB XII, § 11 SGB II, Rn 77.

§ 6 Abs. 1 Nr. 2 Alg II-V nur angesetzt, wenn sie tatsächlich eine solche Versicherung abgeschlossen haben. Damit trägt der Verordnungsgeber der Tatsache Rechnung, dass Minderjährige meist beitragsfrei in der Versicherung ihrer Eltern mitversichert sind. In beiden Fällen handelt es sich nur um eine Mindestpauschale: Weist der oder die Leistungsberechtigte höhere notwendige Ausgaben für diese freiwillig eingegangenen Versicherungen nach, sind diese abzusetzen (§ 6 Abs. 1 Halbs. 2 Alg II-V). In jedem Fall umfasst die Versicherungspauschale nach § 6 Abs. 1 Nr. 1 und 2 Alg II-V nur die freiwillig eingegangen Versicherungen der Leistungsberechtigten. **Pflicht**versicherungen (Rn 367) sind **daneben** abzusetzen.[441]

370   Für **Einkommen aus Erwerbstätigkeit**, ist schließlich § 11 b Abs. 2 SGB II zu beachten (u. ab Rn 385).

(5) Riester-Anlagebeiträge (§ 11 b Abs. 1 S. 1 Nr. 4 SGB II)

371   Nach § 11 b Abs. 1 S. 1 Nr. 4 SGB II sind vom Einkommen abzusetzen geförderte **Altersvorsorgebeiträge nach § 82 EStG**, soweit sie den **Mindesteigenbeitrag** nach § 86 EStG nicht übersteigen. Damit sind Beiträge zur sogenannten Riester-Rente oder anderen Riester-Anlagen gemeint. Die Absetzbarkeit ist begrenzt auf den staatlich geförderten Mindesteigenbeitrag, derzeit also grob 4 % der Einnahmen des Vorjahres. Beiträge zur sogenannten Rürup-Rente (§ 10 Abs. 1 Nr. 2 Buchst. b EStG) sind hingegen nicht absetzbar.

372   Für **Einkommen aus Erwerbstätigkeit** ist § 11 b Abs. 2 SGB II zu beachten (u. ab Rn 385).

(6) Werbungskosten (§ 11 b Abs. 1 S. 1 Nr. 5 SGB II)

373   Nach § 11 b Abs. 1 S. 1 Nr. 5 SGB II sind vom Einkommen abzusetzen die **mit der Erzielung des Einkommens verbundenen notwendigen Ausgaben**. Hierher gehören alle Aufwendungen, die einen Bezug zur Einkommenserzielung haben und die dem Grunde und der Höhe nach bei vernünftiger Wirtschaftsführung anfallen.[442] Davon umfasst sind die Werbungskosten, also etwa Bewerbungskosten, Aufwendungen für Arbeitsmaterial, Kinderbetreuungskosten, Aufwendungen für eine doppelte Haushaltsführung, Fahrten zur Arbeitsstätte, bei Einnahmen aus Kapitalanlagen die Depotgebühren, bei Einnahmen aus Vermietung und Verpachtung die Ausgaben für die Erhaltung und Bewirtschaftung.[443] Bei Einkommen aus selbständiger Tätigkeit muss streng darauf geachtet werden, dass die schon nach § 3 Abs. 2 Alg II-V abgesetzten Beträge nicht noch einmal nach § 11 b Abs. 1 S. 1 Nr. 5 SGB II abgesetzt werden.

374   **Nicht absetzbar** sind Aufwendungen dann, wenn die Leistungsberechtigten gerade zum Zweck der Deckung dieser Aufwendungen andere Leistungen erhalten, die als **zweckbestimmte Leistungen** nach § 11 a Abs. 3 SGB II nicht als Einkommen gelten. Sollen diese Leistungen nach ihrer Zweckbestimmung die Aufwendungen ganz decken, können auch darüber hinausgehende Aufwendungen nicht nach § 11 b Abs. 1 S. 1 Nr. 5 SGB II abgesetzt werden.[444] Konkret entschieden hat das Bundessozialge-

---

441 Z. B. *BSG,* 17. 3. 2009 – B 14 AS 63/07 R, SozR 4-4200 § 11 Nr. 21 (= FEVS 61, 119–126), Rn 32.
442 *LSG HE,* 12. 7. 2006 – L 9 AS 69/06 ER, in juris, Rn 29; *LSG BE-BB,* 6. 3. 2008 – L 28 AS 1276/07, in juris, Rn 28; zur früheren Arbeitslosenhilfe ebenso *BSG,* 29. 11. 1989 – 7 RAr 76/88, SozR 4100 § 138 Nr. 27, Rn 51; *Mecke,* in: Eicher/Spellbrink, SGB II, § 11, Rn 107; *Schmidt,* in: Oestreicher, SGB II/ SGB XII, § 11 SGB II, Rn 85.
443 S. zu einer Vielzahl von Einzelfällen *Schmidt,* in: Oestreicher, SGB II/SGB XII, § 11 SGB II, Rn 83–95 m. zahlr. Nachw.
444 *BSG,* 17. 3. 2009 – B 14 AS 63/07 R, SozR 4-4200 § 11 Nr. 21, Rn 33 f.

richt dies anhand des für die Ausbildung zweckbestimmten Anteils der Ausbildungsförderung nach dem BAföG.

Für **Einkommen aus Erwerbstätigkeit** sieht § 6 Abs. 1 Nr. 3 Alg II-V **Pauschalen** vor. **375**
Wie die Versicherungspauschalen nach § 6 Abs. 1 Nr. 1 und 2 Alg II-V sind auch diese Pauschalen **Mindestpauschalen**. Sie gelten nur, soweit die Leistungsberechtigten nicht höhere notwendige Ausgaben nachweisen (§ 6 Abs. 1 Halbs. 2 Alg II-V).

Nach § 6 Abs. 1 Nr. 3 Buchst. a Alg II-V sind von den Einkommen aus unselbständiger **376** Erwerbstätigkeit (letzter Halbsatz!) monatlich 15,33 Euro als Werbungskostenpauschale abzusetzen.

Zusätzlich hierzu ist nach § 6 Abs. 1 Nr. 3 Buchst. b Alg II-V eine **Fahrtkostenpau-** **377** **schale** abzusetzen, sofern die leistungsberechtigte Person für die Fahrt zur Arbeit ein Kraftfahrzeug benutzt: Für jeden Entfernungskilometer der kürzesten Straßenverbindung sind pro Arbeitstag, an dem die Arbeitsstätte aufgesucht wird, 0,20 Euro abzusetzen. Diese Fahrtkostenpauschale ist allerdings nach oben **begrenzt**: Sofern ihre Berücksichtigung im Vergleich zu den bei Benutzung eines zumutbaren öffentlichen Verkehrsmittels anfallenden Fahrtkosten unangemessen hoch ist, sind nach § 6 Abs. 2 Alg II-V nur diese Fahrtkosten des öffentlichen Verkehrsmittels als Pauschale zu berücksichtigen. § 6 Abs. 2 Alg II-V gilt zwar nur für die Fahrtkostenpauschale und nicht für die tatsächlichen Fahrtkostenaufwendungen. Allerdings sind Kosten für Fahrten mit einem Kraftfahrzeug, die nicht nur unerheblich über den Kosten für die zumutbare Benutzung des öffentlichen Verkehrsmittels liegen, nicht „notwendig" und können deshalb nicht abgesetzt werden.

Eine weitere Pauschalierung kennt § 6 Abs. 3 Alg II-V: Sind Leistungsberechtigte be- **378** rufsbedingt an einem Kalendertag mindestens zwölf Stunden von ihrer Wohnung und ihrem Tätigkeitsmittelpunkt entfernt, sind für **Mehraufwendungen für die Verpflegung** pro Tag der Abwesenheit pauschal sechs Euro vom Einkommen abzusetzen. Der Nachweis höherer Aufwendungen ist hierbei allerdings nicht möglich.[445]

Für **Einkommen aus Erwerbstätigkeit** ist schließlich § 11 b Abs. 2 SGB II zu beachten **379** (u. ab Rn 385).

(7) Erwerbstätigenfreibeitrag (§ 11 b Abs. 1 S. 1 Nr. 6, Abs. 3 SGB II)

Nach § 11 b Abs. 1 S. 1 Nr. 6 SGB II ist vom Einkommen Erwerbstätiger ferner ein **380** **Erwerbstätigenfreibetrag** nach § 11 b Abs. 3 SGB II abzusetzen. Dieser Erwerbstätigenfreibetrag hängt in der Höhe vom **Bruttoeinkommen aus Erwerbstätigkeit** ab, also dem Einkommen, das aus der Verwertung der eigenen Arbeitskraft entspringt.[446] Die Höhe des sonstigen Einkommens hat keinen Einfluss auf seine Höhe. Der Erwerbstätigenfreibetrag besteht aus zwei Stufen: In der ersten Stufe werden von dem Teil des monatlichen Bruttoeinkommens, der 100 Euro übersteigt und nicht mehr als 1.000 Euro beträgt, 20 Prozent angesetzt (§ 11 b Abs. 3 S. 2 Nr. 1 SGB II). Ist das Bruttoeinkommen höher als 1.000 Euro, setzt die zweite Stufe ein: Von dem Teil des monatlichen Bruttoeinkommens, das 1.000 Euro übersteigt, aber nicht mehr als 1.200 Euro beträgt, werden 10 Prozent angesetzt (§ 11 b Abs. 3 S. 2 Nr. 2 SGB II). Für das Erwerbseinkommen über 1.200 Euro erhöht sich der Freibetrag grundsätzlich nicht mehr; dieses Einkommen wird voll angerechnet.

---

445 *Schmidt,* in: Oestreicher, SGB II/SGB XII, § 11 SGB II, Rn 90 b.
446 *Mecke,* in: Eicher/Spellbrink, SGB II, § 30, Rn 14; *Birk,* in: LPK-SGB II, § 30, Rn 5.

381 Für Personen, die mit mindestens einem minderjährigen Kind in Bedarfsgemeinschaft leben oder die mindestens ein minderjähriges Kind haben, erhöht § 11 b Abs. 3 S. 3 SGB II jedoch den möglichen Freibetrag: Die obere Grenze wird für sie auf 1.500 Euro angehoben.

382 **Beispiel:** A hat monatliches Bruttoeinkommen aus Erwerbstätigkeit in Höhe von insgesamt 1.400 Euro. – Der Freibetrag der ersten Stufe beträgt 20 % des Betrages zwischen 100 Euro und 1.000 Euro,[447] also von 900 Euro. Die erste Stufe beträgt somit 180 Euro. Der Freibetrag der zweiten Stufe beträgt 10 % des Betrages zwischen 1.000 Euro und 1.200 Euro,[448] demnach 20 Euro. Insgesamt beläuft sich der Freibetrag somit auf 200 Euro monatlich.

Hat A ein minderjähriges Kind oder lebt sie mit einem minderjährigen Kind in Bedarfsgemeinschaft, hat das Einfluss auf den Freibetrag der zweiten Stufe: Nunmehr beträgt er 10 % des Bruttoeinkommens zwischen 1.000 Euro und 1.500 Euro. Da dies bei A auf 400 Euro zutrifft, beläuft sich die zweite Stufe auf 40 Euro, der gesamte Freibetrag mithin auf 220 Euro.

Sinkt das Bruttoeinkommen der A auf 600 Euro ab, ist nur noch der Freibetrag der ersten Stufe in Höhe von 100 Euro ([600 Euro – 100 Euro] · 20 %) abzurechnen

(8) Unterhaltsaufwendungen (§ 11 b Abs. 1 S. 1 Nr. 7 SGB II)

383 Nach § 11 b Abs. 1 S. 1 Nr. 7 SGB II sind vom Einkommen abzusetzen **Aufwendungen** zur Erfüllung **gesetzlicher Unterhaltsverpflichtungen** bis zu dem in einem **Unterhaltstitel** oder in einer notariell beurkundeten Unterhaltsvereinbarung festgelegten Betrag. Absetzbar sind hiernach einerseits nur **tatsächlich getätigte Aufwendungen**, allerdings **gedeckt auf die titulierte Höhe**. Weitergehende Zahlungen werden hingegen nicht berücksichtigt. Bei einer zu hohen Titulierung haben die Leistungsberechtigten darauf hinzuwirken, die Unterhaltstitel an die tatsächlichen Verhältnisse anzupassen.[449] § 11 b Abs. 1 S. 1 Nr. 7 SGB II ist analog auf Kostenbeiträge nach §§ 91–94 SGB VIII anzuwenden, die an die Stelle der Unterhaltszahlungen treten.[450]

(9) Bei der BAföG-Berechung berücksichtigter Betrag (§ 11 b Abs. 1 S. 1 Nr. 8 SGB II)

384 Nach § 11 b Abs. 1 S. 1 Nr. 8 SGB II ist bei Personen, deren Einkommen bei der Berechnung von Ausbildungsförderungsleistungen an ihre Kinder nach dem Vierten Abschnitt des BAföG oder den §§ 71, 108 (ab 1.4.2012: §§ 67, 126) SGB III berücksichtigt wird, eben der dort berücksichtigte Betrag vom Einkommen abzusetzen. Hiermit fingiert der Gesetzgeber, dass die Leistungsberechtigten diesen Betrag wie Unterhalt tatsächlich an ihre Kinder weiterleiten.[451]

---

447 Der 100. Euro gehört nicht dazu, der 1.000. Euro hingegen schon.

448 Der 1.000. Euro gehört nicht dazu, 1.200. Euro hingegen schon.

449 Im Einzelnen s. *Schmidt*, in: Oestreicher, SGB II/SGB XII, § 11 SGB II, Rn 97–100 a; *Brühl*, in: LPK-SGB II, § 11, Rn 55; *Mecke*, in: Eicher/Spellbrink, SGB II, § 11, Rn 128 f.

450 *BA*, Fachl. Hinw. §§ 11, 11 a, 11 b SGB II, Rn 11.177 (S. 43); *Brühl*, in: LPK-SGB II, § 11, Rn 55; *Schmidt*, in: Oestreicher, SGB II/SGB XII, § 11 SGB II, Rn 100 a.

451 BT-Drucks. 16/1410, S. 20 f.

Pattar

ff) Besonderheiten bei Einkommen aus Erwerbstätigkeit (§ 11 b Abs. 2 S. 1 und 2 SGB II)

(1) Grundsatz

Soweit **erwerbsfähige Leistungsberechtigte**[452] **Einkommen aus Erwerbstätigkeit** 385 erzielen, modifiziert § 11 b Abs. 2 SGB II die Freibeträge. Zur Verwaltungsvereinfachung ist nach Satz 1 der Vorschrift **anstelle der Beträge nach § 11 b Abs. 1 S. 1 Nr. 3 bis 5 SGB II** – also anstelle der Versicherungsbeiträge (außer Sozialversicherungspflichtbeiträgen), der Riesterrentenbeiträge und der Werbungskosten – **ein Pauschalbetrag von insgesamt 100 Euro monatlich** abzusetzen (sogenannter **Grundfreibetrag**). Auch wenn Leistungsberechtigte mehreren Erwerbstätigkeiten nachgehen, ist der Betrag nur ein Mal anzusetzen. Soweit der Pauschalbetrag zur Anwendung kommt, sind § 11 b Abs. 1 S. 1 Nr. 3 bis 5 SGB II gesperrt. Es können also auch dann nicht mehr als 100 Euro abgesetzt werden, wenn die Beträge nach § 11 b Abs. 1 S. 1 Nr. 3 bis 5 SGB II zusammen höher wären.[453]

Beispiel: B erzielt Erwerbseinkommen in Höhe von 250 Euro monatlich. Er zahlt weder Steuern 386 noch Pflichtbeiträge zur Sozialversicherung und hat keine Unterhaltspflichten oder BAföG-berechtigten Kinder. – Vom Bruttoeinkommen ist nach § 11 b Abs. 2 S. 1 SGB II ein Betrag von 100 Euro abzusetzen, daneben ist nach § 11 b Abs. 1 S. 1 Nr. 6 in Verbindung mit Abs. 3 SGB II der Erwerbstätigenfreibetrag abzusetzen, der bei B 30 Euro beträgt (20 % von 150 Euro, die zwischen 100 Euro und 1.000 Euro liegen). Damit ist Einkommen von 120 Euro zu berücksichtigen.

Nach § 11 b Abs. 2 S. 2 SGB II gilt der **Pauschalbetrag** für Einkommen aus Erwerbs- 387 fähigkeit **nicht**, wenn das **Einkommen mehr als 400 Euro** beträgt **und** die leistungsberechtigte Person nachweist, dass die **Summe der Beträge**, an deren Stelle die Pauschale von 100 Euro tritt, **diesen Betrag übersteigt**. Ist das der Fall, sind die tatsächlichen Beträge abzusetzen. In diese Berechnung der „tatsächlichen" Beträge können jedoch die Pauschalen nach § 6 Abs. 1 Alg II-V durchaus mit eingehen.

Beispiel: A erzielt ein Bruttoerwerbseinkommen von 850 Euro. Er zahlt keine Steuern, aber So- 388 zialversicherungspflichtbeiträge (105 Euro). Er hat eine Kraftfahrzeughaftpflichtversicherung (25 Euro monatlich) und fährt 20 Mal im Monat 10 km mit dem Auto zur Arbeit. – Abzusetzen sind nach § 11 b Abs. 1 S. 1 Nr. 2 SGB II 105 Euro für die Sozialversicherung. Die Beträge nach Nr. 3 (25 Euro [Kfz-Haftpflicht] + 30 Euro [Versicherungspauschale nach § 6 Abs. 1 Nr. 1 Alg II-V] = 55 Euro), Nr. 4 (0 Euro) und Nr. 5 (15,33 Euro [Werbungskostenpauschale nach § 6 Abs. 1 Nr. 3 Buchst. a Alg II-V] + 40 Euro [Fahrtkosten, errechnet als 20 Tage · 10 km · 0,20 $^{Euro}/_{Tages-km}$ nach § 6 Abs. 1 Nr. 3 Buchst. b Alg II-V] = 55,33 Euro) summieren sich auf 110,33 Euro. Weil das Einkommen des A 400 Euro übersteigt, ist dieser Gesamtbetrag abzusetzen. Hinzu kommt der Erwerbstätigenfreibetrag nach Nr. 6: 150 Euro (20 % von 750 Euro). Zu berücksichtigen ist also Einkommen von 484,67 Euro.

(2) Privilegierte Einkommen aus Erwerbstätigkeit (§ 11 b Abs. 2 S. 3 SGB II)

Gegenüber dieser allgemeinen Regel privilegiert § 11 b Abs. 2 S. 3 SGB II die Bezie- 389 herinnen und Bezieher bestimmter steuerfreier Einkommen. Es handelt sich im Einzelnen um die **Aufwandsentschädigungen aus öffentlichen Kassen** (etwa für MdB, MdL oder Gemeinderatsmitglieder; § 3 Nr. 12 EStG), Einnahmen aus nebenberuflichen **Übungsleiter-, künstlerischen oder pflegerischen Tätigkeiten** (§ 3 Nr. 26 EStG), Einnahmen aus nebenberuflichen Tätigkeiten für **juristische Personen des öffentlichen Rechts aus dem EWR-Ausland** oder für **gemeinnützigen**, mildtätigen oder

---

452 Also nicht Empfängerinnen und Empfänger von Sozialgeld.
453 *Brühl,* in: LPK-SGB II, § 11, Rn 60; *Mecke,* in: Eicher/Spellbrink, SGB II, § 11, Rn 97; *Schmidt,* in: Oestreicher, SGB II/SGB XII, § 11 SGB II, Rn 111.

kirchlichen Zwecken dienende **Einrichtungen** (§ 3 Nr. 26 a EStG) und **Aufwandsentschädigungen für Vormünder** (§ 3 Nr. 26 b EStG). Manche dieser Einnahmen sind nur bis zu einem bestimmten Jahresbetrag steuerfrei, etwa die Übungsleitereinnahmen und die Vomundschaftsentschädigungen bis zusammen 2.100 Euro und die Einnahmen aus Tätigkeiten für gemeinnützige Einrichtungen bis 500 Euro. Für § 11 b Abs. 2 S. 3 SGB II kommt es darauf allerdings nicht an; maßgeblich ist allein, dass die Einnahme steuerfrei sein könnte.

390 Für solches grundsätzlich steuerfreies Einkommen erhöht § 11 b Abs. 2 S. 3 SGB II einerseits den pauschalen Grundfreibetrag von 100 Euro auf 175 Euro. Der unverbrauchte Rest des Freibetrages kann dabei nicht auf anderes Einkommen übertragen werden.

391 Zum anderen senkt § 11 b Abs. 2 S. 3 SGB II die Schwelle, ab der Leistungsberechtigte anstelle des pauschalen Grundfreibetrags die tatsächlichen Aufwendungen geltend machen können, für solche Einkommen auf 175 Euro.

392 **Beispiel:**[454] B trainiert eine Volleyballmannschaft und erhält dafür monatlich 200 Euro. Daneben bezieht sie weiteres Erwerbseinkommen von 250 Euro monatlich. Steuern und Sozialversicherungsbeiträge zahlt sie nicht. Sie hat eine Kraftfahrzeughaftpflichtversicherung (25 Euro monatlich), fährt 8 Mal im Monat 30 km mit dem Auto zum Volleyballtraining und 10 Mal im Monat 20 km zu ihrer anderen Arbeitsstätte. – Sie könnte zwar für die Tätigkeit als Volleyballtrainerin die tatsächlichen Aufwendungen geltend machen. Die Beträge nach Nr. 3 (25 Euro [Kfz-Haftpflicht] + 30 Euro [Versicherungspauschale nach § 6 Abs. 1 Nr. 1 Alg II-V] = 75 Euro), Nr. 4 (0 Euro) und Nr. 5 (15,33 Euro [Werbungskostenpauschale nach § 6 Abs. 1 Nr. 3 Buchst. a Alg II-V] + 48 Euro [Fahrtkosten, errechnet als 8 Tage · 30 km · 0,20 $^{Euro}/_{Tages-km}$ nach § 6 Abs. 1 Nr. 3 Buchst. b Alg II-V] = 63,33 Euro) summieren sich jedoch für diese Tätigkeit nur auf 118,33 Euro. Damit ist insgesamt die Pauschale von 175 Euro abzusetzen. Daneben ist nach § 11 b Abs. 1 S. 1 Nr. 6, Abs. 3 SGB II der Erwerbstätigenfreibetrag (20 % von 350 Euro = 70 Euro) abzusetzen. Zu berücksichtigen sind also 205 Euro (450 Euro – 175 Euro – 70 Euro).
Variante: B erhält für die Trainerinnentätigkeit nur 120 Euro. – Da weder die Grenze von 175 Euro noch die Grenze von 400 Euro erreicht ist, kann sie nicht die tatsächlichen Aufwendungen geltend machen. Die Pauschale von 175 Euro gilt nur für die privilegierten Einnahmen und kann nicht auf die anderen Einnahmen aus Erwerbstätigkeit übertragen werden. Damit ist zwar das Einkommen als Trainerin überhaupt nicht anzurechnen, weil es von der Pauschale gedeckt ist, die sonstigen Erwerbseinnahmen aber voll. Nach Abzug des Erwerbstätigenfreibetrages (20 % von 270 Euro = 54 Euro) sind also 196 Euro monatlich zu berücksichtigen.

(3) Zusammentreffen von Erwerbseinkommen mit sonstigem Einkommen

393 Nach der überwiegenden Meinung soll ein durch ein niedrigeres Erwerbseinkommen als 100 Euro[455] eventuell unverbrauchter Restbetrag des Grundfreibetrages nicht auf andere Einkommensarten zu übertragen sein.[456] Dem ist zuzustimmen, soweit dadurch die Leistungsberechtigten vor der Sperrwirkung des Pauschalbetrages geschützt werden.[457] Zur Umsetzung werden verschiedene Berechnungswege vertreten.

---

454   Für weitere Berechnungsbeispiele s. *BA,* Fachl. Hinw. §§ 11, 11 a, 11 b SGB II, Rn 11.166 (S. 39 f.).
455   Analog 175 Euro bei privilegiertem Erwerbseinkommen (vgl. o. Rn 389 f.).
456   *BA,* Fachl. Hinw. §§ 11, 11 a, 11 b SGB II, Rn 11.168 (S. 40 f.); *Brühl,* in: LPK-SGB II, § 11, Rn 60; *Mecke,* in: Eicher/Spellbrink, SGB II, § 11, Rn 97; *Schmidt,* in: Oestreicher, SGB II/SGB XII, § 11 SGB II, Rn 111.
457   So auch *Brühl,* in: LPK-SGB II, § 11, Rn 60.

Vorzugswürdig ist der von der Bundesagentur für Arbeit empfohlene,[458] weil nur er zuverlässig den erwünschten Schutz bietet:[459]

1. In einem ersten Schritt sind die Beträge nach § 11 b Abs. 1 S. 1 Nr. 3 bis 5 SGB II von den sonstigen Einkommen abzusetzen.
2. Sodann ist der Pauschalbetrag von 100 Euro um den Betrag zu bereinigen, der bei den anderen Einkommensarten bereits tatsächlich berücksichtigt worden ist. Dabei ist darauf zu achten, dass die Werbungskosten für die anderen Einkommensarten nicht im Pauschalbetrag für Erwerbseinkommen enthalten sind; sie sind darum nicht in Abzug zu bringen.
3. Im dritten Schritt ist der bereinigte Pauschalbetrag vom Erwerbseinkommen abzusetzen.
4. Schließlich sind die anzurechnenden Beträge des sonstigen Einkommens und des Erwerbseinkommens zusammenzurechnen.

Beispiel: A erzielt Einkommen aus Erwerbstätigkeit in Höhe von 50 Euro. Sie fährt dazu vier Mal **394** monatlich mit dem Kraftfahrzeug 5 km zur Arbeit. Daneben erzielt sie Mieteinnahmen von monatlich 400 Euro; hierfür hat sie monatliche Aufwendungen von 150 Euro. Für eine Kraftfahrzeug-Haftpflichtversicherung wendet sie weiter monatlich 25 Euro auf. – Da das Bruttoeinkommen der A aus Erwerbstätigkeit unter 100 Euro liegt, ist in obigen vier Schritten vorzugehen: **(1.)** Vom sonstigen Einkommen (400 Euro) sind die Beträge nach § 11 b Abs. 1 S. 1 Nr. 3 (25 Euro für Kfz-Haftpflicht, 30 Euro Pauschale für private Versicherungen), Nr. 4 (0 Euro) und Nr. 5 (150 Euro) in Abzug zu bringen. Es verbleibt sonstiges Einkommen in Höhe von 195 Euro. **(2.)** Der Freibetrag von 100 Euro ist zu bereinigen um die verbrauchten Beträge nach § 11 b Abs. 1 S. 1 Nr. 3 SGB II (insgesamt 55 Euro); die 150 Euro nach Nr. 5 sind hingegen nicht abzuziehen, weil sie mit dem Einkommen aus Erwerbstätigkeit nichts zu tun haben. Es verbleibt ein bereinigter Freibetrag von 45 Euro. **(3.)** Der bereinigte Freibetrag (45 Euro) ist vom Einkommen aus Erwerbstätigkeit (50 Euro) abzusetzen. Es verbleibt Erwerbseinkommen in Höhe von 5 Euro. **(4.)** Insgesamt ist Einkommen in Höhe von 200 Euro (195 Euro + 5 Euro) zu berücksichtigen.[460]
Variante 1: A erzielt nur 180 Euro Mieteinnahmen. – **(1.)** Das sonstige Einkommen beträgt 0 Euro; von den Freibeträgen nach Nr. 3 und 4 (eigentlich 55 Euro) sind nur 30 Euro verbraucht. **(2.)** Der bereinigte Freibetrag beträgt 70 Euro. **(3.)** Es verbleibt kein Erwerbseinkommen mehr. **(4.)** Es ist kein Einkommen zu berücksichtigen.[461]
Variante 2:[462] A erzielt wie im Ausgangsfall 400 Euro Mieteinnahmen. Jedoch kostet ihre Kraftfahrzeug-Haftpflichtversicherung 75 Euro monatlich. – **(1.)** Das sonstige Einkommen beträgt 145 Euro (400 Euro – 150 Euro – 75 Euro – 30 Euro). **(2.)** Nach Bereinigung um die nach Nr. 3 und 4 des § 11 b Abs. 1 S. 1 SBG II verbrauchten 105 Euro verbleibt kein Freibetrag mehr. **(3.)** Das

---

458 *BA,* Fachl. Hinw. §§ 11, 11 a, 11 b SGB II, Rn 11.168 (S. 40 f.).

459 *Mecke,* in: Eicher/Spellbrink, SGB II, § 11, Rn 97 und *Schmidt,* in: Oestreicher, SGB II/SGB XII, § 11 SGB II, Rn 111 gehen hingegen anders vor: Sie berechnen zunächst die Beträge nach § 11 b Abs. 1 S. 1 Nr. 3–5 SGB II, die allein für die Erwerbstätigkeit in der Pauschale enthalten sind und verrechnen sie mit dem Einkommen. Sind diese Beträge höher als das Erwerbseinkommen, setzen sie den verbleibenden Rest zusätzlich zu den Werbungskosten für das sonstige Einkommen vom sonstigen Einkommen ab.

460 Nach der Berechnungsmethode *Mecke,* in: Eicher/Spellbrink, SGB II, § 11, Rn 97 und *Schmidt,* in: Oestreicher, SGB II/SGB XII, § 11 SGB II, Rn 111 wäre folgendermaßen vorzugehen: (1.) Summe der beim Erwerbseinkommen zu berücksichtigenden Aufwendungen der A: 25 Euro (Kfz-Haftpflicht) + 30 Euro (Versicherungspauschale) + 15,33 Euro (Werbungskostenpauschale) + 4 Euro (Fahrtkosten) = 74,33 Euro. (2.) Verbleibende Absetzbeträge nach Berücksichtigung des Erwerbseinkommens: 24,33 Euro (50 Euro – 74,33 Euro). (3.) Nach Absetzung des verbleibenden Absetzbetrages und der Werbungskosten vom sonstigen Einkommen ergäbe sich danach zu berücksichtigendes Einkommen von 225,67 Euro (400 Euro – 150 Euro [Werbungskosten Vermietung] – 24,33 Euro).

461 Andere Berechnungsmethode: Schritte (1.) und (2.) wie in Fn. 460. (3.) Nach Absetzung des verbleibenden Absetzbetrages und der Werbungskosten vom sonstigen Einkommen verbleibt zu berücksichtigendes Einkommen von 5,67 Euro (180 Euro – 150 Euro [Werbungskosten Vermietung] – 24,33 Euro).

462 Gerade an dieser Variante zeigt sich die Überlegenheit der Berechnungsmethode der Bundesagentur: Nur sie schützt die Leistungsberechtigten davor, dass die Sperrwirkung von § 11 b Abs. 2 S. 1 SGB II auf die anderen Einkommensarten ausgedehnt wird.

Erwerbseinkommen ist also mit 50 Euro zu berücksichtigen. **(4.)** Insgesamt sind 195 Euro Einkommen zu berücksichtigen.[463]

gg) Behandlung einmaliger Einnahmen (§ 11 b Abs. 1 S. 2 SGB II)

395 Für **einmalige Einnahmen** (hierzu o. Rn 353) bestimmt § 11 b Abs. 1 S. 2 SGB II, dass die Abzugsbeträge nach § 11 b Abs. 1 S. 1 Nr. 1 (Steuern), Nr. 2 (Sozialversicherungspflichtbeiträge), Nr. 5 (Werbungskosten) und Nr. 6 (Erwerbstätigenfreibetrag) SGB II vorweg abzusetzen sind. Das bedeutet im Umkehrschluss, dass die übrigen Freibeträge jeweils monatlich abzusetzen sind.

396 **Beispiel:** A hat einen monatlichen Gesamtbedarf von 500 Euro und kein laufendes Einkommen. Er gewinnt im Juni bei einer Lotterie 2.000 Euro. Für das Lotterielos hat er im selben Monat 2 Euro aufgewendet. – Es handelt sich um eine einmalige Einnahme. Da damit der Bedarf für einen Monat offensichtlich gedeckt werden kann, ist der Betrag über sechs Monate zu verteilen. Vorweg sind jedoch die in § 11 b Abs. 1 S. 2 SGB II genannten Beträge abzusetzen. Das betrifft hier die Beschaffungskosten für das Lotterielos (§ 11 b Abs. 1 S. 1 Nr. 5 SGB II). Es verbleibt ein zu verteilendes Einkommen von 1.998 Euro, von denen jeweils ein Sechstel, also 333 Euro, auf die Monate Juli bis Dezember entfällt. In jedem dieser Monate sind dann die übrigen Freibeträge abzusetzen; hier betrifft dies die Versicherungspauschale von 30 Euro (§ 11 b Abs. 1 S. 1 Nr. 3 SGB II i. V. m. § 6 Abs. 1 Nr. 1 Alg II-V). Damit sind in den Monaten Juli bis Dezember jeweils 303 Euro monatlich als Einkommen zu berücksichtigen.

397 Übersteigen die einmaligen und die laufenden *Erwerbs*einnahmen im Zuflussmonat nicht die Schwelle von 400 Euro, versperrt § 11 b Abs. 2 S. 1 SGB II den Weg zu § 11 b Abs. 1 S. 1 Nr. 5 SGB II; die Werbungskosten können somit nicht vorab abgesetzt werden. Anderenfalls kann jedoch über § 11 b Abs. 2 S. 2 SGB II § 11 b Abs. 1 S. 1 Nr. 5 SGB II angewendet werden. Während des Verteilzeitraums gilt dies allerdings nur dann, wenn die laufenden Erwerbseinnahmen *für sich genommen* die Grenze von 400 Euro übersteigen. Zur Vermeidung von Doppelanrechnungen darf andererseits der Pauschalbetrag nicht gekürzt werden.

398 **Beispiel:** C hat einen Gesamtbedarf von 500 Euro. Er verdient bei seinem Arbeitgeber monatlich laufend 350 Euro; Steuern und Sozialversicherungspflichtbeiträge fallen nicht an. Er hat eine Kraftfahrzeughaftpflichtversicherung (25 Euro) und monatliche Fahrtkosten von 40 Euro; zu denken ist weiter an die Werbungskostenpauschale (15,33 Euro) und die Versicherungspauschale (30 Euro). Die Beträge nach § 11 b Abs. 1 S. 1 Nr. 3–5 SGB II summieren sich also auf 110,33 Euro. Abgesetzt werden jedoch von den laufenden Einnahmen stattdessen nur 100 Euro (§ 11 b Abs. 2 S. 1 SGB II) sowie der Erwerbstätigenfreibetrag von 50 Euro (§ 11 b Abs. 1 S. 1 Nr. 6, Abs. 3 SGB II). Zu berücksichtigen sind mithin laufend 200 Euro; er erhält Arbeitslosengeld II in Höhe von 300 Euro. Im Juni zahlt ihm sein Arbeitgeber ein Urlaubsgeld von weiteren 400 Euro. Da das Arbeitslosengeld II bereits ausgezahlt ist, sind die 400 Euro im Juli anzurechnen (§ 11 Abs. 3 S. 2 SGB II). Insgesamt erhält C also im Juli 750 Euro. Steuern und Sozialversicherungsbeiträge fallen nicht an. – Zunächst ist probehalber zu betrachten, ob das Einkommen zu verteilen ist. Da C im Juli ein höheres Erwerbseinkommen als 400 Euro hat, sind die gesamten 110,33 Euro abzusetzen (§§ 11 b Abs. 1 S. 1 Nr. 3–5 SGB II). Weiter erhöht sich der Erwerbstätigenfreibetrag auf 130 Euro. Zu berücksichtigen wäre also im Juli Einkommen von 509,67 Euro. Damit wäre der Bedarf des C gedeckt. Deshalb ist das einmalige Einkommen nach § 11 Abs. 3 S. 3 SGB II auf die Monate Juli bis Dezember zu verteilen. Zuvor sind jedoch die Beträge nach § 11 b Abs. 1 S. 2 SGB II abzusetzen. Von den Absetzbeträgen (insgesamt 240,33 Euro) gehören 55 Euro (Versicherungen!) nicht zu den Werbungskosten nach § 11 b Abs. 1 S. 1 Nr. 5 oder dem Freibetrag

---

463 Andere Berechnungsmethode (Fn. 459): (1.) Summe der beim Erwerbseinkommen zu berücksichtigenden Aufwendungen der A: 75 Euro (Kfz-Haftpflicht) + 30 Euro (Versicherungspauschale) + 15,33 Euro (Werbungskostenpauschale) + 4 Euro (Fahrtkosten) = 124,33 Euro; gedeckelt auf 100 Euro. (2.) Verbleibende Absetzbeträge nach Berücksichtigung des Erwerbseinkommens: 50 Euro (50 Euro – 100 Euro). (3.) Nach Absetzung des verbleibenden Absetzbetrages und der Werbungskosten vom sonstigen Einkommen ergäbe sich danach zu berücksichtigendes Einkommen von 200 Euro (400 Euro – 150 Euro [Werbungskosten Vermietung] – 50 Euro).

nach Nr. 6 SGB II. Von den verbleibenden 185,33 Euro entfallen 105,33 Euro auf das laufende Einkommen und nur 80 Euro auf das einmalige Einkommen; diese sind vor der Verteilung von den 400 Euro abzusetzen, sodass 320 Euro zu verteilen sind. In den Monaten Juli bis Dezember ist das Einkommen also um weitere 53,33 Euro zu erhöhen. Vom Gesamteinkommen von nunmehr 403,33 Euro ist weiterhin nur ein Betrag von 150 Euro abzusetzen; zu berücksichtigen sind also jeweils 253,33 Euro. C erhält demnach in den Monaten Juli bis Dezember nur Arbeitslosengeld II von 246,67 Euro.

d) Vermögen

aa) Überblick

399 Was als **Vermögen** zu berücksichtigen ist, lässt sich aus § 12 SGB II und der Alg II-V ablesen. Das Gesetz geht dabei im Wesentlichen parallel zur Bestimmung des zu berücksichtigenden Einkommens vor: In § 12 Abs. 1 und 4 SGB II und § 8 Alg II-V wird zunächst allgemein definiert, was als Vermögen anzusehen ist (Rn 400). § 12 Abs. 3 SGB II und § 7 Abs. 1 Alg II-V nehmen sodann aus verschiedenen Gründen bestimmte Vermögensgegenstände als solche von der Berücksichtigung als Einkommen aus (Rn 412). Von dem Gesamtwert des hiernach verbliebenen Vermögens sind sodann wertmäßige Absetzungen vorzunehmen, deren Höhe sich aus § 12 Abs. 2 SGB II ergibt (Rn 438).[464]

bb) Allgemeine Definition des Vermögens (§ 12 Abs. 1 und 4 SGB II, § 8 Alg II-V)

400 Als Vermögen sind nach § 12 Abs. 1 SGB II **alle verwertbaren Vermögensgegenstände** zu berücksichtigen.

(1) Vermögensgegenstände

401 Unter „Vermögensgegenständen" ist dabei der **gesamte Bestand an Sachen oder Rechten in Geld oder Geldeswert in der Hand der leistungsberechtigten Person** zu verstehen.[465] Die Leistungsberechtigten müssen die Vermögensgegenstände grundsätzlich zum Zeitpunkt des Wirksamwerdens ihres Erstantrages in Händen gehabt haben; später Hinzugewonnenes ist grundsätzlich Einkommen und wandelt sich nur in Ausnahmefällen in Vermögen um (s. o. Rn 357). Sonstige Änderungen im Vermögensbestand, also Umschichtungen oder die ersatzlose Weggabe von Vermögensgegenständen,[466] sind jedoch stets zu berücksichtigen.

402 Damit gehören Geld, Schecks, Gutscheine, Forderungen und Ähnliches zum Vermögen. Höchstpersönliche[467] oder nicht verkehrsfähige Rechte (Persönlichkeitsrecht, Erbschaftsausschla-

---

464 So auch *Schmidt,* in: Oestreicher, SGB II/SGB XII, § 12 SGB II, Rn 11 f.

465 St. Rspr. zur früheren Arbeitslosenhilfe seit *BSG,* 11. 2. 1976 – 7 RAr 159/74, SozR 4100 § 137 Nr. 1 (= BSGE 41, 187–192), Rn 23; *BSG,* 21. 11. 2002 – B 11 AS 10/02 R, SozR 3-4220 § 6 Nr. 9, Rn 17 m. zahlr. w. Nachw. – Dieser Vermögensbegriff kann grundsätzlich auch unter dem SGB II herangezogen werden (zu den Gründen *Schmidt,* in: Oestreicher, SGB II/SGB XII, § 12 SGB II, Rn 15; *Mecke,* in: Eicher/Spellbrink, SGB II, § 12, Rn 13).

466 Die ersatzlose Weggabe (Schenkung) kann allerdings sittenwidrig und damit nach § 138 BGB nichtig sein. Soweit die Nichtigkeit der Schenkung auf das Verfügungsgeschäft durchschlägt, verbleibt der Vermögensgegenstand im Vermögen der leistungsberechtigten Person (*Mecke,* in: Eicher/Spellbrink, SGB II, § 12, Rn 25). Ansonsten kann sie einen Rückgabeanspruch auslösen (unmittelbar §§ 812 ff. BGB oder §§ 528 f., 818 ff. BGB), der dann seinerseits – unter den o. Rn 400–409 angegebenen Voraussetzungen – einen Vermögensgegenstand darstellen kann (*Mecke,* in: Eicher/Spellbrink, SGB II, § 12, Rn 24 f.; *Schmidt,* in: Oestreicher, SGB II/SGB XII, § 12 SGB II, Rn 19, 22).

467 Anders jedoch *Mecke,* in: Eicher/Spellbrink, SGB II, § 12, Rn 32: Keine Verwertbarkeit.

gungsrecht) oder Sachen (Betäubungsmittel, Kriegswaffen)[468] gehören hingegen nicht zum Vermögen, weil sie – unabhängig von der Verwertbarkeit – keinen Verkehrswert haben.

403 **Schulden** gehören nicht zum Vermögen. Das **Vermögen** im Sinne von § 12 Abs. 1 SGB II ist nicht der Saldo der Aktiva und Passiva der leistungsberechtigten Person, sondern nur die **Summe der Aktiva**.[469] Schulden können auch dann nicht berücksichtigt werden, wenn sie mit einzelnen Vermögensgegenständen verbunden sind, etwa durch eine Hypothek.[470] Diese „verbundenen Schulden" mindern jedoch den Verkehrswert des betreffenden Vermögensgegenstandes.[471]

(2) Verwertbarkeit

404 Die Vermögensgegenstände müssen weiter **verwertbar** sein. „Vermögen ist verwertbar, wenn seine Gegenstände **verbraucht**, **übertragen** und **belastet** werden können […].[472] Die **Verwertung muss** für den Betroffenen einen **Ertrag bringen, durch den er**, wenn auch nur kurzfristig, **seinen Lebensunterhalt bestreiten kann.**"[473] Durch Belastung erbringt ein Gegenstand etwa einen solchen Ertrag, wenn sich der Leistungsberechtigte ein Darlehen verschaffen kann.

405 Vermögensgegenstände können aus **rechtlichen** oder aus **tatsächlichen Gründen unverwertbar** sein.

406 „**Rechtlich nicht verwertbar** ist ein Vermögensgegenstand, für den Verfügungsbeschränkungen bestehen, deren Aufhebung der Hilfebedürftige nicht erreichen kann […].[474]"[475] Das ist beispielsweise der Fall bei Insolvenz (§ 81 InsO), Beschlagnahme (§ 94 StPO, §§ 20, 23, 146 ZVG), Pfändung und Arrest (§§ 804, 829, 830 ZPO), Testamentsvollstreckung (§ 2211 BGB) und Ansprüchen der betrieblichen Altersvorsorge bei Direktversicherungen (§ 2 Abs. 2 S. 4 und 5 BetrAVG) sowie bei Anlagen zur sogenannten Rürup-Rente entsprechend § 10 Abs. 1 Nr. 2 Buchst. b EStG.[476]

407 „**Tatsächlich nicht verwertbar** sind Vermögensgegenstände, für die in absehbarer Zeit kein Käufer zu finden sein wird, etwa weil Gegenstände dieser Art nicht (mehr) marktgängig sind oder weil sie – wie beispielsweise Grundstücke in Folge sinkender Immobilienpreise – über den Marktwert hinaus belastet sind. Eine generelle Unverwertbarkeit i[m] S[inn] des § 12 Abs. 1 SGB II liegt vor, wenn völlig ungewiss ist, wann eine für die Verwertbarkeit notwendige Bedingung eintritt […].[477]"[478]

408 Die Verwertbarkeit hat damit auch eine **zeitliche Komponente**: Hintergrund der Vermögensberücksichtigung ist es ja, dass die leistungsberechtigte Person den Vermö-

---

468 Vgl. § 16 BtMG und §§ 17–18 a KrWaffKontrG.
469 *Mecke,* in: Eicher/Spellbrink, SGB II, § 12, Rn 14; *Schmidt,* in: Oestreicher, SGB II/SGB XII, § 12 SGB II, Rn 23.
470 So aber *Schmidt,* in: Oestreicher, SGB II/SGB XII, § 12 SGB II, Rn 24 unter Berufung auf die bisherige Rechtsprechung (*BSG,* 25. 3. 1999 – B 7 AL 28/98 R, SozR 3-4220 § 6 Nr. 7 [= BSGE 84, 48–54], Rn 22 und *VGH BW,* 26. 1. 1983 – 6 S 1733/82, FEVS 32, 459–466).
471 So zutreffend *Mecke,* in: Eicher/Spellbrink, SGB II, § 12, Rn 15.
472 Hier beruft sich das BSG auf *BSG,* 16. 5. 2007 – B 11 b AS 37/06 R, SozR 4-4200 § 12 Nr. 4 (= FEVS 59, 49–60 = BSGE 98, 243–256), Rn 28; *Hänlein,* in: Gagel SGB II/SGB III, § 12 SGB II, Rn 28; *Mecke,* in: Eicher/Spellbrink, SGB II, § 12, Rn 31.
473 *BSG,* 30. 8. 2010 – B 4 AS 70/09 R, in juris, Rn 16. – Hervorhebungen vom Verfasser.
474 Hier verweist das BSG auf *Mecke,* in: Eicher/Spellbrink, SGB II, § 12, Rn 30, 32.
475 *BSG,* 16. 5. 2007 – B 11 b AS 37/06 R, SozR 4-4200 § 12 Nr. 4, Rn 29. – Hervorhebungen vom Verfasser.
476 Alle diese Beispiele von *Schmidt,* in: Oestreicher, SGB II/SGB XII, § 12 SGB II, Rn 31 und *Mecke,* in: Eicher/Spellbrink, SGB II, § 12, Rn 32.
477 Hier beruft sich das BSG auf *BSG,* 6. 12. 2007 – B 14/7 b AS 46/06 R, SozR 4-4200 § 12 Nr. 6 (= BSGE 99, 248–252), Rn 15.
478 *BSG,* 30. 8. 2010 – B 4 AS 70/09 R, in juris, Rn 16. – Hervorhebungen vom Verfasser.

gensgegenstand zeitnah für ihren Lebensunterhalt einsetzen soll. Spricht ein rechtlicher oder tatsächlicher Grund gegen die Verwertbarkeit, muss daher eine Prognose abgegeben werden, ob und wann dieses Hindernis wegfällt. „Maßgebend für die Prognose, dass ein rechtliches oder tatsächliches Verwertungshindernis wegfällt, ist im Regelfall **der Zeitraum, für den die Leistungen bewilligt werden**, also regelmäßig der **sechsmonatige Bewilligungszeitraum** des § 41 Abs. 1 Satz 4 SGB II […].[479] Für diesen Zeitraum muss im Vorhinein eine Prognose getroffen werden, ob und welche Verwertungsmöglichkeiten bestehen, die geeignet sind, Hilfebedürftigkeit abzuwenden. Eine Festlegung für darüber hinausgehende Zeiträume ist demgegenüber nicht erforderlich und wegen der Unsicherheiten, die mit einer langfristigen Prognose verbunden sind, auch nicht geboten […].[480]"[481] Das bedeutet: **Besteht voraussichtlich für die kommenden sechs Monate ein solches Verwertungshindernis, ist ein Gegenstand unverwertbar (vgl. a. Rn 541–543).**

409 Der Berücksichtigung eines Vermögensgegenstandes steht es nicht entgegen, dass er bereits zu einem früheren Zeitpunkt bei der Bemessung der Leistungen berücksichtigt worden ist: **Die leistungsberechtigte Person ist so lange auf ihr verwertbares Vermögen zu verweisen, wie sie es tatsächlich in Händen hält.**[482]

cc) Wert des Vermögens (§ 12 Abs. 4 SGB II, § 8 Alg II-V)

410 Ist bestimmt worden, welche Vermögensgegenstände zum Vermögen zählen, stellt sich die Frage, **mit welchem Wert** diese Vermögensgegenstände anzusetzen sind. Die Antwort hierauf geben § 12 Abs. 4 SGB II und § 8 Alg II-V: Das Vermögen ist ohne Rücksicht auf steuerrechtliche Vorschriften mit seinem **Verkehrswert** zu berücksichtigen. Darunter ist der Geldbetrag zu verstehen, der durch eine Verwertung des Vermögensgegenstandes im freien Geschäftsverkehr zu erzielen ist.[483] Zu berücksichtigen ist stets nur der Nettoerlös; die für die Verwertung notwendigen Aufwendungen sind abzuziehen. So ist beispielsweise für ein Kraftfahrzeug der Wert einzusetzen, den ein Privater aktuell erzielen könnte.[484]

411 Als **Zeitpunkt** der Wertermittlung nennt § 12 Abs. 4 S. 2 SGB II den Zeitpunkt der Antragstellung oder des späteren Erwerbs. Allerdings sind nach § 12 Abs. 4 S. 3 SGB II wesentliche Änderungen des Verkehrswerts zu berücksichtigen. Wesentlich kann eine Änderung nur sein, wenn sie so erheblich ist, dass das Ende des Bewilligungszeitraums nicht mehr abgewartet werden kann.[485]

---

479   Hier verweist das BSG auf *BSG*, 27. 1. 2009 – B 14 AS 42/07 R, SozR 4-4200 § 12 Nr. 12 (= FEVS 61, 66–74), Rn 23.
480   Hier beruft sich das BSG auf *BSG*, 27. 1. 2009 – B 14 AS 42/07 R, SozR 4-4200 § 12 Nr. 12, Rn 23.
481   *BSG*, 30. 8. 2010 – B 4 AS 70/09 R, in juris, Rn 16. – Hervorhebungen vom Verfasser.
482   *Mecke*, in: Eicher/Spellbrink, SGB II, § 12, Rn 34; *Schmidt*, in: Oestreicher, SGB II/SGB XII, § 12 SGB II, Rn 136.
483   *Schmidt*, in: Oestreicher, SGB II/SGB XII, § 12 SGB II, Rn 130; ähnlich *Mecke*, in: Eicher/Spellbrink, SGB II, § 12, Rn 93.
484   *BSG*, 6. 9. 2007 – B 14/7 b AS 66/06 R, SozR 4-4200 § 12 Nr. 5 (= FEVS 59, 385–394 = BSGE 99, 77–87), Rn 17.
485   *Schmidt*, in: Oestreicher, SGB II/SGB XII, § 12 SGB II, Rn 135; ähnlich *Mecke*, in: Eicher/Spellbrink, SGB II, § 12, Rn 98.

dd) Nicht als Vermögen zu berücksichtigende Gegenstände (§ 12 Abs. 3 SGB II, § 7 Abs. 1 Alg II-V)

412 Bestimmte Vermögensgegenstände werden nicht als Vermögen berücksichtigt.

(1) Angemessener Hausrat (§ 12 Abs. 3 S. 1 Nr. 1 SGB II)

413 Nach § 12 Abs. 3 S. 1 Nr. 1 SGB II ist **angemessener Hausrat** nicht zu berücksichtigen. Zum Hausrat gehören alle Gegenstände, die zur Haushaltsführung und zum Wohnen notwendig sind[486] oder die der Hauswirtschaft und dem familiären Zusammenleben dienen.[487] Hierher gehören die Wohnungseinrichtung, Möbel, Bilder, Teppiche, Kleidung, Geschirr, Besteck, Rundfunk- und Fernsehgeräte und alle anderen Sachen, die diesen Zwecken dienen.

414 Für die **Angemessenheit** des Hausrats wie aller anderen Vermögensgegenstände, auf deren Angemessenheit es ankommt, sind nach § 12 Abs. 3 S. 2 SGB II die **Lebensumstände während des Bezugs der Leistungen** nach dem SGB II maßgebend. Vergleichspunkt für die Ermittlung der Angemessenheit ist damit der übliche Lebenszuschnitt anderer Leistungsberechtigter.[488] In Anlehnung an die Rechtsprechung zur Angemessenheit einer Unterkunft ist damit grundsätzlich nur ein einfacher Standard unter Ausschluss von Luxusartikeln angemessen.

415 Überschreitet ein Hausratsgegenstand die Angemessenheitsgrenze (silbernes Besteck, Meissner Porzellan, Heimkinoanlage), ist nur der angemessene Teil nach § 12 Abs. 3 S. 1 Nr. 1 SGB II von der Berücksichtigung ausgenommen. Der unangemessene Teil ist hingegen als Vermögen zu berücksichtigen, wenn er nicht unter einen anderen Schonungstatbestand (s. näher u. Rn 438) fällt.

(2) Angemessenes Kraftfahrzeug (§ 12 Abs. 3 S. 1 Nr. 2 SGB II)

416 Nach § 12 Abs. 3 S. 1 Nr. 2 SGB II ist **ein angemessenes Kraftfahrzeug** für jede in der Bedarfsgemeinschaft lebende erwerbsfähige Person nicht zu berücksichtigen. Angemessen ist ein Kraftfahrzeug grundsätzlich bis zu einem Wert von 7.500 Euro.[489]

417 Hat eine leistungsberechtigte Person ein wertvolleres Kraftfahrzeug, ist durch § 12 Abs. 3 S. 1 Nr. 2 SGB II nur der angemessene Teil geschont. Der über 7.500 Euro hinausgehende Wert ist hingegen als Vermögen zu berücksichtigen, soweit er nicht seinerseits von einem anderen Schonungstatbestand erfasst wird.[490] Es besteht keine Pflicht zur „Versilberung" von Vermögensgegenständen, die dem Grunde nach geschützt sind.

418 **Beispiel:** L hat ein Kraftfahrzeug im Wert von 12.000 Euro. Hiervon sind nach § 12 Abs. 3 S. 1 Nr. 2 SGB II 7.500 Euro nicht zu berücksichtigen. Der darüber hinausgehende Wert von 4.500 Euro ist hingegen nicht nach dieser Vorschrift geschont und geht – sofern er nicht nach einer anderen Vorschrift frei ist – in die Vermögensberücksichtigung ein.

---

486 *Schmidt,* in: Oestreicher, SGB II/SGB XII, § 12 SGB II, Rn 73, auch mit Beispielen.
487 *Mecke,* in: Eicher/Spellbrink, SGB II, § 12, Rn 61, auch mit Beispielen.
488 So *Mecke,* in: Eicher/Spellbrink, SGB II, § 12, Rn 60.
489 *BSG,* 6. 9. 2007 – B 14/7 b AS 66/06 R, SozR 4-4200 § 12 Nr. 5, Rn 16 unter Bezugnahme auf § 5 Abs. 1 KfzHV; ebenso *BSG,* 20. 8. 2009 – B 14 AS 41/08 R, in juris, Rn 13. – Strenger (5.000 Euro) noch *BSG,* 16. 5. 2007 – B 11 b AS 37/06 R, SozR 4-4200 § 12 Nr. 4, Rn 45.
490 *BSG,* 6. 9. 2007 – B 14/7 b AS 66/06 R, SozR 4-4200 § 12 Nr. 5, Rn 18 f.; *BSG,* 20. 8. 2009 – B 14 AS 41/08 R, in juris, Rn 13; *Mecke,* in: Eicher/Spellbrink, SGB II, § 12, Rn 60; *Schmidt,* in: Oestreicher, SGB II/SGB XII, § 12 SGB II, Rn 77 f. – Anders noch in einem obiter Dictum *BSG,* 16. 5. 2007 – B 11 b AS 37/06 R, SozR 4-4200 § 12 Nr. 4, Rn 45: Der Gegenstand fällt vollständig aus den Schonungsvorschriften heraus.

Pattar

(3) Altersvorsorgevermögen (§ 12 Abs. 3 S. 1 Nr. 3 SGB II)

Nach § 12 Abs. 3 S. 1 Nr. 3 SGB II werden von der Inhaberin oder dem Inhaber für die **Altersvorsorge** bestimmt bezeichnete Vermögensgegenstände **in angemessenem Umfang** nicht als Vermögen berücksichtigt, **wenn** die **erwerbsfähige leistungsberechtigte Person oder** ihre **Partnerin oder** ihr **Partner von der Versicherungspflicht in der** gesetzlichen **Rentenversicherung befreit ist.** **419**

Mit dieser Vorschrift wird eine privat aufgebaute Grund-Altersvorsorge geschützt. Sie führt zu einer Gleichstellung der von der Rentenversicherungspflicht Befreiten (§ 6 SGB VI) mit Versicherungspflichtigen und Versicherungsfreien: Versicherungspflichtige – das sind vor allem Beschäftigte, aber auch einige Selbständige (§§ 2–4 SGB VI) – haben eine Anwartschaft auf Rente aus der gesetzlichen Rentenversicherung. Versicherungsfreie – das sind vor allem Beamtinnen und Beamte, Richterinnen und Richter (§ 5 SGB VI) – haben eine Anwartschaft auf Pension bei ihrem Dienstherrn. Von der Rentenversicherungspflicht Befreite haben beides nicht; vernünftigerweise betreiben sie deshalb zur Sicherung ihres Haupteinkommens im Alter kapitalgedeckte Altersvorsorge. Teils ist dies sogar Voraussetzung für eine Befreiung (z. B. § 6 Abs. 1 Nr. 2 SGB VI). Rechnete man dieses Vorsorgevermögen an, würde man diese Personengruppe gegenüber den anderen beiden benachteiligen, die systembedingt kein Altersvorsorgevermögen aufbauen (müssen). **420**

Vor diesem Hintergrund muss die Angemessenheit der Altersvorsorge bestimmt werden: Zwar orientiert sich die Angemessenheit nach § 12 Abs. 3 S. 2 SGB II an den Lebensverhältnissen während des Leistungsbezuges, die Schonungsregelung würde jedoch ihr Gleichstellungsziel verfehlen, müssten die Leistungsberechtigten ihr Altersvorsorgevermögen so weit verbrauchen, dass sie nur eine Altersversorgung auf dem Niveau der Grundsicherung erlangen könnten, schließlich bleiben bei der gesetzlichen Rentenversicherung die Anwartschaften aus Zeiten höherer Beiträge ebenfalls erhalten. **Angemessen ist** deshalb ein **Vermögensbestand, mit dem** die Leistungsberechtigten zusammen mit einer eventuellen Altersversorgung aus anderen Quellen – etwa einer Anwartschaft aus einem berufsständischen Versorgungswerk[491] – einen ihrem Alter entsprechenden Anteil an einer **durchschnittlichen Altersversorgung** erreichen können.[492] **421**

Ist eine leistungsberechtigte Person während des Leistungsbezuges nicht mehr von der Versicherungspflicht befreit oder war sie (z. B. wegen Selbständigkeit) nie versicherungspflichtig, findet § 12 Abs. 3 S. 1 Nr. 3 SGB II keine Anwendung. Die Verwertung solchen Vermögens stellt jedoch regelmäßig eine besondere Härte (§ 12 Abs. 3 S. 1 Nr. 6 SGB II) dar.[493] **422**

---

491 Vgl. *BA*, Fachl. Hinw. § 12 SGB II, Rn 12.25 (S. 7).
492 Weniger streng *Schmidt*, in: Oestreicher, SGB II/SGB XII, § 12 SGB II, Rn 84 (vergleichbare Absicherung zur Standardrente unabhängig vom Alter der leistungsberechtigten Person) und *Brühl*, in: LPK-SGB II, § 12, Rn 45 (ebenso wie Schmidt, allerdings Standardrente zuzüglich Riester- und Privatrente). Ähnlich *Hänlein*, in: Gagel SGB II/SGB III, § 12 SGB II, Rn 46, der sich an den in § 851 c ZPO genannten Beträgen orientiert.
493 *Brühl*, in: LPK-SGB II, § 12, Rn 43; ähnlich *BSG*, 15. 4. 2008 – B 14/7 b AS 68/06 R, SozR 4-4200 § 12 Nr. 8 (= BSGE 100, 196–210), Rn 22, 32; *BSG*, 7. 5. 2009 – B 14 AS 35/08 R, SozR 4-4200 § 12 Nr. 14 (= BSGE 103, 146–153), Rn 18–23; *BSG*, 30. 8. 2010 – B 4 AS 70/09 R, in juris, Rn 24. – Nicht ganz so weit Bericht des Ausschusses für Wirtschaft und Arbeit (9. Ausschuss) zu den Entwürfen eines Dritten und eines Vierten Gesetzes für moderne Dienstleistungen am Arbeitsmarkt und anderen Entwürfen, BT-Drucks. 15/1749, S. 32 (Zu Artikel 1 § 12 Abs. 3 Nr. 6).

423 „Bestimmt zur Altersvorsorge bezeichnet" ist ein Vermögensgegenstand, wenn seine Inanspruchnahme vor Erreichen des Ruhestandes erheblich erschwert ist.[494] Auf die Anlageform als solche kommt es hingegen nicht an.[495] Ist das Vermögen so angelegt, dass die Leistungsberechtigten innerhalb der nächsten sechs Monate nicht darauf zugreifen können, ist es ohnehin nur mit seinem Beleihungswert verwertbar (s. o. Rn 404 und 408).

(4) Selbst genutztes Hausgrundstück oder Eigentumswohnung (§ 12 Abs. 3 S. 1 Nr. 4 SGB II)

424 Nicht zu berücksichtigen ist nach § 12 Abs. 3 S. 1 Nr. 4 SGB II weiter ein **selbst genutztes Hausgrundstück von angemessener Größe** oder eine entsprechende Eigentumswohnung.

425 **Selbst genutzt** ist das Hausgrundstück oder die Eigentumswohnung, wenn die leistungsberechtigte Person dort selbst – allein, mit Angehörigen oder auch mit weiteren Personen – wohnt; nur eine reine Vermietung ist keine „Selbstnutzung".[496]

426 Die **Angemessenheit** richtet sich im SGB II – anders nach § 90 Abs. 2 Nr. 8 SGB XII – allein nach der Größe des Hausgrundstücks oder der Wohnung. Das Bundessozialgericht stellt maßgeblich auf die **Wohnfläche** ab. Es zieht hierfür eine andere Angemessenheitsgrenze heran als zur Bestimmung der Bedarfe für Unterkunft und Heizung (§ 22 SGB II, s. o. ab Rn 263) und erklärt dies – zu Recht – mit der unterschiedlichen Funktion der beiden Vorschriften (Bedarfsbestimmung einerseits, Vermögensverschonung andererseits).[497]

427 Zur Ermittlung der angemessenen Wohnfläche orientiert es sich an den Wohnflächengrenzen von § 39 des zum 1. 1. 2002 außer Kraft getretenen II. WoBauG, modifiziert diese aber in Anlehnung an § 82 Abs. 3 II. WoBauG im Hinblick auf die Bewohnerzahl.

428 Danach gilt für **Eigentumswohnungen**, die von **bis zu zwei Personen** bewohnt werden, eine Wohnfläche von **80 m²** als angemessen; für **jede weitere Person** erhöht sich die angemessene Wohnfläche um **20 m².**[498] Für **Hausgrundstücke** ist hingegen für bis zu **zwei Personen** von **90 m²** auszugehen; auch hier erhöht sich die angemessene Wohnfläche für **jede weitere Person** um **20 m².**[499]

429 Diese Grenzen sind jedoch **nicht schematisch** anzuwenden. Vielmehr müssen die Besonderheiten des Einzelfalls zu berücksichtigen. So ist etwa zu beachten, dass bei Hausgrundstücken auch solche Flächen zur Wohnfläche zählen (Flure, Treppen), die bei Eigentumswohnungen nicht eingerechnet werden.[500] Bei Hausgrundstücken ist allerdings neben der Wohnfläche auch die Grundstücksgröße in die Angemessenheitsbetrachtung mit einzubeziehen.[501] Ihre Angemessenheit hängt von den „tatsäch-

---

494 *Brühl,* in: LPK-SGB II, § 12, Rn 45.
495 Nicht selbst bewohntes Haus bei der früheren Arbeitslosenhilfe geschont: *BSG,* 25. 3. 1999 – B 7 AL 28/98 R, SozR 3-4220 § 6 Nr. 7.
496 *Schmidt,* in: Oestreicher, SGB II/SGB XII, § 12 SGB II, Rn 88 f.; *Brühl,* in: LPK-SGB II, § 12, Rn 47.
497 *BSG,* 7. 11. 2006 – B 7 b AS 2/05 R, SozR 4-4200 § 12 Nr. 3 (= FEVS 58, 241–248 = BSGE 97, 203–211), Rn 24; *BSG,* 16. 5. 2007 – B 11 b AS 37/06 R, SozR 4-4200 § 12 Nr. 4, Rn 25; *BSG,* 19. 9. 2008 – B 14 AS 54/07 R, FEVS 60, 490, Rn 16.
498 *BSG,* 7. 11. 2006 – B 7 b AS 2/05 R, SozR 4-4200 § 12 Nr. 3, Rn 21 f.
499 *BSG,* 15. 4. 2008 – B 14/7 b AS 34/06 R, SozR 4-4200 § 12 Nr. 10, Rn 27.
500 *BSG,* 19. 9. 2008 – B 14 AS 54/07 R, FEVS 60, 490, Rn 16; *BSG,* 15. 4. 2008 – B 14/7 b AS 34/06 R, SozR 4-4200 § 12 Nr. 10, Rn 26 f.: 91,89 m² sind angemessen.
501 *BSG,* 15. 4. 2008 – B 14/7 b AS 34/06 R, SozR 4-4200 § 12 Nr. 10, Rn 29.

lichen und rechtlichen örtlichen Gegebenheiten"[502] ab, also davon, ob am Belegenheitsort auch sonst Grundstücke dieser Größe üblich sind.

Überschreitet die Grundstücksgröße oder die Wohnfläche eines Hausgrundstücks **430** oder einer Eigentumswohnung die Angemessenheitsgrenze, ist zu prüfen, ob der die Angemessenheitsgrenze übersteigende Teil des Grundstücks für sich genommen eigentumsrechtlich verwertbar ist, etwa durch Beleihung, Teilung oder Umwandlung in Eigentumswohnungen.[503] Ist dies rechtlich oder tatsächlich nicht möglich, kann das unangemessene Hausgrundstück oder die unangemessene Eigentumswohnung im Ganzen nicht berücksichtigt werden, wenn und soweit die Verwertung des Grundstücks oder der Eigentumswohnung im Ganzen für die Leistungsberechtigten eine besondere Härte (Nr. 6) darstellt.[504]

(5) Vermögen für Behindertenwohnungen (§ 12 Abs. 3 S. 1 Nr. 5 SGB II)

Nach § 12 Abs. 3 S. 1 Nr. 5 SGB II ist **Vermögen** nicht zu berücksichtigen, solange es **431** nachweislich **zur** baldigen **Beschaffung** oder Erhaltung **eines Hausgrundstücks von angemessener Größe** bestimmt ist, soweit dieses **zu Wohnzwecken behinderter oder pflegebedürftiger Menschen** dient oder dienen soll und dieser Zweck durch den Einsatz oder die Verwertung des Vermögens gefährdet wäre.

(6) Offensichtliche Unwirtschaftlichkeit oder besondere Härte der Verwertung (§ 12 Abs. 3 S. 1 Nr. 6 SGB II)

Nach § 12 Abs. 3 S. 1 Nr. 6 SGB II sind Sachen und Rechte nicht als Vermögen zu **432** berücksichtigen, soweit ihre **Verwertung offensichtlich unwirtschaftlich** ist **oder** für die betroffene Person eine **besondere Härte** bedeuten würde.

Offensichtliche Unwirtschaftlichkeit liegt dann von, wenn der zu erzielende **Gegen- 433 wert in einem deutlichen Missverhältnis zum wirklichen Wert** des zu verwertenden Vermögensgegenstandes steht. Weicht das Ergebnis der Verwertung vom wirklichen Wert nur geringfügig ab, ist die Verwertung nicht unwirtschaftlich. Der „wirkliche Wert" in diesem Sinne ist dabei der **Substanzwert**, also der Betrag, welcher zum Erwerb des Vermögensgegenstandes aufgewendet worden ist.[505] Im häufigen Fall der kapitalbildenden Versicherungen entspricht der Substanzwert der Summe der eingezahlten Beiträge. Es ist dabei unmöglich, einen für alle Fälle gleichen Prozentsatz anzugeben, ab dem ein deutliches Missverhältnis vorliegt.[506] So hat das Bundessozialgericht einen Verlust von 12,9 % noch nicht, 26,9 % und 48,2 % hingegen als offensichtlich unwirtschaftlich angesehen und diese Frage für einen Verlust von 18,5 % offengelassen.[507] Bei risikobehafteten Anlageformen (Aktien usw.) kommen hingegen durchaus höhere Verlustraten in Betracht.[508] Das bloße **Entgehen eines** (gegenwärtigen oder künftigen)

---

502 *BSG,* 15. 4. 2008 – B 14/7 b AS 34/06 R, SozR 4-4200 § 12 Nr. 10, Rn 29.
503 *BSG,* 15. 4. 2008 – B 14/7 b AS 34/06 R, SozR 4-4200 § 12 Nr. 10, Rn 29; *BSG,* 16. 5. 2007 – B 11 b AS 37/06 R, SozR 4-4200 § 12 Nr. 4, Rn 28–32; ebenso *BA,* Fachl. Hinw. § 12 SGB II, Rn 12.27 (S. 9) und Anlage 2.
504 *BSG,* 16. 5. 2007 – B 11 b AS 37/06 R, SozR 4-4200 § 12 Nr. 4, Rn 33–40.
505 Zum Ganzen bisher *BSG,* 6. 9. 2007 – B 14/7 b AS 66/06 R, SozR 4-4200 § 12 Nr. 5, Rn 22; *BSG,* 15. 4. 2008 – B 14/7 b AS 68/06 R, SozR 4-4200 § 12 Nr. 8, Rn 34; *Schmidt,* in: Oestreicher, SGB II/SGB XII, § 12 SGB II, Rn 108; *Brühl,* in: LPK-SGB II, § 12, Rn 56.
506 So aber – wenn auch einschränkend auf „i. d. R." – mit 10 % *BA,* Fachl. Hinw. § 12 SGB II, Rn 12.37 (S. 10).
507 *BSG,* 15. 4. 2008 – B 14/7 b AS 6/07 R, SozR 4-4200 § 12 Nr. 9 (= FEVS 60, 1–5), Rn 20 (zu den 26,9 %); *BSG,* 6. 9. 2007 – B 14/7 b AS 66/06 R, SozR 4-4200 § 12 Nr. 5, Rn 23 (zum Rest).
508 *Schmidt,* in: Oestreicher, SGB II/SGB XII, § 12 SGB II, Rn 108 b; *BA,* Fachl. Hinw. § 12 SGB II, Rn 12.37 (S. 10).

Gewinns, etwa ein Zinsverlust bei vorzeitiger Verwertung langfristig angelegten Geldes, macht die Verwertung nicht als solche unwirtschaftlich,[509] auch nicht dann, wenn wegen des entgangenen Gewinns künftig andere Sozialleistungen zu gewähren sind.[510] In diesen Fällen kann aber eine besondere Härte vorliegen.[511]

434 Eine **besondere Härte** liegt in der Verwertung eines Vermögensgegenstandes nach der insofern recht strengen Rechtsprechung des Bundessozialgerichts erst dann, wenn „außergewöhnliche Umstände […] vorliegen, die dem Betroffenen ein deutlich größeres Opfer abverlangen als eine einfache Härte und erst recht als die mit der Vermögensverwertung stets verbundenen Einschnitte."[512]

435 Solche außergewöhnlichen Umstände können sich sowohl aus den besonderen Lebensumständen der Leistungsberechtigten wie aus der Herkunft des Vermögens ergeben.[513] So liegt eine besondere Härte vor,

–　wenn Ersparnisse für die Altersvorsorge trotz lückenhafter gesetzlicher Rentenversicherung, etwa wegen Selbständigkeit, kurz vor dem Rentenalter eingesetzt werden müssten;[514]

–　wenn besondere Familien- und Erbstücke eingesetzt werden sollen;[515]

–　wenn Vermögensrückstellungen für eine würdige Beerdigung und Grabpflege (Bestattungssparbuch, Treuhandvermögen oder Dauerpflegevertrag) verwertet werden sollen;[516]

–　wenn ein Pflichtteilsanspruch eines Kindes aus einem sogenannten Berliner Testament (§ 2269 BGB) geltend gemacht werden soll und dies mit unzumutbaren Nachteilen für den überlebenden Elternteil verbunden ist; im dadurch bedingten Verlust der Erbenstellung nach dem überlebenden Ehegatten hingegen nicht;[517]

–　wenn Vermögen, das aus geschontem Einkommen nach § 11 a SBG II (insbesondere aus Schmerzensgeld) angespart worden ist, verwertet werden soll.[518]

Letztlich ist die Frage einer besonderen Härte nur am Einzelfall zu beantworten.

(7) Berufsnotwendige Vermögensgegenstände (§ 7 Abs. 1 Alg II-V)

436 § 7 Abs. 1 Alg II-V nimmt schließlich darüber hinaus **Vermögensgegenstände** von der Berücksichtigung aus, die **zur Aufnahme** oder Fortsetzung **der Berufsausbildung oder der Erwerbstätigkeit unentbehrlich** sind.

Hierher gehören Werkzeuge, Maschinen, Transportmittel (Lastkraftwagen), der zur Fortführung eines Handelsbetriebs erforderliche Warenbestand, aber auch Büromaterialien (Telefon, Rechner, Diktiergerät)[519] oder sonstige für die Erwerbstätigkeit un-

---

509　*Schmidt,* in: Oestreicher, SGB II/SGB XII, § 12 SGB II, Rn 109; *Brühl,* in: LPK-SGB II, § 12, Rn 57.

510　So aber *Mecke,* in: Eicher/Spellbrink, SGB II, § 12, Rn 86 unter Berufung auf *SG Berlin,* 24. 1. 2003 – S 58 AS 2208/02, info also 2003, 74–76.

511　BT-Drucks. 15/1749, S. 32 (Zu Artikel 1 § 12 Abs. 3 Nr. 6).

512　St. Rspr.: *BSG,* 16. 5. 2007 – B 11 b AS 37/06 R, SozR 4-4200 § 12 Nr. 4, Rn 33; *BSG,* 15. 4. 2008 – B 14 AS 27/07 R, in juris, Rn 40; *BSG,* 30. 8. 2010 – B 4 AS 70/09 R, in juris, Rn 20; ebenso *Schmidt,* in: Oestreicher, SGB II/SGB XII, § 12 SGB II, Rn 113. – Milder hingegen *Brühl,* in: LPK-SGB II, § 12, Rn 59.

513　*BA,* Fachl. Hinw. § 12 SGB II, Rn 12.38 (S. 11).

514　BT-Drucks. 15/1749, S. 32 (Zu Artikel 1 § 12 Abs. 3 Nr. 6).

515　*BA,* Fachl. Hinw. § 12 SGB II, Rn 12.38 (S. 11); nicht aber bloß bei einem ererbten Wochenendgrundstück *SG Berlin,* 13. 12. 2005 – S 63 AS 7329/05, in juris, Rn 24. – Vgl. a. § 90 Abs. 2 Nr. 6 SGB XII.

516　*BA,* Fachl. Hinw. § 12 SGB II, Rn 12.38 (S. 11); für das SGB XII: *BSG,* 18. 3. 2008 – B 8/9 b SO 9/06 R, SozR 4-3500 § 90 Nr. 3 (= FEVS 60, 108–112 = BSGE 100, 131–138), Rn 22–24.

517　*BSG,* 6. 5. 2010 – B 14 AS 2/09 R, SozR 4-4200 § 12 Nr. 15 (= FEVS 62, 252–259), Rn 27–31.

518　*BSG,* 15. 4. 2008 – B 14/7 b AS 6/07 R, SozR 4-4200 § 12 Nr. 9, Rn 16–19.

519　Beispiele nach *Schmidt,* in: Oestreicher, SGB II/SGB XII, § 12 SGB II, Rn 126.

Pattar

entbehrliche Einrichtungsgegenstände (Einrichtung eines Friseursalons). Da die Vorschrift keine Angemessenheitsgrenze vorsieht, gilt dies unabhängig vom Wert des Gegenstandes.

Beispiele: K ist Konzertklarinettistin. Sie besitzt drei Klarinetten (je eine in B, A und Es) im Wert **437** von jeweils rund 10.000 Euro. Da eine Konzertklarinettistin ihren Beruf ohne Klarinetten – und zwar in unterschiedlicher Stimmung – nicht ausüben kann, sind alle drei Klarinetten als Vermögensgegenstand geschützt.

S studiert Zahnmedizin. Das hierfür benötigte Zahnarztbesteck im Wert von 4.000 Euro ist nicht zu berücksichtigen.

ee) Vom verbleibenden Vermögenswert abzusetzende Beträge (§ 12 Abs. 2 SGB II)

Steht fest, welche Vermögensgegenstände zu berücksichtigen sind, sind hiervon wei- **438** ter die Freibeträge des § 12 Abs. 2 SGB II abzusetzen. Diese Freibeträge sind kumulativ, also nebeneinander anzuwenden.[520]

1. Nach § 12 Abs. 2 S. 1 Nr. 1 SGB II ist dies zunächst ein **Grundfreibetrag**. Dieser **439** beträgt für jede in der Bedarfsgemeinschaft lebende **volljährige** Person und deren Partnerin oder Partner[521] **150 Euro je vollendetem Lebensjahr**, mindestens jedoch 3.100 Euro. Nach oben ist der Grundfreibetrag durch § 12 Abs. 2 S. 2 SGB II begrenzt: Für vor 1958 geborene Leistungsberechtigte beträgt er höchstens 9.750 Euro, für von 1958 bis 1963 geborene Leistungsberechtigte beträgt er höchstens 9.900 Euro und für nach 1963 geborene Leistungsberechtigte beträgt er höchstens 10.050 Euro. Diese Höchstbeträge werden jeweils mit Vollendung des 65., 66. beziehungsweise 67. Lebensjahres erreicht.

2. Der **Grundfreibetrag für minderjährige Leistungsberechtigte** beträgt nach § 12 **440** Abs. 2 S. 1 Nr. 1 a SGB II stets 3.100 Euro. Seine Besonderheit besteht darin, dass er auch innerhalb einer Bedarfsgemeinschaft nicht übertragen werden kann (hierzu auch u. Rn 478 f.).[522]

3. Vom Vermögen ist nach § 12 Abs. 2 S. 1 Nr. 2 SGB II weiter **Altersvorsorge in** **441** **Höhe des** nach Bundesrecht **ausdrücklich als Altersvorsorge geförderten Vermögens** einschließlich seiner Erträge und der Altersvorsorgebeiträge abzusetzen, soweit die Inhaberin oder der Inhaber es nicht vorzeitig verwendet. Diese Vorschrift schützt das sogenannte Riester-Vermögen (gefördert nach § 10 a oder dem XI. Abschnitt EStG), also Ansprüche aus Verträgen, die nach § 5 AltZertG zertifiziert sind, ohne Obergrenze.[523]

4. Nach § 12 Abs. 2 S. 1 Nr. 3 SGB II sind **geldwerte Ansprüche** abzusetzen, **die der** **442** **Altersvorsorge dienen**, soweit die Inhaberin oder der Inhaber sie vor dem Eintritt in den Ruhestand aufgrund einer unwiderruflichen vertraglichen Vereinbarung nicht verwerten kann und der Wert der geldwerten Ansprüche 750 Euro je vollendetem Lebensjahr der erwerbsfähigen leistungsberechtigten Person und ihrer

---

520 *Hänlein,* in: Gagel SGB II/SGB III, § 12 SGB II, Rn 100; *Schmidt,* in: Oestreicher, SGB II/SGB XII, § 12 SGB II, Rn 51 57.

521 Dies führt zur Übertragbarkeit des Grundfreibetrages von minderjährigen Partnerinnen oder Partnern.

522 *BSG,* 13. 5. 2009 – B 4 AS 58/08 R, SozR 4-4200 § 12 Nr. 13 (= BSGE 103, 153–161), Rn 19–22.

523 *BSG,* 15. 4. 2008 – B 14/7 b AS 52/06 R, FEVS 60, 297–308, Rn 20; *Hänlein,* in: Gagel SGB II/SGB III, § 12 SGB II, Rn 89–93; *Schmidt,* in: Oestreicher, SGB II/SGB XII, § 12 SGB II, Rn 51–57; *Mecke,* in: Eicher/ Spellbrink, SGB II, § 12, Rn 21 f.

Partnerin oder ihres Partners nicht übersteigt. Auch dieser Freibetrag ist gemäß § 12 Abs. 2 S. 2 SGB II nach oben hin begrenzt; er beträgt für vor 1958 geborene Leistungsberechtigte 48.750 Euro, für 1958 bis 1963 Geborene 49.500 Euro und für nach 1963 Geborene 50.250 Euro. Diese Höchstbeträge werden jeweils mit Vollendung des 65., 66. beziehungsweise 67. Lebensjahres erreicht.

443   Geldwerte Ansprüche – das sind solche „Ansprüche, die im allgemeinen Rechts- und Wirtschaftsleben ohne weiteres realisiert werden können, z. B. Bankguthaben und Ansprüche aus kapitalbildenden Lebensversicherungen"[524] – sind nur dann frei, wenn sie **vor dem Eintritt in den Ruhestand** nicht verwertet werden können. Es ist ausreichend, wenn hierfür das Erreichen des 60. Lebensjahres vereinbart ist.[525] Bis Ende 2011 ist das der früheste Zeitpunkt für die Inanspruchnahme einer allen Berufsgruppen zugänglichen Altersrente.[526] Ab 1. 1. 2012 steigt die Grenze an, bis sie 2026 dann die Vollendung des 62. Lebensjahres erreichen wird. Lediglich für langjährig unter Tage beschäftigte Bergleute wird dann noch ein Altersrenteneintritt mit 60 Jahren möglich sein.[527] Für Leistungsberechtigte, die nach 1951 geboren sind, ist deshalb ein Verwertungsausschluss bis zu einem späteren Lebensalter zu fordern.

444   Ohnehin hat der Freibetrag des § 12 Abs. 2 S. 1 Nr. 3 SGB II allerdings nahezu keinen sinnvollen praktischen Anwendungsbereich:[528] Da nur solche Ansprüche davon erfasst sind, deren Verwertung – also Auszahlung, Übertragung, Verpfändung oder sonstige Nutzung –[529] **unwiderruflich** ausgeschlossen ist, handelt es sich dabei jedenfalls bis sechs Monate vor Ende dieses Verwertungsausschlusses nicht um verwertbares Vermögen (s. zur Verwertbarkeit o. Rn 404–409).[530] Sie vermeidet damit – sinnvollerweise –, dass die Leistungen in den sechs Monaten vor Ende des Verwertungsausschlusses nur als Darlehen ausgezahlt werden (§ 24 Abs. 5 SGB II). Gleichzeitig befreit sie dieses Altersvorsorgevermögen – sinnloserweise – auch über das Erreichen des vereinbarten Verwertungsausschlussalters hinaus.

445 **5.**   Nach § 12 Abs. 2 S. 1 Nr. 4 SGB II ist schließlich für jedes Mitglied der Bedarfsgemeinschaft ein Freibetrag von 750 Euro für notwendige Anschaffungen abzusetzen.

---

524   BT-Drucks. 15/1749, S. 31 (Zu Artikel 1 § 12 Abs. 2).
525   *Hänlein,* in: Gagel SGB II/SGB III, § 12 SGB II, Rn 97; *Mecke,* in: Eicher/Spellbrink, SGB II, § 12, Rn 52; *BSG,* 7. 5. 2009 – B 14 AS 35/08 R, SozR 4-4200 § 12 Nr. 14, Rn 25. – *Schmidt,* in: Oestreicher, SGB II/ SGB XII, § 12 SGB II, Rn 63 will hingegen auf den individuellen frühestmöglichen Altersrenteneintritt abstellen. Dies ist jedoch mangels Vorhersehbarkeit der weiteren Renteneintrittsvoraussetzungen (z. B. Schwerbehinderung) bei Vertragsabschluss abzulehnen.
526   Nämlich für die Altersrente für schwerbehinderte Menschen (§ 236 a SGB VI), die Altersrente wegen Arbeitslosigkeit und nach Altersteilzeit (§ 237 SGB VI) und die Altersrente für Frauen (§ 237 a SGB VI).
527   Nach § 238 Abs. 2 S. 2 SGB VI. – Der bei *BA,* Fachl. Hinw. § 12 SGB II, Rn 12.19 (S. 6) angegebene frühere „Renteneintritt" von Piloten ist nicht im Gesetz vorgesehen. Da es im SGB II zudem nicht auf die Erwerbsfähigkeit in einem bestimmten Beruf ankommt, ist es auch nicht gerechtfertigt, auf solche Sonderregelungen abzustellen.
528   Zu Recht weist allerdings *Mecke,* in: Eicher/Spellbrink, SGB II, § 12, Rn 49, darauf hin, dass sie einen Anhaltspunkt dafür bietet, bis zu welcher Grenze Vermögen ohne Pflichtverletzung im Sinne von § 31 Abs. 2 Nr. 1 SGB II unverwertbar gemacht werden darf.
529   Vgl. BT-Drucks. 15/1749, S. 31 (Zu Artikel 1 § 12 Abs. 2).
530   Ebenso *Mecke,* in: Eicher/Spellbrink, SGB II, § 12, Rn 49.

ff) Vorgehen bei Vermögensanrechnung

Da die Leistungsberechtigten in diesen Fällen nicht hilfebedürftig sind (§ 9 Abs. 1 **446** SGB II), besteht **kein Leistungsanspruch, soweit der Bedarf** der Leistungsberechtigten durch Vermögen gedeckt ist. Deckt das Vermögen nicht den gesamten Bedarf des Antragsmonats, besteht für diesen Monat ein Anspruch in Höhe des ungedeckten Bedarfs.

Beispiel: V hat bei Antragstellung im Juni einen monatlichen Bedarf von 600 Euro und nach **447** Abzug aller Freibeträge zu berücksichtigendes Vermögen von 250 Euro. Er hat für den Antragsmonat einen Anspruch auf Arbeitslosengeld II in Höhe von 350 Euro, für die fünf Folgemonate (§ 41 Abs. 1 S. 4 SGB II) in Höhe von jeweils 600 Euro.

Deckt hingegen das Vermögen den Bedarf eines Monats ganz, stellt sich die Frage, **448** inwieweit ein Leistungsanspruch besteht. Ist absehbar, dass bald Hilfebedürftigkeit eintritt, sollte der Leistungsantrag nur teilweise abgelehnt und Leistungen ab einem in der Zukunft liegenden Zeitraum bewilligt werden.[531] Die Bundesagentur für Arbeit legt hierfür – gut vertretbar – einen Zweimonatszeitraum zu Grunde: Deckt das zu berücksichtigende Vermögen den Bedarf von mindestens zwei Monaten, soll der Antrag abgelehnt werden. Ansonsten soll ab dem Beginn des zweiten Monats bewilligt werden.[532] Zwar käme wegen der Bedeutung des Sechsmonatszeitraums für die Verwertbarkeit von Vermögen (hierzu o. Rn 408) auch ein Abstellen auf diesen Zeitraum in Betracht. Für den Zweimonatszeitraum spricht jedoch vor allem die bessere Überschaubarkeit.

Beispiele: V (o. Rn 447) hat zu berücksichtigendes Vermögen von 850 Euro. Für Juni ist der **449** Antrag abzulehnen, für Juli sind 350 Euro und für die Monate August bis Januar jeweils 600 Euro zu bewilligen.

Hat V zu berücksichtigendes Vermögen von 1.350 Euro, ist der Antrag ganz abzulehnen.

e) Hilfebedürftigkeit innerhalb von Bedarfsgemeinschaften (§ 9 Abs. 2 SGB II)

aa) Einführung

Lebt eine leistungsberechtigte Person alleine, ist sie hilfebedürftig, wenn sie ihren Le- **450** bensunterhalt – also ihren Bedarf (o. unter 2. ab Rn 162) – nicht oder nicht ausreichend aus ihrem eigenen Einkommen (o. unter 3. c) ab Rn 345) und Vermögen (o. unter 3. d) ab Rn 399) decken kann und die Hilfe auch nicht von anderen (hierzu u. unter 3. f) ab Rn 481) erhält. Bei **Personen, die in** einer **Bedarfsgemeinschaft** leben, sind hingegen zur Feststellung der Hilfebedürftigkeit auch **Einkommen und Vermögen anderer Personen** zu berücksichtigen. Diejenigen, deren Einkommen und Vermögen bei der leistungsberechtigten Person berücksichtigt wird, bilden nach dem Sprachgebrauch der Literatur[533] mit ihr eine sogenannte **Einsatzgemeinschaft**.

Dennoch bleiben die Mitglieder einer Bedarfsgemeinschaft **Einzelpersonen mit indi-** **451** **viduellen subjektiven Ansprüchen**. Es muss stets für jedes Mitglied der Bedarfsgemeinschaft der **individuelle Leistungsanspruch** festgestellt werden.[534] Das Gesetz sieht deshalb auch Regeln darüber vor, wie die Leistungsansprüche zu berechnen sind.

---

531 *Hänlein,* in: Gagel SGB II/SGB III, § 12 SGB II, Rn 16.
532 *BA,* Fachl. Hinw. zu § 9 SGB II, Rn 9.6 (S. 2 f.).
533 Vor allem der Literatur mit sozialhilferechtlichem Hintergrund.
534 Statt vieler *BSG,* 7. 11. 2006 – B 7 b AS 8/06 R, SozR 4-4200 § 22 Nr. 1.

452 Da sich die Anrechnungsregelungen bei den einzelnen Leistungen unterscheiden, werden zunächst nur die Regelungen für Arbeitslosengeld II und Sozialgeld vorgestellt.

bb) Bedarfsgemeinschaft von Partnerinnen und Partnern und horizontale Berechnungsmethode (§ 9 Abs. 2 S. 1 und 3 SGB II)

(1) Grundsatz

453 Bilden **zwei Personen als Partnerinnen oder Partner** nach § 7 Abs. 3 Nr. 3 SGB II eine Bedarfsgemeinschaft, greift § 9 Abs. 2 S. 1 SGB II ein. Hiernach sind bei Personen, die in einer Bedarfsgemeinschaft leben, auch das Einkommen und Vermögen des Partners oder der Partnerin[535] zu berücksichtigen.

454 Wie dies geschieht, bestimmt sodann § 9 Abs. 2 S. 3 SGB II:

Ist in einer Bedarfsgemeinschaft nicht der gesamte Bedarf aus eigenen Kräften und Mitteln gedeckt (Rn 455),
so gilt jede Person der Bedarfsgemeinschaft (Rn 457)
im Verhältnis ihres Bedarfs zum Gesamtbedarf (Rn 459)
als hilfebedürftig, [...].

455 Bei dieser vom Gesetz vorgeschriebenen sogenannten **horizontalen Berechnungsmethode** oder **Bedarfsanteilsmethode** wird zunächst betrachtet, ob der **Gesamtbedarf der Bedarfsgemeinschaft** durch das **gesamte Einkommen und Vermögen** der Bedarfsgemeinschaft gedeckt ist.[536] Ist das der Fall, ist keines der Mitglieder hilfebedürftig.

456 **Beispiel:** M und F sind verheiratet und leben in Bedarfsgemeinschaft. Beide haben je einen Bedarf von 500 Euro (337 Euro Regelbedarf + 163 Euro anteilige Bedarfe für Unterkunft und Heizung). Der Gesamtbedarf der Bedarfsgemeinschaft beträgt also 1.000 Euro. M hat zu berücksichtigendes Einkommen (also nach Abzug der Beträge im Sinne von § 11 b SGB II) von 450 Euro, F hat zu berücksichtigendes Einkommen von 700 Euro. Das gesamte Einkommen der Bedarfsgemeinschaft beträgt also 1.150 Euro und deckt damit den Gesamtbedarf der Bedarfsgemeinschaft. Damit ist weder M noch F hilfebedürftig. Der Gesetzgeber geht davon aus, dass innerhalb der Bedarfsgemeinschaft so gewirtschaftet wird, dass alle Mitglieder menschenwürdig leben können.

457 Ist das hingegen **nicht der Fall**, gilt **jedes einzelne Mitglied der Bedarfsgemeinschaft** für sich genommen als **hilfebedürftig**. Das gilt unabhängig davon, ob ein einzelnes Mitglied der Bedarfsgemeinschaft seinen eigenen Bedarf aus seinem eigenen Einkommen und Vermögen decken könnte.

458 **Beispiel:** Im Beispiel aus Rn 456 hat M kein Einkommen. Damit steht dem Gesamtbedarf von 1.000 Euro nur mehr ein Gesamteinkommen von 700 Euro gegenüber. Es verbleibt ein ungedeckter Gesamtbedarf von 300 Euro. Beide, M und F, gelten als hilfebedürftig. Es ist egal, dass F ihren eigenen Bedarf aus ihrem eigenen Einkommen decken könnte.

(2) Bestimmung der Bedarfsanteile

459 § 9 Abs. 2 S. 3 SGB II bestimmt schließlich auch, **in welchem Umfang** die Mitglieder der Bedarfsgemeinschaft als hilfebedürftig gelten: Im Verhältnis ihres Bedarfs zum Gesamtbedarf. Gemeint ist damit jeweils der **Bedarf vor Berücksichtigung von Einkommen und Vermögen**. Es ist also zunächst für jedes Mitglied der Bedarfsgemein-

---

535   Zwar sind nach dem Wortlaut von § 9 Abs. 2 S. 1 SGB II lediglich Einkommen und Vermögen eines männlichen Partners zu berücksichtigen. Art. 3 Abs. 2 und 3 GG erzwingen jedoch eine Auslegung, wonach auch Einkommen und Vermögen einer Partnerin berücksichtigt wird.
536   Statt vieler *BSG,* 15. 4. 2008 – B 14/7 b AS 58/06 R, SozR 4-4200 § 9 Nr. 5, Rn 47 f.

schaft festzustellen, wie hoch sein Anteil (als Bruchteil oder in Prozent) am Gesamt-bedarf ist. In Höhe dieses **Bruchteils vom ungedeckten Gesamtbedarf** gilt das jeweilige Mitglied als hilfebedürftig.[537]

Beispiele: Im Beispiel aus Rn 458 haben M und F vor der Berücksichtigung von Einkommen und Vermögen jeweils einen Bedarf von 500 Euro, der Gesamtbedarf beträgt 1.000 Euro. Ihr Anteil am Gesamtbedarf beträgt also jeweils $500/1.000$ (oder $1/2$ oder 50 %). In Höhe dieses Bruchteils vom ungedeckten Gesamtbedarf (300 Euro) gelten M und F jeweils als hilfebedürftig: $1/2$ von 300 Euro sind 150 Euro. Damit haben M und F jeweils einen Leistungsanspruch in Höhe von 150 Euro. **460**

Angenommen, M habe einen Mehrbedarf für kostenaufwändige Ernährung in Höhe von 50 Euro monatlich. In diesem Fall erhöht sich sein Bedarf auf 550 Euro. Der Bedarf von F bleibt dagegen mit 500 Euro gleich, der Gesamtbedarf der Bedarfsgemeinschaft erhöht sich auf 1.050 Euro. Durch das Einkommen der F (700 Euro) können 350 Euro nicht gedeckt werden. M hat einen Bedarfsanteil von $550/1.050$ (oder $11/21$ oder $\approx$ 52,38 %), F hat einen Bedarfsanteil von $500/1.050$ (oder $10/21$ oder $\approx$ 47,62 %). In Höhe dieser Bruchteile vom ungedeckten Gesamtbedarf (350 Euro) gelten M und F jeweils als hilfebedürftig: M in Höhe von $11/21$ von 350 Euro, also von 183,33 Euro, F in Höhe von $10/21$ von 350 Euro, also von 166,67 Euro. Damit hat M einen Leistungsanspruch von 183,33 Euro, F von 166,67 Euro. **461**

Nicht zuletzt, weil verschiedene Anteile der Leistungen zur Sicherung des Lebensunterhalts von verschiedenen Trägern erbracht werden, ist es erheblich zu wissen, **in welcher Höhe** darin Leistungen für **Bedarfe für Unterkunft und Heizung enthalten** sind. Nach § 19 Abs. 3 S. 2 SGB II decken zu berücksichtigendes Einkommen und Vermögen zunächst den Regelbedarf und die Mehrbedarfe und erst danach die Bedarfe für Unterkunft und Heizung. Ist eine Person deshalb im Hinblick auf Arbeitslosengeld II oder Sozialgeld hilfebedürftig, erhält sie immer Leistungen für Bedarfe für Unterkunft und Heizung. Soweit die Leistungen den Bedarf für Unterkunft und Heizung übersteigen, handelt es sich hingegen um Leistungen für andere Bedarfe. **462**

Beispiel: Im Beispiel aus Rn 460 haben M und F je einen Bedarf für Unterkunft und Heizung in Höhe von 163 Euro. Sie erhalten nur Leistungen in Höhe von 150 Euro. Diese Leistungen werden vollständig für Bedarfe für Unterkunft und Heizung erbracht. Im Beispiel Rn 461 hingegen erhält M Leistungen in Höhe von 183,33 Euro. Hiervon werden 163 Euro für Unterkunft und Heizung und der Rest (20,33 Euro) für andere Bedarfe (Regelbedarf und Mehrbedarf) erbracht. **463**

Nicht nur das Einkommen der Partnerin oder des Partners, auch das **Vermögen** ist anzurechnen. Dabei können unter Partnerinnen und Partnern die Freibeträge von § 12 Abs. 2 S. 1 Nr. 1 und Nr. 4 SGB II übertragen beziehungsweise gemeinsam ausgenutzt werden. **464**

Beispiel: K, 40, und E, 37 Jahre alt, sind Partnerinnen im Sinne von § 7 Abs. 3 Nr. 3 Buchst. b SGB II. Sie haben jeweils einen Bedarf von 500 Euro (377 Euro Regelbedarf + 163 Euro Bedarf für Unterkunft und Heizung). Der Gesamtbedarf der Bedarfsgemeinschaft beträgt also 1.000 Euro. Einkommen haben sie nicht. An nicht nach § 12 Abs. 3 SGB II geschontem Vermögen hat K auf einem Tagesgeldkonto 10.000 Euro angespart, E hat auf ihrem Sparkonto 750 Euro. In der gesamten Bedarfsgemeinschaft sind also 10.750 Euro Vermögen vorhanden. Allerdings sind hiervon die Freibeträge nach § 12 Abs. 2 S. 1 Nr. 1 SGB II (für K: 40 Lebensjahre · 150 $Euro/_{Lebensjahr}$ = 6.000 Euro; für E: 37 Lebensjahre · 150 $Euro/_{Lebensjahr}$ = 5.550 Euro) und nach § 12 Abs. 2 S. 1 Nr. 4 SGB II (jeweils 750 Euro, also 1.500 Euro) abzusetzen. Die Summe der Freibeträge (13.050 Euro) übersteigt das Vermögen der Partnerinnen. Damit ist kein Vermögen zu berücksichtigen, beide sind in Höhe von jeweils 500 Euro monatlich hilfebedürftig. **465**

---

537 Die Bundesagentur für Arbeit „verteilt" nicht die Bedürftigkeit, sondern das Einkommen nach Bedarfsanteilen auf die Leistungsberechtigten (z. B. *BA,* Fachl. Hinw. § 9 SGB II, Rn 9.49 [S. 14 f.]). Diese Berechnungsmethode führt ebenfalls stets zum richtigen Ergebnis.

(3) Behandlung gemischter Bedarfsgemeinschaften

466 Bei einer **gemischten Bedarfsgemeinschaft**, in der eines der Mitglieder von den Leistungen nach dem SGB II ausgeschlossen ist, ist hingegen anders vorzugehen. In diesen Fällen ist statt der gesetzlich vorgeschriebenen horizontalen die vertikale Anrechnungsmethode anzuwenden: Vom – nach dem SGB II bestimmten – Gesamteinkommen und -vermögen der Bedarfsgemeinschaft ist zunächst der Bedarf des nicht leistungsberechtigten Mitglieds der Bedarfsgemeinschaft zu decken. Verbleibt Einkommen oder Vermögen, ist daraus der Bedarf der übrigen Mitglieder der Bedarfsgemeinschaft nach § 9 Abs. 2 S. 3 SGB II zu decken.[538] Ein anderes Vorgehen würde dazu führen, dass der auf das ausgeschlossene Mitglied entfallende Anteil verloren wäre und die Bedarfsgemeinschaft insgesamt zu wenig Leistungen zur Verfügung hätte.

467 **Beispiel:** T, 68, lebt mit seiner Frau U, 62, erwerbsfähig, in Bedarfsgemeinschaft. T bezieht – nach Abzug der Beträge in § 11 b SGB II – eine Altersrente in Höhe von 450 Euro. U hat – nach Abzug der Beträge in § 11 b SGB II – Einkommen aus Erwerbstätigkeit in Höhe von 350 Euro. Beide haben nach den Vorschriften des SGB II jeweils einen Bedarf von 500 Euro (337 Euro Regelbedarf + 163 Euro Bedarfe für Unterkunft und Heizung). T ist wegen § 7 Abs. 4 SGB II von den Leistungen des SGB II ausgeschlossen. Von dem nach den Regeln des SGB II berechneten zu berücksichtigenden Gesamteinkommen der Bedarfsgemeinschaft (800 Euro) ist zunächst der fiktiv nach dem SGB II berechnete Bedarf des T (500 Euro) in Abzug zu bringen. Vom restlichen Einkommen (300 Euro) ist der Bedarf der U zu decken. Damit hat U im Ergebnis einen Leistungsanspruch in Höhe von 200 Euro (davon 163 Euro für Bedarfe für Unterkunft und Heizung).

cc) Bedarfsgemeinschaft unter Beteiligung von Kindern, Berücksichtigung von Kindergeld und horizontale Berechnungsmethode (§ 9 Abs. 2 S. 2, 3 SGB II)

(1) Grundsatz

468 Sind **Kinder** einer leistungsberechtigten Person an einer Bedarfsgemeinschaft beteiligt, richtet sich die Anrechenbarkeit von Einkommen und Vermögen nach § 9 Abs. 2 S. 2 SGB II. Hiernach sind bei Kindern, die mit ihren Eltern oder einem Elternteil in einer Bedarfsgemeinschaft leben und die ihren Lebensunterhalt nicht aus eigenem Einkommen oder Vermögen sichern können, auch das Einkommen und Vermögen der Eltern oder des Elternteils und dessen in Bedarfsgemeinschaft lebender Partnerin oder lebenden Partners zu berücksichtigen. Das bedeutet: **Einkommen und Vermögen der Eltern** ist auf den **Bedarf der Kinder** anzurechnen, **umgekehrt jedoch nicht**. Auch sind Einkommen und Vermögen von (Halb-)Geschwistern nicht untereinander anzurechnen. Verbleibt danach aber ein Bedarf, ist auch bei Bedarfsgemeinschaften mit Beteiligung von Kindern § 9 Abs. 2 S. 3 SGB II anzuwenden.

469 Um dieser Regelung gerecht zu werden, muss gegenüber der Prüfung von Hilfebedürftigkeit von Paaren bei Bedarfsgemeinschaften mit Kindern **ein Schritt vorangestellt** werden: Zuerst muss geprüft werden, inwieweit der **Bedarf der Kinder** aus ihrem jeweiligen **eigenen Einkommen und Vermögen** gedeckt ist. Erst mit dem danach verbleibenden Kindesbedarf ist sodann eine Berechnung nach der horizontalen Berechnungsmethode vorzunehmen, wie sie oben für Paare vorgestellt worden ist.

470 **Beispiel:** V, 34 Jahre alt, erwerbsfähig, und M, 32 Jahre alt, erwerbsfähig, sind miteinander verheiratet und leben in Bedarfsgemeinschaft mit dem Kind des V aus erster Ehe, K, 11 Jahre alt. V hat zu berücksichtigendes Einkommen in Höhe von 300 Euro monatlich, M in Höhe von 650 Euro monatlich und K (Unterhalt von der Mutter) in Höhe von 200 Euro monatlich. Vermögen ist nicht vorhanden. Insgesamt entstehen der Bedarfsgemeinschaft angemessene Aufwendungen für Unterkunft und Heizung in Höhe von 516 Euro. – In einem ersten Schritt ist zu prüfen, ob der Bedarf

---

538   *BSG*, 15. 4. 2008 – B 14/7 b AS 58/06 R, SozR 4-4200 § 9 Nr. 5, Rn 47–49.

des K durch sein eigenes Einkommen und Vermögen gedeckt ist. K hat einen Bedarf von 423 Euro (Regelbedarf 251 Euro + Bedarf für Unterkunft und Heizung 172 Euro), dem Einkommen in Höhe von 200 Euro gegenübersteht. Es verbleibt ein Kindesbedarf von 223 Euro. Dieser verbleibende Kindesbedarf ist nun einer Gesamtbetrachtung mit dem Einkommen und Vermögen der übrigen Mitglieder der Bedarfsgemeinschaft zu unterziehen: V und M haben jeweils einen Bedarf von 509 Euro (Regelbedarf 337 Euro + Bedarf für Unterkunft und Heizung 172 Euro). Die Bedarfsgemeinschaft hat also einen Gesamtbedarf von 1.241 Euro (509 + 509 + 223). Dem steht Einkommen in Höhe von insgesamt 950 Euro gegenüber (300 Euro von V und 650 Euro von M). Der Gesamtbedarf der Bedarfsgemeinschaft ist also nicht gedeckt; es verbleibt ein ungedeckter Gesamtbedarf von 291 Euro. Dieser Gesamtbedarf ist nun nach der Bedarfsanteilsmethode zu „verteilen": V und M haben jeweils einen Bedarfsanteil von $509/_{1.241}$ (oder 41,02 %). Sie haben deshalb Anspruch auf Leistungen in Höhe von $509/_{1.241}$ von 291 Euro, also von jeweils 119,35 Euro. K hat einen Bedarfsanteil von $223/_{1.241}$ (oder 17,97 %). Es hat deshalb Anspruch auf Leistungen in Höhe von $223/_{1.241}$ von 291 Euro, also 52,29 Euro.

Dabei ist – jedenfalls für minderjährige Kinder – auch das Einkommen und Vermögen des Stiefelternteils mit auf den Bedarf des Stiefkindes anzurechnen.[539] **471**

(2) Behandlung von Kindergeld und Kinderzuschlag

Zusätzlich kompliziert wird die Situation durch § 11 Abs. 1 S. 3 und 4 SGB II. Grundsätzlich ist Einkommen demjenigen Mitglied der Bedarfsgemeinschaft zuzurechnen, dem es auch tatsächlich zufließt. § 11 Abs. 1 S. 3 und 4 SGB II modifiziert dies aber: So ist der **Kinderzuschlag nach § 6 a BKGG**, der den Eltern zufließt und der deshalb eigentlich Einkommen der Eltern wäre, abweichend von dieser Grundregel stets als Einkommen dem jeweiligen Kind zuzurechnen (§ 11 Abs. 1 S. 3 SGB II; vgl. Rn 637). Für den weitaus häufigeren Fall des **Kindergeldes** gilt dies nach § 11 Abs. 1 S. 4 SGB II ebenfalls, allerdings nur, „soweit es bei dem jeweiligen Kind zur Sicherung des Lebensunterhalts, mit Ausnahme der Bedarfe nach § 28 [SGB II], benötigt wird." Soweit also ein Kind das Kindergeld benötigt, um seine Bedarfe im Rahmen von Arbeitslosengeld II und Sozialgeld zu decken, wird es abweichend von der Zuflussregel beim Kind als Einkommen berücksichtigt. **472**

Es sind also **beim Kindergeld zwei Vorschaltschritte** nötig: (1.) Zunächst muss geprüft werden, inwieweit das Kind seinen Bedarf aus echtem eigenem Einkommen einschließlich des Kinderzuschlages nach § 6 b BKGG decken kann. (2.) Verbleibt ein Rest, muss geprüft werden, wie viel davon aus eventuellem Kindergeld gedeckt werden kann. Reicht das Kindergeld nicht aus, den Kindesbedarf zu decken, folgt nun die Berechnung nach § 9 Abs. 2 S. 3 SGB II. **473**

Beispiel: Im Beispiel von Rn 470 bezieht V für K darüber hinaus Kindergeld (184 Euro) monatlich. Im ersten Schritt muss dem Bedarf des K (423 Euro) das echte eigene Einkommen (200 Euro) gegenübergestellt werden. Es verbleibt ein Bedarf von 223 Euro. Diesem Bedarf ist nun das Kindergeld (184 Euro) gegenüberzustellen. Es verbleibt ein ungedeckter Kindesbedarf von 39 Euro. Zusammen mit den Bedarfen von V und M (je 509 Euro) hat die Bedarfsgemeinschaft aus V, M und K einen Gesamtbedarf von 1.057 Euro, dem ein Gesamteinkommen von 950 Euro gegenüberzustellen ist. Es verbleibt ein ungedeckter Gesamtbedarf von 107 Euro. V und M haben hieran je einen Anteil von $509/_{1.057}$ (oder 48,16 %) und K von $39/_{1.057}$ (oder 3,69 %). V und M haben deshalb Anspruch auf Arbeitslosengeld II in Höhe von je 51,53 Euro, K hat Anspruch auf Sozialgeld in Höhe von 3,95 Euro. **474**

Reicht das **Kindergeld** hingegen **aus**, den Bedarf des Kindes zu decken, erhält das Kind **keine Leistungen** nach dem SGB II; es ist nicht hilfebedürftig. Was als Rest des Kindergeldes übrig bleibt, verbleibt nach der Grundregel Einkommen der Eltern und wird als solches angerechnet. **475**

---

539 *BSG*, 13. 11. 2008 – B 14 AS 2/08 R, SozR 4-4200 § 9 Nr. 7, Rn 34–36.

476 **Beispiel:** Im Beispiel von Rn 474 bezieht K statt 200 Euro 270 Euro eigenes Einkommen. – Im ersten Schritt muss dem Bedarf des K (423 Euro) das echte eigene Einkommen (270 Euro) gegenübergestellt werden. Es verbleibt ein Bedarf von 153 Euro. Diesem Bedarf ist nun das Kindergeld (184 Euro) gegenüberzustellen. Das Kindergeld deckt den Bedarf des K voll, es verbleibt sogar noch ein Rest von 31 Euro. Dieser Rest wird als Einkommen bei V behandelt, dem es ja auch zufließt. Die Bedarfsgemeinschaft aus V und M hat demnach einen Bedarf von 1.018 Euro, dem ein Gesamteinkommen von 981 Euro (V: 300 + 31; M: 650) gegenübersteht. Es verbleibt ein ungedeckter Gesamtbedarf von 37 Euro. V und M haben hieran je einen Anteil von $509/_{1.018}$ (oder 50 %). V und M haben also je einen Anspruch in Höhe von 18,50 Euro; K hat keinen Anspruch auf Sozialgeld, weil es nicht hilfebedürftig ist.

477 Leben die Eltern getrennt und bezieht der Elternteil das Kindergeld, der nicht zur (temporären) Bedarfsgemeinschaft gehört, wird das Kindergeld nur dann als Einkommen des Kindes angerechnet, wenn es tatsächlich an die Bedarfsgemeinschaft weitergeleitet wird.[540]

(3) Vermögensanrechnung

478 Bei der **Vermögensanrechnung** gilt grundsätzlich nichts anderes; auch hier ist zunächst darauf zu achten, ob das Kind seinen Bedarf aus eigenem Vermögen decken kann. Wichtig ist allerdings, dass der (unverbrauchte) Grundfreibetrag für minderjährige Leistungsberechtigte (§ 12 Abs. 1 S. 1 Nr. 1 a SGB II) nicht auf die Eltern übertragen werden kann.[541] Hingegen kann der (unverbrauchte) Teil des Freibetrages für notwendige Anschaffungen, der für das Kind gewährt wird, durchaus übertragen werden.

479 **Beispiel:** V, M und K aus dem Beispiel Rn 470 haben keinerlei Einkommen. V hat ein Auto im Wert von 12.500 Euro und weitere 2.000 Euro auf einem Tagesgeldkonto, M hat Wertpapiere im Wert von 7.000 Euro. K hat auf einem Sparbuch 750 Euro. In einem ersten Schritt ist zunächst zu betrachten, ob das Vermögen des K seinen Bedarf deckt. Zwar stehen Vermögenswerten in Höhe von 14.750 Euro (5.000 Euro unangemessener Anteil des Kraftfahrzeugs + 2.000 Euro Tagesgeld + 7.000 Euro Wertpapiere + 750 Euro Sparguthaben) insgesamt Freibeträge von 15.250 Euro gegenüber (für V: 34 Lebensjahre · 150 $^{Euro}/_{Lebensjahr}$ = 5.100 Euro [Nr. 1] + 750 Euro [Nr. 4]; für M: 32 Lebensjahre · 150 $^{Euro}/_{Lebensjahr}$ = 4.800 Euro [Nr. 1] + 750 Euro [Nr. 4], für K: 3.100 Euro [Nr. 1a] + 750 Euro [Nr. 4]). Allerdings kann der Grundfreibetrag des K nur für sein eigenes Vermögen (750 Euro) verwendet werden; der ungenutzte Rest (2.350 Euro) verfällt. Damit verbleiben nur Freibeträge von 12.900 Euro, die einem Vermögen von 14.000 Euro gegenüberstehen (die 750 Euro des K sind abgezogen). Die überschießenden 1.100 Euro müssen auf den Gesamtbedarf der Bedarfsgemeinschaft von 1.241 Euro angerechnet werden. Im Antragsmonat besteht daher nur ein ungedeckter Gesamtbedarf von 141 Euro, der nach der Bedarfsanteilsmethode zu „verteilen" ist.

(4) Ausnahmen zum Schutz Schwangerer

480 Die Anrechnung von Einkommen und Vermögen der Eltern auf den Bedarf des Kindes gilt nach § 9 Abs. 3 SGB II dann nicht, wenn das Kind selbst schwanger ist oder sein eigenes Kind bis zur Vollendung des sechsten Lebensjahres betreut. Diese Vorschrift soll die Schwangere wirtschaftlich unabhängig von ihren Eltern machen und sie so vor Druck von deren Seite schützen, das Kind abzutreiben.

f) Vermutung der Bedarfsdeckung (§ 9 Abs. 5 SGB II, § 1 Abs. 2, § 7 Abs. 2 Alg II-V)

481 Neben die Anrechnung von Einkommen und Vermögen von Personen in Bedarfsgemeinschaft nach § 9 Abs. 2 SGB II tritt die Vermutung des § 9 Abs. 5 SGB II. Leben Hilfebedürftige in Haushaltsgemeinschaft mit Verwandten oder Verschwägerten, wird

---

540 *BSG*, 2. 7. 2009 – B 14 AS 75/08 R, SozR 4-4200 § 7 Nr. 13.
541 *BSG*, 13. 5. 2009 – B 4 AS 58/08 R, SozR 4-4200 § 12 Nr. 13, Rn 19–22.

nach dieser Vorschrift vermutet, dass sie von ihnen Leistungen erhalten, soweit dies nach deren Einkommen und Vermögen erwartet werden kann. Es ist dabei unerheblich, ob die Verwandten oder Verschwägerten mit den Leistungsberechtigten in Bedarfsgemeinschaft leben; nach § 9 Abs. 5 SGB II können auch Einkommen und Vermögen von Personen außerhalb der Bedarfsgemeinschaft berücksichtigt werden. So ist insbesondere Einkommen und Vermögen von Kindern beim Bedarf ihrer Eltern zu berücksichtigen, soweit das von den Kindern erwartet werden kann.[542] Auch wenn das im Gesetzeswortlaut keinen Niederschlag gefunden hat, kann der Einsatz von Einkommen und Vermögen in den Fällen des § 9 Abs. 3 SGB II (Schutz vor Abtreibungsdruck, s. Rn 480) nicht erwartet werden.

Voraussetzung ist, dass eine **Haushaltsgemeinschaft** – also eine Wohn- und Wirtschaftsgemeinschaft (s. o. Rn 104) – besteht. Das Vorliegen einer solchen Haushaltsgemeinschaft wird **nicht** vermutet. Weiter müssen die Personen, deren Einkommen und Vermögen berücksichtigt werden soll, mit der leistungsberechtigten Person **verwandt** (§ 1589 BGB) oder **verschwägert** (§ 1590 BGB, § 11 Abs. 2 LPartG) sein. **482**

Von den Personen in Haushaltsgemeinschaft kann die Gewährung von Leistungen an ihre hilfebedürftigen Verwandten oder Verschwägerten aus dem **Vermögen** erst dann **erwartet werden**, wenn sie ihren eigenen Bedarf im Sinne des SGB II aus ihrem eigenen Vermögen decken können. Nach der Vorstellung des Verordnungsgebers kann erwartet werden, dass sie das gesamte darüber hinaus vorhandene Vermögen an ihre Verwandten und Verschwägerten weiterleiten; das lässt sich aus § 7 Abs. 2 Alg II-V ableiten, wonach für die Vermutung nach § 9 Abs. 5 SGB II beim Vermögen keine Besonderheiten gelten. **483**

Der Einsatz von **Einkommen** kann nach § 1 Abs. 2 Alg II-V erwartet werden, wenn dieses Einkommen einen Freibetrag in Höhe des doppelten Regelbedarfs für Alleinstehende (derzeit also 748 Euro) zuzüglich der anteiligen Aufwendungen für Unterkunft und Heizung überschreitet. Von dem über den Freibetrag hinausgehenden Einkommen erwartet der Verordnungsgeber einen Einsatz von 50 %. **484**

Beispiel: K, 23 Jahre alt, erwerbsfähig, lebt im Haushalt ihres Vaters V, 52 Jahre alt, erwerbsfähig. Insgesamt wenden die beiden monatlich 660 Euro für Unterkunft und Heizung auf. V hat keinerlei Einkommen. K hat nach Abzug aller Beträge aus § 11 b SGB II Einkommen in Höhe von 1.250 Euro monatlich. Da K ihren Bedarf vollständig aus eigenem Einkommen decken kann, lebt sie nicht mit ihrem Vater in Bedarfsgemeinschaft (vgl. § 7 Abs. 3 Nr. 4 SGB II). Nach der Vermutung des § 9 Abs. 5 SGB II kann von ihr aber der Einsatz ihres Einkommens erwartet werden. Ihrem Einkommen von 1.250 Euro ist der Freibetrag in Höhe von 1.078 Euro (doppelter Regelbedarf = 748 Euro + Bedarfsanteil für Unterkunft und Heizung 330 Euro) gegenüberzustellen. Vom überschießenden Einkommen (172 Euro) kann der Einsatz der Hälfte (86 Euro) erwartet werden. In Höhe dieses Betrages ist der Bedarf des V gedeckt; er hat nur einen Leistungsanspruch in Höhe von 618 Euro (704 Euro [374 + 330] – 86 Euro; davon 330 Euro Bedarfe für Unterkunft und Heizung). **485**

§ 9 Abs. 5 SGB II löst nur eine **widerlegliche Vermutung** aus. Dabei dürfen die Beweisanforderungen nicht überspannt werden.[543] **486**

---

542 *Hänlein,* in: Gagel SGB II/SGB III, § 9 SGB II, Rn 51.
543 Zu den Beweisanforderungen *BA,* Fachl. Hinw. § 9 SGB II, Rn 9.34–9.37 (S. 10 f.).

4. Leistungsbeginn und -ende

a) Leistungsbeginn

aa) Antragserfordernis (§ 37 SGB II)

487 Nach § 37 Abs. 1 SGB II werden die Leistungen nach dem SGB II **auf Antrag** erbracht. Für Zeiten vor der Antragstellung werden Leistungen nicht erbracht. Allerdings wirkt der Antrag auf Leistungen zur Sicherung des Lebensunterhalts **auf den Ersten des Antragsmonats** zurück (§ 37 Abs. 2 SGB II). Damit sind Leistungen ab dem Ersten des Antragsmonats zu erbringen, wenn die materiellrechtlichen Voraussetzungen dafür vorliegen.

488 Im Zusammenhang mit der Antragstellung sind drei weitere Vorschriften zu beachten.

bb) Antragstellung bei unzuständiger Stelle (§ 16 SGB I)

489 Nach § 16 Abs. 1 SGB I sind Anträge bei der zuständigen Behörde zu stellen, werden aber auch bei allen anderen Leistungsträgern, von allen Gemeinden und den amtlichen Vertretungen des Bundes im Ausland entgegengenommen. Bei einer **unzuständigen Stelle** eingegangene Anträge sind nach § 16 Abs. 2 SGB I unverzüglich an den zuständigen Leistungsträger weiterzuleiten. Wenn die Leistung – wie nach § 37 Abs. 1 SGB II der Fall – von einem Antrag abhängig ist, gilt der Antrag als in dem Zeitpunkt gestellt, in dem er bei der unzuständigen Stelle eingegangen ist.

490 **Beispiel:** A beantragt am 29. 6. bei der Stadt Kehl die Gewährung von Arbeitslosengeld II. Diese leitet den Antrag an das zuständige Jobcenter des Landratsamts Ortenaukreis weiter, wo es am 2. 7. eingeht. – Nach § 16 Abs. 2 S. 2 SGB I gilt der Antrag als am 29. 6. gestellt. Er wirkt damit auf den 1. 6. zurück. Das Jobcenter muss dem A bei Vorliegen der materiellen Voraussetzungen ab 1. 6. Arbeitslosengeld II gewähren.

cc) Handlungsfähigkeit Minderjähriger (§ 36 SGB I)

491 Zu beachten ist weiter § 36 SGB I. Diese Vorschrift erweitert die **sozialrechtliche Handlungsfähigkeit**. Sie ist eine Vorschrift des öffentlichen Rechts im Sinne von § 11 Abs. 1 Nr. 2 SGB X, durch die eine Person als handlungsfähig anerkannt wird. Nach § 36 Abs. 1 SGB I kann, **wer das 15. Lebensjahr** vollendet hat, Anträge auf Sozialleistungen stellen und verfolgen sowie Sozialleistungen entgegennehmen. Über eine Antragstellung und die erbrachten Leistungen sollen die Träger den gesetzlichen Vertreter unterrichten. Nach § 36 Abs. 2 SGB I kann der gesetzliche Vertreter die Handlungsfähigkeit schriftlich gegenüber dem Leistungsträger einschränken. Außerdem bedarf die Rücknahme von Anträgen, der Verzicht auf Sozialleistungen und die Entgegennahme von Darlehen stets der Zustimmung des gesetzlichen Vertreters.

492 **Beispiel:** Der 15-jährige B beantragt ohne Wissen seiner sorgeberechtigten Eltern Arbeitslosengeld II. Der Antrag ist wirksam gestellt.

dd) Vertretung der Bedarfsgemeinschaft (§ 38 SGB II)

493 Schließlich muss § 38 SGB II erwähnt werden. Nach dieser Vorschrift wird, soweit dem Anhaltspunkte nicht entgegenstehen, **vermutet**, dass die oder der erwerbsfähige Leistungsberechtigte **bevollmächtigt** ist, **Leistungen** nach diesem Buch **auch für die** mit ihm in einer **Bedarfsgemeinschaft** lebenden Personen **zu beantragen** und **ent-**

Pattar

gegenzunehmen. Leben mehrere erwerbsfähige Leistungsberechtigte in einer Bedarfsgemeinschaft, gilt diese Vermutung für die antragstellende Person.

Beispiel: Die 24-jährige erwerbsfähige M lebt mit ihrem Lebensgefährten K, mit dem sie nicht **494** verheiratet ist, und dessen drei Kindern aus erster Ehe, für die er allein sorgeberechtigt ist, in einer Bedarfsgemeinschaft. Sie beantragt am 27. 6. formlos „für mich und meine Familie" Leistungen zur Sicherung des Lebensunterhalts. Am 2. 7. geht der von ihr und K unterschriebene Leistungsantrag beim zuständigen Träger ein. – M hat unproblematisch am 27. 6. einen Leistungsantrag gestellt. Bei lebensnaher Auslegung ihrer Erklärung hat sie den Antrag auch im Namen des K und der drei Kinder gestellt. Über § 38 Abs. 1 SGB II wird ihre Vertretungsmacht hierfür vermutet. Damit wirken auch die Anträge von K und den Kindern auf den 1. 6. zurück.

§ 38 Abs. 1 SGB II reicht nicht über die dort ausdrücklich geregelten Fälle hinaus.[544] **495** Insbesondere **gilt** er **nicht** für die **Entgegennahme von Aufhebungs- und Rückforderungsverwaltungsakten** oder für eine sozialgerichtliche Klage; hier bleibt es vielmehr bei allgemeinen Regeln.

b) Leistungsende

aa) Bewilligungszeitraum (§ 41 Abs. 1 S. 4 und 5 SGB II)

Nach § 41 Abs. 1 S. 4 SGB II sollen die Leistungen jeweils für sechs Monate bewilligt **496** und monatlich im Voraus erbracht werden. Von diesem **Regelbewilligungszeitraum von sechs Monaten** kann das Jobcenter in atypischen Fällen abweichen und die Leistungen nach pflichtgemäßem Ermessen für einen längeren oder einen kürzeren Zeitraum bewilligen. Eine Höchstgrenze für den Bewilligungszeitraum nennt allerdings § 41 Abs. 1 S. 5 SGB II. Hiernach kann der Bewilligungszeitraum bei Leistungsberechtigten, bei denen eine Veränderung der Verhältnisse nicht zu erwarten ist, auf bis zu zwölf Monate verlängert werden.

Endet der Bewilligungszeitraum, muss erneut ein Antrag gestellt werden; ohne Folge- **497** antrag werden keine weiteren Leistungen gewährt.[545]

bb) Ende der materiellen Leistungsberechtigung

Endet die materielle Leistungsberechtigung vorher, darf nur bis zu diesem Zeitpunkt **498** bewilligt werden. Eine darüber hinausgehende tatsächlich erfolgte Bewilligung bleibt allerdings wirksam, bis sie aufgehoben wird (§ 39 Abs. 2 SGB X).

5. Sanktionen (§§ 31–32 SGB II)

a) Einführung

Das vom SGB II verfolgte Ziel einer Eingliederung der Leistungsberechtigten in Arbeit **499** und der Unabhängigkeit von Leistungen der Grundsicherung für Arbeitsuchende (§ 1 Abs. 2 SGB II) kann nicht ohne Mitwirkung der Leistungsberechtigten selbst erreicht werden. Deshalb statuiert § 2 SGB II unter der Überschrift **„Grundsatz des Forderns"**, dass erwerbsfähige Leistungsberechtigte und die mit ihnen in Bedarfsgemeinschaft Lebenden alle Möglichkeiten zur Beendigung oder Verringerung ihrer Hilfebedürftigkeit ausschöpfen müssen, dass Erwerbsfähige aktiv an Eingliederungs-

---

544 *BSG*, 2. 7. 2009 – B 14 AS 54/08 R, SozR 4-1500 § 71 Nr. 2.
545 *BSG*, 18. 1. 2011 – B 4 AS 99/10 R, SozR 4-4200 § 37 Nr. 5 (= NDV-RD 2011, 59–61).

maßnahmen mitwirken müssen und ihre Arbeitskraft zur Beschaffung des Lebensunterhalts für sich und die mit ihnen in einer Bedarfsgemeinschaft Lebenden einsetzen müssen. Zur Durchsetzung dieser Pflichten sehen die §§ 31 bis 32 SGB II **Sanktionen** vor, welche bei **Pflichtverletzungen** der Leistungsberechtigten greifen. Dabei führt § 31 SGB II die Pflichtverletzungen auf, welche eine Sanktion nach sich ziehen. §§ 31 a und 31 b SGB II regeln die Rechtsfolgen einer solchen Pflichtverletzung. Für unter 25-Jährige sind die Rechtsfolgen dabei erheblich schärfer. § 32 SGB II schließlich sieht für sogenannte **Meldeversäumnisse** eine mildere Sanktion vor.

b) Pflichtverletzungen (§ 31 SGB II)

500 § 31 Abs. 1 S. 1 SGB II enthält drei Tatbestände von Pflichtverletzungen:

1. Die **Weigerung**, in einer Eingliederungsvereinbarung oder in dem diese ersetzenden Verwaltungsakt nach § 15 Abs. 1 S. 6 SGB II festgelegte **Pflichten zu erfüllen**,

2. die **Weigerung**, eine zumutbare[546] **Arbeit**, Ausbildung, Arbeitsgelegenheit nach § 16 d SGB II (1-Euro-Job)[547] oder ein mit einem Beschäftigungszuschuss nach § 16 e SGB II[548] gefördertes Arbeitsverhältnis **aufzunehmen** oder fortzuführen sowie die Verhinderung von deren Anbahnung durch Verhalten der Leistungsberechtigten und

3. den **Nichtantritt**, den Abbruch oder das Anlassgeben zum Abbruch einer zumutbaren **Maßnahme zur Eingliederung**.

501 Bei Erfüllung eines dieser Tatbestände liegt eine **Pflichtverletzung** jedoch **nur dann** vor, wenn die erwerbsfähigen Leistungsberechtigten vor ihrem Verhalten schriftlich über die Rechtsfolgen eines Verstoßes **belehrt** worden waren **oder** diese **Rechtsfolgen kannten**. Sie liegt nach § 31 Abs. 1 S. 2 SGB II jeweils nicht vor, wenn die erwerbsfähige leistungsberechtigte Person einen **wichtigen Grund** für ihr Verhalten hatte.

502 Da sich die Pflichtverletzungen des § 31 Abs. 1 SGB II auf Verhalten der Leistungsberechtigten im Zusammenhang mit der Eingliederung in Arbeit beziehen, können sie von nichterwerbsfähigen Leistungsberechtigten nicht begangen werden.

503 Nach § 31 Abs. 2 SGB II ist eine Pflichtverletzung von erwerbsfähigen Leistungsberechtigten in weiteren vier Fällen anzunehmen. Da die Tatbestände des § 31 Abs. 2 SGB II zum Teil an Verhalten der Leistungsberechtigten aus der Zeit vor ihrem Leistungsbezug anknüpfen, liegt eine Pflichtverletzung im eigentlichen Sinn nicht immer vor; die Pflichten des SGB II haben ja nur leistungsberechtigte Personen. Dennoch behandelt der Gesetzgeber dieses Verhalten wie eine Pflichtverletzung. Da sich die in § 31 Abs. 2 Nr. 1 und 2 SGB II aufgeführten Pflichten auf Verhalten im Zusammenhang mit der Hilfebedürftigkeit beziehen, können diese Pflichtverletzungen entsprechend auch von nichterwerbsfähigen Leistungsberechtigten begangen werden (§ 31 a Abs. 4 SGB II).

504 Nach § 31 Abs. 2 SGB II ist eine Pflichtverletzung auch anzunehmen, wenn

1. volljährige Personen in der Absicht, die Leistungsvoraussetzungen überhaupt oder für höhere Leistungen herbeizuführen, ihr **Einkommen oder Vermögen vermindert haben**,

---

546 Zur Zumutbarkeit nach § 10 SGB II s. u. Rn 652.
547 Hierzu u. Rn 675.
548 Hierzu u. Rn 681.

2. Leistungsberechtigte trotz Belehrung über die Rechtsfolgen oder deren Kenntnis ihr **unwirtschaftliches Verhalten** fortsetzen,
3. der Anspruch der Leistungsberechtigten auf Arbeitslosengeld nach dem SGB III ruht oder erloschen ist, weil die Agentur für Arbeit das Eintreten einer **Sperrzeit oder** das **Erlöschen des Anspruchs auf Arbeitslosengeld nach dem SGB III festgestellt** hat oder
4. die Leistungsberechtigten die im SGB III genannten **Voraussetzungen für** das Eintreten einer **Sperrzeit** (§ 144 SGB III) **erfüllen**, die das Ruhen oder das Erlöschen (§ 147 SGB III) eines Anspruchs auf Arbeitslosengeld nach dem SGB III begründen.

Eine **Sperrzeit** tritt **nach dem SGB III** ein, wenn sich Arbeitnehmerinnen oder Arbeit- **505** nehmer versicherungswidrig verhalten. Das liegt beispielsweise vor, wenn sie ohne wichtigen Grund ihre bisherige Arbeit aufgeben. Während der Dauer einer Sperrzeit – je nach Sperrzeittatbestand eine, zwei, drei, sechs oder zwölf Wochen (§ 144 Abs. 3–6 SGB III) – ruht der Anspruch auf Arbeitslosengeld nach dem SGB III (§ 144 Abs. 1 S. 1 SGB III). Hat der oder die Arbeitslose Anlass für den Eintritt von Sperrzeiten mit einer Dauer von insgesamt 21 Wochen gegeben, erlischt der Arbeitslosengeldanspruch vollständig (§ 147 SGB III). Von den Sperrzeiten sind jedoch (mindestens) zwei **Ausnahmen** zu machen. So führt eine Sperrzeit wegen **verspäteter Arbeitslosmeldung** (§ 144 Abs. 1 Nr. 7 SGB III) nicht zu einer Sanktion im SGB II, weil hier diese Pflicht nicht gilt und die Kürzung unverhältnismäßig wäre.[549] Auch Sperrzeiten aufgrund von **Meldeversäumnissen** (§ 144 Abs. 1 Nr. 6 SGB III) stellen **keine Pflichtverletzung** nach § 31 Abs. 2 SGB II dar: Für diese Meldeversäumnisse kennt das SGB II die spezielle Sanktionsregelung in § 32 SGB II.[550]

Das Jobcenter **stellt** das Vorliegen einer Pflichtverletzung **durch Verwaltungsakt 506 fest** (vgl. § 31 b Abs. 1 S. 1 SGB II). Diese Feststellung kann nur innerhalb von sechs Monaten nach dem Zeitpunkt der Pflichtverletzung ergehen (§ 31 b Abs. 1 S. 5 SGB II). Widerspruch und Anfechtungsklage gegen diesen Verwaltungsakt haben **keine aufschiebende Wirkung** (§ 39 Nr. 1 SGB II).

c) Rechtsfolgen der ersten Pflichtverletzung (§ 31 a Abs. 1, § 31 b SGB II)

Bei einer Pflichtverletzung durch eine mindestens 25-jährige Person nach § 31 SGB II **507 mindert sich** das **Arbeitslosengeld II** oder das Sozialgeld der Person, welche die Pflichtverletzung begangen hat, gemäß § 31 a Abs. 1 S. 1 SGB II in einer ersten Stufe **um 30 Prozent ihres maßgebenden Regelbedarfs**. Der **Minderungszeitraum** beträgt **drei Monate** (§ 31 b Abs. 1 S. 3 SGB II) und beginnt mit dem Beginn des Kalendermonats, der auf das Wirksamwerden des die Pflichtverletzung und den Umfang der Minderung der Leistung feststellenden Verwaltungsakts (§ 39 SGB X) folgt (§ 31 b Abs. 1 S. 1 SGB II). Lediglich **bei** der Feststellung einer **Sperrzeit** oder eines Erlöschens des Anspruchs auf Arbeitslosengeld nach dem SGB III **beginnt die Minderung** mit Beginn der Sperrzeit. Auch die deswegen erfolgte Minderung dauert aber drei Monate, unabhängig davon, wie lange die Sperrzeit dauert. § 31 b Abs. 2 SGB II stellt schließlich klar, dass während der Minderung **kein Anspruch auf ergänzende Hilfe** zum Lebensunterhalt **nach dem SGB XII** besteht.

---

549 Ebenso *BA,* Fachl. Hinw. zu §§ 31, 31 a, 31 b SGB II, Rn 31.25 (S. 5).
550 Ebenso *BA,* Fachl. Hinw. §§ 31, 31 a, 31 b SGB II, Rn 31.26 (S. 5 f.).

508 **Beispiel:** A, 43, erwerbsfähig, lebt mit B, 45, erwerbsfähig in einer Bedarfsgemeinschaft. Beide beziehen Arbeitslosengeld II in Höhe von jeweils 509 Euro monatlich (337 Euro Regelbedarf + 172 Euro Bedarfe für Unterkunft und Heizung). Das Jobcenter teilt B ein Stellenangebot mit und informiert sie schriftlich über die Rechtsfolgen bei Ablehnung dieses Angebots. Weil sie die angebotene – durchaus zumutbare – Arbeit für zu langweilig hält, meldet sie sich nicht bei der Arbeitgeberin. B hat damit ihre Pflichten verletzt (§ 31 Abs. 1 S. 1 Nr. 2 SGB II). Das Jobcenter stellt die Pflichtverletzung mit Verwaltungsakt vom 15. 6. fest; er wird der B am 20. 6. bekannt gegeben und damit wirksam. Damit mindert sich der Leistungsanspruch der B für die Zeit vom 1. 7. bis zum 30. 9. um 30 % ihres Regelbedarfs, also um 101,10 Euro monatlich. Der Leistungsanspruch des A ist davon nicht betroffen.

509 Ist Arbeitslosengeld II in einem früheren Verwaltungsakt in voller Höhe bewilligt worden, muss, damit tatsächlich weniger ausgezahlt werden kann, diese Bewilligung aufgehoben werden (z. B. nach § 48 SGB X). Dies kann in demselben Bescheid erfolgen.

d) Rechtsfolgen wiederholter Pflichtverletzungen (§ 31 a Abs. 1 und 3, § 31 b SGB II)

510 Eine **wiederholte Pflichtverletzung** liegt vor, wenn die leistungsberechtigte Person nach einer zuvor festgestellten Leistungsminderung (§ 31 a Abs. 1 S. 4 SGB II) innerhalb eines Jahres seit dem Beginn des letzten Minderungszeitraums (§ 31 a Abs. 1 S. 5 SGB II) eine weitere Pflichtverletzung im Sinne von § 31 SGB II begeht. Es muss sich dabei nicht um denselben Pflichtverletzungstatbestand innerhalb des § 31 SGB II handeln.

511 Bei der **ersten wiederholten Pflichtverletzung** mindert sich das Arbeitslosengeld II oder das Sozialgeld um **60 Prozent des maßgebenden Regelbedarfs** (§ 31 a Abs. 1 S. 2 SGB II). Bei **jeder weiteren Pflichtverletzung entfällt** das Arbeitslosengeld II **vollständig** (§ 31 a Abs. 1 S. 3 SGB II). Erklärt sich die leistungsberechtigte Person bereit, ihren Pflichten nachzukommen, kann das Jobcenter nach § 31 a Abs. 1 S. 6 SGB II den vollständigen Wegfall der Leistungen ab diesem Zeitpunkt auf 60 Prozent des Regelbedarfs **begrenzen**. Auch die Minderung um 60 Prozent des Regelbedarfs und der vollständige Wegfall der Leistungen dauern drei Monate und beginnen am Ersten des auf die Feststellung der Pflichtverletzung folgenden Monats (§ 31 b Abs. 1 S. 1 und 3 SGB II). Auch hier besteht kein Anspruch auf ergänzende Hilfe zum Lebensunterhalt nach dem SGB XII (§ 31 b Abs. 2)

512 Mehrere Minderungen wegen Pflichtverletzungen nach § 31 SGB II dürfen nicht gleichzeitig ablaufen. Wäre das der Fall, verdrängt die schärfere Sanktion die mildere.

513 **Beispiele:** Im Beispielsfall aus Rn 508 weigert sich B auch im Juli, eine angebotene Arbeit aufzunehmen. Das Jobcenter stellt diese wiederholte Pflichtverletzung mit Verwaltungsakt vom 31. 7. fest, der am 4. 8. bekanntgegeben und damit wirksam wird. Damit wird die Leistung der B vom 1. 9. bis zum 30. 11. um 60 Prozent ihres Regelbedarfs, also 202,20 Euro monatlich, gemindert. Diese Absenkung ersetzt für den Monat September die Absenkung um 30 Prozent, tritt also nicht etwa noch hinzu.

Im April des Folgejahres bricht B eine Eingliederungsmaßnahme ab. Das Jobcenter stellt die Pflichtverletzung am 15. 4. fest. Für die Zeit vom 1. 5. bis zum 31. 7. fällt das Arbeitslosengeld II der B vollständig weg. Aus Frust weigert sich B nun im Mai erneut, sich auf einen Vermittlungsvorschlag des Jobcenters zu bewerben. Das Jobcenter stellt diese Pflichtverletzung am 22. 5. fest. Für die Zeit vom 1. 6. bis zum 31. 8. fällt das Arbeitslosengeld II der B vollständig weg; der Zeitraum wird nicht hinten angehängt.

Der Leistungsanspruch des A wird nicht berührt.

514 Um den Anspruch auf Gewährleistung einer menschenwürdigen Existenz nicht zu verletzen, sieht § 31 a Abs. 3 SGB II für die Dauer einer Minderung um mehr als 30 Prozent des maßgebenden Regelbedarfs **Ersatzleistungen** vor. In diesem Fall kann das Jobcenter auf Antrag nach seinem Ermessen ergänzende Sachleistungen oder geldwerte Leistungen, also Gutscheine erbringen (§ 31 a Abs. 3 S. 1 SGB II). Es hat dies zu tun, wenn Leistungsberechtige mit minderjährigen Kindern in einem Haushalt leben (§ 31 a Abs. 3 S. 2 SGB II). Bei diesen Leistungen handelt es sich nicht um Arbeitslosengeld II. Das Ermessen ist angesichts der erheblichen Bedeutung der Leistungen für die Existenz der Leistungsberechtigten nur dann nicht auf Null reduziert, wenn die Leistungsberechtigten auch ohne die Sanktion nur geringfügige Leistungen erhalten würden, wenn also ihre Existenz weiterhin sichergestellt ist.

Vom **Umfang** her hält die Bundesagentur für Arbeit es für ausreichend, Sachleistungen **515** oder Gutscheine für die Bedarfe für Ernährung, Gesundheitspflege und Hygiene und Körperpflege zu gewähren. Sie orientiert sich dabei an den im Regelbedarf enthaltenen Anteilen (nach ihrer Berechnung ca. 46 % des Regelbedarfs), also 2011 167 Euro, 2012 wohl 172 Euro. Sachleistungen werden jedoch nicht in dieser Höhe erbracht, sondern nur mit dem Prozentsatz der Minderung, der 30 % übersteigt. Bei einer Minderung um 60 % werden also Sachleistungen im Wert von 51,60 Euro (30 % von 172 Euro [2012]) erbracht.[551]

Schließlich sollen die für die **Bedarfe für Unterkunft und Heizung** erbrachten Leis- **516** tungen zur Sicherstellung der Wohnung bei einer Minderung der Leistung um mindestens 60 Prozent des Regelbedarfs **direkt an die Vermieterin oder den Vermieter** oder sonstige Empfangsberechtigte gezahlt werden (§ 31 a Abs. 3 S. 3 SGB II).

e) Rechtsfolgen von Pflichtverletzungen unter 25-Jähriger (§ 31 a Abs. 2 und 3, § 31 b SGB II)

Bei **erwerbsfähigen unter 25-Jährigen** sieht das Gesetz erheblich schärfere Sank- **517** tionen vor.[552] Bereits bei einer **ersten Pflichtverletzung** wird das Arbeitslosengeld II auf die für die **Bedarfe für Unterkunft und Heizung** zu erbringenden Leistungen **beschränkt** (§ 31 a Abs. 2 S. 1 SGB II). Schon von der ersten Pflichtverletzung an haben unter 25-Jährige also keine Leistungen mehr für ihren eigenen Lebensunterhalt. Darüber hinaus sollen die Leistungen für Bedarfe für Unterkunft und Heizung nach § 31 a Abs. 3 S. 3 SGB II direkt an die Vermieterin, Vermieter oder sonstige Empfangsberechtigte gezahlt werden. Auch hier greifen die Regelungen über die Ersatzleistung (§ 31 a Abs. 3 S. 1 SGB II).

Bei der ersten **wiederholten** Pflichtverletzung – die Kriterien sind dieselben wie bei **518** mindestens 25-Jährigen (§ 31 a Abs. 2 S. 3 SGB II) – entfällt das Arbeitslosengeld II vollständig (§ 31 a Abs. 2 S. 2 SGB II). Bei unter 25-Jährigen, die sich nachträglich bereit erklären, ihren Pflichten nachzukommen, kann das Jobcenter den Leistungswegfall auf die nächstniedrigere Stufe (Leistungen für den Bedarf für Unterkunft und Heizung) abmildern (§ 31 a Abs. 2 S. 4 SGB II).

Dauer und Beginn der Minderung bestimmen sich bei unter 25-Jährigen grundsätzlich **519** nach denselben Regeln wie bei mindestens 25-Jährigen (§ 31 b Abs. 1 S. 1–3 SGB II). Allerdings kann das Jobcenter den Minderungszeitraum – nicht jedoch den Wegfallzeitraum – auf sechs Wochen verkürzen.

---

551 *BA,* Fachl. Hinw. §§ 31, 31 a, 31 b SGB II, Rn 31.48 (S. 10 f.).
552 *Berlit,* info also 2011, 59–68, 124–128, hält dies für verfassungswidrig.

520 Diese Sanktionsschärfungen gelten nur für **erwerbsfähige** Leistungsberechtigte. Für unter 25-jährige Empfängerinnen und Empfänger von Sozialgeld bleibt es hingegen bei den allgemeinen Sanktionen.

f) Meldeversäumnisse (§ 32 SGB II)

521 Kommen Leistungsberechtigte – egal welchen Alters und egal, ob erwerbsfähig oder nichterwerbsfähig – trotz schriftlicher Belehrung über die Rechtsfolgen oder deren Kenntnis einer Aufforderung des zuständigen Trägers, sich bei ihm zu melden oder bei einem ärztlichen oder psychologischen Untersuchungstermin zu erscheinen, nicht nach, ohne dafür einen wichtigen Grund nachzuweisen, mindert sich das Arbeitslosengeld II oder das Sozialgeld jeweils, also bei jedem einzelnen Meldeversäumnis, um 10 Prozent des für sie maßgebenden Regelbedarfs (§ 32 Abs. 1 SGB II). Beginn und Dauer dieser Leistungsminderung entsprechen der Minderung bei einer Pflichtverletzung nach § 31 SGB II; auch die Regelung über Ersatzleistungen gilt entsprechend (§ 32 Abs. 2 S. 2 SGB II). Auch das Meldeversäumnis ist innerhalb von sechs Monaten durch Verwaltungsakt festzustellen. Anders als bei Pflichtverletzungen nach § 31 SGB II haben Widerspruch und Anfechtungsklage gegen diese Feststellung jedoch mangels ausdrücklicher Erwähnung in § 39 Nr. 1 SGB II nur dann keine aufschiebende Wirkung, wenn die Meldeaufforderung im Rahmen der Eingliederung in Arbeit ergangen war.

522 Die Minderung wegen eines Meldeversäumnisses tritt zu der Minderung wegen einer Pflichtverletzung hinzu (§ 32 Abs. 2 S. 1 SGB II). Minderungen wegen mehrerer Meldeversäumnisse treten ebenfalls zu bisherigen Minderungen hinzu.

523 **Beispiel:** A, alleinstehend, verletzt im Juni seine Pflichten; noch im Juni stellt das Jobcenter das fest. Von 1. 7. bis 30. 9. mindert sich sein Arbeitslosengeld II um monatlich 112,20 Euro (30 % von 374 Euro). Im Juli meldet er sich trotz Aufforderung nicht beim Jobcenter, welches dieses Meldeversäumnis noch im Juli feststellt. Vom 1. 8. bis 31. 10. mindert sich sein Arbeitslosengeld II um monatlich (weitere) 37,40 Euro (10 % von 374 Euro). Ein weiteres Meldeversäumnis stellt das Jobcenter im August fest, sodass sich das Arbeitslosengeld II vom 1. 9. bis zum 30. 11. um monatlich (weitere) 37,40 Euro mindert. Insgesamt ist das Arbeitslosengeld II des A daher im Monat September um 187 Euro (= 50 % des Regelbedarfs) gemindert.

6. Leistungsform

a) Überblick

524 In welcher **Form** Leistungen nach dem SGB II gewährt werden, bestimmt § 4 Abs. 1 SGB II. Hiernach werden die Leistungen in Form von Dienstleistungen, Geldleistungen und Sachleistungen erbracht.

b) Normale Leistungsform und Zahlungsweg (§§ 4, 38, 42 SGB II)

525 Arbeitslosengeld II und Sozialgeld werden **regelmäßig** in Form von **Geldleistungen** erbracht. Das ergibt sich schon aus der Bezeichnung der Leistungen.

526 Nach § 42 SGB II werden sie auf das im Antrag angegebene inländische Konto bei einem Geldinstitut überwiesen. Besteht kein Konto, werden sie an den Wohnsitz oder gewöhnlichen Aufenthalt der Leistungsberechtigten übermittelt. Hierfür sind die dadurch veranlassten Kosten abzuziehen, wenn die Leistungsberechtigten nicht nachweisen, dass sie ohne eigenes Verschulden kein Konto bei einem Geldinstitut einrichten können.

In der Regel werden Arbeitslosengeld II und Sozialgeld **in voller Höhe an die Leistungsberechtigten** ausgezahlt. Sie selbst haben dann die Verantwortung, die Leistung bestimmungsgemäß zu verwenden, beispielsweise die Miete davon zu zahlen. **527**

Die Leistungen für Mitglieder einer Bedarfsgemeinschaft können und werden zwar rechtlich den einzelnen Mitgliedern gewährt. In der Regel werden sie jedoch in einer Summe der antragstellenden Person überwiesen. Nach § 38 SGB II wird vermutet, dass sie zur Entgegennahme dieser Leistungen auch für die anderen Mitglieder der Bedarfsgemeinschaft bevollmächtigt ist. Verlangt eine leistungsberechtigte Person jedoch Zahlung an sich selbst, muss das Jobcenter dem nachkommen. **528**

c) Abweichender Zahlungsweg (§ 22 Abs. 7, § 31 a Abs. 3 S. 3 SGB II)

In bestimmten Fällen werden Teile der Leistungen nicht den Leistungsberechtigten, sondern anderen Personen ausgezahlt. Dies betrifft die für die Bedarfe für Unterkunft und Heizung erbrachten Leistungen. **529**

Nach § 22 Abs. 7 S. 1 SGB II ist der für die Bedarfe für Unterkunft und Heizung gewährte Anteil von Arbeitslosengeld II und Sozialgeld **auf Antrag** der Leistungsberechtigten an die Vermieterin oder den Vermieter oder an andere Empfangsberechtigte, beispielsweise ein Energielieferunternehmen, zu zahlen. **Ohne Antrag** der Leistungsberechtigten soll dieser Anteil an diese Personen gezahlt werden, wenn die zweckentsprechende Verwendung durch die leistungsberechtigte Person nicht sichergestellt ist (§ 22 Abs. 7 S. 2 SGB II). Regelbeispiele, in denen dies der Fall ist, finden sich in § 22 Abs. 7 S. 3 SGB II. Von dieser Abweichung des Zahlungsweges hat das Jobcenter die Leistungsberechtigten schriftlich zu unterrichten (§ 22 Abs. 7 S. 4 SGB II). **530**

Dasselbe gilt nach § 31 a Abs. 3 S. 3 SGB II, wenn infolge von Sanktionen das Arbeitslosengeld II oder das Sozialgeld um mindestens 60 % des maßgebenden Regelbedarfs gemindert ist (vgl. Rn 516 u. 517). **531**

d) Abweichende Leistungsform (§ 24 Abs. 2, § 31 a Abs. 3 S. 1 und 2 SGB II)

Grundsätzlich haben die Leistungsberechtigten das ihnen überlassene Arbeitslosengeld II oder Sozialgeld **eigenverantwortlich** zu verwalten und selbst zu bestimmen, wie sie ihren Lebensunterhalt aus der Geldleistung Arbeitslosengeld II und Sozialgeld decken wollen. In bestimmten Fällen traut der Gesetzgeber den Leistungsberechtigten dies jedoch nicht zu und hat deshalb eine Handhabe geschaffen, die Leistungen stattdessen als **Sachleistungen** zu erbringen. Nach § 24 Abs. 2 SGB II kann das Arbeitslosengeld II bis zur Höhe des Regelbedarfs für den Lebensunterhalt in voller Höhe oder anteilig in Form von Sachleistungen erbracht werden, solange sich Leistungsberechtigte, insbesondere bei Drogen- oder Alkoholabhängigkeit sowie im Falle unwirtschaftlichen Verhaltens, als ungeeignet erweisen, mit den Leistungen für den Regelbedarf nach § 20 SGB II ihren Bedarf zu decken. Mangels entsprechender Regelung sind die **Mehrbedarfe** jedoch **stets durch Geldleistungen** zu decken. **532**

Eine ähnliche Regelung enthält nur scheinbar § 31 a Abs. 3 S. 1 und 2 SGB II: Bei einer Minderung des Arbeitslosengeldes II um mehr als 30 Prozent des maßgeblichen Regelbedarfs kann beziehungsweise muss das Jobcenter auf Antrag ergänzende Sach- **533** leistungen erbringen. Bei dieser Leistung handelt es sich allerdings nicht um Arbeitslosengeld II oder Sozialgeld, sondern um eine eigene, weitere Leistung, die zu dem geminderten oder weggefallenen Arbeitslosengeld II oder Sozialgeld hinzutritt und gesondert beantragt werden muss (s. Rn 514 u. 517).

e) Darlehensweise Gewährung

aa) Einführung

534 Leistungen nach dem SGB II werden im Regelfall als (für den Träger) **verlorener Zuschuss** gewährt. Das bedeutet, dass die Leistungsberechtigten die rechtmäßig gewährten Leistungen grundsätzlich dauerhaft behalten dürfen. In bestimmten Fällen hat der Gesetzgeber jedoch stattdessen **Darlehensleistungen** vorgesehen. Im Rahmen von Arbeitslosengeld II und Sozialgeld betrifft dies vor allem Fälle, in denen damit zu rechnen ist, dass die leistungsberechtigte Person zu einem späteren Zeitpunkt die erforderlichen Mittel (wieder-)erlangen wird.

535 Dabei bestimmt § 42 a SGB II die **allgemeinen Voraussetzungen** für die Darlehensgewährung und die Modalitäten der Darlehensrückgewähr, während Anspruchsgrundlagen für eine Darlehensgewährung in besonderen Vorschriften enthalten sind.

bb) Allgemeine Regelungen bei der Gewährung von Darlehen (§ 42 a Abs. 1 SGB II)

536 Bei allen Darlehen nach dem SGB II ist § 42 a Abs. 1 SGB II zu beachten. Nach dieser Vorschrift werden **Darlehen nur** erbracht, wenn ein Bedarf weder durch Vermögen nach § 12 Abs. 2 S. 1 Nr. 1 (Grundfreibetrag), Nr. 1 a (Grundfreibetrag für Minderjährige) und Nr. 4 (Freibetrag für notwendige Anschaffungen) SGB II noch auf andere Weise gedeckt werden kann. Ist also ein Privatdarlehen möglich, kann ein Darlehen nach dem SGB II nicht gewährt werden. Darlehen können an einzelne Mitglieder von Bedarfsgemeinschaften oder an mehrere gemeinsam vergeben werden (§ 42 a Abs. 1 S. 2 SGB II). Zinsen sind für die Darlehen nach dem SGB II nicht vorgesehen.

cc) Einzelne Anspruchsgrundlagen für Darlehen im Rahmen von Arbeitslosengeld II und Sozialgeld

537 Im Zusammenhang mit Arbeitslosengeld II und Sozialgeld kennt das SGB II folgende Anspruchsgrundlagen für Darlehen:

538 1.   Darlehen für **Instandhaltung und Reparatur selbst genutzten Wohneigentums** (§ 22 Abs. 2 S. 2 SGB II). Nach dieser Vorschrift kann das Jobcenter Instandhaltungskosten, welche zusammen mit den übrigen Aufwendungen für die Unterkunft die Jahresangemessenheitsgrenze übersteigen, als Darlehen übernehmen (s. hierzu bereits o. Rn 327).

539 2.   Darlehen für **Mietkaution** (§ 22 Abs. 6 S. 3 SGB II). Nach § 22 Abs. 6 SGB II können nach vorheriger Zusicherung Wohnungsbeschaffungskosten und Umzugskosten übernommen werden (s. hierzu bereits o. Rn 318–323). Hierzu gehört auch die Mietkaution. Diese soll nach § 22 Abs. 6 S. 3 SGB II als Darlehen übernommen werden.

3. Darlehen zur **Deckung von Miet- und ähnlichen Schulden** (§ 22 Abs. 8 SGB II). **540**
Wie bereits oben Rn 329–334 beschrieben, sollen Mietschulden und ähnliche
Schulden als Darlehen übernommen werden.

4. Darlehensleistung bei **unmöglicher oder unzumutbarer sofortiger Verwertung** **541**
von Vermögen (§ 24 Abs. 5 SGB II). Soweit Leistungsberechtigen der sofortige
Verbrauch oder die sofortige Verwertung von zu berücksichtigendem Einkommen
oder Vermögen nicht möglich ist oder für sie eine besondere Härte bedeuten würde, sind Leistungen nach § 24 Abs. 5 SGB II als Darlehen zu erbringen. Die Leistungen können davon abhängig gemacht werden, dass der Rückzahlungsan-
spruch dinglich oder in anderer Weise gesichert wird.

§ 24 Abs. 5 SGB II enthält dabei eine **Leistungseinschränkung**: Nach § 9 Abs. 4 **542**
SGB II ist auch die- oder derjenige hilfebedürftig, der oder dem der sofortige Verbrauch oder die sofortige Verwertung von zu berücksichtigendem Vermögen nicht
möglich ist oder für die oder den dies eine besondere Härte bedeuten würde. § 9
Abs. 4 SGB II füllt den zeitlichen Zwischenraum auf, der durch den Zeithorizont bei
der Bestimmung des zu berücksichtigenden Vermögens entsteht: Ein Vermögensgegenstand ist verwertbar und damit als Vermögen zu berücksichtigen, wenn
die Leistungsberechtigten ihn voraussichtlich innerhalb von sechs Monaten ver-
silbern können (s. o. Rn 408). Dies ist jedoch nicht immer sofort möglich oder zumutbar. Auch während dieses Sechsmonatszeitraums müssen die Leistungsberechtigten jedoch ihren Lebensunterhalt decken. § 9 Abs. 4 SGB II erklärt die Leistungsberechtigten auch in dieser Zeit für hilfebedürftig. Da der Gesetzgeber es
jedoch nicht als gerechtfertigt ansah, dass die Leistungsberechtigten diese – als
erweiterte Hilfe – gewährten Leistungen dauerhaft behalten, schreibt § 24
Abs. 5 SGB II vor, dass die Leistungen in diesen Fällen zwingend als Darlehen zu
erbringen sind.

Beispiel: A ist Eigentümer eines zu berücksichtigenden Zweitautos im Wert von **543**
15.000 Euro. Bis er das Auto tatsächlich verkauft, ist er nach § 9 Abs. 4 SGB II hilfebedürftig;
die Leistungen sind als Darlehen zu gewähren.

Auf den ersten Blick scheint auch § 24 Abs. 4 SGB II hierher zu gehören. Nach **544**
dieser Vorschrift können Leistungen zur Sicherung des Lebensunterhalts als Darlehen erbracht werden, soweit in dem Monat, für den die Leistungen erbracht
werden, voraussichtlich Einnahmen anfallen. Dies trifft jedoch nicht zu: Anders als
im Fall des § 24 Abs. 5 SGB II sind die Leistungsberechtigten der Leistungen nach
§ 24 Abs. 4 SGB II nicht hilfebedürftig, weil es für Einkommen an einer § 9 Abs. 4
SGB II entsprechenden Vorschrift fehlt. § 24 Abs. 4 SGB II regelt daher eine weitere Leistung (u. Rn 611) und nicht eine Modifikation der Leistungsgewährung für
Arbeitslosengeld II oder Sozialgeld.

dd) Tilgung von Darlehen (§ 42 a Abs. 2–6 SGB II)

Ist ein Darlehen gewährt worden, richtet sich die **Rückgewähr** nach § 42 a Abs. 2–6 **545**
SGB II. Die Grundlage legt allerdings § 42 a Abs. 1 S. 3 SGB II: Zur Rückzahlung verpflichtet sind stets **nur die Darlehensnehmerinnen und Darlehensnehmer selbst.**
Die anderen Mitglieder der Bedarfsgemeinschaft haben mit den gewährten Darlehen
nichts zu tun und haben sie auch nicht zurückzuzahlen, selbst wenn sie ihnen materiell
zu Gute gekommen sein sollten.

546 **Beziehen Personen**, denen ein Darlehen gewährt worden ist, **weiterhin Leistungen** zur Sicherung des Lebensunterhalts ausgenommen Darlehen nach § 24 Abs. 5 SGB II (nicht sofort verwertbares Vermögen) oder nach § 27 Abs. 4 SGB II (für Auszubildende; § 42 a Abs. 2 S. 3 SGB II), werden nach § 42 a Abs. 2 SGB II Rückzahlungsansprüche aus Darlehen ab dem Monat, der auf die Auszahlung folgt, **durch monatliche Aufrechnung** in Höhe von 10 Prozent des maßgebenden Regelbedarfs **getilgt**. Die Aufrechnung ist gegenüber den Darlehensnehmerinnen und Darlehensnehmern schriftlich durch Verwaltungsakt zu erklären (§ 42 a Abs. 2 S. 2 SGB II).

547 Erhält eine leistungsberechtigte Person mehrere Darlehen, kann nach § 42 a SGB II dennoch nur in Höhe von 10 % des Regelbedarfs aufgerechnet werden.[553] In diesem Fall werden die Tilgungsbeträge zunächst auf das zuerst erbrachte Darlehen angerechnet (§ 42 a Abs. 6 SGB II).[554] Die Unterscheidung der Darlehen ist vor allem deshalb wichtig, weil bestimmte Darlehen nach den weiteren Absätzen von § 42 a SGB II zu bestimmten anderen Zeitpunkten fällig werden.

548 **Beispiel:** A (alleinstehend) erhält im Januar ein Darlehen über 450 Euro, im März ein weiteres Darlehen über 2.500 Euro. Ab Februar sind 10 % des Regelbedarfs (37,40 Euro) monatlich zur Darlehenstilgung einzubehalten. Dabei werden die Tilgungen zunächst auf das im Januar und erst danach auf das im März erbrachte Darlehen angerechnet.

549 Kommt es neben der Darlehensrückzahlung zu weiteren Aufrechnungen nach § 43 SGB II, erledigt sich in dem jeweiligen Monat[555] die Aufrechnung der Darlehensrückzahlungsforderung, soweit die Aufrechnungen insgesamt 30 % des Regelbedarfs übersteigen würden (§ 43 Abs. 3 S. 2 SGB II). Die **Tilgung der Darlehensrückzahlungsforderung** wird damit während der Zeit anderweitiger Aufrechnungen **ausgesetzt**.

550 **Endet** der **Leistungsbezug**, wird der noch nicht getilgte **Darlehensbetrag sofort fällig** (§ 42 a Abs. 4 S. 1 SGB II). Über die Rückzahlung soll unter Berücksichtigung der wirtschaftlichen Verhältnisse der Darlehensnehmerinnen und Darlehensnehmer eine **Tilgungsvereinbarung** getroffen werden (§ 42 a Abs. 4 S. 2 SGB II). Beginnen die Leistungen später erneut, greift wieder die Aufrechnungsregelung des § 42 a Abs. 2 SGB II.

551 Für **Mietkautionsdarlehen** (§ 22 Abs. 6 S. 3 SGB II) und für **Darlehen bei unmöglicher** oder unzumutbarer **sofortiger Verwertung** von Vermögensgegenständen (§ 24 Abs. 5 SGB II) trifft § 42 a Abs. 3 S. 1 SGB II eine **Sonderregelung**: Diese Darlehen werden in Höhe des noch nicht getilgten Betrages[556] **fällig**, **sobald** die leistungsberechtigte Person die **Mietkaution zurückerhält** oder den **Vermögensgegenstand verwertet**, dessen Verwertung bislang unmöglich oder unzumutbar war. Reicht das Erlangte zur Rückzahlung des noch nicht getilgten Darlehensbetrages nicht aus, soll eine Vereinbarung über die Rückzahlung getroffen werden.

552 Darlehen an **Auszubildende** (§ 27 Abs. 4 SGB II) werden nach § 42 a Abs. 5 SGB II erst **nach Abschluss der Ausbildung** fällig.

---

553 BT-Drucks. 17/3404, S. 116 (Zu Absatz 3).
554 *Siebel-Huffmann*, in: Groth/Luik/Siebel-Huffmann, Neues Grundsicherungsrecht, § 15, Rn 487.
555 BT-Drucks. 17/3404, S. 117 (Zu Absatz 3).
556 Bei Darlehen nach § 24 Abs. 5 SGB II kann es nur in Ausnahmefällen bereits zu einer Tilgung gekommen sein. Deshalb schreibt der Gesetzgeber, dass diese Darlehen *in voller Höhe* fällig würden.

VII. Exkurs: Folgen des Bezugs von Arbeitslosengeld II und Sozialgeld in anderen Sozialleistungsbereichen

Der Bezug von **Arbeitslosengeld II** hat auch Auswirkungen in anderen Sozialleistungsbereichen. **553** Wer Arbeitslosengeld II erhält, ist nach § 5 Abs. 1 Nr. 2 a SGB V in der **gesetzlichen Krankenversicherung** versicherungspflichtig, sofern die Leistung nicht nur darlehensweise erbracht wird und die Leistungsberechtigten nicht familienversichert sind. Nicht versicherungspflichtig ist trotz Bezuges von Arbeitslosengeld II weiterhin, wer unmittelbar vor dem Leistungsbezug **privat krankenversichert** war oder weder gesetzlich noch privat krankenversichert war, weil er oder sie nach § 6 Abs. 1 oder 2 SGB V in der gesetzlichen Krankenversicherung (z. B. wegen Überschreitens der Jahresarbeitsentgeltgrenze) versicherungsfrei oder hauptberuflich selbständig tätig war (§ 5 Abs. 5 a SGB V). Damit sind Empfängerinnen und Empfänger von Arbeitslosengeld II während der Zeit des Leistungsbezuges grundsätzlich kraft Gesetzes Mitglieder in derjenigen gesetzlichen Krankenkasse, die sie für sich auswählen (§§ 173, 175, 179 Abs. 2 a, 190 Abs. 12 SGB V). Der Anspruch auf Krankenversicherungsleistungen wirkt bis zu einen Monat über das Ende der Mitgliedschaft fort (§ 19 Abs. 2 SGB V). Die Beiträge hierfür zahlt die Bundesagentur für Arbeit alleine (§ 252 Abs. 1 S. 2 SGB V),[557] allerdings mit Ausnahme des Zusatzbeitrages nach § 242 SGB V. Hievon tragen LeistungsbezieherInnen und -bezieher jedoch nur die Differenz zwischen dem von ihrer konkreten Krankenkasse erhobenen und dem durchschnittlichen Zusatzbeitrag (§ 251 Abs. 6 SGB V).

Empfängerinnen und Empfänger von **Sozialgeld** sind hingegen nicht als solche krankenversi- **554** cherungspflichtig. Allerdings können sie über § 10 SGB V beitragsfrei familienversichert sein. Hiernach sind unter bestimmten weiteren Voraussetzungen – insbesondere fehlendem eigenen Einkommen und fehlender hauptberuflicher Selbständigkeit – der Ehegatte oder Lebenspartner eines Mitglieds und bis zum 23. Lebensjahr (bzw. bei Absolvieren einer Ausbildung bis zum 25. Lebensjahr) die Kinder von Mitgliedern sowie die Kinder von familienversicherten Kindern beitragsfrei familienversichert. Da regelmäßig Mitglied ist, wer Arbeitslosengeld II erhält, sind auch viele Empfängerinnen und Empfänger von Sozialgeld in der gesetzlichen Krankenversicherung versichert. Heraus fallen allerdings insbesondere nichterwerbsfähige leistungsberechtigte Partnerinnen und Partner erwerbsfähiger Leistungsberechtigter, welche mit diesen weder verheiratet noch verpartnert sind, und deren Kinder, sowie die nichterwerbsfähigen Eltern erwerbsfähiger Leistungsberechtigter.

Auch für die übrigen Leistungsberechtigten besteht die Verpflichtung, sich gegen das Risiko der **555** Krankheit zu versichern. § 193 Abs. 3 VVG **verpflichtet jede Person** mit Wohnsitz im Inland, für sich und für die von ihr gesetzlich vertretenen Personen, die nicht selbst Verträge abschließen können, bei einem Versicherungsunternehmen **eine private Krankheitskostenversicherung abzuschließen** und aufrechtzuerhalten, die mindestens eine Kostenerstattung für ambulante und stationäre Heilbehandlung umfasst. Die Pflicht besteht unter anderem nicht für Personen, die in der gesetzlichen Krankenversicherung versichert oder versicherungspflichtig sind (§ 193 Abs. 3 S. 2 Nr. 1 VVG). Die Versicherungsunternehmen sind verpflichtet, den verpflichteten Personen eine private Krankenversicherung zum sogenannten Basistarif nach § 12 Abs. 1 a VAG zu gewähren (§ 193 Abs. 5 VVG). In diesem Basistarif besteht nach § 12 Abs. 1 c S. 1 VAG ein Höchstbeitrag, der sich dann auf die Hälfte reduziert, wenn eine in diesem Tarif privat versicherte Person allein deshalb hilfebedürftig im Sinne des SGB II oder SGB XII würde oder wenn sie sowieso hilfebedürftig ist (§ 12 Abs. 1 c S. 4 und 6 VAG).

Außer der Versicherungspflicht bietet die **gesetzliche Krankenversicherung** die Möglichkeit der **556** **freiwilligen Versicherung**. Nach § 9 SGB V können eine Reihe von Personen durch einfache Anzeige gegenüber der gesetzlichen Krankenkasse freiwillig der gesetzlichen Krankenversicherung beitreten. Diese Möglichkeit räumt das Gesetz in erster Linie solchen Personen ein, die zuletzt in der gesetzlichen Krankenversicherung versicherungspflichtig oder familienversichert waren, deren Versicherungsverhältnis aber endet, beispielsweise weil die Beschäftigung endet oder weil die Altersgrenze des § 10 SGB V überschritten wird. Allerdings ist die Berechtigung

---

557 Der Höhe nach bestimmt sich der Beitrag nach dem ermäßigten Beitragssatz gemäß § 243 SGB V (§ 246 SGB V) und grundsätzlich dem dreißigsten Teil des 0,3450fachen der monatlichen Bezugsgröße (§ 232 a Abs. 1 S. 1 Nr. 2 SGB V). 2011 betrug der Beitrag daher im Westen 131,34 Euro, im Osten 111,55 Euro monatlich, 2012 beträgt er 134,94 Euro (West) und 115,15 Euro (Ost).

meist an gewisse Vorversicherungszeiten gebunden;[558] zudem muss der Beitritt innerhalb von drei Monaten nach Beginn der Berechtigung angezeigt werden (§ 9 Abs. 2 SGB V). Wer freiwillig in der gesetzlichen Krankenversicherung versichert ist, muss sich nicht privat versichern (§ 193 Abs. 3 S. 2 Nr. 1 VVG).

557   Schließlich besteht in § 5 Abs. 1 Nr. 13 SGB V eine **Auffang-Versicherungspflicht in der gesetzlichen Krankenversicherung**. Hiernach sind Personen, die keinen anderweitigen Anspruch auf Absicherung im Krankheitsfall haben, in der gesetzlichen Krankenversicherung versicherungspflichtig, wenn sie zuletzt gesetzlich krankenversichert waren oder bisher weder gesetzlich noch privat krankenversichert waren. Ausnahmen regelt nur § 5 Abs. 8 a SGB V. Hierunter fällt also nur, wer sich nicht freiwillig in der gesetzlichen Krankenversicherung versichern kann.

558   Die **Beiträge für eine freiwillige gesetzliche Krankenversicherung** oder für eine **private Krankenversicherung** sind als Bedarf nach § 26 Abs. 1 SGB II anzuerkennen. Analog muss dies auch für die Beiträge zur Pflichtversicherung nach § 5 Abs. 1 Nr. 13 SGB V gelten (vgl. Rn 557 und 619).

559   Wer in der gesetzlichen Krankenversicherung versicherungspflichtig oder freiwillig versichert ist, ist **automatisch in der sozialen Pflegeversicherung versicherungspflichtig** (§ 20 Abs. 1 S. 2 Nr. 2 a, Abs. 3 SGB XI), wer in der gesetzlichen Krankenversicherung familienversichert ist, ist auch in der sozialen Pflegeversicherung familienversichert (§ 25 SGB XI). Wer bei einem **privaten** Versicherungsunternehmen gegen das Risiko der **Krankheit versichert** ist, **muss sich** zu den Regeln der sozialen Pflegeversicherung **auch gegen das Risiko der Pflegebedürftigkeit privat versichern** (§ 23 SGB XI).

560   Die **Pflegeversicherungsbeiträge** für Empfängerinnen und Empfänger von **Arbeitslosengeld II** trägt die Bundesagentur für Arbeit (§ 60 Abs. 1 S. 2 SGB XI i. V. m. § 252 Abs. 1 S. 2 SGB V). Wer in der gesetzlichen Krankenversicherung nach § 5 Abs. 1 Nr. 13 SGB V pflichtversichert oder freiwillig versichert ist und deshalb in der sozialen Pflegeversicherung pflichtversichert ist, hat seine Beiträge alleine zu zahlen (§ 59 Abs. 1 S. 1 SGB XI i. V. m. § 250 Abs. 3 SGB V bzw. § 59 Abs. 4 S. 1 SGB XI, jeweils i. V. m. § 60 Abs. 1 S. 1 SGB XI); dasselbe gilt für Beiträge für eine private Pflegeversicherung. Diese Beiträge für eine private Pflegeversicherung sind nach § 26 Abs. 2 SGB II als Bedarf anzuerkennen. Analog muss dies für die Beiträge für Personen gelten, die als Versicherungspflichtige nach § 5 Abs. 1 Nr. 13 SGB V beziehungsweise freiwillig in der gesetzlichen Krankenversicherung Versicherte in der sozialen Pflegeversicherung versicherungspflichtig sind (vgl. Rn 559 und 622).

561   Kommen Leistungsberechtigte einer im Einzelfall an sie gerichteten Meldeaufforderung beim Jobcenter oder einer anderen Stelle nach, sind sie dort, auf dem Weg dorthin und zurück in der **gesetzlichen Unfallversicherung** versichert (§ 2 Abs. 1 Nr. 14 SGB VII). Gleiches gilt für die Vorbereitung einer Leistung zur Teilhabe am Arbeitsleben (§ 2 Abs. 1 Nr. 15 Buchst. b SGB VII).

562   Bis zum 31. 12. 2010 waren Empfängerinnen und Empfänger von Arbeitslosengeld II darüber hinaus in der **gesetzlichen Rentenversicherung** versicherungspflichtig. Diese Versicherungspflicht ist jedoch zum 1. 1. 2011 entfallen.[559]

VIII. Leistungen für Bildung und Teilhabe (§ 19 Abs. 2, §§ 28 f. SGB II)

1. Einführung

563   Als Teil der Leistungen zur Sicherung des Lebensunterhalts sieht das SGB II auch **Leistungen für Bildung und Teilhabe** vor. Diese Leistungen sind mit dem sogenannten Bildungspaket zum 1. 1. 2011[560] in das SGB II aufgenommen worden. Sie werden von den kommunalen Trägern getragen (§ 6 Abs. 1 S. 1 Nr. 2 SGB II).

---

558   Nach § 9 Abs. 1 S. 1 Nr. 1 SGB V müssen etwa Personen, die aus der Versicherungspflicht ausgeschieden sind, in den letzten fünf Jahren vor dem Ausscheiden mindestens 24 Monate versichert gewesen sein. Es reicht auch aus, in den letzten zwölf Monaten ununterbrochen versichert gewesen sein.

559   Durch Gesetz vom 9. 12. 2010 (BGBl. 2010 I, S. 1885).

560   Durch das RBEG vom 24. 3. 2011 (BGBl. 2011 I, S. 453).

Zentrale **Anspruchsgrundlage** für die Leistungen für Bildung und Teilhabe ist § 19 564 **Abs. 2 SGB II**. Hiernach haben Leistungsberechtigte – definiert in § 7 Abs. 1 und 2 SGB II – unter den Voraussetzungen des § 28 SGB II Anspruch auf Leistungen für Bildung und Teilhabe, soweit sie keinen Anspruch auf Leistungen nach dem Vierten Kapitel SGB XII haben. Der Anspruch besteht außerdem nicht, soweit die kindergeldberechtigten Eltern die entsprechenden Leistungen nach § 6 b BKGG erhalten. Das ist dann der Fall, wenn die Eltern entweder einen Kinderzuschlag nach § 6 a BKGG oder Wohngeld nach dem WoGG unter Berücksichtigung dieses Kindes beziehen.

Nach § 19 Abs. 3 SGB II sind Einkommen und Vermögen zunächst auf Arbeitslosen- 565 geld II und Sozialgeld und erst danach auf Leistungen für Bildung und Teilhabe anzurechnen. Wer Arbeitslosengeld II und Sozialgeld bezieht, ist daher stets hilfebedürftig für Leistungen für Bildung und Teilhabe. Im Übrigen ist Einkommen und Vermögen in der Reihenfolge der Absätze 2 bis 7 SGB II auf die Bedarfe für Bildung und Teilhabe anzurechnen (s. a. o. ab Rn 154).

Zunächst sollen daher die Bedarfe betrachtet werden (ab Rn 567), bevor ein Blick auf 566 Besonderheiten bei der Anrechnung von Einkommen und Vermögen geworfen wird (ab Rn 584). Schließlich wird die Frage betrachtet, ab wann (ab Rn 588) und in welcher Form (ab Rn 589) die Leistungen zu gewähren sind.

2. Bedarfe

a) Überblick

Nach § 28 Abs. 1 S. 1 SGB II werden Bedarfe für Bildung und Teilhabe am sozialen und 567 kulturellen Leben in der Gemeinschaft bei Kindern, Jugendlichen und jungen Erwachsenen[561] nach Maßgabe der übrigen Absätze des § 28 SGB II neben dem Regelbedarf gesondert berücksichtigt. Die Vorschrift unterscheidet im weiteren zwischen **Bedarfen für Bildung** einerseits (ab Rn 568) und dem **Bedarf zur Teilhabe am sozialen und kulturellen Leben in der Gemeinschaft** andererseits (ab Rn 583).

b) Bedarfe für Bildung (§ 28 Abs. 1 S. 2, Abs. 2–6 SGB II)

aa) Allgemeine Voraussetzung

Bedarfe für Bildung werden grundsätzlich nur bei **Schülerinnen und Schülern** be- 568 rücksichtigt. Als solche definiert § 28 Abs. 1 S. 2 SGB II Personen, die

1. das 25. Lebensjahr noch nicht vollendet haben,
2. eine allgemein- oder berufsbildende Schule besuchen und
3. keine Ausbildungsvergütung erhalten.

Ausnahmen hiervon sind jeweils bei den einzelnen Bedarfen geregelt.

bb) Schulausflüge und mehrtägige Klassenfahrten (§ 28 Abs. 2 SGB II)

(1) Grundsatz

Nach § 28 Abs. 2 SGB II werden bei Schülerinnen und Schülern sowie bei Kindern, die 569 eine Kindertageseinrichtung besuchen, die tatsächlichen Aufwendungen für **Schul-**

---

561 Hieran lässt sich erkennen, dass nicht die Begriffe des § 7 SGB VIII zu Grunde gelegt werden.

ausflüge und **mehrtägige Klassenfahrten** im Rahmen der schulrechtlichen Bestimmungen als Bedarf anerkannt. Eine Angemessenheitsgrenze sieht § 28 Abs. 2 SGB II nicht vor, auch eine Pauschalierungsmöglichkeit besteht nicht. Allerdings sollten die Leistungsberechtigten zuvor auf die häufig bestehende Möglichkeit hingewiesen werden, Leistungen von Schulfördervereinen in Anspruch zu nehmen. Insoweit die Kosten anderweit übernommen werden, ist die Schülerin oder der Schüler nicht hilfebedürftig (§ 9 Abs. 1 SGB II).

570 **Beispiel:** B, 16-jähriger erwerbsfähiger Realschüler, besucht die 10. Klasse. Die Klasse unternimmt eine einwöchige Klassenreise nach London, für die B 450 Euro aufwenden müsste. Diese Klassenreise ist schulrechtlich nicht ausgeschlossen. Als Bedarf sind 450 Euro anzuerkennen, sofern er nicht tatsächlich anderweit (Schulförderverein) gedeckt wird.

(2) Abweichende Bedarfsberechnung

571 Zur Verwaltungsvereinfachung[562] führt § 5 a Alg II-V bei den Bedarfen für Schulausflüge und mehrtägige Klassenfahrten eine Besonderheit ein: Bei diesen Bedarfen kann sich die Hilfebedürftigkeit und damit die Leistungsberechtigung dem Grunde nach von der Höhe des Leistungsanspruchs unterscheiden.

572 So ist für die Bestimmung der Hilfebedürftigkeit für die Schulausflüge nach § 5 a Nr. 1 Alg II-V **unabhängig von der tatsächlichen Höhe der Aufwendungen** ein Betrag von **3 Euro monatlich** zu Grunde zu legen. Reicht das zu berücksichtigende Einkommen und Vermögen aus, diesen **fiktiven, rein rechnerischen Bedarf** zu decken, ist die Person nicht hilfebedürftig und damit nicht leistungsberechtigt für diese Leistungen. Deckt das zu berücksichtigende Einkommen und Vermögen diesen Bedarf jedoch nicht, sind Leistungen zu gewähren. Die tatsächliche Leistungshöhe bestimmt sich nach § 19 Abs. 3 SGB II danach, inwieweit der **echte Bedarf**, also die tatsächlichen Aufwendungen, durch Einkommen und Vermögen gedeckt sind.[563] Teilweise wird aber auch eine Art Alles-oder-Nichts vertreten, sodass für Tagesausflüge kein Eigenanteil zu erbringen sei.[564]

573 **Beispiel:** A, 19 Jahre, lebt nach dem wegen des auswärtigen Schulbesuchs erfolgten Auszug aus der Wohnung ihrer nicht leistungsberechtigten Eltern alleine in einer Wohnung, für die sie insgesamt angemessene 300 Euro aufwendet. Sie besucht die zwölfte Klasse eines Gymnasiums, hat aber wegen § 2 Abs. 1 a Nr. 1 BAföG keinen Anspruch auf Ausbildungsförderung; sie ist damit nach § 7 Abs. 6 SGB II nicht vom Leistungsbezug nach dem SGB II ausgeschlossen. Sie hat nach Abzug aller Freibeträge zu berücksichtigendes Einkommen (Unterhalt) in Höhe von 678 Euro. Nunmehr macht ihre Schulklasse eine Tagesfahrt zum Besuch der Landeshauptstadt, wofür ihr 15 Euro an Fahrtkosten entstehen. – A hat keinen Anspruch auf Arbeitslosengeld II: Ihr Bedarf in Höhe von 674 Euro (Regelbedarf 374 Euro + Bedarf für Unterkunft und Heizung 300 Euro) ist durch ihr Einkommen gedeckt; es verbleibt zu berücksichtigendes Einkommen von 4 Euro. Dieses Einkommen deckt den fiktiven Bedarf für Tagesausflüge nach § 5 a Nr. 1 Alg II-V in Höhe von 3 Euro. Sie ist deshalb nicht hilfebedürftig für diesen Bedarf und hat damit auch keinen Anspruch auf Leistungen für diesen Tagesausflug. Es ist unerheblich, dass der Tagesausflug tatsächlich mehr als 3 Euro gekostet hat.

Hat A nur zu berücksichtigendes Einkommen in Höhe von 675 Euro, ist sie hingegen hilfebedürftig und hat einen Anspruch auf Leistungen für Bildung und Teilhabe. Nach § 19 Abs. 3 SGB II hat sie 1 Euro davon selbst zu tragen, nach der teilweise vertretenen Alles-oder-Nichts-Methode hingegen nichts.

574 Diese Lösung des Gesetz- und Verordnungsgebers befriedigt nicht. Sie führt zu letztlich willkürlichen Ungleichbehandlungen. Zur Sicherung des Existenzminimums muss auch dann ein Leistungsanspruch bestehen, wenn der tatsächliche Bedarf für den Ta-

---

562 So jedenfalls *Groth*, in: Groth/Luik/Siebel-Huffmann, Neues Grundsicherungsrecht, § 11, Rn 295.
563 BT-Drucks. 17/3404, S. 96 (Zu Nummer 18 [§ 13] Buchstabe b).
564 *Siebel-Huffmann,* in: Groth/Luik/Siebel-Huffmann, Neues Grundsicherungsrecht, § 14, Rn 463.

gesausflug nicht aus Einkommen und Vermögen gedeckt ist, selbst wenn der fiktive Bedarf gedeckt ist.

Für die Bestimmung der Hilfebedürftigkeit für die **mehrtägigen Klassenfahrten** ist 575 nach § 5 a Nr. 2 Alg II-V der Betrag anzusetzen, der sich durch Teilung der Aufwendungen für die mehrtägige Klassenfahrt auf einen Zeitraum von sechs Monaten ab Beginn des auf den Antrag folgenden Monats ergibt. Es muss daher Einkommen und Vermögen in den auf die Antragstellung folgenden sechs Monaten prognostiziert werden. Wenn dieses Einkommen und Vermögen den Bedarf bei dieser Berechnungsweise deckt, ist die Person nicht leistungsberechtigt, weil sie nicht hilfebedürftig ist. Trotz Parallelität der Regelungen in § 5 a Nr. 1 und Nr. 2 Alg II-V soll hierbei das Alles-oder-Nichts-Prinzip jedoch nicht gelten.[565]

Beispiel: Die Klasse von A aus dem Beispiel Rn 573 macht eine mehrtägige Klassenfahrt nach 576 London; A muss dafür 360 Euro aufwenden. Sie hat voraussichtlich gleichbleibendes Einkommen von 680 Euro (bzw. 740 Euro) monatlich. Deckt ihr Einkommen in den folgenden sechs Monaten über ihre vorher zu befriedigenden Bedarfe in Höhe von insgesamt 677 Euro (674 Euro im Rahmen des Arbeitslosengeldes II und 3 Euro für Tagesausflüge) hinaus auch noch jeweils ein Sechstel dieses Betrages, ist sie nicht hilfebedürftig. Damit ist sie bei einem Einkommen von 680 Euro hilfebedürftig, und zwar in Höhe von insgesamt 342 Euro (6 · 57 Euro, um die das Einkommen den angenommenen monatlichen Bedarf von 737 Euro nicht deckt). Bei einem Einkommen von 740 Euro ist sie hingegen nicht hilfebedürftig.

cc) Persönlicher Schulbedarf (Schulpaket, § 28 Abs. 3 SGB II)

§ 28 Abs. 3 SGB II enthält sodann das sogenannte **Schul(basis)paket**. Bei Schülerin- 577 nen und Schülern werden hiernach für die Ausstattung mit persönlichem Schulbedarf zum 1. 8. eines jeden Jahres 70 Euro und zum 1. 2. eines jeden Jahres 30 Euro berücksichtigt.

dd) Schülerbeförderung (§ 28 Abs. 4 SGB II)

Bei Schülerinnen und Schülern, die für den Besuch der nächstgelegenen Schule des 578 gewählten Bildungsgangs auf **Schülerbeförderung** angewiesen sind, werden nach § 28 Abs. 4 SGB II die dafür erforderlichen tatsächlichen Aufwendungen berücksichtigt, soweit sie nicht von Dritten übernommen werden und es der leistungsberechtigten Peson nicht zugemutet werden kann, die Aufwendungen aus dem Regelbedarf zu bestreiten. Das Merkmal „soweit sie nicht von Dritten übernommen werden" ist dabei überflüssig; insoweit wäre die Schülerin oder der Schüler nicht hilfebedürftig (§ 9 Abs. 1 SGB II).

Da in den Regelbedarf auch Aufwendungen für Verkehr eingegangen sind (jeweils ab- 579 lesbar aus Abteilung 7 der Tabellen in §§ 5 Abs. 1, 6 Abs. 1 Nr. 1–3 RBEG), kann den Schülerinnen und Schülern dann zugemutet werden, die Aufwendungen für die Schülerbeförderung selbst zu tragen, wenn sich dadurch ihr Verkehrsbedarf im Übrigen mindert. Wie sich aus der Gesetzesbegründung ablesen lässt, sind hier Ausgaben für Fahrräder und für die Nutzung öffentlicher Verkehrsmittel eingeflossen.[566] Eine Minderung der Verkehrsausgaben der Schülerinnen und Schüler kann also nur dann vor-

---

565 Ableitbar aus *Siebel-Huffmann,* in: Groth/Luik/Siebel-Huffmann, Neues Grundsicherungsrecht, § 14, Rn 464.
566 BT-Drucks. 17/3404, S. 59 (Volljährige), 70 (Kinder bis unter 6 Jahre), 77 (Kinder von 6 bis unter 14 Jahre) und 84 (Jugendliche von 14 bis unter 18 Jahre).

liegen, wenn beispielsweise eine Monatskarte für den öffentlichen Nahverkehr gezahlt wird. Allerdings lässt sich aus der Gesetzesbegründung nicht ablesen, in welchem Umfang Ausgaben für öffentliche Verkehrsmittel eingeflossen sind. Überträgt man die vom Bundessozialgericht aufgestellten Grundsätze zur Vornahme pauschaler Abschläge bei einzelnen Bedarfen, dass sich nämlich ein Bezugspunkt für eine realistische Schätzung des Betrages ergeben muss, den der Gesetzgeber in die Regelbedarfsberechnung eingestellt hat,[567] lässt sich **keine Kürzung** der Aufwendungen nach § 28 Abs. 4 SGB II begründen.

ee) Nachhilfeunterricht (§ 28 Abs. 5 SGB II)

580 § 28 Abs. 5 SGB II sieht vor, dass bei Schülerinnen und Schülern eine die schulischen Angebote ergänzende angemessene **Lernförderung** berücksichtigt wird, soweit diese geeignet und zusätzlich erforderlich ist, um die nach den schulrechtlichen Bestimmungen festgelegten wesentlichen Lernziele zu erreichen. Ausgeschlossen ist Schülerförderung damit zur bloßen Notenverbesserung oder zum Erreichen des Wechsels in einen anderen Bildungsgang (Gymnasialempfehlung).[568] Die Lernförderung muss nach einer vorausschauenden Beurteilung – in der Regel der Schule[569] – geeignet sein, den Schüler oder die Schülerin dazu zu bringen, das wesentliche Lernziel zu erreichen. Ist die Methode generell oder für die konkrete Person ungeeignet, kann der Bedarf nicht anerkannt werden. Dies gilt auch, wenn andere Lernfördermöglichkeiten durch die Schule oder Fördervereine bestehen; dann ist die Förderung nicht zusätzlich erforderlich.[570]

ff) Schulmittagessen (§ 28 Abs. 6 SGB II)

581 Als letzten Bedarf für Bildung sieht § 28 Abs. 6 SGB II für Schülerinnen und Schüler oder „Kinder, die eine Tageseinrichtung besuchen oder denen Kindertagespflege geleistet wird",[571] die durch die **Teilnahme an einer gemeinschaftlichen Mittagsverpflegung entstehenden Mehraufwendungen** vor. Ab 1. 1. 2014 (so die Übergangsregelung in § 77 Abs. 11 S. 4 SGB II) gilt dies für Schülerinnen und Schüler nur, wenn die Mittagsverpflegung **unter schulischer Verantwortung** angeboten wird. Wird das Mittagessen dagegen in einer Tageseinrichtung – etwa einem Kinderhort – angeboten, ist der Bedarf nicht anzuerkennen. Dabei ist für die Bedarfsermittlung in einem Monat die Zahl der Schultage in dem Bundesland zu Grunde zu legen, in dem der Schulbesuch stattfindet, unabhängig davon, ob die konkrete leistungsberechtigte Person tatsächlich an allen diesen Tagen an der Mittagsverpflegung teilgenommen hat.[572]

582 Nach § 28 Abs. 6 SGB II sind nur die **Mehr**aufwendungen zu berücksichtigen, schließlich haben die Schülerinnen und Schüler an den Tagen, an denen sie an der gemein-

---

567 So zur Kochenergie *BSG,* 19. 10. 2010 – B 14 AS 50/10 R, SozR 4-4200 § 22 Nr. 43, Rn 35. Strenger hingegen (bei Monatskarte ganzer Mobilitätsbedarf abziehbar) *Geiger,* Leitfaden Alg II, S. 234 und *Groth,* in: Groth/Luik/Siebel-Huffmann, Neues Grundsicherungsrecht, § 11, Rn 313.

568 BT-Drucks. 17/3404, S. 105 (Zu Absatz 4); *Groth,* in: Groth/Luik/Siebel-Huffmann, Neues Grundsicherungsrecht, § 11, Rn 319. Kritisch vor allem zu Letzterem *Geiger,* Leitfaden Alg II, S. 237.

569 *Geiger,* Leitfaden Alg II, S. 238.

570 *Geiger,* Leitfaden Alg II, S. 239.

571 Gemeint sind damit Kinder, die nach dem dritten Abschnitt des zweiten Kapitels SGB VIII in Tageseinrichtungen oder in Tagespflege gefördert werden, bis zu ihrem Schuleintritt; *Groth,* in: Groth/Luik/Siebel-Huffmann, Neues Grundsicherungsrecht, § 11, Rn 285.

572 *Groth,* in: Groth/Luik/Siebel-Huffmann, Neues Grundsicherungsrecht, § 11, Rn 322.

schaftlichen Mittagsverpflegung teilnehmen, zu Hause keinen Bedarf für ein Mittagessen. § 5 a Nr. 3 Alg II-V bestimmt dazu, dass für die Prüfung der Hilfebedürftigkeit für die ersparten häuslichen Verbrauchsausgaben der in § 9 RBEG genannte Betrag – das ist derzeit 1 Euro – zu Grunde zu legen ist. Als Bedarf nach § 28 Abs. 6 SGB II sind demnach die tatsächlichen Aufwendungen abzüglich 1 Euro pro Mittagessen zu berücksichtigen.

c) Bedarf zur Teilhabe am sozialen und kulturellen Leben in der Gemeinschaft (§ 28 Abs. 7 SGB II)

Bei Leistungsberechtigten bis zur Vollendung des 18. Lebensjahres wird ein Bedarf **583** zur Teilhabe am sozialen und kulturellen Leben in der Gemeinschaft in Höhe von insgesamt 10 Euro monatlich für Mitgliedsbeiträge in den Bereichen Sport, Spiel, Kultur und Geselligkeit, Unterricht in künstlerischen Fächern (z. B. Musikunterricht) und Teilnahme an Freizeiten anerkannt.

3. Selbsthilfemöglichkeiten

a) Überblick

Bei der Bestimmung, welche Einnahmen als Einkommen und welche Vermögensge- **584** genstände in welchem Umfang als Vermögen zu berücksichtigen sind, gibt es bei den Leistungen für Bildung und Teilhabe grundsätzlich keine Besonderheiten. Besonderheiten bestehen indes bei der Art und Weise der Berücksichtigung von Einkommen und Vermögen. Dies betrifft zum einen das Kindergeld (sogleich Rn 585) und zum anderen die Anrechnungsmethode (Rn 586). Da die Leistungen für Bildung und Teilhabe sowie Arbeitslosengeld II und Sozialgeld unterschiedliche Ansprüche sind, müssen stets zunächst die Leistungsansprüche für Arbeitslosengeld II und Sozialgeld errechnet werden, bevor die Leistungen für Bildung und Teilhabe geprüft werden können.

b) Kein Übergang des Kindergeldes auf das Kind (§ 11 Abs. 1 S. 4 SGB II)

Nach § 11 Abs. 1 S. 4 SGB II gilt Kindergeld als Einkommen des Kindes, soweit es bei **585** dem jeweiligen Kind zur Sicherung seines Lebensunterhalts **mit Ausnahme der Bedarfe nach § 28 SGB II** benötigt wird. Das Kindergeld wird also bei den Leistungen für Bildungen und Teilhabe nicht dem Kind, sondern dem kindergeldberechtigten Elternteil zugerechnet. Dies ist nur logisch, weil das vom Kind nicht benötigte Kindergeld in diesen Fällen bereits bei der Berechnung von Arbeitslosengeld II beziehungsweise Sozialgeld des kindergeldberechtigten Elternteils berücksichtigt worden ist; eine Anrechnung als Einkommen des Kindes bei den Leistungen für Bildung und Teilhabe würde eine Doppelanrechnung bedeuten.

c) Vertikale statt horizontaler Berechnungsmethode in Bedarfsgemeinschaften (§ 9 Abs. 2 S. 3 Halbs. 2 und S. 4 SGB II)

Zum anderen ist, wenn nur noch Leistungen für Bildung und Teilhabe zu erbringen **586** sind, Einkommen nach der **vertikalen** statt nach der horizontalen **Berechnungsmethode** anzurechnen. Es deckt also Einkommen einer leistungsberechtigten Person ausschließlich ihren eigenen Bedarf. Auch hier ist auf den Bedarf von Kindern das Einkommen der Eltern anzurechnen. Gibt es mehrere Kinder, ist das den Bedarf der Bedarfsgemeincahft im Rahmen von Arbeitslosengeld II und Sozialgeld übersteigende Einkommen der Eltern nach § 9 Abs. 2 S. 4 SGB II zu gleichen Teilen bei den Kindern zu berücksichtigen.

587 Beispiel: V, 43, erwerbsfähig, ist verheiratet mit M, 39, erwerbsfähig. Sie haben drei Kinder, A, 17, erwerbsfähig, B, 14, erwerbsfähig, und C, 11, die alle zur Schule gehen. A muss dazu mit einem speziellen Schulbus fahren, für den er 25 Euro monatlich aufwenden muss. Mehrbedarfe bestehen nicht. Die Familie wendet angemessene 750 Euro monatlich für Unterkunft und Heizung auf. V bezieht zu berücksichtigendes Einkommen von 800 Euro monatlich, seine Frau in Höhe von 700 Euro monatlich (jeweils nach Abzug aller Freibeträge). Daneben erhält V für A und B Kindergeld in Höhe von jeweils 184 Euro monatlich, für C in Höhe von 190 Euro monatlich. B erhält von seinem Onkel zu berücksichtigende 300 Euro monatlich. Am 15. 8. beantragt V für die Familie Leistungen zur Sicherung des Lebensunterhalts. Die Bedarfe der „Bedarfsgemeinschaft" errechnen sich wie folgt:

	V	M	A	B	C	BG
Bedarf:						
Regelbedarf[573]	337 €	337 €	287 €	287 €	251 €	1.499 €
KdU[574]	150 €	150 €	150 €	150 €	150 €	750 €
Gesamt-bedarf:	**487 €**	**487 €**	**437 €**	**437 €**	**401 €**	**2.249 €**

Zunächst ist nun das **echte eigene Einkommen der Kinder** vertikal abzuziehen (vgl. Rn 469):

	V	M	A	B	C	BG
Einkommen			0 €	300 €	0 €	
Verbleibt			437 €	137 €	401 €	

Nun ist das **Kindergeld** zu berücksichtigen, soweit es vom jeweiligen Kind benötigt wird (vgl. Rn 473). A und C benötigen das für sie gezahlte Kindergeld ganz, B hingegen nur in Höhe von 137 Euro. Der Rest des für ihn gezahlten Kindergeldes (184 Euro – 137 Euro = 47 Euro) bleibt damit Einkommen des V. Nach Berücksichtigung des Kindergeldes ergibt sich folgende Bedarfslage:

	V	M	A	B	C	BG
Kindergeld			184 €	137 €	190 €	
bereinigter Bedarf:	**487 €**	**487 €**	**253 €**	**0 €**	**211 €**	**1.438 €**

Für die gesamte Bedarfsgemeinschaft steht nun Einkommen in Höhe von 1.547 Euro zur Verfügung (von V 800 Euro + 47 Euro für B nicht benötigtes Kindergeld, von M 700 Euro). Dieses Einkommen deckt die Bedarfe im Rahmen von Arbeitslosengeld II und Sozialgeld voll; keiner der fünf hat also einen Anspruch auf Arbeitslosengeld II oder Sozialgeld. Es verbleibt „ungenutztes" Einkommen von V und M in Höhe von 109 Euro (1.547 – 1.438).

---

573   § 20 Abs. 4 bzw. §§ 20 Abs. 2 S. 2 Nr. 1, 77 Abs. 4 Nr. 1 SGB II.
574   Bedarfe für Unterkunft und Heizung (§ 22 SGB II).

Pattar

Weil August ist, haben A, B und C nach § 28 SGB II folgende weitere Bedarfe:

	V	M	A	B	C	BG
Ausflüge[575]			3 €	3 €	3 €	
Schulpaket[576]			70 €	70 €	70 €	
Beförderung			25 €	0 €	0 €	
Teilhabe			10 €	10 €	10 €	
B+T-Bedarf			108 €	83 €	83 €	

Das verbleibende Einkommen von V und M ist nun bei A, B und C zu gleichen Teilen zu berücksichtigen (§ 7 Abs. 2 S. 2 und 4 SGB II). Damit entfallen auf jedes der drei Kinder jeweils 36,33 Euro. Davon können alle ihren Ausflugsbedarf decken. Keiner von ihnen erhält also Leistungen hierfür. Von den verbleibenden 33,33 Euro können A, B und C das Schulpaket teilweise decken; es verbleibt ein ungedeckter Bedarf von jeweils 36,67 Euro. Darüber hinaus hat A einen Anspruch auf die Schülerbeförderung und alle drei haben einen Anspruch auf Leistungen zur Teilhabe.

4. Gesonderte Antragstellung

Wie Arbeitslosengeld II und Sozialgeld müssen auch die Leistungen für Bildung und **588** Teilhabe beantragt werden. Allerdings sind Leistungen für alle diese Bedarfe mit Ausnahme des Schulpakets (§ 28 Abs. 3 SGB II) **gesondert zu beantragen** (§ 37 Abs. 1 S. 2 SGB II).

5. Leistungsform

Die Leistungen für Bildung und Teilhabe werden nach § 29 Abs. 1 SGB II zum Großteil **589** durch **Sach- und Dienstleistungen** erbracht, und zwar in Form **personalisierter Gutscheine** und **Direktzahlungen** an Leistungsanbieter. Wie die Leistungen konkret erbracht werden, entscheiden die kommunalen Träger. Eine Ausnahme besteht nach § 29 Abs. 1 S. 2 SGB II für das **Schulpaket** und die **Schülerbeförderung**: Diese Leistungen werden zwingend als **Geldleistungen** erbracht.

Werden die Leistungen **durch Gutscheine** erbracht, gelten die Leistungen nach § 29 **590** Abs. 2 SGB II mit Ausgabe des jeweiligen Gutscheins als erbracht. Die kommunalen Träger haben zu gewährleisten, dass die Gutscheine bei geeigneten Anbietern oder für eigene Angebote eingelöst werden können. Die Gutscheine können für den gesamten Bewilligungszeitraum im Voraus ausgegeben und müssen befristet werden.

Beim System der **Direktzahlungen** zahlt der Träger unmittelbar an den Leistungser- **591** bringer, der die Leistungen erbracht hat. Hier gelten die Leistungen mit der Zahlung als erbracht (§ 29 Abs. 3 SGB II). Eine Direktzahlung ist für den gesamten Bewilligungszeitraum im Voraus möglich.

Beispiel: X ist leistungsberechtigte Schülerin und beantragt Leistungen für die Teilnahme an **592** einem Schulausflug. Der Träger kann ihr entweder einen Gutschein in einem bestimmten Wert

---

575   Fiktiver Bedarf nach § 28 Abs. 2 Nr. 2 SGB II, § 5 a Nr. 1 Alg II-V.
576   § 28 Abs. 3 SGB II.

ausgeben, den sie bei ihrer Schule einlösen kann, oder er kann den von ihm zu tragenden Anteil an den Ausflugskosten unmittelbar an die Schule zahlen.

593 Schließlich kann der Träger in begründeten Einzelfällen einen **Verwendungsnachweis** verlangen, bei fehlendem Nachweis soll die Bewilligung widerrufen werden (§ 29 Abs. 4 SGB II).

IX. Weitere Leistungen (§ 24 Abs. 1, 3, 4 und 6, §§ 25, 26, 27, 31 a Abs. 3 S. 1 und 2 SGB II)

1. Einführung

594 Neben Arbeitslosengeld II und Sozialgeld sowie neben den Leistungen für Bildung und Teilhabe sieht das SGB II auch noch **weitere Leistungen zur Sicherung des Lebensunterhalts** vor (s. bereits die Aufzählung o. Rn 152). Diese Leistungen werden grundsätzlich nur dann gewährt, wenn die Leistungsberechtigten bereits anderweit hilfebedürftig sind; Ausnahmen sind bei der jeweiligen Vorschrift erwähnt. In diesen Fällen ergibt sich auch aus der jeweiligen Vorschrift, inwieweit Einkommen und Vermögen anzurechnen sind.

2. Darlehen für vom Regelbedarf umfassten unabweisbaren Bedarf (§ 24 Abs. 1 SGB II)

595 In den Regelbedarf sind auch **Bedarfspositionen** eingerechnet worden, die zwar **selten**, aber dafür **in größerem Umfang** anfallen (s. bereits o. Rn 167). Hier erwartet der Gesetzgeber grundsätzlich, dass die Leistungsberechtigten für größere Anschaffungen monatlich etwas **ansparen**. Dennoch kommt es in der Lebenswirklichkeit nicht selten vor, dass plötzlich ein solcher Bedarf entsteht, obwohl die Leistungsberechtigten noch nicht genügend haben ansparen können. Für einen solchen Fall sieht § 24 Abs. 1 SGB II einen weiteren Leistungsanspruch vor: Kann ein vom Regelbedarf umfasster und nach den Umständen unabweisbarer Bedarf nicht gedeckt werden, erbringt die Agentur für Arbeit den Bedarf als Sachleistung oder als Geldleistung und gewährt der leistungsberechtigten Person ein entsprechendes Darlehen. Bei Sachleistungen wird das Darlehen in Höhe des für die Agentur für Arbeit entstandenen Anschaffungswerts erbracht. Das Darlehen nach § 24 Abs. 1 SGB II muss **gesondert beantragt** werde (§ 37 Abs. 1 S. 2 SGB II).

596 Was **vom Regelbedarf umfasst** ist, lässt sich aus § 20 Abs. 1 SGB II, dem RBEG und den Gesetzesmaterialien[577] hierzu entnehmen. Vom Regelbedarf nicht umfasste Gegenstände können nicht nach § 24 Abs. 1 SGB II erbracht werden.

597 Weiter muss es sich um einen **einmaligen Bedarf** handeln. Ein laufend erhöhter Bedarf kann nur nach § 21 Abs. 6 SGB II als Mehrbedarf berücksichtigt werden.

598 **Nach den Umständen unabweisbar** ist ein Bedarf, wenn es den Leistungsberechtigten nicht zugemutet werden kann, mit der Bedarfsdeckung so lange zuzuwarten, bis sie den hierfür erforderlichen Betrag angespart haben. Dabei kann in Anlehnung an § 42 a Abs. 2 SGB II davon ausgegangen werden, dass die Leistungsberechtigten in der Lage sind, monatlich 10 % ihres Regelbedarfs anzusparen, sofern keine Aufrechnung und keine Sanktion vorliegt. Unabweisbar ist etwa der Reparaturbedarf für

---

577   Vor allem BT-Drucks. 17/3404.

einen Kühlschrank oder eine Waschmaschine, jedenfalls soweit Kinder in der Bedarfsgemeinschaft leben; gleiches gilt für die Selbstbeteiligung für Hilfsmittel wie Brillen. Dagegen kann mit der Reparatur eines Fernsehers regelmäßig zugewartet werden.

Das Darlehen ist nach den **Regeln von § 42 a SGB II** zu gewähren und zurückzuzahlen. **599** Es setzt also insbesondere voraus, dass die Leistungsberechtigten auch kein – ansonsten geschütztes – Vermögen zur Bedarfsdeckung einsetzen können (s. hierzu bereits o. Rn 536).

3. Leistungen für Sonderbedarfe (§ 24 Abs. 3 und 6 SGB II)

a) Allgemeines

§ 24 Abs. 3 SGB II enthält **Leistungen für Sonderbedarfe, die im Regelbedarf nicht** **600** **enthalten** sind und deshalb **gesondert erbracht** werden (§ 24 Abs. 3 S. 2 SGB II). Sie werden auch dann erbracht, wenn die Leistungsberechtigten keinen Anspruch auf Arbeitslosengeld II oder Sozialgeld haben, die Sonderbedarfe nach § 24 Abs. 3 S. 1 SGB II jedoch aus eigenen Kräften und Mitteln nicht voll decken können (§ 24 Abs. 2 S. 3 SGB II). Satz 4 dieser Vorschrift sieht für die Bedürftigkeitsprüfung in diesem (und nur in diesem) Fall vor, dass Einkommen berücksichtigt werden kann (nicht muss), welches die Leistungsberechtigten innerhalb eines Zeitraumes von bis zu sechs Monaten nach Ablauf des Monats erwerben, in dem über die Leistung entschieden wird. Es ist also eine Prognose anzustellen, wie viel Einkommen die Leistungsberechtigten innerhalb der kommenden sechs Monate haben werden.

Alle Leistungen für Sonderbedarfe müssen **gesondert beantragt** werden (§ 37 **601** Abs. 1 S. 2 SGB II). Dabei werden die Leistungen für Erstausstattungen von den kommunalen Trägern (§ 6 Abs. 1 S. 1 Nr. 2 SGB II), die übrigen Leistungen für Sonderbedarfe von der Bundesagentur für Arbeit getragen.

b) Leistungen für Erstausstattungen

§ 24 Abs. 3 S. 1 Nr. 1 und 2 SGB II sehen als Leistung für Sonderbedarfe in drei Fällen **602** sogenannte **Erstausstattungen** vor:
1. Für die Wohnung (§ 24 Abs. 3 S. 1 Nr. 1, Abs. 6 SGB II),
2. für Bekleidung (§ 24 Abs. 3 S. 1 Nr. 2 Alt. 1 SGB II) und
3. bei Schwangerschaft und Geburt (§ 24 Abs. 3 S. 1 Nr. 2 Alt. 2 SGB II).

Eine **Erstausstattung** liegt – im Unterschied zur **Ersatz- oder Ergänzungsbeschaf-** **603** **fung** – immer dann vor, wenn die Leistungsberechtigten einen Bedarf für eine **Grundausstattung** haben. Ein solcher Bedarf liegt nicht nur dann vor, wenn tatsächlich erstmals im Leben eine eigene Wohnung bezogen wird oder erstmals eine Ausstattung mit Bekleidung erfolgt, sondern auch dann, wenn nach Elementarereignissen (Wohnungsbrand, Überschwemmung), nach einer Trennung, Heirat oder Verpartnerung oder nach Haft oder Obdachlosigkeit eine Grundausstattung benötigt wird. Eine Erstausstattung für Bekleidung kann auch bei größeren körperlichen Veränderungen (extreme Gewichts- und Körperumfangszu- oder -abnahme) erforderlich sein.[578]

Bei einer **Ersatzbeschaffung** werden hingegen lediglich bereits vorhandene Gegen- **604** stände ausgetauscht (defekter Kühlschrank durch funktionierenden Kühlschrank), bei

---

578 Statt vieler *Schmidt,* in: Oestreicher, SGB II/SGB XII, § 23 SGB II, Rn 46–48, 51, 52–54a m. w. Nachw.

Pattar

einer **Ergänzungsbeschaffung** wird eine an sich vorhandene Grundausstattung vervollständigt (Anschaffung zusätzlichen Geschirrs). Ersatz- und Ergänzungsbeschaffungen müssen die Leistungsberechtigten aus dem Regelbedarf, erforderlichenfalls ergänzt durch Darlehen nach § 24 Abs. 1 SGB II (Rn 595), bestreiten.

605 **Erstausstattung** liegt hingegen durchaus noch vor, wenn einzelne zur Grundausstattung gehörende Gegenstände **erstmals beschafft werden**. Zieht beispielsweise eine Familie aus einer Mietwohnung mit Einbauküche in eine andere Mietwohnung, in der keine Küche vorhanden ist, ist die Beschaffung der Küche Erstausstattung, auch wenn die Familie für die übrige Wohnung eine vollständige Einrichtung hat. Das gilt selbst dann, wenn die Leistungsberechtigten die Gegenstände bislang aus freien Stücken nicht besorgt hatten.[579]

606 Der Anspruch auf Erstausstattung bei Schwangerschaft und Geburt entsteht **bei jeder Schwangerschaft und Geburt erneut**.[580] Es ist lediglich eine Frage des Anspruch**sumfangs**, ob die Leistungsberechtigte auf noch vorhandene Gegenstände verwiesen werden kann.

607 Als Erstausstattung können nur solche Gegenstände gewährt werden, die zum **notwendigen Bedarf** an Hausrat und Einrichtungsgegenständen, Bekleidung und Schwangerschafts- beziehungsweise Kleinkindbedarf gehören. Für jeden einzelnen Gegenstand ist zu prüfen, ob er benötigt wird, oder ob ein solcher Gegenstand bereits vorhanden ist.

608 Leistungen für Erstausstattungen können als **Sachleistung** oder als **Geldleistung** erbracht werden. Damit können die Leistungsberechtigten beispielsweise auf ein städtisches Möbellager oder auf eine kommunale Kleiderkammer verwiesen werden. Auch die Geldleistung ist im Allgemeinen ausreichend bemessen, wenn damit **gebrauchte Gegenstände** tatsächlich erworben und an den Bestimmungsort gebracht werden können. Dies gilt allerdings nicht für solche Gegenstände, auf welche die Leistungsberechtigten aus hygienischen Gründen nicht verwiesen werden können (z. B. Matratzen, Leibwäsche, Stilleinlagen). Nach § 24 Abs. 3 S. 5 und 6 SGB II können die Träger die **Geldleistungen** für die Erstausstattung auch **pauschalieren**.

609 Bei der **Erstausstattung** für die **Wohnung** besteht schließlich eine Besonderheit: Sie wird nach § 24 Abs. 6 SGB II an **unter 25-Jährige**, die erstmals **ausziehen**, nur dann erbracht, wenn der kommunale Träger die nach § 22 Abs. 5 SGB II erforderliche **Zusicherung** abgegeben hat oder hiervon abgesehen werden konnte (vgl. Rn 306–310).

c) Anschaffung und Reparatur von orthopädischen Schuhen und therapeutischen Geräten (§ 24 Abs. 3 S. 1 Nr. 3 SGB II)

610 Als weitere Leistung für einen Sonderbedarf sieht § 24 Abs. 3 S. 1 Nr. 3 SGB II Leistungen für Anschaffung und Reparatur von orthopädischen Schuhen, Reparatur von therapeutischen Geräten und Ausrüstungen sowie die Miete von therapeutischen Geräten vor. Diese Leistungen werden gesondert übernommen, weil es sich um untypische Bedarfslagen handelt.[581]

---

579 Z. B. *BSG*, 20. 8. 2009 – B 14 AS 45/08 R, SozR 4-4200 § 23 Nr. 5 (= FEVS 61, 216–220).
580 *Schmidt*, in: Oestreicher, SGB II/SGB XII, § 23 SGB II, Rn 53.
581 BT-Drucks. 17/3404, S. 103 (Zu Absatz 3).

4. Darlehensleistungen bei zu erwartendem Einkommen (§ 24 Abs. 4 SGB II)

Soweit in dem Monat, für den die Leistungen erbracht werden, voraussichtlich Ein- **611** nahmen anfallen, können nach § 24 Abs. 4 SGB II als **erweiterte Hilfe** Leistungen zur Sicherung des Lebensunterhalts als Darlehen erbracht werden. Da eine § 9 Abs. 4 SGB II entsprechende Norm fehlt, sind die Personen, denen diese Leistungen gewährt werden, tatsächlich nicht hilfebedürftig und daher eigentlich nach § 7 SGB II nicht leistungsberechtigt. § 24 Abs. 4 SGB II fingiert allerdings diese Leistungsberechtigung. Damit sind Leistungen nach § 24 Abs. 4 SGB II auch an nichterwerbsfähige Personen zu leisten, die mit einer erwerbsfähigen Leistungsempfängerin oder einem erwerbsfähigen Leistungsempfänger nach § 24 Abs. 4 SGB II in Bedarfsgemeinschaft leben.

Die weiteren Voraussetzungen für die Gewährung des Darlehens und für seine Rück- **612** gewähr richten sich nach § 42 a SGB II. Die Leistungsberechtigten müssen also zunächst das durch die Freibeträge des § 12 Abs. 2 S. 1 Nr. 1, 1 a und 4 SGB II anrechnungsfreie Vermögen angreifen, bevor das Darlehen gewährt werden kann.

5. Vorschussleistungen bei medizinischer Rehabilitation (§ 25 SGB II)

Haben Leistungsberechtigte bei medizinischen Leistungen Anspruch auf Übergangsgeld der ge- **613** setzlichen Rentenversicherung oder auf Verletztengeld der gesetzlichen Unfallversicherung, erbringen die Träger nach dem SGB II gemäß § 25 SGB II die bisherigen Leistungen nach dem SGB II als Vorschuss auf die Leistungen der anderen Träger weiter. Sie erwerben dafür einen Erstattungsanspruch gegen die anderen Träger entsprechend § 102 SGB X.

6. Zuschuss zu Versicherungsbeiträgen (§ 26 SGB II)

a) Einführung

Beziehrinnen und Bezieher von Arbeitslosengeld II sind grundsätzlich als solche in **614** der gesetzlichen Kranken- und sozialen Pflegeversicherung versicherungspflichtig; Beziehrinnen und Bezieher von Sozialgeld sind häufig in diesen Zweigen versichert. In bestimmten Konstellationen ist das jedoch nicht der Fall (s. o. ab Rn 553). Um für die Leistungsberechtigten dennoch eine angemessene Absicherung im Krankheits- und Pflegefall zu gewährleisten, sieht § 26 SGB II **Zuschüsse** zu den beziehungsweise die Übernahme der entsprechenden **Versicherungsbeiträge** vor. Nach § 26 Abs. 4 SGB II sind Zuschüsse zu privaten Kranken- und Pflegeversicherungsbeiträgen unmittelbar an das Versicherungsunternehmen zu zahlen.

b) Zuschuss zu Krankenversicherungsbeiträgen (§ 26 Abs. 1 SGB II)

Für Beziehrinnen und Bezieher von Arbeitslosengeld II oder Sozialgeld, die **in der gesetzlichen** **615** **Krankenversicherung** weder versicherungspflichtig noch familienversichert, aber **freiwillig versichert** sind, übernimmt das Jobcenter nach § 26 Abs. 1 S. 1 Nr. 2 Halbs. 1 SGB II den Beitrag für die Zeit des Leistungsbezuges. Das gilt auch für Personen, die allein durch diesen Beitrag zur freiwilligen gesetzlichen Krankenversicherung hilfebedürftig würden: Er wird übernommen, soweit das notwendig ist, um Hilfebedürftigkeit zu vermeiden.

Der Zuschuss **für privat versicherte** Beziehrinnen und Bezieher von Arbeitslosengeld II oder **616** Sozialgeld, die in der gesetzlichen Krankenversicherung weder versicherungspflichtig noch familienversichert sind, bestimmt sich hingegen gemäß § 26 Abs. 1 S. 1 Nr. 1 SGB II nach § 12 Abs. 1 c S. 5 und 6 VAG.

617 § 12 Abs. 1 c S. 5 VAG regelt dabei den Fall, dass der oder die Leistungsberechtigte allein wegen des (ermäßigten)[582] Beitrags zur Krankenversicherung hilfebedürftig wird. In diesem Fall beteiligt sich der zuständige Träger nach dem SGB II im erforderlichen Umfang an dem Beitrag, soweit dadurch Hilfebedürftigkeit vermieden wird; er muss also die Beitragslücke schließen.

618 Ist der oder die Leistungsberechtigte **unabhängig vom Krankenversicherungsbeitrag hilfebedürftig**, gilt § 12 Abs. 1 c S. 6 VAG. Hiernach soll der zuständige Träger nach dem SGB II nur den – erheblich niedrigeren – Betrag zahlen, der auch für einen Bezieher von Arbeitslosengeld II in der gesetzlichen Krankenversicherung zu tragen ist, ohne dass der Leistungsberechtigte hierdurch von seiner Zahlungspflicht frei würde. Es entstünde also für die Leistungsberechtigten dauerhaft eine erhebliche **Beitragslücke**. Das Bundessozialgericht sieht hierin eine Regelungslücke und wendet § 26 Abs. 1 S. 1 Nr. 2 Halbs. 1 SGB II **analog** an.[583] Auch in diesem Fall muss also der Träger nach dem SGB II die Beitragslücke schließen.

619 Nach § 26 Abs. 1 S. 2 SGB II ist der Beitrag zur gesetzlichen Krankenversicherung auch für solche Personen im notwendigen Umfang zu übernehmen, die in der gesetzlichen Krankenversicherung **versicherungspflichtig** (vor allem nach § 5 Abs. 1 Nr. 13 SGB V) sind und die allein durch diesen Krankenversicherungsbeitrag **hilfebedürftig würden**. Diese Vorschrift ist schließlich auf diejenigen **analog** anzuwenden, die als – etwa nach § 5 Abs. 1 Nr. 13 SGB V – versicherungspflichtige Sozialgeldempfängerinnen und -empfänger **unabhängig von diesem Beitrag hilfebedürftig** sind.[584]

620 Kurz zusammengefasst: Die Leistungsträger nach dem SGB II müssen **in jedem Fall** die Beiträge für eine gesetzliche Krankenversicherung oder für eine private Krankenversicherung im Basistarif übernehmen, soweit die leistungsberechtigte Person hilfebedürftig ist oder durch die geschuldeten Beiträge wird.

c) Übernahme des Zusatzbeitrages (§ 26 Abs. 3 SGB II)

621 Erhebt eine **gesetzliche Krankenkasse** einen **Zusatzbeitrag** nach § 242 SGB V und würde eine Person allein durch diesen Zusatzbeitrag hilfebedürftig, zahlt die Bundesagentur für Arbeit nach § 26 Abs. 3 SGB II den Zusatzbeitrag im notwendigen Umfang, also insoweit der Zusatzbeitrag nicht durch Einkommen gedeckt ist. Personen, die unabhängig von diesem Zusatzbeitrag hilfebedürftig sind, schulden ohnehin nur die Differenz zwischen dem Zusatzbeitrag ihrer Krankenkasse und dem durchschnittlichen Zusatzbeitrag (Rn 553). Ihnen ist es zumutbar, dass sie die Krankenkasse wechseln. Deshalb kann für sie die Zusatzbeitragsdifferenz nicht übernommen werden.[585]

d) Zuschuss zu Pflegeversicherungsbeiträgen (§ 26 Abs. 2 SGB II)

622 Nach § 26 Abs. 2 S. 1 SGB II sind für Bezieherinnen und Bezieher von Arbeitslosengeld II oder Sozialgeld, die in der **sozialen Pflegeversicherung** weder versicherungspflichtig noch familienversichert sind, die Aufwendungen für eine angemessene – also dem Niveau der sozialen Pflegeversicherung entsprechende – private Pflegeversicherung im notwendigen Umfang zu übernehmen. Dies gilt nach Satz 2 der Vorschrift auch dann, wenn die Personen allein durch den privaten Pflegeversicherungsbeitrag hilfebedürftig würden. Satz 3 weitet die Übernahmepflicht auf diejenigen aus, die in der sozialen Pflegeversicherung versicherungspflichtig sind und allein durch den Pflege-

---

582   § 12 Abs. 1 c S. 4 VAG; s. hierzu o. Rn 555.
583   *BSG*, 18. 1. 2011 – B 4 AS 108/10 R, zur Veröffentlichung in SozR 4 und BSGE vorgesehen (= NDV-RD 2011, 54–59), Rn 16–38. Besonders brisant ist an der Entscheidung, dass der Gesetzgeber hier bewusst eine Regelungslücke gelassen hatte (Nachw. im zitierten Urteil, Rn 32).
584   *Striebinger*, in: Gagel SGB II/SGB III, § 26 SGB II, Rn 37.
585   *BA*, Fachl. Hinw. § 26 SGB II, Rn 26.63 f. (S. 14).

versicherungsbeitrag hilfebedürftig würden. § 26 Abs. 2 S. 3 SGB II muss analog angewendet werden, wenn die in der sozialen Pflegeversicherung versicherungspflichtigen Personen auch unabhängig von diesen Beiträgen hilfebedürftig sind.[586]

7. Leistungen für Auszubildende (§ 27 SGB II)

a) Grundsatz

Personen, die eine nach dem BAföG oder den §§ 60 bis 62 SGB III dem Grunde nach **623** förderungsfähige Ausbildung absolvieren, sind im Wesentlichen von den Leistungen zur Sicherung des Lebensunterhalts ausgeschlossen (§ 7 Abs. 5 SGB II). Wie oben (Rn 74) bereits beschrieben, betrifft dies jedoch nicht alle Leistungen zur Sicherung des Lebensunterhalts. Vielmehr enthält § 27 SGB II einen Katalog von Leistungen, welche Auszubildende dennoch beziehen können, nämlich **Mehrbedarfe** und **Sonderbedarfe** (Rn 625), den Zuschuss zu ungedeckten Unterkunfts- und Heizungskosten (Rn 626), Leistungen in Härtefällen (Rn 629) und die Übernahme von Schulden (Rn 633). Alle diese Leistungen an Auszubildende gelten nach § 27 Abs. 1 S. 2 SGB II nicht als Arbeitslosengeld II, so dass die Auszubildenden nicht allein deswegen in der gesetzlichen Krankenversicherung pflichtversichert (§ 5 Abs. 1 Nr. 2 a SGB V) sind.

b) Nicht ausbildungsgeprägter Bedarf

Spätestens seit einer Entscheidung des Bundesverwaltungsgerichts aus dem Jahre 1985[587] hatte **624** die Rechtsprechung den Leistungsausschluss für Auszubildende in der Sozialhilfe auf den sogenannten *ausbildungsgeprägten Bedarf* beschränkt. Nicht ausgeschlossen waren also solche Bedarfe, die unabhängig von der Ausbildung bestanden. Hierzu zählten vor allem die Mehrbedarfe, namentlich der Schwangerschaftsmehrbedarf und der Mehrbedarf für kostenaufwändige Ernährung, und Sonderbedarfe wie die Erstausstattung mit Umstandskleidung.[588] Das Bundessozialgericht[589] führte diese Rechtsprechung des Bundesverwaltungsgerichts fort, obwohl der Gesetzgeber sie bei Erlass des SGB II zunächst[590] nicht ausdrücklich ins Gesetz aufgenommen hatte.[591] Seit 1.4.2011 greift nun § 27 SGB II diese Rechtsprechung auf.

Nach § 27 Abs. 2 SGB II werden Auszubildenden Leistungen für die **Mehrbedarfe 625** nach § 21 Abs. 2 **(Schwangerschaftsmehrbedarf)**, Abs. 3 **(Alleinerziehendenmehrbedarf)**, Abs. 5 **(kostenaufwändige Ernährung)** und Abs. 6 **(unabweisbarer laufender weiterer Bedarf)** SGB II sowie für die **Erstausstattung bei Schwangerschaft und Geburt** (§ 24 Abs. 3 S. 1 Nr. 2 SGB II) gewährt, soweit sie für diese Bedarfe hilfebedürftig sind. Diese Leistungen sind – wie stets – in der Regel als grundsätzlich nicht rückzahlbarer Zuschuss zu gewähren.

---

586 *BA*, Fachl. Hinw. § 26 SGB II, Rn 26.52 (S. 11 f.).
587 *BVerwG*, 17. 1. 1985 – 5 C 29/84, BVerwGE 71, 12–19 (= FEVS 34, 232–240); nach Meinung des *BVerwG*, 17. 1. 1985 – 5 C 29/84, BVerwGE 71, 12, Rn 9 f. galt dies bereits seit Inkrafttreten des ursprünglichen Leistungsausschlusses.
588 Für alle diese Bedarfe *BVerwG*, 17. 1. 1985 – 5 C 29/84, BVerwGE 71, 12, Rn 9.
589 *BSG*, 6. 9. 2007 – B 14/7 b AS 36/06 R, SozR 4-4200 § 7 Nr. 6, Rn 29; *BSG*, 6. 9. 2007 – B 14/7 b AS 28/06 R, SozR 4-4200 § 7 Nr. 8, Rn 28.
590 Erst später setzte sie in § 22 Abs. 7 SGB II a. F. (Eingefügt zum 1. 1. 2007 durch das Gesetz zur Fortentwicklung der Grundsicherung für Arbeitsuchende vom 20. 7. 2006 [BGBl. 2006 I, S. 1706]; heute § 27 Abs. 3 SGB II) teilweise um.
591 S. zu dieser Entwicklung auch *Spellbrink*, in: Eicher/Spellbrink, SGB II, § 7, Rn 91–93; *Brühl/Schoch*, in: LPK-SGB II, § 7, Rn 116 f.; *Schumacher*, in: Oestreicher, SGB II/SGB XII, § 7 SGB II, Rn 33.

c) Zuschuss zu den Unterkunftskosten

626 § 27 Abs. 3 SGB II[592] enthält eine Anspruchsgrundlage für einen **Zuschuss zu den Unterkunftskosten**: Wegen der kopfanteiligen Berücksichtigung der Bedarfe für Unterkunft und Heizung in einer Bedarfsgemeinschaft (s. o. Rn 236), gleichzeitig aber nur geringeren für Unterkunft und Heizung vorgesehenen Bedarfe im Rahmen von BAföG und Berufsausbildungsbeihilfe, wäre bei Bedarfsgemeinschaften mit Auszubildenden der Bedarf für Unterkunft und Heizung nicht vollständig gedeckt. Diese Unterdeckung gleicht § 27 Abs. 3 SGB II bei der auszubildenden Person aus. Dabei ist eine fiktive Berechnung vorzunehmen.

627 **Beispiel:** A, 20 Jahre alt und erwerbsfähig, studiert an der Universität im Erststudium Sinologie. Sie lebt bei ihren nach § 7 Abs. 1 SGB II leistungsberechtigten Eltern Mutter (M) und Vater (V). V wendet für Unterkunft, Heizung und Warmwasser für die Familienwohnung monatlich angemessene 660 Euro auf. V und M haben keinerlei anzurechnendes Einkommen oder Vermögen.

A erhält BAföG-Leistungen, und zwar als Grundbetrag 373 Euro monatlich (§ 13 Abs. 1 Nr. 2 BAföG), für ihre Unterkunft zusätzlich 49 Euro monatlich (§ 13 Abs. 2 Nr. 1 BAföG) und für ihre Kranken- und Pflegeversicherungsbeiträge 62 Euro monatlich (§ 13 a Abs. 1 BAföG). V bezieht für A monatlich 184 Euro Kindergeld.

Bei der Bedarfsberechnung nach dem SGB II wird der Unterkunftsbedarf kopfanteilig auf die Haushaltsangehörigen verteilt. Auf V, M und A entfallen daher bei der Bedarfsberechnung jeweils 220 Euro monatlich. Für V und M stellt das zuständige Jobcenter diesen Anteil jeweils als Teil des Bedarfs bei der Berechnung des Arbeitslosengeldes II ein (§§ 19 Abs. 1 S. 2 und 3, 22 SGB II). A ist hingegen wegen § 7 Abs. 5 SGB II vom Arbeitslosengeld II ausgeschlossen. Nach § 27 Abs. 3 S. 1 letzter Halbsatz SGB II[593] ist nun eine fiktive Bedarfsberechnung nach dem SGB II anzustellen:

	V	M	A
Bedarf:			
Regelbedarf[594]	337 Euro	337 Euro	299,00 Euro
KdU[595]	+ 220 Euro	+ 220 Euro	+ 220,00 Euro
Gesamtbedarf:	557 Euro	557 Euro	519,00 Euro
Einkommen			
brutto[596]	0 Euro[597]	0 Euro	484,00 Euro
kein Einkommen			– 62,00 Euro[598]

---

592 Bis 31. 3. 2011 geregelt in § 22 Abs. 7 SGB II.

593 Dieser letzte Halbsatz („soweit der Bedarf in entsprechender Anwendung des § 19 Absatz 3 ungedeckt ist") nimmt die entsprechende Rechtsprechung des Bundessozialgerichts zu § 22 Abs. 7 SGB II a. F. auf: *BSG,* 22. 3. 2010 – B 4 AS 69/09 R, SozR 4-4200 § 22 Nr. 32 (= FEVS 62, 53–60), Rn 31 f.; zur alten Rechtslage ebenso bereits *SG Berlin,* 23. 3. 2007 – S 37 AS 2804/07 ER, in juris; *Lang/Link,* in: Eicher/Spellbrink, SGB II, § 22, Rn 123; *Berlit,* in: LPK-SGB II, § 22, Rn 142. Zweifelnd anders hingegen (nur Gegenüberstellung der in den BAföG-/BAB-Leistungen enthaltenen Unterkunftskosten mit den Unterkunftskosten nach dem SGB II) wohl *Schmidt,* in: Oestreicher, SGB II/SGB XII, § 22 SGB II, Rn 170 f.

594 § 20 Abs. 4 bzw. §§ 20 Abs. 2 S. 2 Nr. 1, 77 Abs. 4 Nr. 1 SGB II, seit 1. 1. 2012 i.V.m. der Bekanntmachung des BMAS vom 20. 10. 2011 (BGBl. 2011 I, S. 2093).

595 Bedarfe für Unterkunft und Heizung (§ 22 SGB II).

596 Ohne Kindergeld.

597 Auch wenn das Kindergeld für A tatsächlich dem V zufließt, gilt es nach der Sonderregel des § 11 Abs. 1 S. 3 und 4 SGB II als Einkommen der A.

598 Dies sind die Zuschüsse zur gesetzlichen Pflicht-Kranken- und -Pflegeversicherung; hierfür sieht das SGB II keine Leistungen vor. Sie sind deshalb nach § 11 a Abs. 3 SGB II nicht zu berücksichtigen.

	V	M	A
kein Einkommen			− 119,40 Euro[599]
Abzusetzen			− 30,00 Euro[600]
Zw.summe Einkommen	0 Euro	0 Euro	272,60 Euro
Kindergeld			+ 184,00 Euro[601]
einzusetzendes Eink.	**0 Euro**	**0 Euro**	**456,60 Euro**
Ungedeckter Bedarf	**557 Euro**	**557 Euro**	**62,40 Euro**

Da das Einkommen der A zwar ihren Regelbedarf vollständig deckt, nicht aber ihren Unterkunfts-bedarf, verbleiben 62,40 Euro als ungedeckter Bedarf. Hier muss nun im letzten Schritt noch ein Vergleich angestellt werden: Nach der Rechtsprechung des Bundessozialgerichts[602] ist der Zu-schuss nach § 27 Abs. 3 SGB II auf den Unterschiedsbetrag zwischen dem abstrakten Unter-kunftsbedarf nach dem SGB II (hier: 220 Euro) und dem in der BAföG- oder SGB-III-Leistung enthaltenen Unterkunftsanteil (hier: 49 Euro, § 13 Abs. 2 Nr. 1 BAföG) begrenzt, hier also auf 171 Euro. Da der ungedeckte Bedarf von 62,40 Euro diesen Betrag nicht erreicht, wird er nach § 27 Abs. 3 SGB II in voller Höhe als Zuschuss gewährt.

628 Der Zuschuss wird dann nicht gewährt, wenn die Auszubildenden entgegen § 22 Abs. 5 SGB II (vgl. Rn 306–310) ohne die Zusicherung des Jobcenters aus der elterli-chen Wohnung ausziehen (§ 27 Abs. 3 S. 2 SGB II). Dies vermeidet eine ungerechtfer-tigte Besserstellung der Auszubildenden gegenüber den übrigen Leistungsberechtig-ten nach dem SGB II.

d) Härteregelung

629 Neben diesen Durchbrechungen des Leistungsausschlusses für einzelne Leistungen kennt § 27 Abs. 4 SGB II[603] eine **Härteregelung**, welche Auszubildenden – mit Aus-nahme der Leistungen für Bildung und Teilhabe – alle Leistungen des SGB II zugäng-lich macht, wenn auch nur **als Darlehen**: Sofern der Leistungsausschluss nach § 7 Abs. 5 SGB II eine besondere Härte bedeutet, können Auszubildenden Leistungen für Regelbedarfe, Unterkunft und Heizung und notwendige Beiträge zur Kranken- und Pflegeversicherung als Darlehen erbracht werden.

630 Ob eine **besondere Härte** vorliegt, ist nach der Rechtsprechung des Bundessozial-gerichts „im Lichte [der] Zweckrichtungen [des SGB II] unter Berücksichtigung der in-dividuellen Umstände des Einzelfalls zu beurteilen."[604] Dabei ist einerseits zu berück-

---

599 Nach *BSG*, 17. 3. 2009 – B 14 AS 63/07 R, SozR 4-4200 § 11 Nr. 21, Rn 29 f. (ebenso *BA*, Fachl. Hinw. §§ 11, 11 a, 11 b SGB II [11.93]) sind – unabhängig von der tatsächlichen Höhe der gewährten Leistun-gen – 20 % des gesamten für einen entsprechenden Leistungsberechtigten außerhalb des elterlichen Haushalts anzusetzenden Bedarfs nach dem BAföG – das sind 373 Euro (§ 13 Abs. 1 Nr. 2 BAföG) + 224 Euro (§ 13 Abs. 2 Nr. 2 BAföG) = 597 Euro – für die Ausbildung zweckbestimmt und deshalb nach § 11 a Abs. 3 SGB II nicht zu berücksichtigen. Weisen die Auszubildenden höhere Kosten nach, sind die weiteren Kosten nach § 1 Abs. 1 Nr. 10 Alg II-V ebenfalls nicht zu berücksichtigen.

600 Versicherungspauschale nach § 11 b Abs. 1 S. 1 Nr. 3 SGB II i. V. m. § 6 Abs. 1 S. 1 Nr. 1 Alg II-V.

601 Das Kindergeld gilt nach der Sonderregel des § 11 Abs. 1 S. 3 und 4 SGB II vollständig als Einkommen der A, weil sie es zur Deckung ihres Lebensunterhalts vollständig benötigt; nach Berücksichtigung ihres eigenen Einkommens in Höhe von 272,60 Euro verbleibt noch ein ungedeckter Bedarf von 234,40 Euro.

602 *BSG*, 22. 3. 2010 – B 4 AS 69/09 R, SozR 4-4200 § 22 Nr. 32, Rn 29.

603 Bisher geregelt in § 7 Abs. 5 S. 2 SGB II a. F.

604 *BSG*, 6. 9. 2007 – B 14/7 b AS 28/06 R, SozR 4-4200 § 7 Nr. 8, Rn 35.

sichtigen, dass das SGB II kein weiteres System zur Förderung der Ausbildung sein soll, es andererseits aber zum Ziel hat, „die Eigenverantwortlichkeit von erwerbsfähigen Hilfebedürftigen [zu] stärken und dazu bei[zu]tragen, dass sie ihren Lebensunterhalt unabhängig von der Grundsicherung aus eigenen Mitteln und Kräften bestreiten können".[605] Deshalb liegt ein besonderer Härtefall vor, wenn „begründeter Anlass für die Annahme besteht, die vor dem Abschluss stehende Ausbildung werde nicht beendet und damit drohe das Risiko zukünftiger Erwerbslosigkeit, verbunden mit weiter bestehender Hilfebedürftigkeit",[606] ebenso, wenn „die konkrete Ausbildung bei objektiver Betrachtung die einzige Chance darstellt, Zugang zum Erwerbsleben zu erhalten."[607] In der Regel muss die Ausbildung also bereits kurz vor dem Abschluss stehen und die fehlende Förderung nach BAföG oder SGB III darf in der Regel nicht auf den Auszubildenden vorwerfbaren Umständen beruhen.

631 **Liegt** in diesem Sinn eine **besondere Härte vor**, ist vor dem Hintergrund des in Art. 1 und 20 GG wurzelnden Anspruchs auf Sicherung des Existenzminimums das **Ermessen** der Träger **regelmäßig auf Null** reduziert; sie haben dann Leistungen zu gewähren.[608]

e) Ausbildungsstartdarlehen

632 Darüber hinaus können – unabhängig vom Vorliegen einer besonderen Härte – für den Monat der Aufnahme einer Ausbildung Leistungen entsprechend § 24 Abs. 4 SGB II erbracht werden, also als **Darlehen wegen zu erwartenden anderen Einkommens** (siehe hierzu Rn 611). Diese Regelung soll dazu führen, dass die Auszubildenden auch in der Zeit bis zur Gewährung von BAföG- oder Berufsausbildungsbeihilfeleistungen ihre Existenz sichern können.

Die Darlehensleistungen des § 27 Abs. 4 SGB II sind gegenüber den in § 27 Abs. 2 und 3 SGB II vorgesehenen Zuschüssen nachrangig (§ 27 Abs. 4 S. 3 SGB II).

f) Schuldenübernahme

633 Schließlich **können** nach § 27 Abs. 5 SGB II auch für Auszubildende **Schulden übernommen werden**, wenn dies zur Sicherung ihrer Unterkunft im Sinne von § 22 Abs. 8 SGB II (Rn 329) erforderlich ist. Eine besondere Härte über den drohenden Unterkunftsverlust hinaus muss hier nicht vorliegen.

8. Ergänzende Sachleistungen bei Sanktionen (§ 31 a Abs. 3 S. 1 und 2 SGB II)

634 Wie bereits ausgeführt (o. Rn 514), können beziehungsweise müssen bei einer Minderung des Arbeitslosengeldes II um mehr als 30 Prozent ergänzende Sachleistungen erbracht werden.

---

605 *BSG,* 6. 9. 2007 – B 14/7 b AS 28/06 R, SozR 4-4200 § 7 Nr. 8, Rn 34.

606 *BSG,* 6. 9. 2007 – B 14/7 b AS 28/06 R, SozR 4-4200 § 7 Nr. 8, Rn 34; ebenso *Brühl/Schoch,* in: LPK-SGB II, § 7, Rn 121 und *Spellbrink,* in: Eicher/Spellbrink, SGB II, § 7, Rn 101 f.

607 *BSG,* 6. 9. 2007 – B 14/7 b AS 28/06 R, SozR 4-4200 § 7 Nr. 8, Rn 37; ebenso *Schumacher,* in: Oestreicher, SGB II/SGB XII, § 7 SGB II, Rn 36.

608 *BSG,* 6. 9. 2007 – B 14/7 b AS 36/06 R, SozR 4-4200 § 7 Nr. 6, Rn 21; *Brühl/Schoch,* in: LPK-SGB II, § 7, Rn 122 m. w. Nachw.

X. Exkurs: Kinderzuschlag und Leistungen für Bildung und Teilhabe für Kinderzuschlags- und Wohngeldberechtigte

1. Einführung

Die Leistungen nach dem SGB II decken den Lebensunterhalt einschließlich des Un- **635** terkunftsbedarfs der Leistungsberechtigten. In bestimmten Fällen, in denen Familien mit Kindern gerade so hilfebedürftig nach dem SGB II würden, hat der Gesetzgeber diesen jedoch die Möglichkeit eröffnet, **statt** der **Leistungen nach dem SGB II** einen sogenannten **Kinderzuschlag** nach dem BKGG zu beziehen. Die entsprechenden Leistungsberechtigten haben zwischen den Leistungen nach dem BKGG und denen des SGB II die Wahl. Das ergibt sich aus § 12 a Nr. 2 SGB II, wonach Leistungsberechtigte Wohngeld nach dem WoGG und den Kinderzuschlag nach § 6 a BKGG jedenfalls für einen Zeitraum von drei Monaten nicht in Anspruch nehmen müssen (s.a. Rn 693).

2. Kinderzuschlag (§ 6 a BKGG)

Nach § 6 a Abs. 1 BKGG erhalten Personen für in ihrem Haushalt lebende unverheira- **636** tete Kinder, die noch nicht das 25. Lebensjahr vollendet haben, bei Erfüllung weiterer Voraussetzungen einen Kinderzuschlag. Die Personen müssen für diese Kinder kindergeldberechtigt oder sonst leistungsberechtigt nach dem BKGG sein, dürfen mit Ausnahme von Wohngeld und Kindergeld bestimmte Einkommens- und Vermögensgrenzen nicht unterschreiten und durch die Gewährung des Kinderzuschlages muss ihre Hilfebedürftigkeit nach dem SGB II vermieden werden können. Der Kinderzuschlag beträgt pro Kind bis zu 140 Euro monatlich (§ 6 a Abs. 2 BKGG). Auf diesen Kinderzuschlag wird mit Ausnahme des Wohngeldes das Einkommen und Vermögen *des Kindes* im Sinne des SGB II angerechnet (§ 6 a Abs. 3 BKGG).

Anspruchsberechtigt für den Kinderzuschlag sind also die Eltern, decken soll er aber **637** den Bedarf ihrer Kinder. Deshalb erklärt § 11 Abs. 1 S. 3 SGB II diesen Kinderzuschlag zu Einkommen der Kinder (vgl. Rn 472).

Zuständig für die Erbringung des Kinderzuschlages ist nach § 7 Abs. 1 und 2 BKGG **638** die Bundesagentur für Arbeit als weisungsgebundene sogenannte **Familienkasse**.

3. Leistungen für Bildung und Teilhabe für Kinderzuschlags- und Wohngeldberechtigte (§ 6 b BKGG)

Personen, die für ihr Kind Kinderzuschlag nach § 6 a BKGG oder Wohngeld beziehen **639** und die für dieses Kind kindergeldberechtigt sind, haben – sehr vergröbert ausgedrückt – nach § 6 b Abs. 1 BKGG Anspruch auf Leistungen für Bildung und Teilhabe für dieses Kind. Die Leistungen entsprechen nach § 6 b Abs. 2 und 3 BKGG den Leistungen für Bildung und Teilhabe nach dem SGB II, die allerdings ohne Anrechnung von Einkommen und Vermögen zu gewähren sind.

Wie beim Kinderzuschlag nach § 6 a BKGG sind auch bei den Leistungen für Bildung **640** und Teilhabe für Kinderzuschlags- und Wohngeldberechtigte nach § 6 b BKGG die **Eltern** beziehungsweise ist der Elternteil **Anspruchsinhaber**, die Leistungen werden aber für die Bedarfe der Kinder erbracht. Dies erklärt den Leistungsausschluss in § 19 Abs. 2 S. 2 SGB II (vgl. a. Rn 564).

641 Zuständig für die Erbringung der Leistungen für Bildung und Teilhabe sind nach § 7 Abs. 3 BKGG die Länder. Sie müssen die zuständigen Behörden bestimmen.

XI. Leistungen zur Eingliederung in Arbeit

1. Einführung

642 Neben den Leistungen zur Sicherung des Lebensunterhalts sind nach dem Recht der Grundsicherung für Arbeitsuchende **Leistungen zur Eingliederung in Arbeit** zu gewähren (§ 19 a Abs. 1 SGB I, § 1 Abs. 3 SGB II). Es ist kein Zufall, dass das Kapitel 3 des SGB II, in dem die Leistungen geregelt sind, gerade mit den Leistungen zur Eingliederung in Arbeit beginnt: Die Grundsicherung für Arbeitsuchende geht schließlich auf Vorschläge zum Abbau der Arbeitslosigkeit zurück.[609] Während die Leistungen zur Sicherung des Lebensunterhalts vor allem am Ziel des § 1 Abs. 1 SGB II (Sicherstellung eines menschenwürdigen Lebens) zu messen sind, stehen bei den Leistungen zur Eingliederung in Arbeit die Ziele und Aufgaben des § 1 Abs. 2 SGB II im Vordergrund: Unabhängigmachen der Leistungsberechtigten von Grundsicherung, Aufnahme oder Beibehaltung einer Erwerbstätigkeit, Beseitigung der Hilfebedürftigkeit durch Erwerbstätigkeit und Herstellung von deren Voraussetzungen. All dies geschieht in der Überzeugung, dass ein **selbstbestimmtes, von staatlichen Leistungen unabhängiges Leben** der **Würde des Menschen** am ehesten entspricht. Trotz der großen Bedeutung dieser Leistungen muss sich diese Darstellung auf einen groben Überblick über die Leistungen zur Eingliederung in Arbeit beschränken.

643 Auch nach dem SGB III sind Leistungen zur Eingliederung in Arbeit zu erbringen. Das Verhältnis dieser Vorschriften zueinander richtet sich nach § 22 Abs. 4 SGB III (s. bereits oben Rn 147).

2. Regelungsort

644 Zentraler Regelungsort für die Leistungen zur Eingliederung in Arbeit im SGB II ist der Abschnitt 1 des Kapitels 3 (§§ 14–18 e SGB II). Dabei sind die eigentlichen Leistungsvorschriften in den §§ 16 bis 16 g SGB II zu finden.

3. Fördern und Fordern

a) Grundsatz des Förderns (§ 14 SGB II)

645 Am Anfang des Abschnitts der Leistungen zur Eingliederung in Arbeit steht in § 14 SGB II der **Grundsatz des Förderns**. Hiernach unterstützen die Leistungsträger nach dem SGB II **erwerbsfähige Leistungsberechtigte** (§ 7 Abs. 1 SGB II) umfassend mit dem Ziel der Eingliederung in Arbeit. Sie erbringen **alle** im Einzelfall **für die Eingliederung in Arbeit erforderlichen Leistungen**, allerdings unter Beachtung der Grundsätze von **Wirtschaftlichkeit** und **Sparsamkeit** (§ 3 Abs. 1 S. 4 SGB II). Zur Koordinierung vor allem der Leistungen zur Eingliederung in Arbeit soll die Agentur für Arbeit für jede erwerbsfähige leistungsberechtigte Person und die übrigen Mitglieder der Be-

---

609 S. nur den Untertitel bei Hartz u. a., Moderne Dienstleistungen am Arbeitsmarkt: „Vorschläge der Kommission zum Abbau der Arbeitslosigkeit [...]".

darfsgemeinschaft eine **persönliche Ansprechpartnerin** oder einen **persönlichen Ansprechpartner (pAP)** benennen.

b) Leistungsgrundsätze (§ 3 SGB II)

Bei Erbringung der Leistungen zur Eingliederung in Arbeit müssen die in § 3 SGB II **646** niedergelegten **Leistungsgrundsätze** beachtet werden. Nach Absatz 1 dieser Vorschrift können Leistungen zur Eingliederung in Arbeit erbracht werden, soweit sie zur **Vermeidung** oder **Beseitigung**, **Verkürzung** oder **Verminderung** der Hilfebedürftigkeit für die Eingliederung **erforderlich** sind. Da nach § 3 SGB II Leistungen auch schon zur **Vermeidung von Hilfebedürftigkeit** erbracht werden können, weitet § 3 SGB II den Kreis der Leistungsberechtigten nach dem SGB II auf diejenigen aus, bei denen in absehbarer Zeit ohne diese Leistungen der Eintritt von Hilfebedürftigkeit zu erwarten ist, die also nach § 7 Abs. 1 SGB II (noch) nicht erwerbsfähige Leistungsberechtigte sind.

Bei der Leistungserbringung sind die **Eignung**, die individuelle **Lebenssituation**, ins- **647** besondere die familiäre Situation, die voraussichtliche **Dauer der Hilfebedürftigkeit** und die **Dauerhaftigkeit der Eingliederung** der erwerbsfähigen Leistungsberechtigten zu beachten (§ 3 Abs. 1 S. 2 SGB II). Da die Grundsicherung für Arbeitsuchende darauf abzielt, möglichst rasch die Hilfebedürftigkeit zu beenden, sind in der Regel Maßnahmen, welche die unmittelbare Aufnahme einer Erwerbstätigkeit ermöglichen, vorrangig einzusetzen (§ 3 Abs. 1 S. 3 SGB II). Damit müssen Qualifizierungsmaßnahmen gegenüber der unmittelbaren Aufnahme einer Erwerbstätigkeit grundsätzlich zurückstehen. Auch hier können allerdings die Kriterien des § 3 Abs. 1 S. 2 SGB II eine andere Entscheidung rechtfertigen. So kann in einem Einzelfall eine Qualifizierungsmaßnahme eine erheblich dauerhaftere Eingliederung in den Arbeitsmarkt versprechen. Es liegt dann ein atypischer Fall vor, in dem von der Regel des § 3 Abs. 1 S. 3 SGB II abgewichen werden kann.

Für zwei Gruppen besonders von einem Arbeitsmarktausschluss gefährdeter Leis- **648** tungsberechtigter verschärfen § 3 Abs. 2 und 2 a SGB II die Leistungsgrundsätze: Nach § 3 Abs. 2 SGB II sind **unter 25-Jährige** unverzüglich nach Antragstellung auf Leistungen nach dem SGB II in eine Ausbildung oder Arbeit (bis 31.3.2012: Arbeit, Ausbildung oder Arbeitsgelegenheit; vgl. Rn 675) zu vermitteln. Haben sie keinen Berufsabschluss, sind sie **vorrangig in eine Ausbildung** zu vermitteln, ansonsten soll die Agentur für Arbeit darauf hinwirken, dass die vermittelte Arbeit (bis 31.3.2012: oder Arbeitsgelegenheit) auch zur Verbesserung der beruflichen Kenntnisse und Fähigkeiten beiträgt. § 3 Abs. 2 a SGB II sieht für **mindestens 58-Jährige** eine unverzügliche Pflicht zur Vermittlung in Arbeit (bis 31.3.2012: oder Arbeitsgelegenheit) vor.

Schließlich bestehen auch für solche Leistungsberechtigte Besonderheiten, die nicht **649** über ausreichende **deutsche Sprachkenntnisse** entsprechend dem Niveau B1 des Gemeinsamen Europäischen Referenzrahmens für Sprachen[610] verfügen: Sind solche

---

[610] Es handelt sich um einen Referenzrahmen des Europarats, abrufbar in englischer Sprache unter http://www.coe.int/T/DG4/Linguistic/CADRE_EN.asp (zuletzt besucht am 30. 6. 2011), in deutscher Übersetzung unter http://www.goethe.de/z/50/commeuro/deindex.htm (zuletzt besucht am 30. 6. 2011; hieraus auch das folgende Zitat). Das Niveau B1 ist das unterste Niveau selbständiger Sprachverwendung. Die Person, um die es geht, „kann die Hauptpunkte verstehen, wenn klare Standardsprache verwendet wird und wenn es um vertraute Dinge aus Arbeit, Schule, Freizeit usw. geht. [Sie kann] die meisten Situationen bewältigen, denen man auf Reisen im Sprachgebiet begegnet, und kann sich einfach und zusammenhängend über vertraute Themen und persönliche Interessengebiete äußern. [Sie kann] über Er-

Leistungsberechtigte nach §§ 44, 44 a AufenthG oder § 9 Abs. 1 BVFG berechtigt oder verpflichtet, an einem Integrationskurs teilzunehmen, hat die Agentur nach § 3 Abs. 2 b SGB II auf diese Teilnahme hinzuwirken, sofern sie nicht unmittelbar in eine Ausbildung oder Arbeit vermittelt werden können und ihnen eine Teilnahme an einem Integrationskurs daneben nicht mehr zumutbar ist.

c) Sofortangebot (§ 15 a SGB II)

650 Um eine Ausgliederung aus dem Arbeitsmarkt von vornherein zu verhindern und eine möglichst nahtlose Wiederintegration in den Arbeitsmarkt **(Job-to-Job-Integration)** zu erreichen, sollen erwerbsfähigen Personen, die innerhalb der letzten zwei Jahre keine Geldleistungen zur Lebensunterhaltssicherung nach dem SGB II oder dem SGB III erhalten haben, die also typischerweise zuletzt erwerbstätig waren, bei Beantragung von Leistungen nach dem SGB II gemäß § 15 a SGB II als **Sofortangebot** unverzüglich Leistungen zur Eingliederung in Arbeit angeboten werden. Ob es sich hierbei um einen Anspruch handelt, ist umstritten.

d) Grundsatz des Forderns (§ 2 SGB II)

651 Der Grundsatz des Förderns wird flankiert durch den in § 2 SGB II niedergelegten **Grundsatz des Forderns**. Hiernach haben erwerbsfähige Leistungsberechtigte und die mit ihnen in Bedarfsgemeinschaft lebenden Personen alle Möglichkeiten zur Beendigung oder Verringerung der Hilfebedürftigkeit auszuschöpfen. Die Erwerbsfähigen müssen insbesondere **aktiv an allen Maßnahmen zu ihrer Eingliederung in Arbeit** mitwirken, eine **Eingliederungsvereinbarung** abschließen und auch zumutbare Arbeitsgelegenheiten übernehmen. Ein Verstoß gegen diese Pflichten kann als Sanktion eine Minderung der Leistungen zur Sicherung des Lebensunterhalts zur Folge haben (s. o. Rn 500).

e) Zumutbarkeit (§ 10 SGB II)

652 Der Grundsatz des Forderns ist allerdings durch § 10 SGB II geregelte **Zumutbarkeit** begrenzt: Eine leistungsberechtigte Person ist nur zur Übernahme einer **zumutbaren Arbeit** oder Arbeitsgelegenheit oder sonst zur Teilnahme an einer zumutbaren Maßnahme zur Eingliederung in Arbeit verpflichtet.

653 Nach § 10 Abs. 1 SGB II ist erwerbsfähigen Leistungsberechtigten **jede Arbeit zumutbar**. Über § 10 Abs. 3 SGB II gilt dies auch für Maßnahmen zur Eingliederung in Arbeit. **Nicht zumutbar** ist eine Arbeit oder Maßnahme zur Eingliederung in Arbeit jedoch in folgenden Fällen:

1. Wenn die erwerbsfähige leistungsberechtigte Person **zu der bestimmten Arbeit** oder zur Teilnahme an der bestimmten Maßnahme zur Eingliederung in Arbeit körperlich, geistig oder seelisch **nicht in der Lage** ist. Das kann etwa der Fall sein, wenn eine Arbeit ständiges Stehen erfordert, die leistungsberechtigte Person aber nur in wechselnder Körperhaltung arbeiten kann, oder wenn es um Nachtarbeit

---

fahrungen und Ereignisse berichten, Träume, Hoffnungen und Ziele beschreiben und zu Plänen und Ansichten kurze Begründungen oder Erklärungen geben.".

geht, die leistungsberechtigte Person aber wegen einer seelischen Erkrankung das Haus nicht bei Dunkelheit verlassen kann.

2. Wenn die **Ausübung der Arbeit** oder die Teilnahme an der Maßnahme zur Eingliederung in Arbeit die **künftige Ausübung der bisherigen überwiegenden Arbeit wesentlich erschweren** würde, weil die bisherige Tätigkeit besondere körperliche Anforderungen stellt. Das kann etwa der Fall sein, wenn ein Feinmechaniker, bei dem es auf die Feinkoordination seiner Hände ankommt, schwere Tätigkeiten verrichten soll, die ihn diese Fähigkeiten wahrscheinlich verlieren lassen, oder wenn eine Musikerin, bei der es auf ein feines Gehör ankommt, Tätigkeiten unter starker Lärmeinwirkung verrichten soll.

3. Wenn die **Ausübung der Arbeit** oder die Teilnahme an der Maßnahme zur Eingliederung in Arbeit **die Erziehung des Kindes** der erwerbsfähigen leistungsberechtigten Person oder des Kindes ihrer Partnerin oder ihres Partners **gefährden würde**. Hat das Kind das dritte Lebensjahr vollendet, ist der leistungsberechtigten Person allerdings zumutbar, es in eine Kindertageseinrichtung oder in Kindertagespflege im Sinne des SGB VIII zu geben. Die Träger haben darauf hinzuwirken, dass diesen Personen vorrangig ein Tagesbetreuungsplatz angeboten wird.

4. Wenn die **Ausübung der Arbeit** oder die Teilnahme an der Maßnahme zu Eingliederung in Arbeit **mit der Pflege eines Angehörigen nicht vereinbar** wäre und die Pflege nicht anderweit sichergestellt werden kann.

5. Wenn schließlich der Ausübung der Arbeit oder der Teilnahme an der Maßnahme zur Eingliederung in Arbeit ein **sonstiger wichtiger Grund** entgegensteht.

§ 10 Abs. 2 SGB II führt demgegenüber **Gründe** auf, **aus denen allein** die Aufnahme **654** einer **Arbeit** oder die Teilnahme an einer Eingliederungsmaßnahme **noch nicht unzumutbar** wird. So ist eine Arbeit nicht unzumutbar, die nicht der früheren oder der Ausbildungstätigkeit entspricht (§ 10 Abs. 2 Nr. 1 SGB II), die im Vergleich zur Ausbildung der leistungsberechtigten Person als geringerwertig anzusehen ist (§ 10 Abs. 2 Nr. 2 SGB II) oder die weiter entfernt liegt oder zu ungünstigeren Bedingungen ausgeübt wird als eine frühere Ausbildung oder Beschäftigung (§ 10 Abs. 2 Nr. 3 und 4 SGB II). Hervorhebenswert ist schließlich, dass eine Arbeit nach § 10 Abs. 2 Nr. 5 SGB II auch nicht allein deshalb unzumutbar ist, weil sie mit der **Beendigung einer Erwerbstätigkeit** einhergeht, es sei denn, es liegen begründete Anhaltspunkte vor, dass durch die bisherige Tätigkeit künftig die Hilfebedürftigkeit beendet werden kann. Dies betrifft in erster Linie Selbständige, von denen also durchaus die Aufgabe ihrer selbständigen, aber nicht bedarfsdeckenden Tätigkeit zugunsten einer unselbständigen Erwerbstätigkeit erwartet werden kann.

4. Die Eingliederungsvereinbarung (§ 15 SGB II)

a) Einführung

Nach § 15 SGB II soll die Agentur für Arbeit im Einvernehmen mit dem kommunalen **655** Träger mit jeder erwerbsfähigen leistungsberechtigten Person eine **Eingliederungsvereinbarung**[611] abschließen. Die erwerbsfähigen Leistungsberechtigten ihrerseits sind nach § 2 Abs. 1 SGB II grundsätzlich zum Abschluss einer solchen Eingliederungsvereinbarung verpflichtet, haben aber keinen Anspruch hierauf.[612]

---

611 Hierzu *Rauch/Zellner,* Die Eingliederungsvereinbarung.
612 *BSG,* 22. 9. 2009 – B 4 AS 13/09 R, SozR 4-4200 § 15 Nr. 1 (= BSGE 104, 185–192).

b) Mögliche Inhalte

656 Eine Eingliederungsvereinbarung soll insbesondere bestimmen,
1. welche Leistungen zur Eingliederung in Arbeit die oder der Erwerbsfähige erhält,
2. welche Bemühungen zur Eingliederung in Arbeit erwerbsfähige Leistungsberechtigte in welcher Häufigkeit unternehmen müssen und in welcher Form diese Bemühungen nachzuweisen sind und
3. welche Leistungen Dritter die Leistungsberechtigten beantragen müssen.

657 Die Eingliederungsvereinbarung hat dabei insbesondere ein **Konkretisierungsfunktion**: Es soll zum einen **konkret ausbuchstabiert** werden, welche **Leistungen die Agentur für Arbeit** der leistungsberechtigten Person genau erbringt. Nach § 15 Abs. 2 SGB II kann in der Eingliederungsvereinbarung auch aufgenommen werden, welche Leistungen die anderen Mitglieder der Bedarfsgemeinschaft erhalten. Unter Umständen kann ja gerade dadurch die Integration der leistungsberechtigten Person in den Arbeitsmarkt gefördert werden (vgl. a. § 7 Abs. 2 S. 2 SGB II). **Nicht** hierher gehört die Gewährung von Leistungen zur Sicherung des Lebensunterhalts: Diese Leistungen können nicht vereinbart werden (§ 53 Abs. 2 SGB X). Auf sie besteht grundsätzlich unabhängig von Eingliederungsbemühungen ein Anspruch. Dieselbe Funktion erfüllt die Auflistung der **Verpflichtungen der Leistungsberechtigten:** Auch diese Verpflichtungen müssen **so konkret wie möglich** vereinbart werden. Nur so können alle Beteiligten an ihnen jeweils festgehalten werden. Nur so kann aber auch beurteilt werden, ob den Leistungsberechtigten die Leistungen und die damit verbundenen Pflichten auch zumutbar sind.[613]

658 Bei der Vereinbarung, welche **Leistungen Dritter** die Leistungsberechtigten beantragen müssen, ist § 12 a SGB II und die aufgrund von § 13 Abs. 2 SGB II erlassene UnbilligkeitsV zu beachten (hierzu näher u. Rn 694). Soll die Agentur für Arbeit bei einer leistungsberechtigten Person auf die Teilnahme an einem **Integrationskurs** hinwirken, ist diese Verpflichtung nach § 3 Abs. 2 b S. 2 SGB II als vorrangige Maßnahme in die Eingliederungsvereinbarung aufzunehmen.

659 Werden **Bildungsmaßnahmen** vereinbart, ist nach § 15 Abs. 3 SGB II zwingend auch zu regeln, in welchem Umfang und unter welchen Voraussetzungen die Leistungsberechtigten sich schadensersatzpflichtig machen, wenn sie die Maßnahme aus einem von ihnen zu vertretenden Grund nicht zu Ende führen.

660 Weil die Einhaltung der Verpflichtungen aus der Eingliederungsvereinbarung für die Leistungsberechtigten **sanktionsbewehrt** ist – die Weigerung ihrer Einhaltung stellt eine Pflichtverletzung nach § 31 Abs. 1 S. 1 Nr. 1 SGB II dar (Rn 500) –, empfiehlt es sich, bereits in der Eingliederungsvereinbarung schriftlich über die Rechtsfolgen einer solchen Weigerung zu belehren.

c) Form der Eingliederungsvereinbarung; Eingliederungs-Verwaltungsakt (§ 15 Abs. 1 S. 3–6 SGB II)

661 Grundsätzlich soll die Eingliederungsvereinbarung als **öffentlich-rechtlicher Vertrag** (§§ 53–61 SGB X) zwischen der Agentur für Arbeit und der leistungsberechtigten Person geschlossen werden. Dahinter steht der Gedanke größerer **Passgenauigkeit** und **Akzeptanz** der wechselseitigen Pflichten, insbesondere bei den Leistungsberechtigten. Zur Gewährleistung der Aktualität soll eine Eingliederungsvereinbarung je-

---

613 *BSG*, 16. 12. 2008 – B 4 AS 60/07 R, SozR 4-4200 § 16 Nr. 4.

Pattar

weils für sechs Monate geschlossen werden. Danach soll erneut eine Eingliederungs-vereinbarung abgeschlossen werden, bei der die bisher gewonnenen Erfahrungen zu berücksichtigen sind (§ 15 Abs. 1 S. 3–5 SGB II).

Kommt eine Eingliederungsvereinbarung durch Vertrag nicht zustande, sollen die Soll- **662** inhalte (Rn 656) durch **Verwaltungsakt** geregelt werden. Dieser **Eingliederungs-Verwaltungsakt** tritt an die Stelle der Eingliederungsvereinbarung. Auch die Weigerung, die darin vorgesehenen Pflichten zu erfüllen, ist grundsätzlich eine sanktionsbewehrte Pflichtverletzung nach § 31 Abs. 1 S. 1 Nr. 1 SGB II.

5. Leistungsinhalte

a) Überblick

Die eigentlichen **Leistungen zur Eingliederung in Arbeit** sind in den §§ 16 bis 16 g **663** SGB II geregelt. Dabei eröffnet § 16 SGB II bestimmte **Eingliederungsleistungen des SGB III** auch für die Grundsicherung für Arbeitsuchende, §§ 16 a bis 16 g SGB II enthalten **originäre Grundsicherungsleistungen zur Eingliederung in Arbeit**.

b) Öffnung des SGB III (§ 16 SGB II)

§ 16 Abs. 1 SGB II verweist in seinen vier Sätzen auf verschiedene Art und Weise auf **664** die Leistungen des SGB III.

Nach **§ 16 Abs. 1 S. 1 SGB II** erbringt die Agentur für Arbeit Leistungen nach § 35 **665** SGB III. Nach dieser Vorschrift hat die Agentur für Arbeit Ausbildungsuchenden, Arbeitsuchenden und Arbeitgebern Ausbildungsvermittlung und Arbeitsvermittlung **(Vermittlung)** anzubieten. Diese umfasst alle Tätigkeiten, die darauf gerichtet sind, Ausbildungsuchende mit Arbeitgebern zur Begründung eine Ausbildungsverhältnisses und Arbeitsuchende mit Arbeitgebern zur Begründung eines Beschäftigungsverhältnisses zusammenzuführen. Diese Vermittlung ist eine **Pflichtleistung**.

Die Agentur für Arbeit kann nach **§ 16 Abs. 1 S. 2 SGB II** eine Reihe von weiteren Ein- **666** gliederungsleistungen erbringen. Für die Träger der Leistungen nach dem SGB II sind diese Leistungen stets **Ermessensleistungen**, auch wenn sie im SGB III als Pflichtleistungen ausgeführt sein sollten. Diese weiteren Leistungen sind ab 1.4.2012 alle im Dritten Kapitel SGB III (Aktive Arbeitsförderung) enthalten und umfassen:[614]

1. **Beratung** und **Vermittlung im Übrigen** (übrige Leistungen des Dritten Kapitels [§§ 29–44] bzw. ab dem 1.4.2012 des Ersten Abschnitts des Dritten Kapitels [§§ 29–43] SGB III).
2. Von den **Leistungen an Arbeitnehmer**:
   a) **Vermittlungsunterstützende Leistungen** (Leistungen des Ersten Abschnitts des Vierten Kapitels [§§ 45–47] bzw. ab 1.4.2012 des Zweiten Abschnitts des Dritten Kapitels [Aktivierung und berufliche Eingliederung, §§ 44–47] SGB III). Hierher gehören etwa die Übernahme von **Bewerbungskosten** und **Maßnahmen zur Aktivierung** und beruflichen Eingliederung. Nach § 16 Abs. 3 SGB II können hierüber auch Leistungen für die Anbahnung und Aufnahme einer schulischen Berufsausbildung erbracht werden; zudem dürfen ab

---

614 Die Neuordnung der Leistungen der aktiven Arbeitsförderung durch das Gesetz zur Verbesserung der Eingliederungschancen am Arbeitsmarkt vom 20.12.2011 (BGBl. 2011 I, S. 2854) konnte in der Struktur der Darstellung leider nicht berücksichtigt werden.

Pattar

1.4.2012 für bestimmte schwer vermittelbare Leistungsberechtigte die Maßnahmedauern länger sein als nach dem SGB III vorgesehen (12 statt 6 Wochen).

b) Leistungen zur Förderung der **beruflichen Weiterbildung** (Leistungen des Sechsten Abschnitts des Vierten Kapitels [§§ 77–96] bzw. ab 1.4.2012 des Vierten Abschnitts des Dritten Kapitels [§§ 81–87] und § 131 a SGB III). Hierher gehört etwa die Gewährung von **Kosten für** einen **Weiterbildungslehrgang**, **Fahrtkosten** dorthin und für auswärtige **Unterbringung und Verpflegung**.

3. Die im SGB III vorgesehenen **Leistungen an Arbeitgeber** (Leistungen des Fünften Kapitels [§§ 217–239] SGB III). Diese Leistungen werden ab 1.4.2012 als Leistungen zur Aufnahme einer sozialversicherungspflichtigen Tätigkeit bezeichnet (Erster Unterabschnitt des Fünften Abschnitts des Dritten Kapitels [§§ 88–92] und § 131 SGB III). Teils sind sie aber auch an anderer Stelle geregelt (§ 73 SGB III). Hierher gehören beispielsweise **Eingliederungszuschüsse**, bei denen für eine bestimmte Zeit ein Teil des Arbeitsentgelts übernommen wird, auch in Form von **Eingliederungsgutscheinen**, **Zuschüsse zur Ausbildungsvergütung oder** zur von Arbeitgebern geleisteten **Einstiegsqualifizierung, Aus- oder Weiterbildung**, insbesondere behinderter Menschen.

4. Von den **Leistungen an Träger** die **Förderung der Berufsausbildung** (Leistungen des Ersten Abschnitts des Sechsten Kapitels [§§ 240–247] bzw. ab 1.4.2012 des Vierten Unterabschnitts des Dritten Abschnitts des Dritten Kapitels [§§ 73–80] und § 54 a SGB III). Hiernach werden Maßnahmen von Trägern gefördert, welche die Berufsausbildung junger Menschen zum Ziel haben.

5. Schließlich eine Reihe von ähnlichen Leistungen, die nur mehr in Übergangsvorschriften genannt werden, weil sie auslaufen oder nur probehalber aufgenommen wurden (Leistungen nach §§ 417, 421 f, 421 g, 421 k, 421 n, 421 o, 421 p, 421 q und 421 t Abs. 4–6 SGB III). Diese Leistungen fallen im Bereich des SGB II zum 1.4.2012 weg.

667 Für Eingliederungsleistungen an erwerbsfähige **behinderte Leistungsberechtigte** verweist **§ 16 Abs. 1 S. 3 SGB II** auf die **Leistungen** des SGB III **zur Teilhabe am Arbeitsleben** nach

1. §§ 97–99, § 100 Nr. 1 und 4, 101 Abs. 1, 2 und 5 (bzw. ab 1.4.2012: §§ 112–114, § 115 Nr. 1–3 ohne Berufsausbildungsbeihilfe und ohne berufsvorbereitende Bildungsmaßnahmen und § 116 Abs. 1, 2 und 5) SGB III. Diese Vorschriften regeln die **erleichterte Inanspruchnahme** vermittlungsunterstützender Leistungen, von Leistungen zur Förderung von Aus- und Weiterbildungen sowie von beruflicher Weiterbildung für **behinderte Menschen**.

2. §§ 102, 103 S. 1 Nr. 3, S. 2, §§ 109, 111 (bzw. ab 1.4.2012: §§ 117, 118 S. 1 Nr. 3, S. 2, §§ 127 und 128) SGB III. Diese Vorschriften regeln die Möglichkeit der **Übernahme von Teilnahmekosten** für Rehabilitationsmaßnahmen nach § 33 SGB IX nebst Reisekosten, auswärtiger Unterbringung und Verpflegung sowie flankierenden Leistungen wie beispielsweise Haushaltshilfe.

668 Erbringen die Träger der Leistungen nach dem SGB II über § 16 SGB II Leistungen nach dem SGB III, müssen sie über **§ 16 Abs. 1 S. 4 SGB II** weiter bestimmte **Grundsätze des SGB III** beachten. Namentlich bedeutet dies:

1. Die Leistungen sollen die **berufliche Situation von Frauen verbessern**, indem sie auf die Beseitigung bestehender Nachteile sowie auf die Überwindung eines geschlechtsspezifisch geprägten Ausbildungs- und Arbeitsmarktes hinwirken und Frauen mindestens entsprechend ihrem Anteil an den Arbeitslosen und ihrer re-

lativen Betroffenheit von Arbeitslosigkeit gefördert werden (§ 1 Abs. 2 Nr. 4 SGB III). Hier besteht kein großer Unterschied zu den in § 1 Abs. 2 S. 3 und S. 4 Nr. 3 SGB II geregelten Zielen.

2. Die Träger müssen weiter die **Vermittlungsgrundsätze** des § 36 SGB III beachten. Diese Vermittlungsgrundsätze **verbieten**

   a) eine **Vermittlung** in ein Ausbildungs- oder Arbeitsverhältnis, das **gegen** ein **Gesetz oder** die **guten Sitten** verstößt (§ 36 Abs. 1 SGB III);

   b) die **Berücksichtigung von Einschränkungen des Arbeitgebers hinsichtlich** Geschlecht, Alter, Gesundheitszustand, Staatsangehörigkeit oder ähnlicher **Merkmale** des Ausbildung- oder Arbeitsuchenden, **die** regelmäßig **nicht** die berufliche **Qualifikation betreffen**, es sei denn, diese Einschränkungen wären nach Art der auszuübenden Tätigkeit unerlässlich; Ungleichbehandlungen wegen der in § 1 AGG genannten Gründe dürfen nur berücksichtigt werden, wenn das AGG das auch zuließe, Partei- und Gewerkschaftszugehörigkeiten nur bei Tendenzbetrieben (§ 36 Abs. 2 SGB III);

   c) eine **Vermittlung in** einen **Arbeitskampf** ohne ausdrücklichen Wunsch der Beteiligten (Streik/Aussperrung, § 36 Abs. 3 SGB III).

§ 16 Abs. 1 S. 4 SGB II macht schließlich bestimmte Leistungen, die nach § 16 Abs. 1 **669** S. 2 SGB II als Ermessensleistungen zu erbringen sind, wie im SGB III zu **Pflichtleistungen**, auf welche die Leistungsberechtigten einen Anspruch haben. Dies betrifft folgende Fälle:

1. Leistungsberechtigte, die **mehr als sechs Monate lang arbeitslos** sind, haben einen **Anspruch** auf eine Maßnahme zur Aktivierung und beruflichen Eingliederung (§ 46 Abs. 3 SGB III). **Arbeitslos** ist nach § 53 a Abs. 1 SGB II in Verbindung mit § 16 SGB III, wer vorübergehend nicht in einem Beschäftigungsverhältnis steht (**beschäftigungslos ist**), eine versicherungspflichtige Beschäftigung sucht und dabei den Vermittlungsbemühungen des zuständigen Trägers zur Verfügung steht (**arbeitsuchend ist**) und sich bei diesem **arbeitslos gemeldet** hat. Dieser Anspruch fällt zum 1.4.2012 weg.

2. Arbeitnehmerinnen und Arbeitnehmer, welche bestimmte weitere Voraussetzungen erfüllen, haben einen **Anspruch auf Übernahme** der **Weiterbildungskosten** zum nachträglichen **Erwerb des Hauptschulabschlusses** oder eines gleichwertigen Schulabschlusses (§ 77 Abs. 3 bzw. ab 1.4.2012: § 81 Abs. 3 SGB III).

c) Originäre Grundsicherungsleistungen zur Eingliederung in Arbeit

aa) Flankierende Leistungen zur Eingliederung in Arbeit (§ 16 a SGB II)

Nach § 16 a SGB II können die kommunalen Träger (§ 6 Abs. 1 Nr. 2 SGB II) zur Ver- **670** wirklichung einer ganzheitlichen und umfassenden Betreuung und Unterstützung bei der Eingliederung in Arbeit **flankierende Leistungen** erbringen. Diese Ermessensleistungen umfassen die **Betreuung minderjähriger** oder behinderter **Kinder** oder die häusliche **Pflege von Angehörigen**, die **Schuldnerberatung**, die **psychosoziale Beratung** und die **Suchtberatung**. Dahinter steht der Gedanke, außerhalb der leistungsberechtigten Person liegende Hindernisse, welche ihrer Erwerbstätigkeit entgegenstehen könnten, zu beseitigen. Insbesondere beseitigt das Angebot einer Kinderbetreuung für mindestens Dreijährige oder der häuslichen Pflege von Angehörigen (§ 16 a Nr. 1 SGB II) die Unzumutbarkeit der Aufnahme einer Arbeit aus diesen Gründen (§ 10 Abs. 1 Nr. 3 und 4 SGB II). Wird Kinderbetreuung erbracht, ist sie nach § 10 Abs. 3 SGB VIII vor der Jugendhilfe vorrangig.

Pattar

bb) Einstiegsgeld (§ 16 b SGB II)

671 Bei Aufnahme einer sozialversicherungspflichtigen oder selbständigen Erwerbstätigkeit kann nach § 16 b SGB II ein **Einstiegsgeld** erbracht werden. Es soll **als** eine Art **Prämie** einen **Anreiz** bieten, eine **Erwerbstätigkeit aufzunehmen**. Es kann für höchstens 24 Monate und auch dann noch gewährt werden, wenn durch die aufgenommene Erwerbstätigkeit die Hilfebedürftigkeit entfällt. § 16 b SGB II erweitert also den Kreis der Leistungsberechtigten über § 7 SGB II hinaus. Näheres zum Einstiegsgeld ist in der ESGV geregelt.

cc) Leistungen zur Eingliederung von Selbständigen (§ 16 c SGB II)

672 **Für Leistungen zur Eingliederung von Selbständigen** im Rahmen des SGB II (also z. B. auch das Einstiegsgeld nach § 16 b SGB II) stellt § 16 c Abs. 1 (ab 1.4.2012: Abs. 3) SGB II eine **zusätzliche Voraussetzung** auf. Es muss zu erwarten sein, dass die **selbständige Tätigkeit wirtschaftlich tragfähig** ist **und** dass die **Hilfebedürftigkeit** durch diese selbständige Tätigkeit innerhalb eines angemessenen Zeitraums **dauerhaft beendet** wird. Zur Tragfähigkeit soll eine fachkundige Stelle eine Stellungnahme abgeben.

673 § 16 c Abs. 2 (ab 1.4.2012: Abs. 1) SGB II hingegen sieht eine **eigenständige Leistung** für die Eingliederung von Selbständigen vor. Hiernach können erwerbsfähige Leistungsberechtigte, die eine hauptberufliche selbständige Tätigkeit aufnehmen oder ausüben, **Darlehen und Zuschüsse für die Beschaffung von Sachgütern** erhalten, die für die Ausübung der selbständigen Tätigkeit notwendig und angemessen sind. Dabei dürfen die Zuschüsse einen Betrag von 5.000 Euro nicht übersteigen. Die Darlehen können hingegen in unbegrenzter Höhe für die Anschaffung aller Sachgüter (Lastwagen, Einrichtung eines Frisörsalons oder Steuerberaterbüros usw.) erbracht werden. Der zum 1.4.2012 in Kraft tretende neue § 16 c Abs. 2 SGB II sieht einen eigenständigen **Beratungsanspruch** für Selbständige vor.

674 Auch auf die Darlehen nach § 16 c Abs. 2 (ab 1.4.2012: Abs. 1) SGB II ist der für alle Leistungen geltende § 42 a SGB II anzuwenden. Zuerst ist also der Einsatz auch der nach § 12 Abs. 2 S. 1 Nr. 1, 1 a und 4 SGB II geschützten Mittel zu prüfen, auch wenn die Leistungen zur Eingliederung in Arbeit an sich nicht vom Einsatz von Einkommen und Vermögen abhängen. Damit müssen die Leistungsberechtigten gemäß § 42 a Abs. 2 SGB II im Folgemonat der Gewährung mit der Tilgung beginnen. Sollte sich die selbständige Tätigkeit später doch als nicht tragfähig erweisen und wird dadurch die Rückzahlung des Darlehens unbillig, kann das Darlehen nach § 44 SGB II erlassen werden.

dd) Arbeitsgelegenheiten (§ 16 d SGB II)

675 § 16 d SGB II regelt die **Arbeitsgelegenheiten,** zu denen auch die im allgemeinen Sprachgebrauch sogenannten **1-Euro-Jobs** gehören. Die Vorschrift stellt zwei Möglichkeiten zur Verfügung, Arbeitsgelegenheiten zu erbringen: Die **Entgeltvariante** (§ 16 d S. 1 SGB II) und die **Förderung zusätzlicher Arbeit** (§ 16 d S. 2 [ab 1.4.2012: § 16 d Abs. 1–8] SGB II).

676 Bei der – zahlenmäßig wenig bedeutsamen – **Entgeltvariante** räumt § 16 d S. 1 SGB II den Trägern Ermessen ein, bei sich selbst für erwerbsfähige Leistungsberechtigte, die keine Arbeit finden können, Arbeitsgelegenheiten in Form von echten Arbeitsverhältnissen bei voller Geltung des Arbeitsrechts zu schaffen. Arbeitsgelegenheiten in Entgeltvariante fallen zum 1.4.2012 weg und können nur mehr über § 16 e SGB II gefördert werden.

Bei der Variante der **Förderung zusätzlicher Arbeit** nach § 16 d S. 2 (ab 1.4.2012: **677** Abs. 1) SGB II hingegen **fördert** der Träger **Arbeitsgelegenheiten**, die von Dritten geschaffen werden, indem er den Leistungsberechtigten, welche diese Arbeitsgelegenheiten wahrnehmen (müssen), hierfür eine **Aufwandsentschädigung** gewährt. Wegen dieser Aufwandsentschädigung, die meist in einer Größenordnung von 1 Euro bis 3 Euro pro Stunde liegt, werden Arbeitsgelegenheiten in dieser Form **1- oder 2-Euro-Jobs** genannt. Die **Arbeitsgelegenheiten** müssen der Erhaltung oder Wiedererlangung der Beschäftigungsfähigkeit dienen, **im öffentlichen Interesse** liegen **und** es muss sich um **zusätzliche**, wettbewerbsneutrale **Arbeiten** handeln. Eine Eingliederung unmittelbar in den allgemeinen Arbeitsmarkt (in „echte" Arbeitsverhältnisse) hat Vorrang vor Arbeitsgelegenheiten (so ab 1.4.2012: § 16 d Abs. 5 SGB II). Innerhalb von fünf Jahren dürfen Leistungsberechtigte höchstens 24 Monate in Arbeitsgelegenheiten zugewiesen werden (so ab 1.4.2012: § 16 d Abs. 6 SGB II).

Im **öffentlichen Interesse** liegen Arbeiten dann, wenn das Arbeitsergebnis der Allge- **678** meinheit dient (so ab 1.4.2012: § 16 d Abs. 3 SGB II; z.B. bei Förderung von Wissenschaft und Forschung, Bildung, Kunst und Kultur, Religion, Völkerverständigung, aber auch Umweltschutz und Landschaftspflege) und nicht erwerbswirtschaftlichen Zwecken dient.[615]

Zusätzlich sind die Arbeiten dann, wenn sie ohne die Förderung nicht, nicht in diesem **679** Umfang oder erst zu einem späteren Zeitpunkt durchgeführt worden wären (so ab 1.4.2012: § 16 d Abs. 2 SGB II). Personalengpässe, insbesondere in Behörden, dürfen grundsätzlich nicht durch Arbeitsgelegenheiten ausgeglichen werden.[616] Sind die Arbeiten nicht zusätzlich, hat die leistungsberechtigte Person unter Umständen einen **Anspruch auf Wertersatz** für die geleistete Arbeit. Dieser Anspruch richtet sich stets gegen das Jobcenter, egal für wen die Arbeiten erbracht worden sind.[617] Wettbewerbsneutral sind die Arbeiten, wenn die Förderung die Wirtschaft nicht beeinträchtigt und „echte" Arbeitsverhältnisse nicht verdrängt (§ 16 d Abs. 4 SGB II ab 1.4.2012).

Anders als bei Arbeitsgelegenheiten in der Entgeltvariante entsteht bei der Förderung **680** zusätzlicher Arbeit **kein Arbeitsverhältnis im Sinne des Arbeitsrechts** (§ 16 d S. 2 Halbs. 2 bzw. ab 1.4.2012: Abs. 7 S. 2 Halbs. 1 SGB II), sondern ein öffentlich-rechtliches Beschäftigungsverhältnis eigener Art[618] zwischen der leistungsberechtigten Person und dem Leistungsträger. Deshalb erhält die leistungsberechtigte Person auch **kein Arbeitsentgelt**, sondern – zusätzlich zu ihrem Arbeitslosengeld II – eine **angemessene Mehraufwandsentschädigung** (§ 16 d S. 2 Halbs. 1 bzw. ab 1.4.2012: Abs. 7 S. 1 SGB II). Diese soll nur die tatsächlichen Mehraufwendungen abdecken, die der leistungsberechtigten Person durch die Tätigkeit entstehen (Fahrtkosten, Kleiderverschleiß).[619] Dies ist auch der Grund dafür, dass zwar das BUrlG, nicht aber die Vorschriften über das Urlaubsentgelt entsprechend gelten: Während des Urlaubs hat die leistungsberechtigte Person keinen Mehraufwand, der durch die Entschädigung ausgeglichen werden müsste. Neben den Vorschriften des BUrlG gelten die Arbeits-

---

615 *Schumacher,* in: Oestreicher, SGB II/SGB XII, § 16 d SGB II, Rn 14 f.
616 *Schumacher,* in: Oestreicher, SGB II/SGB XII, § 16 d SGB II, Rn 16.
617 BSG, 27. 8. 2011 – B 4 AS 1/10 R, zur Veröffentlichung in BSGE und SozR 4 vorgesehen.
618 *Schumacher,* in: Oestreicher, SGB II/SGB XII, § 16 d SGB II, Rn 20.
619 *Schumacher,* in: Oestreicher, SGB II/SGB XII, § 16 d SGB II, Rn 22.

schutzvorschriften sowie die Regeln über die beschränkte Arbeitnehmerhaftung entsprechend (§ 16 d S. 2 Halbs. 3 und 4 bzw. ab 1.4.2012: Abs. 7 S. 2 Halbs. 2 und S. 3 SGB II). Zwischen dem oder der Dritten, bei welchem oder welcher die Arbeitsgelegenheit gefördert wird, und der leistungsberechtigten Person bestehen hingegen keine direkten Rechtsbeziehungen.[620] Der Dritte hat ab 1.4.2012 nach § 16 d Abs. 8 SGB II einen Anspruch auf Erstattung der ihm im Zusammenhang mit der Arbeitsgelegenheit unmittelbar entstehenden Kosten.

ee) Leistungen zur Beschäftigungsförderung (§ 16 e SGB II)

681 Nach § 16 e SGB II können **Arbeitgeber** zur Eingliederung **erwerbsfähiger Leistungsberechtigter mit Vermittlungshemmnissen** in Arbeit als Ausgleich für die zu erwartende Minderleistung der Arbeitnehmerin oder des Arbeitnehmers einen **Beschäftigungszuschuss** und einen **Zuschuss zu den sonstigen Kosten** erhalten. § 16 e Abs. 1 SGB II führt hierfür eine Reihe von Voraussetzungen auf. Ein Beschäftigungszuschusses kann zunächst bis zu 24 Monate lang und anschließend unbefristet (!, § 16 e Abs. 4 Nr. 1 SGB II) in Höhe von bis zu 75 Prozent des Bruttoarbeitsentgelts einschließlich der Arbeitgeberbeiträge zur Sozialversicherung (§ 16 e Abs. 2 SGB II) erbracht werden, der Zuschuss zu den sonstigen Kosten bis zu zwölf Monate lang (§ 16 e Abs. 4 Nr. 2 SGB II) in Höhe von regelmäßig 200 Euro monatlich (§ 16 e Abs. 3 SGB II). Verbessert sich die Arbeitsleistung der leistungsberechtigten Person, kann der Beschäftigungszuschuss bei unbefristeter Förderung um bis zu 10 Prozentpunkte gekürzt werden (§ 16 e Abs. 4 SGB II). Zur Vermeidung von Umgehungen sieht § 16 e Abs. 9 SGB II Ausnahmen vor. Außerdem ist die Förderung nach § 16 e Abs. 7 SGB II aufzuheben, wenn der leistungsberechtigten Person auch ohne eine Förderung eine zumutbare Arbeit vermittelt werden kann.

682 Ab 1.4.2012 erhält § 16 e SGB II eine neue Fassung. Die Voraussetzungen für eine Förderung stehen dann in § 16 e Abs. 3 SGB II. Weggefallen ist die Möglichkeit einer unbefristeten Förderung (§ 16 e Abs. 3 Nr. 4 SGB II) sowie der Zuschuss zu den sonstigen Kosten. Zudem betont § 16 e Abs. 4 SGB II den Vorrang der Eingliederung in den allgemeinen Arbeitsmarkt.

ff) Freie Förderung (§ 16 f SGB II)

683 Als **Freie Förderung** kann jede Agentur für Arbeit nach § 16 f SGB II bis zu 10 Prozent der auf sie entfallenden Eingliederungsmittel für Leistungen zur Eingliederung in Arbeit einsetzen, um die Möglichkeiten der gesetzlich geregelten Eingliederungsleistungen zu erweitern. Ab 1.4.2012 darf sie für Leistungen nach den §§ 16 e und 16 f SGB II zusammen insgesamt 20 Prozent ihrer Eingliederungsmittel einsetzen, § 46 Abs. 2 S. 3 SGB II. Die Ziele dieser Maßnahmen sind vor Förderbeginn zu beschreiben und müssen mit den Zielen und Grundsätzen des SGB II übereinstimmen. Leistungen der freien Förderung dürfen gesetzliche Leistungen grundsätzlich (anders aber ab 1.4.2012 für Langzeitarbeitslose und unter 25-Jährige mit Vermittlungshemmnissen, § 16 f Abs. 2 S. 4 SGB II) weder umgehen noch aufstocken.

---

620 *Schumacher*, in: Oestreicher, SGB II/SGB XII, § 16 d SGB II, Rn 27.

gg) Fortsetzung der Leistungen nach Ende der Hilfebedürftigkeit (§ 16 g SGB II)

Schließlich ermöglicht § 16 g SGB II, Leistungen zur Eingliederung in Arbeit auch über **684** das Ende der Hilfebedürftigkeit einer leistungsberechtigten Person auszuweiten. Auch § 16 g SGB II erweitert somit den Kreis der Leistungsberechtigten über § 7 SGB II hinaus.

Nach § 16 g Abs. 1 SGB II kann **eine Maßnahme** weiter gefördert werden, wenn wäh- **685** rend ihrer Erbringung die Hilfebedürftigkeit entfällt, die weitere Förderung wirtschaftlich erscheint und die erwerbsfähige Person die Maßnahme voraussichtlich erfolgreich abschließen wird. Die Förderung soll als Darlehen (§ 42 a SGB II) erbracht werden, das nach Beendigung des Leistungsbezuges sofort fällig wird (§ 42 a Abs. 4 SGB II).

Eine weitere Ausweitung sieht § 16 g Abs. 2 SGB II vor: Werden Leistungen an Arbeit- **686** geber – beispielsweise ein Beschäftigungszuschuss – oder an Träger erbracht und erzielt eine erwerbsfähige Person **deshalb Einkommen, das ihre Hilfebedürftigkeit entfallen lässt**, können weiterhin bestimmte Leistungen zur Eingliederung in Arbeit erbracht werden, und zwar Beratungs- und Vermittlungsleistungen (Drittes Kapitel SGB III), Maßnahmen zur Stabilisierung der Beschäftigungsaufnahme als Maßnahme zur Aktivierung und beruflichen Eingliederung (§ 46 Abs. 1 S. 1 Nr. 5 SGB III), flankierende Leistungen (§ 16 a SGB II) und Einstiegsgeld (§ 16 b SGB II). Auch während dieser Zeit soll eine Eingliederungsvereinbarung geschlossen werden.

XII. Wiederherstellung des Nachrangs

1. Überblick

Leistungen der Grundsicherung für Arbeitsuchende sind gegenüber den meisten **687** anderen Sozialleistungen und gegenüber Leistungen Privater **nachrangig**. Sofern die Leistungsberechtigten diese Leistungen tatsächlich erhalten, werden sie als Einkommen berücksichtigt und mindern so die Leistungen (s. o. Rn 336–398). In vielen Fällen sind die Leistungsberechtigten aber gerade deshalb hilfebedürftig, weil sie zwar einen Anspruch auf Leistungen Anderer hätten, diese Anderen ihren Verpflichtungen jedoch – aus welchen Gründen auch immer – tatsächlich nicht nachkommen. Nicht selten liegt dies auch daran, dass die Leistungsberechtigten selbst ihre Ansprüche nicht geltend machen (hierzu Rn 690 und 699). Hinzu kommen Fälle, in denen Leistungen rechtswidrig gewährt wurden (Rn 736), oder in denen sie zwar rechtmäßig, aber wegen des vorwerfbaren Verhaltens einer Person gewährt wurden (Rn 727) oder in denen Vermögen bei den Leistungsberechtigten als geschützt angesehen wird, nicht aber bei Personen, auf welche das Vermögen übergeht (Rn 732).

In diesen Fällen müssen die Leistungsträger den **Nachrang** der Grundsicherung **688** **nachträglich wiederherstellen**. Wie dies geschieht, hängt davon ab, ob der Nachrang im Verhältnis zu anderen Sozialleistungen (ab Rn 689) oder im Verhältnis zu Leistungen Anderer wiederherzustellen ist. Im letzteren Falle ist danach zu unterscheiden, ob die Leistungen rechtmäßig (ab Rn 726) oder rechtswidrig gewährt worden sind (ab Rn 736).

2. Herstellung des Nachrangs im Verhältnis zu anderen Sozialleistungsträgern

a) Überblick

689 Die Leistungsträger nach dem SGB II haben zwei Möglichkeiten, den Nachrang gegenüber anderen Sozialleistungen herzustellen: Sie können die Sozialleistungen anderer Träger feststellen (Rn 690) oder bei den anderen Trägern Erstattung geltend machen (Rn 696). Darüber hinaus besteht in einem Fall zwischen Trägern der Grundsicherung für Arbeitsuchende ein Erstattungsanspruch (Rn 697).

b) Feststellen von Sozialleistungen anderer Träger (§ 5 Abs. 3 SGB II)

690 Nach § 5 Abs. 3 S. 1 SGB II können die Leistungsträger nach dem SGB II für die Gewährung anderer Sozialleistungen erforderliche **Anträge stellen**, sowie Rechtsbehelfe und **Rechtsmittel einlegen**, wenn Leistungsberechtigte dies trotz entsprechender Aufforderung des SGB-II-Leistungsträgers nicht selbst tun. Werden die anderen Leistungen dann laufend gewährt, sind sie als Einkommen auf den Bedarf der Leistungsberechtigten anzurechnen; für die Vergangenheit besteht unter Umständen ein Erstattungsanspruch (sogleich Rn 696).

691 Sind bereits vor seinem Einstieg in das Verfahren ohne Verschulden des Jobcenters **Fristen** verstrichen, wirkt dies nicht gegen es. Betreibt es das Verfahren jedoch selbst, gilt das Privileg nicht (§ 5 Abs. 3 S. 2 SGB II).

692 Grund und Grenze findet die Ermächtigung der Träger zur Geltendmachung von Sozialleistungen in § 12 a SGB II. Nach § 12 a S. 1 SGB II sind Leistungsberechtigte verpflichtet, Sozialleistungen anderer Träger in Anspruch zu nehmen und die hierfür erforderlichen Anträge zu stellen, sofern dies zur Vermeidung, Beseitigung, Verkürzung oder Verminderung der Hilfebedürftigkeit erforderlich ist. Deshalb kann das Jobcenter eine Sozialleistung eines anderen Träger auch nur dann nach § 5 Abs. 3 SGB II geltend machen, wenn diese Sozialleistung in diesem Sinn **Einfluss auf die Hilfebedürftigkeit** hat.[621]

693 § 12 a S. 2 SGB II kennt zwei **Ausnahmen von der Inanspruchnahmepflicht**: Nach § 12 a S. 2 Nr. 1 SGB II müssen Leistungsberechtigte bis zur Vollendung des 63. Lebensjahres keine **Rente wegen Alters** vorzeitig (und damit mit Abschlägen) in Anspruch nehmen. Außerdem sind Leistungsberechtigte nicht verpflichtet, **Wohngeld** nach dem WoGG oder **Kinderzuschlag** nach § 6 a BKGG (s. o. Rn 636) in Anspruch zu nehmen, wenn dadurch nicht die Hilfebedürftigkeit aller Mitglieder der Bedarfsgemeinschaft für einen zusammenhängenden Zeitraum von mindestens drei Monaten beseitigt würde (§ 12 a S. 2 Nr. 2 SGB II).

694 Auch Leistungsberechtigte, welche das 63. Lebensjahr bereits vollendet haben, müssen nicht in jedem Fall eine **Altersrente** vorzeitig in Anspruch nehmen. Für diesen Personenkreis enthält die **UnbilligkeitsV** weitere Ausnahmen von der Pflicht, eine Altersrente vorzeitig in Anspruch zu nehmen.[622] So müssen Leistungsberechtigte eine Altersrente nicht vorzeitig in Anspruch nehmen, wenn sie

---

621 *Schumacher*, in: Oestreicher, SGB II/SGB XII, § 5 SGB II, Rn 43: „vorrangig bestehende Sozialleistungsansprüche".
622 Hierzu auch *Knickrehm*, SozSich 2008, 192–198.

1. ansonsten einen Anspruch auf Arbeitslosengeld verlieren würden (§§ 1, 2 UnbilligkeitsV),
2. in nächster Zukunft[623] einen Anspruch auf abschlagsfreie Altersrente hätten (§§ 1, 3 UnbilligkeitsV),
3. unter Inanspruchnahme des überwiegenden Teils ihrer Arbeitskraft sozialversicherungspflichtig beschäftigt sind oder aus sonstiger Erwerbstätigkeit ein entsprechend hohes Einkommen[624] erzielen (§§ 1, 4 UnbilligkeitsV) oder
4. glaubhaft machen, dass sie in nächster Zukunft eine Erwerbstätigkeit im Sinne von § 4 UnbilligkeitsV nicht nur vorübergehend ausüben werden (§§ 1, 5 UnbilligkeitsV).

Beispiel: Die 63-jährige schwerbehinderte A bezieht Sozialgeld. Sie erfüllt die Voraussetzungen **695** für die Gewährung einer vorzeitigen Altersrente für schwerbehinderte Menschen (§ 37 SGB VI). Weil dies vor Vollendung des 65. Lebensjahres mit Abschlägen[625] verbunden wäre, stellt sie den Antrag trotz Aufforderung nicht. Nach § 5 Abs. 3 S. 1 SGB II kann das Jobcenter den Antrag anstelle der A stellen.

Wäre A erst 62, könnte das Jobcenter den Antrag nicht stellen, obwohl sie die Altersrente für schwerbehinderte Menschen bereits mit 62 Jahren vorzeitig in Anspruch nehmen kann.

Wäre ein Antrag der A bereits vor mehr als einem Monat abgelehnt worden, wäre ein Widerspruch des Jobcenters trotz § 84 SGG zulässig (§ 5 Abs. 3 S. 2 SGB II). Hätte jedoch das Jobcenter den Antrag gestellt und das Verfahren betrieben, wäre er unzulässig (§ 5 Abs. 3 S. 2 Halbs. 2 SGB II).

c) Kostenerstattung von anderen Sozialleistungsträgern (§§ 102–114 SGB X)

Die §§ 102 bis 105 SGB X regeln Kostenerstattungsansprüche zwischen den Sozial- **696** leistungsträgern im gegliederten System der Sozialen Sicherung, die §§ 106 bis 114 SGB X führen die entsprechenden Regeln näher aus. Diese Kostenerstattungsansprüche gelten gleichermaßen für die Träger der Grundsicherung wie für die Träger der Sozialhilfe. Deshalb kann wegen der Einzelheiten auf die Ausführungen im 9. Kapitel[626] verwiesen werden.

d) Kostenerstattung bei Aufenthalt im Frauenhaus (§ 36 a SGB II)

Sucht eine Person in einem **Frauenhaus** Zuflucht, ist nach § 36 a SGB II der kommu- **697** nale Träger am bisherigen gewöhnlichen Aufenthaltsort verpflichtet, dem durch die Aufnahme in das Frauenhaus zuständig gewordenen kommunalen Träger am Ort des Frauenhauses die Kosten für die Zeit des Aufenthalts im Frauenhaus zu erstatten. Bezieht die Person später am Ort des Frauenhauses eine Unterkunft außerhalb des Frauenhauses, endet die Erstattungspflicht.

3. Herstellung des Nachrangs bei rechtmäßig gewährten Leistungen
a) Überblick

Bei **rechtmäßig** gewährten Leistungen bestehen zwei Möglichkeiten der Herstellung **698** des Nachrangs gegenüber anderen als Leistungsträgern: Der Übergang von Ansprü-

---

623 Das dürfte ein Zeitraum von weniger als sechs Monaten sein, vgl. § 41 Abs. 1 S. 4 SGB II.
624 Also derzeit in Höhe von mindestens 400 Euro monatlich, vgl. § 8 Abs. SGB IV.
625 Nach § 77 SGB VI wird die Rente dauerhaft für jeden Kalendermonat der vorzeitigen Inanspruchnahme um 0,3 % gekürzt.
626 9. Kapitel, Rn 9–14.

chen (hierzu sogleich ab Rn 699) und der Kostenersatz für rechtmäßig gewährte Leistungen (hierzu ab Rn 726).

b) Übergang von Ansprüchen (§ 33 SGB II, §§ 115–119 SGB X)

aa) Einführung

699 Bestimmte **Ansprüche** der Leistungsberechtigten **gehen kraft Gesetzes** auf die Träger der Leistungen nach dem SGB II **über**. Die entsprechenden Vorschriften unterscheiden danach, ob es sich um Ansprüche der Leistungsberechtigten gegen ihre Arbeitgeberinnen und Arbeitgeber (Rn 700), gegen Schadensersatzpflichtige (Rn 700) oder gegen andere Personen (Rn 701) handelt.

bb) Übergang von Ansprüchen gegen Arbeitgeberinnen und Arbeitgeber (§ 115 SGB X) sowie gegen Schadensersatzpflichtige (§§ 116–119 SGB X)

700 Ansprüche gegen **Arbeitgeberinnen und Arbeitgeber** sowie gegen **Schadensersatzpflichtige** gehen nach den Regeln der §§ 115 bis 119 SGB X auf die Sozialleistungsträger über. Diese Übergangsvorschriften gelten gleichermaßen für die Träger der Grundsicherung für Arbeitsuchende wie für die Träger der Sozialhilfe. Deshalb kann wegen der Einzelheiten auf die Ausführungen im 9. Kapitel[627] verwiesen werden. Die §§ 115, 116 SGB X gehen § 33 Abs. 1 SGB II vor (§ 33 Abs. 5 SGB II).

cc) Übergang von Ansprüchen gegen andere Personen (§ 33 SGB II) – Wirkungen

701 § 33 Abs. 1 SGB II enthält eine Regelung zum **gesetzlichen Forderungsübergang** *(Cessio Legis)*. Hat eine Person, die Leistungen zur Sicherung des Lebensunterhalts bezieht, für die Zeit, für die Leistungen erbracht werden, einen Anspruch gegen einen Anderen, der nicht Leistungsträger ist, **geht dieser Anspruch** bis zur Höhe der geleisteten Aufwendungen auf die Träger der Leistungen nach dem SGB II **über**, wenn bei rechtzeitiger Leistung des Anderen Leistungen zur Sicherung des Lebensunterhalts nicht oder nicht in diesem Umfang[628] erbracht worden wären.

702 Durch den Anspruchsübergang wird der **Gläubiger ausgetauscht**: An die Stelle der leistungsberechtigten Person als Gläubigerpartei treten, soweit der Übergang reicht, die Träger der Leistungen nach dem SGB II. Allerdings **behält** der **Anspruch** seine bisherige **Qualität bei**: Ein zivilrechtlicher Zahlungsanspruch bleibt zivilrechtlicher Zahlungsanspruch, ein familienrechtlicher Unterhaltsanspruch bleibt ein familienrechtlicher Anspruch und ein verwaltungsrechtlicher Anspruch bleibt ein verwaltungsrechtlicher Anspruch.

dd) Übergang von Ansprüchen – Voraussetzungen

703 Der Anspruch der leistungsberechtigten Person muss **für die Zeit** bestanden haben, **für die Leistungen erbracht** worden sind **(Zeitidentität)**. Bestand der Anspruch früher oder später, geht er nicht über.

---

627 S. u. Rn 9. Kapitel, Rn 30–32.
628 *Link,* in: Eicher/Spellbrink, SGB II, § 33, Rn 28 f.

Pattar

Beispiel: A bezieht Leistungen nach dem SGB II bis 30. 6. Er hat einen Darlehensrückzahlungs- **704** anspruch über 10.000 Euro gegen B, der am 10. 7. fällig wird. Dieser Anspruch geht mangels Zeitidentität nicht über.

Der Anspruch geht nur **bis zur Höhe der geleisteten Aufwendungen** auf die Träger **705** nach dem SGB II über. Im Übrigen verbleibt der Anspruch bei der leistungsberechtigten Person. **Geleistete Aufwendungen** sind **nur solche**, die **deshalb erbracht** werden, **weil** der oder die Andere den **Anspruch** der leistungsberechtigten Person gegen ihn **nicht rechtzeitig erfüllt** hat.[629] Weiter ist der Anspruchsübergang durch eine analoge Anwendung von § 40 Abs. 4 SGB II beschränkt: Bei der Bestimmung der geleisteten Aufwendungen werden von den für die Bedarfe für die Unterkunft erbrachten Leistungen 56 Prozent nicht berücksichtigt. Diese Analogie ist nötig und geboten, weil der Gesetzgeber zwar § 33 SGB II parallel zu § 94 SGB XII regeln wollte, eine entsprechende Regelung wie in § 94 Abs. 1 S. 6 SGB XII jedoch übersehen hat.[630] Andererseits umfassen die „Aufwendungen" auch Kranken- und Pflegeversicherungsbeiträge (vgl. Rn 553–562), soweit sie bei rechtzeitiger Erfüllung des Anspruchs nicht angefallen wären.

Beispiel: V bezieht im Monat April Arbeitslosengeld II in Höhe von 700 Euro. Er hat für diesen **706** Monat außerdem einen Anspruch auf Zahlung von Miete in Höhe von 400 Euro gegen M; M zahlt jedoch nicht. Hätte M gezahlt, hätte V nur einen Anspruch auf Arbeitslosengeld II in Höhe von 350 Euro gehabt. – Der Anspruch des M gegen V geht nur in Höhe von 350 Euro auf die Träger nach dem SGB II über; im Übrigen (50 Euro) behält V den Anspruch.

Es ist **keine Voraussetzung** für den Anspruchsübergang, dass die Leistungen **recht-** **707** **mäßig** gewährt worden sind.[631] Allerdings ist die Frage noch nicht geklärt, ob ein Anspruchsübergang ausgeschlossen ist, wenn parallel ein Erstattungsanspruch nach §§ 45, 50 SGB X besteht.[632]

Grundsätzlich erfasst § 33 SGB II **alle Ansprüche** der Leistungsberechtigten, **sogar** **708** eigentlich unübertragbare oder **unpfändbare Ansprüche** (§ 33 Abs. 1 S. 3 SGB II). **Ausgeschlossen** sind allerdings **Ansprüche gegen Leistungsträger nach** dem **SGB:** Hier gelten stattdessen die **Erstattungsvorschriften** der §§ 102 bis 114 SGB X (hierzu Rn 696). Bei **Ansprüchen gegen Arbeitgeberinnen und Arbeitgeber** sowie gegen **Schadensersatzpflichtige** gehen nach § 33 Abs. 5 SGB II die **§§ 115 und 116 SGB X** (hierzu o. Rn 700) vor.

ee) Übergang von Ansprüchen – Besonderheiten für Unterhaltsansprüche

Für **bürgerlich-rechtliche Unterhaltsansprüche** – das sind Unterhaltsansprüche **709** nach dem BGB und dem LPartG – gelten mehrere Besonderheiten.

Zum einen geht der Anspruch **zusammen mit dem unterhaltsrechtlichen Aus-** **710** **kunftsanspruch** (§ 1605 BGB, teils i. V. m. § 1361 Abs. 4, § 1580 BGB) über (§ 33 Abs. 1 S. 4 SGB II). Daneben bestehen nach § 60 SGB II öffentlich-rechtliche Auskunftspflichten (zur Parallelregelung in § 117 SGB XII s. 9. Kapitel, Rn 18).

---

629 *Link,* in: Eicher/Spellbrink, SGB II, § 33, Rn 28 f.
630 *Link,* in: Eicher/Spellbrink, SGB II, § 33, Rn 30 f. m. w. Nachw.
631 *BVerwG,* 4. 6. 1992 – 5 C 57/88, FEVS 43, 99–104; *LSG BW,* 22. 7. 2010 – L 7 SO 853/09, ZFSH/SGB 2010, 543–547, Rn 30 m. w. Nachw., auch für die Gegenauffassung.
632 Beim BSG anhängig unter B 8 SO 25/10 R. Dagegen *LSG BW,* 22. 7. 2010 – L 7 SO 853/09, ZFSH/SGB 2010, 543, Rn 30 (ebenso für die Rechtslage unter dem früheren BSHG: *BVerwG,* 4. 6. 1992 – 5 C 57/88, FEVS 43, 99); dafür die Vorinstanz *SG Freiburg,* 20. 11. 2008 – S 6 SO 3055/08, www.sozialgerichtsbarkeit.de und *SG Freiburg,* 23. 6. 2008 – S 6 SO 2234/08 ER, ZFSH/SGB 2008, 488–495 unter Vorsitz des Verfassers.

711 Zum anderen bestehen hier **Ausnahmen vom Anspruchsübergang**.

712 So **geht** der **Unterhaltsanspruch nicht über**, wenn die unterhaltsberechtigte Person mit der oder dem Verpflichteten in einer **Bedarfsgemeinschaft** lebt (§ 33 Abs. 2 S. 1 Nr. 1 SGB II) oder soweit der Unterhaltsanspruch **durch laufende Zahlung erfüllt** wird (§ 33 Abs. 2 S. 2 SGB II). In diesen beiden Fällen wird der Unterhalt bereits von vornherein bei der Leistungsberechnung berücksichtigt. Dies geschieht entweder über die Regeln zur Anrechnung von Einkommen und Vermögen innerhalb einer Bedarfsgemeinschaft (§ 9 Abs. 2 SGB II; o. ab Rn 450) oder unmittelbar als Einkommen der leistungsberechtigten Person (§ 11 Abs. 1 SGB II).

713 **Verwandtenunterhalt** (§§ 1601 ff. BGB) geht nach § 33 Abs. 2 S. 1 Nr. 2 Halbs. 1 SGB II **grundsätzlich nicht über**, **wenn** die unterhaltsberechtigte Person den **Unterhaltsanspruch nicht geltend macht**. Der Gesetzgeber will damit zum einen nicht zu sehr in die Familienstrukturen eingreifen. Zum anderen will er vor allem verschämte Armut von Eltern oder Großeltern vermeiden: Es ist nicht fernliegend, dass Eltern trotz Hilfebedürftigkeit aus Rücksicht auf ihre unterhaltpflichtigen Kinder Leistungen zur Sicherung des Lebensunterhalts nach dem SGB II nicht beantragen würden, wenn die Leistungsträger diese Kinder später über den Anspruchsübergang in Regress nehmen könnten.

714 Bei **Unterhaltsansprüchen von Kindern gegen ihre Eltern**, dem praktisch wichtigsten Posten des Verwandtenunterhalts, hält der Gesetzgeber diese Rücksichtnahme jedoch nicht für geboten: Nach § 33 Abs. 2 S. 1 Nr. 2 Halbs. 2 SGB II **gehen** Unterhaltsansprüche von Minderjährigen gegen ihre Eltern **stets**, Unterhaltsansprüche von 18- bis unter 25-Jährigen gegen ihre Eltern bis zum Abschluss der Erstausbildung eben doch **auf die Träger** nach dem SGB II **über**.

715 **Beispiel:** Die 17-jährige S lebt nach der Trennung ihrer Eltern bei ihrer Mutter M. Bezieht sie Leistungen zur Sicherung des Lebensunterhalts (z. B. Arbeitslosengeld II und Leistungen für Bildung und Teilhabe), geht ihr Unterhaltsanspruch gegen ihren Vater auch dann auf die Träger nach dem SGB II über, wenn S selbst mit ihrem Vater nichts zu tun haben will oder im Interesse einer Versöhnung ihrer Eltern auf die Geltendmachung des Anspruchs verzichten will.

716 Der Unterhaltsanspruch geht in solchen Fällen nicht über, in denen die leistungsberechtigte Person schwanger ist oder ihr leibliches Kind bis zur Vollendung seines sechsten Lebensjahres betreut (§ 33 Abs. 2 S. 1 Nr. 3 SGB II). Wie § 9 Abs. 3 SGB II (o. Rn 480) soll diese Vorschrift Druck von der Schwangeren nehmen, das Kind abzutreiben oder zur Adoption freizugeben.

717 Schließlich ist der **Anspruchsübergang** für diese Unterhaltsansprüche nach § 33 Abs. 2 S. 3 SGB II **begrenzt**: Nach dem Wortlaut dieser Norm geht der Anspruch nur über, soweit das Einkommen und Vermögen der unterhaltsverpflichteten Person das nach den §§ 11 und 12 SGB II zu berücksichtigende Einkommen und Vermögen übersteigt. Bei wortlautgetreuer Anwendung ist dieser Satz – jedenfalls für Volljährige – sinnlos: Wegen der stets abzusetzenden Versicherungspauschale übersteigt das Einkommen bei Volljährigen stets das zu berücksichtigende Einkommen. Gemeint ist damit, dass der **Anspruch nur übergeht**, soweit das nach den §§ 11 und 12 SGB II zu berücksichtigende Einkommen und Vermögen der unterhaltpflichtigen Person ihren **Bedarf** nach dem SGB II übersteigt. Die **unterhaltpflichtige Person** soll also durch den Anspruchsübergang **nicht hilfebedürftig** werden. Deshalb muss für sie eine **fiktive Bedürftigkeitsprüfung** durchgeführt werden.

Pattar

ff) Übergang von Ansprüchen – Rechtswahrungsanzeige

Auch **§ 33 Abs. 3 SGB II** betrifft in erster Linie bürgerlichrechtliche Unterhaltsansprü- **718** che. Er **erweitert** für übergegangene Ansprüche die **Möglichkeiten**, den Anspruch **für die Vergangenheit** geltend zu machen.

Grundsätzlich bestehen im bürgerlichen Recht keine Einschränkungen, einen Anspruch für die **719** Vergangenheit, also für die Zeit vor dem Erwirken eines Titels hierüber, beispielsweise einer Gerichtsentscheidung, geltend zu machen. So kann im Juni immer noch die Zahlung der Miete für Februar verlangt werden. Unterhaltsansprüche sind hingegen gegenwartsbezogen; es gilt der Grundsatz *in Praeteritum non vivitur* („in die Vergangenheit hinein lebt man nicht") oder „gelebt ist gelebt". Unterhalt für den Monat Februar kann deshalb im Juni nur noch bei Vorliegen bestimmter Voraussetzungen gefordert werden.

Die bürgerlichrechtlichen Voraussetzungen dafür, einen **Unterhaltsanspruch** für die **720** Vergangenheit geltend zu machen, regelt § 1613 BGB. Nach § 1613 Abs. 1 BGB kann die unterhaltsberechtigte Person den **Unterhaltsanspruch** oder einen entsprechenden Schadensersatzanspruch **frühestens** vom Ersten des Kalendermonats an **fordern**, in welchem

1. der oder die **Verpflichtete** zum Zwecke der Geltendmachung des Unterhaltsanspruchs **aufgefordert** worden ist, über seine Einkünfte und sein Vermögen **Auskunft zu erteilen**,
2. der oder die Verpflichtete in **Verzug** (§ 286 BGB) gekommen ist oder
3. der **Unterhaltsanspruch rechtshängig** geworden ist, also der Antrag auf Verpflichtung zur Unterhaltszahlung zugestellt worden ist (§§ 253, 261 ZPO; § 113 Abs. 1 und 5 FamFG).

Eine **Ausnahme** hiervon machen § 1613 Abs. 2 und 3 BGB nur für einen unregelmäßig auftretenden, außergewöhnlich hohen **Sonderbedarf** oder für Zeiten der Verhinderung der Geltendmachung des Anspruchs.

Hinter all diesen Tatbeständen steht der Gedanke, dass die **Unterhaltspflichtigen** erst **721** von dem Zeitpunkt an in Anspruch genommen werden sollen, von dem an sie **gewarnt** sind, dass Unterhaltsansprüche auf sie zukommen.

§ 33 Abs. 3 S. 1 SGB II ermöglicht es nun den **Trägern, selbst** eine solche **Warnung 722 herbeizuführen**: Außer unter den genannten Voraussetzungen des bürgerlichen Rechts können die Träger einen Unterhaltsanspruch von der Zeit an geltend machen, zu welcher sie der oder dem Verpflichteten schriftlich mitgeteilt haben, dass sie dem oder der Unterhaltsberechtigten Leistungen erbringen. Diese sogenannte **Rechtswahrungsanzeige** – nach zutreffender Meinung mangels öffentlich-rechtlicher Regelung kein Verwaltungsakt – muss beinhalten, dass, wem und in welcher Höhe welche Leistungen erbracht werden. Darüber hinaus sollte sie einen Hinweis dazu enthalten, dass eventuelle Unterhaltsansprüche der leistungsberechtigten gegen die unterhaltspflichtige Person auf die Träger der Leistungen nach dem SGB II übergehen.

gg) Übergang von Ansprüchen – Geltendmachung

Weil die **Träger nach dem SGB II** nur an die Stelle der leistungsberechtigten Person **723** treten, können sie **den übergegangenen Anspruch** auch **nur so durchsetzen, wie** das auch die **leistungsberechtigte Person** hätte geltend tun können. Bei zivilrechtlichen Ansprüchen sind die Träger also letztlich auf den Klageweg vor den Zivilgerichten verwiesen und müssen dort die Voraussetzungen des Anspruchs genau so darlegen und beweisen wie die leistungsberechtigte Person das auch hätte tun müssen. Dies ist für die Träger der Leistungen nicht sehr einfach: Die hierfür nötigen Informationen hat die leistungsberechtigte Person. Für die Leistungsberechtigten ist es unangenehm: Der Anspruchsübergang und damit der Leistungsbezug wird gegenüber der Schuldnerin oder dem Schuldner offengelegt. Schließlich ist dies bei teilweisem Anspruchsübergang auch unpraktisch: Die Schuldnerin oder der Schuldner sieht sich wegen desselben Anspruchs zwei Verfahren ausgesetzt, es entstehen höhere Gerichtskosten und auch doppelter Aufwand bei den Leistungsberechtigten und Leistungsträgern.

724 Deshalb können die Leistungsträger gemäß § 33 Abs. 4 SGB II den auf sie übergegangenen **Anspruch** im Einvernehmen mit der Leistungsempfängerin oder dem Leistungsempfänger zur Geltendmachung auf diese **rückübertragen** und sich den geltend gemachten **Anspruch abtreten lassen. Kosten**, mit denen die Leistungsempfängerin oder der Leistungsempfänger dadurch belastet wird – das sind insbesondere Gerichts- und Anwaltskosten, soweit sie die Leistungsberechtigten nicht ohnehin für die Geltendmachung des bei ihnen verbliebenen Anspruchsteils tragen müssten –, **haben die Träger zu übernehmen**.

725 Schließlich eröffnet § 33 Abs. 3 S. 2 SGB II den Trägern die Möglichkeit, bei voraussichtlich längerem Leistungsbezug in Höhe der bisherigen Leistungen auf zukünftige Leistung zu klagen.

c) Kostenersatz für rechtmäßig gewährte Leistungen (§§ 34, 35 SGB II)

aa) Überblick

726 Sind Leistungen rechtmäßig gewährt worden, bestehen neben dem Anspruchsübergang zwei Möglichkeiten, Kostenersatz zu erlangen: Der Ersatzanspruch bei sozialwidrigem Verhalten nach § 34 SGB II (hierzu sogleich Rn 727) und die Erbenhaftung nach § 35 SGB II (Rn 732).

bb) Ersatzanspruch bei sozialwidrigem Verhalten (§ 34 SGB II)

727 Die Leistungen zur Sicherung des Lebensunterhalts knüpfen nur an die Tatsache der Hilfebedürftigkeit an; der Grund dafür ist irrelevant. Für die Fälle, in denen eine Person, die Leistungen erhalten hat, ihre Hilfebedürftigkeit jedoch vorwerfbar herbeigeführt hat, sieht § 34 Abs. 1 SGB II einen Ersatzanspruch vor. Hiernach ist zum Ersatz der gezahlten Leistungen verpflichtet, wer nach Vollendung des 18. Lebensjahres vorsätzlich oder grob fahrlässig die **Voraussetzungen für die Gewährung von Leistungen nach dem SGB II** an sich oder an mit ihm in einer Bedarfsgemeinschaft lebende Personen ohne wichtigen Grund **herbeigeführt** hat. Hinzu kommen muss, dass das Verhalten **sozialwidrig** war.[633]

728 Die Erstattungspflicht umfasst sowohl erbrachte Leistungen zur Sicherung des Lebensunterhalts als auch Leistungen zur Eingliederung in Arbeit,[634] und zwar einschließlich der geleisteten Beiträge zur Kranken-, Renten- und Pflegeversicherung. Abzusehen ist von der Geltendmachung, soweit sie eine Härte bedeuten würde.

729 **Beispiel:** A hat über die Freibeträge hinaus 24.000 Euro angespart. Eines Abends geht er in eine Spielbank und verspielt das ganze Gold. Dadurch wird er hilfebedürftig, sodass ihm Leistungen zu gewähren sind. – Erstattungsanspruch: (+)

---

633 *Hänlein,* in: Gagel SGB II/SGB III, § 34 SGB II, Rn 11–16.
634 BT-Drucks. 17/3404, S. 113 (Zu § 34).

Pattar

B lässt sich aus Langeweile aus ihrem Beamtenverhältnis entlassen. – Erstattungsanspruch: (+)

Der hilfebedürftige C lehnt das konkrete Angebot ab, eine Erwerbstätigkeit anzunehmen, die seinen Bedarf für zwei Monate gedeckt hätte. – Erstattungsanspruch: (+)

D hat über die Freibeträge hinaus 10.000 Euro fest angelegt. Sie kann den Sparvertrag nicht vorzeitig kündigen. Von einer Freundin leiht sie sich das entsprechende Geld und lebt sparsam davon. Als der Sparvertrag fällig wird, nutzt sie das freigewordene Geld, um ihre Schulden bei ihrer Freundin zurückzuzahlen. Anschließend bezieht sie Leistungen im Wert von mehr als 10.000 Euro. – D hat zwar ihre Hilfebedürftigkeit vorsätzlich herbeigeführt. Das Bezahlen von Schulden, die sie zur Deckung ihres bescheidenen Lebensunterhalts eingegangen ist, ist jedoch nicht sozialwidrig. Es besteht daher kein Erstattungsanspruch.

Ehemann E schlägt seine nicht erwerbstätige Ehefrau F und seine zwei Kinder G und H, so dass F aus der ehelichen Wohnung auszieht. Weil F kein Einkommen hat und E auch keinen Unterhalt zahlt, werden F, G und H hilfebedürftig. – E hat nach § 34 SGB II die für F, G und H erbrachten Leistungen einschließlich der Kranken- und Pflegeversicherungsbeiträge zu erstatten.

Der Ersatzanspruch nach § 34 Abs. 1 SGB II geht auf die Erbinnen und Erben der ersatzpflichtigen Person über. Allerdings ist die übergegangene Ersatzpflicht auf den Wert des Nachlasses zum Erbfallzeitpunkt begrenzt. Diese Begrenzung gilt jedoch nur, soweit die Ersatzpflicht nicht bereits zu Lebzeiten der ersatzpflichtigen Person geltend gemacht worden ist. **730**

Der Ersatzanspruch erlischt nach § 34 Abs. 3 SGB II drei Jahre nach Ablauf des Jahres, in dem die Leistung erbracht worden ist. Die Vorschriften des Bürgerlichen Gesetzbuches über die Hemmung, Ablaufhemmung, den Neubeginn und die Wirkung der Verjährung gelten dabei sinngemäß. Der Leistungsträger kann diese Frist durch Erlass eines Erstattungsbescheides hemmen (§ 34 Abs. 3 S. 2 Halbs. 2 SGB II i. V. m. § 204 Abs. 1 Nr. 1 BGB). **731**

cc) Erbenhaftung (§ 35 SGB II)

Nach § 35 SGB II hat die Erbin[635] oder der **Erbe** einer Person, die Leistungen nach dem SGB II erhalten hat, diese Leistungen zu **erstatten**. Der Erstattungsanspruch umfasst einschließlich der geleisteten Kranken-, Pflege- und Rentenversicherungsbeiträge (§ 35 Abs. 1 S. 2 SGB II) **alle Leistungen**, die innerhalb von **zehn Jahren vor dem Erbfall** erbracht worden sind und einen Betrag von 1.700 Euro übersteigen (§ 35 Abs. 1 S. 1 SGB II). Umfasst sind sowohl Leistungen zur Sicherung des Lebensunterhalts, als auch Leistungen zur Eingliederung in Arbeit.[636] Die Ersatzpflicht ist **auf den Nachlasswert** zum Zeitpunkt des Erbfalls **begrenzt** (§ 35 Abs. 1 S. 3 SGB II). **732**

Wer Erbin oder Erbe ist, bestimmt sich nach bürgerlichrechtlichen Vorschriften (Fünftes Buch [§§ 1922–2385] BGB, § 10 LPartG). Bei ausländischen Erblasserinnen und Erblassern ist darüber hinaus das Internationale Privatrecht zu beachten, welches in Art. 25 EGBGB grundsätzlich auf das Heimatrecht der Erblasserin oder des Erblassers verweist. **733**

Neben der Begrenzung auf den Wert des Nachlasses zum Zeitpunkt des Erbfalles erfährt die Erbenhaftung in § 35 Abs. 2 und 3 SGB II weitere **Einschränkungen**. § 35 Abs. 2 Nr. 1 SGB II gewährt einen **Freibetrag** von 15.500 Euro, wenn die Erbin oder der Erbe Partnerin oder **Partner** der verstorbenen Person **oder** mit ihr **verwandt** war, bis zu ihrem Tod mit ihr in häuslicher Gemeinschaft gelebt und sie **gepflegt** hat. Nach § 35 Abs. 2 Nr. 2 SGB II ist der Anspruch zudem nicht geltend zu machen, soweit dies **734**

---

635 Zwar verpflichtet § 35 Abs. 1 SGB II nach seinem Wortlaut lediglich einen männlichen Erben zum Kostenersatz. Art. 3 Abs. 2 und 3 GG erzwingen jedoch zur Vermeidung einer Verfassungswidrigkeit die Auslegung, dass auch Erbinnen zum Kostenersatz verpflichtet sind.

636 BT-Drucks. 17/3404, S. 113 (Zu § 35).

Pattar

für die Erbin oder den Erben eine besondere Härte bedeuten würde. Das wird etwa bei vergleichbaren Situationen wie bei Nr. 1 angenommen, aber auch bei erheblichen Investitionen des Erben in das Haus, welches den wesentlichen Erbschaftsgegenstand ausmacht. Beide Normen kommen nur dem Miterben zugute, in dessen Person sie vorliegen.[637]

735 Schließlich erlischt der Ersatzanspruch nach § 35 Abs. 3 SGB II drei Jahre nach dem Tod der Person, welche die Leistungen empfangen hat. Dabei gelten die Vorschriften des BGB über Hemmung, Ablaufhemmung, Neubeginn und Wirkung der Verjährung entsprechend (§ 35 Abs. 3 S. 2 i. V. m. § 34 Abs. 3 S. 2 SGB II).

4. Herstellung des Nachrangs bei rechtswidrig gewährten Leistungen

a) Überblick

736 Sind Leistungen rechtswidrig erbracht worden, bestehen zwei Möglichkeiten, von wem die Leistungsträger die Kosten erstattet erhalten können: Von der Person, welche die Leistungen erhalten hat (sogleich ab Rn 737) oder von anderen Personen, welche die Leistungen durch ihr Verhalten herbeigeführt haben (u. ab Rn 762).

b) Erstattung rechtswidrig erbrachter Leistungen (§ 50 SGB X, § 40 Abs. 3 und 4 SGB II)

aa) Rechtsgrundlage für die Erstattung: § 50 SGB X

737 Von der Person, welche die Leistungen erhalten hat, können die Leistungen nur nach **§ 50 SGB X** zurückgefordert werden. Nach § 50 Abs. 1 SGB X sind bereits erbrachte **Leistungen zu erstatten, soweit ein Verwaltungsakt aufgehoben worden ist.** Die Aufhebung eines Verwaltungsakts, mit dem Leistungen der Grundsicherung für Arbeitsuchende bewilligt worden sind, kann nur nach den §§ 45 (Rücknahme), 47 (Widerruf) und 48 (Aufhebung bei Änderung der Verhältnisse) SGB X erfolgen. Dabei kam § 47 SGB X bislang keine praktische Bedeutung zu.[638] Sind Leistungen ohne Verwaltungsakt zu Unrecht erbracht worden, sind sie nach § 50 Abs. 2 SGB X in entsprechender Anwendung von §§ 45 und 48 SGB X zu erstatten. Zunächst wird also betrachtet, unter welchen Voraussetzungen Verwaltungsakte aufgehoben werden können (Rn 738 und 750), bevor der Umfang der Erstattungsforderung in den Blick genommen wird (ab Rn 755).

bb) Aufhebung eines Verwaltungsakts mit Dauerwirkung bei Änderung der Verhältnisse (§ 48 SGB X, § 40 Abs. 2 Nr. 3 SGB II, § 330 Abs 3 SGB III)

(1) Voraussetzungen

738 **Ändert sich die Situation während des Leistungsbezuges,** richtet sich die Aufhebung der Bewilligung nach **§ 48 SGB X.** Nach § 48 Abs. 1 S. 1 SGB X ist ein Verwaltungsakt mit Dauerwirkung mit Wirkung für die Zukunft aufzuheben, wenn in den tatsächlichen oder rechtlichen Verhältnissen, die bei seinem Erlass vorgelegen haben, eine wesentliche Änderung eintritt. Nach dieser Vorschrift kommt es nicht darauf an,

---

637 *Hänlein,* in: Gagel SGB II/SGB III, § 35 SGB II, Rn 31–34.
638 Das mag sich durch § 29 Abs. 4 SGB II ändern.

ob der Ausgangs-Verwaltungsakt rechtmäßig oder rechtswidrig war. Allerdings kann damit ein Verwaltungsakt nur insoweit aufgehoben werden, als er sich verändert hat.

Ein **Verwaltungsakt mit Dauerwirkung** liegt vor, wenn sich der Verwaltungsakt nicht **739** nur in einem einmaligen Ge- oder Verbot oder der Bewilligung einer einmaligen Leistung oder der Ablehnung einer Leistung erschöpft, sondern über den Erlasszeitpunkt hinaus für einen bestimmten Zeitraum oder auf Dauer Wirkung entfaltet.

Beispiele: Die Bewilligung von Arbeitslosengeld II oder Sozialgeld erfolgt regelmäßig in einem **740** Verwaltungsakt mit Dauerwirkung. Das gilt selbst dann, wenn Leistungen nur für einen Monat bewilligt werden, obwohl die Leistungen monatlich im Voraus erbracht werden (§ 41 Abs. 1 S. 4 SGB II): Nach § 41 Abs. 1 S. 1 SGB II besteht für jeden Kalendertag ein Leistungsanspruch; eine Änderung der Verhältnisse (Ende einer Schwangerschaft, Vollendung des 15. Lebensjahres, Zu- oder Wegzug eines Mitglieds der Bedarfsgemeinschaft während des Monats) kann durchaus Einfluss auf die Leistungshöhe während dieses Monats haben.

Dagegen erfolgt die Bewilligung einer Erstausstattung regelmäßig als Verwaltungsakt ohne Dauerwirkung, weil nur eine einmalige Leistung erbracht wird.

Ablehnungsentscheidungen haben **nie** Dauerwirkung.

Eine **Änderung in den rechtlichen oder tatsächlichen Verhältnissen** liegt vor, wenn **741** die Rechtslage oder die zu Grunde zu legenden nunmehr Tatsachen anders sind als sie es zum Zeitpunkt der Bekanntgabe des Verwaltungsakts waren. Es kommt dabei nicht auf das Vorliegen von Beweismitteln, sondern auf die tatsächlichen Verhältnisse an.

Wesentlich ist die **Änderung**, wenn der Verwaltungsakt nach der veränderten Rechts- **742** oder Tatsachenlage nicht mehr in gleicher Weise ergehen könnte. Bei Geldleistungen ist das dann der Fall, wenn die Leistung auch nur um einen Cent höher oder niedriger zu bemessen wäre.

(2) Aufhebung für die Zukunft

Liegen diese Voraussetzungen vor, **muss** der Verwaltungsakt **für die Zukunft** aufge- **743** hoben werden. Die Zukunft beginnt nach der Rechtsprechung des Bundessozialgerichts mit dem Beginn des Bewilligungszeitraums, der auf die Bekanntgabe des Aufhebungsverwaltungsaktes folgt.[639] Da Arbeitslosengeld II und Sozialgeld pro Kalendertag gewährt werden, beginnt die Zukunft in diesem Sinne am Tag nach der Bekanntgabe des Aufhebungsbescheides.

(3) Aufhebung für die Vergangenheit

Soll der Verwaltungsakt mit Wirkung für die davor liegende Zeit aufgehoben werden, **744** weil eine Änderung in den tatsächlichen oder rechtlichen Verhältnissen in der Vergangenheit eingetreten ist, die Behörde hiervon aber erst später Kenntnis erlangt, richtet sich die Aufhebung des Verwaltungsakts nach § 48 Abs. 1 S. 2 SGB X. Hiernach soll der **Verwaltungsakt mit Wirkung vom Zeitpunkt der Änderung der Verhältnisse** aufgehoben werden, wenn

1. die **Änderung zugunsten des Betroffenen** erfolgt. Das ist dann der Fall, wenn sich durch die Änderung höhere Leistungen oder eine geringere Belastung für den Adressaten oder die Adressatin ergibt.
2. der Betroffene einer durch Rechtsvorschrift vorgesehenen **Pflicht zur Mitteilung wesentlicher** für ihn nachteiliger **Änderungen der Verhältnisse** vorsätzlich oder grob fahrlässig **nicht nachgekommen** ist. Als Rechtsvorschrift, die eine solche

---

639 *Schütze*, in: von Wulffen, SGB X, § 45, Rn 76 m. Nachw.

Pattar

Pflicht normiert, kommt insbesondere § 60 Abs. 1 S. 1 Nr. 2 SGB I (hierzu bereits o. 3. Kapitel, Rn 1–14) in Betracht. Hiernach muss, wer Sozialleistungen beantragt oder erhält, Änderungen in den Verhältnissen unverzüglich mitteilen, die für die Leistung erheblich sind oder über die im Zusammenhang mit der Leistung Erklärungen abgegeben worden sind. Grobe Fahrlässigkeit liegt erst vor, wenn die erforderliche Sorgfalt in besonders schwerem Maße verletzt worden ist (§ 45 Abs. 2 S. 3 Nr. 3 Halbs. 2 SGB X). Ohne eine Belehrung über die Pflichten – die im Antrag, aber auch im Bewilligungsbescheid erfolgen kann – dürfte das von § 48 Abs. 1 S. 2 Nr. 2 SGB X geforderte Verschulden nur selten vorliegen.

3. nach Antragstellung oder Erlass des Verwaltungsaktes **Einkommen** oder Vermögen **erzielt** worden ist, das zum Wegfall oder zur Minderung des Anspruchs geführt haben würde. § 48 Abs. 1 S. 2 Nr. 3 SGB X setzt **keinerlei Verschulden** voraus.

4. wenn der oder die Betroffene **wusste** oder infolge grober Fahrlässigkeit nicht wusste, **dass der** sich aus dem Verwaltungsakt ergebende **Anspruch** kraft Gesetzes zum Ruhen gekommen oder ganz oder teilweise **weggefallen ist**. Das kann etwa dann vorliegen, wenn die leistungsberechtigte Person in dem Bewilligungsbescheid selbst darüber informiert worden ist, dass der Anspruch von Einkommen abhängig ist. Auch das nach § 48 Abs. 1 S. 2 Nr. 4 SGB X geforderte Verschulden dürfte ohne eine Belehrung durch die Behörde kaum je vorliegen.

745 Liegt einer der Tatbestände von § 48 Abs. 1 S. 2 SGB X vor, *soll* der Verwaltungsakt mit Wirkung vom Zeitpunkt der Änderung der Verhältnisse aufgehoben werden. § 330 Abs. 3 SGB III, der über § 40 Abs. 2 Nr. 3 SGB II auch im Bereich des SGB II gilt, modifiziert allerdings die Rechtsfolge: Statt eines „Soll", welches in atypischen Fällen Ermessen eröffnet hätte, **muss** die Behörde bei Vorliegen der Voraussetzungen des § 48 Abs. 1 S. 2 SGB X den Verwaltungsakt mit Wirkung **vom Zeitpunkt der Änderung der Verhältnisse aufheben**.

746 Als Zeitpunkt der **Änderung der Verhältnisse** in diesem Sinn gilt nach § 48 Abs. 1 S. 3 SGB X in Fällen, in denen **Einkommen** oder **Vermögen** auf einen zurückliegenden Zeitraum auf Grund der besonderen Teile dieses Gesetzbuches anzurechnen ist, der **Beginn des Anrechnungszeitraums**. Da bei der Bestimmung der Bedürftigkeit nach § 9 SGB II grundsätzlich das **Monatsprinzip** gilt, ist dies im SGB II bei laufenden Einnahmen regelmäßig der Beginn des Monats, in dem das Einkommen erzielt worden ist (§ 11 Abs. 2 SGB II). Bei einmaligen Einnahmen ist dies hingegen, wenn Leistungen bereits erbracht worden waren, der Beginn des Folgemonats (§ 11 Abs. 3 S. 2 SGB II).

747 **Beispiel:** J bezieht auf Grund eines Bescheides vom 10. 2. in der Zeit vom 1. 2. bis zum 31. 7. Arbeitslosengeld II. Dabei ist kein Einkommen angerechnet worden.

Variante 1: Im März nimmt er eine Arbeitsstelle an; das Einkommen, das er hierdurch erzielt, würde zu einem um 20 Euro niedrigeren Anspruch führen. Das Jobcenter erfährt dies durch Zufall im Mai. – Es liegt jedenfalls ein Fall des § 48 Abs. 1 S. 2 Nr. 3 SGB X vor, deshalb muss das Jobcenter (§ 40 Abs. 2 Nr. 3 SGB II, § 330 Abs. 3 SGB III) den Verwaltungsakt mit Wirkung vom Zeitpunkt der Änderung der Verhältnisse in Höhe von 20 Euro monatlich aufheben. Da das Einkommen nach § 11 Abs. 2 SGB II ab dem 1. 3. berücksichtigt wird, muss die Änderung mit Wirkung für diesen Zeitpunkt erfolgen.

Variante 2: Im April gewinnt J bei der Lotterie 7.000 Euro. Das Jobcenter erfährt dies erst im Juli. – Es liegt jedenfalls ein Fall des § 48 Abs. 1 S. 2 Nr. 3 SGB X vor, deshalb muss das Jobcenter (§ 40 Abs. 2 Nr. 3 SGB II, § 330 Abs. 3 SGB III) den Verwaltungsakt mit Wirkung vom Zeitpunkt der Änderung der Verhältnisse aufheben. Fraglich ist, wann dieser Zeitpunkt ist. Bei dem Lottogewinn handelt es sich um einmaliges Einkommen. Dieses ist nach § 11 Abs. 3 SGB II ab dem Folgemonat des Zuflusses zu berücksichtigen, wenn die Leistungen für den Zuflussmonat bereits erbracht sind. Damit muss die Aufhebung zum 1. 5. erfolgen.

Pattar

Variante 3: Im Mai hilft J an mehreren Tagen kurzzeitig bei der Spargelernte aus. Am 28. 5. erhält er den Arbeitslohn dafür ausgezahlt. Das Jobcenter erfährt davon erst im Juni. – Jedenfalls muss mit Wirkung vom Zeitpunkt der Änderung der Verhältnisse aufgehoben werden. Das Einkommen aus kurzzeitiger Tätigkeit gehört nach § 11 Abs. 2 S. 2 SGB II zum laufenden Einkommen. Damit wird es im Mai angerechnet; die Aufhebung muss mit Wirkung vom 1. 5. erfolgen.

(4) Fristen und Zuständigkeit

Bei einer Änderung der Verhältnisse hat die Behörde nicht unbegrenzt Zeit, den Verwaltungsakt aufzuheben. Über § 48 Abs. 4 SGB X gelten die **Fristen** des § 45 Abs. 3 S. 3 bis 5 und Abs. 4 S. 2 SGB X entsprechend. Die Behörde kann einen Verwaltungsakt also in der Regel **bis zu zehn Jahre seit der Änderung der Verhältnisse** aufheben (§ 48 Abs. 4 SGB X i. V. m. § 45 Abs. 3 S. 3 SGB X).[640] Sie muss bei einer Aufhebung mit Wirkung für die Vergangenheit außerdem **innerhalb eines Jahres** handeln, seit sie **Kenntnis** von den Tatsachen hat, welche die Aufhebung rechtfertigen (§ 48 Abs. 4 SGB X i. V. m. § 45 Abs. 4 S. 2 SGB X). Für den Beginn dieser Frist reicht im Sozialrecht die **Aktenkundigkeit** der Tatsachen bei der für die Aufhebung zuständigen Dienststelle aus.[641] **748**

Zuständig für die Aufhebung des Verwaltungsakts ist die Behörde, die jetzt für den Erlass des Verwaltungsakts zuständig wäre (§§ 48 Abs. 4, 44 Abs. 3 SGB X), meist also die Behörde, die auch den zu ändernden Verwaltungsakt erlassen hat. **749**

cc) Rücknahme eines von Anfang an rechtswidrigen Verwaltungsakts (§ 45 SGB X, § 40 Abs. 2 Nr. 3 SGB II, § 330 Abs. 2 SGB III)

War dagegen die Leistung **von Anfang an rechtswidrig** bewilligt, richtet sich die Rücknahme einer Bewilligung als eines begünstigenden Verwaltungsakts nach § 45 SGB X. **750**

Der Verwaltungsakt, auf den § 45 SGB X angewendet werden soll, muss bereits **bei** seiner **Bekanntgabe rechtswidrig** und **begünstigend** gewesen sein. Darüber hinaus darf der oder die Begünstigte nach § 45 Abs. 2 SGB X **nicht schutzwürdig** auf den Bestand dieses Verwaltungsaktes **vertraut haben**. § 45 Abs. 2 S. 3 SGB X führt drei Fälle auf, bei deren Vorliegen kein schutzwürdiges Vertrauen vorliegt: **751**

1. Soweit der oder die Begünstigte den Verwaltungsakt durch arglistige **Täuschung**, **Drohung** oder **Bestechung** erwirkt hat.
2. Soweit der Verwaltungsakt auf **Angaben** beruht, **welche der oder die Begünstigte** vorsätzlich oder grob fahrlässig in wesentlicher Beziehung **unrichtig oder unvollständig gemacht hat**. Hierfür genügt es, dass der oder die Begünstigte in einem für ihn oder sie verständlichen Antragsformular erfragte Angaben weglässt.
3. Soweit der oder die Begünstigte die **Rechtswidrigkeit** des Verwaltungsaktes **kannte** oder infolge grober Fahrlässigkeit nicht (er)kannte. Hierfür kommt es darauf an, dass für den oder die konkrete Begünstigte im Verwaltungsakt selbst oder mittels ganz naheliegender Überlegungen augenfällig wird, dass der Verwaltungsakt rechtswidrig ist.

Eine **Rücknahme mit Wirkung für die Vergangenheit** (vgl. Rn 743) ist praktisch **nur bei** Vorliegen eines dieser drei Fälle des **§ 45 Abs. 2 S. 3 SGB X** möglich (§ 45 Abs. 4 S. 1 SGB X), eine Rücknahme für die Zukunft auch in anderen Fällen fehlenden schutzwürdigen Vertrauens. **752**

---

640 *Waschull,* in: Fichte/Plagemann/Waschull, Sozialverwaltungsverfahrensrecht, § 4, Rn 303.
641 *Schütze,* in: von Wulffen, SGB X, § 45, Rn 85.

753 **Grundsätzlich** räumt § 45 SGB X der zuständigen Behörde – das ist wie in § 48 SGB X die Behörde, die jetzt für den Erlass des Verwaltungsakts zuständig wäre (§§ 45 Abs. 5, 44 Abs. 3 SGB X), meist also die Behörde, die auch den zu ändernden Verwaltungsakt erlassen hat – bei Vorliegen der Voraussetzungen **Ermessen** ein, ob und in welchem Umfang der Verwaltungsakt zurückgenommen werden soll. Dies gilt jedoch für die meisten Fälle **nicht im SGB II**: Nach dem über § 40 Abs. 2 Nr. 3 SGB II anwendbaren § 330 Abs. 2 SGB III **muss** die Behörde den Verwaltungsakt **bei** Vorliegen eines der Fälle des **§ 45 Abs. 2 S. 3 SGB X mit Wirkung für die Vergangenheit zurücknehmen**.

754 Auch bei einem von Anfang an rechtswidrigen Verwaltungsakt hat die Behörde für die Rücknahme nicht unbegrenzt Zeit. Zu beachten sind die **Fristen** in § 45 Abs. 3 und Abs. 4 S. 2 SGB X. Zum einen kann die Behörde einen Verwaltungsakt mit Dauerwirkung nur bis zu zwei Jahre, in den Fällen des § 45 Abs. 2 S. 3 Nr. 2 oder 3 SGB X bis zu zehn Jahre seit seiner Bekanntgabe zurücknehmen. Sie muss bei einer Rücknahme mit Wirkung für die Vergangenheit außerdem **innerhalb eines Jahres** handeln, seit sie **Kenntnis** von den Tatsachen hat, welche die Rücknahme rechtfertigen (§ 45 Abs. 4 S. 2 SGB X). Da es sich bei der Rücknahme für die Vergangenheit im Rahmen des SGB II in aller Regel um eine gebundene Entscheidung handelt, reicht für den Beginn dieser Frist die **Aktenkundigkeit**[642] der Tatsachen aus, aus denen sich die Rechtswidrigkeit ergibt, sowie der Tatsachen, aus denen sich das Vorliegen eines der Fälle des § 45 Abs. 2 S. 3 SGB X ergibt.

dd) Form der Erstattung bei Gutscheinen (§ 50 Abs. 1 SGB X, § 40 Abs. 3 SGB II)

755 Sachleistungen einschließlich der Gutscheine sind nach § 50 Abs. 1 S. 2 SGB X und § 40 Abs. 3 S. 1 SGB II in Geld zu erstatten. Allerdings kann die leistungsberechtigte Person auch den noch nicht verbrauchten Gutschein zurückgeben (§ 40 Abs. 3 S. 2 SGB II). Wird nur die Bewilligung von Leistungen für Bildung und Teilhabe aufgehoben, sind diese Leistungen überhaupt nicht zu erstatten (§ 40 Abs. 3 S. 3 SGB X).

ee) Erstattung auch der Kranken-, Renten- und Pflegeversicherungsbeiträge (§ 40 Abs. 2 Nr. 5 SGB II, § 335 SGB III)

756 Soweit neben dem Arbeitslosengeld II Beiträge zur gesetzlichen Kranken-, Renten- und sozialen Pflegeversicherung geleistet worden sind (s. hierzu Rn 553–562), sind nach dem über § 40 Abs. 2 Nr. 5 SGB II anwendbaren § 335 SGB III auch diese Nebenleistungen zu erstatten. Für die nach § 26 SGB II als originäre Leistung erbrachten Beiträge ist die Anwendung dieser Vorschrift jedoch nicht erforderlich.

ff) Begrenzung der Erstattungsforderung bei Unterkunftsbedarf (§ 50 Abs. 1 SGB X, § 40 Abs. 4 SGB II)

757 Nach § 50 Abs. 1 SGB X sind die rechtswidrig gewährten Leistungen zu erstatten. Allerdings **begrenzt** § 40 Abs. 4 SGB II den **Erstattungsbetrag**. Nach dieser Vorschrift sind **56 %** der bei der Leistungsberechnung berücksichtigten Bedarfe für die Unterkunft **nicht zu erstatten**. Die Leistungsberechtigten dürfen also einen Teil der rechts-

---

642 *Schütze,* in: von Wulffen, SGB X, § 45, Rn 85.

widrig erlangten Leistungen behalten. Der Hintergrund hiervon ist, dass das auch im WoGG so gilt und die vom Wohngeld ausgeschlossenen Leistungsberechtigten nach dem SGB II keine Nachteile haben sollen.

Diese Begrenzung gilt ihrerseits nicht in den Fällen des § 45 Abs. 2 S. 3 SGB X, in den **758** Fällen des § 48 Abs. 1 S. 2 Nr. 2 und 4 SGB X und dann, wenn die Bewilligung nur teilweise aufgehoben wird; in diesen Fällen sind die gesamten Leistungen zu erstatten.

gg) Vollstreckung der Erstattungsforderung (§ 66 SGB X)

Grundsätzlich gilt im Sozialrecht nach § 66 SGB X   **759**

1. für Vollstreckungen zu Gunsten des Bundes oder bundesunmittelbarer Körperschaften, Anstalten und Stiftungen des öffentlichen Rechts das Bundes-VwVG (§ 66 Abs. 1 SGB X),
2. für Vollstreckungen zu Gunsten eines Landes oder einer landesunmittelbaren Körperschaft, Anstalt oder Stiftung des öffentlichen Rechts das jeweilige Landesverwaltungsvollstreckungsrecht,
3. nach Wahl der Behörde das Vollstreckungsrecht der ZPO.

Im SGB II besteht hierzu eine Sonderregelung: Nach § 40 Abs. 6 SGB II gilt für die Vollstreckung zu Gunsten einer gemeinsamen Einrichtungen nach § 44 b SGB II das **Bundes-VwVG**, ansonsten bleibt es bei § 66 SGB X.

hh) Aufschiebende Wirkung von Rechtsmitteln gegen die Erstattungsentscheidung?

Zwar haben Widerspruch und Anfechtungsklage gegen die *Aufhebungs*entscheidung **760** nach § 39 Nr. 1 SGB II keine aufschiebende Wirkung, eine entsprechende Vorschrift zur *Erstattungs*entscheidung fehlt jedoch. § 86 a Abs. 2 Nr. 1 SGG ist hierauf ebenfalls nicht anwendbar, da es nicht um Kosten, sondern die Erstattung zu viel erbrachter Leistungen geht. Damit bleibt es für Rechtsmittel gegen die Erstattungsentscheidung bei der allgemeinen Regelung des § 86 a SGG, wonach Widerspruch und Anfechtungsklage aufschiebende Wirkung haben.

ii) Aufrechnung mit der Erstattungsforderung (§ 43 SGB II)

§ 43 SGB II bietet schließlich – als Sonderregelung zu § 51 SGB I – die Möglichkeit, mit **761** Erstattungsansprüchen gegen laufende Leistungsansprüche der Leistungsberechtigten bis zur Höhe von 10 Prozent beziehungsweise von 30 Prozent **aufzurechnen** (s. im Einzelnen § 43 Abs. 2 SGB II).

c) Schuldhafte Herbeiführung der Leistung (§ 34 a SGB II)

Neben der Möglichkeit, Leistungen über § 50 SGB X von der Person erstatten zu las- **762** sen, der sie rechtswidrig gewährt worden sind, ermöglicht es § 34 a SGB II, Ersatz von derjenigen Person zu erlangen, welche die **rechtswidrige Gewährung** von Leistungen durch vorsätzliches oder grob fahrlässiges Verhalten **herbeigeführt hat**.

763 Gemeint sind damit beispielsweise Personen außer der leistungsberechtigten Person, welche die Behörde über das Vorliegen der Hilfebedürftigkeit oder anderer Voraussetzungen der Leistungsberechtigung täuschen. Bescheinigt also etwa eine Vermieterin oder ein Vermieter eine höhere als die tatsächliche Mietzinszahlung oder täuschen Personen über die Zuordnung von Vermögensgegenständen, etwa in einem Treuhandverhältnis, sind diese Täuschenden zur Erstattung verpflichtet. Es ist dabei unerheblich, ob die handelnde Person zur Bedarfsgemeinschaft gehört: Gibt in einer Bedarfsgemeinschaft die Person, welche die Anträge tatsächlich stellt (vgl. § 38 SGB II), ihr Einkommen oder Vermögen falsch an, so dass sie und die anderen Mitglieder der Bedarfsgemeinschaft rechtswidrig zu hohe Leistungen erhalten, ist sie nach § 34 a SGB II zum Ersatz der an die anderen Bedarfsgemeinschaftsmitglieder erbrachten rechtswidrigen Leistungen verpflichtet.

764 Wie sich aus § 34 a Abs. 2 S. 2 SGB II ergibt, ist der Erstattungsanspruch unabhängig davon, ob die Leistungsbewilligung aufgehoben und die Leistungen von der Empfängerin oder dem Empfänger zurückgefordert werden können.

765 Nach § 34 a Abs. 4 SGB II haften zum Ersatz nach § 34 a Abs. 1 SGB II und zur Erstattung nach § 50 SGB X Verpflichtete als **Gesamtschuldner**. Das Jobcenter kann sich daher aussuchen, welchen von mehreren Leistungspflichtigen es nun in Anspruch nimmt, darf aber insgesamt nur ein Mal tatsächlich Erstattung verlangen (§ 421 BGB).

766 Der Ersatzanspruch umfasst nach § 34 a Abs. 1 S. 2 SGB II auch die geleisteten Beiträge zur Kranken-, Renten- und Pflegeversicherung entsprechend § 335 Abs. 1, 2 und 5 SGB III. Anders als der Erstattungsanspruch nach § 50 SGB X gegen die Person, an welche die Leistungen erbracht worden sind (§ 40 Abs. 4 SGB II), kennt § 34 a SGB II **keine Einschränkungen in Bezug auf die für Unterkunft und Heizung erbrachten Leistungen.**

767 Der Ersatzanspruch verjährt in vier Jahren. Der Verjährungsbeginn hängt grundsätzlich von der Erstattungspflicht der Person ab, welche die Leistungen erhalten hat: Die Verjährung beginnt nach § 34 a Abs. 2 S. 1 SGB II mit Ablauf des Kalenderjahres, in dem der Verwaltungsakt unanfechtbar geworden ist, mit dem die Erstattung nach § 50 SGB X festgesetzt worden ist. Soweit allerdings gegenüber einer rechtswidrig begünstigten Person ein Verwaltungsakt nicht aufgehoben werden kann, beginnt diese Frist mit dem Zeitpunkt, in dem die Behörde Kenntnis von der Rechtswidrigkeit der Leistungserbringung hatte (§ 34 a Abs. 2 S. 2 SGB II). In beiden Fällen gelten die Vorschriften des BGB über Hemmung, Ablaufhemmung, Neubeginn und Wirkung der Verjährung entsprechend (§ 34 a Abs. 2 S. 3 i. V. m. § 34 Abs. 3 S. 2 SGB II).

768 Der Ersatzanspruch nach § 34 a SGB II geht auf die Erbinnen und Erben der ersatzpflichtigen Person über (§ 34 a Abs. 3 S. 1 i. V. m. § 34 Abs. 2 S. 1 SGB II), allerdings beschränkt auf den Nachlasswert zum Zeitpunkt des Erbfalls (§ 34 a Abs. 3 S. 1 i. V. m. § 34 Abs. 2 S. 1 SGB II). Er erlischt drei Jahre nach dem Tod der erstattungspflichtigen Person (§ 34 a Abs. 3 S. 2 i. V. m. § 35 Abs. 3 S. 1 SGB II); diese Frist kann sich entsprechend den Regeln des BGB über Hemmung, Ablaufhemmung, Neubeginn und Wirkung der Verjährung verlängern (§ 34 a Abs. 3 S. 2 i. V. m. § 35 Abs. 3 S. 2 i. V. m. § 34 Abs. 3 S. 2 SGB II).

769 **Beispiel:** L erzielt seit 1. 1. 2011 durch Arbeit bei ihrem Arbeitgeber A aus teilweiser Schwarzarbeit tatsächlich ein anrechenbares Einkommen in Höhe von 1.000 Euro monatlich. Bei ihrer Antragstellung am 15. 1. 2011 gibt sie ein niedrigeres Einkommen an; aus ihren Angaben ergäbe sich anrechenbares Einkommen in Höhe von 250 Euro. Auf Anfrage des Jobcenters bei A bestätigt dieser die Angaben der L. Infolgedessen erhält L rechtswidrig Arbeitslosengeld II für die Zeit vom 1. 1. bis zum 30. 6. 2011 in Höhe von insgesamt 2.750 Euro, bis der Sachverhalt im Juni 2011 durch Ermittlungen des Hauptzollamts aufgedeckt wird. Daraufhin nimmt das Jobcenter die

Pattar

Bewilligung mit Verwaltungsakt vom 15. 7. 2011 gegenüber L nach § 45 SGB X rückwirkend zum 1. 1. 2011 zurück und fordert von ihr nach § 50 SGB X Erstattung der rechtswidrig erbrachten Leistungen. Die hiergegen von L ergriffenen Rechtsmittel (Widerspruch, Klage, Berufung und Nichtzulassungsbeschwerde zum Bundessozialgericht) werden erst am 15. 7. 2014 endgültig abschlägig beschieden. Die Verjährungsfrist für den Anspruch des Jobcenters gegen A nach § 34 a SGB II beginnt erst am 1. 1. 2015 und endet demnach am 31. 12. 2018.

d) Schadensersatz (§ 62 SGB II)

Neben einen **Erstattungsanspruch** zur Herstellung des Nachrangs kann schließlich **770** ein **Schadensersatzanspruch** der Träger **nach § 62 SGB II** treten, wenn das zur rechtswidrigen Leistungsgewährung führende Verhalten des oder der Dritten gerade darin besteht, eine Einkommensbescheinigung nicht, nicht richtig oder nicht vollständig ausgefüllt zu haben oder eine Auskunft nicht, nicht richtig oder nicht vollständig erteilt zu haben. Dieser Schadensersatzanspruch kann auch bei *rechtmäßiger* Leistungsgewährung eingreifen.

XIII. Zuständigkeit

Die **sachliche Zuständigkeit** ist bereits im Kapitel über die Trägerschaft behandelt **771** worden.[643]

Die **örtliche Zuständigkeit**[644] bestimmt sich nach § 36 SGB II. Danach ist grundsätz- **772** lich für die Leistungen in Trägerschaft der Bundesagentur für Arbeit diejenige Agentur für Arbeit zuständig, in deren Bezirk die erwerbsfähige leistungsberechtigte Person ihren **gewöhnlichen Aufenthalt**, fehlt ein solcher, ihren tatsächlichen Aufenthalt hat (§ 36 S. 1 und 4 SGB II); für die Leistungen der kommunalen Träger ist derjenige kommunale Träger zuständig, in dessen Gebiet sie ihren gewöhnlichen, hilfsweise tatsächlichen Aufenthalt hat (§ 36 S. 2 und 4 SGB II). Bei **temporären Bedarfsgemeinschaften** (s. dazu o. Rn 131) sind für Leistungen an die Kinder die Träger an dem Ort zuständig, an dem die umgangsberechtigte Person ihren gewöhnlichen (hilfsweise tatsächlichen) Aufenthalt hat (§ 36 S. 3 und 4 SGB II). Diese Regelungen gelten auch für nichterwerbsfähige Leistungsberechtigte, die nach § 7 Abs. 2 S. 3 SGB II ausschließlich Leistungen des Bildungspakets erhalten (§ 36 S. 5 SGB II; zu dieser Fallgestaltung o. Rn 134).

Beispiel: A, erwerbsfähige Leistungsberechtigte, und B waren verpartnert. In dieser Zeit hat A **773** den Sohn C geboren; B hat ihn adoptiert. Nach Aufhebung der Lebenspartnerschaft lebt der gemeinsame Sohn C die meiste Zeit bei B in Karlsruhe. Jedes zweite Wochenende verbringt er bei A in Stuttgart. Während der Besuchswochenenden bildet er mit A in Stuttgart eine temporäre Bedarfsgemeinschaft. In dieser Zeit ist das Jobcenter Stuttgart örtlich für die Leistungen an A und C zuständig.

XIV. Verfahren

1. Anwendbarkeit des SGB X

In Angelegenheiten der Grundsicherung für Arbeitsuchende ist auf das **Verwaltungs- 774** **verfahren** einheitlich das **SGB X** anzuwenden. Das ergibt sich aus § 37 SGB I und § 1

---

643 S. o. 2. Kapitel Rn 11.
644 S. bereits o. 2. Kapitel, Rn 12.

SGB X in Verbindung mit § 40 Abs. 1 S. 1 SGB II. Das BVwVfG und die Verwaltungsverfahrensgesetze der Länder sind in Angelegenheiten der Grundsicherung für Arbeitsuchende nicht anzuwenden, da es sich um Verfahren nach dem Sozialgesetzbuch handelt.[645]

2. § 44 SGB X als Besonderheit des Sozialverwaltungsverfahrensrechts

775 Als sozialverwaltungsverfahrensrechtliche Besonderheit gilt auch in der Grundsicherung für Arbeitsuchende nach dem SGB II § 44 SGB X. Nach dieser Vorschrift ist ein **rechtswidriger Verwaltungsakt** mit Wirkung für die Vergangenheit **zurückzunehmen, soweit** wegen der Rechtswidrigkeit **Sozialleistungen zu Unrecht nicht erbracht** worden sind. § 44 Abs. 1 S. 2 SGB X räumt den zuständigen Behörden Ermessen ein, auch im Übrigen einen rechtswidrigen nicht begünstigenden Verwaltungsakt zurückzunehmen.

776 Nach der Rechtsprechung des Bundesverwaltungsgerichts war § 44 SGB X wegen des sogenannten Gegenwärtigkeitsprinzips im Sozialhilferecht grundsätzlich nicht anwendbar.[646] Das Bundessozialgericht ist dem – zu Recht – für SGB II, SGB XII, AsylbLG, GSiG und BSHG nicht gefolgt.[647]

777 Die **Rücknahme** des Verwaltungsakts nach § 44 Abs. 1 SGB X führt **für sich genommen** noch **nicht** dazu, dass den Leistungsberechtigten **höhere Leistungen** gewährt werden, sie **beseitigt** lediglich das **Hindernis** einer entgegenstehenden **bestandskräftigen Entscheidung**. Durch die Rücknahme der Entscheidung entsteht aber das Bedürfnis, den ursprünglichen Sachverhalt nach den Vorschriften des entsprechenden besonderen Teils des SGB erneut, diesmal (hoffentlich) rechtmäßig zu regeln. Diese neue Regelung beinhaltet dann die Bewilligung höherer Leistungen.

778 Bei dieser Leistungsbewilligung ist auch zu prüfen, ob der Leistungsanspruch für die Vergangenheit überhaupt noch besteht. Gerade bei Leistungen, die – wie grundsätzlich auch die Grundsicherung für Arbeitsuchende – einen *gegenwärtigen* Bedarf decken sollen, liegt die Überlegung nicht fern, dass der Bedarf für die Vergangenheit nicht mehr gedeckt werden kann. Weil Leistungen, die für den Regelbedarf erbracht werden, pauschaliert sind und auch einen Ansparanteil für größere Anschaffungen enthalten, bleibt der Bedarf allerdings so lange gegenwärtig, wie Hilfebedürftigkeit besteht. Das gilt auch, wenn Leistungen für andere Bedarfe zu niedrig erbracht worden sind und die Leistungsberechtigten diese Bedarfe aus den für den Regelbedarf erbrachten Leistungen oder aus geschütztem Einkommen oder Vermögen gedeckt haben. Entfällt der Bedarf jedoch, ohne dass er gedeckt worden ist, oder weil er anderweit gedeckt worden ist, geht der Anspruch unter.

779 Die **Leistungsansprüche** gehen außerdem **durch Zeitablauf unter**. So werden nach § 44 Abs. 4 SGB X Leistungen längstens für einen Zeitraum von vier Jahren vor dem Beginn des Jahres der Rücknahme oder des Antrags auf Rücknahme erbracht. § 40 Abs. 1 S. 2 SGB II verkürzt diese Frist weiter auf **ein Jahr**.[648]

---

645 § 2 Abs. 2 Nr. 4 VwVfG; z. B. § 2 Abs. 2 Nr. 3 LVwVfG BW.

646 St. Rspr. seit Inkrafttreten des SGB X, erstmals *BVerwG*, 15. 12. 1983 – 5 C 65/82, FEVS 33, 133–139 (= BVerwGE 68, 285–290), zuletzt bestätigt durch *BVerwG*, 13. 11. 2003 – 5 C 26/02, FEVS 55, 320–323.

647 Für das SGB II recht lapidar: *BSG*, 7. 5. 2009 – B 14 AS 3/09 B, in juris. Für die anderen Gesetze: *BSG*, 16. 10. 2007 – B 8/9 b SO 8/06 R, SozR 4-1300 § 44 Nr. 11 (= FEVS 59, 337–344 = BSGE 99, 137–145); *BSG*, 17. 6. 2008 – B 8 AY 5/07 R, SozR 4-3520 § 9 Nr. 1 (= FEVS 60, 248–252); *BSG*, 26. 8. 2008 – B 8 SO 26/07 R, SozR 4-1300 § 44 Nr. 15 (= FEVS 60, 350–356); *BSG*, 29. 9. 2009 – B 8 SO 16/08 R, SozR 4-1300 § 44 Nr. 20 (= FEVS 61, 376–380 = BSGE 104, 213–219). Zur Diskussion hierüber *Hochheim*, NZS 2009, 24–27; *Pattar*, NZS 2010, 7–11; *Hochheim*, NZS 2010, 302–307.

648 Nach § 77 Abs. 13 SGB II ist diese Verkürzung nicht auf solche Anträge anwendbar, die vor dem 1. 4. 2011 gestellt worden sind.

Der Untergang des Anspruchs hat auch Rückwirkungen auf den Anspruch auf Rücknahme des **780** Verwaltungsakts: Ist der Anspruch untergegangen, hat die leistungsberechtigte Person nur dann einen Anspruch auf Rücknahme des Verwaltungsakts oder jedenfalls auf Feststellung, dass die Ablehnung rechtswidrig war, wenn sie hieran ein besonderes Interesse hat. Ein solches besonderes Interesse ist in denselben Fällen anzunehmen, in denen bei einer Fortsetzungsfeststellungsklage ein Fortsetzungsfeststellungsinteresse vorliegt, also bei Wiederholungsgefahr, einem Rehabilitierungsinteresse, einer Präjudizialität im Hinblick auf einen Schadensersatzprozess oder bei tiefgreifenden Grundrechtsverletzungen. Liegt keiner dieser Fälle vor, fehlt der leistungsberechtigten Person das Bescheidungsinteresse; sie hat keinen Anspruch auf Rücknahme der rechtswidrigen Ablehnungsentscheidung.[649]

Beispiele: 1. S, die laufend Arbeitslosengeld II bezieht, beantragt im Februar die Übernahme der **781** Kosten für eine im März stattfindende Klassenfahrt. Der Antrag wird noch im Februar rechtswidrig abgelehnt; der Verwaltungsakt wird bestandskräftig. Im Juli beantragt sie die Überprüfung der Ablehnung.

Variante 1: S bringt die Kosten für die Klassenfahrt aus ihren Rücklagen auf, die sie für Kleider, Schulbücher und Möbel gebildet hat. – Die Ablehnung ist nach § 44 Abs. 1 S. 1 SGB X zwingend aufzuheben, die von S aufgewendeten Kosten für die Klassenfahrt sind analog § 13 SGB V zu erstatten.

Variante 2: S nimmt wegen der Leistungsablehnung nicht an der Klassenfahrt teil. – Selbst wenn die rechtswidrige Leistungsablehnung aufgehoben würde, könnten die Kosten für die Klassenfahrt nicht mehr übernommen werden: Der Anspruch ist zwischenzeitlich entfallen. Trotzdem hätte S dann einen Anspruch auf Feststellung, dass die Ablehnung der Leistung rechtswidrig war, wenn es möglich ist, dass die Leistungserbringung für weitere Klassenfahrten abgelehnt wird.

2. Die Wohnung des M, der laufend Arbeitslosengeld II bezieht, brennt im Oktober ab; die gesamte Wohnungseinrichtung wird zerstört. Sein Antrag auf Erstausstattung für die Wohnung wird noch im Oktober rechtswidrig abgelehnt; die Ablehnung wird bestandskräftig. Daraufhin schenken ihm Freunde, Bekannte und Nachbarn so viele Gegenstände, dass seine Wohnung vollständig neu eingerichtet ist. Im Dezember beantragt er die Überprüfung der Ablehnung. – Wie in Variante 2 von Fall 1 könnten jetzt keine Leistungen für die Erstausstattung mehr erbracht werden, weil der Bedarf zwischenzeitlich gedeckt ist. Ob ein Anspruch auf Rücknahme der Ablehnung besteht, hängt also vom Vorliegen eines Rücknahmeinteresses bei M ab.

3. X bezieht seit Januar 2009 durchgängig Arbeitslosengeld II. Rechtswidrig wurden ihm von März 2009 bis Februar 2010 monatlich 200 Euro zu wenig bewilligt, insgesamt also 2.400 Euro. Dies wird ihm im Juni 2011 klar. Er beantragt die Überprüfung der zu Grunde liegenden Bescheide. – Für die Zeit, die im Jahr 2009 liegt, ist die Situation wie in Variante 2 von Fall 1: Selbst wenn die rechtswidrige Bewilligung zurückgenommen würde, könnten wegen § 44 Abs. 4 SGB X i. V. m. § 40 Abs. 1 S. 2 SGB II keine Leistungen mehr für diesen Zeitraum gewährt werden. Deshalb besteht für diesen Zeitraum auch kein Anspruch auf Rücknahme der rechtswidrigen Bewilligungsbescheide. Für die Monate Januar und Februar 2010 hingegen könnten Leistungen noch nachgewährt werden. Insoweit sind die zu Grunde liegenden Bescheide daher zurückzunehmen und Leistungen unter Einschluss der fehlenden 200 Euro zu gewähren.

Darüber hinaus erfährt § 44 Abs. 1 S. 1 SGB X eine Modifikation: Nach dem – über **782** § 40 Abs. 2 Nr. 1 SGB II anzuwendenden – § 330 Abs. 1 SGB III, ist ein Verwaltungsakt bei einer Nichtig- oder Unvereinbarerklärung einer Rechtsnorm durch das Bundesverfassungsgericht oder bei einer Auslegungsänderung in der ständigen Rechtsprechung nur mit Wirkung für die Zeit nach der Entscheidung des Bundesverfassungsgerichts oder ab dem Bestehen der ständigen Rechtsprechung zurückzunehmen. Für die Zeit davor ist eine Rücknahme weiterhin, allerdings nur nach pflichtgemäßem Ermessen der Träger, möglich (§ 44 Abs. 1 S. 2 SGB X).

Beispiel: Angenommen, das Bundesverfassungsgericht hätte am 10. 2. 2011 § 9 Abs. 2 S. 2 **783** SGB II insoweit für verfassungswidrig erklärt, wie nach dieser Vorschrift auch das Einkommen und Vermögen der Partnerin oder des Partners des Elternteils (Stiefelternteils) bei der Bedarfsberechnung zu berücksichtigen ist. A war bereits mit bestandskräftig gewordenem Bescheid vom

---

649 Zum Fortsetzungsfeststellungsinteresse im sozialgerichtlichen Verfahren *Keller,* in: Meyer-Ladewig/Keller/Leitherer, SGG, § 131, Rn 10–10 h; *Niesel,* Der Sozialgerichtsprozess, Rn 113–115; zur Parallele im verwaltungsgerichtlichen Verfahren etwa *Bamberger,* in: Wysk, VwGO, § 113, Rn 77–92.

10. 12. 2010 für die Zeit vom 1. 11. 2010 bis zum 30. 4. 2011 Arbeitslosengeld II bewilligt worden. Wegen der Anrechnung von Einkommen der neuen Partnerin ihres Vaters erhält sie jedoch 300 Euro monatlich weniger, als wenn dieses Einkommen nicht angerechnet worden wäre. A kann nun die Aufhebung der zu niedrigen Bewilligung höchstens rückwirkend ab dem 10. 2. 2011 verlangen. Für die Zeit davor hat sie nur einen Anspruch auf ermessensfehlerfreie Entscheidung über die Rücknahme. Hier kann es zu einer Selbstbindung der Verwaltung kommen: Nimmt das für sie zuständige Jobcenter in vergleichbaren Fällen nach § 44 Abs. 1 S. 2 SGB X die Bewilligung bereits ab dem 1. 2. 2011 zurück und gewährt deshalb höhere Leistungen, reduziert sich auch im Fall der A das Ermessen auf Null.

3. Feststellung von Erwerbsfähigkeit und Hilfebedürftigkeit (§ 44 a SGB II)

784   Da die Leistungen der Grundsicherung für Arbeitsuchende von verschiedenen Trägern erbracht werden, können zwischen diesen Trägern **Meinungsverschiedenheiten** dazu aufkommen, ob eine Person leistungsberechtigt ist. Dies betrifft vor allem die beiden Haupttatbestandsvoraussetzungen der **Erwerbsfähigkeit** und **Hilfebedürftigkeit**. Bei der Erwerbsfähigkeit kommt hinzu, dass ihre Verneinung in der Regel Leistungsansprüche gegen den Träger der Sozialhilfe auslöst, der in der Regel der kommunale Träger ist.

785   Deshalb sieht § 44 a SGB II ein relativ kompliziertes Verfahren zur **einheitlichen Feststellung von Erwerbsfähigkeit und Hilfebedürftigkeit** vor. Hervorzuheben sind insbesondere § 44 a Abs. 1 S. 7 und Abs. 6 S. 4 SGB II, die verhindern sollen, dass dieser Trägerstreit auf dem Rücken der Leistungsberechtigten ausgetragen wird. So haben die Träger während eines Streits über die Erwerbsfähigkeit bis zu einer endgültigen Entscheidung nach § 44 a Abs. 1 S. 7 SGB II Leistungen nach dem SGB II zu erbringen. Während eines Streits über den Umfang der Hilfebedürftigkeit haben die Träger nach § 44 a Abs. 6 S. 4 SGB II die möglichen höheren Leistungen zu erbringen.

4. Vorläufige Entscheidung (§ 40 Abs. 2 Nr. 1 SGB II, § 328 SGB III)

786   Über § 40 Abs. 2 Nr. 1 SGB II ist auch § 328 SGB III anwendbar. Nach dieser Vorschrift kann über die Erbringung von Geldleistungen **vorläufig entschieden** werden, wenn vor dem Bundesverfassungsgericht oder dem Europäischen Gerichtshof ein Verfahren anhängig ist, in dem eine anzuwendende Rechtsvorschrift auf ihre Verfassungs- oder Europarechtskonformität überprüft wird (§ 328 Abs. 1 S. 1 Nr. 1 SGB III) oder wenn eine Rechtsfrage von grundsätzlicher Bedeutung Gegenstand eines Verfahrens vor dem Bundessozialgericht ist (§ 328 Abs. 1 S. 1 Nr. 2 SGB III). § 40 Abs. 2 Nr. 1 SGB II erweitert die Möglichkeit der vorläufigen Entscheidung auf die Fälle, in denen eine kommunale Satzung zur Bestimmung der Angemessenheit der Unterkunftskosten nach § 22 a SGB II Gegenstand eines Verfahrens vor einem Landessozialgericht, dem Bundessozialgericht oder einem Landesverfassungsgericht ist (s. u. ab Rn 812).

787   Der **häufigste Fall der vorläufigen Entscheidung** ist allerdings in § 328 Abs. 1 S. 1 Nr. 3 SGB III geregelt. Hiernach kann über die Erbringung von Geldleistungen auch dann vorläufig entschieden werden, wenn zur **Feststellung der Voraussetzungen** des Anspruchs einer leistungsberechtigten Person auf Geldleistungen **voraussichtlich längere Zeit** erforderlich ist, ohne dass sie das zu vertreten hat, und die Voraussetzungen für den Anspruch mit hinreichender Wahrscheinlichkeit vorliegen. Dies ist beispielsweise der Fall, wenn die leistungsberechtigte Person selbständig tätig ist und sich ihr Einkommen deswegen nur schwer feststellen lässt.

Bei Erlass der vorläufigen Entscheidung sind Umfang und Grund der Vorläufigkeit an- **788** zugeben (§ 328 Abs. 1 S. 2 SGB II). Wenn sie nicht aufzuheben oder zu ändern ist, ist eine vorläufige Entscheidung **nur auf Antrag** der berechtigten Person **für endgültig** zu erklären (§ 328 Abs. 2 SGB III).

Ergeht eine **endgültige Entscheidung**, sind die aufgrund der vorläufigen Entschei- **789** dung erbrachten Leistungen auf die zustehende Leistung **anzurechnen**; zu viel erbrachte Leistungen sind **zu erstatten** (§ 328 Abs. 3 SGB III). **Vertrauensschutz** ist dabei **nicht** zu prüfen: Weil und soweit die Entscheidung nur vorläufig war und dies der leistungsberechtigten Person mitgeteilt wurde, konnte sie kein schutzwürdiges Vertrauen in ihren Bestand entwickeln. Eine **Beschränkung der Erstattung** der für Bedarfe für die Unterkunft erbrachten Leistungen gibt es bei § 328 Abs. 3 SGB III **nicht**.

Eine ergänzende Regelung dazu trifft schließlich § 3 Abs. 6 Alg II-V: Hiernach kann das **790** **Einkommen aus selbständiger Tätigkeit** nach einer vorläufigen Entscheidung für die abschließende Entscheidung **geschätzt** werden, wenn das tatsächliche Einkommen nicht innerhalb von zwei Monaten nach Ende des Bewilligungszeitraums nachgewiesen wird. Auf diese Weise kann das Jobcenter einen Bewilligungszeitraum relativ rasch endgültig abschließen.

5. Vorläufige Zahlungseinstellung (§ 40 Abs. 2 Nr. 4 SGB II, § 331 SGB III)

Zur Vermeidung einer hohen Überzahlung von Leistungen besteht nach § 331 SGB III, **791** der über § 40 Abs. 2 Nr. 4 SGB II auch im Bereich des SGB II anwendbar ist, die Möglichkeit der **vorläufigen Zahlungseinstellung**: Die Agentur für Arbeit kann hiernach die Zahlung einer laufenden Leistung ohne Erteilung eines Bescheides vorläufig einstellen, wenn sie Kenntnis von Tatsachen erhält, die kraft Gesetzes dazu führen, dass der Leistungsanspruch ruht, wegfällt oder sich – so die Maßgabe in § 40 Abs. 2 Nr. 4 SGB II – verringert. Weitere Voraussetzung ist, dass der **Bescheid**, aus dem sich die Leistung ergibt, deshalb **mit Wirkung für die Vergangenheit aufzuheben** ist. Das ist wegen § 330 Abs. 2 und 3 SGB III (anwendbar über § 40 Abs. 2 Nr. 3 SGB II) grob gesprochen dann der Fall, wenn die Rechtswidrigkeit von der leistungsberechtigten Person zu vertreten ist (s. näher o. Rn 744 und 751).

Soweit die leistungsberechtigte Person die zur Einstellung führenden Angaben nicht **792** selbst gemacht hat, sind ihr unverzüglich die vorläufige Einstellung sowie die dafür maßgeblichen Gründe **mitzuteilen**. Außerdem ist ihr – durchaus erst nach der vorläufigen Einstellung der Leistung – **Gelegenheit** zu geben **sich zu äußern**.

Ist der bewilligende Verwaltungsakt zwei Monate nach der vorläufigen Zahlungs- **793** einstellung **nicht** mit Wirkung für die Vergangenheit **aufgehoben**, müssen die vorläufig eingestellten Leistungen **nachgezahlt** werden. Zur Vermeidung der Nachzahlung genügt es, dass die Aufhebungsentscheidung erlassen, also bekanntgegeben ist; sie muss nicht bestandskräftig sein. Nach § 39 Nr. 1 SGB II haben Widerspruch und Anfechtungsklage gegen die Aufhebungsentscheidung keine aufschiebende Wirkung (s. o. Rn 760).

XV. Rechtsschutz

1. Eröffnung des Sozialgerichtswegs

794 In Angelegenheiten der Grundsicherung für Arbeitsuchende ist der **Rechtsweg** zu den Gerichten der **Sozialgerichtsbarkeit** eröffnet (§ 51 Abs. 1 Nr. 4 a SGG). Dies gilt gemäß § 51 Abs. 1 Nr. 10 SGG in Verbindung mit § 15 BKGG auch für den Kinderzuschlag nach § 6 a BKGG und die Leistungen für Bildung und Teilhabe für Kindergeld- und Wohngeldberechtigte nach § 6 b BKGG.

Sinnvollerweise sind Rechtsschutz gegen einzelne Verwaltungsakte (Rn 795) und Rechtsschutz gegen kommunale Satzungen (Rn 812) getrennt zu betrachten.

2. Rechtsschutz gegen einzelne Verwaltungsakte

a) Zuständigkeit für den Erlass des Widerspruchsbescheides

795 Für den Erlass des Widerspruchsbescheides ist **in Angelegenheiten nach dem SGB II** gemäß § 85 Abs. 2 S. 2 Halbs. 1 SGG der Träger zuständig, der den dem Widerspruch zugrunde liegenden Verwaltungsakt erlassen hat. Dies würde dazu führen, dass bei zugelassenen kommunalen Trägern nur diese, bei gemeinsamen Einrichtungen aber je nach Inhalt des Verwaltungsaktes die Bundesagentur für Arbeit oder der kommunale Träger über den Widerspruch zu entscheiden hätte. Um dies zu vermeiden, verweist § 85 Abs. 2 S. 2 Halbs. 2 SGG auf § 44 b Abs. 1 S. 3 SGB II und lässt diese Vorschrift ausdrücklich unberührt. Hiernach ist die gemeinsame Einrichtung befugt, Widerspruchsbescheide zu erlassen. Im Ergebnis ist deshalb unabhängig von der Trägerschaft in allen Angelegenheiten nach dem SGB II die Behörde zur Entscheidung über den Widerspruch zuständig, die den angefochtenen Verwaltungsakt erlassen hat. Sinnvollerweise sollte diese Aufgabe eine organisatorisch von der Sachbearbeitung getrennte Stelle übernehmen, die Widerspruchsstelle des Jobcenters.

796 Für den Erlass des Widerspruchsbescheides in Verfahren über den **Kinderzuschlag nach § 6 a BKGG** ist gemäß § 85 Abs. 1 S. 1 Nr. 3 SGG die vom Vorstand der Bundesagentur für Arbeit bestimmte Stelle zuständig, weil es sich um eine Aufgabe der Bundesagentur für Arbeit außerhalb des SGB II handelt.

797 Etwas komplizierter ist die Zuständigkeit zum Erlass des Widerspruchsbescheides in Verfahren über **Leistungen für Bildung und Teilhabe für Kindergeld- und Wohngeldberechtigte nach § 6 b BKGG**. Sie hängt vom zuständigen Träger und der Art der Aufgabenzuweisung ab. Nach § 7 Abs. 3 BKGG führen die Länder § 6 b BKGG als eigene Angelegenheit aus. Übertragen die Länder diese Aufgaben Landkreisen und Gemeinden als Selbstverwaltungsangelegenheit – so ist meist die örtliche Trägerschaft für die Sozialhilfe geregelt –, ist gemäß § 85 Abs. 1 S. 1 Nr. 4 SGG die Selbstverwaltungsbehörde selbst zur Entscheidung über den Widerspruch berufen. Übertragen sie sie hingegen nicht als Selbstverwaltungsaufgabe oder als Selbstverwaltungsaufgabe an andere als kommunale Träger, ist nach § 85 Abs. 1 Nr. 1 SGG die nächsthöhere Behörde zuständig. Schließlich können die Länder nach § 219 SGG auch eine hiervon abweichende Zuständigkeit bestimmen.

b) Zuständigkeit des Gerichts

798 Für Verfahren zur Überprüfung **einzelner Verwaltungsakte** ist in Angelegenheiten der Grundssicherung für Arbeitsuchende und des BKGG in der ersten Instanz stets[650] das

---

650 Anders bei Anfechtung kommunaler Satzungen, s. hierzu u. Rn 569.

Pattar

Sozialgericht sachlich zuständig (§ 8 SGG). Örtlich zuständig ist das **Sozialgericht**, in dessen Bezirk der Kläger oder die Klägerin zur Zeit der Klageerhebung seinen Sitz oder Wohnsitz oder in Ermangelung dessen seinen Aufenthaltsort hat. Wer in einem Beschäftigungsverhältnis steht, kann auch vor dem für den Beschäftigungsort zuständigen Sozialgericht klagen (§ 57 Abs. 1 S. 1 SGG). Diese Zuständigkeit gilt auch bei Streitigkeiten der Träger untereinander, also etwa bei Erstattungsstreitigkeiten. Nur bei einer Klage einer öffentlich-rechtlichen Körperschaft gegen eine juristische Person des Privatrechts ist deren Sitz für die Zuständigkeit maßgebend (§ 57 Abs. 1 S. 2 SGG).

c) Instanzenzug

Gegen Urteile der Sozialgerichte ist unter den Voraussetzungen der §§ 143, 144 SGG die **Berufung** zum jeweiligen **Landessozialgericht** zulässig. Dort wird das Urteil erneut vollständig überprüft, das bedeutet, dass sowohl die ermittelten Tatsachen als auch die Rechtsanwendung einer Prüfung unterzogen werden.   **799**

Gegen Urteile der Landessozialgerichte ist unter den Voraussetzungen der §§ 160, 160 a, 162 SGG die **Revision** zum **Bundessozialgericht** zulässig. Das Bundessozialgericht mit Sitz in Kassel (§ 38 Abs. 1 SGG) überprüft nur die Rechtsanwendung durch die unteren Instanzen. Sind sich die Beteiligten einig und lässt das Sozialgericht dies zu, können auch Urteile der Sozialgerichte unmittelbar mit der Revision vor das Bundessozialgericht gebracht werden (sogenannte **Sprungrevision**, § 161 SGG). Auch hier überprüft das Bundessozialgericht nur die Rechtsanwendung, nicht, ob das Sozialgericht von den richtigen Tatsachen ausgegangen ist.   **800**

d) Einstweiliger Rechtsschutz

aa) Grundsatz

Neben den „Normalverfahren" kennt das SGG auch **Eilverfahren**. Im Eilverfahren können die Gerichte der Sozialgerichtsbarkeit nur einstweiligen, also vorläufigen Rechtsschutz verschaffen. Die Hauptfälle sind die Anordnung der aufschiebenden Wirkung von Widerspruch oder Anfechtungsklage und – im Rahmen des SGB II viel häufiger – der **Erlass einer einstweiligen Anordnung**, insbesondere einer einstweiligen Verpflichtung zur Leistungserbringung.   **801**

bb) Anordnung der aufschiebenden Wirkung von Widerspruch oder Klage

Zum einen kann das Gericht der Hauptsache die **aufschiebende Wirkung** von Widerspruch oder Anfechtungsklage **anordnen** (§ 86 b Abs. 1 S. 1 Nr. 2 SGG). Diese Form des Rechtsschutzes ist nur bei belastenden Verwaltungsakten relevant und auch nur dann, wenn die nach § 86 a Abs. 1 SGG grundsätzlich bestehende aufschiebende Wirkung von Widerspruch und Anfechtungsklage ausnahmsweise entfallen. Dies ist beispielsweise dann der Fall, wenn dies bundesgesetzlich angeordnet ist (§ 86 a Abs. 2 Nr. 4 SGG), zum Beispiel für Widerspruch und Anfechtungsklage gegen eine Entscheidung über die Aufhebung von Leistungen der Grundsicherung für Arbeitsuchende (§ 39 SGB II). Auch dann, wenn die Behörde im öffentlichen Interesse oder im überwiegenden Interesse eines Beteiligten mit schriftlicher Begründung die sofortige Vollziehung anordnet, entfällt die aufschiebende Wirkung (§ 86 a Abs. 2 Nr. 5   **802**

SGG). Anordnungen nach § 86 b Abs. 1 SGG entsprechen im Wesentlichen denen nach § 80 Abs. 5 VwGO.

cc) Einstweilige Anordnung

803 Eine solche Anordnung der aufschiebenden Wirkung nützt jedoch den Leistungsberechtigten nichts, die Leistungen begehren. Für diese Fälle sieht § 86 b Abs. 2 SGG in Verbindung mit den Vorschriften der ZPO über Arrest und **einstweilige Anordnung** vor, dass das Gericht der Hauptsache einstweilige Anordnungen treffen kann, mit denen es einen vorläufigen Zustand in Bezug auf ein streitiges Rechtsverhältnis regelt. Der Erlass einer solchen Anordnung hat zwei Voraussetzungen:

1. Anordnungsanspruch und
2. Anordnunggrund.

804 Der **Anordnungsanspruch** ist der materiellrechtliche Anspruch, den der Antragsteller oder die Antragstellerin geltend macht. Dieser Anspruch muss mit Wahrscheinlichkeit bestehen.

805 **Beispiel:** A begehrt den Erlass einer einstweiligen Anordnung, dass das Jobcenter vorläufig verpflichtet wird, ihm monatlich Arbeitslosengeld II in Höhe von 500 Euro auszuzahlen. – Der Anordnungsanspruch liegt hier vor, wenn A glaubhaft macht, dass er die Voraussetzungen von § 19 Abs. 1 S. 1 SGB II erfüllt und sich hieraus ein Anspruch in Höhe von 500 Euro ableiten lässt.

806 Der **Anordnungsgrund** hingegen betrifft, grob gesprochen, die Frage, ob die Entscheidung eilig zu treffen ist oder ob die Antragstellerin oder der Antragsteller darauf verwiesen werden kann, das Hauptsacheverfahren abzuwarten. Dies hängt von einer Folgenabwägung ab: Welche Folgen hätte es für Antragstellerin oder Antragsteller, welche Folgen hätte es für Antragsgegnerin oder Antragsgegner, wenn die Leistungen vorläufig verweigert würden, sich im Hauptsacheverfahren aber der Anspruch herausstellen sollte, oder umgekehrt, wenn die Leistungen vorläufig gewährt würden, sich im Hauptsacheverfahren aber der Anspruch als unberechtigt herausstellen sollte.

807 **Beispiel:** B begehrt den Erlass einer einstweiligen Anordnung, dass das Jobcenter gemäß § 22 Abs. 8 SGB II ihre rückständige Miete in Höhe von inzwischen zwei Monatsmieten übernimmt. Der Vermieter hat sich bislang wegen des Rückstandes noch überhaupt nicht gemeldet. – Hier wird das Gericht den Antrag mangels Anordnungsgrundes ablehnen: B kann in Ruhe das Hauptsacheverfahren abwarten. Erst wenn der Vermieter ihr wegen des Rückstandes mindestens gekündigt hat, nach anderen sogar erst, wenn er Räumungsklage eingereicht hat,[651] ist ein Anordnungsgrund gegeben.

C begehrt eine Nachzahlung von Leistungen für das vergangene Jahr. – Da C die Leistungen nicht jetzt benötigt, liegt kein Anordnungsgrund vor; er kann getrost den Ausgang des Hauptsacheverfahrens abwarten.

808 Damit eine einstweilige Anordnung ergehen kann, müssen **beide Voraussetzungen** vorliegen. Liegt nur eine der beiden Voraussetzungen nicht vor, kann die einstweilige Anordnung nicht ergehen. Deshalb muss bei Ablehnung eines Antrags auf Erlass einer einstweiligen Anordnung stets geprüft werden, aus welchem Grund das Gericht den Antrag abgelehnt hat. Hat es die Ablehnung auf das Fehlen eines Anordnungsgrundes gestützt, ist es durchaus möglich, dass der geltend gemachte Anspruch in der Hauptsache doch besteht.

809 In allen Verfahren des einstweiligen Rechtsschutzes ist ein echter Vollbeweis nicht notwendig. Vielmehr begnügt sich das Gericht damit, dass Tatsachen glaubhaft ge-

---

651 *LSG NW,* 14. 7. 2010 – L 19 AS 912/10 B ER, in juris, Rn 19 m. w. Nachw.

macht werden, also mehr für als gegen ihr Vorliegen spricht. Eine volle Überzeugung des Gerichts ist nicht erforderlich.

e) Einbeziehung weiterer Verwaltungsakte (§§ 86, 96 SGG)

Als Besonderheit des sozialgerichtlichen Verfahrens sind noch die §§ 86 und 96 SGG **810** zu erwähnen. Nach § 86 SGG wird ein **Verwaltungsakt**, der den mit Widerspruch angefochtenen Verwaltungsakt abändert, **automatisch Gegenstand des Widerspruchsverfahrens**. Die Widerspruchsstelle hat dann über diesen abändernden Verwaltungsakt mitzuentscheiden. § 96 SGG führt diese Wirkung auch ins **Klageverfahren** fort: Ein Verwaltungsakt, der den angefochtenen Verwaltungsakt nach Erlass des Widerspruchsbescheides ändert oder ergänzt, wird ebenfalls kraft Gesetzes Gegenstand des Gerichtsverfahrens.

Beispiel: Das Jobcenter bewilligt dem A mit Bescheid vom 15. 4. für die Zeit vom 1. 4. bis zum **811** 30. 9. Arbeitslosengeld II nur in Höhe von 300 Euro monatlich, weil es davon ausgeht, dass A und B als Partner in einer Bedarfsgemeinschaft leben und das Einkommen des B anrechnet. A legt hiergegen am 20. 4. Widerspruch ein; er und B seien keine Partner. Zum 1. 5. erhöht sich das Einkommen des B. Deshalb ändert das Jobcenter den Bescheid vom 15. 4. mit Bescheid vom 25. 4. ab (§ 48 S. 1 SGB X) und bewilligt dem A ab 1. 5. nur mehr 250 Euro monatlich. Der mit dem Bescheid vom 25. 4. bekannt gegebene Verwaltungsakt wird nach § 86 SGG automatisch Gegenstand des Widerspruchsverfahrens; die Widerspruchsstelle beim Jobcenter muss auch über *dessen* Rechtmäßigkeit mitentscheiden.

Nunmehr ergeht am 15. 5. ein Widerspruchsbescheid. Diesen ficht A mit der am 20. 5. zum Sozialgericht erhobenen Klage an. Als sich das Einkommen des B zum 1. 7. erneut ändert, ändert das Jobcenter den Bescheid vom 15. 4. mit Bescheid vom 20. 6. erneut ab und bewilligt ihm ab 1. 7. nur mehr 50 Euro monatlich. Gemäß § 96 SGG wird auch der im Bescheid vom 20. 6. bekannt gegebene Verwaltungsakt kraft Gesetzes Gegenstand des gerichtlichen Verfahrens.

3. Rechtsschutz gegen kommunale Satzungen

a) Einführung

Nach §§ 22 a bis 22 c SGB II (Rn 291–293) können die kommunalen Träger durch Sat- **812** zung die Angemessenheitsgrenzen für die Unterkunft bestimmen. Mit § 55 a SGG besteht nun eine Möglichkeit, diese Satzungen auch außerhalb eines konkreten Kostensenkungsverfahrens gerichtlich überprüfen zu lassen.

b) Voraussetzungen

Nach § 55 a SGG hat das Landessozialgericht auf Antrag über die Gültigkeit von Sat- **813** zungen nach § 22 a Abs. 1 SGB II zu entscheiden. Den Antrag kann nach § 55 a Abs. 2 SGG jede natürliche Person stellen, die geltend macht, durch die Anwendung der Satzung in ihren Rechten verletzt zu sein – das wäre etwa der Fall, wenn bei einer leistungsberechtigten Person bereits nur die im Sinne der Satzung angemessenen Aufwendungen für ihre Unterkunft als Bedarf berücksichtigt werden – oder in absehbarer Zeit verletzt zu werden – das wäre beispielsweise bei einer Person der Fall, die eine Aufforderung zur Kostensenkung erhalten hat.

c) Gerichtszuständigkeit

814 Sachlich zuständig für Normenkontrollverfahren nach § 55 a SGG ist in erster Instanz das **Landessozialgericht** (§ 29 Abs. 2 Nr. 4 SGG), das hierfür einen eigenen Senat zu bilden hat (§ 31 Abs. 2 SGG). Örtlich ist dasjenige Landessozialgericht zuständig, in dessen Bezirk die Körperschaft ihren Sitz hat, welche die zu überprüfende Rechtsvorschrift erlassen hat (§ 57 Abs. 6 SGG).

815 **Beispiel:** Für einen Antrag auf Überprüfung einer Satzung der Stadt Mannheim wäre also erstinstanzlich das Landessozialgericht Baden-Württemberg zuständig, egal, wo Klägerin oder Kläger ihren Wohnsitz haben.

816 Das Landessozialgericht überprüft die Vereinbarkeit der Satzung mit Landesrecht nach § 55 a Abs. 3 SGG nicht, soweit landesgesetzlich hierfür eine ausschließliche Zuständigkeit eines Landesverfassungsgerichts vorgesehen ist.

d) Wirkung von Entscheidungen

817 Hält das Landessozialgericht die Satzung für unvereinbar mit höherrangigem Recht, erklärt es sie für unwirksam. In diesem Fall ist die Entscheidung allgemein verbindlich und die Entscheidungsformel vom Antragsgegner oder der Antragsgegnerin wie die angefochtene Satzung bekanntzumachen (§ 55 a Abs. 5 SGG). Die auf der für ungültig erklärten Norm beruhenden unanfechtbaren Gerichtsentscheidungen bleiben grundsätzlich unberührt, können aber nicht mehr vollstreckt werden (§ 55 a Abs. 5 SGG i. V. m. § 183 VwGO). Dies steht aber einer Anwendung von § 44 SGB X (Rn 775–783) nicht entgegen.

818 Hält das Landessozialgericht die Satzung hingegen für gültig, wirkt die Entscheidung nur zwischen den Prozessbeteiligten. Andere Personen können in anderen Gerichtsverfahren trotzdem jederzeit die Nichtigkeit der Satzung behaupten. Jedes andere Gericht kann sie, wenn es sie für nichtig hält, außer Anwendung lassen.

4. Gebühren und Kosten

a) Gebühren und Kosten im Widerspruchsverfahren

819 **Für das Verfahren** bei den Behörden nach dem SGB X werden gemäß § 64 Abs. 1 S. 1 SGB X **keine Gebühren oder Auslagen** erhoben. Da auch das Widerspruchsverfahren gemäß § 62 SGB X in Verbindung mit den Vorschriften des SGG vor Behörden nach dem SGB X durchgeführt wird, gilt dies auch für das Widerspruchsverfahren.

820 Nach § 63 Abs. 1 SGB X hat der Rechtsträger, dessen Behörde den angefochtenen Verwaltungsakt erlassen hat, dem Widerspruchsführenden die zur zweckentsprechenden Rechtsverfolgung oder Rechtsverteidigung notwendigen **Aufwendungen zu erstatten**. Bei Notwendigkeit der Zuziehung eines Rechtsanwalts oder einer Rechtsanwältin – das wird bei rechtsunkundigen Personen angesichts der Komplexität der Rechtsmaterie und ihrer hohen Bedeutung für die Existenzsicherung praktisch immer der Fall sein – sind gemäß § 63 Abs. 2 SGB X auch dessen oder deren Gebühren und Auslagen zu erstatten. Die Entscheidung über die Kostentragung dem Grunde nach sollte mit der Abhilfeentscheidung, bei Teilabhilfe spätestens mit dem Widerspruchsbescheid verbunden werden.

821 Im Bereich der Grundsicherung für Arbeitsuchende besteht zwar – sofern nicht ein zugelassener kommunaler Träger gehandelt hat – eine gespaltene Trägerschaft. Die

nach § 44 b SGB II gebildete gemeinsame Einrichtung führt lediglich dazu, dass nach außen eine einheitliche Behörde handelt; die Trägerschaft ändert sich hierdurch grundsätzlich nicht. Die gemeinsame Einrichtung nimmt aber einheitlich die Aufgaben der Träger nach dem SGB II wahr. Hierzu gehört auch die Kostenerstattung für das Widerspruchsverfahren nach § 63 SGB X. Deshalb kann die gemeinsame Einrichtung auch die Auslagen erfolgreicher Widerspruchsverfahren nach außen hin einheitlich übernehmen und die Zuordnung zu den Trägern einer internen Regelung vorbehalten.

b) Gebühren und Kosten im Gerichtsverfahren

822 **Für die Leistungsempfängerinnen und -empfänger** oder deren Sonderrechtsnachfolgerinnen und -nachfolger ist das **Verfahren vor** den Gerichten der **Sozialgerichtsbarkeit gerichtskostenfrei**, soweit sie in dieser Eigenschaft als Kläger oder Beklagte beteiligt sind (§ 183 S. 1 SGG). Dies gilt auch für solche Personen, die im Falle des Obsiegens zu diesem Personenkreis gehören würden (§ 183 S. 3 SGG) und für Antragstellerinnen und Antragsteller eines Normenkontrollverfahrens nach § 55 a SGG. Auch diesem Personenkreis kann das Gericht allerdings **Verschuldenskosten** auferlegen (§ 192 SGG). Die Gerichtskostenfreiheit schließt auch Beweiserhebungen, also zum Beispiel medizinische Gutachten über die Erwerbsfähigkeit der klagenden Partei, mit ein. Deren Kosten trägt[652] die Justizkasse.

823 **Beispiel:** A beantragt Arbeitslosengeld II, das Jobcenter lehnt mangels Hilfebedürftigkeit ab. Nach erfolglosem Widerspruch erhebt sie Klage zum Sozialgericht. Da A im Fall ihres Obsiegens Leistungsempfängerin wäre, ist das Verfahren für sie gerichtskostenfrei.

824 Eventuelle Anwaltsgebühren und Auslagen, z. B. für Porto und Papier, sind von der *Gerichts*kostenfreiheit nicht umfasst; hierfür kann aber unter bestimmten Voraussetzungen **Prozesskostenhilfe** gewährt werden (§ 73 a SGG i. V. m. §§ 114–127 ZPO). Obsiegt die leistungsberechtigte Person, hat ihr der unterlegene Träger ihr (bzw. bei Prozesskostenhilfegewährung der Staatskasse) zudem regelmäßig diese Auslagen zu erstatten; eine Bestimmung hierüber trifft das Gericht in seiner Endentscheidung oder gesondert durch Beschluss (§ 193 SGG). Unabhängig davon werden den Beteiligten im Sinne von § 183 S. 1 SGG Auslagen für ihr gerichtlich angeordnetes persönliches Erscheinen bei einem Termin oder bei einer gutachterlichen Untersuchung (§ 191 SGG), also insbesondere Reisekosten, von der Justizkasse erstattet.

825 Die **Träger von Leistungen** der Grundsicherung für Arbeitsuchende sind nach § 64 Abs. 3 S. 2 Halbs. 1 SGB X **von Gerichtskosten befreit**. Sie müssen daher auch nicht die von sonstigen Sozialleistungsträgern zu entrichtenden Pauschgebühren nach § 184 SGG tragen. Diese Gebührenbefreiung gilt jedoch **nicht für Erstattungsstreitigkeiten**: Nach § 64 Abs. 3 S. 2 Halbs. 2 SGB X bleibt § 197 a SGG unberührt, der für Verfahren, an denen eine der in § 183 SGG bezeichneten Personen beteiligt ist, die Anwendung des Gerichtskostengesetzes und der §§ 154 bis 162 VwGO vorsieht. Solche Verfahren sind also grundsätzlich gerichtskostenpflichtig. Allerdings befreit § 2 Abs. 1 GKG den Bund, die Länder und bestimmte öffentliche Anstalten und Kassen,[653] von den Gerichtskosten für Verfahren vor den Gerichten der Sozialgerichts-

---

652 Von Gutachten nach § 109 SGG abgesehen.
653 Solche, deren Einnahmen und Ausgaben im Landeshaushaltsplan nach kameralistischen Grundsätzen vollständig ausgewiesen sind; *Petzold,* in: Binz/Dörndorfer/Petzold/Zimmermann, GKG/FamGKG/JVEG, § 2 GKG, Rn 12.

barkeit. § 2 Abs. 3 GKG lässt darüber hinaus Vorschriften der Länder über persönliche und sachliche Gebührenfreiheit unberührt.[654]

826 Die Bundesagentur für Arbeit als Trägerin des Kinderzuschlags nach § 6 a BKGG **(Familienkasse)** und die Träger der Leistungen für Bildung und Teilhabe für Kindergeld- und Wohngeldberechtigte nach § 6 b BKGG sind bundesrechtlich nicht – jedenfalls nicht als solche – von den Gerichtskosten befreit. Diese Träger haben daher auch in den gerichtskostenfreien Verfahren vor den Gerichten der Sozialgerichtsbarkeit die **Pauschgebühren gemäß § 184 SGG zu tragen**.

---

654 In Baden-Württemberg besteht beispielsweise in § 7 LJKG BW eine Gebührenbefreiung, die allerdings nicht für Verfahren vor den Gerichten der Sozialgerichtsbarkeit gilt.

Pattar

6. Kapitel: Hilfe zum Lebensunterhalt

I. System der HzL

Hilfe zum Lebensunterhaltnach dem Dritten Kapitel SGB XII erhalten Personen, die **1**
ihren notwendigen Lebensunterhalt nicht oder nicht ausreichend aus eigenen Kräften
und Mitteln beschaffen können (§ 27 Abs. 1 SGB XII), wenn sie keinen Leistungsanspruch nach dem Vierten Kapitel SGB XII und keinen Leistungsanspruch nach dem
Zweiten Buch Sozialgesetzbuch (SGB II) haben.

Dabei ist zu unterscheiden zwischen der Hilfe zum Lebensunterhalt in Einrichtungen
und der Hilfe zum Lebensunterhalt außerhalb von Einrichtungen. Bei letzterer ist wiederum zu unterscheiden zwischen den **laufenden Leistungen**, den **einmaligen Leistungen** und den **sonstigen Leistungen**.

Anders als im früheren Bundessozialhilfegesetz, das bis Ende 2004 in Kraft war, gibt **2**
es im SGB XII keine Unterscheidung mehr zwischen der Hilfe zum Lebensunterhalt und
der **Hilfe in besonderen Lebenslagen**. Die Hilfe zum Lebensunterhalt ist als eine der
Hilfearten des SGB XII im 3. Kapitel aufgeführt (daneben: Grundsicherung im Alter und
bei Erwerbsminderung, Hilfen zur Gesundheit, Eingliederungshilfe für behinderte Menschen, Hilfe zur Pflege, Hilfe zur Überwindung besonderer sozialer Schwierigkeiten,
Hilfe in anderen Lebenslagen, s. § 8 SGB XII).

HzL-Bedarf: **3**

Außerhalb von Einrichtungen					
Regelbe- darfe	Leistungen zur Teilhabe	Unterkunft	Heizung und Warm- wasser-be- reitung	Mehrbedar- fe	Sonstige Leistungen
§ 27 a Abs. 2 SGB XII	§ 34 SGB XII	§ 35 SGB XII	§ 35 Abs. 4 SGB XII	§ 30 SGB XII	§§ 32, 33, 36, 37 SGB XII
= laufender Bedarf					

4

Einmalige Bedarfe, § 31 SGB XII		
Erstausstattung Wohnung	Erstausstattung Be- kleidung	Anschaffung und Reparatur / Miete von orthopädischen Schuhen, therapeutischen Geraten und Ausrustung

II. Inhalt der HzL

Rechtsgrundlage für die Hilfe zum Lebensunterhalt sind §§ 27 bis 40 SGB XII und das **5**
zum 1.1.2011 in Kraft getretene Gesetz zur Ermittlung der Regebedarfe nach § 28 des
Zwölften Buches Sozialgesetzbuch (Regelbedarfs-Ermittlungsgesetz RBEG,
BGBl 2011, 453). Bis zum 31.12.2010 richtete sich die Bemessung der Regelsätze

nach der Regelsatzverordnung. Die Neuregelung zum 1.1.2011, durch die die Bedarfshöhe nunmehr in einem Parlamentsgesetz festgelegt worden ist, ist notwendig geworden durch das Urteil des Bundesverfassungsgerichts vom 9.2.2010 (-1 BvL 1/09, – 1 BvL 3/09, – 1 BvL 4/09). Durch die Hilfe zum Lebensunterhalt soll der notwendige Lebensunterhalt des Hilfesuchenden gedeckt werden.

Der **notwendige Lebensunterhalt** umfasst insbesondere Ernährung, Kleidung, Körperpflege, Hausrat, Haushaltsenergie ohne die auf Heizung und Erzeugung von Warmwasser entfallenden Anteile, persönliche Bedürfnisse des täglichen Lebens sowie Unterkunft und Heizung. Zu den persönlichen Bedürfnissen des täglichen Lebens gehört in vertretbarem Umfang eine Teilhabe am sozialen und kulturellen Leben in der Gemeinschaft; dies gilt in besonderem Maße für Kinder und Jugendliche. Für Schülerinnen und Schüler umfasst der notwendige Lebensunterhalt auch die erforderlichen Hilfen für den Schulbesuch (§ 27 a Abs. 1 SGB XII).

6 Die Sozialhilfe soll gewährleisten, dass der Hilfesuchende ein Leben führen kann, das der Würde des Menschen entspricht (§ 1 Abs. 1 Satz 1 SGB XII). Die Hilfe zum Lebensunterhalt umfasst daher das sog. **„soziokulturelle Existenzminimum"**, mit ihm soll nicht nur das zum Überleben Unerlässliche abgedeckt werden, sondern es soll dem Hilfeempfänger in einem gewissen Umfang auch ermöglicht werden, am kulturellen Leben teilzuhaben.

7 Ob ein Anspruch auf Hilfe zum Lebensunterhalt besteht, entscheidet sich durch einen Vergleich des Bedarfs mit dem Einkommen und Vermögen des Hilfesuchenden. Hat der Hilfesuchende weniger Einkommen und Vermögen zur Verfügung als er braucht, um seinen Bedarf zu decken, erhält er die Differenz als Hilfe zum Lebensunterhalt ausgezahlt.

1. Laufende Leistungen

a) Regelsätze

8 Im SGB XII wird bis auf wenige Ausnahmen der gesamte notwendige Lebensunterhalt außerhalb von Einrichtungen durch die Regelsätze erbracht (§ 27 a Abs. 2 und 3 SGB XII). Die im Bundessozialhilfegesetz (BSHG) noch vorgesehenen einmaligen Leistungen wurden weitgehend in die Regelsätze integriert.

Der Regelsatz stellt einen monatlichen Pauschalbetrag zur Bestreitung des Regelbedarfs dar, über dessen Verwendung die Leistungsberechtigten eigenverantwortlich entscheiden. Dabei haben sie nach dem Willen des Gesetzgebers das Eintreten unregelmäßig anfallender Bedarfe zu berücksichtigen (§ 27 a Abs. 3 SGB XII).

Leistungsberechtigte sollen für den Umgang mit dem Regelsatz die gebotene Beratung zur Verfügung gestellten bekommen.

Nicht vom Regelbedarf umfasst sind:
- die Bedarfe für Bildung und Teilhabe (§ 34 SGB XII)
- die Kosten der Unterkunft (§§ 35 SGB XII)
- die Kosten der Heizung (§ 35 Abs. 4 SGB XII)
- die Mehrbdarfe (§ 30 SGB XII)
- die Erstausstattung für die Wohnung einschließlich Haushaltsgeräten (§ 31 Abs. 1 Nr. 1 SGB XII)
- die Erstausstattung für Bekleidung und Erstausstattung bei Schwangerschaft und Geburt (§ 31 Abs. 1 Nr. 2 SGB XII)

Peters

- einmalige Leistungen für de Anschaffung und Reparatur von orthopädischen Schuhen, Reparaturen von therapeutischen Geräten und Ausrüstung sowie die Miete von therapeutischen Geräten (§ 31 Abs. 1 Nr. 3 SGB XII)
- die Beiträge für die Kranken- und Pflegeversicherung (§ 32 SGB XII)
- die Beiträge für die Altersvorsorge und ein angemessenes Sterbegeld (§ 33 SGB XII)
- Sonstige Hilfen zur Sicherung der Unterkunft, insbesondere Übernahme von Mietschulden (§ 36 SGB XII)

Über die in § 31 Abs. 1 Nr. 1-3 SGB XII genannten Bedarfe hinaus werden einmalige **9** Leistungen nicht mehr erbracht. Besteht ein unabweisbarer zusätzlicher Bedarf, kann dieser nach § 37 SGB XII nur als Darlehen erbracht werden, zu dessen Tilgung 5 % der Regelbedarfsstufe 1 monatlich einbehalten werden können (vgl. Rn 85).

aa) Bemessung der Regelsätze / des Regelbedarfs

Die Höhe und die Ermittlung der Regelsätze (heute: Regelbedarfe) sind seit jeher Ge- **10** genstand intensiver politischer Diskussion gewesen. Bis Ende 2010 wurden die Regelsätze von den Ländern durch Rechtsverordnung festgesetzt (§ 28 Abs. 2 Satz 1 SGB XII a. F. i.V.m. der Regelsatzverordnung). Eine Anpassung der Regelsätze erfolgte zum 1.7. eines jeden Jahres, in dem eine Neubemessung der Regelsätze nach der Auswertung einer Einkommens- und Verbrauchsstichprobe (EVS) erfolgte oder in dem sich der Rentenwert in der gesetzlichen Rentenversicherung veränderte.

Zur Bemessung der Regelsätze wurde bis in die Achtzigerjahre beim Deutschen Verein **11** für öffentliche und private Fürsorge ein sog. **Warenkorb** aufgestellt, der Waren und Dienstleistungen zu Bedarfsbereichen enthielt, die durch Regelsätze zu decken waren: Ernährung, hauswirtschaftlicher Bedarf und persönliche Bedürfnisse des täglichen Lebens. Seit 1990 gilt das sog. **Statistikmodell**. Danach berücksichtigt die Regelsatzbemessung Stand und Entwicklung von Nettoeinkommen, Verbraucherverhalten und Lebenshaltungskosten. Grundlage sind die tatsächlichen, statistisch ermittelten Verbrauchausgaben von Haushalten in unteren Einkommensgruppen. Datengrundlage ist seitdem die Einkommens- und Verbrauchsstichprobe des Statistischen Bundesamtes.

Die Ableitung des Regelsatzes orientierte sich bis zum 31.12.2004 an den tatsächli- **12** chen Ausgaben für Ernährung und andere „regelsatzrelevante Bedarfe" unterer, aber deutlich oberhalb der Sozialhilfeschwelle liegender Haushalte. Seit Inkrafttreten des SGB XII ist Grundlage nicht mehr das Verbrauchsverhalten von Personen oberhalb der Sozialhilfeschwelle; der „Eckregelsatz" bis 31.12.2010 bzw. die Regelbedarfsstufen (ab 1.1.2011) werden hingegen nach den Ausgaben der einkommensärmsten Alleinstehende bestimmt.

Am 9.2.2010 hat das Bundesverfassungsgericht aufgrund einer konkreten Normen- **13** kontrollklage §§ 20 und 28 SGB II, die die Höhe der Regelleistung bzw. des Sozialgeldes in der Grundsicherung für Arbeitsuchende regeln, und ihrerseits auf die Bedarfsbemessung im SGB XII und der Regelsatzverordnung verweisen, für nicht mit dem Grundgesetz vereinbar erklärt.

Das Bundesverfassungsgericht hat zwar das nach § 28 Abs. 3 SGB XII a.F. und § 2 Regelsatzverordnung 2005 maßgebliche Statistikmodell als eine verfassungsrechtlich zulässige, vertretbare Methode zur realitätsnahen Bestimmung des Existenzminimums für eine alleinstehende Person beurteilt, jedoch die erfolgte Auswertung der EVS nicht als tragfähig erachtet, da nicht ausreichend transparent geworden sei, welche der statistisch ermittelten Werte aufgrund welcher politischen Wertungen nicht in die Regelsatzbemessung eingeflossen seien. Zudem sei die Höhe des Regelsatzes für Kinder, die sich ohne nähere Begründung schlicht prozentual vom Regelsatz der Erwachsenen ableitete, nicht verfassungskonform ermittelt worden. Dadurch sei der besondere kinderspezifischen Bedarf unberücksichtigt geblieben.

Dem Gesetzgeber wurde aufgegeben, bis zum 31.12.2010 eine Neuregelung unter Beachtung der Maßgaben des Bundesverfassungsgerichts in Kraft zu setzen. Dieser Kraftakt gelang erst nach zähen politischen Verhandlungen und nach Einschaltung des Vermittlungsausschusses durch das Gesetz vom 24.3.2011 (BGBl 2011, 453).

14 Rechtsgrundlage für die Höhe der Regelsätze ist rückwirkend zum 1.1.2011 nunmehr das „Gesetz zur Ermittlung der Regelbedarfe nach § 28 des Zwölften Buch des Sozialgesetzbuch (Regelbedarfs-Ermittlungsgesetz, RBEG)". Grundlage der Bemessung der Regelbedarfsstufen sind danach die Ergebnisse der Sonderauswertung der EVS 2008, mit welcher das Ausgabeverhalten von Einpersonenhaushalten und Familienhaushalten mit einem Kind erhoben wurde. Als Referenzgruppen wurden für Einpersonenhaushalte die untersten 15 Prozent der Einkommensschichtung bzw. für die Familienhaushalte die untersten 20 % der Einkommensschichtung herangezogen (§ 4 RBEG). Ausgenommen von dieser Gruppe wurden, um Zirkelschlüsse zu vermeiden, Haushalte, die ausschließlich von Leistungen nach dem dritten oder vierten Kapitel SGB XII oder von Arbeitslosengeld II bzw. Sozialgeld nach dem SGB II leben (§ 3 RBEG). Die von dieser Referenzgruppe getätigten Haushaltsausgaben fließen jedoch nicht zur Gänze in die Ermittlung des Regelbedarfs ein, sondern nur insoweit, als sie vom Gesetzgeber als „regelbedarfsrelevant" anerkannt werden, mithin nach Wertungsmaßstäben dem notwendigen Lebensunterhalt zuzuordnen sind (so werden beispielsweise Ausgaben für Tabak und Alkohol als „nicht regelbedarfsrelevant" nicht in die Bedarfsbemessung einbezogen).

Die für das Jahr 2008 so ermittelten regelbedarfsrelevanten Ausgaben wurden anhand des § 28 a SGB XII fortgeschrieben und nach § 28 Abs. 4 Satz 5 SGB XII gerundet.

Danach beträgt der Regelbedarf sowohl im SGB XII als auch im SGB II ab dem 1.1.2011 bundeseinheitlich 364 € für die sog. „Regelbedarfstufe" 1.

15 Die Regelbedarfsstufen werden nach § 28 a Abs. 2 SGB XII künftig in den Jahren, in welchen keine neue Auswertung der EVS stattfindet, anhand eines Mischindexes fortgeschrieben, der die Entwicklung der Lebenshaltungskosten und der Nettolohnentwicklung berücksichtigt.

Zum 1.1.2012 wird die Regelleistung bundeseinheitlich auf 374 € angehoben werden. In Höhe von 3 € ergibt sich dies aus der gesonderten Fortschreibungsregelung des § 138 SGB XII. Diese Regelung ist ausschließlich Ausfluss des politischen Kompromisses im Zuge des Vermittlungsverfahrens, ohne dass sie bedarfstheoretisch zu erklären wäre. Insgesamt darf bezweifelt werden, dass die Regelungen in Gänze den Vorgaben des Bundesverfassungsgerichts entsprechen und einer erneuten verfassungsrechtlichen Prüfung standhalten würden.

Die Länder haben nach wie vor die Möglichkeit, die Regelbedarfe nach einer eigenen statistischen Auswertung nach § 29 Abs. 2 SGB XII abweichend durch Rechtsverordnung neu festzusetzen.

bb) Höhe der Regelbedarfe

Die sogenannte „Regelbedarfstufe 1" (früher: „Eckregelsatz") beträgt ab dem 1.1.2011 **16** bundeseinheitlich 364 €, ab 1.1.2012 374 €. Die Regelbedarfsstufe 1 (100%) erhalten alleinstehende Personen und allein erziehende Eltern. Als allein stehend gilt auch, wer mit einem erwachsenen Familienangehörigen zusammenlebt, der nicht zur Einsatzgemeinschaft gehört (Urteile des Bundessozialgerichts vom 19.5.2009, B 8 SO 8/08 R und vom 23.3.2010: B 8 SO 15/08 R und B 8 SO 17/09 R, jeweils unter www.bundessozialgericht.de), also z.b. die 60jähriger Leistungsberechtigte, die mit ihrem 30jährigem Sohn in einem gemeinsamen Haushalt lebt.

Die Höhe des Regelbedarfs wird nach insgesamt sechs Regelbedarfsstufen eingeteilt. **17** Die Höhe des Regelbedarfs beträgt nach § 8 RBEG danach für

a. die Regelbedarfsstufe 1 (allein stehende oder allein erziehende Erwachsene mit eigenem Haushalt) 364 € (ab 1.1.2012 374 €)

b. die Regelbedarfsstufe 2 (für Ehe- oder Lebenspartner bzw. Partner einer eheähnlichen oder lebenspartnerschaftsähnlichen Beziehung in einem gemeinsamen Haushalt) 328 € (ab 1.1.2012 337 €)

c. die Regelbedarfsstufe 3 (für erwachsene leistungsberechtigte Personen, die die Voraussetzungen unter a) und b) nicht erfüllen, z.B. erwachsene Kinder im elterlichen Haushalt) 291 € (ab 1.1.2012 299 €)

d. die Regelbedarfsstufe 4 (Jugendliche ab Beginn des 15. bis zur Vollendung des 18. Lebensjahres) 275 € (bzw. 287 € nach Abs. 2)

e. die Regelbedarfsstufe 5 (Kinder vom Beginn des siebten bis zur Vollendung des 14. Lebensjahres) 242 € (bzw. 251 € nach Abs. 2)

f. die Regelbedarfsstufe 6 (Kinder bis zur Vollendung des sechsten Lebensjahres) 213 € (bzw. 215 € nach Abs. 2; ab 1.1.2012 219 €)

Nach § 8 Abs. 2 RBEG wird für die Regelbedarfsstufen 4-6 ab dem 1.1.2011, also mit Inkrafttreten des Gesetzes ein höherer Betrag gewährt, als der nach Auswertung der EVS ermittelte. Hintergrund der Regelung ist ein Bestandschutz für die minderjährigen Leistungsbezieher, die nicht schlechter gestellt werden sollen als vor Inkrafttreten des RBEG, sodass für diese die bis Ende 2010 geltenden Regelsätze zu Grunde gelegt wurden.

Im Gegenzug sind die Bedarfsstufen 4 bis 6 solange nicht nach § 28 a SGB XII fortzuschreiben, bis sich tatsächlich eine höhere Zahlung ergeben würde, die Erhöhung wird damit nachträglich „kompensiert" (§ 134 SGB XII).

Leben Ehegatten oder Lebenspartner oder Partner in einer eheähnlichen oder lebens- **18** partnerschaftsähnlichen Partnerschaft zusammen, erhält jeder von ihnen nach der Regelbedarfsstufe 2 337 €, dies entspricht 90 % der Regelbedarfsstufe 1. Die heutige Regelbedarfsstufe 2 entspricht § 20 Abs. 4 SGB II, nach welcher zwei volljährigen Partnern einer Bedarfsgemeinschaft im SGB II ebenfalls 337 € als Regelbedarf gewährt werden. Die jedenfalls noch bis zur Änderung des § 3 RSVO zum 1.1.2007 problematische Frage der Regelbedarfshöhe in sog. „gemischten Bedarfsgemeinschaften" (in denen Leistungsberechtigte nach dem SGB II und solche nach dem 4. Kapitel SGB XII zusammenleben) ist damit heute gegenstandlos (s. hierzu Urteil des BSG vom 16.10.2007, B 8/9 b SO 2/06, www.bundessozialgericht.de). Die Figur des sog. „Haushaltsvorstands" im SGB XII wurde zum 1.1.2011 aufgegeben. Bis zum 31.12.2010 galt die Regel, dass in Haushalten mit mehreren Personen derjenige, der die „Generalunkosten" des Haushalts trägt (das sind die Kosten, die nicht auf eine einzelne Person bezogen sind, sondern die für Güter aufgewendet werden, die dem ganzen Haushalt zu Gute kommen, z.B. für den Bezug einer Tageszeitung) den Eckregelsatz erhielt, wohingegen sein Partner als „Haushaltsangehöriger" lediglich 80 % des Eckregelsatzes erhielt. Die Idee des Haushaltsvorstandes, der einen niedrigen Bedarf der übrigen Haushaltsangehörigen vermuten lässt, findet sich heute noch in der Regelbedarfsstufe 3.

cc) Lohnabstandsgebot

19 Um zu verhindern, dass Personen, die Sozialhilfe beziehen, mehr Geld zur Verfügung haben als solche, die in unteren Einkommensgruppen einer Erwerbstätigkeit nachgehen, sah die bis zum 31.12. 2010 geltende Fassung des § 28 Abs. 4 SGB XII ausdrücklich das sog. „Lohnabstandsgebot" vor. Danach musste die Regelsatzbemessung gewährleisten, dass bei Haushaltsgemeinschaften von Ehepaaren mit drei Kindern die Regelsätze zusammen mit den Durchschnittsbeträgen der Kosten der Unterkunft und der einmaligen Bedarfe (und unter Berücksichtigung eines durchschnittlich abzusetzenden Betrages nach § 82 Abs. 3 SGB XII) nicht höher ausfallen als das Einkommen einer vergleichbaren Familie mit einem vollzeitbeschäftigten Alleinverdiener der unteren Lohn- und Gehaltsgruppe.

20 Die Begründung für das Lohnabstandsgebot trägt zwar im SGB XII selbst nicht, da diejenigen, die Hilfe zum Lebensunterhalt beziehen, nicht erwerbsfähig sind und damit die „Alternative" des Lohneinkommens nicht besteht. Sie trägt nur, weil die Regelsatzbemessung im SGB XII auch die Referenz für die Bemessung der Regelleistungen im SGB II (Grundsicherung für Arbeitsuchende, durch die alle erwerbsfähigen Hilfebedürftigen und ihre Bedarfsgemeinschaften abgesichert werden) bildet.

21 Es ist immer wieder kritisiert worden, dass eine Familie mit drei Kindern und einem Alleinverdiener heute eher die Ausnahme als die Regel bildet und sie daher nicht mehr die geeignete Bezugsgruppe bildet. Mit Wirkung zum 1.1.2011 ist die explizite Erwähnung des Lohnabstandsgebotes im SGB XII gestrichen worden, durch die Absenkung der Referenzgruppe wird das gewünschte Ergebnis jedoch ohnehin erzielt.

dd) Abweichende Bedarfsfestsetzung

22 Wenn im Einzelfall ein Bedarf ganz oder teilweise anderweitig gedeckt ist oder unabweisbar seiner Höhe nach erheblich von einem durchschnittlichen Bedarf abweicht, werden die Regelbedarfe nach § 27 a Abs. 4 Satz 1 SGB XII abweichend festgesetzt.

Trotz der weitgehenden Pauschalierung der Leistungen soll durch § 27 a Abs. 4 Satz 1 SGB XII die Berücksichtigung der Besonderheiten der Einzelfalls (§ 9 Abs. 1 SGB XII) weiter möglich sein. Nachdem eine abweichende Bedarfsbemessung im SGB II dagegen zunächst ausdrücklich ausgeschlossen worden war, hat sich der Gesetzgeber hier ebenfalls aufgrund der Entscheidung des Bundesverfassungsgerichts vom 9.2.2010, das auch im SGB II eine Möglichkeit der Abdeckung von „Bedarfsspitzen" für verfassungsrechtlich erforderlich erklärt hat, mit der Einführung des § 21 Abs. 6 SGB II für eine Mehrbedarfslösung entschieden.

23 Eine abweichende Bedarfsfestsetzung kann z.B. in Betracht kommen, wenn höhere Aufwendungen für Bekleidung in Übergrößen erforderlich sind oder wenn für Besuchsfahrten zu einem beim getrennt lebenden Partner wohnhaften Kind oder einem an einem anderen Ort inhaftierten Ehepartner erhöhte Aufwendungen nötig sind. Ausgeschlossen hat das Bundessozialgericht die Anwendung auf Fälle, in denen ein erhöhter Bedarf aufgrund der Praxisgebühr oder Zuzahlungen für Medikamente bestand, diese seien aus dem Regelsatz zu erbringen (Urteil vom 16.12.2010, B 8 SO 7/09 R). Auch soweit mit einem Mehrbedarfszuschlag (s.u., Rn 48 ff.) pauschalierend der typische erhöhte Aufwand abgedeckt ist, kommt daneben eine abweichende Bedarfsfestsetzung nicht in Betracht (so BSG zum erhöhten Bekleidungsbedarf eines behinderten Menschen mit anerkannten Merkzeichen „G" – B 8 SO 5/08 R -)

Nach dem Gesetzeswortlaut ist auch eine abweichende Bemessung nach unten mög- **24** lich. Das BSG hat die Vorschrift nur für die Fälle für anwendbar erklärt, in denen der Leistungsberechtigte anderweitige <u>Sozialhilfe</u>leistungen erhält. Es soll eine Doppelleistung durch den Sozialhilfeträger vermieden werden. Eine Abweichung nach unten kommt daher dann in Betracht, wenn z.B. ein Leistungsberechtigter in einer Werkstatt für behinderte Menschen im Rahmen der Eingliederungshilfe kostenloses Mittagessen in Anspruch nimmt, (vgl. BSG B 8/9 b SO 21/06 R), aber nicht, wenn das Mittagessen im Rahmen einer von der Bundesagentur für Arbeit geförderten Maßnahme kostenlos zur Verfügung gestellt wird (B 8 SO 15/08 R). Eine Abweichung vom Regelbedarf kommt zudem nur in Betracht für Tage, in denen die unentgeltliche Kost tatsächlich in Anspruch genommen wird und nur in der Höhe, in der die Ausgaben für das Mittagessen in die Regelbedarfsbemessung eingeflossen sind.

Der Regelbedarf wird dann gesondert festgestellt, wenn eine leistungsberechtigte **25** Person in einer anderen Familie, insbesondere in einer Pflegefamilie untergebracht wird. In diesen Fällen ist statt der pauschalen Leistung des § 27 a Abs. 1 SGB XII der tatsächliche Bedarf für die Unterbringung zu berücksichtigen (§ 27 a Abs. 4 Satz 2 SGB XII, bis 31.12.2010: § 28 Abs. 5 SGB XII).

b) Leistungen für Bildung und Teilhabe

Die Deckung der Bedarfe, die für Kinder und Jugendliche für Bildung und Teilhabe **26** entstehen, ist seit dem 1. 1. 2011 explizit in §§ 34, 34 a SGB XII geregelt. Die Einführung der Leistungen für Bildung und Teilhabe hat ihren Ursprung ebenfalls in der Entscheidung des Bundesverfassungsgerichtes vom 9.2.2010, welches insbesondere die nicht ausreichende Bedarfsdeckung von Kindern beanstandet hatte.

Die Bedarfe nach § 34 SGB XII werden neben den Regelbedarfen gesondert berücksichtigt. Sie erhöhen den Bedarf im jeweiligen Bedarfsmonat, sodass denkbar ist, dass die Bedürftigkeit erst durch die Bedarfe für Bildung und Teilhabe nach § 34 SGB XII entsteht. Die zusätzlichen Leistungen nach § 34 SGB XII sind von einem gesonderten Antrag abhängig. Die Bedarfe für Schul- und Kitaausflüge, Nachhilfe, Mittagsverpflegung sowie zur Teilhabe am sozialen und kulturellen Leben in der Gemeinschaft werden durch Dienst- und Sachleistungen, insbesondere durch Gutscheine oder Direktzahlung an den Anbieter erbracht (§ 34 a Abs. 2 SGB XII). Die Gutscheine können für den gesamten Bewilligungszeitraum im Voraus ausgegeben werden.

Nur in begründeten Einzelfällen soll der Sozialhilfeträger einen Nachweis über die zweckentsprechende Verwendung verlangen (§ 34 a Abs. 5 SGB XII) und die Bewilligungsentscheidung widerrufen, wenn der Nachweis nicht erbracht wird.

Der Regelung ging eine intensive Debatte darum voraus, wie die zweckentsprechende Verwendung dieser Leistungen sichergestellt werden könne, was der Gesetzgeber den Eltern der leistungsberechtigten Kinder offensichtlich nicht ohne weiteres zugetraut hat. Die nun gefundene Regelung mag eine zweckentsprechende Verwendung gewährleisten, sie droht aber zu erheblichem zusätzlichen Verwaltungsaufwand zu führen.

aa) Klassenfahrten und Schul- und Kitaausflüge (§ 34 Abs. 2 SGB XII)

27 Nach der bis zum 31.12.2010 geltenden Rechtslage konnten einmalige Leistungen im SGB XII begehrt werden ausschließlich für mehrtägige Klassenfahrten im Rahmen der schulrechtlichen Bestimmungen (§ 31 Abs. 1 Nr. 3 SGB XII a.f.), sodass für eintägige Klassenausflüge keine zusätzlichen Leistungen zu erbringen waren (s. dazu Urteil des BSG vom 23.3.2010, B 14 AS 6/09 R zu der Parallelvorschrift im SGB II). Auch Kosten für die Ausflüge von Kindertageseinrichtungen mussten aus dem Regelsatz bestritten werden. Nach der ab dem 1.1.2011 geltenden Fassung des § 34 Abs. 2 SGB XII werden jetzt auch Leistungen für eintägige Schulausflüge sowie Ausflüge von Kindertagesstätten erbracht. Die Kosten werden in tatsächlicher Höhe erbracht, eine Begrenzung auf die angemessenen Kosten findet nicht statt (BSG, Urteil vom 13.11.2008, B 1 AS 36/07 R zur Parallelvorschrift im SGB II).

bb) Mittagsverpflegung in Ganztagsschulen und Kindertagesstätten (§ 34 Abs. 6 SGB XII)

28 Für Schülerinnen und Schüler, die an einem gemeinsamen, in der Verantwortung der Schule angebotenem Mittagessen teilnehmen und hierfür einen Kostenbeitrag entrichten müssen, werden die zusätzlich entstehenden Kosten übernommen. Dasselbe gilt für Kinder in Kindertageseinrichtungen und in Kindertagespflege. Bis Ende 2013 gilt dies auch für Schülerinnen und Schüler, die das Mittagessen in einer Jugendhilfeeinrichtung nach § 22 SGB VIII erhalten (§ 131 Abs. 4 Satz 2 SGB XII). Die durch die Gemeinschaftsverpflegung entstehende häusliche Ersparnis wird nach § 9 RBEG mit einem Euro pro Tag veranschlagt, dieser Beitrag muss also von den leistungsberechtigten Kindern und Jugendlichen selbst getragen werden. Er entspricht dem Betrag, der – grob gerundet – für ein Mittagessen in die Regelbedarfsbemessung eingeflossen ist. Zu Grunde gelegt wird für die Ermittlung des Bedarfs die Anzahl der Schultage, die in dem jeweiligen Bundesland maßgeblich sind. Da das maßgebliche Gesetzt erst Ende März 2011 verabschiedet wurde, jedoch rückwirkend zum 1.1.2011 in Kraft trat, wurden für die Monate Januar bis März 2011 Geldleistungen in Höhe von pauschal 26 € monatlich erstattet.

cc) Leistungen für Schulbedarf (§ 34 Abs. 3 SGB XII)

29 Bereits ab dem 1. 1. 2009 waren Schülerinnen und Schülern der allgemein- und berufsbildende Schulen für jedes Schuljahr 100 € als zusätzliche Leistung für die Schule bewilligt worden (§ 28 a SGB XII, eingefügt durch das Familienleistungsgesetz vom 22.12.2008, BGBl I, 2955). Die Leistung wird zweckgebunden für die Beschaffung von Verbrauchsmaterialien für den Schulbesuch gewährt. Die Regelung findet sich mit Wirkung ab dem 1. 1. 2011 in § 34 Abs. 3 SGB XII und teilt den Bedarf auf die Schulhalbjahre auf. Nunmehr werden ab dem Schuljahr 2011/2012 für den Monat des ersten Schultages des Schuljahres 70 € sowie für den Monat, in welchem das zweite Schul-

halbjahr beginnt, 30 € als Bedarf für die Ausstattung mit persönlichem Schulbedarf anerkannt.

Der Bedarf wird durch Geldleistung an den Schüler gedeckt.

dd) Schülerbeförderung (§ 34 Abs. 4 SGB XII)

Neu seit dem 1. 1. 2011 ist auch der Anspruch auf Übernahme der Kosten für die **30** Schülerbeförderung zur nächstgelegenen Schule, der dem SGB XII bisher fremd war. Die Kosten werden übernommen, soweit sie nicht anderweitig erbracht werden (insbesondere durch den Schulträger, der häufig nur die Schülerbeförderung bis zum Abschluss der 10. Klasse übernimmt) und dem leistungsberechtigten Schüler nicht zuzumuten ist, sie aus dem Regelsatz zu bestreiten. Die letztgenannte Einschränkung muss wohl so verstanden werden, dass die Bedarfe, die für die Nutzung des öffentlichen Personennahverkehrs in die Regelbedarfbemessung eingeflossen sind, vom Schüler selbst zu tragen sind.

Der Bedarf wird durch Geldleistung gedeckt.

ee) Nachhilfe (§ 34 Abs. 5 SGB XII)

Neu ist auch die Möglichkeit, ergänzende Leistungen für notwendige Nachhilfestunden **31** zu erhalten. Hier dürfte sich jedoch die Auslegung der vielen unbestimmten Rechtsbegriffe („angemessene" Lernförderung, die „geeignet" und „zusätzlich erforderlich" ist, die „wesentliche" Lernziele zu erreichen), in der Praxis als streitanfällig erweisen. Die Leistungen werden insbesondere dann in Betracht kommen, wenn die Versetzung des betroffenen Schülers konkret gefährdet ist. Der Bedarf wird durch die Vergabe von Gutscheinen gedeckt.

ff) Leistungen für Teilhabe am sozialen und kulturellen Leben in der Gemeinschaft (§ 34 Abs. 7 SGB XII)

Für die Mitgliedsbeiträge für Sportvereine, Musikschulen, Teilnahme an Freizeiten und **32** ähnlichen kann auf Antrag für Leistungsberechtigte bis zu Vollendung des 18. Lebensjahres ein Zuschuss von bis zu 10 € im Monat nach § 34 Abs. 7 SGB XII gewährt werden. Der Anspruch soll in der Regel durch die Ausstellung von Gutscheinen oder einer Direktzahlung an den Anbieter der Leistung erfolgen (§ 34 a SGB XII).Für die rückwirkende Zeit zwischen Inkrafttreten und Verabschiedung des Gesetzes (Januar bis Mai 2011) wird der Bedarf durch eine Geldleistung in Höhe von 10 € monatlich erbracht (§ 131 Abs. 3 SGB XII). Die Leistungen nach § 34 Abs. 7 SGB XII bleiben bei der Erbringung von Leistungen der Eingliederungshilfe für behinderte Menschen nach dem Sechstes Kapitel unberücksichtigt, können also neben diesen Leistungen erbracht werden.

c) Kosten der Unterkunft

Als Kosten der Unterkunft werden die Miete (inklusive der Nebenkosten) oder die lau- **33** fenden Kosten eines Eigenheims übernommen (§ 35 SGB XII). Zu den Kosten der Un-

terkunft gehören neben der Kaltmiete auch die Nebenkosten (z.B. Müllabfuhr, Kanal-
gebühren, Gemeinschaftsbeleuchtung usw.).

aa) Angemessenheit

34 Es werden die tatsächlichen Kosten der Unterkunft übernommen, soweit sie angemessen sind. Nach der Rechtsprechung des BVerwG, der sich das Bundessozialgericht ausdrücklich angeschlossen und diese weiter konkretisiert hat (s. u.a. Urteil vom
19.10.2010, B 14 AS 50/10 R, www.bundessozialgericht.de), beurteilt sich die Angemessenheit insgesamt nach dem Produkt der (abstrakt) angemessenen Wohnfläche
und des angemessenen Quadratmeterpreises („Produkttheorie"). Bei der Bestimmung
der angemessenen Wohnfläche ist auf die anerkannte Wohnraumgröße für Wohnbe-
rechtigte im sozialen Mietwohnungsbau abzustellen. Danach werden in der Regel für
eine Person 45–50 qm anerkannt und jeweils 10–15 qm zusätzlich für jede weitere
Person. Der Wohnstandard muss hinsichtlich der Ausstattung, Lage und Bausubstanz
einfachen und grundlegenden Bedürfnissen genügen. Welcher Quadratmeterpreis für
dieses Marktsegment zu zahlen ist, richtet sich nach örtlichen Gegebenheiten. In Gemeinden mit einem qualifizierten Mietspiegel wird dieser der Ermittlung des Quadratmeterpreises in der Regel zu Grunde gelegt.

Da es für die Angemessenheit ausschließlich auf das sich hieraus ergebende Produkt
ankommt, kann z.B. bei einem besonders günstigen Quadratmeterpreis auch eine
größere Wohnung als angemessen gelten.

Bei der Beurteilung der Angemessenheit sind die Besonderheiten des Einzelfalls zu
berücksichtigen.
Bsp.: Die Wohnung ist unangemessen groß, der Hilfebedürftige braucht aber wegen einer Be-
hinderung Hilfe von Angehörigen, die im selben Haus wohnen.

35 Die Angemessenheit ist nach örtlichen Maßstäben festzulegen, das Bundessozialgericht fordert in seiner Rechtsprechung zum SGB II, die für das SGB XII in gleicher Weise
gilt, hierfür ein „schlüssiges Konzept", das eine hinreichende Gewähr dafür bietet, die
aktuellen Verhältnisse des örtlichen Mietwohnungsmarktes wiederzugeben (s. insbesondere Urteil vom 22.9.2009, B 4 AS 18/09 R, www.bundessozialgericht.de).

36 Die Städte und Kreise sind berechtigt, eine Satzung nach § 22 a bis § 22 c SGB II zu
erlassen, welche dann nach § 35 a SGB XII auch für die Sozialhilfe Gültigkeit hat. Voraussetzung ist jedoch, dass die Satzung auf die Besonderheiten der leistungsberechtigten Personen nach dem SGB XII Rücksicht nimmt, also Sonderregelungen für Personen mit einem besonderen Wohnbedarf (z.B. behinderte Menschen) und die zusätzlichen Bedarfe älterer Menschen berücksichtigt. Existiert eine solche Satzung, findet eine Pauschalierung (s.u.) nicht statt.

37 Sind die Mietkosten unangemessen hoch, muss der Hilfeempfänger durch Umzug
oder Untervermietung die Kosten senken. Nur solange ihm dies nicht zuzumuten ist
oder nicht möglich ist, werden die tatsächlichen Kosten der Unterkunft übernommen.
In der Regel kann ein unangemessen hoher Bedarf nur für sechs Monate anerkannt
werden (§ 35 Abs. 2 Satz 1 SGB XII).

38 Der Sozialhilfeträger kann nicht verlangen, dass der Hilfeempfänger zur Senkung seiner Unterkunftskosten in den Zuständigkeitsbereich eines anderen Sozialhilfeträgers
verzieht, grundsätzlich ist jedoch ein Umzug innerhalb der selben Stadt zumutbar, solange die Anbindung mit öffentlichen Verkehrsmitteln gewährleistet ist. Das gilt auch

für Großstädte wie München (BSG, Urteil vom 19.2.2009, B 4 AS 30/08 R) oder Berlin (BSG, Urteil vom 19.10.2010, B 14 AS 50/10).

Die Miete soll **direkt an den Vermieter** oder andere Empfangsberechtigte gezahlt **39** werden, wenn – z.B. wegen des Auflaufens von Mietschulden in der Vergangenheit oder Hinweisen auf eine Suchterkrankung des Leistungsberechtigten – Anlass für die Annahme besteht, dass dieser die Unterkunftskosten nicht zweckentsprechend verwendet. Ab dem 1.1.2011 ist der Sozialhilfeträger auf Antrag der leistungsberechtigten Person verpflichtet, hiervon Gebrauch zu machen (§ 35 Abs. 1 Satz 2 SGB XII).

Ist der Hilfesuchende **Eigentümer** einer Wohnung oder eines Eigenheims, werden die **40** laufenden Kosten übernommen. Dazu gehören die Zinsen, Steuern und Gebühren, grundsätzlich nicht aber die Tilgungszinsen für eine Hypothek, da dadurch Vermögen gebildet würde (s. zu den – engen – Ausnahmen BSG, Urteil vom 18.6.2008, B 14/11 b AS 67/06 R, www.bundessozialgericht.de). Diese können im Übrigen allenfalls nach § 36 SGB XII übernommen werden, wenn anderenfalls die Zwangsvollstreckung und Wohnungslosigkeit einzutreten drohte.

Vor dem **Umzug** in eine neue Wohnung muss der Hilfesuchende vor der Unterzeich- **41** nung des Mietvertrags den zuständigen Sozialhilfeträger informieren (§ 35 Abs. 2 Sätze 3–5 SGB XII), für unangemessen hohe Kosten muss der Sozialhilfeträger nur aufkommen, wenn er dem Umzug vorher zugestimmt hat. Anders als im SGB II wird jedoch nicht geprüft, ob der Umzug erforderlich ist. Solange die Kosten für die neue Wohnung angemessen sind, sind sie vom Sozialhilfeträger zu übernehmen, eine Begrenzung auf die Kosten der vorherigen Wohnung findet nicht statt (anders im SGB II, vgl. § 22 Abs. 1 Satz 2 SGB II).

Vgl. das Prüfschema im Anhang als Anlage 3.6

bb) Übernahme von Umzugskosten

Nach vorheriger Zustimmung durch den Sozialhilfeträger können auch **Wohnungs-** **42** **beschaffungskosten, Mietkautionen und Umzugskosten** übernommen werden. Die Zustimmung soll nach § 35 Abs. 2 Satz 5 SGB XII erteilt werden, wenn der Sozialhilfeträgern den Umzug veranlasst hat oder aus anderen Gründen der Umzug notwendig ist und wenn ohne die Zustimmung eine Unterkunft in einem angemessenen Zeitraum nicht gefunden werden kann. Mietkautionen sollen dabei als Darlehen erbracht werden.

cc) Aufteilung der Kosten der Unterkunft

Wenn mehrere Personen in einer Wohnung leben, erfolgt eine Aufteilung „nach Köp- **43** fen", auch bei einem Kind sind also die anteiligen Kosten der Unterkunft zu berücksichtigen. Von diesem sog. „Kopfteilprinzip" kann nur in begründeten Einzelfällen abgewichen werden, z.B. wenn ein Mitbewohner aufgrund einer Behinderung einen deutlich höheren Raumbedarf hat als die anderen Bewohner der Wohnung.

dd) Pauschalierung

Der Sozialhilfeträger kann die Kosten der Unterkunft pauschalieren. Voraussetzung ist, **44** dass auf dem örtlichen Wohnungsmarkt ausreichend angemessener Wohnraum zur

Verfügung steht und die Pauschalierung im Einzelfall nicht unzumutbar ist (§ 35 Abs. 3 SGB XII). So darf die Pauschalierung nicht dazu führen, dass jemand, dessen unangemessen hohe Kosten der Unterkunft im Einzelfall anzuerkennen sind, faktisch zu einem Umzug gezwungen wäre.

d) Kosten der Heizung und zentralen Warmwasserversorgung (§ 35 Abs. 4 SGB XII)

45 Auch die Kosten für die Heizung und zentrale Warmwasserversorgung werden in tatsächlicher Höhe erbracht, soweit sie angemessen sind (§ 35 Abs. 4 SGB XII). Eine Pauschalierung ist möglich. Bei der Pauschalierung sind die Umstände des Einzelfalles zu berücksichtigen. Unangemessen hohe Heizungskosten werden vorübergehend unter denselben Voraussetzungen erbracht wie unangemessen hohe Kosten der Unterkunft. Nach der Rechtsprechung des Bundessozialgesetzes zu den Kosten der Unterkunft, welche auch für das SGB XII gilt, ist die Angemessenheit der Heizkosten grundsätzlich unabhängig von der Angemessenheit der übrigen Unterkunftskosten zu prüfen. Eine „Saldierung" einer hohen Bruttokaltmiete mit niedrigen Heizkosten ist daher nicht möglich.

46 Die Angemessenheit der Höhe der Heizkosten ist nicht verallgemeinernd festzulegen, da sie von vielen Faktoren abhängt – u.a. der Außentemperatur, der Effektivität der Heizanlage, der Isolierung der Wohnung, dem Alter und dem Gesundheitszustand der Bewohner. Der Gesetzgeber hat abweichend vom SGB II im SGB XII dennoch die Möglichkeit der Pauschalierung vorgesehen, welche aber zu problematischen Ergebnissen führen kann und in der Praxis eher selten zur Anwendung kommt.

47 Bis zum 31. 12. 2010 wurden die Kosten für die zentrale Warmwasserversorgung in Höhe der bereits durch die Regelleistung abgedeckten Anteile für Haushaltsenenergie nicht übernommen, sodass in der Praxis jeweils eine Kürzung der tatsächlichen Heizkosten um die sog. „Warmwasserpauschale" erfolgte. Durch die Neuregelung zum 1. 1. 2011 ist dies nun nicht mehr der Fall. Zu der ebenfalls zum 1. 1. 2011 eingeführten Mehrbedarfslösung bei dezentraler Warmwasserversorgung s. Rn 60. In der zusätzlichen Übernahme der tatsächlichen Warmwasserkosten „versteckt" sich eine deutlichere Leistungserhöhung als in der vieldiskutierten Anhebung der Regelsätze.

e) Mehrbedarfe

48 Für Personen, die dauerhaft einen über den Regelbedarf hinausgehenden Bedarf haben, werden Mehrbedarfe in den folgenden abschließend aufgezählten Fällen (§ 30 SGB XII) gewährt.

aa) Mehrbedarf im Alter und bei voller Erwerbsminderung

49 Personen, die die Altersgrenze des § 41 Abs. 2 SGB XII erreicht haben (d.h. mindestens 65 Jahre alt sind) oder voll erwerbsgemindert im Sinne des Sechsten Buches Sozialgesetzbuch sind und bei denen eine Gehbehinderung (Merkzeichen G) bzw. eine außergewöhnliche Gehbehinderung (Merkzeichen aG) festgestellt wurde, erhalten einen Mehrbedarfszuschlag in Höhe von 17 Prozent der maßgeblichen Regelbedarfsstufe. Nicht mehr erforderlich ist der Besitz eines Schwerbehindertenausweises nach § 69 Abs. 5 SGB IX. Ausreichend ist ein Bescheid des Versorgungsamtes nach § 69 Abs. 4

SGB IX. Anspruch auf den Zuschlag haben auch unter 65jährige, die voll erwerbsgemindert im Sinne von § 43 SGB VI sind und einen entsprechenden Ausweis bzw. Bescheid mit den genannten Merkzeichen besitzen.

Nach § 43 Abs. 2 Satz 1 SGB VI ist voll erwerbsgemindert, wer wegen Krankheit oder **50** Behinderung auf nicht absehbare Zeit außerstande ist, unter den üblichen Bedingungen des allgemeinen Arbeitsmarktes mindestens drei Stunden täglich erwerbstätig zu sein. Voll erwerbsgemindert sind auch Personen, die wegen Art oder Schwere der Behinderung nicht auf dem allgemeinen Arbeitsmarkt tätig sein können.

Als gehbehindert gilt, wer in seiner Bewegungsfreiheit im Straßenverkehr erheblich **51** beeinträchtigt ist. In seiner Bewegungsfähigkeit im Straßenverkehr erheblich beeinträchtigt ist, wer infolge einer Einschränkung des Gehvermögens (auch durch innere Leiden oder infolge von Anfällen oder von Störungen der Orientierungsfähigkeit) nicht ohne erhebliche Schwierigkeiten oder nicht ohne Gefahren für sich oder andere Wegstrecken im Ortsverkehr zurückzulegen vermag, die üblicherweise noch zu Fuß zurückgelegt werden (§ 146 Abs. 1 SGB IX). Als schwerbehinderte Menschen mit außergewöhnlicher Gehbehinderung sind nach Teil D Nr. 3 b) der Anlage zu § 2 VersMedV solche Personen anzusehen, die sich wegen der Schwere ihres Leidens dauernd nur mit fremder Hilfe oder nur mit großer Anstrengung außerhalb ihres Kraftfahrzeuges bewegen können. Hierzu zählen Querschnittsgelähmte, Doppeloberschenkelamputierte, Doppelunterschenkelamputierte, Hüftexartikulierte und einseitig Oberschenkelamputierte, die dauernd außerstande sind, ein Kunstbein zu tragen, oder nur eine Beckenkorbprothese tragen können oder zugleich unterschenkel- oder armamputiert sind, sowie andere schwerbehinderte Menschen, die nach versorgungsärztlicher Feststellung, auch aufgrund von anderen Erkrankungen, dem vorstehend aufgeführten Personenkreis gleichzustellen sind.

Durch den Mehrbedarfszuschlag sollen die Einschränkungen in der Beweglichkeit und die erhöhte Inanspruchnahme von Hilfeleistungen Dritter ausgeglichen werden.

Dieser Mehrbedarfszuschlag kommt zur Anwendung ausschließlich für Leistungsberechtigte nach dem 4. Kapitel SGB XII (über § 42 Nr. 3 SGB XII)

bb) Mehrbedarf für werdende Mütter

Schwangere erhalten nach § 30 Abs. 2 SGB XII ab der 13. Schwangerschaftswoche **52** einen Mehrbedarfszuschlag von 17 Prozent der maßgeblichen Regebedarfsstufe. Hierdurch sollen die höheren Aufwendungen während der Schwangerschaft – z.B. für einen erhöhten Ernährungsbedarf – aufgefangen werden. Der Mehrbedarf entfällt mit dem Tag der Geburt.

cc) Mehrbedarf für Alleinerziehende

Personen, die allein mit einem oder mehreren Kindern zusammenleben und allein für **53** deren **Erziehung und Pflege** sorgen, erhalten einen Mehrbedarfszuschlag, dessen Höhe sich nach Anzahl und Alter der Kinder bestimmt (§ 30 Abs. 3 SGB XII). Eine Person sorgt alleine für die Pflege und Erziehung eines Kindes, wenn ein anderer hieran nicht wesentlich mitwirkt. Es kommt nur darauf an, ob der Hilfebezieher mit den Kindern zusammenlebt, unabhängig davon, ob ein Verwandtschaftsverhältnis besteht. Der Mehrbedarfszuschlag kann also auch Personen gewährt werden, die nicht Eltern des Kindes sind. Es ist auch unerheblich, ob die Kinder selbst genügend Einkommen und Vermögen haben, um ihren Lebensunterhalt zu bestreiten. Allein Erziehende mit minderjährigen Kindern erhalten 36 % für ein Kind unter 7 oder für zwei oder drei Kinder unter 16 Jahren; bzw. 12% für jedes Kind wenn Nr. 1 nicht vorliegt, maximal aber 60 % der Regelbedarfsstufe 1.

54 Der Mehrbedarf für Alleinerziehende wird entweder nach § 30 Abs. 3 Nr. 1 oder nach Nr. 2 SGB XII gewährt. Es gilt die für die alleinerziehende Person jeweils günstigere Alternative. Es sind also jeweils beide Alternativen zu berechnen und die jeweils höhere Prozentzahl zu gewähren. Die Mehrbedarfszuschläge nach Nr. 1 und Nr. 2 werden nicht addiert.

55 *Beispiele:*

Alter der Kinder	MBZ nach Nr. 1	MBZ nach Nr. 2	also
5, 17	36 %	24 %	36 %
12	–	12 %	12 %
12, 14	36 %	24 %	36 %
12, 14, 15	36 %	36 %	36 %
12, 14, 17	36 %	36 %	36 %
8, 10, 12, 14	36 %,	48 %	48 %
8, 17	–	24 %	24 %
7, 12, 16	36%	36 %	36 %
5, 7, 9, 13, 15, 16	36 %	60 %	60 %
5, 9, 12, 14	36 %	48 %	48 %
3, 5, 6	36 %	36 %	36 %

Bei fünf oder mehr Kindern spielt das Alter keine Rolle, da ohnehin der Höchstbetrag nach Nr. 2 erreicht wird.

dd) Mehrbedarf wegen Behinderung

56 Einen Mehrbedarfszuschlag von 35 % der maßgeblichen Regelbedarfsstufe erhalten nach § 30 Abs. 4 SGB XII behinderte Menschen, die mindestens 15 Jahre alt sind und als Leistungen der **Eingliederungshilfe**

a)   Hilfen zu einer angemessenen Schulbildung, insbesondere im Rahmen der allgemeinen Schulpflicht und zum Besuch weiterführender Schulen einschließlich der Vorbereitung hierzu,

b)   Hilfe zur schulischen Ausbildung für einen angemessenen Beruf einschließlich des Besuchs einer Hochschule oder

c)   Hilfe zur Ausbildung für eine sonstige angemessenen Tätigkeit

erhalten. Nach Abschluss der Eingliederungsmaßnahme kann für eine Übergangzeit weiter der Mehrbedarfszuschlag gewährt werden.

Es besteht daneben kein Anspruch auf den Mehrbedarf wegen voller Erwerbsminderung.

ee) Mehrbedarf wegen kostenaufwändiger Ernährung

Personen, die aufgrund von Erkrankungen eine besondere ärztlich verordnete Ernährungsform einhalten müssen, deren Kosten den durch die Regelbedarfsstufe 1 gedeckten, „normalen" Ernährungsbedarf übersteigen, haben Anspruch auf einen angemessenen Mehrbedarfszuschlag wegen kostenaufwändiger Ernährung. Für eine Reihe von Erkrankungen hat der Deutsche Verein für öffentliche und private Fürsorge Empfehlungen zur Gewährung von **Krankenkostzulagen** herausgegeben.[1] **57**

Sie nennen die Erkrankungen, für die regelmäßig ein Mehrbedarfszuschlag anerkannt werden sollte, die jeweils erforderliche Kostform sowie die hierfür benötigte Krankenkostzulage. Die Empfehlungen sind im Jahr 2008 umfassend überarbeitet worden. Wesentliche Änderung im Vergleich zu den früheren Empfehlungen ist dabei der Wegfall der Krankenkostzulagen für alle Krankheiten, bei welchen eine Vollkostenernährung angezeigt ist. Nach einem vom Deutschen Verein bei der Deutschen Gesellschaft für Ernährung in Auftrag gegebenen Gutachten ist bei sparsamer Haushaltsführung die Finanzierung einer Vollkostenernährung durch die im Regelbedarf eines Erwachsenen enthaltenen Anteile für Ernährung möglich. Da nach der früheren Bemessung des Regelsatzes eine Aufschlüsselung der Anteile für Ernährung im Regelsatz für Kinder nicht möglich war, gelten die Empfehlungen des Deutschen Vereins ausdrücklich nicht für Kinder. Hier ist nach wie vor im Einzelfall festzustellen, ob ein erhöhter Bedarf aufgrund einer ärztlich verordneten Diät besteht.

Während in den vorhergehenden Empfehlungen der Mehrbedarfszuschlag beziffert wurde, wird er nunmehr prozentual vom Eckregelsatz (bzw. jetzt der Regelbedarfsstufe 1) abgeleitet. Damit entfällt die sonst notwendige Fortschreibung.

Bei einigen Krankheiten, bei denen eine Vollkostenernährung angezeigt ist, kann dennoch im Einzelfall die Gewährung eines Mehrbedarfszuschlags angezeigt sein, wenn die Krankheit verzehrende Ausmaße angenommen hat und mit einer gestörten Nährstoffaufnahme bzw. -verwertung einhergeht. Wenn entweder der Body-Mass-Index unter 18,5 liegt und das Untergewicht Folge der Erkrankung ist oder ein schneller krankheitsbedingter Gewichtsverlust zu verzeichnen ist, kann in der Regel von einem erhöhten Ernährungsbedarf ausgegangen werden. **58**

In diesen Fällen ist bei Krankheiten, die in der Regel mit erheblichen körperlichen Auswirkungen verbunden sind (fortgeschrittenes Krebsleiden, AIDS; Multipler Sklerose und schweren Verläufen entzündlicher Darmerkrankungen) im Einzelfall zu prüfen, ob ein Mehrbedarfszuschlag zu gewähren ist.

---

[1] Deutscher Verein für öffentliche und private Fürsorge: Empfehlungen für die Gewährung von Krankenkostzulagen in der Sozialhilfe, NDV 2008, 503.

59 Liste der Krankheiten, Kostformen und Höhe der empfohlenen Mehrbedarfszuschläge nach Empfehlungen des DV (Stand 2008)

Art der Erkrankung	Krankenkost / Kostform	Krankenkostzulagen
Niereninsuffizienz, (Nierenversagen)	Eiweißdefinierte Kost	10 % der Regelbedarfsstufe 1
Niereninsuffizienz mit Hämodialysebehandlung	Dialysediät	20 % der Regelbedarfsstufe 1
Zöliakie / Sprue (Durchfallerkrankung bedingt durch Überempfindlichkeit gegenüber Klebereiweiß)	Glutenfreie Kost	20 % der Regelbedarfsstufe 1
Verzehrende Krankheiten	Vollkost	10 % der Regelbedarfsstufe 1

ff) Mehrbedarf wegen dezentraler Warmwasserversorgung

60 Soweit Leistungsberechtigte eine Wohnung bewohnen, die mit dezentraler Warmwasserversorgung ausgestattet sind und sie daher keine Leistungen für die Warmwasserkosten nach § 35 Abs. 4 SGB XII erhalten können, erhalten sie ab dem 1. 1. 2011 ebenfalls einen Mehrbedarfszuschlag. Damit soll eine Schlechterstellung dieses Personenkreises erreicht werden.

Der Mehrbedarfszuschlag wird prozentual von der jeweiligen Regelbedarfsstufe abgeleitet. Er ist abweichend zu bemessen, wenn ein Teil der Kosten nach § 35 Abs. 4 SGB XII gedeckt wird.

gg) Zu den Mehrbedarfen insgesamt

61 Alle prozentual festgesetzten Mehrbedarfe (nicht der angemessene Mehrbedarf wegen kostenaufwändiger Ernährung) stehen unter dem Vorbehalt: „...soweit nicht im Einzelfall ein abweichender Bedarf besteht." Die Gewährung von Mehrbedarfszuschlägen kann immer nur von einem Durchschnittswert ausgehen. Wenn Anhaltspunkte vorliegen, dass im Einzelfall ein deutlich von diesen Durchschnittswerten abweichender Bedarf besteht (nach oben oder unten), ist der Mehrbedarfszuschlag entsprechend zu verändern.
Beispiel: Eine allein Erziehende hat über den üblichen Mehrbedarf bei Alleinerziehung hinaus einen höheren Bedarf, weil eines der Kinder wegen Krankheit einer intensiveren Betreuung bedarf.

62 Die prozentual berechneten Mehrbedarfszuschläge bemessen sich jeweils an der **maßgeblichen Regelbedarfsstufe**, variieren also auch in der Höhe danach, wer einen Anspruch auf sie hat.

63 Mehrere Mehrbedarfszuschläge können **zusammentreffen** (Ausnahme: nicht gleichzeitig Mehrbedarfszuschlag wegen Behinderung und voller Erwerbsminderung); ihre Summe darf aber nicht die maßgebliche Regelbedarfsstufe überschreiten (hiervon ausgenommen ist der Mehrbedarfszuschlag wegen dezentraler Warmwasserversorgung).

f) Beiträge für Kranken- und Pflegeversicherung

Für hilfebedürftige Personen im Sinne des § 19 SGB XII werden die Krankenversiche- **64** rungsbeiträge durch den Sozialhilfeträger übernommen (§ 32 SGB XII), wenn

1. sie **Pflichtversicherte** nach § 5 Abs. 1 Nr. 13 SGB V bzw. § 2 Abs. 1 Nr. 7 des Zweiten Gesetzes über die Krankenversicherung der Landwirte – der wiederum auf § 5 Abs. 1 Nr. 13 SGB V verweist – sind. Nach § 5 Abs. 1 Nr. 13 SGB V besteht Versicherungspflicht in der gesetzlichen Krankenversicherung auch für solche Personen, die keinen anderweitigen Anspruch auf Absicherung im Krankheitsfall haben und entweder zuletzt gesetzlich krankenversichert waren oder bisher gar nicht krankenversichert waren, es sei denn, sie sind nach § 6 SGB V von der Versicherungspflicht befreit. Die Beiträge können in den Fällen, in denen Hilfebedürftigkeit ausschließlich wegen des Krankenversicherungsschutzes besteht, der Leistungsberechtigte also keine anderweitigen Ansprüche nach dem 3. Kapitel SGB XII hat, auf Anforderung der Krankenkasse direkt an diese gezahlt werden. Damit soll gewährleistet werden, dass die Beiträge dort tatsächlich eingehen. Voraussetzung ist, dass die Zahlung durch den Versicherten selbst nicht gewährleistet ist und bereits Beitragsschulden aufgelaufen sind.

2. sie **Weiterversicherte** in der freiwilligen gesetzlichen Krankenversicherung im Sinne des § 9 Abs. 1 Nr. 1 SGB V bzw. § 6 Abs. 1 Nr. 1 des Zweiten Gesetzes über die Krankenversicherung der Landwirte sind. Das sind Personen, die als Mitglieder aus der Versicherungspflicht ausgeschieden sind und in den letzten fünf Jahren vor dem Ausscheiden mindestens vierundzwanzig Monate oder unmittelbar vor dem Ausscheiden ununterbrochen mindestens zwölf Monate versichert waren und ihren Beitritt innerhalb von drei Monaten nach Ausscheiden aus der Pflichtversicherung der Krankenkasse angezeigt haben,

3. sie **Rentenantragsteller** sind, die nach § 189 SGB V als Mitglied einer Krankenkasse gelten: zu den Voraussetzungen im Einzelnen s. § 189 SGB V.

In diesen Fällen sind die Beiträge zu übernehmen, es besteht kein Ermessensspiel- **65** raum. Voraussetzung ist die Hilfebedürftigkeit des Versicherten. Bei der Prüfung der Hilfebedürftigkeit werden vom anzurechnenden Einkommen des Versicherten die Beiträge zur Sozialversicherung nach § 82 Abs. 2 Nr. 2 und 3 SGB XII nicht abgesetzt, um Doppelleistungen zu vermeiden.

In den Fällen des Absatzes 2 (freiwillig Versicherte nach § 9 Abs. 1 Nr. 2 bis 8 SGB V, **66** § 6 Abs. 1 Nr. 2 des Zweiten Gesetzes über die Krankenversicherung der Landwirte) können die Beiträge für eine **freiwillige Versicherung** in der gesetzlichen Krankenversicherung übernommen werden. Wenn Hilfe zum Lebensunterhalt voraussichtlich nur für kurze Dauer (in der Regel sechs Monate) zu leisten ist, sind die Beiträge zur Aufrechterhaltung einer freiwilligen Versicherung zu übernehmen. Auch in diesem Fall erfolgt keine Absetzung vom Einkommen nach § 82 Abs. 2 Nr. 3 SGB XII. Die Übernahme der Krankenversicherungsbeiträge umfasst auch die Beiträge zur Pflegeversicherung den von den Krankenkassen nach § 242 SGB V erhobenen Zusatzbeitrag.

Nach § 32 Abs. 5 SGB XII werden auch die angemessenen Beiträge für eine private **67** Krankenversicherung übernommen. Angemessen sind jedenfalls die Beiträge in Höhe des Basistarifs.

g) Beiträge für die Altersvorsorge und ein angemessenes Sterbegeld

68 Nach § 33 SGB XII können die erforderlichen Kosten für die Altersvorsorge und ein angemessenes Sterbegeld übernommen werden. Dies umfasst die Übernahme von Beiträgen zur gesetzlichen Rentenversicherung bzw. den gesetzlich seit Anfang 2009 ausdrücklich genannten gleichgestellten Altersvorsorgen wie den Beiträgen zu landwirtschaftlichen Alterskassen und berufsständischen Versorgungseinrichtungen, kapitalgedeckte Altersvorsorge in Formen einer lebenslangen Leibrente, bzw. Beiträge zur geförderten Altersvorsorge „Riesterrente". Ziel ist es, zu verhindern, dass der Hilfeempfänger im Alter sozialhilfebedürftig wird / bleibt.

69 Außerdem können die Beiträge zu einer Sterbegeldversicherung, mit der die Bestattungskosten des Hilfeempfängers beglichen werden, übernommen werden. Die Leistung steht im pflichtgemäßen Ermessen des Sozialhilfeträgers.

2. Einmalige Leistungen

a) Abschließende Aufzählung

70 Im früheren Bundessozialhilfesetz (BSHG) spielte die Unterscheidung von laufenden und einmaligen Leistungen eine größere Rolle. Einmalige Beihilfe gab es u.a. für Bekleidung, Hausrat (z.B. Kühlschrank, Waschmaschine), Heizung, Weihnachten und Familienfeiern. Seit dem Jahr 2000 wurden auf Grund des § 101 a BSHG (**Experimentierklausel**) bei einigen Sozialhilfeträgern die einmaligen Leistungen pauschaliert. Im SGB XII sind fast alle einmaligen Leistungen mit in den Regelbedarf einbezogen worden.

71 Für die einmaligen Leistungen bleibt nur noch ein sehr begrenzter Anwendungsbereich. Die über die Regelsätze hinaus zu gewährenden einmaligen Leistungen sind abschließend in § 31 Abs. 1 SGB XII aufgeführt:
– Erstausstattung für die Wohnung einschließlich Haushaltsgeräten
– Erstausstattungen für Bekleidung sowie Erstausstattungen bei Schwangerschaft und Geburt
– Anschaffung und Reparaturen von orthopädischen Schuhen, Reparaturen von therapeutischen Geräten und Ausrüstungen sowie die Miete von therapeutischen Geräten (neu ab 1.1.2011)

Einmalige Leistungen werden damit nur noch für solche Bedarfe gewährt, die gerade nicht im Regelfall bei allen Leistungsberechtigten anfallen und daher keinen Eingang in die Regelbedarfsermittlung gefunden haben, im Entstehensfall aber mit erheblichen Kosten verbunden sind. Neben den genannten Leistungen wurden bis zum 31.12.2010 auch einmalige Leistungen für mehrtägige Klassenfahrten gewährt, diese sind heute in § 34 Abs. 2 SGB XII aufgenommen worden. Neu eingefügt zum 1.1.2011 wurde dagegen der Anspruch auf einmalige Leistungen für die Anschaffung, Reparatur und Miete von Hilfsmitteln nach Nr. 3.

72 In Betracht kommen für die Gewährung einmaliger Leistungen insbesondere:
– Neuanschaffungen von Wohnungsgegenständen und Bekleidung nach einem Wohnungsbrand
– Neuanschaffungen nach Haftentlassung
– Umstandskleidung
– Säuglingserstausstattung (Bekleidung, Kinderwagen, Wickelkommode etc.)

b) Leistungen an „Minderbemittelte"

Nach § 31 Abs. 2 SGB XII werden einmalige Leistungen nach Abs. 1 auch erbracht, **73** wenn die Leistungsberechtigten **keine laufenden Leistungen** benötigen. Kann also der laufende Lebensunterhalt, der durch die Regelsätze abgedeckt wird, durch das Einkommen und Vermögen des Hilfeempfängers gedeckt werden, reichen die Mittel aber nicht aus, um auch die einmaligen Bedarfe nach § 31 Abs. 1 SGB XII abzudecken, werden diese durch den Sozialhilfeträger übernommen. Bei der Prüfung, ob die einmaligen Leistungen nach Abs. 1 nicht aus dem Einkommen zu tätigen sind, dürfen aber neben dem Einkommen des laufenden Monats die Einkommen der folgenden sechs Monate berücksichtigt werden (§ 31 Abs. 2 Satz 2 SGB XII).

Ob und in welcher Höhe die Einkommen der nächsten Monate berücksichtigt werden, **74** liegt im pflichtgemäßen **Ermessen** des Trägers. Es sind immer die Umstände des Einzelfalls zu berücksichtigen. Insbesondere ist zu hinterfragen, ob der Bedarf aufschiebbar ist. Bei den im SGB XII nur sehr begrenzten einmaligen Leistungen wird es sich in aller Regel um solche Bedarfe handeln, deren Befriedigung keinen oder allenfalls einen kurzen Aufschub duldet.

Bsp.: Arne und sein 12jähriger Sohn Ben haben einen laufenden Bedarf von 1200 € (Regelbedarfe und angemessene Kosten der Unterkunft und Mehrbedarfszuschläge)[2] und einsetzbare Mittel von 1250 € im Monat. Sie bekommen also keine laufenden Leistungen zum Lebensunterhalt. Aufgrund einer Erkrankung ist Arne kurzfristig auf die Anschaffung von orthopädischen Schuhen angewiesen, welche 250 € kosten. Grundsätzlich könnte auf das überschießende Einkommen des laufenden Monats und der sechs folgenden Monate (350 €) verwiesen werden. Da eine Aufschiebung die Anschaffung des orthopädischen Schuhwerks jedoch nicht zuzumuten ist, kommt allenfalls die Berücksichtigung des Einkommens des laufenden Monats und das des Folgemonats in Betracht. Der fehlende Betrag ist als einmalige Leistung auszuzahlen.

Die Leistungen können nach Abs. 3 als **Pauschalbeträge** erbracht werden. **75**

III. HzL in besonderen Fällen

1. Hilfe zum Lebensunterhalt in Sonderfällen

Nach § 36 SGB XII **können** Schulden übernommen werden, wenn dies zur Sicherung **76** der Unterkunft oder zur Behebung einer vergleichbaren Notlage gerechtfertigt ist. Sie **sollen** übernommen werden, wenn dies gerechtfertigt und notwendig ist und sonst Wohnungslosigkeit einzutreten droht.

Eine vergleichbare Notlage ist z.B. das Vorliegen von Heiz- oder **Energieschulden**, **77** wenn diese dazu führen, dass die Gas- oder Stromzufuhr unterbrochen wird.

Der Vermieter von Wohnraum kann den Mietvertrag nach § 543 Abs. 1 i.V.m. Abs. 2 **78** Nr. 3 BGB fristlos kündigen, wenn der Mieter für zwei aufeinanderfolgende Termine mit der Entrichtung der Miete oder eines nicht unerheblichen Teils der Miete (mindestens einer Monatsmiete) in Verzug ist oder er sich über einen längeren Zeitraum hinweg mit der Summe von zwei Monatsmieten im Verzug befindet. Die Kündigung wird jedoch unwirksam, wenn sich innerhalb von zwei Monaten nach Rechtshängigkeit der Räumungsklage eine öffentliche Stelle (der Sozialhilfeträger) zur Befriedigung des Vermieters verpflichtet (§ 569 Abs. 3 Nr. 2 BGB).

---

2 Die Formulierung in § 31 Abs. 2 SGB XII „keine Regelsatzleistungen" ist irreführend, es sind alle laufenden Bedarfe zu berücksichtigen.

Peters

79 Damit der Sozialhilfeträger von dieser Möglichkeit Gebrauch machen kann, ist das **Gericht**, bei dem eine Räumungsklage eingeht, nach § 36 Abs. 2 SGB XII verpflichtet, den zuständigen Sozialhilfeträger über die maßgeblichen Umstände zu informieren.

80 Für Leistungsberechtigte nach dem SGB II (**Grundsicherung für Arbeitsuchende**), für die in diesem Rahmen Leistungen für Unterkunft und Heizung erbracht werden, findet sich eine vergleichbare Regelung in § 22 Abs. 8 und 9 SGB II. § 21 SGB XII, der grundsätzlich Ansprüche auf Hilfe zum Lebensunterhalt für Personen ausschließt, die als Erwerbsfähige oder deren Angehörige dem Grunde nach leistungsberechtigt nach dem SGB II sind, enthält eine Rückausnahme für die Übernahme der Mietschulden. Für erwerbsfähige Personen, die nicht hilfebedürftig sind und deshalb keine Kosten der Unterkunft vom Träger des SGB II erhalten (z.b. Empfänger von Arbeitslosengeld oder Erwerbstätige), können ebenfalls zur Sicherung ihrer Unterkunft Schulden nach § 36 SGB XII übernommen werden. Geldleistungen nach § 36 SGB XII können als **Beihilfe** oder **Darlehen** erbracht werden (nach § 22 Abs. 8 SGB II dagegen nur als Darlehen).

2. Notwendiger Lebensunterhalt in Einrichtungen

81 Personen, die in Einrichtungen untergebracht sind, erhalten bei Bedürftigkeit ebenfalls Hilfe zum Lebensunterhalt. Sachlich zuständig für die Hilfe ist der Träger, der auch für die stationäre Leistung zuständig ist (§ 97 Abs. 4 SGB XII).

82 Personen, die Hilfen in stationären Einrichtungen erhalten, erhalten dort auch die für ihren Lebensunterhalt notwendigen Dienst- und Sachleistungen (insbesondere Unterkunft und Verpflegung). Daneben ist ihnen ein **Barbetrag** zu gewähren, mit dem sie die im Regelbedarf enthaltenen Kosten für die Deckung persönlicher Bedürfnisse befriedigen können. Über die Höhe des Barbetrags hat der Sozialhilfeträger im Ermessenswege zu entscheiden, er beträgt jedoch bei Leistungsberechtigten ab 18 Jahren mindestens 27 % des Regelsatzes. Für Leistungsberechtigte unter 18 Jahre setzen die zuständigen Landesbehörden oder die von ihnen bestimmten Stellen für die in ihrem Bereich bestehenden Einrichtungen die Höhe des Barbetrages fest (§ 27 b Abs. 2 SGB XII).

83 Leistungen für die **Bekleidung** werden ebenfalls gesondert erbracht, da sie nicht durch die Einrichtung sichergestellt werden.

84 Einen **zusätzliche Barbetrag** für Personen, die einen Teil der Kosten des Aufenthalts in der Einrichtung selbst tragen (früher: § 21 Abs. 3 Satz 4 BSHG) gibt es aufgrund der Übergangsregelung in § 133 a SGB XII nur noch in den Fällen, in denen der Anspruch hierauf bis zum 31.12.2004 entstanden ist (Besitzstandswahrung). Die Begrenzung auf diese Fälle hat das Bundessozialhilfegericht für mit der Verfassung vereinbar gehalten (Urteil vom 26.8.2008, B 8/9 b SO 10/06 R, www.bundessozialgericht.de).

3. Leistungen als Darlehen

a) bei ergänzendem Bedarf

85 Über die in § 31 SGB XII abschließend genannten Fälle hinaus dürfen einmalige Leistungen nicht als Beihilfe erbracht werden. Besteht ein **unabweisbarer zusätzlicher Bedarf**, der vom Regelsatz mit umfasst ist (und kann dieser auch nicht anderweitig, z.B. durch Sachleistungen durch eine Kleiderkammer gedeckt werden), soll dieser

Peters

nach § 37 SGB XII nur als Darlehen erbracht werden. Dieses kann nach § 37 Abs. 4 dadurch getilgt werden, das laufende Leistungen in Höhe von bis zu 5 % der Regelbedarfsstufe 1 monatlich einbehalten werden können. Ob und in welcher Höhe aufgerechnet werden soll, ist im Ermessenswege zu entscheiden.

Eine Darlehensgewährung kommt z.B. in Betracht, wenn Ansparungen für die An- **86** schaffung einmaliger Bedarfe noch nicht möglich waren und im Hochsommer der Kühlschrank ausfällt oder der bereits ausgezahlte Regelsatz vorzeitig verbraucht oder gestohlen oder verloren wurde und dadurch erneute Leistung z.B. für Ernährung notwendig sind.

b) für Zuzahlungen bei stationär untergebrachten Personen

Für volljährige Personen, die in stationären Einrichtungen untergebracht sind, über- **87** nimmt der Träger der Sozialhilfe die jeweils von ihnen bis zur Belastungsgrenze (§ 62 SGB V) zu leistenden Zuzahlungen in Form eines ergänzenden Darlehens, das zu Beginn des Jahres bzw. bei Aufnahme in die stationäre Einrichtung in einem Betrag für das ganze Jahr unmittelbar in die Krankenkasse gezahlt wird. Die Tilgung des Darlehens erfolgt sodann in gleichmäßigen Teilbeträgen über das gesamte Jahr. Damit soll eine gleichmäßige Belastung des Leistungsberechtigten und damit die Verhinderung einer Bedarfsunterdeckung erreicht werden. Der Leistungsberechtigte kann der Darlehensgewährung widersprechen.

c) bei vorübergehender Notlage

Wenn eine Notlage voraussichtlich nur für eine begrenzte Zeit besteht, kann die Hilfe **88** zum Lebensunterhalt ausnahmsweise nach § 38 SGB XII als Darlehen erbracht werden. Die Regelung gilt nur für laufende, **nicht für einmalige Bedarfe**. Vorübergehend ist eine Notlage in der Regel nur dann, wenn sie maximal sechs Monate andauert. Steht z.B. eine Erbschaft an oder ist ansonsten sehr bald mit einem Einkommen zu rechnen, kann die Hilfe als Darlehen gewährt werden.

Besteht ein Anspruch auf Unterhaltsleistungen und ist die Zeit bis zur ersten Zahlung **89** zu überbrücken, geht § 94 SGB XII (Übergang von Unterhaltsansprüchen) § 38 SGB XII vor, so dass die Hilfe nicht als Darlehen erbracht werden darf. Dasselbe gilt, wenn der Hilfesuchende bereits andere Sozialleistungen beantragt hat, hier ist § 104 SGB X vorrangig.

Darüber, ob die Notlage nur vorübergehend ist, also in spätestens sechs Monaten **90** behoben sein wird, ist eine **Prognose** aufzustellen. Bestehen daran ernsthafte Zweifel, darf die Hilfe zum Lebensunterhalt nicht als Darlehen, sondern muss als Beihilfe gewährt werden. Stellt sich heraus, dass die Prognose schon nach den zum Zeitpunkt der Entscheidung vorliegenden Erkenntnissen nicht gerechtfertigt war, ist das Darlehen nach § 44 SGB X in eine Beihilfe umzuwandeln. Stellt die Prognose sich nachträglich als falsch heraus, obwohl sie gerechtfertigt ist, kann das Darlehen nach § 46 SGB X in eine Beihilfe umgewandelt werden.

Nach § 38 Abs. 1 Satz 2 SGB XII kann das Darlehen an eine einzelne Person oder an **91** die Bedarfsgemeinschaft erbracht werden (die Formulierung in Satz 2 „Haushaltsgemeinschaft" ist falsch, gemeint ist die Bedarfsgemeinschaft nach § 19 Abs. 1 SGB XII.)

4. Sonderregelung für Auszubildende

92 Nach § 22 SGB XII haben Schüler und Studenten, die dem Grunde nach **BAföG**-berechtigt sind oder dem Grunde nach einen Anspruch auf **Berufsausbildungsbeihilfe** nach §§ 60–62 SGB III haben, grundsätzlich keinen Anspruch auf Hilfe zum Lebensunterhalt (und auch keinen Anspruch auf Leistungen nach dem Vierten Kapitel SGB XII). Der Ausschluss greift bereits dann, wenn ein Anspruch auf BAföG- oder SGB III-Leistung dem Grunde nach besteht, die Ausbildung also grundsätzlich förderungsfähig ist. Es kommt nicht darauf an, ob der Hilfesuchende aus persönlichen Gründen (z.B. wegen Überschreitung der Förderungshöchstdauer) tatsächlich keine Leistungen erhält. In besonderen Härtefällen können Leistungen zum Lebensunterhalt jedoch als Beihilfe oder Darlehen erbracht werden.

93 Ausgeschlossen sind nur die ausbildungsgeprägten Bedarfe, nicht der Mehrbedarf nach § 30 SGB XII.

94 In aller Regel sind die Auszubildenden aber auch erwerbsfähig, so dass sie als Leistungsberechtigte nach dem SGB II schon nach § 21 SGB XII von der Hilfe zum Lebensunterhalt ausgeschlossen sind und Leistungen zum Lebensunterhalt nach dem SGB II (Grundsicherung für Arbeitsuchende) erhalten. § 22 SGB XII spielt also für die Sozialhilfe kaum noch eine Rolle.[3]

5. HzL trotz fehlender Bedürftigkeit („erweiterte Hilfe")

95 In Ausnahmefällen kann die Hilfe zum Lebensunterhalt auch erbracht werden, wenn der Hilfeempfänger über ausreichend Einkommen und Vermögen verfügt (§ 19 Abs. 5 SGB XII).

96 Die erweiterte Hilfe kommt insbesondere dann in Betracht, wenn die Einkommens- und Vermögensverhältnisse des Hilfesuchenden nicht rechtzeitig abschließend geklärt werden können, die Gewährung der Hilfe aber keinen Aufschub duldet. Über die Gewährung der erweiterten Hilfe ist im Ermessenswege zu entscheiden.

Stellt sich heraus, dass der Hilfesuchende über ausreichend Einkommen und Vermögen verfügt, um seinen Bedarf selbst zu decken, hat er dem Sozialhilfeträger die Leistung nach Satz 2 zu erstatten.

Sind mehrere Personen zum Aufwendungsersatz verpflichtet, ist jeder von ihnen verpflichtet, den gesamten Betrag zu leisten. Der Sozialhilfeträger kann die Leistung aber nur einmal fordern (gesamtschuldnerische Haftung, § 421 BGB).

Vgl. insgesamt das Prüfungsschema im Anhang als Anlage 5

IV. Bedarfsberechnung für laufende Leistungen

97 Beispiel 1: Berta (35) wohnt zusammen mit Sohn Christian (15) und Tochter Dörte (8) in Hamburg. Alle drei haben weder Anspruch auf Leistungen nach dem SGB II noch nach dem 4. Kapitel SGB XII (Grundsicherung wegen voller Erwerbsminderung). Ihre 70 qm große Wohnung kostet 900 €, die Heizkosten inklusive Warmwasserbereitung belaufen sich auf 150 € im Monat.

---

3 S. hierzu auch Conradis, info also 2004, 51.

	Berta	Christian	Dörte
Regelbedarf	374 € (Regelbedarfsstufe 1)	287 € (Regelbedarfsstufe 4)	251 € (Regelbedarfsstufe 5)
Mehrbedarf	134,64 € (36 % ihrer Regelbedarfsstufe)	–	–
Kosten der Unterkunft	300 €	300 €	300 €
Kosten der Heizung	50 €	50 €	50 €
Gesamtbedarf	858,64 €	637 €	601 €

Gesamtbedarf der Bedarfsgemeinschaft: 2096,64 €. Dem Bedarf ist, soweit vorhanden, Einkommen und Vermögen gegenüberzustellen. Nur wenn der Bedarf über dem anrechenbaren Einkommen und Vermögen liegt, wird die Differenz ausgezahlt.

Beispiel 2: Emil (58) und Franziska (53) leben in Leipzig. Ihre Wohnung kostet 400 €, die Heizkosten inklusive der Warmwasserbereitung betragen 100 €. Emil leidet an Zöliakie.

Bedarf

	Emil	Franziska
Regelbedarf	337 € (Regelbedarfsstufe 2)	337 € (Regelbedarfsstufe 2)
Mehrbedarf	74,80 €	–
Kosten der Unterkunft	200 €	200 €
Kosten der Heizung	50 €	50 €
Gesamtbedarf	661,80 €	587 €

Gesamtbedarf der Bedarfsgemeinschaft: 1248,80 €.

7. Kapitel: Grundsicherung im Alter und bei Erwerbsminderung

I. Entstehungsgeschichte, Zielsetzung

1 Die Vorschriften des von 2003 bis 2004 geltenden Gesetzes über eine bedarfsorientierte Grundsicherung im Alter und bei Erwerbsminderung (GSiG) sind mit geringen Änderungen zum 1.1.2005 als Viertes Kapitel in das SGB XII integriert worden. Das GSiG war nur zwei Jahre in Kraft. Es wurde als eigenständige soziale Leistung für alte Menschen und Menschen mit dauerhafter Erwerbsminderung geschaffen, um diesem Personenkreis den Gang zum Sozialamt zu ersparen. Der Gesetzgeber erhoffte sich durch einen erleichterten, entbürokratisierten Zugang zur Existenzsicherung, die verschämte Altersarmut zurückdrängen zu können. Er ging u.a. von der Annahme aus, dass ältere Menschen nicht selten befürchteten, ihre Kinder würden zu Unterhaltsleistungen herangezogen und ließen sich dadurch davon abhalten, ihren Rechtsanspruch auf Hilfe zum Lebensunterhalt geltend zu machen. Das GSiG – nunmehr 4. Kapitel des SGB XII – verzichtet deshalb weitestgehend auf den Unterhaltsrückgriff gegenüber Kindern und Eltern.

2 Nach zweijähriger Anwendungspraxis der Grundsicherung musste jedoch festgestellt werden, dass der Zweck, den Personenkreis der über 65-Jährigen und dauerhaft erwerbsgeminderten Menschen aus der Sozialhilfe herauszunehmen, nicht erreicht wurde. In vielen Fällen musste aufstockende Sozialhilfe geleistet werden. Dies betraf insbesondere die Fälle des Mehrbedarfs bei Alter und Erwerbsminderung und des Mehrbedarfs bei kostenaufwändiger Ernährung.[1] Auch dass die beabsichtigte Verwaltungsvereinfachung eingetreten war – ein weiteres Ziel des Gesetzgebers – wurde bezweifelt,[2] denn durch das GSiG wurde eine neue Behörde geschaffen, der Träger für Grundsicherung. Dies führte u.a. aus Gründen des Datenschutzes zu erheblichem Verwaltungsmehraufwand.

3 Aufgrund der Integration der Grundsicherung im Alter und bei Erwerbsminderung in das SGB XII konnten die eingerichteten Grundsicherungsträger wieder mit den Sozialämtern zusammengeführt werden. Auch können nun sämtliche Mehrbedarfe nach § 30 SGB XII in der Grundsicherung gewährt werden. Damit gibt es keine Fälle mehr, in denen neben dem Bezug von Grundsicherungsleistungen noch ein Anspruch auf ergänzende Hilfe zum Lebensunterhalt besteht.

4 Die in Folge der Einführung der Grundsicherung im Alter und bei Erwerbsminderung für die Kommunen entstehenden Mehrkosten trägt der Bund in gesetzlich festgeschriebener Höhe (§ 46 a SGB XII). Ob die Bundesbeteiligung die tatsächlichen Mehrausgaben der Kommunen, die u.a. aus der eingeschränkten Unterhaltspflicht und dem Verzicht auf die Vermutung der Haushaltsgemeinschaft nach § 39 SGB XII folgen, zur Gänze ausgleicht, ist nicht objektiv nachweisbar, wird von Seiten der Kommunen aber immer wieder in Zweifel gezogen. Der Bund erstattet den Ländern die Mehrausgaben über den Umweg des Wohngeldes. Er geht davon aus, dass die Länder das Geld an die Kommunen weitergeben.[3]

---

1 Vgl. dazu die Zahlen bei Friedrichsen, NDV 2004, 309 (310.).
2 So Kunkel, ZFSH/SGB 2003, 323.
3 Vgl. dazu Renn in LPK–GSiG, Einl. Rdn 31 f.

II. Antragsberechtigung

Antragsberechtigt auf Leistungen nach dem Vierten Kapitel SGB XII sind Personen die **5** die Altersgrenze des § 41 Abs. 2 SGB XII erreicht haben und dauerhaft erwerbsgeminderte Personen ab 18 Jahren, die ihren gewöhnlichen Aufenthalt in der Bundesrepublik Deutschland haben (§ 41 Abs. 1 SGB XII). Die Altersgrenze betrug zunächst einheitlich 65 Jahre, im Zuge der sukzessiven Anhebung des Regelrenteneintrittsalters wurde zum 1.1.2008 ebenfalls die schrittweise Anhebung der Altersgrenze zum Bezug der Grundsicherungsleistungen in § 41 Abs. 2 SGB XII eingeführt.

Den **gewöhnlichen Aufenthalt** hat jemand dort, wo er sich unter Umständen aufhält, **6** die erkennen lassen, dass er an diesem Ort oder in diesem Gebiet nicht nur vorübergehend verweilt (§ 30 Abs. 3 Satz 2 SGB I). Dafür ist ausreichend, dass sich jemand an einem Ort bis auf Weiteres im Sinne eines zukunftsoffenen Verbleibs aufhält. Der gewöhnliche Aufenthalt muss im Inland bestehen. Er ist auch ausschlaggebend für die örtliche Zuständigkeit des Trägers (§ 98 Abs. 1 Satz 2 SGB XII).

Ausländer mit einem gewöhnlichen Aufenthalt in Deutschland können ebenfalls Leistungen der Grundsicherung im Alter und bei Erwerbsminderung beziehen. Die Einschränkungen des § 23 Abs. 1 SGB XII gelten für sie nicht. Sie sind jedoch ebenfalls vom Leistungsbezug ausgeschlossen, wenn sie eingereist sind, um Sozialhilfeleistungen zu erlangen (§ 23 Abs. 3 SGB XII).

Neben Personen, die die Altersgrenze des § 41 Abs. 2 SGB XII erreicht haben, sind **7** antragsberechtigt Personen, die das 18. Lebensjahres vollendet haben und **voll erwerbsgemindert** i.S.d. § 43 Abs. 2 SGB VI sind. Danach sind Personen voll erwerbsgemindert, wenn sie wegen Krankheit oder Behinderung (vgl. § 2 Abs. 1 Satz 1 SGB IX) auf nicht absehbare Zeit außerstande sind, unter den üblichen Bedingungen des Arbeitsmarktes mindestens drei Stunden täglich erwerbstätig zu sein. Im Rahmen des § 43 Abs. 2 SGB VI wird die „absehbare Zeit" auf sechs Monate festgesetzt. Für eine Leistungsberechtigung nach dem Vierten Kapitel SGB XII muss hinzukommen, dass es unwahrscheinlich ist, dass die volle Erwerbsminderung behoben werden kann (§ 41 Abs. 1 Nr. 2 SGB XII). Diese Voraussetzung ist nicht erfüllt, wenn nur eine Rente wegen Erwerbsminderung auf Zeit bewilligt wird (§ 102 SGB VI). Diejenigen, die auf nicht absehbare Zeit außerstande sind, unter den üblichen Bedingungen des Arbeitsmarktes mindestens drei Stunden erwerbstätig zu sein, bei denen es aber nicht unwahrscheinlich ist, dass die volle Erwerbsminderung behoben werden kann, haben einen Anspruch auf HzL nach dem Dritten Kapitel SGB XII.

Als voll erwerbsgemindert gelten auch **behinderte Menschen**, die in anerkannten **8** Werkstätten für behinderte Menschen tätig sind oder in Einrichtungen regelmäßig eine Leistung erbringen, die einem Fünftel der Leistung eines voll erwerbsfähigen Beschäftigten entspricht. Erforderlich ist weiterhin, dass sie wegen der Art und Schwere der Behinderung nicht auf dem allgemeinen Arbeitsmarkt tätig sein können (§ 43 Abs. 2 Satz 3 SGB VI i.V.m. § 1 Abs. 1 Nr. 2 SGB VI).

III. Abgrenzung zur Grundsicherung für Arbeitsuchende

Für die Abgrenzung zur Grundsicherung für Arbeitssuchende (SGB II) ist die Erwerbs- **9** fähigkeit das entscheidende Kriterium. Ansprüche nach dem SGB II und solche nach dem Vierten Kapitel SGB XII schließen sich gegenseitig aus.

10 Die Feststellung der dauerhaften vollen Erwerbsminderung erfolgt durch die Träger der Rentenversicherung auf Ersuchen des Sozialhilfeträgers (§ 45 SGB XII). Der Sozialhilfe soll den Rentenversicherungsträger um Feststellung ersuchen, wenn es auf Grund der Angaben und Nachweise des Leistungsberechtigten als wahrscheinlich erscheint, dass die Leistungsberechtigte dauerhaft voll erwerbsgemindert ist und das zu berücksichtigende Einkommen und Vermögen nicht ausreicht, um den Lebensunterhalt vollständig zu decken. Die Entscheidung des Rentenversicherungsträgers ist nach § 45 Abs. 1 Satz 2 SGB XII für den Träger der Sozialhilfe bindend, dies gilt auch für eine gutachterliche Stellungnahme, die der Rentenversicherungsträger im Rahmen eines Streits zwischen dem Träger nach dem SGB II und dem Träger des SGB XII zur Erwerbsfähigkeit abgegeben hat (§ 109 a Abs. 3 SGB VI). Ein Ersuchen des Sozialhilfeträgers an den Träger der Rentenversicherung findet dann nicht statt, wenn die volle Erwerbsminderung bereits bei Beantragung einer Erwerbsminderungsrente festgestellt wurde oder bereits im Rahmen des § 109 a Abs. 2 und 3 SGB VI eine gutachterliche Stellungnahme abgegeben wurde oder der Fachausschuss einer Werkstatt für behinderte Menschen bereits eine Stellungnahme über die Aufnahme des Hilfeempfängers in die Werkstatt abgegeben hat (§§ 2, 3 Werkstättenordnung).

11

Grundsicherung für Arbeitsuchende (SGB II)	Grundsicherung bei Erwerbsminderung (4. Kapitel des SGB XII)	Grundsicherung im Alter (4. Kapitel des SGB XII)	Hilfe zum Lebensunterhalt (3. Kapitel SGB XII)
Leistungsberechtigte Personen			
Personen zwischen dem 15. Lebensjahr und dem Erreichen der Altersgrenze nach § 7 a SGB II, die täglich mehr als drei Stunden arbeiten können und Personen, die mit ihnen in einer Bedarfsgemeinschaft leben (§ 7 SGB II)	Personen, die wegen Krankheit oder Behinderung auf nicht absehbare Zeit außerstande sind, täglich mindestens drei Stunden zu arbeiten (§ 41 SGB XII i.V.m. § 43 SGB VI)	Personen nach Erreichen der Altersgrenze des § 41 Abs. 2 SGB XII	Kinder unter 15 Jahren, die nicht mit einer erwerbsfähigen Person in einer Bedarfsgemeinschaft leben, Vorübergehend voll erwerbsgeminderte Personen Personen, die vom Leistungsbezug des SGB II ausgeschlossen sind (z.B. nach § 7 Abs. 4 SGB II)

12 Gegenüber dem Sozialgeld nach § 23 SGB II sind Ansprüche auf Leistungen nach dem 4. Kapitel SGB XII vorrangig (§ 5 Abs. 2 Satz 2 und § 19 Abs. 1 Satz 2 SGB II). Lebt ein Leistungsberechtigter nach dem 4. Kapitel SGB XII also mit einem erwerbsfähigen Leistungsberechtigten nach dem SGB II zusammen, richten sich die Leistungsvoraussetzungen für den alten oder erwerbsunfähigen Leistungsberechtigten nach den Vorschriften des 4. Kapitels des SGB XII und nicht nach dem SGB II. Da im SGB II und SGB XII unterschiedliche Regelungen zur Anrechnung von Einkommen und Vermögen gelten (beispielsweise ist im SGB II Bezug ein angemessenes Kraftfahrzeug von der Vermögensverwertung ausgenommen, im SGB XII hingegen nicht), kann dies zu Verwerfungen bei der Bedürftigkeitsberechnung führen und dazu, dass die sog. „gemischten Bedarfsgemeinschaften" schlechter gestellt werden als „reine" SGB II-Bedarfsgemeinschaften (s. dazu LSG Hamburg: Urteil vom 15.9.2009 – L 4 SO 5/09, zitiert nach juris sowie zur gemischten Bedarfsgemeinschaft insgesamt BSG Urteil vom 16.10.2007 – B 8/9 b SO 2/06 R, www.bundessozialgericht.de).

Vgl. hierzu das Prüfungsschema im Anhang als Anlage 3.9

IV. Anspruchsvoraussetzungen

Voraussetzung für die Leistungen nach dem Vierten Kapitel SGB XII ist, dass die Antragsberechtigten ihren Lebensunterhalt nicht aus eigenen Einkommen und Vermögen und nicht aus dem Einkommen und Vermögen der mit ihnen in Einsatzgemeinschaft lebenden Personen bestreiten können und deshalb sozialrechtlich bedürftig sind. **13**

Ein solcher ungedeckter Bedarf (**Grundsicherungsbedarf**) ergibt sich, wenn **14**
– das berücksichtigungsfähige und anrechenbare Einkommen (§§ 82 – 84 SGB XII) niedriger ist als der individuelle Grundsicherungsbedarf des Antragstellers (§ 42 i.V.m. §§ 27 ff SGB XII),
– der Antragsberechtigte kein Vermögen besitzt, das er zur Deckung des so ermittelten Grundsicherungsbedarfes einsetzen muss (§ 90 SGB XII),
– der Partner des Antragsberechtigten nicht über einzusetzendes Einkommen und Vermögen verfügt, das den Betrag für den Grundsicherungsbedarf übersteigt,

Ist der sofortige Verbrauch von einzusetzendem Vermögen nicht möglich oder dem Leistungsberechtigten nicht zumutbar, kann auch die Grundsicherung im Alter und bei voller Erwerbsminderung als Darlehen erbracht werden (§ 91 SGB XII)

Leistungen nach dem 4. Kapitel SGB XII erhält nicht, wer innerhalb der letzten zehn Jahre vor der Beantragung von Grundsicherungsleistungen seine Bedürftigkeit vorsätzlich oder fahrlässig herbeigeführt hat. Der Leistungsausschluss hat bei älteren Menschen praktische Bedeutung z.B. in den Fällen, in denen Grundeigentum kurz vor der Antragstellung verschenkt wird (§ 41 Abs. 4 SGB XII).

Der Bedarf an laufenden Leistungen wird nach den Bestimmungen des SGB XII zur Hilfe zum Lebensunterhalt ermittelt.

Nach § 42 SGB XII umfasst der Grundsicherungsbedarf:
– die sich aus der Anlage zu § 28 SGB XII ergebende Regelbedarfsstufe,
– die zusätzlichen Bedarfe nach dem Zweiten Abschnitt des Dritten Kapitels (also die Mehrbedarfe, einmaligen Bedarfe sowie die Beiträge zur Kranken- und Pflegeversicherung sowie für die Altersvorsorge und ein angemessenes Sterbegeld)
– die Bedarfe für Bildung und Teilhabe, ausgenommen die nach § 34 Abs. 7 SGB XII (da diese nur bis zur Vollendung des 18. Lebensjahres gewährt werden, Leistungen nach dem 4. Kapitel SGB XII aber erst ab 18 Jahren bezogen werden können),
– die Kosten der Unterkunft und Heizung,
– ergänzende Darlehen nach § 37 Abs. 1 SGB XII.

(Zu den Einzelheiten dieser Bedarfe s. Kapitel 4).

Ist der Hilfeempfänger in einer stationären Einrichtung untergebracht, werden als Kosten für Unterkunft und Heizung Beträge in der durchschnittlichen tatsächlichen angemessenen Aufwendungen für eine Warmmiete eines Einpersonenhaushalts im Bereich des zuständigen Trägers zu Grunde gelegt (§ 42 Nr. 2 SGB XII). Die Übernahme von

Miet- und Energieschulden nach § 36 SGB XII ist für Leistungsberechtigte nach dem 4. Kapitel ebenso möglich wie für Leistungsberechtigte nach dem 3. Kapitel.

V. Unterschiede zu den übrigen Leistungen der Sozialhilfe

15 Grundsätzlich kommen alle Vorschriften des SGB XII, in denen von Sozialhilfe die Rede ist, auch für die Grundsicherung im Alter und bei Erwerbsminderung zur Anwendung, wenn dies nicht ausdrücklich ausgeschlossen ist. Nachfolgend werden bedeutsame Unterschiede dargestellt. Im Übrigen wird auf die anderen Kapitel dieses Kompendiums verwiesen.

16 Die Leistungspflicht nach dem Vierten Kapitel setzt im Unterschied zu den anderen Hilfearten des SGB XII nicht schon mit dem Bekanntwerden beim Sozialhilfeträger ein, sondern erfordert einen **Antrag** des Hilfebedürftigen (§ 41 Abs. 1 SGB XII), der jedoch an keine Form gebunden ist. Da Leistungen nach dem Vierten Kapitel SGB XII der HzL vorgehen (§ 19 Abs. 2 Satz 3 SGB XII), kann der Sozialhilfeträger auf diesen Antrag verweisen. Ein Folgeantrag nach Ablauf des Bewilligungszeitraums ist hingegen nicht erforderlich (vgl. BSG, Urteil vom 29.9.2009 – B 8 SO 13/08 R – www.bundessozialgericht.de). Die Entscheidung erging noch zum GSiG, die tragenden Gründe gelten jedoch für das SGB XII in gleicher Weise.

17 Das Vierte Kapitel des SGB XII enthält bestimmte **Informations- und Mitwirkungspflichten des Rentenversicherungsträgers**. Er ist nach § 46 SGB XII verpflichtet, Personen im Rentenbezug von Amts wegen und mögliche Leistungsberechtigte auf Antrag zu informieren über

– die Leistungsvoraussetzungen nach dem Vierten Kapitel des SGB XII und
– das Verfahren nach dem Vierten Kapitel des SGB XII.

Zudem ist er verpflichtet, mit dem Träger der Sozialhilfe zur Zielerreichung der Grundsicherung im Alter und bei Erwerbsminderung zusammenzuarbeiten (§ 109 a SGB VI).

Einen bei ihm eingegangenen Antrag auf Grundsicherung im Alter und bei Erwerbsminderung leitet der Rentenversicherungsträger an den Träger der Sozialhilfe weiter. Beigefügt ist eine Mitteilung über die Höhe der monatlichen Rente. Dies dient der Beschleunigung des Verfahrens.

18 Die Bewilligung erfolgt als **Dauerleistung** für in der Regel ein Jahr (§ 44 Abs. 1 SGB XII). Dieser Unterschied zur Gewährung der Leistungen nach dem Dritten Kapitel als nicht rentengleiche Leistung, die gleichsam von Tag zu Tag neu bewilligt wird, trägt dem Umstand Rechnung, dass bei dem leistungsberechtigten Personenkreis ein Wegfall der Bedürftigkeit durch Aufnahme einer Erwerbstätigkeit ausscheidet. Die Neufassung des § 44 SGB XII zum 1.1.2011 gewährleistet bei einem Wechsel vom Leistungsbezug nach dem SGB II in den des 4. Kapitel SGB XII wegen Erreichen der Altersgrenze einen nahtlosen Übergang.

19 Die **Vermutung**, dass Personen, die mit einer leistungsberechtigten Person in einem Haushalt zusammenleben, dessen **Bedarf decken**, soweit dies nach ihren wirtschaftlichen Verhältnissen angenommen werden kann (§ 36 Satz 1 SGB XII), gilt für die Grundsicherung im Alter und bei Erwerbsminderung nicht (§ 43 Abs. 1 SGB XII).

20 Der zentrale Unterschied zur HzL besteht nach wie vor in dem weitgehenden **Verzicht auf den Unterhaltsrückgriff**. Unterhaltsverpflichtete Kinder und Eltern der Leistungsberechtigten werden nur herangezogen, wenn ihr jährliches Gesamteinkommen 100.000 Euro übersteigt. Das Gesetz enthält in § 43 Abs. 2 SGB XII die widerlegbare

Vermutung, dass das Einkommen der Unterhaltspflichtigen unter der Grenze von 100.000 Euro liegt. Nur wenn hinreichende Anhaltspunkte für ein höheres Einkommen vorliegen, kann der Sozialhilfeträger von den Leistungsberechtigten Auskünfte verlangen, die Rückschlüsse auf die tatsächliche Einkommenssituation ermöglichen, wie etwa den Beruf. Vermögen müssen weder Kinder noch Eltern einsetzen. Es bleibt gänzlich unberücksichtigt. Damit kommt die Vorschrift zum Übergang von Unterhaltsansprüchen nach § 94 SGB XII nur im Ausnahmefall zur Anwendung.

Auf den **Kostenersatz durch die Erben** wird gegenüber den Erben eines Leistungs- **21** empfängers nach dem 4. Kapitel SGB XII ebenfalls verzichtet (§ 102 Abs. 5 SGB XII).

Nur im Einzelfall sind **Leistungsabsprachen** nach § 12 SGB XII zu treffen. Die mit **22** §§ 11, 12 SGB XII bezweckte Aktivierung mit dem Ziel der Eingliederung in den Arbeitsmarkt wird in der Regel nicht möglich sein. Geprüft werden sollte aber, ob eine Aktivierung mit dem Ziel einer möglichst lang andauernden selbständigen Lebensführung zu verfolgen ist, um so dem Grundsatz „ambulant vor stationär" zu entsprechen (s. zu den Möglichkeiten die „Arbeitshilfe des Deutschen Vereins zur Wahrnehmung der Aufgaben nach §§ 11, 12 SGB XII insbesondere bei der Hilfe in materiellen Notlagen (3. und 4. Kapitel SGB XII) vom 10.3.2010, www.deutscher-verein.de).

Ebenfalls nicht anzuwenden ist die Regelung der **Sanktionierung** bei fehlender Mit- **23** wirkung (§ 39 a SGB XII). Den Grundsicherungsempfängern kann die Aufnahme einer Tätigkeit zur Verringerung ihrer Hilfebedürftigkeit, anders als Empfängern nach dem 3. Kapitel SGB XII, nicht zugemutet werden (§ 11 Abs. 4 SGB XII).

Automatisierte Datenabgleiche sind nach § 118 Abs. 1 Satz 1 SGB XII ausgeschlos- **24** sen.

Überblick über die verschiedenen Grundsicherungsleistungen **25**

Grundsicherung für Arbeitssuchende (SGB II)	Grundsicherung bei Erwerbsminderung (4. Kapitel des SGB XII)	Grundsicherung im Alter (4. Kapitel des SGB XII)	Hilfe zum Lebensunterhalt (3. Kapitel SGB XII)
Leistungen			
Dienstleistungen			
Grundsatz des Förderns (§ 14 SGB II), Eingliederungsleistungen (§§ 15 – 16 g SGB II, teilweise i.V.m. dem SGB III)	Beratung und Unterstützung, Aktivierung durch den SOZIALHILFETRÄGER (§ 11 SGB XII) Beratung und Information durch den Rentenversicherungsträger (§ 46 SGB XII)		Beratung und Unterstützung, Aktivierung (§ 11 SGB XII)
Geldleistungen			
Regelbedarf (§ 20 SGB II)	Regelbedarf (§ 42 i.V.m. der Anlage zu § 28 SGB XII)		Regelbedarf (Anlage zu § 28 SGB XII)
+ ggfs. Mehrbedarf (§ 21 SGB II)	+ ggfs. Mehrbedarf (§ 42 i.V.m. § 30 SGB XII)		+ ggfs. Mehrbedarf (§ 30 SGB XII)

Grundsicherung für Arbeitssuchende (SGB II)	Grundsicherung bei Erwerbsminderung (4. Kapitel des SGB XII)	Grundsicherung im Alter (4. Kapitel des SGB XII)	Hilfe zum Lebensunterhalt (3. Kapitel SGB XII)
+ Zuschuss zu Versicherungsbeiträgen (§ 26 SGB II)	+ Beiträge zur Kranken- und Pflegeversicherung (§ 42 i.V.m. § 32 SGB XII)		+ Beiträge zur Kranken- und Pflegeversicherung (§ 32 SGB XII)
+ ggfs. einmalige Leistungen (§ 24 Abs. 3 SGB II)	+ ggfs. einmalige Leistungen (§ 42 i.V.m. § 31 SGB XII)		+ ggfs. einmalige Leistungen (§ 31 SGB XII)
+ ggfs. Leistungen in Sonderfällen (HzL als Darlehen nach § 22 Abs. 8 SGB II)	+ ggfs. Leistungen in Sonderfällen (HzL als Beihilfe oder Darlehen nach § 42 i.V.m. § 36 SGB XII)		+ ggfs. Leistungen in Sonderfällen (HzL als Beihilfe oder Darlehen nach § 36 SGB XII)
+ ggfs. ergänzende Darlehen nach § 24 Abs. 1 SGB II)	+ ggfs. ergänzende Darlehen nach § 42 SGB XII i.V.m. § 37 SGB XII		+ ggfs. ergänzende Darlehen nach § 37 SGB XII
+ Kosten für Unterkunft und Heizung (§ 22 SGB II)	+ Kosten für die Unterkunft (§§ 42, 35 SGB XII) + Kosten für die Heizung (§ 42 i.V.m. § 35 Abs. 4 SGB XII)		+ Kosten für die Unterkunft (§ 35 SGB XII) + Kosten für die Heizung (§ 35 Abs. 4 SGB XII)
Träger			
Kreise und kreisfreie Städte, Bundesagentur für Arbeit (§§ 6 und 6 a SGB II)	Kreise und kreisfreie Städte als örtliche Träger der Sozialhilfe Landesrecht kann die Heranziehung von Gemeinden und Gemeindeverbänden ermöglichen und die sachliche Zuständigkeit dem überörtlichen Träger der Sozialhilfe übertragen.		

8. Kapitel: Sozialhilfe in unterschiedlichen Lebenslagen

I. Zielsetzung, Überblick über die Hilfearten

1. Allgemeines, Überblick

Kernstück des Sozialhilferechts ist die **Hilfe für** qualifizierte Bedarfssituationen im **1** Hinblick auf **allgemeine Lebensrisiken**. Damit soll der veränderten gesellschaftlichen Situation im 21. Jahrhundert Rechnung getragen werden, die bestimmt ist von der demografischen Entwicklung (Überalterung der Bevölkerung) und den Folgen, die sich aus dem medizinischen Fortschritt ergeben. **Die Sozialhilfe ist** auch dafür **nur letztes Auffangnetz** und erbringt deshalb Leistungen nur für diejenigen Personen und Haushalte, die ihren Bedarf nicht aus eigener Kraft decken können und auch keine ausreichenden Ansprüche aus vorgelagerten Versicherungs- und Versorgungssystemen haben (vgl. Rn 4/57).

Zur Absicherung der allgemeinen Lebensrisiken umfasst die Sozialhilfe folgende Be- **2** reiche:

Hilfen in unterschiedlichen Lebenslagen **(Kunkel)**

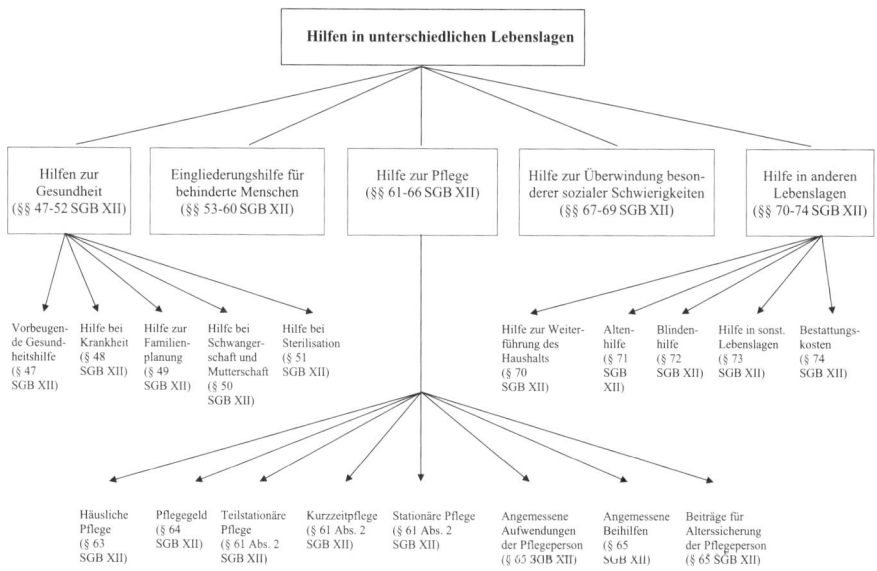

2. Hilfe in sonstigen Lebenslagen

§ 73 SGB XII lässt als **Kann-Leistung** die Ausdehnung der Hilfe auf Tatbestände zu, **3** die der Gesetzgeber nicht im voraus definiert hat. Damit soll den Trägern der Sozialhilfe die Möglichkeit gegeben werden, ihre Leistungen an die geänderten sozialen Verhältnisse, die evtl. neue Bedürfnisse hervorbringen, aktuell anzupassen. Voraussetzung ist, dass die neue Bedarfssituation den Einsatz öffentlicher Mittel rechtfertigt. Beispiele hierfür sind die Übernahme von Reisekosten für einen besonderen Zweck, z.B. Rückkehrhilfen für Flüchtlinge in ihre Heimatländer, Tilgung von Schulden, die für die Beseitigung einer besonderen Bedarfssituation bei Pflegebedürftigkeit oder Krankheit aufgenommen worden sind. Ferner Kosten für die Wahrnehmung des Umgangsrechts für Bezieher von Arbeitslosengeld II nach dem SGB II mit ihren minderjährigen Kindern. § 73 ist jedoch keine allgemeine Auffangregelung für Leistungsempfänger des SGB II[*]. Die Hilfegewährung muss der Zielsetzung und den allgemeinen Prinzipien der Sozialhilfe entsprechen.

II. Einsatz des Einkommens und Vermögens bei den Hilfen in unterschiedlichen Lebenslagen

4

1. Allgemeines

Voraussetzung für die Gewährung einer konkreten Hilfe bei den vorstehend genannten Lebenslagen sind
–   das Vorliegen der sachlichen (persönlichen) Voraussetzungen und
–   das Vorliegen der wirtschaftlichen Voraussetzungen, d.h. der Bedürftigkeit des Leistungsberechtigten, ggf. seines Ehegatten oder Lebenspartners oder der Eltern bei minderjährigen Leistungsberechtigten unter Berücksichtigung ihrer Einkommens- und Vermögenssituation (vgl. Rn 4/69).

5 Die sachlichen (materiellen) Voraussetzungen der Hilfearten nach §§ 47 – 74 SGB XII werden nachfolgend unter III. bis XII. dargestellt.

6 Die wirtschaftlichen Voraussetzungen sind so ausgestaltet (§§ 85 – 89 SGB XII), dass ein Leistungsberechtigter aus seinem verfügbaren Einkommen und Vermögen zunächst seinen täglichen Lebensunterhalt bestreiten kann. Nur von den über diesen Bedarf hinausgehenden verfügbaren Einkommen und Vermögen wird ein Einkommens- und Vermögenseinsatz verlangt; dabei sind auch familiengerechte Aspekte zu berücksichtigen (vgl. Rn 8/19).

2. Zum Einkommens- und Vermögenseinsatz verpflichtete Personen

7 § 19 Abs. 3 SGB XII bestimmt, wer bei einem Hilfefall sein Einkommen und Vermögen einzusetzen hat. Es ist immer von der Person des Leistungsberechtigten (LB) auszugehen. Fünf Möglichkeiten sind zu unterscheiden:

Tatbestand	Einkommen und Vermögen einzusetzen hat (haben):
(1) LB ist alleinstehend	LB
(2) LB ist verheiratet und nicht getrennt lebend	LB und sein Ehegatte

---

[*] Vgl. Urteil des BSG, FEVS 58, 289.

Tatbestand	Einkommen und Vermögen einzusetzen hat (haben):
(3) LB ist minderjährig und nicht verheiratet und lebt bei den Eltern	LB und Eltern
(4) LB ist minderjährig und unverheiratet und lebt bei einem Elternteil	LB und Elternteil, bei dem der LB lebt
(5) LB ist minderjährig und unverheiratet und lebt bei keinem Elternteil	LB
Hinweis: Den Ehegatten gleichgestellt sind Lebenspartner, worunter nur eingetragene Lebenspartnerschaften nach dem Lebenspartnerschaftsgesetz zu verstehen sind.	
Sonderfall:	
LB lebt in eheähnlicher Gemeinschaft i. S. d. § 20 SGB XII	LB und Partner der eheähnlichen Gemeinschaft

Beachte: § 36 SGB XII (Haushaltsgemeinschaft) gilt nicht für die genannten unterschiedlichen Lebenslagen, sondern nur für die Hilfe zum Lebensunterhalt (vgl. Rn 4/78).

Weitere Personen, d.h. Familienangehörige, als die in § 19 Abs. 3 SGB XII genannten, dürfen mit ihrem Einkommen und Vermögen öffentlich-rechtlich (Kostenbeitrag/Aufwendungsersatz) nicht herangezogen werden. Sie werden jedoch in Auswirkung des Nachrangs der Sozialhilfe (§ 2 SGB XII) als bürgerlich-rechtliche Unterhaltsverpflichtete zu den entstehenden Kosten nach § 94 SGB XII herangezogen.

3. Umfang des Einkommenseinsatzes

Einkommen und Vermögen sind von den verpflichteten Personen nur in **zumutbarem** 8 **Umfang** einzusetzen. Der Begriff der Zumutbarkeit verschafft dem LB die Sicherheit, dass er und seine zum Mitteleinsatz verpflichteten Familienangehörigen nicht wegen einer Hilfe für ein Lebensrisiko, z.B. die Pflege, durch den Einsatz aller Mittel auf das Niveau der Hilfe zum Lebensunterhalt bzw. Grundsicherung herabgedrückt werden. Das Hauptinstrument um festzustellen, welcher Teil des Einkommens zumutbar einzusetzen ist, ist die Einkommensgrenze.

4. Einkommensgrenze

Das SGB XII hat für alle Hilfen nach dem Fünften bis Neunten Kapitel des SGB XII 9 (§§ 47 – 74) nur eine **einheitliche Einkommensgrenze**. Diese ist in § 85 SGB XII geregelt und hat drei Bestandteile:
–   einen **Grundbetrag** in Höhe des Zweifachen der Regelbedarfsstufe 1 nach der Anlage zu § 28 SGB XII. Die Fortschreibung der Regelbedarfsstufen erfolgt nach § 28 a SGB XII (vgl. Rn 6/15). Entsprechend erhöht sich der Grundbetrag.
–   die angemessenen **Kosten der Unterkunft** (nach Abzug von Wohngeld und ohne Heizung),

– einem **Familienzuschlag** in Höhe von 70 % der Regelbedarfsstufe 1 nach der Anlage zu § 28 SGB XII für einen Elternteil, wenn die Eltern zusammenleben, sowie für die nachfragende Person oder für jede Person, die von den Eltern oder der nachfragenden Person überwiegend unterhalten worden ist oder für die sie nach der Entscheidung über die Erbringung der Sozialhilfe unterhaltspflichtig werden.

10 Eine **Erhöhung der Einkommensgrenze** durch einen abweichenden Grundbetrag ist zulässig. Nach § 86 SGB XII können die Länder und, soweit landesrechtliche Vorschriften nicht entgegenstehen, auch die Träger der Sozialhilfe für bestimmte Arten der Hilfe nach dem Fünften bis Neunten Kapitel der Einkommensgrenze einen höheren Grundbetrag zugrunde legen.

11 **Zusammensetzung der Einkommensgrenze bei den verschiedenen Fallkonstellationen:**

1. **volljähriger** LB, **alleinlebend** (§ 85 Abs. 1 SGB XII):
   Grundbetrag

   + Kosten der Unterkunft (Miete abzüglich Wohngeld)

2. **volljähriger** LB, **mit Ehegatten oder Lebenspartner** zusammenlebend (§ 85 Abs. 1 SGB XII):
   Grundbetrag

   + Kosten der Unterkunft

   + Familienzuschlag

3. **volljähriger** LB, **mit Ehegatten oder Lebenspartner** zusammenlebend **und Kinder** unterhaltend (§ 85 Abs. 1 SGB XII):
   Grundbetrag

   + Kosten der Unterkunft

   + Familienzuschlag

   + Familienzuschlag für jedes Kind

4. **minderjähriger**, unverheirateter LB, **dessen Eltern zusammenleben** (§ 85 Abs. 2 Satz 1 SGB XII):
   Grundbetrag

   + Kosten der Unterkunft

   + Familienzuschlag (für LB)

   + weiteren Familienzuschlag für einen Elternteil

5. **minderjähriger**, unverheirateter LB, **dessen Eltern zusammenleben, mit Geschwistern** (§ 85 Abs. 2 Satz 1 SSB XII):
   Grundbetrag

   + Kosten der Unterkunft

   + Familienzuschlag

   + weiteren Familienzuschlag für **einen** Elternteil

   + weiteren Familienzuschlag für jedes Geschwister

6. **minderjähriger**, unverheirateter LB, **dessen Eltern nicht zusammenleben,** und **der bei einem Elternteil lebt**, (§ 85 Abs. 2 Satz 2 1.Halbsatz SGB XII):
Grundbetrag

+ Kosten der Unterkunft

+ Familienzuschlag

7. **minderjähriger**, unverheirateter LB, **dessen Eltern nicht zusammenleben**, und **der bei keinem Elternteil lebt** (§ 85 Abs. 2 Satz 2 2. Halbsatz SGB XII):
Grundbetrag

+ Kosten der Unterkunft

8. **minderjähriger**, unverheirateter LB, **dessen Eltern zusammenleben**, und der **bei keinem Elternteil lebt** (§ 85 Abs. 2 Satz 2 2. Halbsatz SGB XII analog; strittig):
Grundbetrag

+ Kosten der Unterkunft

9. **minderjähriger**, unverheirateter LB, **ohne Eltern** (§ 85 Abs. 2 Satz 2 2. Halbsatz SGB XII analog):
Grundbetrag

+ Kosten der Unterkunft

10. **minderjähriger**, verheirateter LB (§ 85 Abs. 1 SGB XII):
Grundbetrag

+ Kosten der Unterkunft

+ Familienzuschlag

5. Einsatz des Einkommens (Systematik)

Für den Einsatz des Einkommens wird der ermittelten Einkommensgrenze das berei- **12** nigte Einkommen gegenübergestellt. Für die Ermittlung des Einkommens gelten die §§ 82 – 84 SGB XII (vgl. Rn 4/63, 4/81). Maßgeblich ist in der Regel das monatliche Einkommen während der Dauer des Bedarfs. Für den Einkommenseinsatz gilt folgendes Prinzip:

Die Einkommensgrenze wird dem Einkommen gegenübergestellt. Soweit das Ein- **13** kommen höher als die Einkommensgrenze ist, wird der übersteigende Betrag nach § 87 SGB XII behandelt (= **Einkommenseinsatz über der Einkommensgrenze = I. Einkommenseinsatz**). Vorhandenes **Einkommen unter der Einkommensgrenze** wird nach § 88 SGB XII behandelt (= **II. Einkommenseinsatz**).

6. Der Einsatz des Einkommens über der Einkommensgrenze

Dieser Einsatz ist nur in **angemessenem** Umfang zuzumuten (§ 87 Abs. 1 S. 1 Nr. l **14** SGB XII). Abgestellt wird dabei auf die Verhältnisse des Einzelfalles. Für die Entscheidung des Trägers der Sozialhilfe bei der Auslegung dieses unbestimmten Rechtsbegriffes (ohne Beurteilungsspielraum) sind folgende Kriterien zu beachten:

a. **Art des Bedarfs**. Der Einkommenseinsatz kann danach gewichtet werden, ob es **15** sich um eine ambulante, teilstationäre oder vollstationäre Hilfeleistung handelt.

b. **Dauer der Aufwendungen**. Bei einem längerdauernden Bedarf (in der Regel mehr **16** als 6 Monate) ist regelmäßig (sofern es sich nicht um Alleinstehende in Heimen handelt) die Freilassung eines erheblichen Teilbetrages des über der Einkommensgrenze liegenden Einkommens geboten. Bei einem einmaligen oder kurzfristigen Bedarf ist dagegen das über der Einkommensgrenze liegende Einkommen weitgehend heranzuziehen.

17 c. **Höhe der Aufwendungen.** Diese kann nur insoweit bedeutsam sein, als sich die in § 19 Abs. 3 SGB XII genannten Personen vor dem Einsetzen der Sozialhilfe über ihre Verpflichtung hinaus bemüht haben, die jeweilige Lebenssituation aus eigenen Mitteln zu beheben.

18 d. **Besondere Belastungen.** Sowohl solche des Leistungsberechtigten als auch solche seiner unterhaltsberechtigten Angehörigen sind zu beachten. Besondere Belastungen können im Einzelfall sein: Schuldverpflichtungen (§ 87 Abs. 1 S. 2 SGB XII), die vor Eintritt des Bedarfs eingegangen worden sind, erforderliche Aufwendungen für Familienereignisse (z.B. Geburt, Taufe, Konfirmation/Kommunion, Heirat, Fahrten zum Besuch naher Angehöriger, Aufwendungen bei Krankheit, Pflegebedürftigkeit oder Behinderung).

19 e. **Familienverhältnisse.** § 87 Abs. 1 Satz 2 SGB XII enthält keine abschließende Aufzählung der Fakten, die bei der Heranziehung des Einkommens über der Einkommensgrenze zu berücksichtigen sind. Im Hinblick auf **§ 16 SGB XII (familiengerechte Leistungen)** ist es deshalb in der Regel geboten, auch beim Einkommenseinsatz die Familienverhältnisse des Leistungsberechtigten zu berücksichtigen, weil die Sozialhilfe die Kräfte der Familie zur Selbsthilfe anregen und den Zusammenhalt der Familien festigen soll. Je größer die Familie und je mehr minderjährige Kinder vorhanden sind, desto größer ist das freizulassende Einkommen.

7. Sonderfälle des Einkommenseinsatzes über der Einkommensgrenze (§ 87 Abs. 1 Satz 3, Abs. 2 und Abs. 3 SGB XII)

20 **Schwerstpflegebedürftige Menschen** nach § 64 Abs. 3 SGB XII und **blinde Menschen** nach § 72 SGB XII werden besonders geschützt. Ihnen ist ein Einsatz des Einkommens über der Einkommensgrenze höchstens im Umfang von 40 v. H. zuzumuten.

21 Für den Fall, dass der LB sein Einkommen durch den Eintritt der Notlage ganz oder teilweise verliert und sein Bedarf nur von kurzer Dauer ist, bestimmt § 87 Abs. 2 SGB XII, dass nur auf das Einkommen, das der LB für einen angemessenen Zeitraum nach Wegfall des Bedarfs erwirbt, zurückgegriffen werden darf. Als angemessen wird in der Regel ein Zeitraum von 3 Monaten angesehen. Die Heranziehung kann nur insoweit erfolgen, als dem LB ohne dem (ganzen oder teilweisen) Verlust des Einkommens während der Dauer des Bedarfs die Aufbringung der Mittel zuzumuten gewesen wäre.

22 Der **Einkommenseinsatz** über der Einkommensgrenze **bei einmaligen Leistungen** ist nach § 87 Abs. 3 SGB XII **erheblich höher** als bei laufenden Leistungen. Voraussetzung ist, dass es sich um Bedarfsgegenstände handelt, deren Gebrauch für mindestens 1 Jahr bestimmt ist, z.B. behindertengerechter Pkw, orthopädische oder andere Hilfsmittel, Zahnersatz. Zurückgegriffen werden kann grundsätzlich auch auf das Einkommen, das innerhalb eines Zeitraums von bis zu 3 Monaten nach Ablauf des Monats, in dem über die Hilfe entschieden worden ist, erwartet wird. Es kann also **höchstens auf das Einkommen von 4 Monaten** der zum Einkommenseinsatz nach § 19 Abs. 3 SGB XII Verpflichteten zurückgegriffen werden. Die Entscheidung steht im

Ermessen des Sozialhilfeträgers, während der Einkommenseinsatz nach § 87 Abs. 1 SGB XII eine „zwingende" Entscheidung ist.

8. Einsatz des Einkommens unter der Einkommensgrenze

Neben dem nach § 87 SGB XII zugemuteten Einsatz von Einkommen **über** der Einkommensgrenze **kann** (= nach pflichtgemäßem Ermessen) auch der Einsatz von Einkommen verlangt werden, das **unter** der Einkommensgrenze liegt (§ 88 SGB XII). Im Einzelnen ist dies möglich bei: **23**

a. **Zweckbestimmten Leistungen.** Diese sind auf die für den gleichen Zweck gewährte Sozialhilfe voll anzurechnen, z.B. Kindergeld, bürgerlich-rechtliche Unterhaltsleistungen, Schadensersatzansprüche nach dem BGB. **24**

b. **Deckung des Bedarfs erfordert nur geringfügige Mittel.** Das sind bis zu 5 % des einzusetzenden Einkommens, höchstens jedoch 5 % des Grundbetrags der Einkommensgrenze nach § 85 SGB XII. Damit sollen Bagatellfälle vom Sozialamt ferngehalten werden, z.B. monatliche Aufwendungen für die Pille (Anti-Konzeptiva) bei der Hilfe zur Familienplanung nach § 49 SGB XII in Höhe von 10,00 € monatlich. **25**

c. **Häusliche Ersparnis beim Lebensunterhalt.** Bei der Unterbringung in einem Heim oder einer teilstationären Einrichtung tritt eine häusliche Ersparnis auf, wenn die Versorgung (Verpflegung und Unterkunft) in diesen Einrichtungen erfolgt (vgl. dazu § 92 a Abs. 1 SGB XII). Die häusliche Ersparnis wird in der Regel mit einem Anteil des für den Untergebrachten maßgeblichen Regelsatzes angesetzt. Da nach der Konzeption des SGB XII die Hilfe zum Lebensunterhalt nicht Bestandteil der Leistungen in unterschiedlichen Lebenslagen (vgl. Rn 8/2) ist, kann bei diesen Leistungen auch kein häuslicher Lebensunterhalt erspart werden (vgl. aber Rn 8/32). **26**

d. **Erweiterter Einkommenseinsatz bei Dauerunterbringung im Heim.** Nach § 88 Abs. 1 Satz 2 SGB XII soll ein Einkommenseinsatz in angemessenem Umfang erfolgen, wenn eine Person auf voraussichtlich längere Zeit, d.h. **mehr als 6 Monate** Leistungen in einer stationären Einrichtung, z.B. einem Pflegeheim oder Eingliederungsheim für behinderte Menschen bedarf. Die Regelung bezieht sich nicht nur auf den Leistungsberechtigten, sondern auch auf dessen (Ehe-)Partner als Person nach § 19 Abs. 3 SGB XII. Eine identische Regelung für die Hilfe zum Lebensunterhalt bzw. die Grundsicherungsleistungen im Heim enthält § 92 a Abs. 2 SGB XII. **27**

e. **Einkommenseinsatz bei Beschäftigten in einem Heim.** Bei der Hilfe in einem Heim, z.B. einem Eingliederungsheim für Behinderte, wird von dem Einkommen, das der vollstationär untergebrachte Leistungsberechtigte aus seiner Beschäftigung mit der Folge eines Erwerbseinkommens erzielt, die Aufbringung der Mittel in Höhe von einem Achtel des Eckregelsatzes zuzüglich 25 v. H. des diesen Betrag übersteigenden Einkommens aus der Beschäftigung **nicht** verlangt (§ 88 Abs. 2 SGB XII). Dieses anrechnungsfreie Einkommen soll den Leistungsberechtigten zu weiterer Beschäftigung motivieren. **28**

f. **Der Einsatz von Einkommen über und unter der Einkommensgrenze kann nebeneinander, also kumulativ erfolgen.** Die Heranziehung des Einkommens unter der Einkommensgrenze ist jedoch beschränkt, wenn durch diesen Einkom- **29** menseinsatz die Existenz der Personen gefährdet wird, die auf dieses Einkommen zur Bestreitung des Lebensunterhalts angewiesen sind. Ihnen muss zur Sicherung ihres Lebensunterhalts der sogenannte **Garantiebetrag** verbleiben, der sich in der Regel zusammensetzt aus 120 % des Regelsatzes zuzüglich etwaiger Mehrbedarfszuschläge und zuzüglich der Kosten der Unterkunft einschließlich laufender Heizkosten. Ein Einkommenseinsatz kann nur bis zu dieser **Garantiebetragsgrenze** verlangt werden.

30 Schaubild: Zumutbarer Anteil bei Hilfe in unterschiedlichen Lebenslagen (§ 19 Abs. 3 SGB XII) **(Kunkel)**

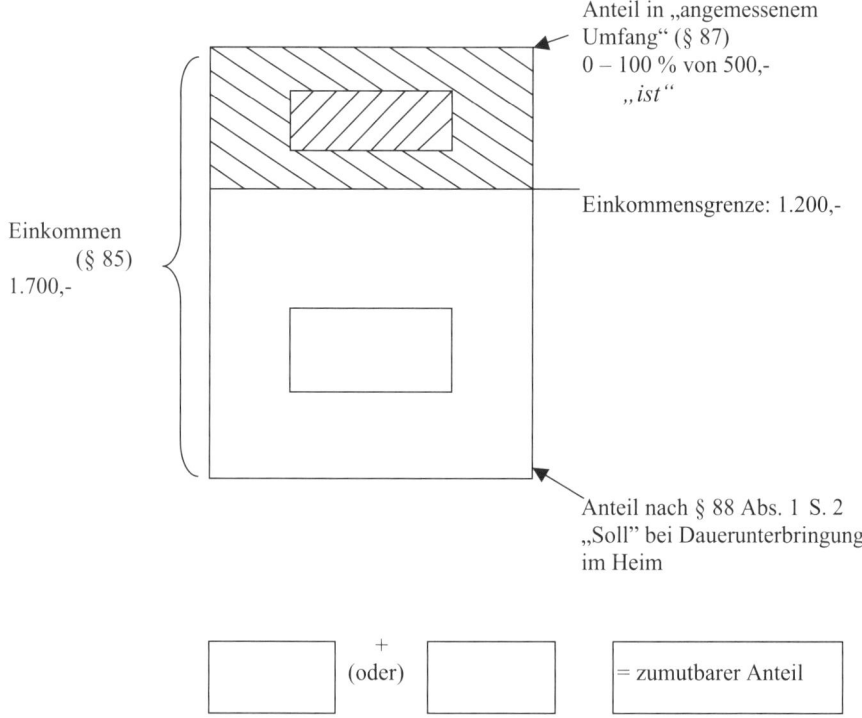

Beachte die spezielle Regelung für die erweiterte Hilfe nach § 92 SGB XII (vgl. Rn 8/33).

9. Sonderfälle des Einkommenseinsatzes

31 a. **Einsatz des Einkommens bei mehrfachem Bedarf** (§ 89 SGB XII). Die einzelnen Hilfearten des §§ 47 – 74 SGB XII können sich überschneiden, d.h. ein Hilfeempfänger kann gleichzeitig in einem Monat Anspruch auf zwei Hilfearten haben und diese auch erhalten, oder innerhalb einer Familie treten mehrere Hilfefälle auf, z.B. bei minderjährigen Kindern. Insoweit ist **kein doppelter Einsatz des Einkommens** vorgesehen, d.h. der für einen Bedarf vorgesehene Einkommenseinsatz darf für einen anderen Bedarf nicht mehr berücksichtigt werden. Treten die Bedarfsfälle gleichzeitig ein, ist das über der Einkommensgrenze liegende Einkommen zu gleichen Teilen bei den Bedarfsfällen zu berücksichtigen.

Klinger

b. **Einkommenseinsatz für die Hilfe zum Lebensunterhalt in Einrichtungen** 32
(§ 27 b SGB XII). Die Hilfe zum Lebensunterhalt in Einrichtungen, z.B. im Altenpflegeheim oder in einem Eingliederungsheim für Behinderte stellt einen **eigenständigen Leistungsanspruch** dar (vgl. Rn 6/81) und ist somit z.B. nicht Bestandteil der Hilfe zur Pflege im Altenpflegeheim. Für den Einsatz des Einkommens
und Vermögens für den notwendigen Lebensunterhalt in Einrichtungen sind deshalb die für die Hilfe zum Lebensunterhalt maßgeblichen Regelungen für den Ein-
kommens- und Vermögenseinsatz anzuwenden. Insoweit **gelten nicht** die §§ 85
– 88 SGB XII. Vielmehr ist insoweit § 92 a SGB XII maßgeblich, der den Einkommenseinsatz bei einer teilstationären oder stationären Unterbringung und dort gewährten Leistungen der Hilfe zum Lebensunterhalt oder der Grundsicherung im
Alter oder bei Erwerbsminderung regelt. U.a. ist danach auch ein Einkommenseinsatz bei häuslicher Ersparnis und Dauerunterbringung im Heim möglich (vgl.
dazu auch Rn 8/26 und 8/27). Das für die Hilfe zum Lebensunterhalt in Einrichtungen einzusetzende Einkommen ist verbraucht und kann deshalb nicht noch
einmal beim Einkommenseinsatz für die Hilfearten nach §§ 47 – 74 SGB XII eingesetzt werden. Insoweit gilt § 89 SGB XII analog.

c. **Einkommenseinsatz bei erweiterter Hilfe** (§ 19 Abs. 5 und § 92 Abs. 1 SGB XII; 33
vgl. Rn 8/27, 8/28. Im Normalfall wird die Sozialhilfeleistung um denjenigen Betrag
vermindert, den der LB bzw. seine Angehörigen zumutbar aus ihrem Einkommen
und Vermögen selbst einzusetzen haben (zumutbarer Eigenanteil). In begründeten
Fällen kann die Hilfe in Höhe des Hilfebedarfs voll gewährt werden (**Brutto-Prin-
zip** anstelle Nettoprinzip). **Bei behinderten Menschen**, die Leistungen für eine
stationäre Einrichtung, für eine Tageseinrichtung (u.a. WfbM, Sonderkindergarten
oder Sonderschule) oder für ärztliche oder ärztlich verordnete Maßnahmen erhalten, **besteht ein Rechtsanspruch** hierauf („sind in vollem Umfang zu erbringen").
Dadurch soll für sie die jeweils fachlich richtige Hilfe durch das fachkundige Sozialamt gewährleistet werden. In Höhe des zumutbaren Eigenanteils nach
§ 19 Abs. 3 SGB XII haben die Personen der Einsatzgemeinschaft in diesem Fall
dem Sozialhilfeträger **Aufwendungsersatz, d.h. einen Kostenbeitrag zu** leisten
(vgl. Rn 9/2). Mehrere Verpflichtete haften als Gesamtschuldner. Es handelt sich
um eine öffentlich-rechtliche Forderung. **Die erweiterte Hilfegewährung ist im
Leistungsbescheid zum Ausdruck zu bringen.** Der Kostenbeitrag kann nachträglich, aber innerhalb eines angemessenen Zeitraums nach der Hilfegewährung
durch Verwaltungsakt geltend gemacht und ggf. im Verwaltungszwangsverfahren
beigetrieben werden. Voraussetzung ist, dass der Verpflichtete **vor der Leistungserbringung** davon in Kenntnis gesetzt wurde, dass ggf. ein Aufwendungsersatz gefordert wird. Erweiterte Hilfe wird z.B. gewährt, wenn die Einkommens-
und Vermögensverhältnisse bis zum Zeitpunkt der Hilfegewährung nicht geklärt
werden können, aber auch wenn feststeht, dass ein zumutbarer Eigenanteil zu
tragen ist und eine Vorausleistung, z.B. bei Heimaufnahme, verlangt wird.

d. **Einsatz des Einkommens bei behinderten Menschen – Einschränkung der** 34
Einkommens- und Vermögensanrechnung (§ 92 SGB XII). Für die in § 92
Abs. 2 SGB XII in den Ziffern 1 bis 8 definierten Eingliederungsmaßnahmen (u. a.
heilpädagogische Maßnahmen für Kinder, Hilfe zu einer angemessenen Schulbildung, bei Leistungen zur medizinischen Rehabilitation oder zur Teilnahme am Arbeitsleben oder bei Leistungen in anerkannten Werkstätten für behinderte Menschen) ist den in § 19 Abs. 3 SGB XII genannten Personen der **Einkommenseinsatz nur für die Kosten des Lebensunterhalts** zuzumuten. Die Kosten des in

einer Einrichtung erbrachten Lebensunterhalts sind in den Fällen des § 92 Abs. 2 Nr. 1 bis 6 SGB XII sogar nur in Höhe des der für den häuslichen Lebensunterhalt ersparten Aufwendungen anzusetzen. Dies stellt auch § 92 a Abs. 4 SGB XII klar; damit kann in diesen Fällen ein über häusliche Ersparnisse bzw. die Kosten des eingenommenen Mittagessens hinausgehender Kostenbeitrag nicht eingefordert werden. Alle in § 92 Abs. 2 Satz 1 SGB XII genannten Leistungen sind zudem **ohne Berücksichtigung von vorhandenem Vermögen** zu erbringen (§ 92 Abs. 2 Satz 2 SGB XII). Einkommen und Vermögen müssen deshalb in der Regel überhaupt nicht geprüft werden, es sei denn, die Eltern können die häusliche Ersparnis nicht bezahlen. Die **Berechnung einer Einkommensgrenze** nach § 85 SGB XII **ist** deshalb ebenfalls **nicht erforderlich**.

Für die Leistungen in anerkannten Werkstätten für behinderte Menschen und vergleichbaren sonstigen Beschäftigungsstätten nach § 56 SGB XII und bei Hilfen zum Erwerb praktischer Kenntnisse und Fähigkeiten um die Teilhabe am Arbeitsleben zu ermöglichen (§ 92 Abs. 2 Satz 1 Nrn. 7 und 8 SGB XII) gelten besondere **Einkommensfreibeträge**. Der Einkommenseinsatz ist nicht zumutbar, wenn das Einkommen des behinderten Menschen insgesamt einen Betrag in Höhe des Zweifachen der Regelbedarfsstufe 1 nicht übersteigt.

35 e. **Einsatz des Vermögens**. Grundsätzlich sind bei den Hilfearten §§ 47 – 74 SGB XII die gleichen Vermögensteile wie bei der Hilfe zum Lebensunterhalt geschützt. Zum Begriff des Vermögens und den geschützten Teilen wird auf Rn 4/84 ff. hingewiesen. Die Vermögensbarbeträge nach § 90 Abs. 2 Nr. 9 SGB XII und der dazu ergangenen Verordnung zur Durchführung dieser Bestimmung sind in unterschiedlicher Höhe geschützt, d.h. in geringerem Umfang bei der Hilfe zum Lebensunterhalt.

366 *Berechnungsbeispiel für Einkommensgrenze / Einkommenseinsatz Stand 1.1.2012 Ausgangssituation: Ehepaar; er ist nach Unfall häuslich pflegebedürftig im Sinne von § 64 Abs. 2 SGB XII (Schwerpflegebedürftigkeit – Stufe II). Bereinigtes Gesamteinkommen im Sinne des § 82 SGB XII 1.710,00 € monatlich. Kosten der Unterkunft abzüglich Wohngeld 500,00 € monatlich. Kein Anspruch auf vorrangige Leistungen der gesetzlichen Pflegeversicherung nach dem SGB XI (Wartezeit nicht erfüllt). Beantragtes Pflegegeld 440,00 € monatlich.*

(1) Ermittlung der Einkommensgrenze nach § 85 Abs. 1 SGB XII

– Grundbetrag (Abs. 1 Nr. 1) zweifache Regelbedarfsstufe 1	748,00 €
– Kosten der Unterkunft (Abs. 1 Nr. 2)	500,00 €
– Familienzuschlag (Abs. 1 Nr. 3) 70 % der Regelbedarfsstufe 1 für *die Ehefrau*	262,00 €
Einkommensgrenze	**1.510,00 €**

(2) *Gegenüberstellung des Einkommens und Ermittlung des für den Einkommenseinsatz in Betracht kommenden Betrages. Bereinigtes Einkommen im Sinne des § 82 SGB XII 1.710,00 €. Es besteht damit ein **verfügbares Einkommen über der Einkommensgrenze von 200,00 €.***

(3) *Einkommenseinsatz nach § 87 Abs. 1 SGB XII. Danach ist das die Einkommensgrenze übersteigende Einkommen in angemessenem Umfang einzusetzen. In diesem Fall zu berücksichtigende Aspekte für einen geringeren Einkommenseinsatz sind die Art des Bedarfs (häusliche ambulante Versorgung), die Schwere der Pflegebedürftigkeit (hier: Schwerpflegebedürftigkeit) und die absehbar längere Dauer der Hilfebedürftigkeit. Alle Aspekte zusammen genommen rechtfertigen es, zwischen 10 bis 40 % des übersteigenden Einkommens nicht zum Einsatz zu verlangen. Entscheidung: **70 % Einkommenseinsatz von 200,00 € = 140 €.***

Klinger

(4)   Konkrete Hilfegewährung:

Bedarf = Pflegegeld von 440,00 € monatlich. Abzüglich zumutbarer Eigenanteil = Einkommenseinsatz = 140,00 €. Das ergibt das **Maß der Hilfe** *oder die auszuzahlende monatliche Pflegegeldleistung von* **300,00 €.**

(5)   Ein Einsatz des Einkommens unter der Einkommensgrenze kommt zusätzlich nicht in Betracht, weil die Voraussetzungen nicht vorliegen. Bei einer späteren Unterbringung in einem Pflegeheim (stationäre Einrichtung) käme allerdings neben einem Einkommenseinsatz über der Einkommensgrenze für die Heimkosten ein Einsatz des Einkommens für den notwendigen Lebensunterhalt im Heim und für die ersparten häuslichen Aufwendungen des Lebensunterhalts in Betracht (§ 27 b und § 92 a SGB XII).

10. Unterhaltsansprüche (§ 94 SGB XII)

Unterhaltsansprüche nach bürgerlichem Recht sind auch für die Hilfen nach §§ 47 – **36** 73 SGB XII zu verwirklichen. Das Instrument dazu ist der gesetzliche Forderungsübergang von Unterhaltsansprüchen nach § 94 SGB XII. § 94 SGB XII beschränkt aber für behinderte und pflegebedürftige Unterhaltsberechtigte den gesetzlichen Forderungsübergang für Gesundheitshilfen und die Eingliederungshilfe für behinderte Menschen auf 26 € monatlich gegenüber ihren Eltern (§ 94 Abs. 2 SGB XII). Für die Realisierung dieser Ansprüche wird auf das 9. Kapitel hingewiesen.

III. Hilfen zur Gesundheit (§§ 47 – 52 SGB XII)

1. Ausgangssituation

Durch das Gesetz zur Modernisierung der gesetzlichen Krankenversicherung (GKV- **37** Modernisierungsgesetz-GMG) vom 14. November 2003[1] erfolgte eine **Übernahme der Krankenbehandlung für Empfänger von Sozialhilfe durch die gesetzlichen Krankenkassen** ab 1.1.2004. § 264 SGB V sieht eine leistungsrechtliche Gleichstellung der Sozialhilfeempfänger, die nicht krankenversichert sind, vor. Konkret bedeutet das, dass die Krankenbehandlung von Sozialhilfeempfängern der Hilfe zum Lebensunterhalt und der Leistungen der Sozialhilfe für unterschiedliche Lebenslagen nach den §§ 47 – 74 SGB XII, die nicht versichert sind, von der Krankenkasse übernommen wird. **Hiervon ausgeschlossen** sind Sozialhilfeempfänger, die voraussichtlich nicht mindestens einen Monat ununterbrochen Hilfe zum Lebensunterhalt beziehen und Personen, die im Rahmen dieser Hilfe nur Beratung und Unterstützung (§ 11 Abs. 5 Satz 3 SGB XII) oder nur die Kosten für eine angemessene Alterssicherung (§ 33 SGB XII) erhalten. Ferner Deutsche, die ihren gewöhnlichen Aufenthalt im Ausland haben (§ 24 SGB XII). Der Träger der Sozialhilfe ist bei der leistungsrechtlichen Gleichstellung der Sozialhilfeempfänger nicht mehr Leistungs sondern nur noch Kostenträger, der der Krankenkasse gegenüber erstattungspflichtig ist. Rechtsbehelfe (Widerspruch und Klage) sind gegen die Krankenkasse zu richten, soweit sie die nach SGB V – Vorschriften zu gewährenden Leistungen betreffen.[2]

---

1 BGBl. I S. 2190.
2 Vgl. hierzu Schellhorn / Schellhorn / Hohm SGB XII § 48 Rn 10.

2. Umfang der Leistungen der Krankenkasse

38 Dieser bezieht sich durch den Verweis auf die Leistungsarten nach § 11 Abs. 1 SGB V in § 264 Abs. 4 Satz 1 SGB V auf Leistungen

- zur Verhütung von Krankheiten und deren Verschlimmerung sowie
- zur Empfängnisverhütung, bei Sterilisation und bei Schwangerschaftsabbruch (§§ 20 – 24 b SGB V),
- zur Früherkennung von Krankheiten (§§ 25 und 26 SGB V) und
- zur Behandlung einer Krankheit (§§ 27 bis 52 SGB V). Hierzu gehört auch die zahnärztliche und die kieferorthopädische Behandlung.
- des persönlichen Budgets nach § 17 Abs. 2-4 SGB XII.

3. Durchführung des § 264 SGB V

39 Die Durchführung bedeutet, dass die Sozialhilfeempfänger unverzüglich nach der Sozialhilfebewilligung eine gesetzliche Krankenkasse im Bereich des für die Hilfe zuständigen Sozialhilfeträgers (vgl. Rn 2/10 ff.) zu wählen haben, der ihre Krankenbehandlung übernimmt (§ 264 Abs. 3 Satz 1 SGB V). Leben mehrere Empfänger in häuslicher Gemeinschaft, wird das Wahlrecht vom Haushaltsvorstand für sich und für die Familienangehörigen ausgeübt, die bei Versicherungspflicht des Haushaltsvorstands nach § 10 SGB V versichert wären. Nach der Anmeldung bei der Krankenkasse erhält der Sozialhilfeempfänger eine **Krankenversicherungskarte nach § 291 SGB V**, die zur Inanspruchnahme der Leistungen der gesetzlichen Krankenversicherung berechtigt.

4. Zuzahlungen zu den Leistungen der gesetzlichen Krankenversicherung

40 Von § 264 SGB V erfasste Sozialhilfeempfänger haben auch Zuzahlungen zu erbringen. Der **Sozialhilfeträger darf Zuzahlungen** nach § 48 SGB XII **nicht übernehmen**. Die Zuzahlung für Sozialhilfeempfänger ist nach Auffassung des BSG mit dem Grundgesetz vereinbar.[3] Für die Zuzahlungen z.B. bei Krankenhausaufenthalt, bei Medikamenten, bei Fahrtkosten, gelten die Zuzahlungs- und Belastungsgrenzen der §§ 61 und 62 SGB V auch für Sozialhilfeempfänger (§ 264 Abs. 4 SGB V). Zuzahlungen sind bis zu einer **Belastungsgrenze von 2 %** der jährlichen Bruttoeinnahmen zum Lebensunterhalt zu leisten. Für **chronisch Kranke** beträgt die Belastungsgrenze **1 %**. Darüber hinaus besteht Befreiung von Zuzahlungen. Für Leistungsberechtigte, die laufende Hilfe zum Lebensunterhalt erhalten, sind die Zuzahlungen nach dem Regelbedarfsermittlungsgesetz in der Abteilung 06 (Gesundheitspflege) enthalten.

Für Zuzahlungen von Heimbewohnern gibt es eine Darlehensregelung in § 37 Abs. 2– 4 SGB XII, die verhindern soll, dass Heimbewohner zu Beginn des Jahres durch Zuzahlungen überfordert werden bis dann im Laufe des Jahres die Belastungsgrenze in der gesetzlichen Krankenversicherung (§ 62 SGB V) erreicht wird; darüber hinaus sind keine Zuzahlungen zu leisten. Der Leistungsberechtigte kann der Darlehensgewährung durch das Sozialamt widersprechen.

---

3 BSG, NDV-RD 2008, 127.

Klinger

5. Erstattungshöhe

Die Leistungsaufwendungen der Krankenkasse sind vom zuständigen Sozialhilfeträger **41** nach § 267 Abs. 7 SGB V **in voller Höhe vierteljährlich zu erstatten.** Hinzu kommen angemessene Verwaltungskosten im Umfang bis zu 5 v. H. der abgerechneten Leistungsaufwendungen.

6. Materielle Voraussetzungen

Die Voraussetzungen für die Gesundheitshilfen nach §§ 47 – 52 SGB XII greifen deshalb nur für eine geringe Anzahl von Leistungsberechtigten in der Sozialhilfe, die nicht in einem dauerhaften Sozialhilfebezug stehen. Sie müssen unmittelbar vom Träger der Sozialhilfe mit diesen Leistungen der Gesundheitshilfe versorgt werden. Für die von den Krankenkassen nach § 264 SGB V übernommenen Sozialhilfeempfänger besteht **keine Betreuungspflicht des Sozialhilfeträgers,** da aufstockende Leistungen nach §§ 47 ff SGB XII im Rahmen der Sozialhilfe ausgeschlossen sind. Zu den materiellen Voraussetzungen der Hilfen zur Gesundheit im Einzelnen: **42**

Die Hilfen zur Gesundheit umfassen die **vorbeugende Gesundheitshilfe** **43** **(§ 47 SGB XII)** zur Verhütung und Früherkennung von Krankheiten, die **Hilfe bei Krankheit (§ 48 SGB XII),** um eine Krankheit zu erkennen und zu heilen und ihre Verschlimmerung zu verhüten oder Krankheitsbeschwerden zu lindern, die **Hilfe zur Familienplanung (§ 49 SGB XII),** die die erforderliche Untersuchung und Verordnung von empfängnisregelnden Mitteln einschließt, die **Hilfe bei Schwangerschaft und Mutterschaft (§ 50 SGB XII),** die für diese Lebenssituation die erforderlichen Hilfen gewährleistet, und die **Hilfe bei Sterilisation (§ 51 SGB XII).**

Diese Hilfen sind **Pflichtleistungen („werden erbracht bzw. geleistet").** Die Hilfen **44** entsprechen den Leistungen der gesetzlichen Krankenversicherung. Soweit die Krankenkassen in ihrer Satzung Umfang und Inhalt der Leistungen bestimmen können, entscheidet der Träger der Sozialhilfe über Umfang und Inhalt der Hilfen nach pflichtgemäßem Ermessen (§ 52 Abs. 1 SGB XII).

Leistungsberechtigte der Gesundheitshilfen haben ebenfalls die freie Wahl unter Ärzten **45** und Zahnärzten sowie den Krankenhäusern entsprechend den Bestimmungen der gesetzlichen Krankenversicherung (§ 52 Abs. 2 SGB XII).

Sachlich zuständig (vgl. Rn 2/10) ist der örtliche Träger der Sozialhilfe (§ 97 SGB XII). **46**

IV. Eingliederungshilfe für behinderte Menschen (§§ 53 – 60 SGB XII)

1. Allgemeines / Verhältnis zum Sozialgesetzbuch IX

Die Entwicklung des Rechts für behinderte Menschen wird in der Bundesrepublik **47** Deutschland aktuell geprägt vom Übereinkommen der Vereinten Nationen vom 13. Dezember 2006 über die Rechte von Menschen mit Behinderungen (**Behindertenrechtskonvention**), die am 26. November 2009 als nationales Recht in Kraft getreten ist.[4] Ziel ist die **Inklusion**, d.h. die Schaffung gemeinsamer Lebensräume für Menschen mit und ohne Behinderung im Kindergarten, in der Schule, in der Arbeitswelt und beim Wohnen. Die §§ 53 ff. SGB XII sind in diesem Sinne anzuwenden.

---

4 BGBl. II 2009, S. 812, 818.

Das zersplitterte Recht zur Rehabilitation und Teilhabe behinderter Menschen in der Bundesrepublik ist seit 01. Juli 2001 im SGB IX zusammengefasst und weiterentwickelt worden. Ziel des SGB IX ist es, durch besondere Sozialleistungen (Leistungen zur Teilhabe) die Selbstbestimmung behinderter und von Behinderung bedrohter Menschen und ihre gleichberechtigte Teilhabe am Leben in der Gesellschaft zu fördern, Benachteiligungen zu vermeiden oder ihnen entgegenzuwirken. Für sieben Sozialleistungsbereiche (Krankenversicherung, Rentenversicherung, Unfallversicherung, Kriegsopferfürsorge, Bundesagentur für Arbeit, Sozialhilfe und Jugendhilfe) sind einheitliche Regelungen geschaffen worden.

48 Die **Träger der Sozialhilfe** sind nach dem SGB IX in den Kreis der **Rehabilitationsträger** einbezogen. Im Rahmen ihrer Zuständigkeit erbringen sie nach § 5 SGB IX Leistungen zur medizinischen Rehabilitation, Leistungen zur Teilhabe am Arbeitsleben und Leistungen zur Teilhabe am Leben in der Gemeinschaft. Nach § 7 SGB IX gelten für die Leistungen zur Teilhabe die Vorschriften des SGB IX, soweit sich aus dem Sozialgesetzbuch XII und den dazu erlassenen Rechtsverordnungen nichts Abweichendes ergibt. Die Zuständigkeit und die Voraussetzungen für die Leistungen zur Teilhabe richten sich nach dem Sozialgesetzbuch XII (§ 53 Abs. 4 SGB XII).

49 Unmittelbar und **originär gelten** auch **in der Sozialhilfe** folgende **Rechtsvorschriften des SGB IX**:
- einheitlicher Begriff der Behinderung (§ 2 SGB IX),
- Vorrang von Prävention (§ 3 SGB IX),
- Vorrang von Leistungen zur Teilhabe (§ 8 SGB IX),
- Koordinierung der Leistungen/Zusammenwirken der Leistungen (§§ 10, 11 SGB IX),
- Zusammenarbeit der Rehabilitationsträger, insbesondere durch gemeinsame Empfehlungen (§§ 12, 13 SGB IX),
- Gemeinsame Grundsätze zur Qualitätssicherung (§ 20 SGB IX),
- Gemeinsame Servicestellen (§§ 22 ff. SGB IX),
- Förderung der Selbsthilfe (§ 29 SGB IX).

50 Für den Leistungsberechtigten von besonderer Bedeutung ist die Regelung des § 14 SGB IX, die ungeklärte Zuständigkeiten oder Verzögerungen bei Eilbedürftigkeit vermeiden will und konkrete Fristen für die Antragsbearbeitung, z.B. 2-Wochen-Frist zur Klärung der Zuständigkeit, benennt. Darüber hinaus kann der Leistungsberechtigte unter bestimmten Voraussetzungen die Leistung sich **selbst beschaffen**, soweit der zuständige Träger die Leistung trotz Fristsetzung nicht rechtzeitig erbringt (§ 15 SGB IX).

2. Materielle Voraussetzungen / Rechtsfolge

51 Es handelt sich um eine **Pflichtleistung bei** solchen Personen, die durch eine Behinderung i. S. v. § 2 Abs. 1 Satz 1 SGB IX **wesentlich** in ihrer Fähigkeit, an der Gesellschaft teilzuhaben, eingeschränkt sind. In Fällen einfacher Behinderung (§ 53 Abs. 1 Satz 2 SGB XII) sieht das Gesetz Kann-Leistungen vor.

52 Personen mit einer wesentlichen körperlichen, geistigen oder seelischen Behinderung und Personen, die von einer solchen wesentlichen Behinderung bedroht sind, haben einen Rechtsanspruch auf Eingliederungshilfe. Der Personenkreis der wesentlich behinderten Menschen wird in den §§ 1 – 3 der Eingliederungshilfeverordnung, d.h. der Verordnung nach § 60 SGB XII definiert.

Klinger

Körperlich wesentlich Behinderte sind z.B. behinderte Menschen mit Querschnitts- **53** lähmung, Hasenscharte, Wolfsrachen, Seelentaube, Hörstumme. **Geistig** wesentlich behinderte Menschen sind z.B. solche mit mittlerem bis schwerem Schwachsinn (IQ < 70) und **seelisch** wesentlich behinderte Menschen sind z.B. solche mit Psychosen, Neurosen und Persönlichkeitsstörungen und Suchtkranke.

Jede Behinderung, auch eine wesentliche Behinderung setzt voraus, dass sie länger **54** als 6 Monate von dem für das Lebensalter typischen Zustand abweicht (§ 2 Abs. 1 SGB IX i.V.m. § 53 Abs. 1 SGB XII).

Personen, deren Behinderung und Teilhabefähigkeit **nicht wesentlich** oder nur vor- **55** übergehend ist oder die von einer solchen Behinderung bedroht sind, haben keinen Rechtsanspruch auf Eingliederungshilfe, aber einen Anspruch auf ermessensfehler- freie Entscheidung (§ 39 SGB I).

Besondere **Aufgabe der Eingliederungshilfe für behinderte Menschen** ist es, eine **56** drohende Behinderung zu verhüten oder eine vorhandene Behinderung und deren Folgen zu beseitigen oder zu mildern und die behinderten Menschen in die Gesell- schaft einzugliedern. Hierzu gehört insbesondere, den behinderten Menschen die Teil- nahme am Leben in der Gemeinschaft zu ermöglichen oder zu erleichtern, ihnen die Ausübung eines angemessenen Berufs oder einer sonstigen angemessenen Tätigkeit zu ermöglichen oder sie soweit wie möglich unabhängig von Pflege zu machen (§ 53 Abs. 3 SGB XII).

Die Eingliederungshilfe wird nur gewährt, wenn und solange es nach der Besonderheit **57** des Einzelfalles (vgl. Rn 4/37) gewährleistet ist, insbesondere nach Art und Schwere der Behinderung, dass die Aufgabe der Eingliederungshilfe erfüllt werden kann. Es muss insoweit die konkrete Aussicht bestehen, dass dieses Ziel tatsächlich erreicht werden kann.

Die Leistungen der Eingliederungshilfe und der Leistungsumfang sind für Leistun- **58** gen zur medizinischen Rehabilitation nach §§ 26 – 31 SGB IX, für Leistungen zur Teil- nahme am Arbeitsleben nach §§ 33 – 43 SGB IX und für Leistungen zur Teilhabe am Leben in der Gemeinschaft nach §§ 55 – 58 SGB IX detailliert beschrieben. Hinzu- kommen die in **§ 54 SGB XII** genannten **und** in der **Eingliederungshilfe-Verord- nung** (VO nach § 60 SGB XII) weiter dargestellten Einzelfallhilfen, die alle Lebensbe- reiche und Lebensabschnitte eines behinderten Menschen erfassen. Die Leistungs- palette ist so umfangreich, dass an dieser Stelle auf eine detaillierte Darstellung ver- zichtet werden muss. Die wichtigsten Leistungen im Überblick sind folgende:

Wichtige Leistungen der Eingliederungshilfe **59**

– Hilfen zur angemessenen **Schulbildung** und heilpädagogische Leistungen, um den behinderten Menschen den Schulbesuch im Rahmen der allgemeinen Schul- pflicht zu ermöglichen,[5] auch für weiterführende Schulen (Gymnasium, Realschule u.a.)

– Hilfen zur **schulischen Ausbildung für einen Beruf**, z.B. Berufsvorbereitungsjahr, Berufsfachschule

– Leistungen zur **Teilhabe am Arbeitsleben**, z.B. Hilfen zur Erhaltung, Erlangung eines Arbeitsplatzes einschließlich Arbeitstrainingsmaßnahmen, Mobilitätshilfen

– Hilfen zu **selbstbestimmten Leben** in **betreuten Wohnmöglichkeiten**, z.B. Wohnheim, ambulant betreutes Wohnen, Familienpflege

---

5 Z.B. durch einen Schul- und Unterrichtsbegleiter (Integrationshelfer); so OVG Rheinland-Pfalz, ZFSH/SGB 2004, 748.

Klinger

- Hilfen für eine **behindertengerechte eigene Wohnung**, auch für Wohngemeinschaften
- **Hilfsmittel**, z.B. Blindenuhren, Blindenführhunde, Zusatzgeräte für Kfz, Sprachübungsgeräte
- **Körperersatzstücke**, orthopädische Hilfsmittel

60 Im Rahmen der Leistungen zur Teilnahme am Arbeitsleben besteht ein Schwerpunkt bei der **Beschäftigung in einer anerkannten Werkstatt für behinderte Menschen.** Behinderte Menschen, bei denen eine Eingliederung auf dem allgemeinen Arbeitsmarkt nicht, noch nicht oder nicht wieder in Betracht kommt und die in der Lage sind, wenigstens ein Mindestmaß an wirtschaftlich verwertbarer Arbeitsleistung zu erbringen (§ 41 Abs. 1 SGB IX) haben einen **Rechtsanspruch auf einen Werkstattplatz**, wenn darüber hinaus die Werkstattfähigkeit (Aufnahmevoraussetzung) gegeben ist. Das Nähere dazu regelt die Werkstattverordnung. Die Aufgaben der Werkstätten für behinderte Menschen und deren Modalitäten sind im Einzelnen in den §§ 136–144 SGB IX geregelt. Der Sozialhilfeträger kann im Übrigen einem behinderten Menschen auch Hilfe in einer den anerkannten Werkstätten für behinderte Menschen vergleichbaren sonstigen Beschäftigungsstätte gewähren (§ 56 SGB XII). Hierzu gehören z.B. Beschäftigungsstätten mit anthroposophischen Arbeits- und Lebensformen. Der Sozialhilfeträger hat bei allen Beschäftigungsformen darauf zu achten, dass eine ausreichende Anleitung und Beaufsichtigung bzw. Betreuung der Behinderten durch geeignete Fachkräfte erfolgt. Diese und alle für die Erfüllung der Aufgaben und der fachlichen Anforderungen der Werkstatt für Behinderte erforderlichen Personal- und Sachkosten sowie weitere im Zusammenhang mit der wirtschaftlichen Betätigung der Werkstätten entstehenden Kosten hat er zu finanzieren; außerdem ein **Arbeitsförderungsgeld von monatlich 26,00 €** für jeden im Arbeitsbereich beschäftigten behinderten Menschen, dessen Arbeitsentgelt zusammen mit dem Arbeitsförderungsgeld den Betrag von 325,00 € nicht übersteigt (§ 43 SGB IX). Das in den **Werkstätten eingenommene Mittagessen** ist integraler Bestandteil der eigentlichen Aufgabenerfüllung und normativ der Eingliederungshilfe zuzuordnen, obwohl damit ein Teil des notwendigen Lebensunterhalts erfüllt wird.[6]

61 Die Leistungen der Eingliederungshilfe nach § 54 SGB XII i. V. m. den Regelungen des SGB IX sind im Einzelfall nebeneinander entsprechend dem jeweils gegebenen Bedarf zu gewähren. Der Träger der Sozialhilfe hat so frühzeitig wie möglich einen **Gesamtplan zur Durchführung der einzelnen Leistungen** aufzustellen (§ 58 Abs. 1 SGB XII): Dabei hat er alle an der Durchführung der Leistungen Beteiligten, aber insbesondere auch den behinderten Menschen selbst, mit einzubeziehen.

---

6 BSG, FEVS 60, 517.

Für den Einzelfall ist ein **Fallmanagement** erforderlich, aus dem sich folgender Ablauf **62** des Einzelfalles ergibt:

Fallmanagement / Ablauf Einzelfall

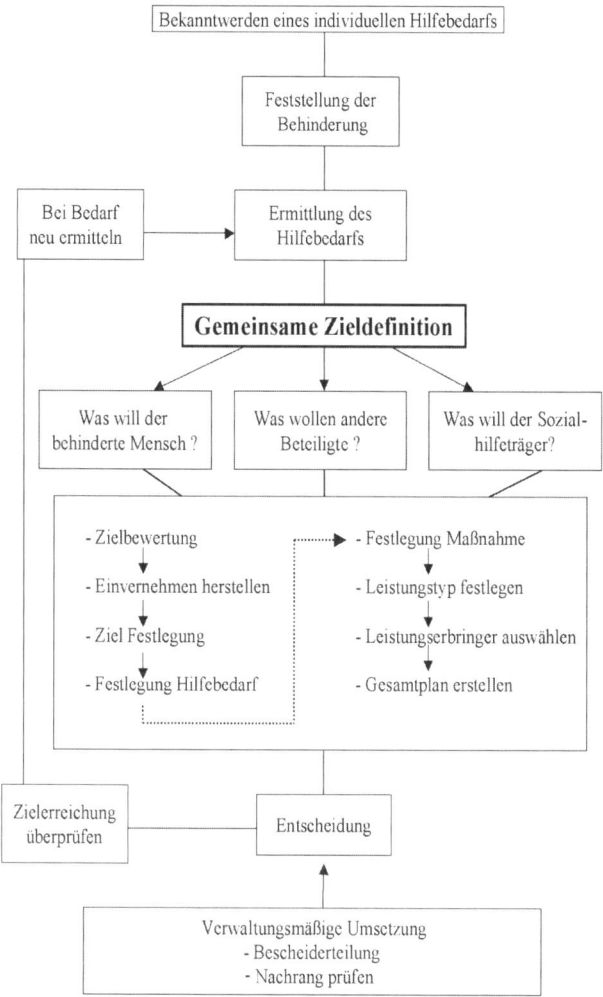

Die Notwendigkeit eines Fallmanagements ergibt sich auch im Hinblick auf die **Kostenfolgen für den Sozialhilfeträger**. Nachfolgend werden **2 Beispiele** bezogen auf einen **seelisch behinderten Menschen** dargestellt, bei denen Entgeltregelungen (§§ 75 ff. SGB XII) nach dem Stand 1.1.2011 aus Baden-Württemberg berücksichtigt sind.

Klinger

Beispiel 1: Stationäres Wohnheim + WfbM

Hilfebedarf nach dem H.M.B.-W. = HGB 2 [1)]

Vergütung	Wohnheim	WfbM
Grundpauschale	- 18,- €	7,- €
Maßnahmenpauschale	- 44,- €	20,- €
Investitionskosten	- 9,- €	4,- €
-------------	-------------	-------------
insgesamt	71,- €	31,- €

Täglich insgesamt	102,- €
Monatlich	3.060,- €
jährlich	36.720,- €
20 Jahre	ca. 734.400,- €

- jeweils ohne Ersätze

1) HGB = Hilfebedarfsgruppe

Beispiel 2: Ambulantes Betreutes Wohnen + WfbM

Vergütung	Betr. Wohnen	WfbM
Grundpauschale		7,- €
Maßnahmenpauschale		20,- €
Investitionskosten		4,- €

HGB 2	ca. 710,- € mtl.	31,- € tgl.;
+ Lebensunterhalt ca.	560, € mtl.	930,- € mtl.
Monatlich insgesamt	2.200,- €	
täglich	**ca. 73,– €**	
jährlich	26.400,- €	
20 Jahre	ca. 528.000,- €	

- jeweils ohne Ersätze

1) HGB = Hilfebedarfsgruppe

63 Behinderte Menschen können auf Antrag Leistungen der Eingliederungshilfe auch als Teil eines trägerübergreifenden **Persönlichen Budgets** erhalten. Insoweit handelt es sich um einen direkt auf das Konto des behinderten Menschen bzw. seiner Angehörigen oder Betreuer überwiesenen monatlichen Geldbetrag, der dazu führt, dass der behinderte Mensch im Alltag selbstbestimmt und kostenbewusst Hilfeleistungen nach eigener Wahl einkaufen und damit auch seine Lebensqualität verbessern kann. § 57 SGB XII i. V. mit § 17 Abs. 2 – 4 SGB IX und der dazu ergangenen **Budgetverordnung** regeln die Einzelheiten dieser Hilfeform. Budgetfähige Leistungen sind Leistungen, die sich auf alltägliche, regelmäßig wiederkehrende und regiefähige Bedarfe beziehen und als Geldleistungen oder durch Gutscheine erbracht werden können. Auch eine Pauschalierung dieser Leistungen ist möglich (§ 17 Abs. 2 SGB IX).

3. Sachliche Zuständigkeit

64 Sachlich zuständig ist nach § 97 SGB XII der überörtliche Träger nach Abs. 3 Nr. 1 dann, wenn nach Abs. 2 Landesrecht die sachliche Zuständigkeit des überörtlichen

Trägers nicht abweichend bestimmt hat (vgl. Rn 2/10). Die Zuständigkeit erstreckt sich dann auf alle Leistungen der Eingliederungshilfe für behinderte Menschen nach den §§ 53 – 60 SGB XII.

4. Vorrangige Ansprüche

Behinderte Menschen können eine Vielzahl von Leistungen von anderen vorrangigen **65** Sozialleistungsträgern bzw. Rehabilitationsträgern erhalten – vgl. dazu § 6 Abs. 1 SGB IX. Ein immer wichtiger werdender Vorrang ist die **Abgrenzung zur gesetzlichen Pflegeversicherung** nach dem SGB XI. Bei der Pflege in vollstationären Einrichtungen der Hilfe für behinderte Menschen übernimmt die Pflegekasse zur Abgeltung der pflegebedingten Aufwendungen maximal im Einzelfall je Kalendermonat 256,00 € (§ 43a SGB XI). Ist der behinderte Mensch so pflegebedürftig, dass damit die Pflege in der Behinderteneinrichtung nicht sicher gestellt werden kann, vereinbaren der Träger der Sozialhilfe und die zuständige Pflegekasse mit dem Einrichtungsträger, dass die Leistungen in einer anderen Einrichtung erbracht wird (§ 55 SGB XII).

Für seelisch behinderte und von einer solchen Behinderung bedrohte Kinder und Ju- **66** gendliche besteht ein vorrangiger Anspruch auf **Eingliederungshilfe im Rahmen der Jugendhilfe**, § 35a SGB VIII i. V. m. § 10 Abs. 2 SGB VIII. Entsprechendes gilt für junge Volljährige (§ 41 Abs. 2 SGB VIII). Dieser Vorrang der Jugendhilfe für seelisch behinderte oder von einer seelischen Behinderung bedrohte Kinder gilt nicht bei der Frühförderung, soweit dies das Landesrecht regelt, z.B. § 21 Abs. 2 LKJHG Baden-Württemberg. Die Frühfördermaßnahmen enden mit dem Schuleintritt des Kindes.

V. Hilfe zur Pflege (§§ 61 – 66 SGB XII)

1. Vorrang der Leistungen der Pflegeversicherung nach dem SGB XI

Zur sozialen Absicherung des Risikos der Pflegebedürftigkeit besteht als eigenstän- **67** diger Zweig der Sozialversicherung die soziale Pflegeversicherung. Das Pflegeversicherungsgesetz ist das Elfte Buch Sozialgesetzbuch (SGB XI). Landesrecht, z.B. in Baden-Württemberg das Landespflegegesetz (LPflG) regelt ergänzend die Umsetzung der Pflegeversicherung hinsichtlich der Pflegeinfrastruktur.

Die Versicherungspflicht in der Pflegeversicherung richtet sich nach dem **Grundsatz: 68 „Die Pflegeversicherung folgt der Krankenversicherung"**. Das bedeutet, dass alle Personen, die der gesetzlichen Krankenversicherung angehören (auch als freiwillig Krankenversicherte) versicherungspflichtig sind. Verpflichtet werden auch alle Privat-Krankenversicherten. Vgl. hierzu auch § 32 Abs. 3 und Abs. 5 SGB XII, der regelt, dass die Sozialhilfe auch Beiträge zur Pflegeversicherung im Rahmen der Hilfe zum Lebensunterhalt übernehmen kann.

Es gilt der **Grundsatz der Familienversicherung**, d.h. versichert sind der Ehegatte **69** und die Kinder einschließlich Stiefkinder, Enkel- und Pflegekinder von Mitgliedern; dabei sind Kinder bis zur Vollendung des 18. Lebensjahres, wenn sie nicht erwerbstätig sind, bis zur Vollendung des 23. Lebensjahres und wenn sie sich in Schul- oder Berufsausbildung befinden, bis zur Vollendung des 25. Lebensjahres familienversichert. Behinderte Kinder sind ohne Altersgrenze familienversichert, wenn sie außerstande sind, sich selbst zu unterhalten.

70 Die **Hilfe zur Pflege** nach dem SGB XII **hat** gegenüber Pflegebedürftigen deshalb **nur einzutreten bei**

1. Nichtversicherten.
2. Versicherten, die die 5-jährige Wartezeit nicht erfüllt haben (§ 33 SGB XI).
3. Pflegebedürftigen mit einem Pflegebedarf unterhalb der Pflegestufe I (das SGB XI greift nur bei Pflegebedürftigen, die in die Pflegestufen I – III eingestuft worden sind).
4. Pflegebedürftigen, deren notwendiger Pflegebedarf durch die gedeckelten Leistungen der Pflegeversicherung nicht abgedeckt werden können.
5. nur vorübergehend Pflegebedürftigen (Personen, die voraussichtlich weniger als 6 Monate pflegebedürftig sind).
6. Pflegebedürftigen, die den Krankheits- oder Behindertenbegriff des SGB XI nicht erfüllen.
7. Leistungen an Deutsche im Ausland (§ 24 SGB XII, § 34 SGB XI).

71 Die Leistungen der Pflegeversicherung und die Leistungen der Hilfe zur Pflege nach dem SGB XII sind einander angeglichen worden. **Die Entscheidung der Pflegekassen über das Ausmaß der Pflegebedürftigkeit nach dem SGB XI binden auch die Träger der Sozialhilfe (§ 62 SGB XII).** Die Bindungswirkung erstreckt sich dabei lediglich auf die Feststellung der Pflegebedürftigkeit und auf die Einstufung in eine bestimmte Pflegestufe. Nicht einbezogen sind in die Bindungswirkung dagegen der Leistungsumfang, die Leistungsart (ambulant, teilstationär oder vollstationär), außerdem die sich aus dem Sozialhilferecht ergebende Prüfung des Anspruchs, vor allem die Feststellung der Bedürftigkeit im Einzelfall.

72 Das **Leistungspaket der Pflegeversicherung** nach dem **SGB XI** umfasst folgende der Höhe nach begrenzte Leistungen:

1. Pflegesachleistungen (§ 36),
2. Pflegegeld für selbst beschaffte Pflegehilfen (§ 37),
3. Kombination von Geldleistungen und Sachleistung (§ 38),

Leistungen im Überblick

Pflege-stufen	Häusliche Pflege[7, 8]	Häusliche Pflege	Teilstationäre Pflege[9]	Stationäre Pflege	Pflegevertretung[10, 11]	Kurzzeit-pflege
	Pflege**sach**-leistungen bis € monatlich	Pflege**geld** bis € monatlich	Pflegeaufwendungen bis € monatlich	Pflegeaufwendungen bis € monatlich (pauschal)	Pflegeaufwendungen bis zu 4 Wochen im Kalenderjahr bis €	Pflegeaufwendungen bis € im Jahr
Pflegestufe I Erheblich Pflegebedürftige	440,–	225,–	440,–	1 023,–	225,–	1.510,–
Ab 1.1.2012	*450,-*	*235,-*	*450,-*	*1023,-*	*235,-*	*1.550,-*
Pflegestufe II Schwerpflegebedürftige	1.040,–	430,–	1.040,–	1 279,–	430,–	1.510,–
Ab 1.1.2012	*1.100,-*	*440,-*	*1.100,-*	*1279,-*	*440,-*	*1.550,-*
Pflegestufe III Schwerstpflegebedürftige	1.510,–	685,–	1.510,–	1.510,–	685,–	1.510,–
Ab 1.1.2012	*1.550,-*	*700,-*	*1.550,-*	*1.550,-*	*700,-*	*1.550,-*
in besonderen Härtefällen bis	1 918,–			1.825,–		
Ab 1.1.2012	*1918,-*			*1.918,-*		

4. häusliche Pflege bei Verhinderung der Pflegeperson (§ 39),
5. Pflegehilfsmittel und technische Hilfen (§ 40),
6. Tagespflege und Nachtpflege (§ 41),
7. Kurzzeitpflege (§ 42),
8. Vollstationäre Pflege (§ 43),

---

7 Bei Kindern ist für die Zuordnung der zusätzliche Hilfebedarf gegenüber einem gesunden Kind maßgebend.
8 Zusätzliche Betreuungsleistungen von bis zu 100,- € (Grundbetrag) bzw. 200,- € (erhöhter Betrag) monatlich kommen beim berechtigten Personenkreis nach § 45 a (u. a. Demenzerkranke) hinzu.
9 Tagespflege, Nachtpflege.
10 Bei professioneller Pflege bis zu 1.510,- € und ab 1.1.2012 1550,- € in allen Pflegestufen.
11 Auf Nachweis werden den ehrenamtlichen Pflegepersonen notwendige Aufwendungen (Verdienstausfall, Fahrkosten usw.) bis zum Gesamtbetrag von 1.510,- € und ab 1.1.2012 1550,- € erstattet.

Klinger

9. Pflegeanteile in vollstationären Einrichtungen der Behindertenhilfe (§ 43 a),
10. Leistungen zur sozialen Sicherung der Pflegepersonen (§ 44) und Pflegezeitleistungen (§ 44 a),
11. Pflegekurse für Angehörige und ehrenamtliche Pflegepersonen (§ 45),
12. Zusätzliche Betreuungsleistungen (§ 45 a und b),
13. Leistungen des Persönlichen Budgets nach § 17 Abs. 2 – 4 des Neunten Buches (§ 35 a).

Bei allen Leistungen der Pflegeversicherung hat die **häusliche Pflege Vorrang vor einer stationären Betreuung** (§ 3). Dem Pflegebedürftigen steht grundsätzlich ein Wahlrecht zwischen den verschiedenen Einrichtungen und Pflegediensten zu; seinen Wünschen zur Gestaltung der Hilfe soll entsprochen werden, soweit sie angemessen sind. Für die Pflege in vollstationären Einrichtungen der Hilfe für behinderte Menschen (nicht in vollstationären Pflegeheimen) wird nur ein Betrag von 10% des Heimentgeldes, höchstens 256,-€ monatlich finanziert.

Bei der Tages-, Nacht-, Kurzzeit- und vollstationären Pflege werden jeweils die pflegebedingten Aufwendungen der sozialen Betreuung und die Aufwendungen der medizinischen Behandlungspflege mit Pauschalbeträgen je nach Pflegestufe finanziert.

2. Materielle Voraussetzungen

73 Es handelt sich um eine **Pflichtleistung**, die die häusliche Pflege einschließlich Verhinderungspflege (z.B. bei Krankheit der Pflegeperson), Hilfsmittel (z.B. Pflegebetten, Krankenstühle), teilstationäre Pflege (z.B. Tages- oder Nachtpflege), Kurzzeitpflege und vollstationäre Pflege (Pflegeheim) umfasst. Der **Inhalt dieser Hilfen** bestimmt sich nach den vorstehend dargestellten Regelungen des SGB XI (§ 61 Abs. 2 SGB XII).

74 Die Hilfe zur Pflege ist folgenden Personen zu gewähren:

– Personen, die wegen einer körperlichen, geistigen oder seelischen Krankheit oder Behinderung für die gewöhnlichen und regelmäßig wiederkehrenden Verrichtungen im Ablauf des täglichen Lebens auf Dauer, voraussichtlich für mindestens 6 Monate in erheblichem oder höherem Maße der Hilfe bedürfen;

– Kranken und Behinderten, die voraussichtlich für weniger als 6 Monate der Pflege bedürfen, oder einen geringeren Hilfebedarf als der zuvor genannte Personenkreis haben oder die der Hilfe für andere als gewöhnliche und regelmäßig wiederkehrende Verrichtungen bedürfen (§ 61 Abs. 1 SGB XII).

75 Die Hilfe zur Pflege soll **vorrangig als häusliche Pflege** gewährt werden. Es gilt der **Vorrang ambulanter Leistungen** nach § 13 Abs. 1 SGB XII. Das heißt, der Träger der Sozialhilfe soll darauf hinwirken, dass die erforderliche Hilfe soweit wie möglich außerhalb von Pflegeheimen gewährt werden kann. Dies geht nicht, wenn eine Leistung für eine geeignete stationäre Einrichtung zumutbar und eine ambulante Leistung mit unverhältnismäßigen Mehrkosten verbunden ist. Bei der Prüfung der Zumutbarkeit sind die persönlichen, familiären und örtlichen Umstände angemessen zu berücksichtigen. Bei Unzumutbarkeit ist ein Kostenvergleich **nicht** vorzunehmen (§ 13 Abs. 1 Satz 6 SGB XII).

76 Die **Heimpflege** ist in § 61 Abs. 2 SGB XII als stationäre Pflege ausdrücklich erwähnt. Zur Heimpflege gehören die Übernahme der Kosten in einem Pflegeheim oder vergleichbaren Heim einschließlich der Aufwendungen für den in der Einrichtung gewährten notwendigen Lebensunterhalt. Hierzu gehört auch die Kleidung und die Gewährung eines **Barbetrags zur persönlichen Verfügung (Taschengeld)** nach § 27 b

Abs. 2 SGB XII (für Volljährige = 27 % der Regelbedarfsstufe 1). Die Hilfe zur Pflege im Pflegeheim kann auch in **der Pflegestufe 0** gewährt werden, wenn Pflegebedürftigkeit vorliegt. Hilfeempfänger dieser Pflegestufe, die keinen pflegerischen Bedarf haben, können keine Hilfe zur Pflege erhalten, sondern nur Hilfe zum Lebensunterhalt, z.B. im Altenheim oder im Betreuten Seniorenwohnen.

Im Falle der **häuslichen Pflege** soll der Träger der Sozialhilfe darauf hinwirken, dass **77** die Pflege einschließlich der hauswirtschaftlichen Versorgung durch Personen, die dem Pflegebedürftigen nahe stehen oder als Nachbarschaftshilfe übernommen wird. Für diesen Fall unterscheidet das SGB XII die Gewährung von Pflegegeld nach § 64 SGB XII und die Gewährung von anderen Leistungen nach § 65 SGB XII.

Bei der **Gewährung von Pflegegeld** werden **3 Pflegestufen** unterschieden. Diese **78** Pflegestufen entsprechen den Pflegestufen I – III im SGB XI. Die Pflegestufen stellen auf den Bedarf ab, der in der Unterstützung, in der teilweise oder vollständigen Übernahme der Verrichtungen im Ablauf des täglichen Lebens oder in der Beaufsichtigung oder Anleitung mit dem Ziel der eigenständigen Übernahme dieser Verrichtungen besteht. Die gewöhnlichen und regelmäßig wiederkehrenden Verrichtungen beziehen sich u. a. auf die Körperpflege (Waschen, Duschen, Baden, Zahnpflege, Rasieren usw.), den Bereich der Ernährung (mundgerechtes Zubereiten oder Aufnahme der Nahrung), die Mobilität (An- und Auskleiden, Gehen, Stehen, Treppensteigen usw.) und die hauswirtschaftliche Versorgung (u. a. Einkaufen, Kochen, Reinigen der Wohnung, Waschen der Wäsche und Kleidung). Zu den Pflegestufen:

1. **Erheblich Pflegebedürftige (Pflegestufe I)**. Es handelt sich um Pflegebedürftige, die bei der Körperpflege, der Ernährung oder der Mobilität wenigstens für zwei Verrichtungen aus einem oder mehreren Bereichen mindestens einmal täglich der Hilfe bedürfen und zusätzlich mehrmals in der Woche Hilfe bei der hauswirtschaftlichen Versorgung benötigen. Sie erhalten ein Pflegegeld in Höhe von 225 € bzw. 235 € ab 1.1.2012 monatlich.
2. **Schwerpflegebedürftige (Pflegestufe II)**. Es handelt sich um Pflegebedürftige, die bei der Körperpflege, der Ernährung oder der Mobilität für mehrere Verrichtungen mindestens dreimal täglich zu verschiedenen Tageszeiten der Hilfe bedürfen und zusätzlich mehrmals in der Woche Hilfe bei der hauswirtschaftlichen Versorgung benötigen; sie erhalten ein Pflegegeld in Höhe von 430 € bzw. 440 € ab 1.1.2012 monatlich.
3. **Schwerstpflegebedürftige (Pflegestufe III)**. Es handelt sich um Pflegebedürftige, die bei der Körperpflege, der Ernährung oder der Mobilität für mehrere Verrichtungen täglich rund um die Uhr, auch nachts, der Hilfe bedürfen und zusätzlich mehrmals in der Woche bei der hauswirtschaftlichen Versorgung Hilfe benötigen; sie erhalten ein Pflegegeld in Höhe von monatlich 685 € bzw. 700 € ab 1.1.2012.

Das Pflegegeld ist kein Entgelt für die Pflegeperson; es soll dem Pflegebedürftigen **79** lediglich auch die Übernahme von Aufwendungen oder kleineren Zuwendungen an nahestehende Personen ermöglichen, um deren grundsätzlich unentgeltliche Pflegebereitschaft zu erhalten. **Rechtsanspruch auf das Pflegegeld hat der Pflegebedürftige.**

Neben dem Pflegegeld kann der Pflegebedürftige die anderen Leistungen nach § 65 **80** SGB XII erhalten. Zu den **anderen Leistungen** gehören:

1. Erstattung der angemessenen Aufwendungen der Pflegeperson, z.B. Fahrtkosten, Kosten doppelter Haushaltsführung, Aufwendungen für besonderen Kleider- oder Wäscheverschleiß.

Klinger

2. Gewährung einmaliger Beihilfen, z.b. ein Taschengeld für die Pflegeperson, eine angemessene Entschädigung für einen nicht vermeidbaren Verdienstausfall der Pflegeperson, die Übernahme freiwilliger Krankenversicherungsbeiträge, eine angemessene Vergütung für den Zeitaufwand der Pflegeperson, wenn sie wegen der Pflege ihre Erwerbstätigkeit aufgibt.
3. Übernahme der Beiträge der Pflegeperson für eine angemessene Alterssicherung, wenn diese nicht anderweitig sichergestellt ist.
4. Die Übernahme der angemessenen Kosten für eine besondere Pflegekraft, z.b. die Übernahme der Gebühren für die Leistungen einer Sozialstation, eines Mobilen Sozialen Hilfsdienstes oder einer einzelnen Pflegefachkraft; darunter fallen nicht nahestehende Personen oder Nachbarn, die unentgeltlich helfen.
5. Beratung der Pflegeperson, z.b. Finanzierung eines Kurses für pflegende Angehörige.
6. Maßnahmen zur zeitweiligen Entlastung der Pflegeperson, z.b. Finanzierung der Kosten einer Ersatzpflegekraft für längstens 4 Wochen bei Erholungsurlaub, Krankheit oder einem anderen wichtigen Grund der nahestehenden Pflegeperson. In Betracht kommt auch die Finanzierung von Kurzzeitpflege von bis zu 4 Wochen pro Kalenderjahr in einem Pflegeheim, z.b. in Krisensituationen, in denen vorübergehend häusliche oder teilstationäre Pflege (z.B. Tages- oder Nachtpflege) nicht möglich oder nicht ausreichend ist.

81 *Anwendungsbeispiele für die Hilfe zur Pflege*

	Einfache Pflegebedürftigkeit	Erhebliche Pflegebedürftigkeit	Schwerpflegebedürftigkeit	Schwerstpflegebedürftigkeit
z.B.	nach Schenkelhalsbruch; kann sich nicht alleine an- und auskleiden	Teillähmung; kann wenigstens 2 Verrichtungshandlungen nicht vornehmen und bedarf dabei 1 x täglich der Hilfe	Multiple Sklerose; kann mehrere Verrichtungshandlungen nicht vornehmen und bedarf dabei 3 x täglich der Hilfe	Querschnittslähmung kann mehrere Verrichtungshandlungen nicht vornehmen und bedarf dabei täglich rund um die Uhr der Hilfe
Hilfe	Hilfe kann durch Angehörige oder Nachbarn, aber auch durch qualifizierte Pflegekräfte wahrgenommen werden			
Bedarf	Pflegebeihilfe in Höhe der tatsächlichen Aufwendungen	225 € bzw. 235 € ab 1.1.2012 Pflegegeld als Pauschalbetrag	430 € bzw. 440 € ab 1.1.2012 Pflegegeld als Pauschalbetrag	685 € bzw. 700 € ab 1.1.2012 Pflegegeld als Pauschalbetrag
Gesetzliche Grundlage	§ 65 Abs. 1 i.V.m § 61 Abs. 1 SGB XII	§ 64 Abs. 1 SGB XII	§ 64 Abs. 2 SGB XII	§ 64 Abs. 3 SGB XII
Einkommensgrenzen und Einkommenseinsatz	§ 85 SGB XII § 87 Abs. 1 Satz 1 SGB XII	§ 85 SGB XII § 87 Abs. 1 Satz 1 SGB XII	§ 85 SGB XII § 87 Abs. 1 Satz 1 SGB XII	§ 85 SGB XII § 87 Abs. 2 Satz 3 SGB XII*

* 60 % des Einkommens über der Einkommensgrenze sind geschützt.

Klinger

3. Anrechnung von vorrangigen Leistungen

Die Leistungen des SGB XI werden in vollem Umfang auf die Leistungen nach dem **82**
SGB XII angerechnet, z.B. sind die Pflegegelder der Pflegekasse in dem Umfang, in
dem sie gewährt werden, in der Sozialhilfe anzurechnen. Soweit identische Leistungen
geltend gemacht werden, besteht kein Bedarf im Rahmen der Hilfe zur Pflege (§ 66
SGB XII).

Der Nachrang der Sozialhilfe besteht auch gegenüber anderen gleichartigen Leistun- **83**
gen, die dem Pflegegeld nach § 64 SGB XII entsprechen. Unter anderem sind das neben den Pflegegeldern der Pflegekassen (§ 37 SGB XI) die der Versorgungsämter nach
§ 26 c Abs. 8 BVG oder die der Unfallgenossenschaft nach § 44 SGB VII. Die Regelung
bezieht sich z.B. auch auf Alterssicherungsbeiträge (z.B. nach § 26 c Abs. 9 Satz 3
BVG).

Leistungen der Blindenhilfe nach § 72 SGB XII oder entsprechende Leistungen nach **84**
den Landesblindenhilfegesetzen werden auf das Pflegegeld mit 70 v. H. angerechnet
(§ 66 Abs. 1 Satz 2 SGB XII).

4. Kürzung des Sozialhilfe-Pflegegeldes

Das Pflegegeld und die anderen Leistungen nach § 65 SGB XII werden nebeneinander **85**
gewährt, aber das hat Folgen. Werden Leistungen nach § 65 Abs. 1 SGB XII oder
gleichartige Leistungen nach anderen Rechtsvorschriften gewährt, kann (Ermessen)
das Pflegegeld um bis zu zwei Drittel gekürzt werden. Bei Gewährung von Sachleistungen nach § 36 SGB XI und bei einer **Kombination von Geldleistungen und Sachleistungen** nach § 38 SGB XI an Pflegeversicherte erfolgt eine Kürzung des Pflegegeldes in Höhe von bis zu zwei Dritteln. Eine Kürzung von erheblich weniger als zwei
Dritteln ist immer dann gerechtfertigt, wenn sich im Einzelfall besondere Gründe ergeben, z.B. eine besondere Belastung bei gleichzeitiger Inkontinenz und einem An-
fallsleiden. Bei der Kombination von Geld- und Sachleistungen ist auf den verbleibenden Betrag das anteilige Pflegegeld nach § 38 SGB XI in voller Höhe anzurechnen. Das
bedeutet folgendes: Ein Pflegeversicherter, der von der Pflegeversicherung in Pflegestufe II 1.040 € erhält, erhält ergänzend nach § 64 SGB XII ein Pflegegeld in Pflegestufe
II von 430 €, das jedoch nach § 66 Abs. 2 Satz 2 SGB XII um zwei Drittel gekürzt wird,
d.h. um 286,60 €. Er erhält damit ergänzend zu der Pflegesachleistung der Pflegekasse 143,40 € von der Sozialhilfe. Hat er jedoch bei der gleichen Pflegestufe II eine
Kombinationsleistungen von 50 % der Pflegesachleistung, d.h. 50 % von 1.040 € =
520 € und ein Pflegegeld in Höhe von 50 % der Pflegestufe II, d.h. 50 % von 430 € =
215 € bei der Pflegeversicherung gewählt, erhält er ein ergänzendes Sozialhilfe-Pflegegeld von 430 €, das um zwei Drittel, d.h. um 286,60 €, gekürzt wird. Auf das verbleibende Sozialhilfe-Pflegegeld von 143,40 € ist jedoch in diesem Fall das SGB XI
anteilige Pflegegeld der Pflegekasse in Höhe von 215 € voll anzurechnen (§ 66 Abs. 1
Satz 2 SGB XII) mit der Folge, dass keine Sozialhilfe-Pflegegeldgewährung mehr möglich ist (Stand 1.9.2011).

Reicht eine Pflege durch nahestehende Personen oder Nachbarn nicht aus und muss **86**
eine **besondere (professionelle) Pflegekraft**, z.B. der Sozialstation, zugezogen werden, so sind die Kosten hierfür **neben dem Pflegegeld** und neben den Versicherungsbeiträgen für die Pflegeperson von der Sozialhilfe zu übernehmen. Das Pflegegeld kann (Ermessen) in diesem Fall um bis zu zwei Dritteln gekürzt werden (§ 66

Klinger

Abs. 2 SGB XII). Hiervon wird im Regelfall ausgegangen, es sei denn, es ergeben sich im Einzelfall besondere Gründe, die eine geringere Kürzung rechtfertigen.

87 Bei der Pflege durch nahestehende Personen dient das Pflegegeld nach seiner Zielsetzung auch dazu, die Aufwendungen der Pflegepersonen zu bestreiten. Werden **neben dem Pflegegeld Aufwendungen** von der Sozialhilfe erstattet **oder Beihilfen** gewährt, kann das Pflegegeld um den Gesamtbetrag der Aufwendungserstattungen und der Beihilfe, höchstens jedoch um zwei Drittel gekürzt werden (§ 66 Abs. 2 SGB XII).

88 Werden bei Pflegeversicherten **ergänzend zu den Leistungen der Pflegeversicherung** nach §§ 36 und 38 SGB XI auch **Leistungen der Sozialhilfe** erforderlich, um zusätzliche von der Pflegeversicherung wegen deren gedeckter Leistung nicht finanzierbare Pflegeeinsätze durch eine Sozialstation oder einen Mobilen Sozialen Pflegedienst zu finanzieren, kann eine Kürzung des Pflegegeldes ebenfalls nur im Umfang von bis zu zwei Dritteln des Sozialhilfe-Pflegegeldes erfolgen (§ 66 Abs. 2 SGB XII).

89 Besteht kein **Rechtsanspruch auf vorrangige Leistungen** nach dem SGB XI, z.B. bei nicht versicherten Personen, und deshalb Bedarf entsprechender Leistungen in vollem Umfang im Rahmen der Sozialhilfe, kann das Pflegegeld, soweit andere Leistungen nach § 65 SGB XII neben dem Pflegegeld nach § 64 SGB XII gewährt werden, ebenfalls nur um bis zu zwei Drittel gekürzt werden.

90 Bei **teilstationärer Betreuung** des Pflegebedürftigen, z.B. in einer Werkstatt für Behinderte, in einer Sonderschule, in einem Sonderschulkindergarten oder bei einer vergleichbaren nicht nach dem SGB XII durchgeführten Maßnahme (z.B. Beihilfefinanzierung für Beamte) kann das Pflegegeld nach § 66 Abs. 3 SGB XII angemessen gekürzt werden. In der Sozialhilfepraxis beträgt die **Kürzung** maximal 20 %; sie steht im pflichtgemäßen Ermessen des Sozialhilfeträgers. Grund für die Kürzung ist, dass die Pflegeperson für die Dauer der teilstationären Betreuung von ihrer pflegerischen Tätigkeit entlastet wird.

5. Anrechnung des Sozialhilfe-Pflegegeldes bei Arbeitgeber- bzw. Assistenzmodell

91 Stellen die Pflegebedürftigen ihre Pflege durch von ihnen beschäftigte besondere Pflegekräfte sicher (sog. Arbeitgeber- bzw. Assistenzmodell – vgl. dazu auch § 7 SGB IV zu den Kriterien abhängiger Beschäftigung) können sie trotz des Nachrangsgrundsatzes der Sozialhilfe nicht auf die Inanspruchnahme der höheren Sachleistungen nach dem SGB XI verwiesen werden. Vielmehr dürfen sie sich mit der Inanspruchnahme des niedrigeren Pflegegeldes nach § 37 SGB XI begnügen und können ergänzend die Finanzierung für die von ihnen beschäftigten Pflegekräfte nach § 65 Abs. 1 Satz 2 SGB XII beanspruchen.

92 In diesem Fall ist allerdings ein nach § 37 SGB XI geleistetes Pflegegeld vorrangig, d.h. in vollem Umfang auf die andere Leistungen nach § 65 Abs. 1 für die genannten besonderen Pflegekräfte anzurechnen.

6. Einkommensgrenze / Einkommenseinsatz

93 Es gilt die Einkommensgrenze des § 85 SGB XII. Beim Einsatz des Einkommens über dieser Einkommensgrenze haben schwerstpflegebedürftige Menschen nach § 64

Abs. 3 SGB XII (Pflegestufe III) **einen geringeren Einkommenseinsatz** zu leisten. Ihnen ist ein Einsatz des Einkommens über der Einkommensgrenze in Höhe von mindestens 60 v. H. nicht zuzumuten (§ 87 Abs. 1 Satz 3 SGB XII).

7. Sachliche Zuständigkeit

Sachlich zuständig für die Leistungen der Hilfe zur Pflege nach den §§ 61 – 66 **94** SGB XII ist der überörtliche Träger der Sozialhilfe, soweit Landesrecht keine andere Zuständigkeit festgelegt hat (vgl. Rn 2/10). In der Mehrzahl der Bundesländer ist durch Landesrecht die sachliche Zuständigkeit der örtlichen Träger der Sozialhilfe bestimmt worden.

8. Abgrenzung zu anderen Leistungen der Sozialhilfe in unterschiedlichen Lebenslagen und zur Hilfe zum Lebensunterhalt

Hilfe zur Pflege kommt oft neben den Hilfen zur Gesundheit (§§ 47 – 52 SB XII), aber **95** auch neben der Eingliederungshilfe für behinderte Menschen (§§ 53 – 60 SGB XII) in Betracht. Bei einer Krankenhausbehandlung wird keine besondere Hilfe zur Pflege gewährt, da die stationären Maßnahmen auch die erforderliche Pflege umfassen. Ausschließlich hauswirtschaftliche Hilfen sind im Rahmen der Hilfe zum Lebensunterhalt nach § 27 Abs. 3 SGB XII zu gewähren. Bei Pflegebedürftigen nach § 61 SGB XII ist zu beachten, dass zur Pflege auch die hauswirtschaftliche Versorgung gehört. Bei Pflegebedürftigen kommt eine Anwendung von § 27 Abs. 3 SGB XII nur dann in Betracht, wenn die Leistungen über den Leistungskatalog des § 61 Abs. 5 Nr. 4 SGB XII § 14 Abs. 4 Nr. 4 SGB XI hinausgehen.

VI. Hilfe zur Überwindung besonderer sozialer Schwierigkeiten (§§ 67 – 69 SGB XII)

1. Materielle Voraussetzungen

Es handelt sich um eine **Pflichtleistung.** Personen leben in besonderen sozialen **96** Schwierigkeiten, wenn besondere Lebensverhältnisse derart mit sozialen Schwierigkeiten verbunden sind, dass die Überwindung der besonderen Lebensverhältnisse auch die Überwindung der sozialen Schwierigkeiten erfordert. Die Verordnung zur Durchführung der Hilfe zur Überwindung besonderer sozialen Schwierigkeiten benennt die persönlichen Voraussetzungen für die Hilfe und enthält Regelungen über Art und Umfang der Maßnahmen dieser Hilfeart.

Besondere Lebensverhältnisse bestehen bei fehlender oder nicht ausreichender **97** Wohnung, bei ungesicherter wirtschaftlicher Lebensgrundlage, bei gewaltgeprägten Lebensumständen, bei Entlassung aus einer geschlossenen Einrichtung oder bei vergleichbaren nachteiligen Umständen. Solche Lebensverhältnisse bestehen u. a. bei **alleinstehenden Wohnungslosen (Nichtsesshafte), bei Obdachlosen, bei aus Freiheitsentzug Entlassenen, aber auch bei Landfahrern**. Diese besonderen Lebensverhältnisse können ihre Ursachen in äußeren Umständen oder in der Person der Hilfesuchenden haben (vgl. § 1 Abs. 2 der VO zu § 69 SGB XII).

Soziale Schwierigkeiten liegen vor, wenn ein Leben in der Gemeinschaft durch ausgrenzendes Verhalten des Hilfesuchenden oder eines Dritten wesentlich eingeschränkt **98**

Klinger

ist, insbesondere im Zusammenhang mit der Erhaltung oder Beschaffung einer Wohnung, mit der Erlangung oder Sicherung eines Arbeitsplatzes, mit familiären oder anderen sozialen Beziehungen oder mit Straffälligkeit (§ 1 VO zu § 69 SGB XII).

99 Das **Maßnahmenpaket** dieser Hilfeart ist umfangreich und umfasst alle Maßnahmen, die notwendig sind, um die Schwierigkeiten abzuwenden, zu beseitigen, zu mildern oder ihre Verschlimmerung zu verhüten, insbesondere Beratung und persönliche Betreuung für die Leistungsberechtigten und ihre Angehörigen, Hilfen zur Ausbildung, Erlangung und Sicherung eines Arbeitsplatzes sowie Maßnahmen bei der Erhaltung und Beschaffung einer Wohnung (§ 68 Abs. 1 SGB XII): **Ziel** ist es dabei, die Hilfesuchenden zur Selbsthilfe zu befähigen, d.h. sie durch Unterstützung in die Lage zu versetzen, ihr Leben entsprechend ihren Bedürfnissen, Wünschen und Fähigkeiten zu organisieren und selbstverantwortlich zu gestalten (§ 2 Abs. 1 Satz 2 VO zu § 69 SGB XII).

100 Zur Durchführung der in allen Lebensbereichen erforderlichen Maßnahmen ist in geeigneten Fällen **ein Gesamtplan** zu erstellen, bei dem die Hilfesuchenden unter Berücksichtigung ihrer Kräfte und Fähigkeiten beteiligt werden sollen. Für den Gesamtplan sind der Bedarf und die dem Bedarf entsprechenden Maßnahmen der Hilfe zu benennen. Dabei ist der verbundene Einsatz der unterschiedlichen Hilfen nach dem SGB XII und nach anderen Leistungsgesetzen anzustreben (§ 2 Abs. 3 VO zu § 69 SGB XII).

2. Einkommensgrenze / Einkommenseinsatz

101 Es gilt die Einkommensgrenze nach § 85 SGB XII. Für den Einkommenseinsatz gilt die Schutzregelung des § 68 Abs. 2 SGB XII. Danach ist die Leistung ohne Rücksicht auf Einkommen und Vermögen zu erbringen, soweit im Einzelfall Dienstleistungen, d.h. Beratung und Unterstützung erforderlich sind. Darüber hinaus ist das Einkommen und Vermögen der in § 19 Abs. 3 SGB XII genannten Personen (u. a. Leistungsberechtigter und nicht getrennt lebender Ehegatte oder Lebenspartner) nicht zu berücksichtigen und von der Inanspruchnahme nach bürgerlichem Recht Unterhaltspflichtiger (vgl. Rn 9/14) abzusehen, soweit dies den Erfolg der Hilfe gefährden würde.

3. Sachliche Zuständigkeit

102 Sachlich zuständig ist der überörtliche Träger nach § 97 Abs. 3 SGB XII, soweit durch Landesrecht nicht der örtliche Träger der Sozialhilfe als sachlich zuständig bestimmt ist (vgl. Rn 2/10).

4. Abgrenzung zu anderen Hilfen

103 Die Hilfe nach § 67 und § 68 SGB XII ist gegenüber allen anderen Hilfen des SGB XII und gegenüber den Leistungen der Jugendhilfe (vgl. § 10 Abs. 2 Satz 1 SGB VIII) nachrangig. Deshalb ist z.B. die zur Sesshaftmachung notwendige Hilfe zum Lebensunterhalt für die Unterkunft vorrangig vor der Hilfe zur Erhaltung und Beschaffung einer Wohnung nach § 68 Abs. 1 SGB XII zu leisten.

Klinger

VII. Hilfe in anderen Lebenslagen (§§ 70 – 74 SGB XII)

1. Hilfe zur Weiterführung des Haushalts (§ 70 SGB XII)

Es handelt sich um eine **Soll-Leistung** (vgl. Rn 4/4). Hilfe kann nur gewährt werden, **104** wenn ein eigener Haushalt vorhanden ist, keiner der Haushaltsangehörigen den Haushalt führen kann und die Weiterführung des Haushalts geboten ist. Die Hilfe wird also ausgelöst durch den vorübergehenden Ausfall der zur Haushaltsführung berufenen Person, z.B. wegen einer Krankheit der Hausfrau, einer Erholungskur bei Haushalten mit minderjährigen Kindern. Nicht darunter fällt dagegen die Weiterführung des Haushalts bei längeren Zeiträumen, z.B. Tod der Mutter.

Maßnahmen der Hilfe sind die persönliche Betreuung der Haushaltsangehörigen und **105** sonstige zur Weiterführung des Haushalts erforderliche Tätigkeiten, in der Regel also die Finanzierung einer Hauspflegerin oder geeigneten Haushaltsführung oder die vorübergehende anderweitige Unterbringung von Haushaltsangehörigen (Heim oder Familienpflege) von Kindern. Die Leistungen sollen in der Regel **nur vorübergehend** erbracht werden. Es sei denn, dass dadurch die Unterbringung in einer stationären Einrichtung vermieden oder aufgeschoben werden kann (§ 70 Abs. 1 Satz 3 SGB XII).

Vorrang vor dieser Hilfe haben die Leistungen der gesetzlichen Krankenversicherung **106** nach § 38 SGB V. Danach erhalten Versicherte **Haushaltshilfe,** wenn ihnen wegen Krankenhausbehandlung, medizinischen Vorsorgeleistungen, Leistungen zur medizinischen Rehabilitation oder häuslicher Krankenpflege die Weiterführung des Haushalts nicht möglich ist. Voraussetzung ist ferner, dass im Haushalt ein Kind lebt, das bei Beginn der Haushaltshilfe das zwölfte Lebensjahr noch nicht vollendet hat oder das behindert und auf Hilfe angewiesen ist. Vorrangig sind auch die Leistungen der Jugendhilfe, insbesondere die **Betreuung und Versorgung des Kindes in Notsituationen (§ 20 SGB VIII)**. Diese kommt dann in Betracht, wenn der Elternteil, der die überwiegende Betreuung des Kindes wahrgenommen hat, für die Wahrnehmung dieser Aufgabe aus gesundheitlichen oder anderen zwingenden Gründen ausfällt und der andere Elternteil diese Betreuung nicht übernehmen kann. Voraussetzung ist ferner, dass die Hilfe zur Gewährleistung des Wohles des Kindes erforderlich ist und vorhandene Betreuungsangebote in Tageseinrichtungen oder in Tagespflege nicht ausreichen.[12]

Abgrenzung zu anderen Hilfen. Zur persönlichen Betreuung von Haushaltsangehö- **107** rigen gehört nicht die Pflege von Personen, die infolge von Krankheit und Behinderung pflegebedürftig sind. Für solche Personen ist Hilfe zur Pflege (§ 61 – 66 SGB X) zu gewähren. Für nur einzelne Verrichtungen der Haushaltsführung ist Hilfe zum Lebensunterhalt gemäß § 27 Abs. 3 SGB XII zu leisten.

2. Altenhilfe (§ 71 SGB XII)

Es handelt sich um eine Soll-Leistung (vgl. Rn 4/4). Die Hilfe soll alten Menschen ge- **108** währt werden und helfen, Schwierigkeiten, die durch das Alter entstehen, zu verhüten, zu überwinden oder zu mildern. Sie soll alten Menschen die Möglichkeit erhalten, am Leben in der Gemeinschaft teilzunehmen und der Vereinsamung entgegenzuwirken. § 71 SGB XII nennt keine Altersgrenze für alte Menschen. Wegen des Mehrbedarfs im Rahmen der Hilfe zum Lebensunterhalt für Personen, die das 65. Lebensjahr vollendet

---

12   Vgl. hierzu Kunkel, LPK-SGB VIII, § 20 Rn 8.

haben (§ 30 Abs. 1 Nr. 1 SGB XII) wird auch in der Altenhilfe das 65. Lebensjahr zugrunde gelegt.

109 Als **Leistungen der Altenhilfe** kommen vor allem in Betracht (§ 71 Abs. 2 SGB XII)
   – Wohnraumberatung (Altersgerechter Wohnraum, Betreutes Wohnen)
   – Beratung und Unterstützung bei Fragen der Heimaufnahme und bei der Inanspruchnahme altersgerechter Dienste, z.B. Kranken- und Hauspflegedienste, Sozialstationen, Mahlzeitendienste (Essen auf Rädern), Besuchsdienste usw.
   – Hilfen zur Kontaktpflege, Bildung, Unterhaltung, Freizeitgestaltung,
   – Hilfen zu einer altersgerechten Betätigung und zum gesellschaftlichen (bürgerschaftlichen) Engagement.

110 **Abgrenzung zu anderen Hilfen.** Die Altenhilfe ist eine ergänzende Hilfe zu allen anderen Hilfearten der Sozialhilfe.

3. Blindenhilfe (§ 72 SGB XII)

111 **Allgemeines.** In Baden-Württemberg wie in anderen Bundesländern ist die Blindenhilfe im Rahmen der Sozialhilfe ganz oder teilweise überlagert durch **vorrangiges Landesrecht (Landesblindenhilfe)**, das aber Leistungsvoraussetzungen und Leistungen weitgehend nach den selben Prinzipien wie das SGB XII regelt. Allerdings ist die Landesblindenhilfe in der Regel unabhängig von Einkommen und Vermögen zu gewähren. Deshalb wird in den Bundesländern immer wieder über die Abschaffung der Blindenhilfe diskutiert, weil es sich insoweit um Hilfeleistung nach dem „Gießkannenprinzip" handelt. Das Sozialgesetzbuch findet ggf. insoweit keine Anwendung.

112 **Materielle Voraussetzungen.** Es handelt sich um eine **Pflichtleistung**, die zum Ausgleich der durch die Blindheit bedingten Mehraufwendungen gewährt wird. Damit kann der Aufwand für eine Betreuung, für Begleitpersonen, Vorlesehilfen usw. finanziert werden.

113 **Die Höhe der Blindenhilfe beträgt** bis 30.6.2004
   – für Personen, die das 18.Lebensjahr vollendet haben, 585 € monatlich
   – für Personen, die das 18. Lebensjahr noch nicht vollendet haben, 293 € monatlich,
   – für Personen, die sich in einer stationären Einrichtung befinden und deren Kosten ganz oder teilweise aus Mitteln öffentlicher Leistungsträger getragen werden, verringern sich diese Sätze entsprechend dem Lebensalter mindestens um die Hälfte der vorstehenden Sätze.

114 Die genannten Beträge verändern sich jeweils zu dem Zeitpunkt und in dem Umfang, wie sich der aktuelle Rentenwert in der gesetzlichen Rentenversicherung verändert (§ 72 Abs. 2 Satz 2 SGB XII). Nach dem Stand 1. Juli 2009 (im Jahr 2010 erfolgt keine Rentenanpassung) beträgt das Blindengeld 608,96 € (über 18 Jahre) und 304,48 € (unter 18 Jahre).

115 Diese Leistungen erhalten auch **gleichgestellte Personen**, deren beidäugige Gesamtsehschärfe nicht mehr als ein Fünfzigstel beträgt oder bei denen dem Schweregrad in dieser Sehschärfe gleich zu achtende, nicht nur vorübergehende Störungen des Sehvermögens vorliegen (§ 72 Abs. 5 SGB XII).

116 **Anrechnung von Leistungen.** Auf die Blindenhilfe sind Leistungen bei häuslicher Pflege nach dem SGB XI, auch soweit es sich um Sachleistungen handelt, mit 70 v. H. des Pflegegeldes der Pflegestufe I und bei Pflegebedürftigen der Pflegestufen II und III mit 50 v. H. des Pflegegeldes ab Pflegestufe II, höchstens jedoch mit 50 v. H der

Klinger

Blindenhilfebeträge nach § 72 Abs. 2 SGB XII anzurechnen. Sinngemäß gilt dies auch für Leistungen nach dem SGB XI aus einer privaten Pflegeversicherung und nach beamtenrechtlichen Vorschriften (Beihilfe).

Ausschluss von anderen Sozialhilfeleistungen. Neben der Blindenhilfe wird Hilfe zur **117** Pflege wegen Blindheit (§§ 61 und 63 SGB XII) außerhalb von stationären Einrichtungen sowie ein Barbetrag (§ 35 Abs. 2 SGB XII – Taschengeld) nicht gewährt. Der Mehrbedarf wegen Erwerbsminderung nach § 30 Abs. 1 Nr. 2 SGB XII im Rahmen der Hilfe zum Lebensunterhalt wird nur dann gewährt, wenn der blinde Mensch nicht allein wegen Blindheit voll erwerbsgemindert ist (§ 72 Abs. 4 SGB XII).

Gleichartige Leistungen nach anderen Rechtsvorschriften, z.B. für den Bereich der **118** Kriegsopferfürsorge als Entschädigungsrecht, schließen die Leistungen der Blindenhilfe aus. Die Leistungen der Blindenhilfe können durch die entsprechende Anwendung des § 39 a SGB XII (Einschränkung der Leistung) in einer ersten Stufe um bis zu 25 v. H., bei wiederholter Ablehnung von Mitwirkungspflichten in weiteren Stufen um jeweils bis zu 25 v. H. gekürzt werden.

4. Hilfe in sonstigen Lebenslagen (§ 73 SGB XII)

Es handelt sich um eine **Ermessensleistung** für vom Gesetzgeber nicht näher be- **119** nannte Notlagen. Diese sonstige Lebenslage darf in ihrer sie kennzeichnenden Typik nicht von anderen Sozialhilfetatbeständen bereits erfasst sein. In Betracht kommen können Rückkehrhilfen für Ausländer ins Heimatland (vgl. Rn 4/14), Schuldenübernahme in besonderen Fallkonstellationen (vgl. Rn 4/27), Reisen zu Verwandten aus besonderem Grund usw.

Es muss **der Einsatz öffentlicher Mittel gerechtfertigt sein,** was der Fall ist, wenn durch die jetzt zu erbringende Hilfe etwaige spätere und unter Umständen höhere Kosten für den Sozialhilfeträger vermieden werden können (**Grundsatz der Verhältnismäßigkeit**).

5. Bestattungskosten (§ 74 SGB XII)

Materielle Voraussetzungen. Es handelt sich um eine **Pflichtleistung.** Empfänger **120** dieser Sozialhilfeleistung sind diejenigen Verpflichteten in der Rangfolge Erbe, Unterhaltspflichtiger, Bestattungspflichtiger, die zur Tragung von Bestattungskosten endgültig verpflichtet sind. Es kommt **nicht** darauf an, wer die Bestattung veranlasst hat.

Anspruch besteht nur auf die Übernahme der **erforderlichen Bestattungskosten.** **121** Dies sind Kosten für ein Begräbnis oder für eine Feuerbestattung ortsüblicher einfacher, aber würdiger Art. Dazu gehören z.B. die Kosten für die Leichenschau, Leichenbeförderung, Sarg, Waschen und Kleiden sowie Einsargen der Leiche, Leichenhaus und Grabgebühren, Anlegen des Grabes einschließlich Erstbepflanzung und einfaches Grabkreuz oder einfache Grabplatte.

Die erforderlichen Kosten einer Bestattung werden nur übernommen, soweit den hier- **122** zu Verpflichteten[13] nicht zugemutet werden kann, die Kosten zu tragen. Soweit der Nachlass eines Verstorbenen ausreicht, um die Bestattungskosten zu tragen, ist es den Verpflichteten in Höhe des vorhandenen Nachlasses immer zumutbar, die Be-

---

13 Vgl. näher hierzu Paul, ZfF 2006, 13 und Gotzen, ZfF 2006, 1 und 231.

Klinger

stattungskosten zu tragen. Das gleiche gilt für **Leistungen aus Anlass des Todes** z.B.
Auszahlungen aus einer privaten Sterbegeldversicherung. Die Unzumutbarkeit eines
Verpflichteten ist immer individuell zu prüfen und erstreckt sich auf dessen vorhande-
nes Einkommen und Vermögen.

123 **Abgrenzung zu anderen Hilfen.** Die Aufwendungen von Angehörigen aus Anlass des
Todes wie z.B. Trauerkleidung, Leichenschmaus, Reisekosten zur Teilnahme an der
Beerdigungsfeier gehören nicht zu den erforderlichen Kosten im Sinne des § 74
SGB XII und sind im Rahmen der Hilfe zum Lebensunterhalt über den Regelbedarf
nach § 28 SGB XII abgegolten.

6. Einkommensgrenze und Einkommenseinsatz

124 Es gilt für alle Hilfen in anderen Lebenslagen die Einkommensgrenze des § 85
SGB XII. Hinsichtlich des Einkommenseinsatzes besteht bei der Altenhilfe (§ 71
SGB XII) die Besonderheit, dass sie ohne Rücksicht auf vorhandenes Einkommen und
Vermögen geleistet werden soll, soweit im Einzelfall Beratung und Unterstützung er-
forderlich ist. Im Übrigen gelten für den Einkommenseinsatz die §§ 87 – 89 SGB XII.
Bei Bestattungskosten (§ 74 SGB XII) kann nahen Angehörigen des Verstorbenen
grundsätzlich der Einsatz des vollen die Einkommensgrenze übersteigenden Betrags
zugemutet werden, da es sich nur um eine einmalige Belastung handelt.

7. Sachliche Zuständigkeit

125 Sachlich zuständig für alle Hilfen in anderen Lebenslagen ist der örtliche Träger der
Sozialhilfe (vgl. aber Rn 2/18).

9. Kapitel: Ersatzleistungen in der Sozialhilfe

I. Allgemeines

Leistet der Sozialhilfeträger eine Hilfe, obwohl andere Sozialleistungsträger, Unter- **1** haltsverpflichtete oder sonstige Dritte zur Leistung vorrangig verpflichtet gewesen wären, bleibt deren Verpflichtung trotz der Leistung der Sozialhilfe unberührt (§ 2 Abs. 2 S. 1 SGB XII). Der **Nachrang** der Sozialhilfe (§ 2 Abs. 1 SGB XII) wird dann **nachträglich** wieder hergestellt durch

(1) Erstattungsansprüche des Sozialhilfeträgers gegen andere Sozialleistungsträger (§§ 102 bis 114 SGB X);
(2) gesetzlichen Forderungsübergang (cessio legis) von Unterhaltsansprüchen (§ 94 SGB XII);
(3) Überleitung von Ansprüchen gegen andere Dritte (§ 93 SGB XII);
(4) gesetzlichen Übergang von Ansprüchen gegen Arbeitgeber und Schadenersatzpflichtige (§§ 115 bis 119 SGB X).

Hat der Sozialhilfeträger eine Leistung erbracht, obwohl dem Leistungsberechtigten **2** die Aufbringung der Mittel aus eigenem Einkommen oder Vermögen möglich oder zumutbar gewesen wäre (sog. erweiterte Hilfe; vgl. Rn 183 a), kann der Träger Ersatz verlangen durch

(5) Aufwendungsersatz (§ 19 Abs. 5 und § 92 Abs. 1 S. 2 SGB XII).

Aus anderen Gründen als denen des Nachrangs kann der Sozialhilfeträger Ersatz für **3** die geleistete Sozialhilfe verlangen, nämlich:

(6) bei schuldhafter Herbeiführung der Notlage (§ 103 SGB XII);
(7) durch Kostenersatz vom Erben (§ 102 SGB XII);
(8) durch Rückforderung von zu Unrecht erbrachten Leistungen (§ 104 SGB XII) und §§ 45, 50 SGB X);
(9) bei ungerechtfertigter Bereicherung des Leistungsberechtigten (§ 105 SGB XII).

Schließlich kann der Sozialhilfeträger auch noch dadurch Ersatz erlangen, dass er sei- **4** ne Kostenbelastung im Verhältnis zu anderen Sozialhilfeträgern ausgleichen kann durch

(10) Kostenerstattung „innerhalb der Familie" der Sozialhilfeträger (§§ 106 bis 112 SGB XII).

Wird Sozialhilfe nur darlehensweise gewährt (vgl. hierzu Rn 4. Kap. Rn 27), muss die **5** Sozialhilfe zurückgezahlt werden durch

(11) Tilgung der Darlehensschuld.

Hat der Sozialhilfeträger einen Vorschuss gewährt, weil zur Feststellung der Höhe des **6** Anspruchs längere Zeit erforderlich war (§ 42 Abs. 1 S. 1 SGB I), und war der Vorschuss hoher als die zustehende Leistung, kann der Sozialhilfeträger den überschießenden Betrag zurück verlangen durch

(12) Erstattung (§ 42 Abs. 2 SGB I).

In all diesen 12 Fällen ist Voraussetzung des Ersatzverlangens, dass der Sozialhilfe- **7** träger zuvor eine Leistung an den Hilfeempfänger (nicht notwendig „Leistungsberechtigter") erbracht hat.

8

Schaubild: Ersatzmöglichkeiten nach geleisteter* Sozialhilfe

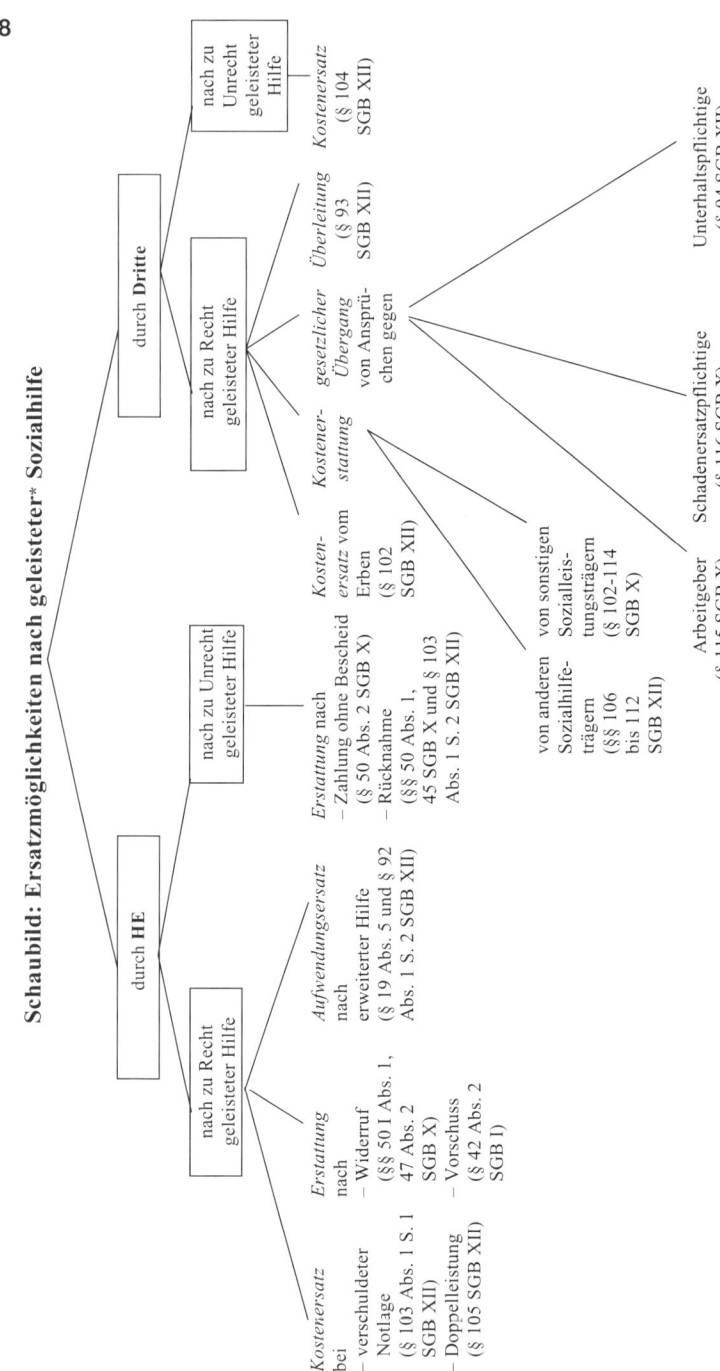

* Unberührt bleibt die Rückzahlung darlehensweise erbrachter Leistungen.

II. Erstattungsansprüche gegen andere Sozialleistungsträger (§§ 102 bis 114 SGB X)

Hat ein Leistungsberechtigter Ansprüche gegen andere Leistungsträger i.S.v. **9**
§ 12 i.V.m. §§ 18 bis 29 SGB I, erwirbt der Sozialhilfeträger einen gesetzlichen Erstattungsanspruch nach §§ 102 bis 105 SGB X. Damit ist der Übergang eines Anspruchs durch Überleitungsanzeige nach § 93 SGB XII „gesperrt". Solche gesetzlichen Erstattungsansprüche entstehen, wenn der Sozialhilfeträger

(1) eine Leistung nach § 43 SGB I als zuerst angegangener Leistungsträger vorläufig erbracht hat, weil die Leistungspflicht zwischen mehreren Leistungsträgern streitig war. Stellt sich später heraus, dass der Sozialhilfeträger (sachlich oder örtlich) für die Leistung nicht zuständig war, hat er einen Erstattungsanspruch gegen den zuständigen Leistungsträger nach § 102 SGB X.[1] Eine dem § 102 SGB X gem. § 37 S. 1 SGB I vorgehende Sonderregelung enthält § 14 Abs. 4 SGB IX, wenn es um Eingliederungshilfe für behinderte Menschen geht und strittig ist, welcher Rehabilitationsträger (sachlich) zuständig ist;

(2) als nachrangig verpflichteter Leistungsträger gem. § 2 SGB XII geleistet hat. Er hat dann einen Erstattungsanspruch gegen den bei rechtzeitiger Leistung vorrangig verpflichteten Träger nach § 104 SGB X. Während der Erstattungsanspruch nach § 102 SGB X eine **vorläufige** Leistungserbringung voraussetzt, hat der Sozialhilfeträger im Falle des § 104 SGB X die Leistung endgültig erbracht. Kennzeichnend für den Erstattungsanspruch nach § 104 SGB X ist, dass der Leistungsberechtigte zwei Sozialleistungsansprüche gleichzeitig hat, ihm aber wegen des Rangverhältnisses (z.B. nach § 2 SGB XII im Verhältnis zu Kindergeld, Wohngeld, Rente oder nach § 5 Abs. 2 S. 3 SGB II im Verhältnis der Grundsicherung nach § 41 SGB XII zum Sozialgeld nach § 28 SGB II) nur **eine** Leistung **zusteht**;

(3) für die betreffende Leistung (örtlich oder sachlich) unzuständig war. § 105 SGB X gibt ihm dann einen Erstattungsanspruch gegen den zuständigen Leistungsträger. Von § 104 SGB X unterscheidet sich der Erstattungsanspruch nach § 105 SGB X dadurch, dass im Falle des § 104 SGB X ein zuständiger, aber nachrangig verpflichteter Leistungsträger tätig geworden ist, während im Fall des § 105 SGB X ein unzuständiger Leistungsträger gehandelt hat. Im Unterschied zu § 102 SGB X wurde die Leistung nicht als eine vorläufige, sondern als eine endgültige erbracht. Erbringt der Sozialhilfeträger Rehabilitationsleistungen im Rahmen des SGB IX, gilt nur die Erstattungsregelung nach § 14 Abs. 4 SGB IX, nicht aber die des § 105 SGB X, wie § 14 Abs. 4 S. 3 SGB IX ausdrücklich regelt. Dagegen ist trotz der Erstattungsregelungen zwischen den Sozialhilfeträgern nach §§ 106 bis 112 SGB XII die Erstattung nach § 105 SGB X auch zwischen verschiedenen Sozialhilfeträgern anwendbar.[2]

Eine Erstattung nach § **103** SGB X kommt für den Sozialhilfeträger **nicht** in Betracht, **10**
da im Fall des § 103 SGB X eine später hinzu tretende Sozialleistung den Rechtsgrund für die ursprüngliche Leistung rückwirkend entfallen lässt, es sich also um gleichrangige Sozialleistungen handelt. Diese Konstellation ist im Sozialhilferecht aber nicht denkbar. Auch im Bereich des SGB II kommt wegen der Nachrangregelung des § 5 SGB II die Erstattung nach § 103 SGB X nicht in Betracht.

Der Erstattungsanspruch **entsteht** im Zeitpunkt der Hilfeleistung kraft Gesetzes. Vor- **11**
aussetzung dafür ist, dass die Tatbestandsvoraussetzungen sowohl der Erstattungs-

---

1 Vgl. näher hierzu Paul, ZfF 2006, 103 und Gotzen, ZfF 2006, 1 und 231.
2 OVG Rh-Pf, Urt. v. 30.3.2000 – 12 A 12373/99, nv; OVG Niedersachsen, Urt. v. 31.3.2000 – 12 L 902/00, nv.

norm als auch die der für den erstattungspflichtigen Leistungsträger geltenden Leistungsnorm vorliegen. Ist der Anspruch gegen den anderen Leistungsträger von einem Antrag abhängig, so entsteht der Erstattungsanspruch nur, wenn ein Antrag auf z.b. Wohngeld, Rente, BAföG gestellt wird. Der Leistungsberechtigte ist zur Antragstellung im Hinblick auf seine Selbsthilfepflicht (§ 2 Abs. 1 SGB XII) verpflichtet. Ersatzweise ist die Antragstellung durch den Sozialhilfeträger möglich

(1) nach Abtretung des Antragsrechts gem. § 53 Abs. 2 Nr. 2 SGB I,
(2) nach § 95 SGB XII,
(3) aufgrund einer schriftlichen Vollmacht des Berechtigten.

12 Der Erstattungsanspruch muss innerhalb von 12 Monaten nach Ablauf des letzten Tages, für den die Sozialhilfeleistung erbracht worden ist, beim erstattungspflichtigen Leistungsträger geltend gemacht werden (§ 111 SGB X). Die Berechnung der 12-Monats-Frist erfolgt nach § 26 SGB X i.V.m. §§ 187 Abs. 1, 188 Abs. 2 BGB. Die Geltendmachung ist eine empfangsbedürftige, aber nicht formbedürftige Willenserklärung (sog. **Erstattungsanzeige**). Sie ist kein VA nach § 31 SGB X, weil sie gegenüber einem anderen Sozialleistungsträger ergeht, also im Gleichordnungsverhältnis, so dass das Merkmal einer hoheitlichen Regelung fehlt. In der Erstattungsanzeige müssen alle maßgeblichen Umstände und der Zeitraum, für den die Sozialhilfeleistung erbracht worden ist, konkret genannt werden; außerdem muss der Wille, rechtssichernd tätig zu werden, deutlich erkennbar sein. Das bloße vorsorgliche Anmelden eines Erstattungsanspruchs genügt nicht.[3] Wird der Erstattungsanspruch nicht fristgerecht geltend gemacht, ist er kraft Gesetzes ausgeschlossen. Im Unterschied dazu begründet die Verjährung nach § 113 SGB X lediglich ein Leistungsverweigerungsrecht. Ist der Anspruch nicht rechtzeitig geltend gemacht worden, kommt es auf die Verjährungsfrist nach § 113 SGB X nicht mehr an, da der Erstattungsanspruch entfallen ist. Die **Verjährungsfrist** (4 Jahre) ist deshalb nur dann von Bedeutung, wenn der Kostenerstattungsanspruch fristgerecht geltend gemacht worden ist. Die Verjährungsfrist beginnt nach Ablauf des Kalenderjahres, in dem der erstattungsberechtigte Leistungsträger von der Entscheidung des erstattungspflichtigen Leistungsträgers über dessen Leistungspflicht Kenntnis erlangt hat. Maßgeblich ist hierbei der Leistungsbescheid des erstattungspflichtigen Leistungsträgers gegenüber dem Leistungsberechtigten. Abweichend hiervon gilt für die Erstattungsansprüche zwischen den Sozialhilfeträgern nach den §§ 106 bis 108 SGB XII die Verjährungsregelung des § 111 SGB XII. Danach beginnt die 4-jährige Verjährungsfrist mit Ablauf des Kalenderjahres, in dem der Erstattungsanspruch entstanden ist.

13 Zu erstatten sind höchstens die Aufwendungen des Sozialhilfeträgers. Als Aufwendungen gelten außer den Kosten der Hilfe für denjenigen, der Anspruchsberechtigter gegenüber dem erstattungspflichtigen Leistungsträger ist, auch die Kosten der Hilfe zum Lebensunterhalt, die seinem nicht getrennt lebenden Ehegatten oder Lebenspartner und ihren minderjährigen unverheirateten Kindern gleichzeitig geleistet worden ist (§ 114 SGB XII). Der Erstattungsanspruch ist zu verzinsen (§ 108 SGB X). Verwaltungskosten sind nicht zu erstatten; Auslagen nur, wenn sie 200 € übersteigen (§ 109 SGB X). Erstattungsansprüche von weniger als 50 € werden nicht erstattet (**Bagatellregelung** in § 110 S. 2 SGB X).

---

3 BSGE 66, 248.

III. Gesetzlicher Forderungsübergang von Unterhaltsansprüchen (§ 94 SGB XII)

Grundsätzlich gehen Unterhaltsansprüche, die der Leistungsberechtigte nach bür- **14** gerlichem Recht (dazu gehört auch das LPartG) hat, **kraft Gesetzes** (cessio legis) bis zur Höhe der geleisteten Sozialhilfeaufwendungen auf den Träger der Sozialhilfe über (Gläubigerwechsel nach § 94 Abs. 1 S. 1 SGB XII). Solche Unterhaltsansprüche haben

(1)   Verwandte in gerader Linie untereinander (§ 1601 BGB), wobei Eltern im Verhältnis zu ihren minderjährigen unverheirateten Kindern gem. § 1603 Abs. 2 BGB eine gesteigerte Unterhaltspflicht haben;
(2)   Ehegatten untereinander (§ 1360 BGB);
(3)   getrennt lebende Ehegatten (§ 1361 BGB);
(4)   der Vater eines Kindes, mit dessen Mutter er nicht verheiratet ist, gegenüber der Mutter des Kindes nach § 1615 l BGB.

Von diesem Grundsatz gibt es **Ausnahmen**. Der Übergang des Unterhaltsanspruchs **15** ist ausgeschlossen

(1)   soweit der Unterhaltsanspruch durch laufende Zahlungen erfüllt wird (§ 94 Abs. 1 S. 2 SGB XII);
(2)   wenn der Unterhaltspflichtige mit dem Leistungsberechtigten in einer Einsatzgemeinschaft gem. § 19 SGB XII zusammenlebt (§ 94 Abs. 1 S. 3 SGB XII), weil Einkommen und Vermögen des Unterhaltspflichtigen dann schon „automatisch" berücksichtigt werden; vgl. hierzu nachfolgendes Schaubild
(3)   wenn der Unterhaltspflichtige mit dem Leistungsberechtigten im zweiten oder in einem entfernteren Grad verwandt ist (§ 94 Abs. 1 S. 3 SGB XII; z.B. Großeltern, Enkel, Urenkel). Dies spielt allerdings dann keine Rolle, wenn diese Personen vertraglich zum Unterhalt verpflichtet sind;
(4)   bei einem Unterhaltsanspruch eines Leistungsberechtigten nach § 41 SGB XII (Grundsicherung) auch gegenüber Verwandten ersten Grades (Eltern, Kinder, wenn unter 100.000.- Einkommen; § 94 Abs. 1 S. 3 SGB XII); vgl. 7. Kap. Rn 20;
(5)   bei einer Leistungsberechtigten, die schwanger ist oder ihr leibliches Kind bis zur Vollendung seines 6. Lebensjahres (nicht notwendig alleine; auch bei Tagespflege für das Kind) betreut (§ 94 Abs. 1 S. 4 SGB XII). Vgl. zu den Gründen 4. Kap. Rn 67;
(6)   soweit der Unterhaltspflichtige Leistungsberechtigter für HzL oder GSi ist oder bei Erfüllung des Unterhaltsanspruchs würde (§ 94 Abs. 3 S. 1 Nr. 1 SGB XII);
(7)   wenn der Übergang des Anspruchs eine unbillige Härte wäre (§ 94 Abs. 3 S. 1 Nr. 2 SGB XII);
(8)   wenn HzL oder (seit 7.12.2006) GSi geleistet wurde, geht der Anspruch in Höhe von 56 % der Unterkunftskosten nicht über (§ 94 Abs. 1 S. 6 SGB XII); dies ist eine „Kompensation" für den Wegfall des Wohngelds (§ 1 Abs. 2 WoGG).

Kunkel

16 Schaubild: Die stufenweise Verwirklichung des Nachrangs durch Heranziehung Angehöriger

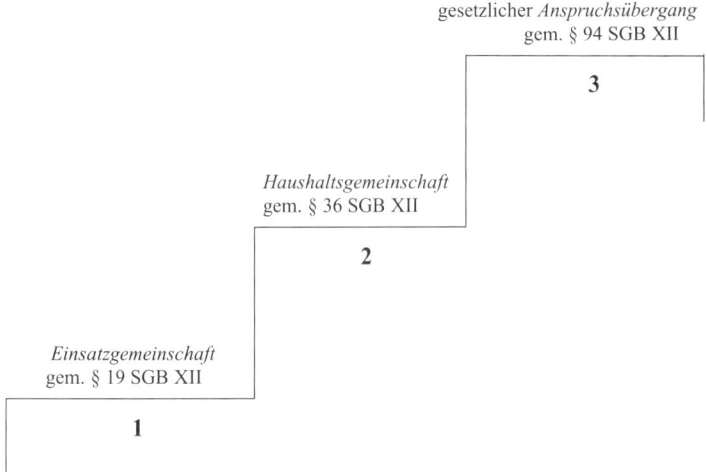

gesetzlicher *Anspruchsübergang*
gem. § 94 SGB XII

3

Haushaltsgemeinschaft
gem. § 36 SGB XII

2

Einsatzgemeinschaft
gem. § 19 SGB XII

1

Beachte: Bei der eingetragenen Lebenspartnerschaft erfolgt eine Berücksichtigung auch auf Stufe 3, da auch bei ihr eine bürgerlich-rechtliche Unterhaltspflicht (wenn auch nicht nach BGB) besteht.

17 Eine **Beschränkung** des Forderungsübergangs durch die sog. fiktive Vergleichsberechnung, nach der der Unterhaltspflichtige sein Einkommen und Vermögen (fiktiv) so einzusetzen hatte, wie wenn er selbst Hilfeempfänger für die Sozialhilfe wäre ist nun – anders noch § 91 Abs. 2 S. 1 BSHG – nicht mehr vorgesehen. Eine Beschränkung des Anspruchsübergangs gilt aber für volljährige behinderte oder pflegebedürftige Kinder hinsichtlich ihres Unterhaltsanspruchs gegenüber ihren Eltern (vgl. Rn 14). Erhalten sie Hilfen zur Gesundheit oder Eingliederungshilfe (§ 94 Abs. 2 SGB XII), geht ihr Unterhaltsanspruch nur bis 26 € über; erhalten sie HzL, geht der Anspruch nur bis 20 € über. Werden beide Hilfen nebeneinander gewährt, kann nur ein Unterhalt von insgesamt 46 € monatlich verlangt werden.

18 Mit Leistung der Sozialhilfe geht der Unterhaltsanspruch des Sozialhilfeberechtigten auf den Sozialhilfeträger über, er wird neuer Gläubiger. Auch der unterhaltsrechtliche Auskunftsanspruch (§ 1580 bzw. § 1605 BGB) geht kraft Gesetzes auf den Sozialhilfeträger über (§ 94 Abs. 1 S. 1 SGB XII). Neben diesen unbürgerlich-rechtlichen Auskunftsanspruch tritt der öffentlich-rechtliche Auskunftsanspruch nach § 117 SGB XII. Er wird durch Verwaltungsakt gegenüber dem Auskunftspflichtigen geltend gemacht und bei Auskunftsverweigerung im Wege der Verwaltungsvollstreckung durchgesetzt. In der Praxis wird mit der Mitteilung über die Leistung von Sozialhilfe **(Rechtswahrungsanzeige)** ein Fragebogen über die Einkommens- und Vermögensverhältnisse des Unterhaltspflichtigen verschickt. Nur wenn ausdrücklich auf die Auskunftspflicht hingewiesen wird, liegt eine Regelung und damit ein Verwaltungsakt vor. Die bloße Mitteilung der Leistung der Sozialhilfe ist dagegen nach h.M. keine Regelung und damit kein VA. Dem ist entgegenzuhalten, dass die Rechtswahrungsanzeige bewirkt, dass der Unterhaltsanspruch mit Wirkung für die Vergangenheit übergeht (§ 94 Abs. 4 S. 1 SGB XII). Ab dem Zugang der Mitteilung (förmliche Bekanntgabe ist nicht erforderlich) kann der Sozialhilfeträger vom Unterhaltspflichtigen Unterhalt verlangen. Der Sozialhilfeträger kann dann den Unterhalt auch zu einem späteren Zeitpunkt noch rückwirkend auf den Zeitpunkt des Zugangs der Rechtswahrungsanzeige geltend machen, also für die Vergangenheit. Die Rechtswahrungsanzeige wirkt daher wie eine Mahnung. Da diese Wirkung sich aber auf das Unterhaltsrecht und damit auf das BGB bezieht, liegt keine Regelung auf dem Gebiet des öffentlichen Rechts vor, so dass die Rechtswahrungsanzeige aus diesem Grund kein VA ist.

Der Sozialhilfeträger kann den auf ihn übergegangenen Unterhaltsanspruch zum Zwecke der zivilrechtlichen Geltendmachung im Einvernehmen mit dem Leistungsberechtigten auf diesen **rückübertragen**. Dies gilt auch dann, wenn der Unterhaltsanspruch noch nicht rechtshängig ist. Kosten, mit denen der Leistungsberechtigte dadurch selbst belastet wird (einschließlich der Kosten der Gegenseite), sind vom Sozialhilfeträger zu übernehmen (§ 94 Abs. 5 S. 2 SGB XII). Daraus folgt, dass dem Leistungsberechtigten **Prozesskostenhilfe** nicht zu bewilligen ist, soweit er Unterhalt für die Vergangenheit geltend macht. Anders, wenn laufende Unterhaltsansprüche geltend gemacht werden.[4]   **19**

IV. Überleitung von Ansprüchen gegen andere Dritte (§ 93 SGB XII)

Ansprüche des Leistungsberechtigten gegen Dritte können vom Sozialhilfeträger zu   **20** Lebzeiten und nach dem Tod des Leistungsberechtigten durch VA **(Überleitungsanzeige)** übergeleitet werden (Gläubigerwechsel nach § 93 Abs. 1 S. 1 SGB XII). Ausgenommen sind solche Ansprüche, die schon nach anderen Rechtsvorschriften auf den Sozialhilfeträger übergehen (Ansprüche gegen nach bürgerlichem Recht Unterhaltspflichtige nach § 94 SGB XII; Ansprüche gegen Arbeitgeber und Schadenersatzpflichtige nach §§ 115, 116 SGB X) oder wegen derer der Sozialhilfeträger Erstattung von anderen Sozialleistungsträgern verlangen kann (§§ 102 bis 105 SGB X). So können beispielsweise übergeleitet werden Ansprüche auf Kaufpreiszahlung, Darlehensrückzahlung, Steuerrückzahlung, Altenteilsrechte, Erbe, Zahlung aus Lebensversicherungen. In der Praxis am wichtigsten ist der **Schenkungsrückforderungsanspruch**[5] aus § 528 BGB. Soweit ein Leistungsberechtigter Vermögen verschenkt hat und deshalb jetzt Sozialhilfebedürftigkeit besteht, kann er seine Schenkung wegen Verarmung vom Schenker zurückfordern, wenn zum Zeitpunkt des Eintritts einer Bedürftigkeit seit der Leistung des geschenkten Gegenstands noch keine 10 Jahre verstrichen sind (§ 529 BGB). Dieser Rückforderungsanspruch geht Unterhaltsansprüchen des Schenkers vor, d.h. die Rückforderung ist auch dann nicht ausgeschlossen, wenn der Leistungsberechtigte und Schenker seinen Lebensunterhalt mit Hilfe von Unterhaltsansprüchen hätte sicherstellen können. Der Anspruch kann nur in dem Umfang, in dem der Schenkungsgegenstand/-betrag zur Deckung des aktuellen angemessenen Unterhalts erforderlich ist, übergeleitet werden. Bei Leistungen für z.B. häusliche oder stationäre Pflege ist deshalb eine Überleitung nur in der dem jeweiligen täglichen bzw. monatlichen Bedarf entsprechenden Höhe möglich. Soweit es sich bei dem Schenkungsgegenstand um ein geschütztes Vermögen i.S.d. § 90 Abs. 2 SGB XII handelt, ist eine Überleitung des Anspruchs trotzdem möglich. Für den Rückforderungsanspruch ist nämlich nicht auf das geschützte Vermögen, sondern auf den Umfang des Anspruchs abzustellen, d.h. die aufgrund der Überleitung zurückfließenden Geldbeträge sind nach ihrer Zweckbestimmung Einkommen i.S.d. § 82 SGB XII. Der Anspruch aus § 528

---

4 Zum Problem vgl. OLG Saarbrücken, FamRZ 1997, 617; OLG Karlsruhe, FamRZ 1997, 180; OLG Köln, FamRZ 1998, 175; OLG Zweibrücken, FamRZ 2002, 105.
5 Näher hierzu Gülstorf, ZfF 2006, 121.

BGB kann auch nach dem Tod des Leistungsberechtigten zur nachträglichen Wiederherstellung des Nachrangs der Sozialhilfe übergeleitet werden, soweit vor dem Tod des Leistungsberechtigten bereits für ihn Sozialhilfe für einen Zeitraum geleistet worden ist, für den der Schenkungsrückforderungsanspruch besteht.

21 Nicht nur die Ansprüche des Leistungsberechtigten selbst, sondern auch solche, die sein Ehegatte oder sein eingetragener Lebenspartner oder seine Eltern gegen einen Dritten haben, sind überleitungsfähig. Diese Ansprüche der Angehörigen des Leistungsberechtigten können aber nur dann übergeleitet werden, wenn dem Leistungsberechtigten eine Hilfe in unterschiedlichen Lebenslagen (§§ 47 bis 74 SGB XII) geleistet worden ist. Bei der HzL sind umgekehrt die Ansprüche des Leistungsberechtigten gegen Dritte auch für die Hilfe überleitbar, die Ehegatte, Lebenspartner oder minderjährige Kinder des Leistungsberechtigten erhalten haben (§ 93 Abs. 1 S. 2 SGB XII; vgl. Schaubild Rn 28).

22 § 93 Abs. 1 S. 3 SGB XII begrenzt die Möglichkeit der Überleitung. Entsprechend dem Nachrangprinzip aus § 2 Abs. 1 SGB XII ist die Überleitung nur dann möglich, wenn bei rechtzeitiger Erfüllung des Anspruchs, den der Sozialhilfeberechtigte gegen einen Dritten hatte, Sozialhilfe nicht (1. Alternative) oder nicht in dieser Höhe (2. Alternative) hätte erbracht werden müssen (sog. **kausale Verknüpfung**). Bei der 2. Alternative handelt es sich um Fälle der erweiterten Hilfe (vgl. 4. Kap. Rn 62), in denen der Sozialhilfeträger Ersatz seiner Kosten erlangt hätte, wenn der Dritte durch seine Leistung das Einkommen des Leistungsberechtigten erhöht hätte.

23 Aus § 93 Abs. 1 S. 1 („für die Zeit") ergibt sich, dass **zeitliche Deckungsgleichheit** zwischen der geleisteten Sozialhilfe und der (nicht geleisteten) Hilfe durch Dritte bestehen muss. Der Anspruch gegen den Dritten muss in den Zeitraum der Sozialhilfegewährung fallen, also fällig sein.

24 Durch die Überleitung geht der Anspruch **rückwirkend** ab dem Tag seines Entstehens (also nicht erst ab Zugang der Überleitungsanzeige), frühestens aber ab dem Beginn der Hilfeleistung auf den Sozialhilfeträger über. Die Überleitung wirkt so lange fort, wie Sozialhilfe für den Leistungsberechtigten ohne mehr als zweimonatige Unterbrechung gewährt wird (§ 93 Abs. 2 SGB XII). Die Zweimonatsfrist wird nach § 26 SGB X i.V.m. §§ 187 Abs. 2, 188 Abs. 2 BGB berechnet. Wird beispielsweise ab 20. August keine Hilfe mehr geleistet, liegt keine Unterbrechung vor, wenn spätestens ab 20. Oktober wieder eine Leistung erfolgt. Ein **Wechsel der Hilfeart** (Grundsicherung nach § 41 SGB XII anstelle von HzL) unterbricht die Wirkung der Überleitung. Dies folgt schon aus dem Wortlaut des Gesetzes („die Leistung").[6]

25 Ob der Sozialhilfeträger einen Anspruch überleitet, steht in seinem Ermessen (§ 93 Abs. 1 S. 1 SGB XII: „kann"). Dieses **Ermessen** muss in jedem Fall auch ausgeübt und begründet werden, anderenfalls liegt ein Ermessensfehler (§ 39 SGB I) oder ein Begründungsfehler (§ 35 SGB X) vor. Bei den Ermessenserwägungen sind der Nachranggrundsatz aus § 2 SGB XII und das Gebot der wirtschaftlichen Verwendung öffentlicher Mittel einerseits und Interessen des Leistungsberechtigten und des Dritten (z.B. familiäre Belange bei Schenkungsrückforderungen)[7] andererseits zu berücksichtigen. Ein Ermessensfehler durch Ermessensnichtgebrauch liegt beispielsweise vor, wenn – wie in der Praxis nicht selten – formuliert wird: „Eine Überleitung musste erfolgen".

---

6 Ebenso Münder in LPK-SGB XII, § 93 Rz 55; a.A. aber die h.M., z.B. Schellhorn/Schellhorn/Hohm, § 90 Rz. 56.
7 Vgl. hierzu BVerwG, FEVS 326, 309; VGH BW, FEVS 33, 289.

Kunkel

Ebenfalls ein materieller Fehler der Überleitungsanzeige liegt vor, wenn sie inhaltlich **26** nicht hinreichend **bestimmt** ist (§ 33 Abs. 1 SGB X). In der Überleitungsanzeige darf nicht nur mitgeteilt werden, dass Sozialhilfe geleistet worden ist, sondern es muss der Wille des Sozialhilfeträgers zum Ausdruck gebracht werden, dass eine Überleitung erfolgen soll (vgl. 3. Kap. Rn 44). Ferner muss der Leistungsberechtigte, die Art der geleisteten Hilfe, der überzuleitende Anspruch mit Gläubiger und Schuldner bezeichnet werden. Nicht notwendig ist es, den überzuleitenden Anspruch in der Höhe zahlenmäßig zu bestimmen. Auch der Umfang der Sozialhilfeleistung muss nicht näher beziffert werden, da sie im Zeitpunkt der Überleitung noch nicht abgeschlossen ist, also nicht beziffert werden kann; anders für eine bereits abgeschlossene Sozialhilfeleistung.[8]

In formeller Hinsicht ist eine **Anhörung** gem. § 24 Abs. 1 SGB X erforderlich (vgl. **27** 3. Kap. Rn 38). Belastete Beteiligte sind sowohl der Leistungsberechtigte als auch (wegen des Gläubigerwechsels) der Dritte. Daher müssen auch beide über den Rechtsbehelf (Widerspruch) belehrt werden (§ 36 SGB X). Sie sind darauf hinzuweisen, dass Widerspruch und Anfechtungsklage aber keine aufschiebende Wirkung haben (§ 93 Abs. 3 SGB XII i.V.m. § 86 a Abs. 2 Nr. 4 SGG). Ebenso ist ein Hinweis darauf erforderlich, dass das Sozialgericht die aufschiebende Wirkung von Widerspruch oder Anfechtungsklage ganz oder teilweise auf Antrag anordnen kann (§ 86 b Abs. 1 Nr. 2 SGG).

---

8 Vgl. BVerwGE 42, 201.

28

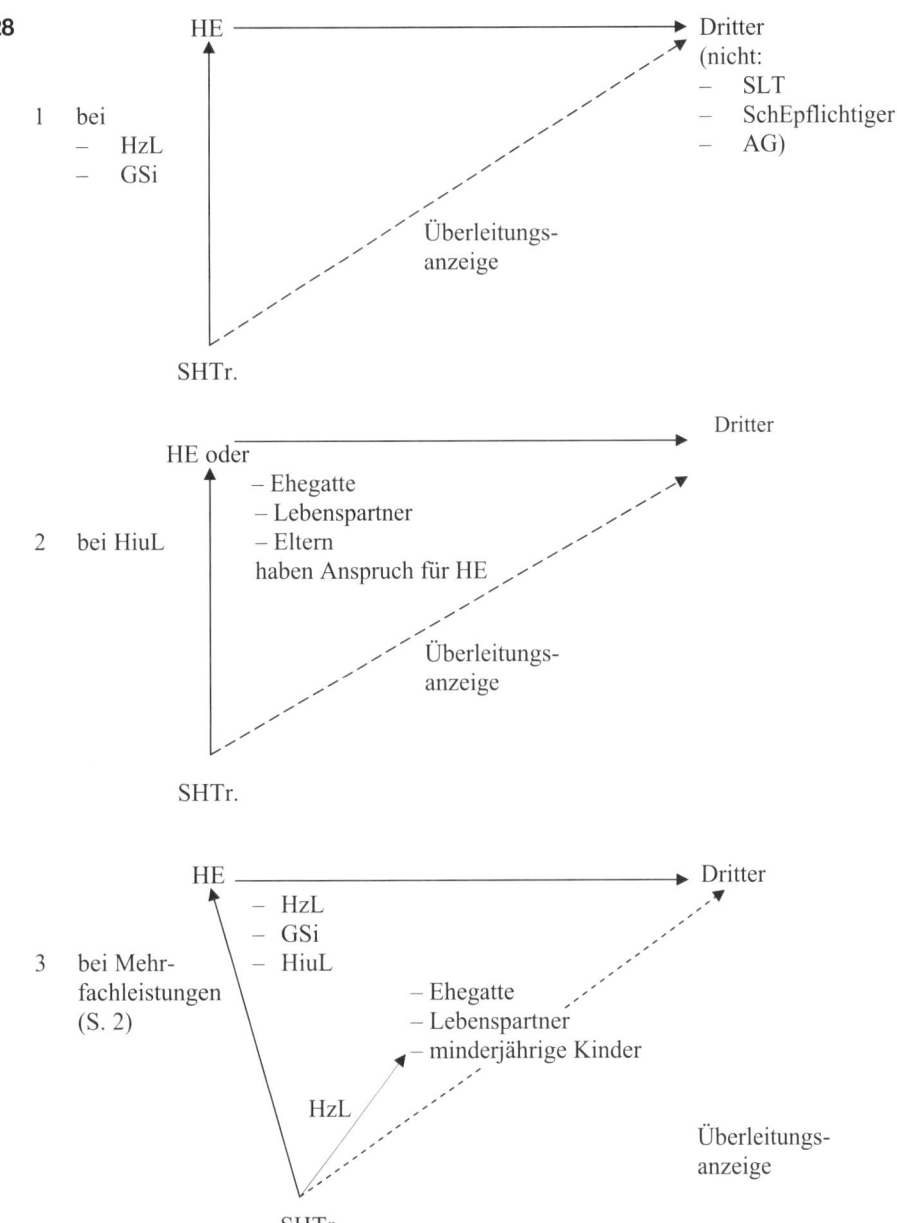

29 In § 93 Abs. 1 S. 2 SGB XII müsste es richtig heißen: „...... die er gleichzeitig mit den Leistungen für die in S. 1 genannte leistungsberechtigte Person (ohne Komma) deren nicht getrennt lebendem Ehegatten..... erbringt."

V. Gesetzlicher Übergang von Forderungen gegen Arbeitgeber (§ 115 SGB X) oder Schadenersatzpflichtige (§§ 116 bis 119 SGB X)

1. Ansprüche gegen den Arbeitgeber

Ansprüche des Sozialhilfeberechtigten gegen seinen Arbeitgeber auf Arbeitsentgelt **30** gehen kraft Gesetzes (Legalzession) auf den Sozialhilfeträger über, soweit die Sozialhilfeleistung wegen verzögerter oder unterbliebener Zahlung des Arbeitsentgelts notwendig geworden ist (kausale Entgeltersatzleistung). Als Anspruch auf Arbeitsentgelt gilt z.B. auch der Anspruch auf Entgeltfortzahlung bei Arbeitsunfähigkeit, Schwangerschaft/Mutterschaft, Betreuung oder Pflege eines erkrankten Kindes. Der Anspruch auf Arbeitsentgelt geht bis zur Höhe der erbrachten Sozialhilfeleistung auf den Sozialhilfeträger über, da § 115 SGB X lex specialis gegenüber § 93 SGB XII ist (§ 93 Abs. 4 SGB XII), gilt § 93 Abs. 1 S. 2 SGB XII nicht, so dass § 114 SGB XII an seiner Stelle regelt, dass auch die Kosten der Sozialhilfeleistung für den Ehegatten, den Lebenspartner und die minderjährigen unverheirateten Kinder des Sozialhilfeberechtigten als Aufwendungen gelten, derentwegen der gesetzliche Anspruchsübergang stattfindet. Im Unterschied zum Übergang des Anspruchs nach § 93 SGB XII durch VA, bedarf es eines solchen hier nicht, da der Übergang kraft Gesetzes stattfindet. Geltend gemacht wird der übergegangene Anspruch vor dem Arbeitsgericht.

2. Ansprüche gegen Schadenersatzpflichtige

Ansprüche des Sozialhilfeberechtigten gegen Schadenersatzpflichtige gehen kraft **31** Gesetzes (also ohne dass es eines VA bedarf) auf den Sozialhilfeträger über, soweit wegen des Schadensereignisses Sozialhilfe zu gewähren ist (**Kausalität**). Es muss sich um Schadenersatzansprüche handeln, die aufgrund gesetzlicher Vorschriften außerhalb des SGB bestehen, z.B. nach dem BGB (aus unerlaubter Handlung nach §§ 823 ff. oder aus Vertrag, z.B. §§ 249 ff., 325, 440, 536 a, 628, 694) oder nach dem Haftpflichtgesetz (§§ 1 bis 3).

Voraussetzung für den Übergang ist die Gleichartigkeit (**sachliche Kongruenz**) und **32** Gleichzeitigkeit (**zeitliche Kongruenz**) von Anspruch und Sozialhilfeleistung. An der sachlichen Kongruenz fehlt es beispielsweise bei einem Anspruch auf Schmerzensgeld, da ihm keine gleichartige Sozialhilfeleistung entspricht. Dieser Anspruch geht deshalb nach § 116 SGB X nicht über; auch nach § 93 SGB XII kann sein Übergang nicht bewirkt werden.

VI. Kostenersatz durch Erben (§ 102 SGB XII)

Dass der Erbe eines Sozialhilfeempfängers vom Sozialhilfeträger zum Kostenersatz **33** herangezogen werden kann, erscheint zunächst wie ein unfreiwilliger Witz des Gesetzgebers; ihre Bedeutung hat die Regelung aber im Zusammenhang mit dem Schonvermögen nach § 90 Abs. 2 SGB XII. Den Erben soll diese Schonung des Leistungsberechtigten nicht zugute kommen. Praktisch bedeutsam wird der Kostenersatz durch den Erben vor allem bei Vererbung eines kleinen Hausgrundstücks (§ 90 Abs. 2 Nr. 8 SGB XII). Bei den geschonten kleineren Barbeträgen nach § 90 Abs. 2 Nr. 9 SGB XII kommt dagegen Kostenersatz durch den Erben kaum in Betracht, da entweder der Freibetrag nach § 102 Abs. 3 SGB X höher als der geschützte Barbetrag ist oder die Kosten der standesgemäßen Beerdigung, die nach § 1967 Abs. 2 BGB als Nachlassverbindlichkeiten vom Wert des Nachlasses abzuziehen sind, den Wert des Nachlasses gegen null gehen lassen. Der Erbe haftet nämlich nur mit dem Wert des Nachlasses (§ 102 Abs. 2 S. 2 SGB XII).

34 **Ersatzpflichtig** sind die Erben

(1) des Leistungsberechtigten

(2) des Ehegatten des Leistungsberechtigten

(3) des Lebenspartners des Leistungsberechtigten,

falls Ehegatte oder Partner vor dem Leistungsberechtigten sterben.

35 Deren Ersatzpflicht ist aber auf **zweifache** Weise **begrenzt**, einmal durch die Begrenzung der Kosten der Sozialhilfe in § 102 Abs. 1 S. 2 bis 4 SGB XII, zum anderen durch die Begrenzung des Nachlasswertes (§ 102 Abs. 3 SGB XII).

36 **Nicht** ersatzpflichtig sind **Kosten** der Sozialhilfe, die

(1) länger als 10 Jahre vor dem Erbfall zurückliegen oder

(2) innerhalb des 10-Jahres-Zeitraumes entstanden sind, aber das Dreifache des Grundbetrags (in der zur Zeit des Erbfalls gültigen Höhe) nach § 85 Abs. 1 SGB XII nicht übersteigen (1.035 €) oder

(3) während des Getrenntlebens der Partner angefallen sind.

37 Kostenersatz kann ferner nicht geltend gemacht werden, wenn der **Wert des Nachlasses**

(1) unter 1035 € liegt (§ 102 Abs. 3 Nr. 1 SGB XII) oder

(2) unter 15340 € liegt und

a) Erbe des Hilfeempfängers sein Partner oder ein Verwandter ist und dieser

b) nicht nur vorübergehend (länger als 6 Monate) mit dem Hilfeempfänger in häuslicher Gemeinschaft gelebt und

c) ihn gepflegt hat.

38 Kostenersatz ist schließlich auch dann ausgeschlossen, wenn die Heranziehung der Erben im Einzelfall eine **besondere Härte** wäre (§ 102 Abs. 3 Nr. 3 SGB XII). Diese muss zwingend berücksichtigt werden, Ermessen besteht nicht. Die Härte muss außergewöhnlich schwer wiegen, kann also nur in atypischen Fällen angenommen werden. Eine solche könnte beispielsweise im Einzelfall dann vorliegen, wenn der Erbe des Hilfeempfängers ihn gepflegt hat, ohne mit ihm verwandt gewesen zu sein oder mit ihm in häuslicher Gemeinschaft gelebt zu haben.

39 **Mehrere Erben** haften als Gesamtschuldner (§ 2058 BGB). Soweit einzelne Erben als Ersatzpflichtige im Fall des § 102 Abs. 3 Nr. 2 oder 3 SGB XII ausfallen, dürfen die übrigen Erben nur zu dem ihrem Erbteil entsprechenden Anteil des Ersatzanspruchs herangezogen werden.[9]

40 Der Kostenersatzanspruch gegen den Erben **erlischt** nach drei Jahren nach dem Erbfall (§ 102 Abs. 4 S. 1 SGB XII). Das Erlöschen kann nach den Bestimmungen des BGB (§§ 203 bis 213) gehemmt oder unterbrochen werden.

41 Der Anspruch auf Kostenersatz kann durch **Leistungsbescheid**, also durch VA geltend gemacht werden. In § 102 SGB XII fehlt zwar die Ermächtigung, die Ersatzpflicht gerade durch VA (VA-Befugnis) geltend zu machen; sie ergibt sich aber daraus, dass § 103 Abs. 3 S. 3 SGB XII für den dort geregelten Kostenersatz ausdrücklich einen Leistungsbescheid vorsieht. Der Leistungsbescheid muss ausdrücklich regeln, dass der Erbe aufgrund des Bescheids zum Kostenersatz verpflichtet ist, sonst verletzt er

---

9 VGH BW, FEVS 25, 107.

den Grundsatz der Bestimmtheit (§ 33 Abs. 1 SGB X). Eine Anhörung ist nach § 24 Abs. 1 SGB X notwendig. Dass der Anspruch auf Kostenersatz vom Sozialhilfeträger zwingend geltend zu machen wäre, ist dem Wortlaut des Gesetzes nicht zu entnehmen. § 102 Abs. 3 SGB XII regelt lediglich, wann der Anspruch nicht geltend zu machen ist, lässt aber offen, ob er bei Nichtvorliegen der Nrn. 1 bis 3 geltend zu machen ist oder lediglich geltend gemacht werden kann.[10] Auch praktische Erfordernisse gebieten es, Ermessen anzunehmen, da es dem Sozialhilfeträger nicht möglich ist, die Erbfälle auch noch des Partners des Hilfeempfängers zu ermitteln.

Kostenersatz kann nur geltend gemacht werden, wenn Sozialhilfe **rechtmäßig** geleis- **42** tet worden ist.[11] Ist Sozialhilfe zu Unrecht geleistet worden, regeln §§ 45, 50 SGB X die Rückforderung (auch für Erben). Hat der Sozialhilfeträger beispielsweise Vermögensgegenstände (Haus, Barbetrag) zu Unrecht geschont und deshalb Sozialhilfe geleistet, erfolgte diese Leistung rechtswidrig. Unter den Voraussetzungen des § 45 SGB X kann dann die Rücknahme des VA gegenüber dem Erben als Rechtsnachfolger erfolgen.

Die **Grundsicherung** nach § 41 SGB XII erweist sich auch hier als „Kuckucksei im Nest **43** der Sozialhilfe": Die für sie aufgewendeten Kosten kann der Sozialhilfeträger vom Erben nicht zurück verlangen (§ 102 Abs. 5 SGB XII).

Fallbeispiel: **44**

1.	*Sozialhilfe-Reinaufwand für Hilfe zur Pflege für den*	*23.000 €*
	häuslich pflegebedürftigen Leistungsberechtigten bis zu seinem	*./.*
	Tod	*1.035 €*
	Freibetrag (§ 102 Abs. 1 S. 2 SGB XII) im Zeitpunkt des Erbfalls	*21.965 €*
	am 5.1.2007	
	Dem Grund nach zu ersetzen sind	
2.	*„Rein"-Nachlass (nach Abzug der Nachlassverbindlichkeiten)*	*20.000 €*
3.	*Erben:*	
	Ehefrau: 1/2 Erbteil	
	4 Kinder: je 1/8 Erbteil	
4.	*Kostenersatzanspruch an die Ehefrau*	*10.000 €*
	Erbteil	*./.*
	Freibetrag (§ 102 Abs. 3 Nr. 2 SGB XII)	*15.340 €*
	einzusetzender Nachlass	*0 €*
	Die Ehefrau ist nicht kostenersatzpflichtig	

---

10 A.A. Conradis in LPK-SGB XII, § 102 Rn 21.
11 BVerwGE 78, 165.

5.	Kostenanspruch an jedes Kind	2.500 €
	Erbteil	./. 130 €
	Freibetrag (§ 102 Abs. 3 Nr. 1 SGB XII): 1035 € : 8	2.370 €
	einzusetzender Nachlass	2.745 €
	anteilig zu ersetzende Sozialhilfe: 21.965 € : 8	2.370 €
	kostenersatzpflichtiger Betrag für jedes der vier Kinder	
	(Ersatzpflicht ist auf die Höhe des anteiligen Nachlasses begrenzt)	

45 *Vgl. dazu das Prüfschema zum Kostenersatz im Anhang als Anlage 3.7*

VII. Kostenersatz bei schuldhaftem Verhalten (§ 103 SGB XII)

46 Grundsätzlich (Ausnahme: Grundsicherung nach § 41 Abs. 3 SGB XII) wird Sozialhilfe ohne Rücksicht auf die Ursache der Notlage geleistet. Auch bei schuldhaft herbeigeführter Hilfebedürftigkeit besteht der Anspruch auf Sozialhilfe. Daher ist es nur recht und billig, in diesem Fall die Aufwendungen zurückzuverlangen. Bei den Hilfen nach §§ 47 bis 74 SGB XII können dies erhebliche Kosten sein (z.B. bei stationärer Hilfe). Kostenersatz kann aber nur verlangt werden, wenn das Verhalten (eines Volljährigen) **kausal** für seine (oder anderer Personen) Hilfebedürftigkeit und damit für die Leistung der Sozialhilfe war. Es reicht aber nicht jedes schuldhafte Verhalten, vielmehr muss es vorsätzlich oder grob fahrlässig gewesen sein. Grobe Fahrlässigkeit liegt vor, wenn die erforderliche Sorgfalt in besonders schwerem Maße verletzt wird (§ 45 Abs. 2 Nr. 3 SGB X). Nach dem Wortlaut des Gesetzes könnte somit in nahezu allen Fällen Ersatz der Sozialhilfe verlangt werden. Daher hat das Bundesverwaltungsgericht[12] die Norm aus ihrem Schutzzweck (teleologisch) ausgelegt und gefordert, dass das Verhalten zusätzlich als **sozialwidrig** angesehen werden muss. Sozialwidriges Verhalten kann beispielsweise vorliegen, wenn

- ein Familienvater sein Einkommen versäuft und deshalb seinen Unterhaltspflichten nicht nachkommt;
- jemand wegen einer vorsätzlich oder grob fahrlässig begangenen Straftat eine Gefängnisstrafe zu verbüßen hat und seine Familie in der Zwischenzeit Sozialhilfe erhalten muss;[13]
- jemand sich ehewidrig verhält, insbesondere wenn das dazu führt, dass Frau und Kinder ins Frauenhaus flüchten müssen;[14]
- jemand betrunken mit seinem Kraftfahrzeug gefahren ist, deshalb seinen Arbeitsplatz verliert und auf Sozialhilfe angewiesen ist;
- jemand nach einem Discobesuch vollgekokst einen Unfall verursacht und damit seinen Beifahrer „zum Krüppel gefahren" hat;
- ein Selbstständiger es unterlässt, sich gegen Krankheit oder Unfall zu versichern;[15]
- sich die Mutter eines Kindes, mit dessen Vater sie nicht verheiratet ist, ohne wichtigen Grund weigert, den Namen des unterhaltspflichtigen Vaters anzugeben;

---

12 NDV 1977, 198; FEVS 51, 341.
13 So VGH Hessen, FEVS 18, 456.
14 So VGH BW, FEVS 49, 101.
15 OVG Berlin, FEVS 29, 138; BVerwG, FEVS 51, 341.

– ein Familienvater eine bisher gesicherte Erwerbstätigkeit aufgibt, um eine Zweit-ausbildung zu absolvieren und die Familie währenddessen versorgt werden muss.[16]

Soweit nicht Sozialhilfe, sondern Sozialgeld nach **SGB II** in diesen Fällen zu leisten ist, gelten nach § 34 SGB II dieselben Voraussetzungen für einen Ersatzanspruch. **47**

Von der Heranziehung zum Kostenersatz **kann** abgesehen werden, soweit sie eine **Härte** bedeuten würde (§ 103 Abs. 1 S. 3 SGB XII). Das nach § 92 a Abs. 1 S. 2 2. HS BSHG zwingende Absehen von einer Heranziehung, wenn dadurch die Fähigkeit des Ersatzpflichtigen beeinträchtigt würde, künftig unabhängig von Sozialhilfe am Leben in der Gemeinschaft teilzunehmen, ist in § 103 SGB XII gestrichen worden. Das Er-messen wäre aber fehlerhaft gebraucht (§ 39 SGB I analog) wenn eine Heranziehung in solchen Fällen erfolgen würde, z.B. wenn dadurch die Resozialisierung von Straf-entlassenen gefährdet wäre. Eine Härte ist insbesondere dann anzunehmen, wenn der Zusammenhalt der Familie durch den Kostenersatz gefährdet wäre; hier könnte die Heranziehung ermessensfehlerhaft sein, wenn Art. 6 Abs. 1 GG nicht beachtet wird. **48**

Der Kostenersatz ist durch **Leistungsbescheid** (vgl. Rn 41) innerhalb von drei Jahren (§ 103 Abs. 3 SGB XII) geltend zu machen. Die Verpflichtung zum Kostenersatz geht auf den Erben über (§ 103 Abs. 2 SGB XII), auch[17] wenn sie zu Lebzeiten des Erblassers noch nicht geltend gemacht worden ist (*vgl. hierzu das Prüfschema im Anhang als Anlage 3.7*). **49**

§ 103 SGB XII regelt nur den Kostenersatz bei **rechtmäßiger** Leistung von Sozialhilfe. Zu Unrecht geleistete Sozialhilfe kann nach §§ 45, 50, SGB X zurück verlangt werden. § 103 Abs. 4 S. 1 SGB XII regelt dies ausdrücklich. Die Bezugnahme auf § 44 SGB X ist aber unverständlich, da es dort um zu Unrecht nicht geleistete Hilfe geht, ein Ersatz von Sozialhilfe also gar nicht in Betracht kommt. Auch aus § 104 SGB XII folgt, dass in § 103 SGB XII rechtmäßige Leistung der Sozialhilfe vorausgesetzt wird. Nicht in die-ses System passt § 103 Abs. 1 S. 2 SGB XII, wonach auch bei Rechtswidrigkeit der Leistung Kostenersatzpflicht eintritt, wenn der Leistungsberechtigte oder sein Vertre-ter die Rechtswidrigkeit der Leistung kannte oder infolge grober Fahrlässigkeit nicht kannte. Unter diesen Voraussetzungen besteht nämlich ein Anspruch auf Erstattung nach § 50 Abs. 1 i.V.m. § 45 Abs. 2 S. 3 Nr. 3 SGB X. Ebenso wenig passt § 103 Abs. 4 S. 2 SGB XII in diese Systematik. Kostenersatz nach Abs. 1 und Erstattung der Kosten nach § 50 SGB X i.V.m. § 45 SGB X (§ 46 SGB X scheidet aus) schließen sich aus, da eine Leistung nicht zugleich rechtmäßig und rechtswidrig erfolgen kann. § 103 Abs. 4 S. 2 SGB XII steht i.V.m. § 103 Abs. 1 S. 2 SGB XII, wonach auch vom Vertreter des HE Sozialhilfe zurück verlangt werden kann, wenn er die Rechtswidrigkeit des VA kannte. Dann besteht ein Erstattungsanspruch gegenüber dem HE aus §§ 50, 45 SGB X und ein Ersatzanspruch gegenüber dem Vertreter des HE (z.B. den Eltern) aus § 103 Abs. 1 S. 2 SGB XII; beide haften dann als Gesamtschuldner (§ 103 Abs. 4 S. 2 SGB XII).

VIII. Erstattung zu Unrecht erbrachter Sozialhilfeleistungen (§§ 50, 45 SGB X)

Wurde Sozialhilfe zu Unrecht geleistet, ist sie zurückzuzahlen.[18] Voraussetzung hierfür ist, dass entweder eine begünstigender Sozialhilfebescheid (VA) aufgehoben worden **50**

---

16 Vgl. hierzu OVG NRW, ZfSH 1975, 131; OVG Bremen, FEVS 29, 197; BVerwG, NDV 1977, 198.
17 So Conradis in LPK-SGB XII, § 103 Rz 24; a.A. Mergler/Zink, § 2 a Rz. 29.
18 Näher hierzu Schwabe, ZfF 2006, 217.

Kunkel

ist (§ 50 Abs. 1 S. 1 SGB X) oder dass die Sozialhilfeleistung zu Unrecht erbracht worden ist, ohne dass ein (begünstigender) Sozialhilfebescheid erlassen worden ist. Der Hilfeempfänger (von „Leistungsberechtigter" kann hier nicht die Rede sein) hat die zu Unrecht erhaltene Leistung aber nur dann zu erstatten, wenn ihm nicht Vertrauensschutz zur Seite steht. Inwieweit dies der Fall ist, ergibt sich aus § 45 Abs. 2 SGB X. Danach muss der HE

(1) auf den Bestand des Leistungsbescheides **vertraut** haben und

(2) sich auf das Vertrauen **berufen** können und

(3) sein Vertrauen muss auch **schutzwürdig** sein.

51 Nur wenn diese „Vertrauenskette" vorliegt, darf der Sozialhilfebescheid nicht zurückgenommen werden; fehlt auch nur ein Glied dieser Kette, besteht kein Vertrauensschutz und die Rücknahme des Bescheids kann dann erfolgen. Auf Vertrauen kann sich der HE nicht berufen, wenn er (oder bei Minderjährigen sein gesetzlicher Vertreter) die Sozialhilfe durch unlautere Mittel erschlichen oder gewusst hat, dass die Sozialhilfe zu Unrecht geleistet wurde (§ 45 Abs. 2 S. 3 Nr. 1 bis 3 SGB X). Kann sich der HE auf Vertrauen berufen, weil diese Voraussetzungen nicht vorliegen, muss sein Vertrauen (zusätzlich) schutzwürdig sein; dies ist es dann, wenn der HE die Sozialhilfe verbraucht hat, was regelmäßig der Fall sein wird.

52 *Beispiel:* *Ein HE von Grundsicherung nach § 41 SGB XII verschweigt, dass er (zusätzliche) Einnahmen hat oder dass er mit einem Partner eheähnlich zusammenlebt, der genügend Einkommen hat. Daraufhin wird ihm Sozialhilfe rechtswidrig (ob der Sachbearbeiter dies wissen konnte, ist für die Rechtswidrigkeit unerheblich) geleistet. Die Sozialhilfe ist bereits verbraucht. Darauf kommt es aber nicht an, da der HE sich auf Vertrauen nicht berufen kann (§ 45 Abs. 2 S. 3 Nr. 2 SGB X). Dasselbe würde gelten, wenn Alg II nach SGB II geleistet worden wäre.*

53 Die Rücknahme muss innerhalb der **Jahresfrist** nach § 45 Abs. 4 SGB X erfolgen. Die Frist beginnt mit dem Tag, an dem die Behörde von den Tatsachen nach § 45 Abs. 2 S. 3 Nr. 1 bis 3 SGB X erfahren hat. Der Fristlauf richtet sich nach § 26 SGB X i.V.m. §§ 187 Abs. 1, 188 Abs. 2 BGB.

54 *Beispiel:* *Am 20.1.2010 hat der HS unvollständige Angaben gemacht. Am 25.1.2011 bemerkt dies die Sachbearbeiterin, als sie aus dem Erziehungsurlaub an ihren Arbeitsplatz zurückkehrt. Am 26.1.2011 beginnt die Jahresfrist zu laufen; sie endet am 25.1.2012. Wäre dies ein Samstag oder Sonntag, würde die Frist am nächstfolgenden Werktag enden (§ 193 BGB).*

55 Nicht anwendbar ist die Fristenregelung nach § 45 Abs. 3 SGB X, da Sozialhilfe grundsätzlich nicht durch VA mit Dauerwirkung, sondern von Tag zu Tag gewährt wird (vgl. hierzu 4. Kap. Rn 24). Anders verhält es sich aber mit der Grundsicherung nach § 41 SGB X und auch mit der Eingliederungshilfe[19] für behinderte Menschen nach § 53 SGB XII.

56 Der Erstattungsanspruch nach § 50 SGB X **verjährt** in vier Jahren nach Ablauf des Kalenderjahres, in dem der Rücknahmebescheid nach § 45 SGB X unanfechtbar geworden ist (§ 50 Abs. 4 SGB X). Die Verjährung kann nach §§ 203 bis 213 BGB gehemmt oder unterbrochen werden.

57 Die Rücknahme des rechtswidrigen Bescheides steht im **Ermessen** der Behörde (§ 45 Abs. 1 SGB X). Das Ermessen muss fehlerfrei ausgeübt werden (§ 39 SGB I analog). Die Behörde muss von ihrem Ermessen Gebrauch machen, darf also nicht schreiben: „Wir mussten den VA zurücknehmen"; dies wäre ein materieller Fehler durch Ermessensnichtgebrauch. Ein formeller Fehler läge vor, wenn die Behörde in der Be-

---

19 BVerwG, DVBl 1996, 857; vgl. ferner OVG NRW, NDV 1994, 72 und BVerwGE 89, 81.

gründung des Bescheids nicht erkennen lässt, welche Gesichtspunkte ermessensleitend waren. Allein die Berufung auf die Tatsachen, die zu einer Versagung des Vertrauensschutzes geführt haben (§ 45 Abs. 2 S. 3 Nr. 1 bis 3 SGB X) genügt nicht zur Ermessensbegründung, da diese Tatsachen schon das Vorliegen der Tatbestandsvoraussetzungen des § 45 SGB X begründet haben, sie also Voraussetzungen für die Ermessensausübung als Rechtsfolge sind. Für und gegen die Rücknahme sprechende Gründe müssen gegeneinander abgewogen werden. Für die Rücknahme wird regelmäßig das Gebot sparsamer Verwendung öffentlicher Mittel sprechen, gegen die Rücknahme können Umstände des Einzelfalls sprechen, z.B. ein grobes Verschulden der Behörde beim Zustandekommen des rechtswidrigen VA oder die Unverhältnismäßigkeit der Rückforderung bei kleineren Beträgen oder besondere soziale Härten durch eine Rückforderung (Lebensalter des Betroffenen, soziale Verhältnisse, Belastung für die Familie). Um solche Umstände des Einzelfalls berücksichtigen zu können, ist es notwendig, dass vor der Rücknahme die **Anhörung** nach § 24 SGB X erfolgt. Bescheidtechnisch soll die Rücknahme zusammen mit der Erstattungspflicht schriftlich in einem **einheitlichen Bescheid** erfolgen (§ 50 Abs. 3 SGB X).

Vgl. das Prüfschema zur Erstattung im Anhang als Anlage 3.8 **58**

IX. Kostenersatz für zu Unrecht erbrachte Leistungen (§ 104 SGB XII)

Ist Sozialhilfe zu Unrecht geleistet worden, weil der HE selbst unrichtige oder unvoll- **59** ständige Angaben gemacht hat, ist er zur Erstattung nach §§ 50, 45 SGB X verpflichtet. Hat sein Vertreter (z.B. Eltern) die falschen Angaben gemacht, haften der HE nach §§ 50, 45 SGB X und der Vertreter nach § 103 Abs. 1 S. 2 SGB XII. § 104 SGB XII schließt die Lücke, die entsteht, wenn eine Person falsche Angaben macht, die weder HE noch dessen Vertreter ist. Dies ist dann der Fall, wenn eine Person falsche Angaben macht, die mit dem HE in Einsatz-, aber nicht in Bedarfsgemeinschaft zusammenlebt (vgl. hierzu 4. Kap. Rn 65 ff.).

Beispiel: *A und B leben in eheähnlicher Gemeinschaft (§ 20 SGB XII). B hat ein ausreichendes* **60** *Einkommen, um seinen notwendigen Lebensunterhalt zu decken. Er verschweigt dies ganz oder teilweise, weshalb A Sozialhilfe erhält. Da B weder HE noch dessen Vertreter ist, ist er nur nach § 104 SGB XII zum Kostenersatz verpflichtet. Weiß A von den falschen Angaben des B, ist A nach §§ 50, 45 SGB X zur Erstattung verpflichtet (A und B haften als Gesamtschuldner nach § 104 S. 2 SGB XII); weiß er es nicht, kann nur von B Kostenersatz verlangt werden.[20]*

Im Unterschied zur Vorgängerregelung in § 92 a Abs. 4 BSHG fehlt in § 104 SGB XII **61** der Verweis auf § 50 SGB X. Daraus folgt, dass Kostenersatz nach § 104 SGB XII geltend gemacht werden kann, ohne dass zuvor ein Erstattungs- und Rücknahmebescheid gegen den HE erlassen worden sein muss. Dies ist nur dann notwendig, wenn auch der HE zur Erstattung verpflichtet werden soll.

X. Kostenersatz bei Doppelleistungen (§ 105 SGB XII)

§ 105 **Abs. 1** SGB XII regelt den Fall, dass ein vorrangig verpflichteter Leistungsträger **62** nachträglich geleistet hat, nämlich nachdem der Träger der Sozialhilfe die Leistung schon an die leistungsberechtigte Person erbracht hat, weil sie vom vorrangig verpflichteten Leistungsträger nichts erhalten hat. Da die leistungsberechtigte Person die

---

20 Vgl. dazu § 92 a Abs. 4 BSHG, der § 104 SG XII entspricht, Paul, ZFSH/SGB 2000, 277; Linhart, NDV 1996, 354; BVerwG, NDV-RD 1998, 33; VGH BW, FEVS 46, 330; OVG Hamburg, FEVS 47, 162.

Leistung dadurch zweimal erhalten hat, ist sie ungerechtfertigt bereichert und muss deshalb die Leistung an den Träger der Sozialhilfe herausgeben. Vom vorrangig verpflichteten Leistungsträger kann der Träger der Sozialhilfe nach § 104 Abs. 1 SGB X daneben Erstattung der Sozialhilfe verlangen, wenn der vorrangig verpflichtete Leistungsträger die Leistung erbracht hat, nachdem er von der Leistung des Sozialhilfeträgers Kenntnis erlangt hat. Hat er die Leistung aber vor Kenntniserlangung erbracht, scheidet Erstattung nach § 104 SGB X aus, so dass nur der Anspruch auf Kostenersatz nach § 105 SGB XII die dadurch auftretende Lücke schließen kann. Im Zeitpunkt des Bedarfs stand die vorrangige Sozialleistung nicht als „bereites Mittel" i.S.d. § 2 SGB XII zur Verfügung, so dass die Sozialhilfe rechtmäßig geleistet worden ist; eine Erstattung nach §§ 50, 45 SGB X scheidet deshalb aus.

63 In **Abs. 2** geht es um solche Kosten, die nicht nach Abs. 1 zurückgefordert werden können; das sind 56 % der Unterkunftskosten. Sie als „nicht erstattungsfähig" (so die Überschrift des Paragraphen) zu bezeichnen, entspricht nicht der Terminologie des Gesetzes, das in den §§ 102 bis 105 SGB XII den Kostenersatz regelt, nicht aber die Erstattung.

XI. Kostenerstattung zwischen den Sozialhilfeträgern (§§ 106 bis 112 SGB XII)

64 Grundsätzlich tragen die sachlich und örtlich zuständigen Sozialhilfeträger die Kosten der Sozialhilfe. Eine Ausnahme von diesem Grundsatz bilden die Kostenerstattungsvorschriften, die einen Lastenausgleich zwischen den Sozialhilfeträgern herbeiführen, wenn es ungerechtfertigt erscheint, dass der zuständige Sozialhilfeträger endgültig die Kostenlast zu tragen hätte. Solche Fälle sind:

(1) der Aufenthalt in einer Einrichtung, weil damit der Träger, der in seinem Bereich solche Einrichtungen unterhält, anderen Trägern ohne solche Einrichtungen eine Last abnimmt (§ 106 SGB XII);

(2) bei Unterbringung in einer anderen Familie aus demselben Grund (§ 107 SGB XII);

(3) bei Übertritt aus dem Ausland, weil die Leistung an die einreisende Person eine überörtliche Leistung ist (§ 108 SGB XII).

Vgl. zu diesen drei Fällen die nachfolgende Übersicht:

65 **Übersicht: Die Kostenerstattung zwischen den Sozialhilfeträgern im Überblick**

Rechtsgrundlage	Tatbestand	Voraussetzungen	Rechtsfolge
1. § 106 Abs. 1 S. 1 SGB XII	Vorleistung nach § 98 Abs. 2 S. 3 SGB XII bei Einrichtungsaufenthalten i.S.v. § 13 SGB XII	– Einrichtungsaufenthalt (§§ 13, 106 Abs. 2 SGB XII) – Heimbetreuungsbedürftigkeit – Vorleistungsfall nach § 98 Abs. 2 S. 3 SGB XII – maßgeblicher g.A. außerhalb des Bereichs des hilfeleistenden Sozialhilfeträgers	Erstattungspflicht des nach § 98 Abs. 2 S. 1 SGB XII (auch sachlich) zuständigen Sozialhilfeträgers

Kunkel

Rechtsgrundlage	Tatbestand	Voraussetzungen	Rechtsfolge
2. § 106 Abs. 1 S. 1 i.V.m. § 98 Abs. 4 SGB XII	Vorleistung nach § 98 Abs. 2 S. 3 i.V.m. § 98 Abs. 4 SGB XII bei Aufenthalt in einer Einrichtung zum Vollzug richterlich angeordneter Freiheitsentziehung	– Aufenthalt in einer Einrichtung zum Vollzug richterlich angeordneter Freiheitsentziehung – Vorleistungsfall nach § 98 Abs. 2 S. 3 i.V.m. § 98 Abs. 4 SGB XII – maßgeblicher g.A. außerhalb des Bereichs des hilfeleistenden Trägers	Erstattungspflicht des nach § 98 Abs. 2 S. 1 i.V.m. § 98 Abs. 4 SGB XII (auch sachlich) zuständigen Sozialhilfeträgers
3. § 106 Abs. 1 S. 1 i.V.m. § 107 SGB XII	Vorleistung nach § 98 Abs. 2 S. 3 i.V.m. § 107 SGB XII bei Unterbringung in einer anderen Familie	– keine Aufenthalt des Minderjährigen bei einem seiner Elternteile – Familienpflegestelle – Vorleistungsfall nach § 98 Abs. 2 S. 3 i.V.m. § 106 SGB XII – maßgeblicher g.A. außerhalb des Bereichs des hilfeleistenden Trägers	Erstattungspflicht des nach § 98 Abs. 2 S. 1 i.V.m. § 107 SGB XII (auch sachlich) zuständigen Sozialhilfeträgers
4. § 106 Abs. 1 S. 2 SGB XII	Vorleistung nach § 98 Abs. 2 S. 3 SGB XII bei Einrichtungsaufenthalten i.S.v. § 13 SGB XII	– Einrichtungsaufenthalt (§§ 13, 106 Abs. 2 SGB XII) – Heimbetreuungsbedürftigkeit – Vorleistungsfall nach § 98 Abs. 2 S. 3 SGB XII – Leistung durch einen örtlichen Sozialhilfeträger – g.A. nicht feststellbar oder nicht vorhanden	Erstattungspflicht des überörtlichen Sozialhilfeträgers, zu dessen Bereich der örtliche Sozialhilfeträger gehört
5. § 106 Abs. 1 S. 2 i.V.m.	Vorleistung nach § 98 Abs. 2 S. 3 i.V.m. § 98 Abs. 4 SGB XII bei Aufenthalt in einer	– Aufenthalt in einer Einrichtung zum Vollzug richterlich	Erstattungspflicht des überörtlichen Sozialhilfeträgers, zu dessen Bereich

Rechtsgrund-lage	Tatbestand	Voraussetzungen	Rechtsfolge
§ 98 Abs. 4 SGB XII	Einrichtung zum Vollzug richterlich angeordneter Freiheitsentziehung	angeordneter Freiheitsentziehung – Vorleistungsfall nach § 98 Abs. 2 S. 3 i.V.m. § 98 Abs. 5 BSHG – Leistung durch einen örtlichen Sozialhilfeträger – g.A. nicht feststellbar oder nicht vorhanden	der örtliche Sozialhilfeträger gehört
6. § 106 Abs. 1 S. 2 i.V.m. § 107 SGB XII	Vorleistung nach § 98 Abs. 2 S. 3 i.V.m. § 107 SGB XII bei Unterbringung in einer anderen Familie	– kein Aufenthalt des Minderjährigen bei seinen Eltern – Familienpflegestelle – Vorleistungsfall nach § 98 Abs. 2 S. 3 i.V.m. § 106 SGB XII – Leistung durch einen örtlichen Sozialhilfeträger – g.A. nicht feststellbar oder nicht vorhanden	Erstattungspflicht des überörtlichen Sozialhilfeträgers, zu dessen Bereich der örtliche Sozialhilfeträger gehört
7. § 106 Abs. 3 S. 1 SGB XII	Verlassen einer – Einrichtung i.S.v. § 13 SGB XII – einer Einrichtung zum Vollzug richterlich angeordneter Freiheitsentziehung – einer Pflegestelle i.S.v. § 107 SGB XII	– Verlassen einer Einrichtung – Heimbetreuungsbedürftigkeit in der verlassenen Einrichtung i.S.v. § 13 SGB XII – Aufenthaltnahme im Bereich des örtlichen Sozialhilfeträgers, in dem die verlassene Einrichtung liegt – Hilfebedarf innerhalb eines Monats nach Verlassen der Einrichtung	Erstattungspflicht des nach § 98 Abs. 2 S. 1 (ggf. i.V.m. § 98 Abs. 4/ § 107) SGB XII (auch sachlich) zuständigen Sozialhilfeträgers

Rechtsgrundlage	Tatbestand	Voraussetzungen	Rechtsfolge
		– Leistung durch einen örtlichen Sozialhilfeträger – maßgeblicher g.A. außerhalb des Bereichs des hilfeleistenden Trägers	
8. § 106 Abs. 3 S. 2 SGB XII	Verlassen – einer Einrichtung i.S.v. § 13 SGB XII – einer Einrichtung zum Vollzug richterlich angeordneter Freiheitsentziehung – einer Pflegestelle i.S.v. § 107 SGB XII	– Verlassen einer Einrichtung – Heimbetreuungsbedürftigkeit in der verlassenen Einrichtung i.S.v. § 13 SGB XII – Aufenthaltnahme im Bereich des örtlichen Sozialhilfeträgers, in dem die verlassene Einrichtung liegt – Hilfebedarf innerhalb eines Monats nach Verlassen der Einrichtung – Leistung durch einen örtlichen Sozialhilfeträger – g.A. nicht feststellbar oder nicht vorhanden	Erstattungspflicht des überörtlichen Sozialhilfeträgers, zu dessen Bereich der örtliche Sozialhilfeträger gehört
9. § 108 Abs. 1 S. 1 SGB XII	Übertritt aus dem Ausland	– kein Ausschluss der Kostenerstattung durch § 108 Abs. 5 SGB XII – Übertritt aus dem Ausland – kein g.A. zum Zeitpunkt des Grenzübertritts – Hilfebedarf innerhalb eines Monats nach Grenzübertritt – kein maßgeblicher Geburtsort in Deutschland – Bestimmung eines überörtlichen Sozi-	Erstattungspflicht des vom Bundesverwaltungsamt bestimmten überörtlichen Sozialhilfeträgers

Kunkel

Rechtsgrund-lage	Tatbestand	Voraussetzungen	Rechtsfolge
		alhilfeträgers durch das Bundesverwal-tungsamt	

66 Zum **Umfang** der Kostenerstattung regelt § 110 SGB XII, dass die aufgewendeten Kosten zu erstatten sind, soweit die Hilfe formell und materiell rechtmäßig geleistet wurde. Jedoch werden Kosten unter 2.560 € (Bagatellgrenze), bezogen auf einen Leistungszeitraum unter 12 Monaten, außer in den Fällen einer vorläufigen Leistung nach § 98 Abs. 2 S. 3 SGB XII, nicht erstattet. Bei der Bedarfs- und Einsatzgemein-schaft (vgl. hierzu 4. Kap. Rn 65) bezieht sich die Bagatellgrenze nicht auf die Einzel-person, sondern auf alle Mitglieder solcher Haushalte, also auf zusammenlebende Ehegatten/Lebenspartner oder Eltern mit ihren minderjährigen unverheirateten Kin-dern (§ 110 Abs. 2 S. 2 SGB XII).

67 Die Kostenerstattungsansprüche **verjähren** in vier Jahren nach Ablauf des Kalender-jahres, in dem sie entstanden sind (§ 111 SGB XII). Damit gilt auch für die Erstattungs-ansprüche der Sozialhilfeträger untereinander dieselbe Verjährungsfrist wie für die Er-stattungsansprüche zwischen den Sozialleistungsträgern nach § 113 SGB X.

10. Kapitel: Asylbewerberleistungsgesetz

I. Entstehungsgeschichte und Stellung des AsylbLG im Rechtssystem

1. Entstehungsgeschichte

Das Asylbewerberleistungsgesetz (AsylbLG) trat in seiner ursprünglichen Fassung vor **1** dem Hintergrund erheblich gestiegener Asylsuchendenzahlen bei gleichzeitig sinkender Anerkennungsquote am 1. 11. 1993 in Kraft.[1] Der Gesetzgeber führte dies auf die im Vergleich mit den europäischen Nachbarländern hohen Sozialleistungen für Asylsuchende zurück[2] und reagierte mit der Einführung eines eigenständigen ausländerrechtlichen[3] Leistungssystems, den Asylbewerberleistungen. Der Gesetzgeber zog diese Lösung der ursprünglichen Idee vor, verminderte Leistungen für Ausländerinnen und Ausländer in einem eigenständigen Abschnitt des damaligen Bundessozialhilfegesetzes (BSHG) zu regeln.[4] Die Asylbewerberleistungen dieses Systems waren ursprünglich etwa 20 % niedriger als die Leistungen des damaligen BSHG, welche Asylsuchenden bis dahin zugestanden hatten. Da die Leistungen bis heute (Dezember 2011) nicht erhöht worden sind, ist der Abstand zu den Existenzsicherungssystemen von SGB II und SGB XII noch größer geworden. Von Anfang an war auch der Umfang der Asylbewerberleistungen bei Krankheit weitaus geringer als in der Sozialhilfe; zudem ist auch die Form der Leistungsgewährung – vorrangig Sachleistungen – gegenüber den sonst üblichen Geldleistungen weitaus unattraktiver. Gesetzgeber und Rechtsprechung rechtfertigten diese geringeren Leistungen damit, dass der leistungsberechtigte Personenkreis in aller Regel kein verfestigtes Aufenthaltsrecht und deshalb nur einen kurzen, vorübergehenden Aufenthalt im Inland habe.[5] Bereits von Anfang an war flankierend dazu in § 2 AsylbLG die Regelung enthalten, bei einer Dauer des Asylverfahrens von mindestens 12 Monaten nicht gekürzte Leistungen nach BSHG analog zu gewähren.[6]

---

1 Zum Hintergrund s. *Adolph,* in: Linhart/Adolph, SGB II. SGB XII. AsylbLG, Einführung AsylbLG, Rn 7–12; *Wahrendorf,* in: Grube/Wahrendorf, SGB XII, Einleitung zum AsylbLG, Rn 3.

2 So die Begründung im Gesetzentwurf der Fraktionen der CDU/CSU und F.D.P. eines Gesetzes über Leistungen der Sozialhilfe an Ausländer, BT-Drucks. 12/3686 (neu), S. 1 und insbes. 4: „Schließlich wird von nicht zu unterschätzender Bedeutung sein, dass mit dieser Neustrukturierung der Sozialhilfe für Ausländer ein Teil des Anreizes entfällt, nach Deutschland zu kommen." Dieser Entwurf wurde zwar nie Gesetz. Die Begründung im Gesetzentwurf der Fraktionen der CDU/CSU und F.D.P. eines Gesetzes zur Neuregelung der Leistungen an Asylbewerber, BT-Drucks. 12/4451, S. 1, 5, nimmt jedoch auf dieses Gesetzgebungsverfahren ausdrücklich Bezug.

3 Gesetzentwurf der Fraktionen der CDU/CSU und F.D.P. eines Gesetzes zur Neuregelung der Leistungen an Asylbewerber, BT-Drucks. 12/4451, S. 5: „Die fürsorgerischen Gesichtspunkte der Leistungen an Asylbewerber bleiben allerdings gewahrt. Im Kern handelt es sich aber um eine Regelung des Aufenthalts- und Niederlassungsrechts von Ausländern nach dem Asylverfahrensgesetz.".

4 Gesetzentwurf der Fraktionen der CDU/CSU und F.D.P. eines Gesetzes über Leistungen der Sozialhilfe an Ausländer, BT-Drucks. 12/3686 (neu); diesen Gesetzentwurf hat der Bundestag in derselben Sitzung für erledigt erklärt (BT-Prot. 12/160 v. 26. 5. 1993, S. 13629 D), in der er das AsylbLG angenommen hat (BT-Prot. 12/160 v. 26. 5. 1993, S. 13630 C).

5 Gesetzentwurf der Fraktionen der CDU/CSU und F.D.P. eines Gesetzes zur Neuregelung der Leistungen an Asylbewerber, BT-Drucks. 12/4451, S. 5, 7; BVerwG, 29. 9. 1998 – 5 B 82/97, FEVS 49, 97–99, Rn 7; BSG, 13. 11. 2008 – B 14 AS 24/07 R, SozR 4-4200 § 7 Nr. 10, Rn 19–31; BSG, 21. 12. 2009 – B 14 AS 66/08 R, SozR 4-4200 § 7 Nr. 14 (= NZS 2010, 513–515; FEVS 61, 498–502), Rn 21.

6 Zur heutigen Regelung s. u. ab Rn 57.

2 Diese grundsätzliche Konzeption des AsylbLG wurde im Laufe der Zeit weiter ausgebaut. Mit dem Ersten Gesetz zur Änderung des Asylbewerberleistungsgesetzes[7] wurden etwa weitere Personengruppen mit nicht verfestigtem Aufenthaltsrecht (z. B. über einen Flughafen Einreisende) in den Katalog der Leistungsberechtigten aufgenommen. Gleichzeitig wurden Analogleistungen erst nach drei Jahren vorgesehen. Außerdem näherte der Gesetzgeber das AsylbLG verwaltungsverfahrensrechtlich durch Verweise auf BSHG, SGB I und SGB X sowie diesen ähnlich ausgestaltete Erstattungsregeln zwischen Trägern dem Sozialgesetzbuch an. Das Zweite Gesetz zur Änderung des Asylbewerberleistungsgesetzes[8] führte – neben einer weiteren Ausweitung des Kreises der Leistungsberechtigten – Anspruchseinschränkungen bei Leistungsmissbrauch (§ 1 a AsylbLG) ein und verschärfte diese Möglichkeit bei Ablehnung von Arbeitsgelegenheiten.

2. Stellung des AsylbLG im Rechtssystem

3 Der Gesetzgeber hat mit dem AsylbLG bewusst ein damals völlig neues **ausländerrechtliches Leistungssystem außerhalb der Sozialhilfe** geschaffen. Mangels Erwähnung in § 68 SGB I gilt das AsylbLG auch nicht als besonderer Teil des Sozialgesetzbuches. Inhaltlich stellt es sich als Existenzsicherungssystem allerdings durchaus als Sozialrecht dar.[9] Dies zeigt sich auch an der Annäherung der Verfahrensvorschriften und der Zuständigkeit der Sozialgerichtsbarkeit (§ 51 Abs. 1 Nr. 6 a SGG). Aus der Besonderheit des AsylbLG als **Sozialrecht außerhalb des Sozialgesetzbuches** erwachsen vor allem im Verwaltungsverfahrensrecht und bei der Frage der Geltung allgemeiner Prinzipien immer wieder Schwierigkeiten.[10]

II. Leistungsberechtigter Personenkreis

1. Einführung

4 Der **leistungsberechtigte Personenkreis** wird in § 1 AsylbLG definiert. Dem Sinn und Zweck des AsylbLG entsprechend, die Leistungen zur Vermeidung von Einwanderungsanreizen niedriger als die Leistungen der anderen Existenzsicherungssysteme zu halten,[11] sperrt die Leistungsberechtigung nach dem AsylbLG den Zugang zu den anderen, vergleichsweise besser ausgestatteten Existenzsicherungssystemen.[12] Für die Leistungsberechtigten wäre es also in aller Regel trotz auch dort enthaltener Einschränkungen für Ausländerinnen und Ausländer günstiger, nicht Leistungsberechtigte nach dem AsylbLG zu sein.

5 § 1 Abs. 1 AsylbLG enthält die **Voraussetzungen** für eine Leistungsberechtigung nach dem AsylbLG. § 1 Abs. 2 AsylbLG **nimmt bestimmte**, eigentlich nach Abs. 1 **Leistungsberechtigte** wieder von der Leistungsberechtigung aus. § 1 Abs. 3 AsylbLG schließlich bestimmt das **Ende der Leistungsberechtigung**.

---

7 Vom 26. 5. 1997 (BGBl. 1997 I, S. 1130).
8 Vom 25. 8. 1998 (BGBl. 1998 I, S. 2505).
9 *Wahrendorf,* in: Grube/Wahrendorf, SGB XII, Einleitung zum AsylbLG, Rn 4 f.; *Kunkel,* NVwZ 1994, 352, 354.
10 S. hierzu unten Rn 55 f., 71 und unter VI. (Rn 100).
11 S. hierzu oben I.1. (Rn 1).
12 S. hierzu unten III. (Rn 20).

Pattar

2. Die einzelnen Voraussetzungen für eine Leistungsberechtigung (§ 1 Abs. 1 AsylbLG)

a) Überblick

§ 1 Abs. 1 AsylbLG stellt drei Voraussetzungen für die Leistungsberechtigung auf: **6** Leistungsberechtigt sind hiernach

1. Ausländer und Ausländerinnen, die sich
2. tatsächlich im Bundesgebiet aufhalten und die
3. einen der in den Nummern 1–7 aufgeführten Aufenthaltsstatus haben.

Für jede einzelne Person einer Familie oder eines Haushalts ist gesondert zu prüfen, ob die Leistungsvoraussetzungen vorliegen.[13]

b) Ausländer/Ausländerin

Mit dem Begriff des **Ausländers** knüpft das AsylbLG an den ausländerrechtlichen **7** Ausländerbegriff an.[14] Nach § 2 Abs. 1 des Aufenthaltsgesetzes (AufenthG) ist jeder, der nicht Deutscher im Sinne des Artikels 116 Abs. 1 des Grundgesetzes (GG) ist, Ausländer. Doppel- oder Mehrfachstaater, die auch Deutsche sind, sind keine Ausländer in diesem Sinn. Da sie ein Daueraufenthaltsrecht in Deutschland haben, wäre das Vorenthalten von Leistungen zur Abschreckung illegaler Einwanderung nicht gerechtfertigt.[15]

c) Tatsächlicher Aufenthalt im Bundesgebiet

Die zweite Voraussetzung ist der **tatsächliche Aufenthalt im Bundesgebiet**. Hier **8** kommt es allein auf die rein körperliche Anwesenheit auf dem Staatsgebiet der Bundesrepublik Deutschland an. Weder die Rechtmäßigkeit dieses Aufenthalts noch die Frage, ob die Ausländerin oder der Ausländer im Sinne von § 13 AufenthG eingereist ist, ist dabei entscheidend.[16] Das deutsche Staatsgebiet umfasst deshalb auch das Flughafengelände einschließlich des Transitbereichs.[17]

d) Besonderer Aufenthaltsstatus

§ 1 Abs. 1 AsylbLG zählt in Nr. 1 bis 7 verschiedene **Aufenthaltsstatus** auf. Liegt einer **9** dieser Status vor, besteht eine Leistungsberechtigung nach dem AsylbLG. Wie schon beim tatsächlichen Aufenthalt kommt es auch hier nicht darauf an, ob der Status rechtmäßig besteht. Maßgeblich ist allein der konkret bestehende Aufenthaltsstatus. Bis auf § 1 Abs. 1 Nr. 6 AsylbLG knüpfen alle diese Tatbestände an ausländerrechtliche

---

13 Vgl. *LSG BW*, 8. 1. 2007 – L 12 AS 5604/06 ER-B, SAR 2007, 22–24 (= InfAuslR 2007, 210–211), Rn 19, wo einem deutschen Kind einer (wohl) nach dem AsylbLG leistungsberechtigten Mutter die Leistungsberechtigung nach dem AsylbLG abgesprochen und so der Zugang zu den höheren Leistungen des SGB XII eröffnet wurde.
14 Ebenso *Adolph*, in: Linhart/Adolph, SGB II. SGB XII. AsylbLG, § 1 AsylbLG, Rn 9; *Wahrendorf*, in: Grube/Wahrendorf, SGB XII, § 1 AsylbLG, Rn 7.
15 Vgl. *LSG BW*, 8. 1. 2007 – L 12 AS 5604/06 ER-B, SAR 2007, 22, Rn 19.
16 *Wahrendorf*, in: Grube/Wahrendorf, SGB XII, § 1 AsylbLG, Rn 6.
17 I. Erg. ebenso *Adolph*, in: Linhart/Adolph, SGB II. SGB XII. AsylbLG, § 1 AsylbLG, Rn 13–14 b, 26.

Regelungen im AufenthG oder im Asylverfahrensgesetz (AsylVfG) an. Ihr Regelungs-
inhalt ist daher mit demjenigen dieser Gesetze identisch.

10 Zur Durchführung des Asylverfahrens ist nach § 55 Abs. 1 AsylVfG der Aufenthalt kraft
Gesetzes demjenigen gestattet, der um Asyl nachsucht. Wer einen Asyl(erst)antrag
stellt, besitzt also von diesem Moment an eine **Aufenthaltsgestattung nach dem
AsylVfG** (§ 1 Abs. 1 Nr. 1 AsylbLG) und hält sich rechtmäßig im Inland auf.

11 § 1 Abs. 1 Nr. 2 AsylbLG erfasst Personen, die **über einen Flughafen einreisen wollen** und denen die Einreise nicht oder noch nicht gestattet ist. Hierunter fallen also
diejenigen, die im Transitbereich eines Flughafens auf die Entscheidung über ihre Einreise warten müssen, insbesondere in den Fällen des § 18 a AsylVfG. Die Vorschrift gilt
aber auch für Personen, die nicht um Asyl nachsuchen.

12 Aus bestimmten völkerrechtlichen, humanitären oder politischen Gründen sieht das
AufenthG in Kapitel 2 Abschnitt 5 (§§ 22–26 AufenthG) die Möglichkeit vor, eine Aufenthaltserlaubnis zu erteilen. Ein Teil der Inhaberinnen und Inhaber solcher Aufenthaltserlaubnisse ist nach § 1 Abs. 1 Nr. 3 AsylbLG leistungsberechtigt nach dem
AsylbLG. Dies betrifft diejenigen, die wegen eines **Krieges in ihrem Heimatland** eine
Aufenthaltserlaubnis nach § 23 Abs. 1 oder nach § 24 AufenthG besitzen, aber auch
diejenigen, die im Besitz einer Aufenthaltserlaubnis nach § 25

1. Abs. 4 Satz 1 (dringende **humanitäre oder persönliche Gründe** oder erhebliche
    öffentliche Interessen erfordern die weitere Anwesenheit im Inland),
2. Abs. 4 a (**Opfer von Menschenhandel** nach §§ 232, 233 oder 233 a StGB, deren
    weitere Anwesenheit im Inland zur Durchführung eines Strafverfahrens erforderlich
    ist) oder
3. Abs. 5 AufenthG (auf absehbare Zeit **Unmöglichkeit der Ausreise** aus rechtlichen
    oder tatsächlichen Gründen)

sind. Anders als im Fall des § 1 Abs. 1 Nr. 1 AsylbLG muss hier die Aufenthaltserlaubnis
erteilt sein, um eine Leistungsberechtigung bejahen zu können.

13 Leistungsberechtigt sind weiter Personen, die eine **Duldung** nach § 60 a AufenthG
besitzen (§ 1 Abs. 1 Nr. 4 AsylbLG). Diese Personen halten sich rechtswidrig im Inland
auf, allerdings ist die zwangsweise Durchsetzung der Ausreisepflicht (Abschiebung
nach § 58 AufenthG) ausgesetzt. Hier kommt es nicht auf das Vorliegen einer Be-
scheinigung an, um die Leistungsberechtigung zu bejahen.

14 Gleichfalls leistungsberechtigt nach dem AsylbLG sind **vollziehbar ausreisepflichtige Personen** (§ 1 Abs. 1 Nr. 5 AsylbLG). Wann dies der Fall ist, ergibt sich aus den
§§ 50 und 58 Abs. 2 AufenthG.

15 § 1 Abs. 1 Nr. 6 AsylbLG bezieht Ehegatten, Lebenspartner und minderjährige Kinder
der übrigen Leistungsberechtigten (außer Folge- und Zweitantragsteller) zur Gleichbehandlung aller **Familienangehörigen** in den Geltungsbereich des AsylbLG mit ein,
selbst wenn diese sonst nicht leistungsberechtigt wären. Minderjährig ist, wer noch
nicht das 18. Lebensjahr vollendet hat.[18]

16 Schließlich sind diejenigen leistungsberechtigt, die einen **Folge- oder Zweitantrag
nach dem AsylVfG** stellen (§ 1 Abs. 1 Nr. 7 AsylbLG). § 1 Abs. 1 Nr. 7 AsylbLG regelt

---

18 Hier wird trotz fehlender Regelung im AsylbLG der im gesamten sonstigen Ausländer- und Asylrecht ver-
    wendete Minderjährigenbegriff aus § 80 Abs. 3 AufenthG und § 12 Abs. 2 AsylVfG zu Grunde gelegt. Da-
    nach sind die Vorschriften des BGB, also insbesondere § 2 BGB, für die Frage der Minderjährigkeit oder
    Volljährigkeit maßgebend. Auf die Geschäftsfähigkeit und sonstige rechtliche Handlungsfähigkeit, die sich
    gemäß Art. 7 Abs. 1 EGBGB grundsätzlich nach dem Recht des Staates richtet, dem eine Person angehört,
    kommt es daher nicht an (vgl. § 80 Abs. 3 S. 2 AufenthG/§ 12 Abs. 2 S. 2 AsylVfG).

Pattar

dabei den Zeitraum von der Stellung dieses Folge- oder Zweitantrags bis zur Entscheidung darüber, ob ein erneutes oder ein weiteres Asylverfahren durchzuführen ist.[19]

3. Privilegierung bestimmter Gruppen (§ 1 Abs. 2 AsylbLG)

§ 1 Abs. 2 AsylbLG nimmt – mit der Folge des Zugangs zu den höheren Leistungen **17** von SGB II und SGB XII – diejenigen in Abs. 1 genannten Personen von der Leistungsberechtigung aus, die einen **anderen Aufenthaltstitel als die in § 1 Abs. 1 Nr. 3 AsylbLG genannten** Aufenthaltserlaubnisse (vgl. Rn 12) haben. Dieser andere Aufenthaltstitel muss eine Gesamtgeltungsdauer von **mehr als sechs Monaten** haben. Hat die leistungsberechtigte Person demgegenüber einen in § 1 Abs. 1 Nr. 3 AsylbLG aufgeführten Aufenthaltstitel, kommt es auf die Geltungsdauer dieses Titels nicht an. Die Privilegierung dauert an, solange dieser andere Aufenthaltstitel gilt. Als Grund für diese Privilegierung führte der Gesetzgeber an, dass bei dieser Personengruppe „eine soziale Einbindung erfolgt, die es rechtfertigt, sie aus dem Anwendungsbereich dieses Gesetzes herauszunehmen und ihnen grundsätzlich einen Anspruch auf Leistungen nach dem Bundessozialhilfegesetz einzuräumen."[20]

Vor diesem Hintergrund erweist sich die in Literatur[21] und Rechtsprechung[22] verbreitete Auffassung, dass die Leistungsberechtigung erst nach einer Wartezeit von sechs Monaten ende, als unzutreffend: Dieses Verständnis von § 1 Abs. 2 AsylbLG ist zum einen mit dem Wortlaut nur schwer zu vereinbaren. Darüber hinaus missachtet es den gesetzgeberischen Willen, auf die soziale Einbindung der dort genannten Personen Rücksicht zu nehmen. Dafür, die soziale Einbindung erst nach sechs Monaten beginnen zu lassen, besteht kein Grund.

Um das Gesagte an zwei **Beispielen** zu veranschaulichen: Bürgerkriegsflüchtlinge, die eine Auf- **18** enthaltserlaubnis nach § 23 Abs. 1 AufenthG für die Dauer von zwölf Monaten haben, sind nicht vom Geltungsbereich ausgenommen, weil dieser Aufenthaltstitel in § 1 Abs. 1 Nr. 3 AsylbLG genannt ist. Hingegen ist eine Studentin, die eine Aufenthaltserlaubnis nach § 16 Abs. 1 AufenthG für die Dauer von zwölf Monaten hat und während ihres Aufenthalts in Deutschland um Asyl nachsucht,[23] während der Geltungsdauer dieses Titels nicht leistungsberechtigt nach dem AsylbLG.

4. Ende der Leistungsberechtigung (§ 1 Abs. 3 AsylbLG)

§ 1 Abs. 3 AsylbLG bestimmt den genauen **Endzeitpunkt der Leistungsberechti-** **19** **gung.** Bei (freiwilliger oder erzwungener) **Ausreise** der leistungsberechtigten Person, also bei Wegfall des in § 1 Abs. 1 AsylbLG vorausgesetzten tatsächlichen Inlandsaufenthalts, endet die Leistungsberechtigung mit der tatsächlichen Ausreise. **Fallen** hingegen **andere Leistungsvoraussetzungen weg**, beispielsweise durch Erteilung eines

---

19 *Adolph,* in: Linhart/Adolph, SGB II. SGB XII. AsylbLG, § 1 AsylbLG, Rn 44 m. Nachw.
20 Gesetzentwurf der Fraktionen der CDU/CSU und F.D.P. eines Gesetzes zur Neuregelung der Leistungen an Asylbewerber, BT-Drucks. 12/4451, S. 7.
21 Soweit ersichtlich h. M., vgl. nur *Adolph,* in: Linhart/Adolph, SGB II. SGB XII. AsylbLG, § 1 AsylbLG, Rn 50 und *Wahrendorf,* in: Grube/Wahrendorf, SGB XII, § 1 AsylbLG, Rn 34, beide m. w. Nachw.; wie hier hingegen *Birk,* in: LPK-SGB XII, § 1 AsylbLG, Rn 12.
22 *LSG BY,* 12. 1. 2006 – L 11 B 598/05 AS ER, FEVS 57, 427–429 (= ZFSH/SGB 2006, 289–291); *OVG NI,* 4. 2. 1999 – 4 M 137/99, FEVS 51, 43–46 (= NDV-RD 1999, 101–102).
23 Dieser Titel erlischt nicht, weil er eine Geltungsdauer von mehr als sechs Monaten hat, § 55 Abs. 2 S. 1 AsylVfG.

Aufenthaltstitels von mehr als sechs Monaten Dauer, endet die Leistungsberechtigung erst mit Ablauf des Monats, in welchem die Leistungsvoraussetzungen wegfallen (§ 1 Abs. 3 Nr. 1 AsylbLG). Weil damit auch die Sperrwirkung der Leistungsberechtigung in anderen Leistungssystemen erst am Monatsende wegfällt, sind diese Personen noch bis zum Ende des jeweiligen Kalendermonats auf die niedrigeren Leistungen des AsylbLG verwiesen.

Dasselbe gilt, wenn das Bundesamt für Migration und Flüchtlinge den Ausländer oder die Ausländerin **als asylberechtigt anerkennt** oder ein Gericht das Bundesamt hierzu verpflichtet hat, auch wenn die Entscheidung noch nicht unanfechtbar geworden ist. Diese Verlängerung der Bezugsdauer der geringeren Asylbewerberleistungen erscheint vor dem Hintergrund von Art. 23 der Genfer Flüchtlingskonvention (GFK) jedenfalls für Flüchtlinge im Sinne der Konvention mindestens fragwürdig.[24]

III. Verhältnis zu anderen Existenzsicherungssystemen

20 Leistungsberechtigte nach § 1 AsylbLG sind als solche von **Leistungen der Grundsicherung für Arbeitsuchende** (§ 7 Abs. 1 S. 2 Nr. 3 SGB II) und **der Sozialhilfe** (§ 23 Abs. 2 SGB XII; § 9 Abs. 1 AsylbLG) sowie **vergleichbaren Landesregelungen** (§ 9 Abs. 1 AsylbLG) **ausgeschlossen.** Dies gilt – anders als bei echten Rangverhältnissen – nicht nur für kongruente Leistungen,[25] sondern auch und gerade für Leistungen, welche das AsylbLG nicht (Leistungen für Bildung und Teilhabe, Eingliederungshilfe für behinderte Menschen, Hilfe zur Pflege, Blindengeld…) oder nicht in diesem Umfang (Regelbedarfe zur Sicherung des Lebensunterhalts, Hilfen zur Gesundheit) kennt. Der Gesetzgeber will mit dem AsylbLG die Leistungen für den hiernach leistungsberechtigten Personenkreis bewusst knapper halten als in den anderen Existenzsicherungssystemen. Die Frage, ob und inwieweit dies verfassungsrechtlich gerechtfertigt werden kann, wird nach Darstellung der vom AsylbLG vorgesehenen Leistungen erörtert.[26]

Obwohl der Leistungsausschluss für die Grundsicherung für Arbeitsuchende in § 7 Abs. 1 SGB II geregelt ist und mit dieser systematischen Stellung auf den ersten Blick eine Beschränkung auf *erwerbsfähige* Leistungsberechtigte (Arbeitslosengeld-II-Berechtigte) nahelegen könnte, sind Leistungsberechtigte nach § 1 AsylbLG nach herrschender und zutreffender Auffassung[27] von *allen* Leistungen der Grundsicherung für Arbeitsuchende, also auch vom Sozialgeld und den Leistungen zur Eingliederung in Arbeit ausgeschlossen. Für dieses Verständnis spricht vor allem der aus der Gesetzesbegründung ablesbare gesetzgeberische Wille,[28] der sich (noch) mit dem Wortlaut in Einklang bringen lässt.

21 Von anderen Sozialleistungen hingegen sind Leistungsberechtigte nach dem AsylbLG wegen sich überschneidender Tatbestandsmerkmale zwar häufig,[29] allerdings nicht

---

24 Vgl. zur Reichweite von Art. 23 auch *BVerwG,* 15. 1. 2008 – 1 C 17.07, BVerwGE 130, 148–156.

25 Vgl. die Darstellung „Leistungskonkurrenz bei Leistungskongruenz" bei *Kunkel,* Jugendhilferecht, Rn 49.

26 Unten Rn 80. Soweit sich nach § 1 AsylbLG leistungsberechtigte Staatsangehörige von Signatarstaaten des EFA (hierzu 5. Kapitel, Rn 56) erlaubt im Inhland aufzuhalten (z.B. Erstantragsteller), dürfte das EFA dem Leistungsausschluss entgegenstehen.

27 *BSG,* 21. 12. 2009 – B 14 AS 66/08 R, SozR 4-4200 § 7 Nr. 14, Rn 14–20 mit zahlreichen Nachweisen aus der Literatur und ausführlicher, überzeugender Begründung; *LSG NW,* 28. 7. 2008 – L 19 AS 13/08, juris, Rn 37.

28 Gesetzentwurf der Fraktionen SPD und BÜNDNIS 90/DIE GRÜNEN eines Vierten Gesetzes für moderne Dienstleistungen am Arbeitsmarkt, BT-Drucks. 15/1516, S. 52.

29 *Kunkel,* NVwZ 1994, 352, 354.

Pattar

grundsätzlich ausgeschlossen; im Gegenteil bestimmt § 9 Abs. 2 AsylbLG, dass Leistungen anderer unberührt bleiben. Hier gelten die allgemeinen Regeln über Vorrang und Nachrang, die eine Leistungskongruenz voraussetzen.

So können insbesondere Leistungsberechtigte nach § 1 Abs. 1 Nr. 3 und 4 AsylbLG nach § 6 Abs. 2 SGB VIII Leistungen der **Jugendhilfe** einschließlich der existenzsichernden Annexleistungen (§§ 39, 40 SGB VIII) in Anspruch nehmen, weil dieser Personenkreis seinen gewöhnlichen Aufenthalt rechtmäßig oder aufgrund einer ausländerrechtlichen Duldung im Inland hat.[30] Ist diese Voraussetzung erfüllt, können auch Leistungsberechtigte nach § 1 Abs. 1 Nr. 6 AsylbLG Leistungen nach dem SGB VIII erhalten.[31]

Ähnlich ist die Regelung im **BAföG**. Auch dieses kennt keinen generellen Leistungsausschluss; im Gegenteil sind die Personen, welche nach § 8 Abs. 2 und 2 a BAföG anspruchsberechtigt sind, regelmäßig auch nach § 1 Abs. 1 Nr. 3 und 4 (sowie möglicherweise 6) AsylbLG leistungsberechtigt.[32]

Keinerlei Leistungsausschluss besteht auch für die Leistungen des fünften Abschnitts des SchKG, der lediglich wegen der Zuständigkeit (§ 19 Abs. 1 S. 2 SchKG) und der Bedürftigkeit (§ 19 Abs. 3 Nr. 1 SchKG) auf das AsylbLG verweist.

Eine gewisse Sonderstellung nimmt das **Wohngeldrecht** ein. Nach § 7 Abs. 1 S. 1 **22** Nr. 8 WoGG führt – anders als in SGB II und SGB XII – nicht die Leistungsberechtigung nach dem AsylbLG zum Ausschluss, sondern die Eigenschaft als Empfängerin oder Empfänger von Grundleistungen (§ 3 AsylbLG)[33] oder Leistungen in besonderen Fällen (§ 2 AsylbLG, sog. Analogleistungen).[34] Allerdings sind nicht alle Leistungsberechtigten nach § 1 AsylbLG wohngeldberechtigt (vgl. § 3 Abs. 5 WoGG). Der Leistungsausschluss besteht nach § 7 Abs. 1 S. 3 WoGG nicht, wenn die Leistungen nach dem AsylbLG nur als Darlehen gewährt werden oder durch das Wohngeld Hilfebedürftigkeit unter anderem nach § 19 Abs. 1 und 2 SGB XII vermieden wird. Für Empfängerinnen und Empfänger von Grundleistungen nach § 3 AsylbLG kann Hilfebedürftigkeit nach § 9 SGB II oder § 19 SGB XII als Voraussetzung für die Leistungen nach dem SGB II und dem SGB XII nicht vermieden werden, weil dieser Personenkreis von vornherein von den Leistungen nach diesen Gesetzen ausgeschlossen ist.[35] Bei Empfängerinnen und Empfängern von Analogleistungen nach § 2 AsylbLG ist allerdings die Hilfebedürftigkeit im Sinne des § 19 Abs. 1 SGB XII Leistungsvoraussetzung, wenn auch nur in analoger Anwendung. Dieser Personenkreis kann also wohngeldberechtigt sein.

Verzwickt stellt sich die Situation im **BKGG** und im **BEEG** dar. Beide Gesetze enthalten **23** keinen generellen Leistungsausschluss für Leistungsberechtigte nach dem AsylbLG. Im Gegenteil folgt aus den wortgleichen § 1 Abs. 3 Nr. 3 BKGG und § 1 Abs. 7 Nr. 3

---

30 *OVG SL*, 24. 4. 2006 – 3 W 3/06, juris, Rn 14; *BVerwG*, 24. 6. 1999 – 5 C 24/98, BVerwGE 109, 155–169 (= FEVS 51, 152–163); ebenso *Winkler*, in: BeckOK SGB VIII, § 6 SGB VIII, Rn 17 und bereits *Kunkel*, NVwZ 1994, 352, 354.

31 Wegen fehlender Kongruenz der Leistungen (Jugendhilfeleistungen als erzieherische Hilfen, Asylbewerberleistungen als Sach- und Geldleistungen zur Lebensunterhaltsicherung) können die Leistungen des SGB VIII und des AsylbLG parallel bezogen werden; *Kunkel*, NVwZ 1994, 352, 354 f.

32 Die teils noch in jüngeren Entscheidungen (*LSG BE-BB*, 15. 11. 2005 – L 23 B 1008/05 AY ER, FEVS 57, 391–393, Rn 20) zitierte Entscheidung des *OVG SL*, 23. 9. 1988 – 1 W 380/88, FEVS 38, 116–125, kann spätestens seit der Änderung von § 8 BAföG durch das Ausbildungsförderungsreformgesetz vom 19. 3. 2001 (BGBl. 2001 I, S. 390) zum 1. 4. 2001 nicht mehr als Beleg für einen Ausschluss noch nicht anerkannter Asylbewerber von BAföG-Leistungen herangezogen werden.

33 Unten Rn 26.

34 Unten Rn 57.

35 Zur gleichen Konstellation bei § 6 a BKGG s. *BSG*, 15. 12. 2010 – B 14 KG 1/09 R, juris (= SGb 2011, 93), Rn 12–14; *LSG NW*, 2. 2. 2009 – L 19 AS 52/08, SAR 2009, 82–84, Rn 17–22.

Pattar

BEEG, dass bestimmte Leistungsberechtigte nach dem AsylbLG, insbesondere solche nach § 1 Abs. 1 Nr. 3 AsylbLG, bei Erfüllung weiterer Voraussetzungen Kindergeld nach dem BKGG und Elterngeld nach dem BEEG erhalten.

Für den **Kinderzuschlag** nach § 6 a BKGG, der die Leistungen zur Sicherung des Lebensunterhalts in der Grundsicherung für Arbeitsuchende ergänzt (näher dazu 5. Kapitel, Rn 635–638), verweist allerdings § 6 a Abs. 1 Nr. 4 BKGG mit der Anspruchsvoraussetzung, dass durch den Kinderzuschlag Hilfebedürftigkeit nach § 9 SGB II vermieden wird, auf das SGB II zurück. Hieraus schließt die Rechtsprechung – vor dem Hintergrund von Sinn und Zweck des § 6 a Abs. 1 Nr. 4 BKGG als Abgrenzungsnorm der Leistungssysteme zu Recht – auf einen Leistungsausschluss der Leistungsberechtigten nach dem AsylbLG auch für den Kinderzuschlag nach § 6 a BKGG.[36]

Bislang ungeklärt ist die Lage bei den **Leistungen für Bildung und Teilhabe** nach § 6 b BKGG (näher dazu 5. Kapitel, Rn 639–641). Nach dieser Vorschrift erhalten kindergeldberechtigte Personen Leistungen für Bildung und Teilhabe für ein Kind, wenn das Kind mit ihnen in einem Haushalt lebt und sie für ein Kind Kinderzuschlag nach § 6 a beziehen (§ 6 b Abs. 1 Nr. 1 BKGG) – diese Variante scheidet, wie gezeigt, für Leistungsberechtigte nach dem AsylbLG aus – oder wenn sie Wohngeld beziehen und das Kind bei der Wohngeldberechnung als Haushaltsmitglied berücksichtigt worden ist (§ 6 b Abs. 1 Nr. 2 BKGG). Geht man wie hier davon aus, dass Leistungsberechtigte auf Analogleistungen (§ 2 AsylbLG) unter Umständen wohngeldberechtigt sein können,[37] müssen diese Personen auch nach § 6 b BKGG einen Anspruch auf Leistungen für Bildung und Teilhabe haben. Mit dieser Auslegung von § 7 Abs. 1 S. 3 WoGG und § 6 b Abs. 1 Nr. 2 BKGG werden Empfängerinnen und Empfänger von Analogleistungen nach § 2 AsylbLG vollständig mit Leistungsberechtigten nach dem dritten Kapitel SGB XII gleichgestellt. Dies dürfte auch dem Willen des Gesetzgebers entsprechen, der „bei einem Voraufenthalt von vier Jahren davon [ausgeht], dass bei den Betroffenen eine Aufenthaltsperspektive entsteht, die es gebietet, Bedürfnisse anzuerkennen, die auf eine bessere soziale Integration gerichtet sind."[38]

IV. Die Leistungen nach dem AsylbLG im Einzelnen

1. Einleitung

24 Das AsylbLG kennt zwei Gruppen von Leistungen: **Originäre Leistungen** nach dem AsylbLG (sogleich unter 2. ab Rn 25) und Leistungen in besonderen Fällen (sog. **Analogleistungen**, hierzu unter 3. ab Rn 57). Alle Leistungen nach dem AsylbLG können in bestimmten Fällen **eingeschränkt** werden (unter 4. ab Rn 73). Schließlich ist die Frage nach der **Verfassungsmäßigkeit** der Leistungen nach dem AsylbLG zu beantworten (unter 5. ab Rn 80).

---

36 *BSG,* 15. 12. 2010 – B 14 KG 1/09 R, juris, Rn 12–14; *LSG NW,* 2. 2. 2009 – L 19 AS 52/08, SAR 2009, 82, Rn 17–22.
37 Oben Rn 22.
38 Gesetzentwurf der Bundesregierung zum Gesetz zur Umsetzung aufenthalts- und asylrechtlicher Richtlinien der Europäischen Union, BR-Drucks. 224/07, S. 443 f.

Übersicht: Leistungen nach dem AsylbLG (Kunkel/Pattar)

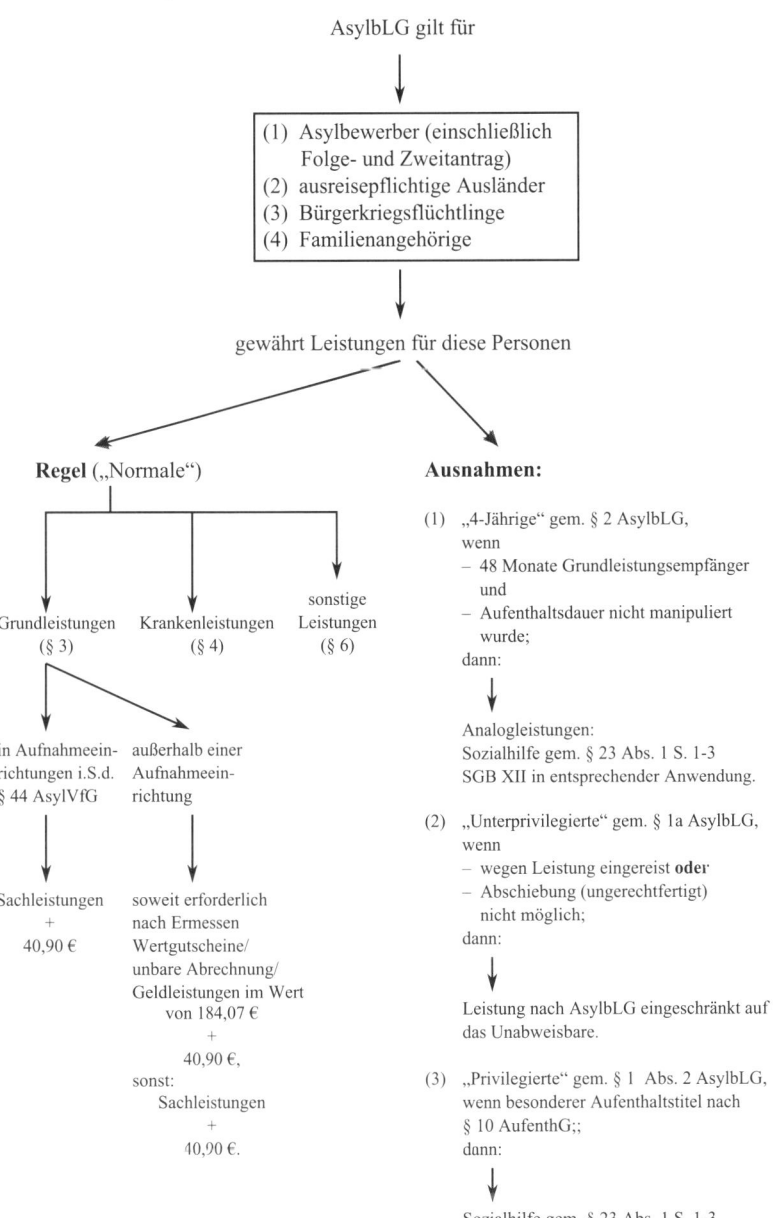

AsylbLG gilt für

(1) Asylbewerber (einschließlich
   Folge- und Zweitantrag)
(2) ausreisepflichtige Ausländer
(3) Bürgerkriegsflüchtlinge
(4) Familienangehörige

gewährt Leistungen für diese Personen

Regel ("Normale")

Grundleistungen (§ 3) — Krankenleistungen (§ 4) — sonstige Leistungen (§ 6)

in Aufnahmeeinrichtungen i.S.d. § 44 AsylVfG

außerhalb einer Aufnahmeeinrichtung

Sachleistungen
+
40,90 €

soweit erforderlich nach Ermessen Wertgutscheine/ unbare Abrechnung/ Geldleistungen im Wert von 184,07 €
+
40,90 €,
sonst:
Sachleistungen
+
40,90 €.

Ausnahmen:

(1) „4-Jährige" gem. § 2 AsylbLG,
   wenn
   – 48 Monate Grundleistungsempfänger
     und
   – Aufenthaltsdauer nicht manipuliert
     wurde;
   dann:

   Analogleistungen:
   Sozialhilfe gem. § 23 Abs. 1 S. 1-3
   SGB XII in entsprechender Anwendung.

(2) „Unterprivilegierte" gem. § 1a AsylbLG,
   wenn
   – wegen Leistung eingereist **oder**
   – Abschiebung (ungerechtfertigt)
     nicht möglich;
   dann:

   Leistung nach AsylbLG eingeschränkt auf
   das Unabweisbare.

(3) „Privilegierte" gem. § 1 Abs. 2 AsylbLG,
   wenn besonderer Aufenthaltstitel nach
   § 10 AufenthG;;
   dann:

   Sozialhilfe gem. § 23 Abs. 1 S. 1-3
   SGB XII in direkter Anwendung.

Pattar

2. Originäre AsylbLG-Leistungen (§§ 3–7 AsylbLG)

a) Überblick

25 Die **originären Leistungen** sind im AsylbLG selbst (§§ 3–7 AsylbLG) geregelt. Bestehen keine Besonderheiten, haben Leistungsberechtigte Anspruch auf diese Leistungen. Die Leistungen umfassen die Grundleistungen (§ 3 AsylbLG, sogleich unter b), Leistungen bei Krankheit, Schwangerschaft und Geburt (§ 4 AsylbLG, unter c), Arbeitsgelegenheiten (§ 5 AsylbLG, unter d) und sonstige Leistungen (§ 6 AsylbLG, unter e). Wie die Leistungen der anderen Existenzsicherungssysteme sind auch Asylbewerberleistungen nachrangig gegenüber Selbst- und Dritthilfe. Die Herstellung dieses Nachrangs regelt § 7 AsylbLG (hierzu unter f).

b) Grundleistungen (§ 3 AsylbLG)

26 Die **Grundleistungen** decken den notwendigen Bedarf an Ernährung, Unterkunft, Heizung, Kleidung, Gesundheits- und Körperpflege und Gebrauchs- und Verbrauchsgütern des Haushalts ab (§ 3 Abs. 1 S. 1 AsylbLG). Bei dieser Aufzählung fällt auf, dass Teilhabe am sozialen und kulturellen Leben (vgl. etwa § 20 Abs. 1 S. 2 SGB II und § 27 a Abs. 1 S. 2 SGB XII) nicht als Teil der Grundleistungen (und auch nicht anderer originärer Asylbewerberleistungen) vorgesehen ist. Grund hierfür ist die Annahme, dass der Aufenthalt der Leistungsberechtigten seiner Art nach nur ein vorübergehender und deshalb eine soziale Einbindung nicht erforderlich sei.

27 Der **notwendige Bedarf** auf diesen Gebieten ist **durch Sachleistungen** zu erbringen. Die Träger haben also Nahrungsmittel – unter Berücksichtigung besonderer Bedürfnisse von Kindern, Kranken oder Angehörigen bestimmter Religionen –, Kleidung, Gegenstände zur Gesundheits- und Körperpflege und Ge- und Verbrauchsgüter des Haushalts bedarfsgerecht zur Verfügung zu stellen. Eine Pauschalierung von Leistungen kommt nicht in Betracht. Auch Unterkunft und Heizung sind als Sachleistung zu erbringen, also entweder durch Zurverfügungstellen einer Unterkunft in einer Aufnahmeeinrichtung nach § 44 AsylVfG,[39] in einer Gemeinschaftsunterkunft nach § 53 AsylVfG oder einem Wohnheim oder in einer anderen Wohnmöglichkeit, etwa einer Wohnung.

28 Nur **in Ausnahmefällen** dürfen die Träger **statt Sachleistungen** auch **Leistungen in anderen Formen** erbringen.

So kann **Kleidung**, wenn sie nicht geleistet werden kann, nach Ermessen des Trägers in Form von Wertgutscheinen oder anderen Formen unbarer Abrechnungen erbracht werden (§ 3 Abs. 1 S. 2 AsylbLG), also etwa durch Kundenkontenblätter.[40]

Den Bedarf an **Gebrauchsgütern des Haushalts** – also Hausrat, Bettwäsche, Handtücher, Geschirr, Herd, Kühlschrank, Waschmaschine usw. – kann der Träger auch dadurch decken, dass er diese Güter leihweise zur Verfügung stellt (§ 3 Abs. 1 S. 3 AsylbLG).

29 Sind Leistungsberechtigte **außerhalb von Aufnahmeeinrichtungen** nach § 44 AsylVfG untergebracht, können die Leistungen nach Abs. 1 S. 1, soweit dies erforder-

---

39 In den ersten bis zu drei Monaten nach Antragstellung sind Asylsuchende verpflichtet, in einer Aufnahmeeinrichtung nach § 44 AsylVfG zu wohnen (§ 47 AsylVfG).

40 *Adolph,* in: Linhart/Adolph, SGB II. SGB XII. AsylbLG, § 3 AsylbLG, Rn 32; *Birk,* in: LPK-SGB XII, § 3 AsylbLG, Rn 1 f.

lich ist (kein Entschließungs-, aber gestuftes Auswahlermessen)[41] anstelle von Sachleistungen in Form von Wertgutscheinen, anderen unbaren Abrechnungen oder in Form von **Geldleistungen** erbracht werden (§ 3 Abs. 2 S. 1 AsylbLG). Diese Möglichkeit besteht, soweit sie keine Aufnahmeeinrichtungen sind, auch bei einer Unterbringung in Wohnheimen oder Gemeinschaftsunterkünften. Der Wert der zu erbringenden Leistungen (ohne Hausrat, Unterkunft und Heizung) beträgt für den Haushaltsvorstand (seit Inkrafttreten des AsylbLG 1993 trotz der Anpassungsermächtigung in § 3 Abs. 3 AsylbLG unverändert) monatlich 360 Deutsche Mark (DM, umgerechnet[42] 184,07 Euro), für Haushaltsangehörige bis zur Vollendung des siebten Lebensjahres 220 DM (umgerechnet 112,48 Euro) und für Haushaltsangehörige vom Beginn des achten Lebensjahres an 310 DM (umgerechnet 158,50 Euro). Da die Kosten für Unterkunft und Heizung gesondert zu übernehmen sind, können Leistungsempfänger auch selbst eine Wohnung anmieten.[43] Auch außerhalb von Aufnahmeeinrichtungen können die Träger zur Deckung dieses Bedarfs Hausratsgegenstände leihweise zur Verfügung stellen (§ 3 Abs. 2 S. 3, Abs. 1 S. 3 AsylbLG).

Zur Vermeidung von Leistungsmissbrauch sollen alle Leistungen in Geld oder Geldeswert dem Leistungsberechtigten oder einem volljährigen Mitglied des Haushalts **persönlich ausgehändigt** werden (§ 3 Abs. 4 AsylbLG).

Über diese Bedarfe hinaus erhalten alle Leistungsberechtigten unabhängig von ihrer **30** Unterbringung einen Geldbetrag zur Deckung persönlicher Bedürfnisse **(Taschengeld)**, und zwar in Höhe von 40 DM (umgerechnet 20,45 Euro) monatlich bis zur Vollendung des 14. Lebensjahres und von Beginn des 15. Lebensjahres an 80 DM (umgerechnet 40,90 Euro) monatlich (§ 3 Abs. 1 S. 4, Abs. 2 S. 3 AsylbLG). Sind Leistungsberechtigte in Abschiebungs- oder Untersuchungshaft, reduziert sich dieser Betrag auf 70 vom Hundert, also auf 28 DM (14,32 Euro) beziehungsweise 56 DM (28,63 Euro). Auch dieser Geldbetrag soll persönlich ausgehändigt werden (§ 3 Abs. 4 AsylbLG).

c) Leistungen bei Krankheit, Schwangerschaft und Geburt (§ 4 AsylbLG)

§ 4 AsylbLG regelt, welche **Leistungen** Leistungsberechtigte nach dem AsylbLG **bei 31 Krankheit, Schwangerschaft und Geburt** erhalten. Auch diese Leistungen sind erheblich geringer als diejenigen für Leistungsberechtigte nach SGB II oder SGB XII.[44] Nach § 4 Abs. 1 AsylbLG ist die erforderliche ärztliche und zahnärztliche Behandlung (auch im Krankenhaus)[45] einschließlich der Versorgung mit Arznei- oder Verbandmit-

---

41 *Adolph,* in: Linhart/Adolph, SGB II. SGB XII. AsylbLG, § 3 AsylbLG, Rn 55–58.
42 Die im Gesetz enthaltenen DM-Beträge sind nach Art. 14 VO (EG) 974/98 i. V. m. Art. 1 VO (EG) 2866/98 und Art. 4 u. 5 VO (EG) 1103/97 mit dem Umrechnungskurs von 1 Euro = 1,95583 DM in Euro umzurechnen und anschließend auf den nächstliegenden Cent zu runden; führt die Anwendung des Umrechnungskurses zu einem Resultat genau in der Mitte, so wird der Betrag aufgerundet.
43 Vgl. aber zu den strengen Angemessenheitsgrenzen *OVG NI,* 4. 12. 2003 – 4 ME 476/03, FEVS 55, 217–219. Leben im Haushalt der Berechtigten auch Nichtleistungsberechtigte nach dem AsylbLG, muss so verfahren werden; *LSG NW,* 8. 7. 2008 – L 20 B 49/08 SO ER, FEVS 60, 138–144, Rn 45.
44 Alle Leistungsberechtigten nach SGB II und SGB XII haben als Pflichtversicherte, Familienversicherte, freiwillig Versicherte, privat gegen Krankheit Versicherte oder über die Hilfen zur Gesundheit und § 264 SGB V Zugang zu Leistungen mindestens im Umfang der Gesetzlichen Krankenversicherung. Dieser umfasst nach § 27 SGB V die erforderliche Krankenbehandlung, um eine Krankheit zu erkennen, zu heilen, ihre Verschlimmerung zu verhüten oder Krankheitsbeschwerden zu lindern sowie nach § 40 SGB V Leistungen zur Rehabilitation, um eine Behinderung oder Pflegebedürftigkeit abzuwenden, zu beseitigen, zu mindern, auszugleichen, ihre Verschlimmerung zu verhüten oder ihre Folgen zu mildern.
45 *Adolph,* in: Linhart/Adolph, SGB II. SGB XII. AsylbLG, § 4 AsylbLG, Rn 16.

teln sowie sonstiger zur Genesung, zur Besserung oder zur Linderung von Krankheiten oder Krankheitsfolgen erforderlichen Leistungen zu gewähren, allerdings **nur** zur Behandlung **akuter Erkrankungen** und (akuter oder chronischer) **Schmerzzustände**.[46] Damit ist die Behandlung chronischer Erkrankungen ohne Schmerzzustände ausgeschlossen.[47] Hilfsmittel, die zum Ausgleich einer Behinderung, aber nicht zur Beseitigung von Schmerzzuständen erforderlich sind (Brille, Hörgerät, Rollstuhl…), fallen ebenfalls nicht unter § 4 AsylbLG,[48] unter Umständen aber unter § 6 AsylbLG.

Eine gesonderte Regelung hat der **Zahnersatz** erfahren: Zahnersatzversorgung erfolgt nur, soweit dies im Einzelfall aus medizinischen Gründen unaufschiebbar ist, also ohne die zahnprothetische Maßnahme der Eintritt einer Gesundheitsstörung droht (§ 4 Abs. 1 S. 2 AsylbLG).

32 Über diese Leistungen hinaus sind die Leistungsberechtigten mit den amtlich empfohlenen **Schutzimpfungen** und medizinisch gebotenen **Vorsorgeuntersuchungen** zu versorgen. Trotz des nicht darauf hindeutenden Wortlauts haben die Leistungsberechtigten hierauf einen Anspruch.[49]

33 Etwas großzügiger sind die **Leistungen für werdende Mütter und Wöchnerinnen**, also für Frauen von Beginn der Schwangerschaft an (einschließlich ihrer Feststellung) bis zu einer Woche nach der Entbindung. Sie erhalten ärztliche und pflegerische Hilfe und Betreuung, Hebammenhilfe, Arznei-, Verband- und Heilmittel (§ 4 Abs. 2 AsylbLG). Hilfen zur Familienplanung sind jedoch nicht von § 4 AsylbLG umfasst.[50]

34 Die Erbringung der Leistungen einschließlich der Vergütung der Leistungserbringer ist schließlich in § 4 Abs. 3 S. 2 und 3 AsylbLG geregelt. Grundsätzlich hat der zuständige Träger die Leistungserbringung sicherzustellen. Hat eine dritte Person **Nothilfe** geleistet, sind ihr die Kosten in analoger Anwendung von § 25 SGB XII zu erstatten.[51]

d) Arbeitsgelegenheiten (§ 5 AsybLG)

35 Nach § 5 Abs. 1 AsylbLG sollen den Leistungsberechtigten nach dem AsylbLG in Aufnahmeeinrichtungen nach § 44 AsylVfG und in vergleichbaren Einrichtungen **Arbeitsgelegenheiten** zur Verfügung gestellt werden, die über die Selbstversorgungspflichten der Leistungsberechtigen (z. B. Kochen und Reinigen der selbst bewohnten Räume) hinausgehen. Außerhalb solcher Einrichtungen sollen bei staatlichen, kommunalen und gemeinnützigen Trägern ebenfalls Arbeitsgelegenheiten zur Verfügung gestellt werden. In beiden Fällen erhalten die Leistungsberechtigten eine Mehraufwandsentschädigung von 1,05 Euro je geleisteter Stunde (§ 5 Abs. 2 AsylbLG). Arbeitsgelegenheiten nach § 5 Abs. 1 AsylbLG begründen in keinem Fall ein Arbeits- oder Beschäf-

---

46 Auf dieses Niveau werden Leistungen der gesetzlichen und der privaten Krankenversicherung bei Nichtzahlung der Beiträge ebenfalls abgesenkt; § 16 Abs. 3 a SGB V und § 193 Abs. 6 VVG.
47 *Adolph,* in: Linhart/Adolph, SGB II. SGB XII. AsylbLG, § 4 AsylbLG, Rn 8; *Wahrendorf,* in: Grube/Wahrendorf, SGB XII, § 4 AsylbLG, Rn 10.
48 Für den Ausschluss der Brille *VG Meiningen,* 1. 6. 2006 – 8 K 560/04.Me, juris (= SAR 2007, 12), Rn 14 f.; ebenso, allerdings kritisch *Wahrendorf,* in: Grube/Wahrendorf, SGB XII, § 4 AsylbLG, Rn 25; anders hingegen *Birk,* in: LPK-SGB XII, § 4 AsylbLG, Rn 4, der diese Hilfsmittel – unter Zugrundelegung eines weiteren Krankheitsbegriffs – zur Linderung von Krankheitsfolgen für erforderlich hält.
49 *Adolph,* in: Linhart/Adolph, SGB II. SGB XII. AsylbLG, § 4 AsylbLG, Rn 30.
50 *Adolph,* in: Linhart/Adolph, SGB II. SGB XII. AsylbLG, § 4 AsylbLG, Rn 24; *Birk,* in: LPK-SGB XII, § 4 AsylbLG, Rn 6; *Wahrendorf,* in: Grube/Wahrendorf, SGB XII, § 4 AsylbLG, Rn 29. Zu den Hilfen bei Schwangerschaftsabbrüchen s. o. Rn 21 a. E.
51 *Adolph,* in: Linhart/Adolph, SGB II. SGB XII. AsylbLG, § 4 AsylbLG, Rn 18; *Wahrendorf,* in: Grube/Wahrendorf, SGB XII, § 4 AsylbLG, Rn 8 m. w. Nachw.

tigungsverhältnis im Sinne des Arbeits- oder Sozialversicherungsrechts (§ 5 Abs. 5 AsylbLG). Sie sind zeitlich und räumlich so auszugestalten, dass sie auf zumutbare Weise und zumindest stundenweise ausgeübt werden können (§ 5 Abs. 3 AsylbLG).

Die Arbeitsgelegenheiten nach § 5 Abs. 1 AsylbLG ähneln denen nach § 16 d SGB II. **36** Sie unterscheiden sich aber in ihrer Motivation: Arbeitsgelegenheiten nach § 16 d SGB II (hierzu 5. Kapitel, Rn 675–680) sind ein Zwischenschritt auf dem Weg dahin, dass die erwerbsfähigen Leistungsberechtigten ihren Lebensunterhalt durch Einsatz ihrer Arbeitskraft wieder selbst sichern können.[52] Dieses Ziel der Arbeitsmarktintegration verfolgt das AsylbLG gerade nicht,[53] vielmehr sollen die Arbeitsgelegenheiten den Leistungsberechtigten einerseits eine eigenverantwortlichere Lebensgestaltung ermöglichen und andererseits negativen Auswirkungen der teils erzwungenen Beschäftigungslosigkeit entgegenwirken.[54]

Nach § 5 Abs. 4 AsylbLG sind arbeitsfähige, nicht erwerbstätige Leistungsberechtigte, **37** die nicht mehr im schulpflichtigen Alter sind, zur Wahrnehmung einer zur Verfügung gestellten Arbeitsgelegenheit verpflichtet. Hierbei handelt es sich nicht um eine echte, zwangsweise durchsetzbare Pflicht,[55] sondern um eine Obliegenheit, allerdings mit schwerwiegenden Verletzungsfolgen: Lehnt eine leistungsberechtigte Person die Übernahme einer Arbeitsgelegenheit trotz entsprechender Belehrung ohne Grund ab, verliert sie nach dem Gesetzeswortlaut ohne zeitliche Beschränkung ihren Anspruch auf Leistungen nach dem AsylbLG. Da sie aber weiterhin leistungsberechtigt im Sinne von § 1 AsylbLG bleibt, entfällt durch eine solche Verweigerung die Sperrwirkung für die anderen Existenzsicherungssysteme nicht. Zur Sicherstellung des verfassungsrechtlich garantierten Anspruchs auf Gewährleistung eines menschenwürdigen Existenzminimums, den das Bundesverfassungsgericht aus der Menschenwürdegarantie des Art. 1 GG und dem Sozialstaatsprinzip des Art. 20 Abs. 1 GG ableitet,[56] ist die Ausschlussvorschrift einschränkend so auszulegen, dass entsprechend § 1 a AsylbLG jedenfalls die unabweisbar gebotenen Leistungen zu erbringen sind.[57] Die gegenteilige Auffassung[58] lässt sich mit dem verfassungsrechtlichen Menschenwürdeschutz nicht in Einklang bringen. Schließlich ist – hierüber besteht wiederum Einigkeit – nach spätestens drei Monaten zu überprüfen, ob die Leistungen wieder (ungekürzt) zu gewähren sind.[59]

e) Sonstige Leistungen (§ 6 AsylbLG)

Zwar soll nach der Vorstellung des Gesetzgebers grundsätzlich der gesamte Bedarf **38** der Leistungsberechtigten mit Grundleistungen (§ 3 AsylbLG), Leistungen bei Krank-

---

52 *BSG*, 16. 12. 2008 – B 4 AS 60/07 R, SozR 4-4200 § 16 Nr. 4, Rn 23.
53 *BSG*, 13. 11. 2008 – B 14 AS 24/07 R, SozR 4-4200 § 7 Nr. 10, Rn 32; *Wahrendorf*, in: Grube/Wahrendorf, SGB XII, § 5 AsylbLG, Rn 1.
54 So *Gröschel-Gundermann*, in: Linhart/Adolph, SGB II. SGB XII. AsylbLG, § 5 AsylbLG, Rn 1.
55 *Gröschel-Gundermann*, in: Linhart/Adolph, SGB II. SGB XII. AsylbLG, § 5 AsylbLG, Rn 24.
56 Hierzu *BVerfG*, 9. 2. 2010 – 1 BvL 1/09, 1 BvL 3/09, 1 BvL 4/09, BVerfGE 125, 175–260, Rn 133.
57 Missverständlich *Wahrendorf*, in: Grube/Wahrendorf, SGB XII, § 5 AsylbLG, Rn 9, der zunächst und m. w. Nachw. von einem Ermessen der Behörde zu einer Reduzierung bis auf das unabweisbar Gebotene spricht, dann aber eine Reduzierung bis auf Null für möglich hält. – Ermessen nimmt auch an *VG Köln*, 24. 10. 2001 – 21 K 1159/99, juris, Rn 23–31.
58 *Gröschel-Gundermann*, in: Linhart/Adolph, SGB II. SGB XII. AsylbLG, § 5 AsylbLG, Rn 34; *VG Göttingen*, 22. 8. 2003 – 2 B 308/03, SAR 2004, 33–36, Rn 7.
59 *Gröschel-Gundermann*, in: Linhart/Adolph, SGB II. SGB XII. AsylbLG, § 5 AsylbLG, Rn 33; *Birk*, in: LPK-SGB XII, § 5 AsylbLG, Rn 5; *VG Göttingen*, 22. 8. 2003 – 2 B 308/03, SAR 2004, 33; ähnlich *Wahrendorf*, in: Grube/Wahrendorf, SGB XII, § 5 AsylbLG, Rn 9.

Pattar

heit, Schwangerschaft und Geburt (§ 4 AsylbLG) und Arbeitsgelegenheiten (§ 5 AsylbLG) gedeckt werden. Zur Abdeckung besonderer, hiervon nicht umfasster Bedarfslagen dient § 6 AsylbLG als **Auffangvorschrift**.[60]

39 Sonstige Leistungen können nach § 6 Abs. 1 S. 1 AsylbLG insbesondere gewährt werden, wenn sie im Einzelfall zur Sicherung des Lebensunterhalts oder der Gesundheit unerlässlich, zur Deckung besonderer Bedürfnisse von Kindern geboten oder zur Erfüllung einer verwaltungsrechtlichen Mitwirkungspflicht erforderlich sind. Aus der Verwendung von „insbesondere" lässt sich ableiten, dass auch über diese Beispielsfälle hinaus sonstige Leistungen gewährt werden können. Bei Vorliegen eines der aufgeführten Tatbestandsmerkmale wird das Entschließungsermessens auf Null reduziert, so dass der Träger nur noch bei der Auswahl der zu gewährenden Leistung Ermessen hat. In den übrigen Fällen steht auch das Ob der Leistung im Ermessen des Trägers.[61] Sowohl bei der Auslegung der Tatbestandsmerkmale als auch bei der Ausübung des (Entschließungs- und Auswahl-)Ermessens (vgl. § 40 VwVfG) sollte die gesetzgeberische Intention bei Schaffung des AsylbLG nicht aus den Augen verloren werden: Der Gesetzgeber wollte ein Leistungsgesetz mit gegenüber der Sozialhilfe (und der Grundsicherung für Arbeitsuchende) geringeren Ansprüchen schaffen. Deshalb kann es nicht Sinn einer Auffangvorschrift wie des § 6 AsylbLG sein, sozusagen durch die Hintertür das Leistungsniveau auf das von SGB II und SGB XII anzuheben.

40 Dies gilt etwa für die Tatbestandsalternative „zur Sicherung des **Lebensunterhalts** unerlässlich".

Vom Wortlaut her liegt hierfür die Erfüllung besonderer gesundheitlicher oder religiöser Ernährungsbedürfnisse nahe. Solange Sachleistungen gewährt werden, können diese jedoch nicht hierunter fallen, weil sie bereits bei den Sachleistungen selbst berücksichtigt werden müssen. Erst wenn Leistungen in Geld oder Geldeswert nach den Werten des § 3 Abs. 2 S. 2 AsylbLG gewährt werden, müssen weitere Leistungen erbracht werden. Hauptanwendungsfall für diese Tatbestandsalternative sind deshalb über die Grundleistungen hinausgehende Kleidungs- oder Hausratsbedarfe, aber auch die Bedarfe, die bei der Grundsicherung für Arbeitsuchende unter § 21 Abs. 6 SGB II (hierzu 5. Kapitel, Rn 227–232) fallen.

41 Auch die Tatbestandsalternative „zur Sicherung der **Gesundheit** unerlässlich" wird in Literatur und Rechtsprechung sehr restriktiv ausgelegt. Sie liegt erst dann vor, wenn bei Leistungsverweigerung eine unmittelbare Gefahr für Leib oder Leben der Leistungsberechtigten besteht.[62] Damit haben auch nach dieser Vorschrift chronisch Kranke ohne Schmerzzustände in der Regel keinen Leistungsanspruch. Hierunter können aber die von § 4 AsylbLG nicht erfassten Hilfsmittel zum Ausgleich einer Behinderung (s. o. Rn 31)[63] oder Verhütungsmittel[64] fallen.

42 Leistungen zur Deckung besonderer **Bedürfnisse von Kindern** umfassen insbesondere den laufenden Schulbedarf und – jedenfalls kürzere – Klassenfahrten.[65] Allerdings

---

60 *Adolph,* in: Linhart/Adolph, SGB II. SGB XII. AsylbLG, § 6 AsylbLG, Rn 2.
61 *Adolph,* in: Linhart/Adolph, SGB II. SGB XII. AsylbLG, § 6 AsylbLG, Rn 7–12 („in aller Regel"); *Wahrendorf,* in: Grube/Wahrendorf, SGB XII, § 6 AsylbLG, Rn 16.
62 *Adolph,* in: Linhart/Adolph, SGB II. SGB XII. AsylbLG, § 6 AsylbLG, Rn 18.
63 *Wahrendorf,* in: Grube/Wahrendorf, SGB XII, § 6 AsylbLG, Rn 12. Vgl. aber zum insoweit strengen Maßstab *VG Meiningen,* 1. 6. 2006 – 8 K 560/04.Me, juris, Rn 14 f. Erstaunlicherweise fasst auch *Birk,* in: LPK-SGB XII, § 6 AsylbLG, Rn 4, Hilfsmittel unter § 6 AsylbLG, obwohl er bei § 4 AsylbLG vertritt, dass sie dort zu leisten seien.
64 *Birk,* in: LPK-SGB XII, § 6 AsylbLG, Rn 7.
65 *Wahrendorf,* in: Grube/Wahrendorf, SGB XII, § 6 AsylbLG, Rn 13 f.

steht fest, dass Leistungen, die denen der Jugendhilfe entsprechen, nicht nach § 6 AsylbLG (sondern gegebenenfalls von der Jugendhilfe) gewährt werden können.[66]

Zur **Erfüllung einer** verwaltungsrechtlichen **Mitwirkungspflicht** erforderlich ist etwa **43** ein Fahrschein zur konsularischen Vertretung zur Beschaffung von Identitätspapieren (§ 15 Abs. 2 Nr. 6 AsylVfG) und die Passausstellungsgebühren der Konsulate.[67]

Für einen besonders belasteten Personenkreis schränkt § 6 Abs. 2 AsylbLG das Ent- **44** schließungsermessen hinsichtlich bestimmter sonstiger Leistungen ein. So sollen Personen mit einer Aufenthaltserlaubnis nach § 24 Abs. 1 AufenthG – das sind Personen, denen auf Grund eines Beschlusses des Rates der Europäischen Union gemäß der Richtlinie 2001/55/EG vorübergehender Schutz gewährt wird, also vor allem **Bürgerkriegsflüchtlinge** – die erforderliche medizinische oder sonstige Hilfe gewährt werden. Als weitere Voraussetzung stellt § 6 Abs. 2 AsylbLG auf, dass diese Personen besondere Bedürfnisse haben, beispielsweise als unbegleitete Minderjährige oder weil sie Folter, Vergewaltigung oder sonstige schwere Formen psychischer, physischer oder sexueller Gewalt erlitten haben. Diesen Personen müssen also – von atypischen Fallgestaltungen abgesehen – auch bei nicht akuten oder nicht mit Schmerzzuständen verbundenen Erkrankungen Leistungen zu gewähren.

Sonstige Leistungen sind – wie alle originären Asylbewerberleistungen – vorrangig als **45** **Sachleistungen** und nur bei Vorliegen besonderer Umstände als Geldleistungen zu erbringen (§ 6 Abs. 1 S. 2 AsylbLG).

f) Herstellung des Nachrangs bei originären Leistungen (§ 7 AsylbLG)

aa) Überblick

Wie die Leistungen aller Existenzsicherungssysteme sind die **Asylbewerberleistun-** **46** **gen** gegenüber Selbsthilfe und anderen Leistungen **nachrangig**. Für die originären Asylbewerberleistungen regelt § 7 AsylbLG nicht nur den Einsatz von Einkommen und Vermögen (§ 7 Abs. 1, 2 und 5 AsylbLG; ab Rn 47), sondern auch die Überleitung von Ansprüchen gegen Dritte (§ 7 Abs. 3 AsylbLG; Rn 52) und die Mitwirkungspflichten der Leistungsberechtigten zur Herstellung des Nachrangs (§ 7 Abs. 4 AsylbLG; Rn 55).

bb) Herstellung des Nachrangs bei Leistungsgewährung: Einsatz von Einkommen und Vermögen (§ 7 Abs. 1, 2 und 5 AsylbLG)

Anspruch auf die originären Leistungen besteht erst, wenn und soweit das verfügbare **47** **Einkommen und Vermögen** aufgebraucht worden ist (§ 7 Abs. 1 S. 1 und 2 AsylbLG). Das AsylbLG versteht hierunter im Ansatz dasselbe wie die anderen Existenzsicherungssysteme (§§ 11, 12 SGB II, §§ 82, 90 SGB XII), nämlich als Einkommen alle Einkünfte in Geld oder Geldeswert die einer leistungsberechtigten Person während des Bedarfszeitraums zufließen, als Vermögen diejenigen Gegenstände in Geld oder Geldeswert, die sie zu Beginn des Bedarfszeitraums bereits hatte. Zugrunde zu legen ist jedoch – anders als in SGB II und SGB XII – der Nettobetrag des Einkommens, weil nur über diesen – wie § 7 Abs. 1 AsylbLG fordert – „verfügt werden kann".[68]

---

66 *BVerwG*, 24. 6. 1999 – 5 C 24/98, BVerwGE 109, 155, Rn 29 f.; *Adolph,* in: Linhart/Adolph, SGB II. SGB XII. AsylbLG, § 6 AsylbLG, Rn 23.
67 *Wahrendorf,* in: Grube/Wahrendorf, SGB XII, § 6 AsylbLG, Rn 15.
68 *Wahrendorf,* in: Grube/Wahrendorf, SGB XII, § 7 AsylbLG, Rn 9.

48 Allerdings ist das AsylbLG bei der Anrechnung von Einkommen und Vermögen weitaus strenger als SGB II und SGB XII.

Die einzigen Regelungen zur Schonung von **Einkommen** finden sich in § 7 Abs. 2 und 5 AsylbLG. Danach sind Schmerzensgeld (Abs. 5)[69] und die Aufwandsentschädigung für Arbeitsgelegenheiten (Abs. 2 S. 1) nicht als Einkommen zu berücksichtigen. Außerdem sind von Einkommen aus Erwerbstätigkeit 25 v. H. abzusetzen, höchstens jedoch 60 v. H. des Werts der Geldleistungen einschließlich des Taschengeldes zuzüglich Hausrat und Kosten für Unterkunft und Heizung nach § 3 Abs. 1 und 2 AsylbLG. Weitere Schonungsregelungen kennt das AsylbLG für Einkommen nicht. Angesichts der Entscheidung des Bundesverfassungsgerichts zur Nichtanrechenbarkeit von Schmerzensgeldern[70] erscheint es allerdings problematisch, Einkünfte, die ausdrücklich einem anderen Zweck als die Asylbewerberleistungen dienen, als Einkommen anzurechnen.

Für **Vermögen** ist keinerlei Schongrenze vorgesehen. Es ist also vollständig aufzubrauchen. Eine Härteregelung, etwa bei Familienerbstücken oder für die künftige Berufsausübung erforderlichen Gegenständen, enthält § 7 AsylbLG nicht.[71] Allerdings muss Vermögen, das aus Schmerzensgeld aufgebaut wurde, in verfassungskonformer Auslegung freigelassen werden.[72]

49 Einzusetzen sind auch Einkommen und Vermögen von **Familienangehörigen** und – wegen des Verweises auf § 20 SGB XII – der eheähnlichen und lebenspartnerschaftsähnlichen **Lebensgefährtinnen und -gefährten** der Leistungsberechtigten. Wer Familienangehöriger ist, wird nicht einheitlich beantwortet.

Eine Auffassung will nur Ehegatten, Lebenspartner und minderjährige unverheiratete Kinder als Familienangehörige begreifen. Sie orientiert sich dabei an § 1 Abs. 1 Nr. 6 AsylbLG[73] und ergänzend an der Entstehungsgeschichte des AsylbLG. § 11 BSHG (heute entsprechend § 27 Abs. 2 S. 2 SGB XII) habe nur diesen Personenkreis umfasst; von diesem Regelungskonzept habe der Gesetzgeber nicht abweichen wollen.[74]

Die andere Auffassung bezieht die anderen haushaltsangehörigen Verwandten und teils auch Verschwägerte in den Begriff der Familienangehörigen mit ein. Neben dem allgemeinen Sprachgebrauch beruft sich diese Auffassung auf die Regelung des früheren § 16 BSHG (heute entsprechend § 39 SGB XII). Hiernach wurde bei einer Haushaltsgemeinschaft mit Verwandten und Verschwägerten vermutet, dass der Hilfebedürftige Leistungen zum Lebensunterhalt erhält.[75]

Zwar liegt auf den ersten Blick die weite Auffassung nahe, vor allem wegen der Bezugnahme auf § 16 BSHG. Sie übersieht aber, dass § 16 BSHG wie § 39 SGB XII eine gesetzliche Vermutung ist, die auf deutschen kulturellen Vorstellungen basiert und darüber hinaus widerlegbar ist. Berücksichtigt man, dass die Leistungsberechtigten nach dem AsylbLG aus anderen Kulturkreisen kommen, in denen ganz unterschiedliche Auffassungen über die Unterstützung Verwandter oder gar Verschwägerter bestehen, lässt sich schon diese Vermutung nur schwer aufrecht erhalten; nimmt man

---

69 Eingeführt nach Aufforderung durch das *BVerfG*, 11. 7. 2006 – 1 BvR 293/05, BVerfGE 116, 229–242.

70 *BVerfG*, 11. 7. 2006 – 1 BvR 293/05, BVerfGE 116, 229.

71 *Wahrendorf*, in: Grube/Wahrendorf, SGB XII, § 7 AsylbLG, Rn 11 m. Nachw. zur Kritik hieran.

72 *Wahrendorf*, in: Grube/Wahrendorf, SGB XII, § 7 AsylbLG, Rn 27.

73 Oder dem früheren § 17 AuslG, *VG Trier*, 31. 5. 1995 – 5 K 2121/94 TR, NVwZ-RR 1996, 297–298.

74 *LSG NI-HB*, 19. 6. 2007 – L 11 AY 80/06, SAR 2007, 116–120, Rn 21–31; *LSG NW*, 21. 9. 2010 – L 20 B 50/09 AY ER, juris, Rn 12–19; *Birk*, in: LPK-SGB XII, § 7 AsylbLG, Rn 3.

75 *OVG NW*, 1. 3. 2004 – 12 A 3543/01, FEVS 56, 134–142, Rn 40–80; *VGH HE*, 7. 9. 2004 – 10 UE 600/04, FEVS 56, 111–114.

hinzu, dass die Einsatzpflicht nach § 7 AsylbLG unwiderleglich besteht,[76] wird das weite Verständnis vollends untragbar. Damit entspricht der Begriff der Familienangehörigen in § 7 AsylbLG dem in § 1 Abs. 1 Nr. 6 AsylbLG. Das hindert die Träger der Leistungen jedoch nicht, tatsächlich gewährte Leistungen unter Verwandten, Verschwägerten oder ganz anderen Personen beim jeweiligen Leistungsberechtigten als Einkommen anzurechnen.

Für **Leistungsberechtigte**, die **in einer Einrichtung** untergebracht sind, in welcher 50 Sachleistungen gewährt werden, trifft § 7 Abs. 1 S. 3 AsylbLG eine Sonderregelung. Bei diesem Personenkreis wird nicht die Leistung gekürzt, vielmehr haben die Leistungsberechtigten die tatsächlich erhaltenen Sachleistungen für sich und ihre Familienangehörigen[77] zu erstatten. Die Erstattungspflicht umfasst nur Sachleistungen; sind Leistungen in anderer Form, etwa durch Wertgutscheine, gewährt worden, sind die Leistungsberechtigten hierfür nicht erstattungspflichtig.[78] Wegen des Umfang der Erstattungspflicht verweist § 7 Abs. 1 S. 3 AsylbLG auf die Beträge in § 3 Abs. 2 S. 2 AsylbLG (s. hierzu Rn 29). Hinzu kommen der Wert des gewährten Hausrats und die Kosten der Unterkunft und Heizung. Für letztere können die Länder Pauschalbeträge festsetzen oder die zuständige Behörde dazu ermächtigen. In Baden-Württemberg ermächtigt § 7 Abs. 10 S. 2–4 FlüAG BW die unteren Aufnahmebehörden (s. u. Rn 92), die Pauschalbeträge nach § 7 Abs. 1 S. 3 AsylbLG durch Rechtsverordnung (Landkreis) bzw. Satzung (Stadtkreis) festzusetzen. In Bayern bestimmt § 22 DVAsyl BY diese Beträge landeseinheitlich.

cc) Sicherheitsleistung für Vermögen (§ 7 a AsyblLG)

Nicht nur für die originären, sondern theoretisch für alle Asylbewerberleistungen bietet 51 § 7 a AsylbLG dem zuständigen Träger die Möglichkeit, **Sicherheiten** zu verlangen, soweit Vermögen im Sinne von § 7 Abs. 1 S. 1 AsylbLG vorhanden ist. Diese Möglichkeit können die Träger auch zwangsweise durchsetzen. Weil sich der Anwendungsbereich des § 7 a AsylbLG auf die Sicherung etwaiger Erstattungsansprüche gemäß § 7 Abs. 1 S. 3 AsylbLG beschränkt, gilt er nur für die Grundleistungen.[79]

dd) Wiederherstellung des Nachrangs: Überleitung von Ansprüchen gegen Dritte (§ 7 Abs. 3 AsylbLG)

Sind – wiederum nur originäre – Asylbewerberleistungen erbracht worden, obwohl 52 Leistungsberechtigte Ansprüche gegen Dritte haben, kann die zuständige Behörde den Anspruch auf sich (gemeint ist wohl: auf den Träger) überleiten. § 7 Abs. 3 AsylbLG erklärt insoweit § 93 SGB XII für entsprechend anwendbar.[80] Anders als im SGB XII unmittelbar gilt § 93 SGB XII bei Grundleistungen nach dem AsylbLG auch für bürger-

---

76 Vgl. zum parallelen Einbezug von Stiefkindern in die Bedarfsgemeinschaft nach dem SGB II BSG, 13. 11. 2008 – B 14 AS 2/08 R, SozR 4-4200 § 9 Nr. 7 (= FEVS 61, 22–32).
77 Trotz fehlender Verweisung auf § 20 SGB XII in § 7 Abs. 1 S. 3 AsylbLG ist dies wegen des systematischen Zusammenhangs und Art. 6, 3 GG auch für die von eheähnlichen und lebenspartnerschaftsähnlichen Lebensgefährtinnen und Lebensgefährten der Leistungsberechtigten erhaltenen Sachleistungen gültig. Diese Auslegung ist gerade noch vom Wortlaut des § 7 Abs. 1 S. 3 AsylbLG gedeckt und deshalb noch kein Verstoß gegen das Analogieverbot im öffentlichen Recht.
78 *Adolph*, in: Linhart/Adolph, SGB II. SGB XII. AsylbLG, § 7 AsylbLG, Rn 56; *Wahrendorf*, in: Grube/Wahrendorf, SGB XII, § 7 AsylbLG, Rn 20.
79 *Adolph*, in: Linhart/Adolph, SGB II. SGB XII. AsylbLG, § 7 a AsylbLG, Rn 9.
80 S. hierzu Rn 9. Kapitel, Rn 20–29.

lich-rechtliche Unterhaltsansprüche: Der speziellere § 94 SGB XII, der einen gesetzlichen Anspruchsübergang hierfür vorsieht, gilt mangels Verweisung gerade nicht und kann die Anwendung des § 93 SGB XII auch nicht ausschließen.[81] Überleitung und Geltendmachung übergeleiteter Unterhaltsansprüche ist im Vergleich zu SGB II und SGB XII darüber hinaus erheblich erschwert: Zum einen reichen die Auskunftspflichten weniger weit (vgl. sogleich Rn 56), da auch die Auskunftsansprüche nach bürgerlichem Recht nicht übergeleitet werden können. Zum anderen fehlt die Möglichkeit einer Rechtswahrungsanzeige (vgl. § 94 Abs. 4 SGB XII bzw. § 33 Abs. 3 SGB II), sodass eine Überleitung von Unterhaltsansprüchen für die Vergangenheit ohne Mitwirkung der Leistungsberechtigten praktisch unmöglich ist.

ee) Wiederherstellung des Nachrangs: Erstattungspflicht von Trägern von Sozialleistungen

53 Eine Möglichkeit zur Wiederherstellung des Nachrangs gegenüber Trägern von Sozialleistungen bietet § 9 Abs. 3 AsylbLG. Nach dieser Vorschrift sind für das gesamte AsylbLG, also nicht nur für die originären Leistungen nach den §§ 3–7 AsylbLG, die §§ 102 bis 114 SGB X[82] entsprechend anwendbar. Auch Träger von Asylbewerberleistungen können daher Erstattungsansprüche etwa gegenüber Trägern der Rentenversicherung haben.

ff) Wiederherstellung des Nachrangs: Kein Kostenersatz

54 Wohl zum Ausgleich für die strengeren Regeln zur Einkommens- und Vermögensanrechnung und wegen zu großer Schwierigkeiten bei ihrer Durchführung kennt das AsylbLG für die originären Leistungen **keine Kostenersatzvorschriften** wie §§ 34 bis 35 SGB II oder §§ 102 bis 105 SGB XII. Diese Besserbehandlung eventueller Kostenersatzpflichtiger gegenüber denjenigen für Analogleistungen und denjenigen unmittelbar nach SGB II und SGB XII lässt sich nur zum Teil damit rechtfertigen, dass diese Ansprüche typischerweise ins Leere laufen. Dies gilt beispielsweise für den Kostenersatz durch Erben. Warum freilich Kostenersatzansprüche entsprechend den übrigen Vorschriften von SGB II und SGB XII, die etwa einen Ersatzanspruch gegen Schlepperinnen und Schlepper ermöglichen würden, für die originären Asylbewerberleistungen nicht gelten sollen, ist nicht ersichtlich.

gg) Mitwirkungsobliegenheiten zur (Wieder-)Herstellung des Nachrangs (§ 7 Abs. 4 AsylbLG)

55 Weil das AsylbLG nicht Teil des SGB ist, gelten die Mitwirkungsobliegenheiten („**Mitwirkungspflichten**") der §§ 60–65 SGB I (hierzu 3. Kapitel, Rn 1–14) und der Folgen der Verletzung dieser Obliegenheiten (§§ 65 a–67 SGB I) nicht unmittelbar. § 7 Abs. 4 AsylbLG ordnet – allerdings nur für die originären Asylbewerberleistungen[83] – die entsprechende Anwendung dieser Vorschriften an.

---

81 Ebenso *Adolph,* in: Linhart/Adolph, SGB II. SGB XII. AsylbLG, § 7 AsylbLG, Rn 72.
82 S. hierzu 9. Kapitel, Rn 9–13.
83 Zur Frage, ob §§ 60–67 SGB I für die Analogleistungen gelten, s. u. Rn 69.

Darüber hinaus erklärt § 7 Abs. 4 AsylbLG § 99 SGB X für entsprechend anwendbar. **56** Nach dieser Vorschrift, die unmittelbar nur in der Sozialversicherung und im Sozialen Entschädigungsrecht gilt, treffen die Mitwirkungsobliegenheiten des § 60 Abs. 1 Nr. 1 und 3 SGB I (leistungserhebliche Tatsachen mitteilen bzw. der Übermittlung zustimmen und Beweismittel bezeichnen bzw. vorlegen) und deren Grenzen (§ 65 SGB I) auch bestimmte Angehörige eines Sozialleistungsempfängers. Eine Mitwirkungsobliegenheit haben zum einen die Angehörigen, von deren Einkommen oder Vermögen die Sozialleistung des Leistungsberechtigten abhängt, für das AsylbLG also der Personenkreis des § 7 Abs. 1 AsylbLG (s. hierzu Rn 49). Darüber hinaus obliegt solchen Angehörigen eine Mitwirkung, gegen die der Sozialleistungsberechtigte einen Unterhaltsanspruch hat oder haben könnte, soweit dies einen Einfluss auf die Sozialleistung oder ihre Erstattung haben kann. Dies ist etwa über § 7 Abs. 3 AsylbLG in Verbindung mit § 93 SGB XII möglich. § 117 SGB XII oder § 60 SGB II mit ihren erheblich weiter gehenden, echten Auskunftspflichten eines noch größeren Personenkreises gelten hingegen bei den originären Asylbewerberleistungen nicht.

3. Leistungen in besonderen Fällen (sog. Analogleistungen, § 2 AsylbLG)

a) Einleitung

Die Rechtfertigung für die gegenüber den Leistungen der Sozialhilfe und der Grund- **57** sicherung für Arbeitsuchende erheblich reduzierten Leistungen sah der Gesetzgeber des AsylbLG und mit ihm Rechtsprechung und Schrifttum in dem nicht verfestigten Aufenthaltsrecht der Leistungsberechtigten und dem damit einhergehenden typischerweise nur kurzen Inlandsaufenthalt.[84] Schon der Gesetzgeber des ursprünglichen AsylbLG erkannte aber an, dass die Leistungsberechtigten nach dem AsylbLG aus verschiedenen von ihnen nicht zu vertretenden Gründen – infolge lang dauernder Verfahren um die Anerkennung als Asylberechtigte oder länger anhaltenden Bürgerkriegen in den Herkunftsländern – nicht selten längere Zeit im Inland verbleiben. Diesen Personen wollte der Gesetzgeber die normalen Sozialhilfeleistungen nicht länger vorenthalten. Deshalb sah § 2 AsylbLG schon von Inkrafttreten des AsylbLG an vor, dass Leistungsberechtigte unter bestimmten Voraussetzungen, darunter eine bestimmte Mindestaufenthaltsdauer, Leistungen entsprechend dem damaligen BSHG (heute SGB XII) erhalten. Von dieser analogen Anwendung von BSHG und SGB XII rührt die gebräuchliche Bezeichnung „**Analogleistungen**" für die Leistungen in besonderen Fällen. 1997[85] wurde aus der Mindest*aufenthalts*dauer von ursprünglich zwölf Monaten eine Mindest*vorbezugs*dauer von 36 Monaten (2007[86] verlängert auf 48 Monate), in der Leistungsberechtigte Grundleistungen bezogen haben müssen. Obwohl Analogleistungen Leistungen nach dem Asylbewerberleistungsgesetz bleiben, sind sie für Leistungsberechtigte sehr attraktiv, weil ihr Umfang den höheren Leistungen nach dem SGB XII entspricht.

---

84 Zur Frage der Verfassungsmäßigkeit dieser Ungleichbehandlung s. u. Rn 81.
85 Durch das Erste Gesetz zur Änderung des Asylbewerberleistungsgesetzes vom 26. 5. 1997 (BGBl. 1997 I, S. 1130).
86 Durch das Gesetz zur Umsetzung aufenthalts- und asylrechtlicher Richtlinien der Europäischen Union vom 19. 8. 2007 (BGBl. 2007 I, S. 1970, ber. BGBl. 2008 I, S. 992).

b) Voraussetzungen für den Bezug von Analogleistungen

58 Heute sieht § 2 AsylbLG **zwei** (für Minderjährige: drei) **Voraussetzungen** für den Bezug von Analogleistungen vor:

1. Die Leistungsberechtigten müssen über eine Dauer von insgesamt **48 Monaten Grundleistungen** nach § 3 AsylbLG erhalten haben (Rn 59) und

2. sie dürfen die Dauer ihres **Aufenthalts nicht rechtsmissbräuchlich** selbst **beeinflusst** haben (§ 2 Abs. 1 AsylbLG; Rn 60);

3. bei minderjährigen Leistungsberechtigten[87] im Haushalt ihrer Eltern muss darüber hinaus **mindestens ein Elternteil** in der Haushaltsgemeinschaft **Analogleistungen** beziehen (§ 2 Abs. 3 AsylbLG; Rn 65).

aa) Mindest-Grundleistungsbezug von 48 Monaten Gesamtdauer

59 Die **Mindestbezugsdauer von Grundleistungen** ist meist unproblematisch zu bestimmen. Zu beachten ist, dass es sich nicht um einen zusammenhängenden Zeitraum handeln muss, in dem tatsächlich Leistungen bezogen worden sind. Vielmehr werden Zeiten tatsächlichen Leistungsbezugs addiert.[88] Maßgeblich sind allein Grundleistungen nach § 3 AsylbLG; der Bezug anderer originärer Asylbewerberleistungen, also von Leistungen bei Krankheit, Schwangerschaft und Geburt (§ 4 AsylbLG), von Arbeitsgelegenheiten (§ 5 AsylbLG) und von Sonstigen Leistungen (§ 6 AsylbLG), reicht nicht aus, um die Vorbezugszeit zu erfüllen.[89] Der 48-Monatszeitraum beginnt von Neuem, wenn eine Person ganz aus der Leistungsberechtigung im Sinne des § 1 AsylbLG herausfällt, etwa durch einen Auslandsaufenthalt.[90]

bb) Aufenthaltsdauer nicht rechtsmissbräuchlich selbst beeinflusst

60 Der Gesetzgeber will nur diejenigen Leistungsberechtigten begünstigen, deren Aufenthalt aus von ihnen nicht zu vertretenden Gründen länger andauert. Deshalb stellt er die weitere Voraussetzung auf, dass die Leistungsberechtigten ihre **Aufenthaltsdauer nicht rechtsmissbräuchlich selbst beeinflusst haben**. Nach der neueren Rechtsprechung des BSG (sehr lesenswert: BSG, 17. 6. 2008 – B 8/9 b AY 1/07 R, SozR 4-3250 § 2 Nr. 2) liegt dies dann vor, wenn

1. die leistungsberechtigte Person selbst[91] (Rn 64)

2. vorsätzlich[92] gehandelt hat (Rn 62),

3. durch dieses Handeln die Dauer des Aufenthalts in Deutschland beeinflusst worden ist[93] (Rn 63) und

4. dieses Handeln unredlich und von der Rechtsordnung missbilligt ist[94] (Rn 61).

---

87 Minderjährig in diesem Sinne ist, wer das 18. Lebensjahr noch nicht vollendet hat; s. o. Fn. 18; *BSG,* 17. 6. 2008 – B 8/9 b AY 1/07 R, SozR 4-3250 § 2 Nr. 2 (= FEVS 60, 193–211), Rn 48.
88 *BSG,* 17. 6. 2008 – B 8/9 b AY 1/07 R, SozR 4-3250 § 2 Nr. 2, Rn 18.
89 *BSG,* 17. 6. 2008 – B 8/9 b AY 1/07 R, SozR 4-3250 § 2 Nr. 2, Rn 20; *Adolph,* in: Linhart/Adolph, SGB II. SGB XII. AsylbLG, § 2 AsylbLG, Rn 14.
90 *BSG,* 24. 3. 2009 – B 8 AY 10/07 R, SozR 4-3520 § 2 Nr. 3 (= FEVS 61, 49–54), Rn 13–17.
91 *BSG,* 17. 6. 2008 – B 8/9 b AY 1/07 R, SozR 4-3250 § 2 Nr. 2, Rn 48.
92 *BSG,* 17. 6. 2008 – B 8/9 b AY 1/07 R, SozR 4-3250 § 2 Nr. 2, Rn 39.
93 *BSG,* 17. 6. 2008 – B 8/9 b AY 1/07 R, SozR 4-3250 § 2 Nr. 2, Rn 40–44.
94 *BSG,* 17. 6. 2008 – B 8/9 b AY 1/07 R, SozR 4-3250 § 2 Nr. 2, Rn 33–38.

Pattar

Solange diese Voraussetzungen gegeben sind, sind die Leistungsberechtigten **auf Dauer von den Analogleistungen ausgeschlossen**. Erst, wenn die Leistungsberechtigung endet, beispielsweise durch ein dauerhaftes Aufenthaltsrecht, können Leistungsberechtigte, die sich rechtsmissbräuchlich verhalten haben, in den Genuss der höheren Leistungen nach dem SGB XII gelangen.[95]

Unredliches Handeln, das von der Rechtsordnung missbilligt ist, liegt erst dann vor, **61** wenn es „unter jeweiliger Berücksichtigung des Einzelfalls, der besonderen Situation eines Ausländers in der Bundesrepublik Deutschland und der besonderen Eigenheiten des AsylbLG unentschuldbar ist (**Sozialwidrigkeit**)"[96] Als Beispiel nennen die Rechtsprechung und die Gesetzesbegründung die Vernichtung eines Passes oder die Angabe einer falschen Identität.[97] Deshalb stellt das bloße Nichtausreisen unter Ausnutzung einer Duldung keinen Rechtsmissbrauch dar.[98]

Sozialwidrig in diesem Sinne ist nur **vorsätzliches Verhalten**. Der Vorsatz muss dabei **62** nicht nur das Verhalten selbst, sondern auch die Folge der Beeinflussung des Aufenthalts umfassen. „[Bloß] fahrlässiges Verhalten kann unter Berücksichtigung der besonderen Situation eines Ausländers in der Bundesrepublik Deutschland nicht als sozialwidrig eingestuft werden."[99] Haben Minderjährige gehandelt, muss geprüft werden, ob sie zum Zeitpunkt ihres Handelns die Einsichtsfähigkeit hatten, dass sie sozialwidrig handeln.[100]

Das sozialwidrige Verhalten muss **die Dauer des Aufenthalts beeinflusst** haben. Da- **63** zu reicht es aus, dass ein typisierender, generell-abstrakter Zusammenhang zwischen dem Verhalten und der Aufenthaltsdauer besteht, das missbilligte Verhalten also typischerweise zu einer Verlängerung des Aufenthalts führen kann. Eine echte Kausalität in dem Sinn, dass ausschließlich wegen des sozialwidrigen Verhaltens eine konkrete Aufenthaltsverlängerung stattgefunden hat, ist dagegen nicht erforderlich.[101] Eine Ausnahme besteht nur dann, wenn ausnahmsweise nachgewiesen werden kann, dass das sozialwidrige Verhalten in keinem Fall zu einer Aufenthaltsverlängerung geführt haben kann.[102]

Wenn also eine Person wegen der ministeriellen Erlasslage zu keinem Zeitpunkt nach dem sozialwidrigen Verhalten, etwa einer Passvernichtung, hätte abgeschoben werden können, kann das Verhalten auch keinen Einfluss auf die Aufenthaltsdauer haben. Bestand hingegen, wenn auch nur für einen Tag, die rechtliche und tatsächliche Möglichkeit einer Aufenthaltsbeendigung, hat die Passvernichtung ab diesem Tag einen dauerhaften Ausschluss von den Analogleistungen zur Folge.[103]

---

95 *Adolph,* in: Linhart/Adolph, SGB II. SGB XII. AsylbLG, § 2 AsylbLG, Rn 29; *Wahrendorf,* in: Grube/Wahrendorf, SGB XII, § 2 AsylbLG, Rn 20; *BSG,* 17. 6. 2008 – B 8/9 b AY 1/07 R, SozR 4-3250 § 2 Nr. 2, Rn 41.
96 *BSG,* 17. 6. 2008 – B 8/9 b AY 1/07 R, SozR 4-3250 § 2 Nr. 2, Rn 33.
97 *BSG,* 17. 6. 2008 – B 8/9 b AY 1/07 R, SozR 4-3250 § 2 Nr. 2, Rn 34 unter Hinweis auf den Gesetzentwurf der Bundesregierung eines Gesetzes zur Steuerung und Begrenzung der Zuwanderung und zur Regelung des Aufenthalts und der Integration von Unionsbürgern und Ausländern (Zuwanderungsgesetz), BT-Drucks. 15/420, S. 121; das BSG nimmt gleichzeitig eine Ausnahme an, wenn es sich bei dem Verhalten um eine Reaktion auf oder eine vorbeugende Maßnahme zum Schutz vor rechtswidrigem Verhalten des Staates handelt. Weitere Beispiele führt an: *Wahrendorf,* in: Grube/Wahrendorf, SGB XII, § 2 AsylbLG, Rn 21–26.
98 *BSG,* 17. 6. 2008 – B 8/9 b AY 1/07 R, SozR 4-3250 § 2 Nr. 2, Rn 35 f.
99 *BSG,* 17. 6. 2008 – B 8/9 b AY 1/07 R, SozR 4-3250 § 2 Nr. 2, Rn 39.
100 *BSG,* 17. 6. 2008 – B 8/9 b AY 1/07 R, SozR 4-3250 § 2 Nr. 2, Rn 47.
101 *BSG,* 17. 6. 2008 – B 8/9 b AY 1/07 R, SozR 4-3250 § 2 Nr. 2, Rn 43.
102 *BSG,* 17. 6. 2008 – B 8/9 b AY 1/07 R, SozR 4-3250 § 2 Nr. 2, Rn 44.
103 Beispiel nach *BSG,* 17. 6. 2008 – B 8/9 b AY 1/07 R, SozR 4-3250 § 2 Nr. 2, Rn 43 f.

64 Endlich schließt wegen der Voraussetzung, dass die leistungsberechtigte Person **selbst** gehandelt haben muss, ein rechtsmissbräuchliches Verhalten der Eltern die Kinder nicht von Analogleistungen aus.[104]

cc) Bei Minderjährigen: Haushaltsangehörige Eltern erhalten auch Analogleistungen (§ 2 Abs. 3 AsylbLG)

65 § 2 Abs. 3 AsylbLG stellt für Minderjährige allerdings eine weitere Hürde auf: Minderjährige Leistungsberechtigte, die selbst die Voraussetzungen für Analogleistungen erfüllen würden, erhalten nur dann Analogleistungen, wenn mindestens eines ihrer haushaltsangehörigen **Elternteile tatsächlich Analogleistungen erhält**.[105] Damit bezieht der Gesetzgeber die minderjährigen Kinder von Eltern, welche sich rechtsmissbräuchlich verhalten, in die sanktionierende Wirkung ein. Er begründet dies damit, dass innerhalb einer Familie keine unterschiedlichen Leistungen gewährt werden sollten.[106] Dahinter steht aber sicher auch der Wunsch zu vermeiden, dass erwachsene Leistungsberechtigte trotz rechtsmissbräuchlicher Verlängerung ihres Aufenthalts höhere Leistungen beziehen: Es soll verhindert werden, dass sie die für die Kinder bestimmten Geldleistungen vereinnahmen und durch mögliche bessere Leistungen für ihre Kinder einen Anreiz zu rechtsmissbräuchlichem Verhalten bekommen. Deshalb und zur Vermeidung von Ungleichbehandlungen mit allein lebenden Kindern kann der in § 2 Abs. 3 AsylbLG enthaltene Verweis auf die niedrigeren Leistungen des AsylbLG nur greifen, wenn die Eltern oder Elternteile **wegen ihres rechtsmissbräuchlichen Verhaltens** keine Analogleistungen erhalten. Die Rechtsprechung sieht sich allerdings durch den klaren Wortlaut von § 2 Abs. 3 AsylbLG an einem solchen Verständnis gehindert. Nur in den Fällen, in denen die haushaltsangehörigen Eltern nicht mehr Leistungsberechtigte nach dem AsylbLG sind und deshalb einheitliche Leistungen sowieso nicht gewährt werden können, nimmt sie eine Regelungslücke in § 2 Abs. 3 AsylbLG an und liest in die Vorschrift als weitere Voraussetzung hinein, dass die Eltern überhaupt nach dem AsylbLG leistungsberechtigt sein müssen.[107]

66 **Beispiel:** A, 23, und seine 4-jährige Tochter T reisen am 1. 1. 2006 nach Deutschland ein und leben hier in einem Haushalt. Sie beziehen von Beginn an durchgängig Grundleistungen nach § 3 AsylbLG. Ab dem 1. 1. 2010 stehen ihnen nun Analogleistungen nach § 2 Abs. 1 AsylbLG zu. Am 1. 5. 2010 verbrennt A seinen Pass und den seiner Tochter, um eine mögliche Abschiebung unmöglich zu machen. Ab diesem Tag stehen beiden keine Analogleistungen mehr zu, A wegen § 2 Abs. 1 AsylbLG (rechtsmissbräuchliche Beeinflussung des Aufenthalts) und T wegen § 2 Abs. 3 AsylbLG (haushaltsangehörige Minderjährige). Ändert sich der Aufenthaltsstatus des A nicht, bleibt es für ihn dauerhaft hierbei, T hingegen wird ab Vollendung ihres 18. Lebensjahres Analogleistungen erhalten können.

c) Rechtsfolgen: Entsprechende Anwendung des SGB XII

67 Auf Leistungsberechtigte, bei denen diese Voraussetzungen von § 2 Abs. 1 (und 3) AsylbLG erfüllt sind, ist **anstelle der §§ 3 bis 7 AsylbLG das SGB XII** entsprechend anzuwenden. Diese Leistungsberechtigten erhalten also statt der reduzierten originä-

---

104 *BSG*, 17. 6. 2008 – B 8/9 b AY 1/07 R, SozR 4-3250 § 2 Nr. 2, Rn 48.

105 Das gilt für alle Kinder, auch die in Deutschland geborenen; *BSG*, 17. 6. 2008 – B 8/9 b AY 1/07 R, SozR 4-3250 § 2 Nr. 2, Rn 48. Dagegen *Birk*, in: LPK-SGB XII, § 2 AsylbLG, Rn 7.

106 Gesetzentwurf der Fraktionen der CDU/CSU und F.D.P. eines Ersten Gesetzes zur Änderung des Asylbewerberleistungsgesetzes und anderer Gesetze, BT-Drucks. 13/2746, S. 15 f.

107 *LSG NW*, 22. 11. 2010 – L 20 AY 49/08, juris, Rn 40 m. zahlr. w. Nachw.; *SG Hildesheim*, 28. 1. 2010 – S 40 AY 158/08, ZFSH/SGB 2010, 493–496, Rn 21–39.

ren Asylbewerberleistungen mit denen des SGB XII identische Leistungen, so, als ob es § 9 Abs. 1 AsylbLG und § 23 Abs. 2 SGB XII nicht gäbe. Die übrigen Leistungseinschränkungen, die § 23 SGB XII für Ausländerinnen und Ausländer vorsieht, gelten allerdings weiter.[108]

Die entsprechende Anwendung des SGB XII betrifft nicht nur die **Leistungen zur Sicherung des Lebensunterhalts** (Drittes und Viertes Kapitel) einschließlich der Leistungen für Bildung und Teilhabe, sondern auch **Hilfen in unterschiedlichen Lebenslagen** (Hilfen zur Gesundheit, Eingliederungshilfe für behinderte Menschen, Hilfe zur Pflege, Hilfe zur Überwindung besonderer sozialer Schwierigkeiten und Hilfe in anderen Lebenslagen). Die Leistungen werden unter denselben Voraussetzungen, in derselben Form und im selben Umfang gewährt, wie im SGB XII vorgesehen. Eine **Ausnahme** hiervon enthält allerdings § 2 Abs. 2 AsylbLG: Soweit aufgrund besonderer örtlicher Umstände erforderlich, kann die zuständige Behörde bei Unterbringung von Leistungsberechtigten in einer Gemeinschaftsunterkunft über die **Form der Leistungserbringung** abweichend von § 10 SGB XII nach Ermessen entscheiden. Sie kann also die Leistungen in Gemeinschaftsunterkünften als Sach- und nicht, wie in § 10 SGB XII vorgesehen, vorrangig als Geldleistungen erbringen.[109] **68**

Nicht nur die Leistungsvorschriften, auch die Vorschriften des SGB XII über die Wiederherstellung des Nachrangs sind entsprechend anzuwenden. Deshalb kann der Träger auch **Kostenersatz** (entsprechend §§ 102–105 SGB XII) geltend machen oder **Ansprüche** entsprechend § 93 SGB XII auf sich **überleiten. Unterhaltsansprüche** gehen bei den Analogleistungen entsprechend § 94 SGB XII **kraft Gesetzes** auf den Leistungsträger über. **69**

Trotz alledem bleiben auch die Analogleistungen Leistungen nach dem AsylbLG.[110] Soweit das AsylbLG deshalb eigene Regelungen außerhalb der §§ 3 bis 7 AsylbLG kennt, gehen diese als **Spezialvorschriften** den entsprechenden Normen des SGB XII vor. Deshalb sind die § 105 Abs. 2 SGB XII sowie die Vorschriften des SGB XII über die Zuständigkeit (Zwölftes Kapitel SGB XII), die darauf beruhenden Kostenerstattungsvorschriften (Zweiter Abschnitt des Dreizehnten Kapitels SGB XII), die Verfahrensbestimmung des § 116 SGB XII, die Statistikvorschriften (Fünfzehntes Kapitel SGB XII) sowie die Übergangs- und Schlussbestimmungen (Sechzehntes Kapitel SGB XII) bei den Analogleistungen nicht anwendbar. **70**

Ob § 116a SGB XII anwendbar ist, ist noch ungeklärt. Diese Vorschrift begrenzt den Zeitraum, für den nach Rücknahme einer rechtswidrigen Ablehnung (§ 44 SGB X) Leistungen für die Vergangenheit erbracht werden dürfen, auf ein Jahr. Dafür spricht die Gleichbehandlung mit den originären Leistungsberechtigten nach dem SGB XII, dagegen allerdings, dass § 116a SGB XII Maßgaben für eine Vorschrift enthält, die im AsylbLG nur wegen des eigenen Verweises in § 9 Abs. 3 AsylbLG anwendbar ist, sodass es Leistungsberechtigten nach dem AsylbLG zu einer Ungleichbehandlung kommen würde (s. a. Rn 105).

Erstaunlicherweise ist die Frage, ob die **Mitwirkungsobliegenheiten** der §§ 60 bis 67 SGB I auf Analogleistungen nach § 2 AsylbLG Anwendung finden, soweit ersichtlich noch nicht gerichtlich entschieden. Dagegen spricht, dass das AsylbLG zwar selbst auf diese Vorschriften verweist, allerdings in § 7 Abs. 4 AsylbLG, einer Vorschrift, die **71**

---

108 *Wahrendorf,* in: Grube/Wahrendorf, SGB XII, § 2 AsylbLG, Rn 37.
109 Vgl. *Adolph,* in: Linhart/Adolph, SGB II. SGB XII. AsylbLG, § 2 AsylbLG, Rn 35–41; *Birk,* in: LPK-SGB XII, § 2 AsylbLG, Rn 5 f.
110 *Adolph,* in: Linhart/Adolph, SGB II. SGB XII. AsylbLG, § 2 AsylbLG, Rn 31.

gerade für Leistungsberechtigte von Analogleistungen nach § 2 AsylbLG nicht gilt. Dafür könnte andererseits angeführt werden, dass, wenn Leistungen nach dem SGB XII gewährt würden, auch die §§ 60 bis 67 SGB I gelten würden. Deshalb könnte man den Anwendungsbefehl des SGB XII auch so verstehen, dass er diese Vorschriften mit umfasst, auch um eine Ungleichbehandlung originär Leistungsberechtigter nach dem SGB XII und Analogleistungsberechtigter nach dem AsylbLG zu vermeiden. Freilich ist der Gesetzgeber selbst nicht der Meinung, dass andere als die von ihm in Bezug genommenen Vorschriften von SGB I und SGB X gelten sollen. Das lässt sich an § 9 AsylbLG und § 7 Abs. 4 AsylbLG recht gut ablesen, in denen jeweils gerade nur einzelne Vorschriften von SGB I und SGB X erwähnt sind. Im Ergebnis ist deshalb eine Anwendung der Mitwirkungsobliegenheiten der §§ 60 bis 67 SGB I bei Analogleistungen abzulehnen. Die Leistungsberechtigten haben daher nur nach den jeweiligen Verwaltungsverfahrensgesetzen der Länder mitzuwirken.[111] Die Schlechterbehandlung von Leistungsberechtigten nach dem SGB II und SGB XII gegenüber den Leistungsberechtigten auf Analogleistungen lässt sich dabei allerdings nur sehr schwer begründen.

d) Besondere Vorschriften zur Wiederherstellung des Nachrangs

72 Die bereits oben (Rn 53) vorgestellte Möglichkeit, Kostenerstattung entsprechend §§ 102 bis 114 SGB X zu erlangen oder solchen Ansprüchen ausgesetzt zu werden, gilt auch bei Analogleistungen.

4. Einschränkung des Leistungsanspruchs (§§ 1 a, 11 Abs. 2 AsylbLG)

a) Voraussetzungen der Leistungseinschränkung nach § 1 a AsylbLG

73 Leistungsberechtigte, welche die Leistungen nach dem AsylbLG **rechtsmissbräuchlich** in Anspruch nehmen wollen, sollen nach dem Willen des Gesetzgebers nur einen Anspruch auf gekürzte Leistungen nach dem AsylbLG haben. Für eine solche Leistungskürzung ist nach § 1 a AsylbLG Voraussetzung, dass

1. es sich um Leistungsberechtigte nach § 1 Abs. 1 Nr. 4 und 5 AsylbLG sowie ihre Familienangehörigen nach § 1 Abs. 1 Nr. 6 AsylbLG handelt, also geduldete und vollziehbar ausreisepflichtige Personen,

2. a) die sich entweder ins Inland begeben haben, um Asylbewerberleistungen zu erlangen (§ 1 a Nr. 1 AsylbLG) oder

    b) bei denen aus von ihnen zu vertretenden Gründen aufenthaltsbeendende Maßnahmen nicht vollzogen werden können (§ 1 a Nr. 2 AsylbLG).

74 Nach der Rechtsprechung des BVerwG zur Vorgängervorschrift des § 120 Abs. 3 BSHG, die auch zur Parallelnorm in § 23 Abs. 3 S. 1 SGB XII herangezogen wird[112] und die auf § 1 a AsylbLG übertragbar ist,[113] sind Personen **zur Erlangung von Leistungen eingereist**, wenn dieser Wunsch der alleinige Grund oder neben anderen Gründen in besonderer Weise bedeutsam gewesen ist, also **prägend** war.[114] Es genügt hingegen

---

111 Meist §/Art. 26 Abs. 2 (L)VwVfG, in SH § 84 Abs. 2 LVwG SH.
112 *LSG BE-BB,* 10. 9. 2009 – L 23 SO 117/06, juris, Rn 25.
113 *LSG BE-BB,* 11. 1. 2011 – L 23 AY 10/10 ER, juris, Rn 11; *LSG BE-BB,* 21. 8. 2007 – L 23 B 10/07 AY ER, FEVS 59, 233–235, Rn 8.
114 *BVerwG,* 4. 6. 1992 – 5 C 22/87, BVerwGE 90, 212–217 (= FEVS 43, 113–118), Rn 12.

nicht, dass „Sozialhilfebezug beiläufig verfolgt oder anderen Einreisezwecken untergeordnet und in diesem Sinne (nur) billigend in Kauf genommen wird."[115]

Die zweite Alternative des § 1 a AsylbLG, dass aus Gründen, welche die Leistungsberechtigten zu vertreten haben, **aufenthaltsbeendende Maßnahmen nicht vollzogen** werden können, ist dann erfüllt, wenn die Leistungsberechtigten eine konkrete verwaltungsrechtliche Mitwirkungshandlung,[116] die ihnen zumutbar zur Vorbereitung einer Aufenthaltsbeendigung abverlangt werden kann, absichtlich oder doch zumindest aus Gründen, die in ihren Verantwortungsbereich fallen, nicht vornehmen. In der Praxis sind die Hauptbeispiele hierfür die fehlende Mitwirkung der Leistungsberechtigten an der Beschaffung von Reisepapieren (Pass oder Passersatz) oder fehlende oder falsche Angaben der Leistungsberechtigten zu ihrer Identität (Name, Geburtsdatum und -ort, Staatsangehörigkeit).[117] **75**

Nach der wohl herrschenden Meinung in Literatur und Rechtsprechung wird minderjährigen Kindern das rechtsmissbräuchliche Verhalten ihrer Eltern zugerechnet.[118] Auch ihre Leistungen werden also gekürzt, obwohl sie selbst der Vorwurf des Rechtsmissbrauchs nicht trifft. Bei § 2 AsylbLG betont das BSG hingegen den Individualitätsgrundsatz und rechnet Fehlverhalten der Eltern den Kindern nicht zu.[119] Ein nachvollziehbarer Grund, die beiden Vorschriften unterschiedlich auszulegen, ist indes nicht ersichtlich; auch bei § 1 a AsylbLG kann daher keine Zurechnung elterlichen Fehlverhaltens erfolgen. **76**

b) Rechtsfolge der Leistungseinschränkung nach § 1 a AsylbLG

Sind die Voraussetzungen der Leistungseinschränkung nach § 1 a AsylbLG gegeben, bleibt zwar die Leistungsberechtigung nach dem AsylbLG erhalten, die Leistungen werden auf den im Einzelfall nach den Umständen **unabweisbar gebotenen Bedarf** eingeschränkt. Damit beabsichtigt der Gesetzgeber eine Kürzung der Leistungen unter das Niveau der originären Leistungen des AsylbLG. Hierfür ist angesichts des ohnehin bereits sehr geringen Umfangs der Leistungen nicht mehr sehr viel Spielraum, will man das Grundrecht auf Gewährleistung eines menschenwürdigen Existenzminimums nicht verletzen.[120] Sicher möglich ist eine Kürzung des Taschengeldes nach § 3 Abs. 1 S. 4, Abs. 2 S. 3 AsylbLG,[121] im Einzelfall aber auch darüber hinaus.[122] So kann es ausreichend sein, die Leistungen auf die Kosten für eine zumutbare freiwillige Ausreise einschließlich Proviant zu kürzen.[123] Wiederum Einigkeit herrscht dabei, dass die Unterkunft in Fällen des § 1 a AsylbLG in der Regel nurmehr durch eine Unterbringung **77**

---

115 *BVerwG*, 4. 6. 1992 – 5 C 22/87, BVerwGE 90, 212, Rn 12.
116 S. z. B. *LSG SN*, 19. 1. 2011 – L 7 AY 6/09 R, juris, Rn 29.
117 S. z. B. *LSG SN*, 19. 1. 2011 – L 7 AY 6/09 R, juris, wo es zu beidem fehlte.
118 *Adolph*, in: Linhart/Adolph, SGB II. SGB XII. AsylbLG, § 1 a AsylbLG, Rn 18 b; *LSG NW*, 19. 4. 2010 – L 20 B 43/09 AY ER, juris, Rn 15; *LSG NW*, 19. 4. 2010 – L 20 B 42/09 AY ER, ZFSH/SGB 2010, 364–366, Rn 15; *OVG NW*, 22. 8. 2007 – 16 A 1158/05, FEVS 59, 255–259, Rn 44 unter Berufung auf *BVerwG*, 30. 4. 1997 – 1 B 74/94, juris, Rn 6.
119 *BSG*, 17. 6. 2008 – B 8/9 b AY 1/07 R, SozR 4-3250 § 2 Nr. 2, Rn 48.
120 Vgl. *Adolph*, in: Linhart/Adolph, SGB II. SGB XII. AsylbLG, § 1 a AsylbLG, Rn 25.
121 *Adolph*, in: Linhart/Adolph, SGB II. SGB XII. AsylbLG, § 1 a AsylbLG, Rn 25; *Birk*, in: LPK-SGB XII, § 1 a AsylbLG, Rn 5; *Wahrendorf*, in: Grube/Wahrendorf, SGB XII, § 1 a AsylbLG, Rn 32.
122 *Wahrendorf*, in: Grube/Wahrendorf, SGB XII, § 1 a AsylbLG, Rn 32.
123 *Wahrendorf*, in: Grube/Wahrendorf, SGB XII, § 1 a AsylbLG, Rn 32; *OVG BE*, 12. 11. 1999 – 6 SN 203.99, FEVS 51, 267–274, Rn 15–19; a. A. *Adolph*, in: Linhart/Adolph, SGB II. SGB XII. AsylbLG, § 1 a AsylbLG, Rn 25; *Birk*, in: LPK-SGB XII, § 1 a AsylbLG, Rn 5; *OVG NW*, 31. 5. 2001 – 16 B 388/01, FEVS 52, 553–556, Rn 12–40.

in einer Gemeinschaftsunterkunft sicherzustellen ist,[124] dass aber andererseits hinter den Leistungen nach § 4 AsylbLG nicht zurückgeblieben werden kann.[125] Letztlich wird es auf den Einzelfall ankommen.

78 In den Fällen des § 1 a Nr. 1 AsylbLG (Einreise, um Leistungen zu erlangen) erfolgt die Kürzung **dauerhaft**. In den Fällen des § 1 a Nr. 2 AsylbLG (keine aufenthaltsbeendenden Maßnahmen möglich wegen vorwerfbaren Verhaltens der Leistungsberechtigten) sind die Leistungen hingegen nach zutreffender Auffassung nur so lange zu kürzen, bis das **Vollzugshindernis wegfällt** (nicht: bis die verlangte Mitwirkungshandlung nachgeholt wird).[126]
Beschafft sich also ein Leistungsberechtigter, der allein wegen seiner Passlosigkeit nicht in sein Heimatland abgeschoben werden konnte, einen Pass, können aber wegen zwischenzeitlich eingetretener anderer Umstände (Krieg im Heimatland, kein aufnahmebereiter Drittstaat mehr) aufenthaltsbeendende Maßnahmen nicht vollzogen werden, bleibt die Kürzung bis Kriegsende oder Abschiebung in einen Drittstaat bestehen.

c) Leistungsbeschränkung bei Aufenthalt außerhalb des erlaubten Gebiets (§ 11 Abs. 2 AsylbLG)

79 Eine ähnliche Leistungsbeschränkung kennt § 11 Abs. 2 AsylbLG.[127] Hiernach darf Leistungsberechtigten, die sich in Teilen der Bundesrepublik Deutschland aufhalten, in denen sie sich ausländer- oder asylrechtlich nicht aufhalten dürfen, nur die nach den Umständen **unabweisbar gebotene Hilfe** gewährt werden. Kehren die Leistungsberechtigten in die erlaubten Regionen zurück, leben die Leistungen wieder auf.[128]

5. Verfassungsmäßigkeit der Asylbewerberleistungen?

a) Einleitung

80 Die Verfassungsmäßigkeit der Asylbewerberleistungen kann unter zwei Gesichtspunkten in Frage stehen. Fragwürdig ist zum einen die Schlechterbehandlung von Leistungsberechtigten nach dem AsylbLG gegenüber deutschen und anderen ausländischen Leistungsberechtigten, welche die höheren Leistungen nach dem SGB II und dem SGB XII erhalten (Rn 81). Zum zweiten ist zweifelhaft, ob die Asylbewerberleistungen mit dem grundgesetzlichen Gebot der Gewährleistung eines menschenwürdigen Existenzminimums vereinbar sind (Rn 82).

b) Gleichheitsverstoß wegen Schlechterbehandlung der Leistungsberechtigten nach dem AsylbLG gegenüber Leistungsberechtigten nach SGB II und SGB XII?

81 Grundsätzlich ist es dem Gesetzgeber nach der Rechtsprechung des BVerfG nicht verwehrt, Art und Umfang der an Ausländerinnen und Ausländer zu gewährenden Leistungen von ihrem Aufenthaltsstatus abhängig zu machen, insbesondere davon,

---

124 *Birk*, in: LPK-SGB XII, § 1 a AsylbLG, Rn 5.
125 *Wahrendorf*, in: Grube/Wahrendorf, SGB XII, § 1 a AsylbLG, Rn 32.
126 Insoweit zu eng *LSG SN*, 19. 1. 2011 – L 7 AY 6/09 R, juris, Rn 47 und – allerdings für den konkreten Fall zutreffend – *LSG BW*, 24. 11. 2008 – L 7 AY 5149/08 ER-B, juris, Rn 8.
127 § 11 Abs. 2 AsylbLG enthält nach neuerer Rechtsprechung keine Zuständigkeitsnorm (*LSG NW*, 27. 10. 2006 – L 20 B 52/06 AY ER, juris, Rn 20).
128 *Adolph*, in: Linhart/Adolph, SGB II. SGB XII. AsylbLG, § 11 AsylbLG, Rn 25.

ob die betreffenden Personen voraussichtlich nur kurzfristig im Inland bleiben.[129] Da die Leistungsberechtigten nach dem AsylbLG alle kein verfestigtes Aufenthaltsrecht haben, durfte der Gesetzgeber hier typisierend unterscheiden.[130] Allerdings muss er auch bei den Leistungsberechtigten nach dem AsylbLG den Anspruch auf Gewährleistung eines menschenwürdigen Existenzminimums beachten.

c) Vereinbarkeit mit dem Gebot der Gewährleistung eines menschenwürdigen Existenzminimums?

aa) Einführung

Asylbewerberleistungen könnten aus zwei Gründen nicht mit dem grundgesetzlichen **82** Gebot der Gewährleistung eines menschenwürdigen Existenzminimums vereinbar sein. Zum einen könnten sie **evident zu niedrig** sein, um eine menschenwürdige Existenz sicherzustellen (Rn 83). Zum anderen könnte ihre Ermittlung nicht mit den **prozeduralen Anforderungen** übereinstimmen, die das BVerfG in seinem Urteil zum Regelleistung im SGB II an die Ermittlung des Existenzminimums gestellt hat (Rn 86).

bb) Evidenzkontrolle der Leistungen nach dem AsylbLG

Für die **Evidenzkontrolle**[131] ist nach den einzelnen Leistungen zu unterscheiden: **83**

Die **Analogleistungen** nach § 2 AsylbLG entsprechen inhaltlich den Leistungen nach dem SGB XII, die ihrerseits der Höhe nach denen des SGB II entsprechen. Geht dort das BVerfG nicht von evident zu niedrigen Leistungen aus,[132] muss das auch für die Analogleistungen nach § 2 AsylbLG gelten. Diese sind also nicht evident zu niedrig.

Die **originären Leistungen** sind freilich erheblich niedriger als die Analogleistungen. **84** Das Landessozialgericht Nordrhein-Westfalen etwa hält die Geldleistung des § 3 Abs. 2 AsylbLG für evident unzureichend und hat diese Frage dem Bundesverfassungsgericht vorgelegt.[133] Hierbei ist allerdings hervorzuheben, dass bei den Grundleistungen das Sachleistungsprinzip besteht. Die Leistungsgewährung in Form von Sachleistungen verstößt als solche nicht gegen die Menschenwürde.[134] Das zur Deckung des Existenzminimums Erforderliche muss durch Sachleistungen gedeckt werden und darf nur bei Erforderlichkeit durch Geldleistungen gedeckt werden. In jedem Fall bleibt ein Anspruch auf Deckung des Existenzminimums bestehen. **Reichen** also die **Geldleistungen** zur Sicherung eines menschenwürdigen Existenzminimums **nicht aus**, muss der zuständige Träger entweder **ergänzend** auf **Sachleistungen** zurückgreifen **oder** darf **von vornherein keine Geldleistungen** erbringen. Sind die Geldleistungen zu niedrig bemessen, kann eine Erbringung der Geldleistungen anstelle der verfassungskonformen Sachleistungen nicht erforderlich sein.

---

129 *BVerfG*, 11. 7. 2006 – 1 BvR 293/05, BVerfGE 116, 229, Rn 39; *BVerfG*, 6. 7. 2004 – 1 BvL 4/97, BVerfGE 111, 160–176 (= SozR 4-5870 § 1 Nr. 1), Rn 62; *BVerfG*, 6. 7. 2004 – 1 BvR 2515/95, BVerfGE 111, 176–190 (= SozR 4-7833 § 1 Nr. 4), Rn 32.
130 *BVerfG*, 11. 7. 2006 – 1 BvR 293/05, BVerfGE 116, 229, Rn 39.
131 Vgl. hierzu *BVerfG*, 9. 2. 2010 – 1 BvL 1/09, 1 BvL 3/09, 1 BvL 4/09, BVerfGE 125, 175, Rn 141; *BVerfG*, 29. 5. 1990 – 1 BvL 20/84, 1 BvL 26/84 und 1 BvL 4/86, BVerfGE 82, 60–105 (= SozR 3-5870 § 10 Nr. 1), Rn 119.
132 *BVerfG*, 9. 2. 2010 – 1 BvL 1/09, 1 BvL 3/09, 1 BvL 4/09, BVerfGE 125, 175, Rn 152, 155.
133 LSG NW, 26. 7. 2010 – L 20 AY 13/09, NDV-RD 2010, 105–116 = ZFSH/SGB 2010, 604-620.
134 *BVerfG*, 9. 2. 2010 – 1 BvL 1/09, 1 BvL 3/09, 1 BvL 4/09, BVerfGE 125, 175, Rn 138.

Ein Problem wird indes durch die Erbringung von Sachleistungen nicht gelöst: Nach der jüngsten Rechtsprechung des BVerfG umfasst der aus der Menschenwürdegarantie des Art. 1 GG und dem Sozialstaatsprinzip des Art. 20 Abs. 1 GG abgeleitete Anspruch auch „Mindestmaß an Teilhabe am gesellschaftlichen, kulturellen und politischen Leben [...], denn der Mensch als Person existiert notwendig in sozialen Bezügen".[135] Allerdings sieht das BVerfG den Gestaltungsspielraum des Gesetzgebers in diesem Bereich als sehr weit an; insbesondere darf der Gesetzgeber auf die konkrete Lebenssituation der Hilfebedürftigen abstellen.[136]

Das AsylbLG billigt den nach ihm Leistungsberechtigten wegen ihres unterstellt nur kurzzeitigen Aufenthalts gerade keine Bedarfe für Teilhabe am gesellschaftlichen Leben zu. Allenfalls das Taschengeld zur Deckung persönlicher Belange (§ 3 Abs. 1 S. 4 AsylbLG) könnte als solche Leistung angesehen werden. Angesichts des weiten Gestaltungsspielraums des Gesetzgebers und der konkreten Lebenssituation der Leistungsberechtigten mit nicht verfestigtem Aufenthalt dürfte die Beschränkung der Teilhabe auf diesen geringen Taschengeldbetrag allerdings gerade noch vertretbar sein.

85 Auch die Leistungen bei Krankheit, Schwangerschaft und Geburt dürften sich zwar am unteren Rand des verfassungsrechtlich Zulässigen bewegen, jedoch noch nicht evident unzureichend sein.

cc) Konformität mit den Prozeduralisierungsanforderungen des BVerfG?

86 In seiner Entscheidung zur Regelleistung nach dem SGB II hat das BVerfG erstmals **Prozeduralisierungsanforderungen** aufgestellt. Es verlangt, dass der Gesetzgeber „im Rahmen seines Gestaltungsspielraums ein zur Bemessung des Existenzminimums im Grundsatz taugliches Berechnungsverfahren [wählt,] die erforderlichen Tatsachen im Wesentlichen vollständig und zutreffend ermittelt und [sich schließlich] in allen Berechnungsschritten mit einem nachvollziehbaren Zahlenwerk innerhalb dieses gewählten Verfahrens und dessen Strukturprinzipien im Rahmen des Vertretbaren bewegt [...]"[137] „Zur Ermöglichung [der] verfassungsgerichtlichen Kontrolle besteht für den Gesetzgeber die Obliegenheit, die zur Bestimmung des Existenzminimums im Gesetzgebungsverfahren eingesetzten Methoden und Berechnungsschritte nachvollziehbar offenzulegen. Kommt er ihr nicht hinreichend nach, steht die Ermittlung des Existenzminimums bereits wegen dieser Mängel nicht mehr mit Art. 1 Abs. 1 GG in Verbindung mit Art. 20 Abs. 1 GG in Einklang."[138]

87 Auch hier gilt: Weil **Analogleistungen** denen des SGB XII entsprechen, hängt die Entscheidung über die Verfassungsmäßigkeit der Analogleistungen davon ab, ob die Leistungen des SGB XII verfassungsgemäß sind.

Die Geldbeträge für die **Grundleistungen** in § 3 Abs. 2 S. 1 AsylbLG sind seit 1993 unverändert geblieben. In den Gesetzgebungsmaterialien für das Gesetz findet sich keinerlei Herleitung dieser Beträge.[139] Allenfalls aus der Gesetzgebungsgeschichte lässt sich ableiten, dass der Gesetzgeber je nach Alter der Leistungsberechtigten

---

135 *BVerfG*, 9. 2. 2010 – 1 BvL 1/09, 1 BvL 3/09, 1 BvL 4/09, BVerfGE 125, 175, Rn 135.
136 *BVerfG*, 9. 2. 2010 – 1 BvL 1/09, 1 BvL 3/09, 1 BvL 4/09, BVerfGE 125, 175, Rn 138.
137 *BVerfG*, 9. 2. 2010 – 1 BvL 1/09, 1 BvL 3/09, 1 BvL 4/09, BVerfGE 125, 175, Rn 143.
138 *BVerfG*, 9. 2. 2010 – 1 BvL 1/09, 1 BvL 3/09, 1 BvL 4/09, BVerfGE 125, 175, Rn 144.
139 Gesetzentwurf der Fraktionen der CDU/CSU und F.D.P. eines Gesetzes zur Neuregelung der Leistungen an Asylbewerber, BT-Drucks. 12/4451, S. 6 und 8.

Leistungen in Höhe von 75 v. H. der damaligen Regelsätze gewähren wollte.[140] Eine Bedarfsermittlung über nicht näher begründete prozentuale Abschläge „ins Blaue hinein" genügt jedoch den Proceduralisierungsanforderungen des BVerfG[141] nicht. Damit sind die **Geldleistungen** nach § 3 Abs. 2 AsylbLG **verfassungswidrig**.[142]

dd) Fazit

Nach alledem sind zwar die in § 3 AsylbLG vorgesehen Geldleistungen verfassungs- **88** widrig. Die Träger sind aber durch Gewährung von (gegebenenfalls ergänzenden) **Sachleistungen** verpflichtet und in der Lage, verfassungskonforme Leistungen zu erbringen.

Unabhängig von der rechtlichen Bewertung muss jedoch gesagt werden: Die radikale **89** Kürzung der Leistungen für Asylsuchende ist vor dem Hintergrund des großen Zustroms auch „unberechtigt"[143] Asylsuchender und knapper Sozialkassen zwar verständlich. Dass jedoch damit alle, auch die „berechtigten" Asylsuchenden für die Dauer ihrer Asylverfahren auf diese vor allem im Bereich der Krankenversorgung nachgerade erbärmlichen Leistungen verwiesen werden, ist für ein derart reiches Land wie die Bundesrepublik Deutschland mit seiner – jüngst wieder betonten[144] – christlichen Tradition beschämend.

V. Zuständigkeit

Sachliche und örtliche **Zuständigkeit** für die Erbringung der Leistungen nach dem **90** AsylbLG richten sich nach unterschiedlichen Vorschriften.

1. Sachliche Zuständigkeit

Die **sachliche Zuständigkeit** für die Erbringung von Leistungen ist nicht bundesein- **91** heitlich im AsylbLG geregelt. Vielmehr ermächtigt § 10 AsylbLG die Landesregierungen beziehungsweise die von ihnen beauftragten obersten Landesbehörden, die für die Durchführung des AsylbLG und damit die Erbringung der Leistungen zuständigen Behörden und Kostenträger zu bestimmen. Eine solche Bestimmung muss durch Rechtsverordnung[145] oder durch Landesgesetz erfolgen. Aus Platzgründen können hier exemplarisch nur die Regelungen von Baden-Württemberg und Bayern dargestellt werden.

---

140 § 118 Abs. 2 BSHG-E auf dem Gesetzentwurf der Fraktionen der CDU/CSU und F.D.P. eines Gesetzes über Leistungen der Sozialhilfe an Ausländer, BT-Drucks. 12/3686 (neu), S. 2.
141 *BVerfG,* 9. 2. 2010 – 1 BvL 1/09, 1 BvL 3/09, 1 BvL 4/09, BVerfGE 125, 175, Rn 175.
142 Ebenso bereits *LSG NW,* 26. 7. 2010 – L 20 AY 13/09, NDV-RD 2010, 105–116 = ZFSH/SGB 2010, 604–620, Rn 97.
143 Vor dem Hintergrund des von den westlichen Industriestaaten wie Deutschland selbst mit verantworteten Einwanderungsdrucks wäre allerdings eine gesellschaftliche Diskussion über die Frage der berechtigten oder unberechtigten Asylsuche am Platze.
144 *Wulff, Christian,* „Vielfalt schätzen – Zusammenhalt fördern" Rede zum 20. Jahrestag der Deutschen Einheit, 3. 10. 2010. http://www.bundespraesident.de/-,2.667040/Rede-von-Bundespraesident-Chri.htm (zuletzt besucht am 30. 4. 2011).
145 *Adolph,* in: Linhart/Adolph, SGB II. SGB XII. AsylbLG, § 10 AsylbLG, Rn 5. Zur Frage der Vereinbarkeit von § 10 AsylbLG mit Art. 80 Abs. 1 und 4 GG *Adolph,* in: Linhart/Adolph, SGB II. SGB XII. AsylbLG, § 10 AsylbLG, Rn 6–9, 14, 18.

92 So sind **in Baden-Württemberg** die unteren Verwaltungsbehörden als untere Aufnahmebehörden für die Ausführung des Asylbewerberleistungsgesetzes zuständig (§ 2 Abs. 4, Abs. 2 Nr. 3, Abs. 1, § 1 Nr. 2 FlüAG BW). Da § 19 Abs. 1 Nr. 1 Buchst. d LVG BW die Aufgaben nach dem FlüAG BW von der Zuständigkeit der Großen Kreisstädte und der Verwaltungsgemeinschaften als untere Verwaltungsbehörden ausnimmt, sind untere Verwaltungsbehörden in diesem Sinne nach § 15 LVG BW in den Landkreisen die Landratsämter und in den Stadtkreisen die Gemeinden.[146] Obwohl die Landratsämter in diesem Fall gemäß § 1 Abs. 3 LKrO BW als Staatsbehörden tätig werden, weist § 8 FlüAG BW dennoch die Kostenträgerschaft für die Leistungen nach dem AsylbLG den Stadt- und Landkreisen zu. Allerdings erstattet das Land den Stadt- und Landkreisen die entstehenden Kosten mit einer einmaligen Pauschale je aufgenommener Person (§ 9 FlüAG BW).

93 **In Bayern** richtet sich die Zuständigkeit und Kostenträgerschaft für die Leistungen nach dem AsylbLG nach dem Dritten Abschnitt der DVAsyl BY (§§ 11–27). Kostenträger der Leistungen ist nach § 11 Abs. 1 DVAsyl BY der Freistaat Bayern, zuständig für die Durchführung sind gemäß § 11 Abs. 2 DVAsyl BY die Regierungen, die Landkreise oder kreisfreien Gemeinden im übertragenen Wirkungskreis als örtliche Träger und die Landratsämter als Staatsbehörden. Im Einzelnen hängt die Zuständigkeit von der konkreten Leistung ab. Der Verordnungsgeber unterscheidet sogar innerhalb der einzelnen Leistungen: So ist für Grundleistungen nach § 3 AsylbLG mit Ausnahme der Leistungen für Bekleidung und den monatlichen Geldbetrag (Taschengeld) bei zentraler Unterbringung die Regierung zuständig (§ 13 Abs. 1 S. 1 DVAsyl BY), bei dezentraler Unterbringung das Landratsamt oder die kreisfreie Gemeinde (§ 13 Abs. 1 S. 2 DVAsyl BY). Für Kleidung und Taschengeld ist hingegen der örtliche Träger (also der Landkreis oder die kreisfreie Gemeinde) zuständig (§ 13 Abs. 2 DVAsyl BY). Eine ausführlichere Darstellung der bayerischen Zuständigkeitsvorschriften muss aus Platzgründen unterbleiben.

94 Die so bestimmten Behörden können, soweit das Landesgesetz oder eine Regelung der Landesregierung oder der obersten Landesbehörden das vorsehen, Aufgaben und Kostenträgerschaft – erneut durch Rechtsverordnung[147] – auf andere Behörden übertragen.

2. Örtliche Zuständigkeit

95 Für die **örtliche Zuständigkeit** existiert hingegen mit § 10 a AsylbLG seit 1997 eine bundeseinheitliche Regelung. Sie unterscheidet – ähnlich wie § 98 SGB XII für die Sozialhilfe – zwischen Leistungen außerhalb von Einrichtungen einerseits (§ 10 a Abs. 1 AsylbLG) und Leistungen innerhalb von Einrichtungen zur Krankenbehandlung oder anderen Maßnahmen nach dem AsylbLG andererseits (§ 10 a Abs. 2 AsylbLG).

a) Leistungen an Personen außerhalb von Einrichtungen (§ 10 Abs. 1 AsylbLG)

96 Für Leistungen an Personen **außerhalb von Einrichtungen** hängt die örtliche Zuständigkeit davon ab, wie der Aufenthalt der leistungsberechtigten Person geregelt ist. Das Gesetz unterscheidet danach, ob die leistungsberechtigte Person nach dem AsylVfG verteilt oder zugewiesen worden ist oder ob das nicht der Fall ist.

Für eine leistungsberechtigte Person, für welche die vom Bundesministerium des Innern bestimmte zentrale Verteilungsstelle gemäß § 46 Abs. 2 AsylVfG die zuständige Aufnahmeeinrichtung bestimmt hat oder der nach § 50 AsylVfG von der zuständigen Landesbehörde ein bestimmter Bezirk zugewiesen worden ist, ist die Behörde zu-

---

146　Deren Aufgaben werden von der Oberbürgermeisterin oder vom Oberbürgermeister als Pflichtaufgabe nach Weisung erfüllt, § 15 Abs. 2 LVG BW und § 42 Abs. 4, § 44 Abs. 3 GemO BW.

147　*Adolph,* in: Linhart/Adolph, SGB II. SGB XII. AsylbLG, § 10 AsylbLG, Rn 15.

ständig, in deren Bereich sie **verteilt oder zugewiesen worden** ist (§ 10 a Abs. 1 S. 1 AsylbLG).

In allen übrigen Fällen ist die Behörde örtlich zuständig, in deren Bereich die leistungsberechtigte Person sich **tatsächlich aufhält** (§ 10 a Abs. 1 S. 2 AsylbLG). Dies ist etwa dann der Fall, wenn eine Entscheidung über eine Verteilung oder Zuweisung (noch) nicht wirksam getroffen worden ist, wenn sich die Zuständigkeit der Aufnahmeeinrichtung nach § 46 Abs. 1 S. 1 AsylVfG richtet oder wenn die Leistungsberechtigten überhaupt keinen Antrag auf Anerkennung als Asylberechtigte stellen. Die Zuständigkeit bleibt bestehen, auch wenn die Leistung außerhalb des Bereichs der Behörde erbracht wird (§ 10 a Abs. 1 S. 3 AsylbLG). Bei einem Ortswechsel hat es aber die bisher zuständige Behörde durch eine Einstellung der Leistungen in der Hand, einen Zuständigkeitsübergang zu erreichen.[148]

b) Leistungen an Personen in Einrichtungen (§ 10 a Abs. 2 AsylbLG)

Für **Leistungen in Einrichtungen**, die der Krankenbehandlung oder anderen Maß- **97** nahmen nach dem AsylbLG dienen (§ 10 a Abs. 2 S. 1 AsylbLG), oder in Einrichtungen zum Vollzug richterlich angeordneter Freiheitsentziehung (§ 10 a Abs. 2 S. 4 AsylbLG) – z. B. Untersuchungs- oder Abschiebehaft – ist die Behörde örtlich zuständig, in deren Bereich die leistungsberechtigte Person zum Zeitpunkt der Aufnahme oder in den zwei Monaten vor der Aufnahme zuletzt ihren **gewöhnlichen Aufenthalt** hatte. Die Regelung dient wie ihr Vorbild, § 98 Abs. 2 SGB XII, dem Schutz der Einrichtungsorte vor Überlastung. Deshalb fallen unter den Einrichtungsbegriff des § 10 a AsylbLG weder Aufnahmeeinrichtungen noch Unterkünfte, welche den Leistungsberechtigten zur Verfügung gestellt werden.[149]

Auch im Übrigen ist § 10 a Abs. 2 AsylbLG parallel zu § 98 SGB XII aufgebaut. Wie dort kommt es auch bei einem Übertritt von einer in eine andere stationäre Einrichtung darauf an, welcher gewöhnliche Aufenthalt bei Eintritt in die erste Einrichtung maßgebend war (§ 10 a Abs. 2 S. 2 AsylbLG). Auch nach § 10 a Abs. 2 S. 3 AsylbLG hat die für Leistungen außerhalb von Einrichtungen zuständige Behörde unverzüglich über die Leistung zu entscheiden und vorläufig einzutreten, wenn der zuständige Träger nicht innerhalb von vier Wochen feststeht oder ein Eilfall vorliegt.

Sind bei einem **Eilfall** oder bei nach vier Wochen noch nicht feststehender Zustän- **98** digkeit vorläufig Leistungen zu erbringen (§ 10 a Abs. 2 S. 3 AsylbLG), hat der vorläufig leistende Träger – parallel zu § 106 Abs. 1 SGB XII – einen Kostenerstattungsanspruch gegen den eigentlich zuständigen Träger (§ 10 b Abs. 1 AsylbLG). Am Vorbild des § 106 Abs. 3 SGB XII orientiert sich auch § 10 b Abs. 2 AsylbLG: Bezieht ein Leistungsberechtigter innerhalb eines Monats nach Entlassung aus einer Einrichtung Leistungen, so hat der für die Leistungen in Einrichtungen zuständige Träger dem für die ambulanten Leistungen zuständigen Träger die Kosten zu erstatten.

Da das SGB I für das AsylbLG nicht gilt, definiert § 10 a Abs. 3 AsylbLG den Begriff des **99** **gewöhnlichen Aufenthalts** eigenständig, in der Sache aber wie § 30 Abs. 3 S. 2 SGB I als den Ort, an dem sich jemand unter Umständen aufhält, die erkennen lassen, dass er an diesem Ort oder in diesem Gebiet nicht nur vorübergehend verweilt (S. 1). Vereinfachend gilt darüber hinaus auch ein – von kurzfristigen Unterbrechungen ab-

---

148 *Adolph,* in: Linhart/Adolph, SGB II. SGB XII. AsylbLG, § 10 a AsylbLG, Rn 19 unter Hinweis auf *OVG SN,* 1. 11. 2004 – 4 B 74/03, juris.
149 *Adolph,* in: Linhart/Adolph, SGB II. SGB XII. AsylbLG, § 10 a AsylbLG, Rn 25.

gesehen – zeitlich zusammenhängender Aufenthalt von mindestens sechs Monaten Dauer zu anderen als überwiegenden Besuchs-, Erholungs-, Kur- oder ähnlichen privaten Zwecken als gewöhnlicher Aufenthalt (S. 2 und 3), ebenso die Verteilung oder Zuweisung nach dem AsylVfG (S. 4). Für Neugeborene ist der gewöhnliche Aufenthalt der Mutter maßgebend (S. 5).

VI. Verfahren

1. Grundsatz: Anwendbarkeit der allgemeinen Verwaltungsverfahrensgesetze

100 Da das AsylbLG keinen Teil des Sozialgesetzbuches darstellt,[150] gelten auch SGB I und SGB X nicht unmittelbar (vgl. § 37 SGB I, § 1 SGB X). Stattdessen gelten für das Verfahren grundsätzlich jeweils die Verwaltungsverfahrensgesetze der Länder.[151] Auch die Mitwirkungsobliegenheiten (§§ 60–67 SGB I) gelten nicht unmittelbar.[152]

2. Ausnahme: Ausdrückliche Anwendbarkeit einzelner Normen des SGB X

101 Anders ist dies jedoch mit denjenigen Normen des SGB X und des SGB I, auf die das AsylbLG **ausdrücklich verweist**.

102 Eine dieser Verweisungen findet sich in § 7 Abs. 4 AsylbLG,[153] die allerdings nur für die originären Asylbewerberleistungen und nicht für die übrigen, insbesondere nicht die Analogleistungen nach § 2 AsylbLG gilt.

103 Eine für das gesamte AsylbLG geltende Verweisungsnorm bietet hingegen § 9 Abs. 3 AsylbLG. Hiernach gelten die §§ 44 bis 50 sowie 102 bis 114 SGB X entsprechend. Die §§ 44 bis 50 SGB X treten an die Stelle der **Rücknahme-, Widerrufs- und Erstattungsvorschriften der Landesverwaltungsverfahrensgesetze** (meist §§/Art. 48–52 [L]VwVfG, in Schleswig-Holstein §§ 116–118 b LVwG SH). Sie werden im Bereich des AsylbLG daher grundsätzlich ebenso angewendet wie den übrigen Existenzsicherungssystemen.[154]

104 Ebenso wie § 40 Abs. 4 SGB II[155] und § 105 Abs. 2 SGB XII[156] ordnet § 7 b S. 1 AsylbLG an, dass von den bei den Grundleistungen berücksichtigten Kosten für die Unterkunft, mit Ausnahme der Kosten für Heizungs- und Warmwasserversorgung, 56 vom Hundert nicht zu erstatten sind. Dies gilt auch im AsylbLG nicht in den Fällen des § 45 Abs. 2 S. 3 SGB X[157] und darüber hinaus auch dann nicht, wenn gleichzeitig Wohngeld geleistet worden ist oder kein Wohnraum im Sinne von § 2 WoGG bewohnt wird (§ 7 b S. 2 AsylbLG). Auch hier ist Hintergrund der Norm, dass ebendieser Vomhundertsatz wohngeldrechtlich nur in den Fällen des § 45 Abs. 2 S. 3 SGB X zurückgefordert werden könnte und die Leistungsberechtigten nach dem AsylbLG nicht schlechter gestellt

---

150 S. bereits oben Rn 3.
151 Ebenso *Wahrendorf,* in: Grube/Wahrendorf, SGB XII, Einleitung zum AsylbLG, Rn 4; *Adolph,* in: Linhart/Adolph, SGB II. SGB XII. AsylbLG, § 9 AsylbLG, Rn 31.
152 S. bereits oben Rn 55 f.
153 S. bereits oben Rn 55 und 56.
154 S. hierzu *BSG,* 17. 6. 2008 – B 8 AY 5/07 R, SozR 4-3520 § 9 Nr. 1 (= FEVS 60, 248–252) und *Pattar,* NZS 2010, 7–11.
155 S. hierzu 5. Kapitel, Rn 757 f.
156 S. hierzu 9. Kapitel, Rn 65.
157 Das sind die Fälle vorwerfbarer Beeinflussung des Inhalts der Bewilligung oder der Kenntnis oder grob fahrlässigen Unkenntnis von der Rechtswidrigkeit der Bewilligung.

werden sollen. Deshalb ist auch der zusätzliche Ausschluss dieser Vergünstigung in § 7 b S. 2 AsylbLG konsequent, allerdings nur dann, wenn man auch in der letzten Alternative auf den ursprünglichen Bezugszeitraum abstellt, in dem rechtswidrig Leistungen bezogen worden sind, also statt „kein Wohnraum im Sinne von § 2 des Wohngeldgesetzes bewohnt wird" „in dem Zeitraum, für den die Leistungen zurückgefordert werden, kein Wohnraum im Sinne von § 2 des Wohngeldgesetzes bewohnt worden ist" liest.

Gegenüber SGB II (§ 40 Abs. 1 S. 2 SGB II) und SGB XII (§ 116 a SGB XII) besonders **105** ist, dass der Zeitraum, für den bei einer Rücknahme eines rechtswidrigen nicht begünstigenden Verwaltungsaktes nach § 44 SGB X Leistungen höchstens nachträglich erbracht werden dürfen, nicht über § 44 Abs. 4 SGB X hinaus eingeschränkt worden ist. Asylbewerberleistungen dürfen daher bis zu vier Jahren vor dem Jahr der Rücknahme beziehungsweise der Antragstellung hierauf erbracht werden, während dieser Zeitraum für Leistungen nach dem SGB II und dem SGB XII auf höchstens ein Jahr beschränkt ist. Eine Rechtfertigung für die Schlechterbehandlung der Leistungsempfänger nach SGB II und SGB XII ist nicht erkennbar. Zwar ist naheliegend, dass der Gesetzgeber bei der Hartz-IV-Reform 2011[158] eine Änderung von § 9 Abs. 3 AsylbLG schlicht vergessen hat. Andeutungen hierzu finden sich allerdings in den Gesetzesmaterialien nicht, sodass eine ergänzende Auslegung ausscheidet. Auch eine Analogie zu Lasten der Leistungsberechtigten nach dem AsylbLG verbietet sich. Hier besteht Neuregelungsbedarf.

Sinnvollerweise sind auch die Kostenerstattungsregeln der §§ 102 bis 114 SGB X entsprechend anwendbar (§ 9 Abs. 4 AsylbLG). Die Träger der Asylbewerberleistungen **106** können damit für alle von ihnen erbrachten Leistungen (originäre oder Analogleistungen) Kostenerstattungsansprüche haben oder ihnen ausgesetzt sein.[159]

3. Nähere Bestimmungen durch Landesrecht

§ 10 AsylbLG ermächtigt die Landesregierungen oder die von ihnen beauftragten **107** obersten Landesbehörden, Näheres zum Verfahren für die Durchführung des AsylbLG festzulegen. Diese Ermächtigung reicht aber nur so weit, wie dies nicht schon durch Landesgesetz geregelt ist.

4. Insbesondere: Handlungsfähigkeit

Die verwaltungsrechtliche Handlungsfähigkeit hängt in allen Bundesländern von der **108** bürgerlich-rechtlichen Geschäftsfähigkeit ab.[160] Diese wiederum bestimmt sich gemäß Art. 7 EGBGB nach dem Recht des Staates, dessen Staatsangehörigkeit die betreffende Person hat.[161] Allerdings können auch beschränkt geschäftsfähige Personen durch öffentlich-rechtliche Vorschriften handlungsfähig sein.[162] So ist ausländer- und asylrechtlich handlungstähig, wer das 16. Lebensjahr vollendet hat (§ 80 Abs. 1

---

158 Mit dem Gesetz zur Ermittlung von Regelbedarfen und zur Änderung des Zweiten und Zwölften Buches Sozialgesetzbuch vom 24. 3. 2011 (BGBl. 2011 I, S. 453). Das *BSG*, 9. 6. 2011 – B 8 AY 1/10 R, in juris, Rn 23, erwägt in einem obiter Dictum allerdings eine Analogie zu § 116 a SGB XII zu Lasten der Leistungsberechtigten.
159 S. auch o. Rn 53.
160 Meist §/Art. 12 Abs. 1 Nr. 1 (L)VwVfG, in SH § 77 Abs. 1 Nr. 1 LVwG SH; ebenso § 11 Abs. 1 Nr. 1 SGB X.
161 Beachte allerdings Art. 12 Abs. 1 GFK.
162 Meist §/Art. 12 Abs. 1 Nr. 2 (L)VwVfG, in SH § 77 Abs. 1 Nr. 2 LVwG SH; ebenso § 11 Abs. 1 Nr. 2 SGB X.

AufenthG/§ 12 Abs. 1 AsylVfG), sozialrechtlich sogar bereits, wer das 15. Lebensjahr vollendet hat (§ 36 Abs. 1 SGB I). Das AsylbLG selbst trifft keine eigene Regelung, so dass die allgemeinen Verwaltungsverfahrensgesetze anzuwenden sind. Dies gilt auch für die Analogleistungen nach § 2 AsylbLG, da auch diese Asylbewerberleistungen bleiben.

Denkbar wäre es allenfalls, hierin eine unbeabsichtigte Regelungslücke zu sehen und – wegen der Zuordnung des AsylbLG zum Ausländer- und Asylrecht – § 80 Abs. 1 AufenthG und § 12 Abs. 1 AsylVfG analog anzuwenden.[163] Dies wäre jedoch wegen des Analogieverbots im öffentlichen Recht **nur zu Gunsten**, nicht aber zu Lasten der Leistungsberechtigten möglich. Anträge stellen und Leistungen empfangen könnte eine leistungsberechtigte Person hiernach bereits mit Vollendung des 16. Lebensjahres. Zustellungsadressat von Aufhebungs- und Erstattungsbescheiden könnte sie jedoch erst ab dann sein, wenn sie nach ihrem Heimatrecht geschäftsfähig ist.

5. Insbesondere: Hinweispflicht auf Rückkehr- und Weiterwanderungsprogramme

109 Wie bei allen Leistungen der Sozialhilfe an Ausländerinnen und Ausländer[164] ist auch nach § 11 Abs. 1 AsylbLG auf die Leistungen bestehender Rückführungs- und Weiterwanderungsprogramme hinzuweisen und in geeigneten Fällen auf deren Inanspruchnahme hinzuwirken.

6. Datenschutz

a) Anwendbarkeit der allgemeinen Datenschutzregeln

110 Da das AsylbLG kein Teil des SGB ist (vgl. 1. Kap. Rn 3), gelten auch nicht die Vorschriften über das Sozialgeheimnis (§ 35 SGB I) und den Sozialdatenschutz (§§ 67–85 a SGB X), sondern die jeweils einschlägigen Landesdatenschutzgesetze.[165] Die Träger der Leistungen nach dem AsylbLG sind keine Sozialleistungsträger, auch dann nicht, wenn sie Analogleistungen (§ 2 AsylbLG) erbringen. Da deshalb die Übermittlungsbefugnis des § 69 Abs. 1 Nr. 1 Alt. 3 SGB X nicht greift, kennt § 71 Abs. 2 a SGB X eine gesonderte Übermittlungsbefugnis an die Träger dieser Leistungen zur Erfüllung der Aufgaben nach dem AsylbLG.

b) Datenabgleich (§ 11 Abs. 3 AsylbLG)

111 Nach § 11 Abs. 3 AsylbLG müssen die Träger der Asylbewerberleistungen ihre Daten mit denen der Ausländerbehörden abgleichen. Auch ein regelmäßiger automatisierter Datenabgleich ist hiernach möglich.

7. Statistik

112 Schließlich kennt das AsylbLG eigene Statistikvorschriften (§ 12 AsylbLG).

---

163   Offen gelassen von *VG Gelsenkirchen,* 5. 6. 2002 – 17 L 1191/02, juris, Rn 3.
164   Vgl. § 23 Abs. 4 SGB XII.
165   Ebenso bereits *Kunkel,* NVwZ 1994, 352, 354.

VII. Rechtsschutz

In Angelegenheiten des AsylbLG ist nach § 51 Abs. 1 Nr. 6 a SGG der Rechtsweg zu **113** den Gerichten der Sozialgerichtsbarkeit gegeben.

Die Zuständigkeit für den **Erlass des Widerspruchsbescheides** hängt vom zustän- **114** digen Träger und der Art der Aufgabenzuweisung ab.

Handelt es sich um eine Angelegenheit der **kommunalen Selbstverwaltung** – so in Baden-Württemberg bei Zuständigkeit der Stadtkreise oder in Bayern bei Zuständigkeit der Landkreise und kreisfreien Gemeinden als örtliche Träger – entscheidet nach § 85 Abs. 2 S. 1 Nr. 4 SGG die Ausgangsbehörde selbst.

Im Übrigen entscheidet nach § 85 Abs. 2 S. 1 Nr. 1 SGG die nächsthöhere Behörde. Allerdings können nach § 219 SGG die Länder hiervon abweichen.

So entscheidet etwa in Baden-Württemberg nach § 2 Abs. 4 S. 2 FlüAG BW auch in diesen Fällen die Ausgangsbehörde über den Widerspruch; in Bayern besteht keine Sonderregelung.

In Ländern, die nicht dem Behördenprinzip folgen,[166] ist nach allgemeinen Regeln der **115** Träger passiv legitimiert, dessen Behörde die Maßnahme getroffen hat, gegen die sich der Kläger wendet. Damit hängt die Passivlegitimation von der Trägerschaft ab.
So sind etwa in Baden-Württemberg Klagen gegen Entscheidungen von Stadtkreisen daher gegen die Stadt selbst, Klagen gegen Entscheidungen von Landratsämtern hingegen gegen das Land Baden-Württemberg, vertreten durch das jeweilige Landratsamt[167] zu richten.

Da die Träger von Asylbewerberleistungen als solche nicht in § 75 SGG genannt sind, **116** kommt ihre Beiladung und Verurteilung in direkter Anwendung dieser Vorschrift nicht in Betracht. Allerdings wendet die Rechtsprechung § 75 SGG analog an und lädt auch die Träger der Asylbewerberleistungen zur Verurteilung bei.[168] Gleiches muss in den Fällen des § 181 SGG gelten.

Auch **einstweiliger Rechtsschutz** wird nach dem SGG gewährt. Dabei ist die Recht- **117** sprechung bei der Frage uneinheitlich, ob der Bezug von Grundleistungen gemäß § 3 AsylbLG einen Anordnungsgrund, also die Eilbedürftigkeit, ausschließt[169] oder – so die überwiegende Meinung – nicht.[170] Geht man davon aus, dass bei Analogleistungsberechtigten jedenfalls ein höherer Teilhabebedarf besteht, als die Grundleistungen abdecken (vgl. o. Rn 84), kann die Eilbedürftigkeit nicht wegen der Gewährung von Grundleistungen verneint werden.

---

166 Dem Behördenprinzip, dass also die handelnde Behörde selbst verklagt werden kann/muss, folgen die Länder Bayern (teilweise), Mecklenburg-Vorpommern, Nordrhein-Westfalen, Rheinland-Pfalz, Saarland und Schleswig-Holstein.
167 Bekanntmachung der Ministerien über die Vertretung des Landes in gerichtlichen Verfahren und förmlichen Verfahren vor den Verwaltungsbehörden vom 1. 3. 2010 (GBl. BW 2010, S. 329).
168 *LSG BW*, 1. 8. 2006 – L 7 AY 3106/06 ER-B, SAR 2006, 117–120, Rn 10; *SG Aachen*, 22. 10. 2010 – S 19 AY 14/09, SAR 2011, 9–12, Rn 15.
169 *LSG BY*, 28. 6. 2005 – L 11 B 212/05 AY ER, FEVS 57, 106–110, Rn 26.
170 *LSG NW*, 31. 3. 2010 – L 20 B 3/09 AY ER, InfAuslR 2010, 308–310, Rn 16; *LSG BW*, 28. 3. 2007 – L 7 AY 1386/07 ER-B, SAR 2007, 82–84, Rn 17; *LSG BW*, 15. 11. 2005 – L 7 AY 4413/05 ER-B, SAR 2006, 33–35, Rn 4.

Anhang

Anlage 1: Lernzielkontrollen – Aufgaben

I. System der sozialen Sicherung
1. Stellung der Existenzsicherung im Sozialleistungssystem kennen
2. Andere Sozialleistungen und ihre Träger kennen
3. Jugendhilfeleistungen kennen und aus dem SGB VIII ableiten
4. Erstattungsregelung nach SGB X kennen
5. Anwendungsbereich des SGB kennen
6. Verhältnis SGB XII/SGB I und X richtig bestimmen
7. Abweichungen SGB XII/SGB I und X erkennen
8. Anwendungsbereiche von SGB XII einerseits und SGB II andererseits bestimmen
9. Sind Leistungen für Asylbewerber Sozialleistungen?

II. Rechtsanspruch und Einsetzen der Sozialhilfe
1. Regelung des Rechtsanspruchs kennen für
   a. Deutsche
   b. Ausländer (einschl. EU-Bürger)
2. Einsetzen der Sozialhilfe richtig bestimmen.

III. Nachrangprinzip
1. Rechtliche Grundlagen nennen
2. Inhalt kennen

Kunkel

   3. Einsetzbares Einkommen berechnen können
   4. „Schonvermögen" bestimmen können, insbes. bei Barbeträgen und Hausgrundstück
   5. Härte-Regelungen in §§ 90 und 91 SGB XII unterscheiden können
   6. Inhalt und Regelung der Bedarfsgemeinschaft kennen
   7. Haushaltsgemeinschaft von Bedarfsgemeinschaft unterscheiden können
   8. Voraussetzungen und Konsequenzen der eheähnlichen Gemeinschaft kennen
   9. Eheähnliche Lebensgemeinschaft und Lebenspartnerschaft unterscheiden können.

IV. Individualitätsprinzip
   1. Rechtsquelle nennen
   2. Inhalt bestimmen können
   3. Praktische Auswirkungen nennen
   4. Wunsch- und Wahlrecht erläutern und auf Fälle anwenden können.

V. Verfahren
   1. Sachverhaltsermittlung und Mitwirkungspflichten
     a. Nach welchen Normen erfolgt die Sachverhaltsermittlung des Sozialamts?
     b. Welche Mitwirkungspflichten hat der Hilfesuchende?
     c. Was ist die Rechtsfolge der Verletzung dieser Pflichten?
     d. Besteht die Pflicht des Hilfesuchenden, einen Hausbesuch zu dulden?
   2. Sozialdatenschutz
     a. Beschreiben Sie den Schutzbereich des Sozialgeheimnisses
     b. Was ist Datenübermittlung?
     c. Unter welchen Voraussetzungen ist eine Übermittlung von Sozialdaten zulässig?
     d. Nennen Sie einige gesetzliche Übermittlungsbefugnisse.
     e. Wann ist eine Datenerhebung zulässig?
   3. Anhörung und Rechtsschutz
     a. Rechtsgrundlage für die Anhörung kennen und anwenden können
     b. Die Ausnahmeregelungen verstehen
     c. Die Heilungsproblematik kennen
     d. Die Besonderheit der Unbeachtlichkeit kennen
     e. Rechtsweg für den Rechtsschutz finden
     f. Was ist die Rechtsfolge der Verletzung des § 36 SGB X?
     g. Wie wird die Widerspruchsbehörde bestimmt?
     h. Was ist bei Erlass des Widerspruchsbescheides besonders zu beachten?

VI. Träger der Hilfe
   1. Nennen Sie die Träger der Sozialhilfe
   2. Wer ist örtlicher Träger?
   3. Wer ist überörtlicher Träger?
   4. Sachliche Zuständigkeiten des örtlichen und überörtlichen Trägers erläutern
   5. Wonach richtet sich die örtliche Zuständigkeit?
   6. Gewöhnlichen und tatsächlichen Aufenthalt unterscheiden können
   7. Was ist die sog. Delegation?
   8. Unterschied kennen zwischen „Delegation" und „Mandat"
   9. Inwieweit wirken Gemeinden bei der Erfüllung der Sozialhilfeaufgaben mit?
  10. Nennen Sie einige freie Träger
  11. Was ist unter institutioneller Subsidiarität zu verstehen
  12. Wo ist sie geregelt?
  13. Was ist ihr Sinn?

Kunkel

14. Wer ist Träger der Grundsicherung für Arbeitsuchende?
15. Wie ist deren (sachliche) Zuständigkeit geregelt?

VII. Hilfe zum Lebensunterhalt
1. Wo ist die HzL geregelt?
2. Was ist ihr Inhalt?
3. Welche Leistungen umfasst sie?
4. Leiten Sie den Regelsatz aus den gesetzlichen Vorschriften ab
5. Wie hoch ist der Regelsatz auf Regelbedarfsstufe 1 in Ihrem Bundesland derzeit?

VIII. Grundsicherung im Alter und bei Erwerbsminderung
1. Unter welchen Voraussetzungen wird Grundsicherung gewährt?
2. Welche sind die Besonderheiten der Grundsicherung im Vergleich zu den anderen Leistungen der Sozialhilfe?
3. Welche Leistungen werden erbracht?

IX. Grundsicherung für Arbeitsuchende
1. Welche Leistungen umfasst die Grundsicherung für Arbeitsuchende?
2. Nennen Sie die wichtigsten Leistungen zur Sicherung des Lebensunterhalts mit ihren jeweiligen Anspruchsgrundlagen!
3. Was sind die Voraussetzungen für die Gewährung von Leistungen zur Sicherung des Lebensunterhalts?
4. Welchen Inhalt haben die Leistungen jeweils?
5. Wie bestimmt sich der Bedarf für Unterkunft und Heizung?
6. Wer erhält Leistungen zur Eingliederung in Arbeit?
7. Können Arbeitsuchende zu einer Arbeit gezwungen werden?

X. Hilfen nach dem Fünften bis Neunten Kapitel
1. Wie unterscheiden sich Einkommens- und Vermögenseinsatz bei HzL und HiuL?
2. Nennen Sie einige Hilfen in unterschiedlichen Lebenslagen
3. Wie unterscheiden sich Krankenhilfe, Hilfe zur Pflege und Eingliederungshilfe für behinderte Menschen voneinander?
4. System der Berechnung des Eigenanteils kennen
5. Einkommensgrenze berechnen können.

XI. Ersatzleistungen
1. Nennen Sie die Arten der Ersatzleistungen und ihre rechtliche Regelung
2. Wie wird die Überleitung bewirkt?
3. Wie geschieht der Übergang von Ansprüchen gegen Unterhaltspflichtige?
4. Nennen Sie einige Einschränkungen für den Anspruchsübergang gegen Unterhaltspflichtige
5. Unter welchen Voraussetzungen ist Kostenersatz zu leisten?
6. Die Fälle der Kostenerstattung kennen
7. Wann kommt eine Leistungserstattung in Betracht?

Anlage 2: Lernzielkontrollen – Lösungen

I. System der sozialen Sicherung

1. Das Sozialleistungssystem umfasst die Systeme des Ausgleichs, der Versicherung und der Versorgung. Die Sozialhilfe ist Teil des (steuerfinanzierten) Ausgleichsystems, die Grundsicherung für Arbeitsuchende ist Teil des (abgabenfinanzierten) Versorgungssystems. Als Sozialleistung sind sie geregelt in § 28 bzw. § 19 a SGB I.

2. Die Sozialleistungen sind geregelt in §§ 18 bis 29 SGB I. Ihre Träger sind jeweils dort bestimmt. Beispiele für andere Sozialleistungen sind die Kinder- und Jugendhilfe, Krankenversicherung und Pflegeversicherung.

3. Die Kinder- und Jugendhilfe ist in § 27 SGB I i.V.m. dem SGB VIII geregelt. Danach sind Leistungen (§ 3 Abs. 2 SGB VIII) und die anderen Aufgaben der Jugendhilfe (§ 2 Abs. 3 SGB VIII) zu unterscheiden.

4. Hat ein Sozialleistungsträger Leistungen nachrangig gegenüber anderen Sozialleistungsträgern erbracht (so z.B. der Sozialhilfeträger), kann er Erstattung nach § 104 SGB X verlangen.

5. Der Anwendungsbereich des SGB erstreckt sich auf die einzelnen Sozialgesetzbücher und auf die in § 68 SGB I genannten („adoptierten") Gesetze.

6. § 37 SGB I regelt das Verhältnis von SGB I- und SGB X-Vorschriften zu SGB XII- und SGB-II Vorschriften. Gem. § 37 S. 1 SGB I hat das SGB XII bzw. SGB II grundsätzlich Vorrang, wenn sich aus dem SGB XII bzw. SGB II Abweichungen gegenüber dem SGB I und X ergeben. Nur ausnahmsweise gelten die in § 37 S. 2 SGB I genannten Paragraphen des SGB I und X vorrangig gegenüber dem SGB XII bzw. SGB II.

7. Abweichungen im SGB XII können sich ergeben aufgrund des Wortlauts des SGB XII oder aufgrund seiner Strukturprinzipien, insbesondere des Bedarfsdeckungsprinzips.

8. Das SGB II ist anwendbar für Hilfen an erwerbsfähige Hilfebedürftige zwischen 15 und 65 bzw.67 Jahren und ihre Angehörigen. Alle anderen hilfebedürftigen Menschen erhalten Leistungen nach dem SGB XII. Die Hilfen in unterschiedlichen Lebenslagen nach dem SGB XII erhalten auch die Normadressaten des SGB II.

9. Nein, da sie weder in §§ 18-29 SGB I noch in § 68 SGB I geregelt sind.

II. Rechtsanspruch und Einsetzen der Sozialhilfe

1 **a.** Der Rechtsanspruch ergibt sich aus § 17 Abs. 1 i.V.m. § 19 Abs. 1 SGB XII für HzL, i.V.m. Abs. 2 für Grundsicherung im Alter und bei Erwerbsminderung, i.V.m. Abs. 3 für Hilfen in unterschiedlichen Lebenslagen.

   b. Einschränkungen des Rechtsanspruchs ergeben sich aus § 23 SGB XII.

– Asylbewerber und geduldete Ausländer erhalten keine Sozialhilfe, sondern Leistungen nach dem Asylbewerberleistungsgesetz;

– „privilegierende" Rechtsvorschriften (§ 23 Abs. 1 S. 5 SGB XII) gibt es für Ausländer aus EU-Staaten und für solche aus dem Geltungsbereich des Europäischen Fürsorgeabkommen sowie für Asylberechtigte;

– für alle übrigen Ausländer, die eine Aufenthalts- oder Niederlassungserlaubnis nach dem Aufenthaltsgesetz haben, entfallen die Einschränkungen nach § 23 Abs. 1 S. 1 SGB XII.

Zu beachten ist der Verlust des Rechtsanspruchs nach § 23 Abs. 3 SGB XII.

Kunkel

2. Aus § 40 SGB I i.V.m. § 18 SGB XII. Es genügt das Bekanntwerden bei irgendeiner Stelle der Gebietskörperschaft Landkreis/Stadtkreis. Auch die Kenntnis der beauftragten Stelle ist ausreichend. Beauftragte Stelle sind die sog. Delegationsgemeinden, aber auch ein nach § 5 Abs. 5 SGB XII beauftragter freier Träger.

Auch die Kenntnis unzuständiger Träger genügt für das Einsetzen der Sozialhilfe (§ 18 Abs. 2 SGB XII); noch darüber hinaus reicht § 16 Abs. 2 S. 2 SGB I.

III. **Nachrangprinzip**

1. Für den materiellen Nachrang gilt § 2 Abs. 1 SGB XII i.V.m. § 19 SGB XII. Der institutionelle Nachrang ist in §§ 5, 75 Abs. 2 SGB XII geregelt.

2. Materieller Nachrang heißt: Der Hilfesuchende hat Einkommen und Vermögen (aber auch seine Arbeitskraft) einzusetzen. Leistungen anderer Träger oder sonstiger Dritter sind vorrangig.

Institutioneller Nachrang heißt: Der freie Träger hat den Vorrang vor dem öffentlichen Träger. Zugleich muss der öffentliche Träger den freien Träger unterstützen.

3. Zu prüfen ist:
   – Wer hat sein Einkommen einzusetzen (Einsatzgemeinschaft)?
   – Was ist Einkommen?
   – Was muss als Einkommen unberücksichtigt bleiben?
   – Was muss vom Einkommen abgesetzt werden?

   Einsetzbares Einkommen ist das bereinigte Einkommen.

4. Das „Schonvermögen" ist nach § 90 Abs. 2 SGB XII zu bestimmen. Für die Höhe des kleineren Barbetrages nach § 90 Abs. 2 Nr. 9 SGB XII ist die hierzu ergangene Verordnung zu beachten. Für Hausgrundstücke gilt § 90 Abs. 2 Nr. 8 SGB XII, wonach nur ein „angemessenes" Hausgrundstück geschont ist. Für die Auslegung dieses unbestimmten Rechtsbegriffs nennt das Gesetz Auslegungskriterien.

5. Zunächst ist die allgemeine Härte nach § 90 Abs. 3 SGB XII zu prüfen, dann erst die des § 91 SGB XII. Die Härte nach § 91 SGB XII liegt in der Verwertung nur zum gegenwärtigen Zeitpunkt (zeitliche Härte).

6. Die Bedarfs- und Einsatzgemeinschaft ist in § 19 Abs. 1, 2 und 3 für die verschiedenen Hilfearten unterschiedlich geregelt. „Bedarfsgemeinschaft" bedeutet, dass eine gemeinsame Berechnung des Bedarfs aller Mitglieder der Bedarfsgemeinschaft anzustellen ist. „Einsatzgemeinschaft" bedeutet, dass auch Einkommen und Vermögen aller Mitglieder der Einsatzgemeinschaft gemeinsam zu berechnen sind.

7. Während bei der Bedarfs- und Einsatzgemeinschaft nach § 19 SGB XII Einkommen und Vermögen automatisch berücksichtigt werden, ist bei der Haushaltsgemeinschaft nach § 39 SGB XII der Einsatz von Einkommen und Vermögen nur so weit möglich, wie erwartet werden kann, dass der Hilfesuchende von den Mitgliedern der Haushaltsgemeinschaft unterstützt wird. Diese Unterstützung wird aber lediglich vermutet und kann deshalb widerlegt werden.

8. Die eheähnliche Gemeinschaft in § 20 SGB XII geregelt. Sie liegt nur dann vor, wenn ein dauerhaftes Füreinandereintreten nachgewiesen ist. Indizien hierfür sind eine Wohngemeinschaft (überwiegend gemeinschaftlich genutzte Räume), eine Wirtschaftsgemeinschaft (jeder trägt zur Lebensführung des anderen bei, „Wirtschaften aus einem Topf"), gemeinsame Kinder, Dauer des Zusammenlebens. Konsequenz der eheähnlichen Gemeinschaft ist die Einbe-

Kunkel

ziehung des Partners in die Einsatzgemeinschaft, also die Gleichstellung mit einem Ehepartner.

9. Eine eheähnliche Gemeinschaft kann nur zwischen Personen verschiedenen Geschlechts bestehen, während eine Lebenspartnerschaft zwischen Personen gleichen Geschlechts besteht, die eine Lebenspartnerschaft nach dem Lebenspartnerschaftsgesetz begründet haben.

IV. Individualitätsprinzip

1. § 33 SGB I i.V.m. § 9 SGB XII enthalten allgemeine Regelungen; spezielle enthalten §§ 28 Abs. 1 S. 2, 30 Abs. 1 und 2, 37 Abs. 1, 82 Abs. 3 S. 3 SGB XII.

2. Art, Form und Maß der Sozialhilfe sind nach den Besonderheiten des individuellen Einzelfalles zu bestimmen.

3. § 9 SGB XII ist eine gesetzliche Grenze für das nach § 17 Abs. 2 SGB XII auszuübende Ermessen. Dies hat zur Folge, dass beispielsweise Sachleistungen anstelle von Geldleistungen nur bei Nachweis der missbräuchlichen Verwendung im Einzelfall erbracht werden dürfen. Weitere Folge ist, dass bei der Auslegung unbestimmter Rechtsbegriffe auf die im Wege der Anhörung zu ermittelnden Umstände des Einzelfalls abzustellen ist.

4. Das Wunsch- und Wahlrecht ist eine Ausformung des Individualitätsprinzips. Es ist in § 9 Abs. 2 und 3 SGB XII geregelt. Begrenzt wird es durch die Angemessenheit des Wunsches und durch die Verhältnismäßigkeit von Mehrkosten.

V. Verfahren

1. Sachverhaltsermittlung und Mitwirkungspflichten
   a. §§ 20, 21 SGB X.
   b. Nur die in §§ 60 bis 63 SGB I genannten.
   c. Leistungsversagung nach § 66 Abs. 1 SGB I, allerdings erst nach Hinweis und Fristsetzung gem. § 66 Abs. 3 SGB I.
   d. Nein, da nicht als mitwirkungspflichtig in § 60 SGB I genannt. Allerdings kann Konsequenz der Verweigerung eines Hausbesuches sein, dass die Tatbestandsvoraussetzungen der Anspruchsgrundlage nicht ermittelt werden können und damit die Rechtsfolge der Anspruchsnorm nicht eintritt, also eine Leistung nicht erbracht werden kann.

2. Sozialdatenschutz
   a. Der Schutzbereich ist in § 35 SGB I geregelt. Er umfasst den Schutz der personenbezogenen Daten vor Eingriffen durch unbefugte Datenerhebung und Datenverwendung (insbes. Speicherung und Übermittlung). Außerdem enthält er die Pflicht zur Datensicherung.
   b. Datenübermittlung ist die Weitergabe eines personenbezogenen Datums durch die verantwortliche Stelle (also das Sachgebiet) an einen Dritten (außerhalb des Sachgebiets); vgl. hierzu § 67 Abs. 6 S. 2 Nr. 3 i.V.m. Abs. 9 und Abs. 10 SGB X.
   c. Die Übermittlung ist gerechtfertigt, wenn eine Einwilligung vorliegt oder eine gesetzliche Übermittlungsbefugnis (§ 67 b i.V.m. § 67 d SGB X).
   d. Die wichtigste Übermittlungsbefugnis ist § 69 Abs. 1 Nr. 1 SGB X für die Erfüllung einer Aufgabe nach SGB XII oder SGB II bei Übermittlungen an andere Sozialleistungsträger. An Polizei, Staatsanwaltschaft und Gerichte können Daten nach §§ 68, 69 Abs. 1 Nr. 2 und 73 SGB X übermittelt werden. Die Übermittlungsbefugnis gegenüber Ausländerbehörden ergibt sich aus § 71 Abs. 2 SGB X, gegenüber Asylbewerberleistungsstellen aus § 71 Abs. 2 a SGB X.

Kunkel

    e. Für die Datenerhebung gilt § 67 a SGB X. Danach müssen die Daten beim Betroffenen selbst erhoben werden. Bei Dritten ist eine Datenerhebung nur möglich, wenn die besonderen Voraussetzungen hierfür nach § 67 a Abs. 2 SGB X vorliegen. Außerdem sind die Hinweispflichten nach § 67 a Abs. 3 SGB X zu beachten.

3. Anhörung und Rechtsschutz

    a. Die Anhörung ist in § 24 Abs. 1 SGB X geregelt. Sie ist notwendig, wenn möglicherweise in Rechte eingegriffen wird, also auch bei Ablehnung eines Antrages.

    b. Nach § 24 Abs. 2 Nr. 3 SGB X ist eine Anhörung ausnahmsweise nicht notwendig, wenn die Behörde ihrer Entscheidung (auch einer negativen) die tatsächlichen Ausführungen des Hilfesuchenden zugrunde gelegt hat.

    c. Nach herrschender Meinung tritt Heilung ein, wenn der Bürger Widerspruch gegen den Bescheid eingelegt hat oder auch nur Widerspruch hätte einlegen können (setzt Rechtsbehelfsbelehrung voraus). Nach anderer Ansicht tritt Heilung nur ein, wenn dem Bürger ausdrücklich Gelegenheit gegeben worden ist, sich nachträglich zum Ausgangsbescheid zu äußern.

    d. Die unterbliebene Anhörung führt nicht zur Unbeachtlichkeit des Fehlers (§ 42 S. 2 SGB X).

    e. Für Rechtsbehelfe gilt § 62 SGB X. Danach gilt für das Vorverfahren nunmehr das Sozialgerichtsgesetz.

    f. Folge ist nicht Rechtswidrigkeit, sondern als spezielle Fehlerfolge Lauf der Jahresfrist nach § 66 Abs. 2 SGG.

    g. Die Widerspruchsbehörde wird nach § 85 Abs. 2 Nr. 4 SGG bestimmt. Bei den sog. Delegationsgemeinden ist § 99 SGB XII bzw. § 6 Abs. 2 SGB II zu beachten, wonach der Landkreis den Widerspruchsbescheid erlässt.

    h. Im Widerspruchsverfahren in Sozialhilfesachen sind gem. § 116 Abs. 2 SGB XII sozial erfahrene Personen beratend zu beteiligen. Dies gilt aber nicht, wenn Landesrecht Abweichendes bestimmt. Dies ist beispielsweise mit § 9 AG SGB XII BW geschehen.

VI. Träger der Hilfe

1. Örtliche und überörtliche Träger (§ 3 Abs. 1 SGB XII). Hinzu kommen die Träger der freien Wohlfahrtspflege (§ 5 SGB XII).

2. Kreisfreie Städte (Stadtkreise) und Landkreise (§ 3 Abs. 2 SGB XII).

3. Sie werden durch Landesrecht bestimmt (§ 3 Abs. 3 SGB XII). Danach können staatlich oder kommunal organisierte überörtliche Träger gebildet werden. In Baden-Württemberg ist überörtlicher Träger der Sozialhilfe der Kommunalverband für Jugend und Soziales (§ 1 Abs. 2 AG SGB XII), dessen Organisation im Jugend- und Sozialverbandsgesetz geregelt ist.

4. Der örtliche Träger hat die generelle sachliche Zuständigkeit nach § 97 Abs. 1 SGB XII. Der überörtliche Träger hat die ihm durch Landesrecht zugewiesenen Zuständigkeiten. Danach soll er zur Weiterentwicklung der Sozialhilfe beitragen, und die örtlichen Träger unterstützen bei der Planung von Hilfen und beim Abschluss von Leistungsvereinbarungen.

5. Grundsätzlich nach dem tatsächlichen Aufenthalt des Hilfesuchenden (§ 98 Abs. 1 S. 1 SGB XII); für stationäre Leistung aber nach dem gewöhnlichen Aufenthalt (§ 98 Abs. 2 S. 1 SGB XII).

6. Gewöhnlicher Aufenthalt ist der Lebensmittelpunkt (§ 30 Abs. 3 S. 2 SGB I) mit zukunftsoffenem Verbleib. Tatsächlicher Aufenthalt dagegen ist der Ort, an dem sich jemand auch nur besuchsweise oder sonst vorübergehend aufhält.

Kunkel

7. Die Heranziehung kreisangehöriger Gemeinden durch den Landkreis zur Durchführung von SGB XII-Aufgaben (§ 99 Abs. 1 SGB XII i.V.m. Landesrecht, z.B. § 3 AG SGB XII BW). Die sog. Delegation lässt die sachliche Zuständigkeit des Landkreises unberührt; es wird lediglich eine Vollzugszuständigkeit der Gemeinde begründet.

8. Die sog. Delegation bezieht sich auf die Aufgabenwahrnehmung generell, das sog. Mandat auf die Beauftragung in einem individuellen Fall (z.B. § 3 Abs. 2 AG SGB XII BW).

9. Durch Entgegennahme und Weiterleitung von Anträgen (§ 4 AG SGB XII BW) und durch vorläufige Hilfe im Eilfall (§ 5 AG SGB XII BW).

10. Kirchen und Verbände der freien Wohlfahrtspflege (Caritas, Diakonie, Deutsches Rotes Kreuz, Deutscher Paritätischer Wohlfahrtsverband, Zentrale Wohlfahrtsstelle der Juden).

11. Nachrang des Trägers der öffentlichen Jugend- und Sozialhilfe gegenüber den Trägern der freien Jugend- und Sozialhilfe.

12. Im SGB XII: § 5 Abs. 4; § 75 Abs. 2. Im SGB VIII: § 4 Abs. 2.

13. Gewährleistung des Wunsch- und Wahlrechts des Bürgers; Schaffung einer staatsfreien Sphäre; personennahe Hilfeleistung; Entlastung öffentlicher Kassen

14. Die Bundesagentur für Arbeit (BA) mit ihren Dienststellen und („duales System") als kommunale Träger Stadt-u. Landkreise (§ 6 Abs. 1 SGB II), jeweils für den gesetzlich zugewiesenen Aufgabenbereich. Zugelassene kommunale Träger (sog. Optionskommunen) treten an die Stelle der BA (§ 6 b SGB II) und sind dann alleinige Träger. Im „dualen System" können die beiden Träger eine Arbeitsgemeinschaft (ARGE) bilden (§ 44 b SGB II). Nach außen firmieren die Träger als" Jobcenter"(§ 6 d SGB II).

15. Die Zuständigkeiten verteilt § 6 Abs. 1 SGB II: nach Nr. 1 ist grundsätzlich die BA zuständig, nach Nr. 2 sind die kommunalen Träger (nur ausnahmsweise) zuständig für die Beratungs-und Betreuungsleistungen nach § 16 a, Unterkunft u. Heizung nach § 22 bzw.(für Auszubildende) § 27 Abs. 3, Erstausstattungen nach § 24 Abs. 3 S. 1 Nr. 1,2 (also nicht auch Nr. 3?) sowie das Bildungs-u. Teilhabepaket nach § 28.

VII. Hilfe zum Lebensunterhalt

1. Anspruchsgrundlage für HzL sind §§ 17 Abs. 1, 19 Abs. 1, 27 Abs. 1 SGB XII.

2. Sie sichert den notwendigen Lebensunterhalt (Existenzminimum) gem. § 27 a SGB XII.

3. Laufende Leistungen für den laufenden Bedarf und einmalige Leistungen für den einmaligen Bedarf. Die laufenden Leistungen werden gewährt durch Regelsätze (§ 27 a Abs. 3 SGB XII), Leistungen für Unterkunft und Heizung (§ 35 SGB XII), Mehrbedarfszuschläge (§ 30 SGB XII), Beiträge zur sozialen Absicherung (§§ 32, 33 SGB XII) sowie das Teilhabe- u. Bildungspaket (3 34 SGB XII). Einmalige Leistungen werden gewährt für Erstausstattungen der Wohnung und mit Bekleidung sowie für orthopäd. Schuhe und therapeutische Geräte (§ 31 SGB XII).

4. § 27 a Abs. 3 SGB XII bestimmt für die offene Hilfe die Bedarfsdeckung durch Regelsatz. Die Höhe der Regelsätze ergibt sich aus den Regelbedarfsstufen der Anlage zu § 28 SGB XII i. V. m. § 8 Regelbedarfs-Ermittlungsgesetz.

5. Seit 1.1.2012: 374 €.

Kunkel

VIII. Grundsicherung im Alter und bei Erwerbsminderung

1. Grundsicherung wird gewährt, wenn jemand 65 bzw. 67 Jahre oder älter ist oder wenn jemand 18 Jahre oder älter und voll erwerbsgemindert ist (§ 41 Abs. 1 SGB XII).

2. Die Leistung wird nur auf Antrag gewährt; Unterhaltsansprüche gegenüber Kindern und Eltern bleiben grundsätzlich unberücksichtigt (§ 43 Abs. 2 SGB XII); die Vermutung der Bedarfsdeckung in einer Haushaltsgemeinschaft gilt nicht (§ 43 Abs. 1 SGB XII); für die örtliche Zuständigkeit kommt es auf den gewöhnlichen Aufenthalt an (§ 98 Abs. 1 S. 2 SGB XII); vorsätzliche oder grob fahrlässige Herbeiführung der Bedürftigkeit schließen den Anspruch aus (§ 41 Abs. 3 SGB XII).

3. Es werden die gleichen Leistungen gewährt wie bei der Hilfe zum Lebensunterhalt (§ 42 SGB XII).

IX. Grundsicherung für Arbeitsuchende

1. Die Grundsicherung für Arbeitsuchende umfasst Leistungen zur Eingliederung in Arbeit und Leistungen zur Sicherung des Lebensunterhalts (§ 1 Abs. 3 SGB II).

2. Arbeitslosengeld II (§ 19 Abs. 1 S. 1 SGB II) und Sozialgeld (§ 19 Abs. 1 S. 2 SGB II), einmalige Leistungen (§ 24 Abs. 3 SGB II), Zuschüsse zu Versicherungsbeiträgen (§ 26 SGB II), Leistungen für Bildung und Teilhabe (§ 19 Abs. 2, § 28 SGB II).

3. Für Arbeitslosengeld II niedergelegt in § 7 Abs. 1 SGB II: Alter (15–65/67 Jahre), Erwerbsfähigkeit (§ 8 SGB II) und Hilfebedürftigkeit (§ 9 SGB II); für Sozialgeld § 7 Abs. 2 SGB II (Bedarfsgemeinschaft mit erwerbsfähiger leistungsberechtigter Person, kein Anspruch auf Leistungen nach dem 4. Kapitel SGB XII), für Leistungen für Bildung und Teilhabe (§ 19 Abs. 3, § 28 SGB II) darüber hinaus Schülereigenschaft oder Minderjährigkeit.

4. Arbeitslosengeld II und Sozialgeld: Regelbedarf, Mehrbedarfe, Bedarfe für Unterkunft und Heizung. Einmalige Leistungen: Vom Regelbedarf nicht umfasste Bedarfe. Zuschüsse zu Versicherungsbeiträgen: Beiträge zu privaten oder freiwilligen gesetzlichen Kranken- und Pflegeversicherungen. Leistungen für Bildung und Teilhabe: Schulbasispaket, Schülerbeförderung, Schulausflüge und Klassenfahrten, Mittagessen, Nachhilfe, Beiträge zu Vereinen usw.

5. Es werden die tatsächlich entstehenden Kosten übernommen, allerdings nur, soweit sie angemessen sind. Maßgeblich ist das Produkt aus angemessener Wohnfläche und angemessenem Wohnstandard. Solange eine Kostensenkung nicht möglich oder nicht zumutbar ist, werden die Kosten weiter in tatsächlicher Höhe übernommen. In Sonderfällen (Umzug, U25) werden nur niedrigere als angemessene Kosten übernommen.

6. Grundsätzlich alle Leistungsberechtigten nach dem SGB II, bei nichterwerbsfähigen Leistungsberechtigten ist die Leistung allerdings eingeschränkt (§ 7 Abs. 2 S. 2 SGB II).

7. Ja und nein: Ein echter Zwang besteht nicht, allerdings werden die Leistungen zur Sicherung des Lebensunterhalts bei Nichtannahme gekürzt (Sanktionen, §§ 31–32 SGB II).

X. Hilfen nach dem Fünften bis Neunten Kapitel

1. Während § 19 Abs. 1 SGB XII den vollen Einsatz des bereinigten Einkommens verlangt, mildert § 19 Abs. 3 SGB XII den Einkommenseinsatz insoweit ab, als nur ein zumutbarer Teil verlangt wird. Der zumutbare Teil wird nach §§ 87, 88, 89 SGB XII bestimmt.

Kunkel

2. Von besonderer praktischer Bedeutung sind die Hilfe bei Krankheit (§ 48 SGB XII), die Eingliederungshilfe für behinderte Menschen (§§ 53, 54 SGB XII) und (trotz Pflegeversicherung) die Hilfe zur Pflege (§§ 61 bis 65 SGB XII).

3. Durch ihre verschiedenen Ziele: Während die Krankenhilfe der Heilung und Linderung dient, ist Zweck der Pflegehilfe nur noch die Aufrechterhaltung der physischen Existenz. Zweck der Eingliederungshilfe für behinderte Menschen ist es, durch die Leistungen nach § 54 SGB XII die Teilnahme am Leben in der Gemeinschaft zu ermöglichen. Umfang und Verfahren der Leistungserbringung sind zusätzlich im SGB IX geregelt.

4. Systematisch sind folgende Schritte zu unterscheiden:
   (1) Bestimmung der Personen, die zur Einsatzgemeinschaft gehören (§ 19 Abs. 3 SGB XII)
   (2) Berechnung ihres bereinigten Einkommens (§§ 82 bis 84 SGB XII)
   (3) Berechnung der Einkommensgrenze (§ 85 SGB XII)
   (4) Bestimmung des Anteils über der Einkommensgrenze (§ 87 SGB XII)
   (5) Bestimmung des Anteils unter der Einkommensgrenze (§ 88 SGB XII)
   (6) Addition der beiden Anteile (= Eigenanteil)
   (7) Leistung der Hilfe in Höhe des tatsächlichen Bedarfs abzüglich des Eigenanteils. Nur im Fall erweiterter Hilfe wird die Leistung in Höhe des tatsächlichen Bedarfs erbracht und der Leistungsberechtigte nachträglich durch einen Kostenbeitrag zum Aufwendungsersatz in Höhe des Eigenanteils verpflichtet (§ 19 Abs. 5 und § 92 Abs. 1 S. 2 SGB XII).

5. Die Einkommensgrenze ist nach § 85 SGB XII zu bestimmen. Sie ergibt sich aus einem Grundbetrag, den Kosten der Unterkunft und einem Familienzuschlag.

XI. Ersatzleistungen

1. Zu unterscheiden sind:
   (1) *Kostenerstattung* zwischen
       – Trägern von Sozialleistungen (§§ 102 bis 105 SGB X)
       – Trägern der Sozialhilfe (§§ 106 bis 108 SGB XII);
       – Kommunalen Trägern der Grundsicherung(§ 36 a SGB II).
   (2) *Kostenersatz,* wenn Hilfe rechtmäßig geleistet worden ist
       – vom Leistungsberechtigten bei sozialwidrigem Verhalten (§ 103 Abs. 1 S. 1 SGB XII bzw. § 34 SGB II)
       – vom Erben des Leistungsberechtigten oder seines Ehegatten oder Lebenspartners (§ 102 Abs. 1 SGB XII bzw. § 35 SGB II)
       – vom Leistungsberechtigten bei Doppelleistung (§ 105 SGB XII);
   (3) *Kostenersatz,* wenn Hilfe rechtswidrig geleistet worden ist
       – vom Hilfeempfänger oder seinem Vertreter, wenn sie die Rechtswidrigkeit der Leistung kannten (§ 103 Abs. 1 S. 2 SGB XII)
       – vom Dritten, der die Leistung vorsätzlich oder grob fahrlässig herbeigeführt hat (§ 104 SGB XII bzw. § 34 a SGB II);
   (4) *Leistungserstattung* bei rechtswidrig gewährter Hilfe (§ 50 i.V.m. § 45 SGB X bzw. § 40 SGB II i. V. m. § 330 SGB III);
   (5) *Übergang* eines Anspruchs des Leistungsberechtigten (oder der Personen der Einsatzgemeinschaft) auf den Träger

Kunkel

- durch Überleitungsanzeige (§ 93 SGB XII)
- kraft Gesetzes (cessio legis)
  - bei Unterhaltsansprüchen (§ 94 SGB XII bzw. § 33 SGB II für alle Ansprüche gegen Dritte)
  - bei Schadensersatzansprüchen (§ 116 SGB X)
  - bei Lohnansprüchen (§ 115 SGB X).

2. Durch Überleitungsanzeige (§ 93 Abs. 1 S. 1 SGB XII), die ein Verwaltungsakt nach § 31 SGB X ist.
3. Kraft Gesetzes (§ 94 Abs. 1 SGB XII bzw. § 33 SGB II). Die Rechtswahrungsanzeige nach § 94 Abs. 4 SGB XII bzw. § 33 Abs. 3 SGB II bewirkt lediglich, dass Unterhalt auch für die Vergangenheit gefordert werden kann; sie ist kein VA.
4. Einschränkungen ergeben sich, wenn
   - Unterhaltspflichtiger zur Einsatzgemeinschaft gehört (§ 94 Abs. 1 S. 3 SGB XII bzw. § 33 Abs. 2 S. 1 Nr. 1 SGB II)
   - Unterhaltspflichtiger Verwandter zweiten oder entfernteren Grades ist (§ 94 Abs. 1 S. 3 SGB XII bzw. § 33 Abs. 2 S. 1 Nr. 2 SGB II für alle Verwandten)
   - Leistungsberechtigte schwanger ist oder allein erziehend (§ 94 Abs. 1 S. 4 SGB XII bzw. § 33 Abs. 2 S. 1 Nr. 3 SGB II)
   - Grundsicherung geleistet worden ist (§ 94 Abs. 1 S. 3 SGB XII)
   - eine unbillige Härte vorliegt (§ 94 Abs. 3 S. 1 Nr. 2 SGB XII).
5. Kostenersatz ist grundsätzlich nur bei rechtmäßig geleisteter Hilfe möglich, wenn die Notlage schuldhaft herbeigeführt worden ist (§ 103 SGB XII bzw. § 34 SGB II) oder wenn ein Erbe aus dem Nachlass Ersatz leisten muss (§ 102 SGB XII bzw. § 35 SGB II) oder wenn eine Doppelleistung erbracht worden ist (§ 105 SGB XII). Ausnahmsweise ist Kostenersatz auch bei rechtswidrig erbrachter Leistung möglich, wenn ein Dritter die Leistung durch sein Verhalten herbeigeführt hat (§ 104 und § 103 Abs. 1 S. 2 SGB XII bzw. § 34 a SGB II).
6. Kostenerstattung, wenn
   a. der Sozialhilfeträger
      - anstelle eines vorrangig verpflichteten anderen Sozialleistungsträgers geleistet hat (§ 104 SGB X)
      - Hilfe in einer Einrichtung oder in einer anderen Familie geleistet hat (§§ 106, 107 SGB XII)
      - Hilfe bei Einreise aus dem Ausland geleistet hat (§ 108 SGB XII)
   b. der kommunale Träger der Grundsicherung Hilfe im Frauenhaus geleistet hat (§ 36 a SGB II).
7. Sozialhilfe ist rechtswidrig geleistet und der rechtswidrige Bescheid ist zurückgenommen worden (§ 45 i.V.m. § 50 SGB X).

Kunkel

Anlage 3: Prüfschemata

3.1 Prüfschema zur Datenerhebung nach § 67 a SGB X

I. Materielle Voraussetzungen

1. Dient die Datenerhebung der Erfüllung einer Aufgabe nach SGB II oder XII (einschl. AG und VO) im **konkreten Fall?** Welches ist die einschlägige Aufgabennorm?

2. Ist das Sozialamt/Jobcenter für die Erfüllung dieser Aufgabe sachlich und örtlich **zuständig?**

3. Ist das Sozialamt/Jobcenter zur **rechtmäßigen** Aufgabenerfüllung auf die Kenntnis des Datums **angewiesen?**

   Falls ja, sind Regelfall und Ausnahmefälle zu unterscheiden:

4. **Regelfall** („Betroffenenerhebung") nach Abs. 2 S. 1:

   Die Erhebung des Datums muss beim Betroffenen erfolgen, also durch Befragung
   - seiner selbst oder
   - Dritter mit seiner Einwilligung.

     Die Einwilligung muss sich bei Erhebung der spezifischen Daten nach § 67 Abs. 12 SGB X ausdrücklich auf diese Daten beziehen (Abs. 1 S. 3).

   „Rasse"-Daten dürfen immer nur mit Einwilligung erhoben werden. Für andere Daten gilt:

5. **Ausnahmefälle** („Fremderhebung"):

   Über den Betroffenen hinweg, d.h. ohne seine Mitwirkung (zu der er nach § 60 Abs. 1 Nr. 1 SGB I in den Grenzen des § 65 Abs. 1, insbesondere dessen Abs. 1 Nr. 3 verpflichtet ist) kann eine Datenerhebung erfolgen bei

   a. anderen **SGB-Stellen** (insbes. Sozialleistungsträger nach §§ 18-29 SGB I, aber auch Stellen nach § 68 SGB I) gem. Abs. 2 S. 2 **Nr. 1,** wenn

      aa) diese eine Übermittlungsbefugnis (nach § 69 Abs. 1 Nr. 1 SGB X) haben **und**

      bb) die Erhebung beim Betroffenen selbst einen Aufwand verursachen würde, der außer Verhältnis stünde zur Bedeutung des zu erhebenden Datums gemessen an der einfacheren Beschaffungsmöglichkeit bei dem anderen Sozialleistungsträger **und**

      cc) objektiv keine Anhaltspunkte dafür vorliegen, dass die Datenerhebung bei einem anderen Sozialleistungsträger die Interessen des Betroffenen beeinträchtigt, die schwerer wiegen als das Interesse an der Datengewinnung.

   b. **sonstigen** Personen/Stellen gem. Abs. 2 S. 2 **Nr. 2,** wenn

      1. Variante: **(„normative Zulässigkeit")** eine Rechtsvorschrift

      aa) die Erhebung bei dieser Person/Stelle (z.B. § 118 Abs. 1 und 2 SGB XII, § 52 SGB II) zulässt oder

      bb) die Übermittlung an das Sozialamt/Jobcenter ausdrücklich vorschreibt (z.B. §§ 117, 118 Abs. 3 S. 5 SGB XII; §§ 21 Abs. 4, 100 SGB X; § 51 Abs. 2 SGB II).

Kunkel

2. Variante: (**„Spezifische Aufgabe"**)

   aa) Eine spezifische Aufgabe nach dem SGB XII erfüllt wird, die ihrer Art nach eine Erhebung bei anderen Personen/Stellen erforderlich macht (z.B. Feststellung des Bedarfs bei Eingliederungshilfe) **und**

   bb) objektiv keine Anhaltspunkte dafür vorliegen, dass die Datenerhebung schutzwürdige Interessen des Betroffenen beeinträchtigt, die schwerer wiegen als das Interesse an der Datengewinnung.

3. Variante: (**„Verhältnismäßigkeit"**)

   aa) die Erhebung der Daten beim Betroffenen selbst einen Aufwand erfordern würde, der außer Verhältnis stünde zu dem Zweck der Datengewinnung gemessen an der einfacheren Erhebungsmöglichkeit bei einer anderen Person/Stelle **und**

   bb) objektiv keine Anhaltspunkte dafür vorliegen, dass schutzwürdige Interessen des Betroffenen beeinträchtigt werden, die schwerer wiegen als das Interesse an der Datengewinnung.

II. Unterrichtungs- und Hinweispflichten

1. Bei **Betroffenenerhebung** ist **er** gem. Abs. 3 zu unterrichten über:

   a. den Zweck der Datenerhebung und der weiteren Datenverwendung, also die Erfüllung einer bestimmten Aufgabe nach dem SGB XII /SGB II;

   b. die Stelle, die seine Daten verwenden will;

   c. die weiteren Stellen, die seine Daten zur weiteren Verwendung erhalten sollen, wenn diese „außerhalb seines Gesichtskreises" liegen (Abs. 3 S. 2 Nr. 1-3);

   d. die Rechtsvorschrift, die ihn zur Auskunft verpflichtet (z.B. § 60 SGB I);

   e. die Folgen bei Verweigerung von Angaben (also z.B. auf § 66 SGB I).

   Fehlt eine Auskunftsnorm, ist der Betroffene darauf hinzuweisen, dass
   – die Auskunft Voraussetzung für die Gewährung eines rechtlichen Vorteils ist und
   – seine Angaben freiwillig sind.

2. Bei **Fremderhebung** bei

   a. einer **nicht-öffentlichen Stelle** (§ 67 Abs. 11 SGB X, z.B. Bank; freier Träger) ist **diese** hinzuweisen auf:

      aa) die Rechtsvorschrift, die sie zur Auskunft verpflichtet gem. Abs. 4 oder

      bb) auf die Freiwilligkeit ihrer Angaben, falls eine solche Rechtsvorschrift fehlt;

   b. Personen oder Stellen **außerhalb des SGB** (z.B. Bank; freier Träger; FA; Arzt; Arbeitgeber; Unterhaltspflichtiger) ist außerdem der **Betroffene** (bei Unkenntnis) gem. Abs. 5 zu unterrichten über:

      aa) die Speicherung,

      bb) die Stelle, die seine Daten verwendet,

      cc) den Zweck der Erhebung und Verwendung,

      sofern nicht
      – der Betroffene schon Kenntnis von Speicherung oder Übermittlung hat oder
      – die Unterrichtung unverhältnismäßig aufwändig ist oder
      – Speicherung oder Übermittlung ausdrücklich gesetzlich vorgesehen ist (z.B. nach §§ 117, 118 SGB XII; §§ 21 Abs. 4; 100 SGB X).

      Über die weitere Verwendung der Daten bei weiteren Stellen (Empfänger-Kategorien) ist der Betroffene gem. Abs. 5 S. 3 Nr. 1-3 nur zu

Kunkel

unterrichten, wenn diese außerhalb des SGB oder „außerhalb seines Gesichtskreises" liegen.

Beachte:

(1) Besteht eine Unterrichtungspflicht für eine Übermittlung gem. Abs. 5, muss die Unterrichtung spätestens bei der ersten Übermittlung erfolgen.

(2) Besteht keine Unterrichtungspflicht, weil die Unterrichtung einen unverhältnismäßigen Aufwand erfordert oder weil Speicherung oder Übermittlung der Daten ausdrücklich gesetzlich vorgesehen ist, muss die erhebende Stelle diese Gründe schriftlich festhalten.

(3) Eine Unterrichtungspflicht besteht nicht, wenn Daten zur Strafverfolgung oder zu anderen in § 83 Abs. 2-4 genannten Zwecken verwendet werden.

3.2 Prüfschema für eine Übermittlung von Daten

I. **Schutzbereich des Sozialgeheimnisses (§ 35 SGB I i.V.m. § 67 SGB X)**

1. **Normadressat?**

a. Leistungsträger

Für die Sozialhilfe sind Leistungsträger gem. § 12 SGB I i.V.m. § 28 Abs. 2 SGB I die Gebietskörperschaften Landkreis oder Stadtkreis sowie die überörtlichen Träger; für die Grundsicherung die BA und die Kommunen gem. § 12 SGB I i.V.m. § 19 a Abs. 2 SGB I. Zur Wahrung des Sozialgeheimnisses verpflichtet sind deren Stellen, die Aufgaben nach dem SGB XII oder SGB II wahrnehmen, aber auch die Stellen, die die in § 68 SGB I genannten Gesetze ausführen (z.B. Wohngeldgesetz, aber nicht: AsylbLG). Nicht Normadressat sind Wohlfahrtsverbände (außer im Fall des § 78 SGB X als „abgeleitete" Normadressaten).

b. „Hilfsstellen"

Normadressaten sind auch die Stellen, die Aufsichts-, Kontroll-, Disziplinar-, Prüfungs-, Organisations-, Ausbildungsaufgaben wahrnehmen.

c. Mitwirkungspflichtige Gemeinden

Normadressaten sind ferner kreisangehörige Gemeinden, die Aufgaben nach dem SGB XII oder dem SGB II wahrnehmen.

2. **Sozialdatum?**

Jede Einzelangabe über persönliche oder sachliche Verhältnisse einer bestimmten oder bestimmbaren natürlichen Person (auch nach ihrem Tode). Gleichgestellt sind Betriebs- und Geschäftsgeheimnisse.

3. **Schutzinhalt?**

Sozialdaten sind geschützt

a. gegen Eingriffe durch das Erheben von Daten und ihre Verwendung (Verarbeiten und Nutzen)

b. beim Umgang durch Datensicherung.

4. **Schutzumfang?**

Soweit eine Übermittlung unzulässig ist (siehe hierzu unter II und III), besteht keine Auskunfts-, Zeugnis- und Aktenvorlagepflicht und auch kein solches Recht.

Kunkel

II. Übermittlungsbefugnis (§ 35 Abs. 2 SGB I i.V.m. §§ 67 b, d SGB X)

Jede Verwendung von Sozialdaten (zur Erhebung vgl. Extra-Schema oben 3.1) unterliegt dem Gesetzesvorbehalt (§ 35 Abs. 2 SGB I i.V.m. § 67 b Abs. 1 SGB X). Verwenden ist das Verarbeiten und das Nutzen von Daten (s. Übersicht zum Begriff des Sozialgeheimnisses bei Rn 89). Übermitteln ist die Bekanntgabe der Daten an einen Dritten, also an eine Person/Stelle außerhalb der Stelle im Sozialamt/Jobcenter, die das Datum erhoben oder verwendet hat („Verantwortliche Stelle"). Kein Übermitteln, sondern Nutzen ist die Weitergabe von Daten an einen Empfänger innerhalb der verantwortlichen Stelle; die Zulässigkeit der Datennutzung richtet sich nach § 67 c SGB X.

Das Übermitteln eines Sozialdatums ist gem. §§ 67 b und 67 d SGB X nur zulässig, wenn der Betroffene eingewilligt hat oder wenn eine gesetzliche Übermittlungsbefugnis nach den §§ 68-75 SGB X vorliegt oder wenn andere Bestimmungen des SGB eine Übermittlung erlauben (§ 118 SGB XII; §§ 50,52 SGB II).

Die spezifischen Daten nach § 67 Abs. 12 SGB X dürfen nur mit Einwilligung weitergegeben werden (Ausnahme: Daten über die Gesundheit oder das Sexualleben).

1. **Einwilligung (§ 67 b Abs. 2 SGB X)?**
   a. Nur für den Einzelfall
   b. Nur aufgrund freier Entscheidung
   c. Hinweis auf
      aa) Zweck der Übermittlung
      bb) Folgen der Verweigerung einer Einwilligung
   d. Grundsätzlich Schriftform für Einwilligung und den Hinweis, außer bei Vorliegen besonderer Umstände
   e. Bei Verbindung mit anderen Erklärungen visuelle Hervorhebung der Einwilligung
2. **Gesetzliche Übermittlungsbefugnisse nach § 67 d Abs. 1 i.V.m. §§ 68-75 SGB X?**
   a. **§ 68 SGB X?**
      aa) Nur an bestimmte Empfänger
         – Polizei, Justiz, Verfassungsschutz
         – Vollstreckungsstellen (bei Ansprüchen in Höhe von 600, Euro und darüber)
      bb) Nur Standarddaten
      cc) Erweiterte Standarddaten nach Abs. 3 nur zur Rasterfahndung
      dd) Nur bei Erforderlichkeit für Aufgabenerfüllung der empfangenden Stelle
      ee) Durch Übermittlung dürfen schutzwürdige Interessen des Betroffenen nicht beeinträchtigt werden
      ff) Nur auf Ersuchen (beachte: „Verfallsdatum")
      gg) Ersuchende Stelle hat keine andere Beschaffungsmöglichkeit
      hh) Besondere Entscheidungskompetenz (Sozialdezernent)
   b. **§ 69 SGB X?**
      aa) Zur Erfüllung einer eigenen Aufgabe nach dem SGB („eigennützig")
         – Erfüllung des Erhebungszweckes (einschl. – so Abs. 5 – Aufsicht, Kontrolle, Rechnungsprüfung, Organisationsuntersuchung) oder
         – Zweckänderung zur Erfüllung eines anderen Zwecks, der sich aus einer SGB-Norm ergibt
      bb) Zur Erfüllung einer SGB-Aufgabe der Empfängerstelle („fremdnützig")

Kunkel

cc) Zur Durchführung eines gerichtlichen Verfahrens, das mit einer SGB-Aufgabe zusammenhängt

dd) Zur Abwehr falscher Behauptungen des Betroffenen

c. **§ 71 SGB X?**

aa) Erfüllung besonderer gesetzlicher Mitteilungspflichten, insbesondere nach
- § 138 StGB
- § 8 InfektionsschutzG
- AO
- ArchivG
- StatistikG

bb) Bei Ausländern zusätzlich
  (1) auf Ersuchen der Ausländerbehörde nach § 87 Abs. 1 AufenthG
  (2) auch ohne Ersuchen gem. § 87 Abs. 2 AufenthG

  Vgl. hierzu das Extra-Schema unten 3.3
  (3) zur Durchführung des AsylbLG

cc) In Betreuungssachen gegenüber dem Betreuungsgericht nach Ermessen

d. **§ 72 SGB X?**

aa) An Verfassungsschutz/BND/MAD/BKA

bb) Erweiterte Standarddaten

cc) Besondere Entscheidungskompetenz (Landrat, Bürgermeister oder Stellvertreter)

e. **§ 73 SGB X?**

aa) Richterliche Anordnung

bb) Zur Durchführung eines Strafverfahrens wegen eines Verbrechens (Strafandrohung von mindestens 1 Jahr Freiheitsstrafe) oder wegen eines Vergehens von erheblicher Bedeutung

cc) Bei einfachen Vergehen ist nur die Übermittlung von erweiterten Standarddaten zulässig

f. **§ 74 SGB X?**

aa) Durchführung eines gerichtlichen oder Vollstreckungsverfahrens wegen eines Unterhaltsanspruchs/Versorgungsausgleich

bb) Geltendmachung eines Unterhaltsanspruchs/Ausgleichsanspruchs außerhalb eines Verfahrens, wenn
- der Betroffene zur Auskunft verpflichtet ist
- diese Pflicht nach Mahnung und Fristsetzung nicht erfüllt hat

g. **§ 75 SGB X?**

aa) Bestimmtes Vorhaben
- der Wissenschaft und Forschung
- der Planung durch eine öffentliche Stelle

bb) Im Bereich der §§ 18-29 SGB I

cc) Schutzwürdige Interessen des Betroffenen werden nicht beeinträchtigt oder erheblich überwogen durch öffentliche Interessen

dd) Vorrangig ist Einwilligung einzuholen oder Zweckerreichung auf andere Weise

ee) Genehmigungsvorbehalt

ff) für Forschung des Bundes ist § 119 SGB XII lex specialis.

3. Gesetzliche Übermittlungsbefugnis nach § 67 d Abs. 1 SGB X i.V.m. **§ 118 SGB XII?**

Kunkel

(1) Das **Sozialamt** darf (auch im Weg des automatisierten Datenabgleichs) übermitteln

a. Daten des **Hilfesuchenden**:
  - Name und Vorname,
  - Geburtsdatum und Geburtsort,
  - Nationalität,
  - Geschlecht,
  - Anschrift,
  - Sozialversicherungsnummer.

b. **Empfänger** dieser Daten sind:
  aa) Bundesagentur für Arbeit und Träger der gesetzlichen Unfall-/Rentenversicherung
  bb) Finanzbehörde (für Kapitalerträge; geringfügige Beschäftigung; Riester-Altersvorsorge)
  cc) andere Sozialämter
  dd) andere Stellen
   - der Verwaltung der eigenen Gebietskörperschaft und ihre wirtschaftlichen Unternehmen
   - bei fremden Landkreisen/Stadtkreisen und Gemeinden.

c. Vom **Empfänger** dürfen an das Sozialamt **übermittelt** werden:
  aa) von der Bundesanstalt für Arbeit und den Trägern der gesetzlichen Unfall- / Rentenversicherung:
   - Tatsache,
   - Höhe,
   - Zeitraum des Leistungsbezugs;
  bb) von Finanzbehörde:
   - geringfügige Beschäftigung
   - Kapitalerträge
   - Riester-Altersvorsorge
  cc) von den anderen Sozialämtern:
   - Tatsache,
   - Höhe,
   - Zeitraum des Sozialhilfebezugs
  dd) von den anderen Stellen:
   - Geburtsdatum und -ort,
   - Personen- und Familienstand,
   - Wohnsitz,
   - Überlassung von Wohnraum,
   - Bezug von Leistungen der Daseinsvorsorge,
   - Eigenschaft als Kraftfahrzeughalter.

(2) Das **Jobcenter** darf Daten im Weg des automatisierten Datenabgleichs nach § 52 SGB II übermitteln.

III. **Einschränkungen der Übermittlungsbefugnis**
  1. Grundsatz der **Verhältnismäßigkeit** (Art. 20, 28 GG)
   a. Übermittlung muss geeignet sein, ihren Zweck zu erfüllen
   b. Übermittlung muss im Einzelfall in Form und Umfang erforderlich sein zur Zweckerreichung
   c. Übermittlung muss angemessen sein, d.h. ihre Vorteile für die Allgemeinheit dürfen nicht außer Verhältnis stehen zu den Nachteilen für den Betroffenen.

Kunkel

2. **§ 76 SGB X** (Dritten anvertraute Daten)
   a. Sozialamt/Jobcenter haben das zur Übermittlung vorgesehene Datum vom Träger eines Berufsgeheimnisses nach § 203 Abs. 1 StGB erhalten (außer im Fall des § 69 Abs. 1 Nr. 1, wenn Gutachtendaten zur Übermittlung vorgesehen sind und der Betroffene nicht widerspricht oder im Fall der Archivübermittlung).
   b. Besteht (fiktive) strafrechtliche Offenbarungsbefugnis?
      aa) (auch nur stillschweigende)Einwilligung?
      bb) Vorrangige gesetzliche Mitteilungspflicht (z.B. die nach § 71 SGB X)?
3. **Übermittlung ins Ausland** (§ 77 SGB X)?
   a. In **Europa**, wenn
      aa) zur Erfüllung einer (eigenen) SGB-Aufgabe oder einer entsprechenden Aufgabe des Empfängers oder
      bb) zur Abwehr falscher Behauptungen des Betroffenen oder
      cc) zum Arbeitsschutz oder
      dd) bei Verletzung der Unterhaltspflicht.
   b. In **außereuropäischen** Staat (oder über- oder zwischenstaatliche Stelle)
      (1) mit angemessenem Datenschutzniveau:

      wie bei a)
      (2) ohne angemessenes Datenschutzniveau:
         aa) zur Erfüllung einer SGB-Aufgabe oder für ein damit zusammenhängendes gerichtliches Verfahren und
         bb) keine Beeinträchtigung schutzwürdiger Belange.
   c. In **jedem Fall** ist Übermittlung nur zulässig, wenn
      aa) keine Beeinträchtigung schutzwürdiger Belange und
      bb) Einwilligung oder
      cc) aufgrund von Abkommen oder
      dd) für gerichtliches Verfahren, wenn
         – Voraussetzungen des § 69 Abs. 2 SGB X oder des § 73 SGB X vorliegen
         – angemessenes Datenschutzniveau gewährleistet ist.
      ee) Immer Hinweis auf Zweck der Übermittlung notwendig.

3.3 Prüfschema für Mitteilungen an die Ausländerbehörde

A. Besteht eine **Mitteilungspflicht nach dem Aufenthaltsgesetz?**
   I. Nach § 87 Abs. 1 AufenthG?
      1. Liegt ein Ersuchen der Ausländerbehörde vor?
      2. Liegen die Voraussetzungen des § 86 AufenthG für ein Ersuchen vor?
   II. Nach § 87 Abs. 2 AufenthG?
      1. Illegaler Aufenthalt?
         a. Ist Aufenthalt unrechtmäßig, weil Aufenthaltsgenehmigung oder Gestattung fehlt?
         b. Besteht positive Kenntnis von illegalem Aufenthalt?
         c. Gehört die Aufenthaltsfeststellung zum Dienstgeschäft?
      2. Liegt ein gesetzlicher Ausweisungsgrund vor?
      3. Liegt ein Ausschluss des Ausweisungsgrundes vor?

Kunkel

       a. bei Minderjährigen: Eltern halten sich hier rechtmäßig auf (§ 56 Abs. 2 AufenthG)

       b. privilegierte Personen (§ 56 AufenthG)

    4. Liegt ein Ausschluss der Ausweisung vor?

       a. Nach EU-Gemeinschaftsrecht
(In § 6 FreizügG/EU als Transformation in innerstaatliches Recht).

       b. Nach multilateralen zwischenstaatlichen Abkommen

          aa) Europäisches Fürsorgeabkommen (Art. 6)

          bb) Europäisches Niederlassungsabkommen (Art. 3)

       c. Zwischenstaatliche bilaterale Abkommen

          aa) mit Österreich (Art. 8)

          bb) mit der Schweiz (Art. 5); gekündigt zum 31.3.2006

    5. Ist die Ausweisung ausgeschlossen, weil das Ermessen der Ausländerbehörde auf Null reduziert ist?

       Mitteilung ist dann nicht erforderlich.

B. Ist die **Mitteilungspflicht begrenzt** durch die Pflicht zur Geheimhaltung nach **§ 35 SGB I**?

    Es besteht keine Mitteilungspflicht, wenn keine Übermittlungsbefugnis nach dem SGB besteht (§ 88 Abs. 1 AufenthG i.V.m. § 35 Abs. 3 SGB I):

    Eine Übermittlungsbefugnis kann sich nur aus § 71 Abs. 2 SGB X ergeben:

I. § 71 Abs. 2 **Nr. 1** SGB X bezüglich der Mitteilungspflicht nach § 87 **Abs. 1** AufenthG?

    Für das Sozialamt/Jobcenter gelten:

    a. § 71 Abs. 2 Nr. 1 a SGB X?

       aa) Gewährung oder Nichtgewährung einer Leistung?

       bb) Aufenthaltsrechtrechtliche Entscheidung der Ausländerbehörde?

       cc) Erforderlichkeit hierfür (Ausweisungsgrund: § 55 Abs. 2 Nr. 6 AufenthG)?

    b. § 71 Abs. 2 Nr. 1 c SGB X?

       Suchtabhängigkeit ohne Therapiebereitschaft?

II. § 71 Abs. 2 **Nr. 2** SGB X bezüglich der Mitteilungspflicht nach § 87 **Abs. 2** AufenthG?

    Ausweisungsgrund

    – für das Sozialamt: § 55 Abs. 2 Nr. 6 AufenthG

III. **Aber:** Ausschluss des Ausweisungsgrundes oder der Ausweisung?

    (siehe oben A. II. 3.-5.)

C. **Schranken-Schranken** der Übermittlungsbefugnis?

I. § 76 SGB X?

    1. Verlängertes Berufsgeheimnis nach § 203 Abs. 1 StGB?

    2. Strafrechtliche Offenbarungsbefugnis? Beachte § 88 Abs. 2 AufenthG

II. Grundsatz der Verhältnismäßigkeit (Art. 20, 28 GG)?

D. **Zuständigkeit** gem. § 68 Abs. 2 SGB X analog beachten

3.4 Prüfschema für das Akteneinsichtsrecht nach § 25 SGB X

1. Verwaltungsverfahren? (§ 8 SGB X).

    Verwaltungsverfahren endet mit Erlass des VA. Das Widerspruchsverfahren ist aber ein neues Verwaltungsverfahren (§ 62 SGB X).

Kunkel

2. Einsichtsberechtigter? Beteiligter (§ 12 SGB X).

    Der Beteiligte kann entweder selbst die Akteneinsicht begehren oder sich dabei vertreten lassen (§ 13 SGB X). Die Akteneinsicht ist eine Verfahrenshandlung und setzt daher Handlungsfähigkeit (§ 11 SGB X) voraus; Minderjährige haben diese mit 15 Jahren.

3. Gegenstand?

    Alle Akten, die das Verfahren betreffen (auch Nebenakten, nicht aber Vorarbeiten).

4. Erforderlichkeit?

    Weit auszulegen: alles, was der Interessenvertretung förderlich sein könnte; bloß wirtschaftliches Interesse genügt nicht.

5. Grenze?

    Sozialgeheimnis eines Dritten (§ 25 Abs. 3 SGB X).

6. Rechtsfolge?

    Unmittelbare Akteneinsicht bei der Behörde (§ 25 Abs. 4 S. 1 SGB X); nur mittelbare Akteneinsicht (vermittelt über einfühlsame Personen) bei „Schockdaten" (§ 25 Abs. 2 SGB X).

    Ausnahmsweise (wenn Anreise unzumutbar) ist die Akteneinsicht auch bei anderen Behörden möglich oder kann durch Zusendung an ein Anwaltsbüro erfolgen.

    Kopien?

    Ja, aber auf eigene Kosten (§ 25 Abs. 5 S. 1 SGB X).

7. Rechtsbehelfe?

    Widerspruch gegen ablehnende Entscheidung, aber nur gleichzeitig mit Rechtsbehelf gegen die Entscheidung in der Sache selbst. Einstweilige Anordnung daneben ist nicht möglich.

8. Unabhängig von einem Verwaltungsverfahren besteht das Auskunftsrecht nach § 83 SGB X.

9. Das Informationsfreiheitsgesetz des Bundes gilt nur für Bundesbehörden (also für die BA), aber die Gewährung der Information ist durch das Sozialgeheimnis begrenzt. Das gilt auch für Informationsfreiheitsgesetze einzelner Bundesländer (z.B. NRW).

3.5 Prüfschema zum Einkommenseinsatz in der Sozialhilfe

(1) Wer ist zum Einkommenseinsatz verpflichtet?

    Der HS selbst und die Einsatzgemeinschaft (§ 19 SGB XII); beachte zusätzlich § 20 SGB XII.

(2) Was ist Einkommen?

    Alle Einkünfte i.S.d. VO zu § 82 SGB XII.

(3) Welche Einkünfte gelten nicht als Einkommen i.S.v. § 82 SGB XII?
    –   SGB XII-Leistungen
    –   Grundrente nach dem BVG
    –   Grundrente nach OEG, IfSG u.a.
    –   Rente nach dem BEG.

(4) Was muss als zweckverschiedene Leistung unberücksichtigt bleiben?

    Prüfe nach § 83 SGB XII:

Kunkel

    – Leistung aufgrund öffentlich-rechtlicher Vorschrift?
    – gesetzlich ausdrücklich genannter Zweck?
    – Zweckverschiedenheit gegenüber dem Sozialhilfezweck?

(5) Welche Leistungen müssen ferner unberücksichtigt bleiben?
    – Schmerzensgeld (§ 83 Abs. 2 SGB XII)
    – Zuwendungen freier Träger (§ 84 Abs. 1 SGB XII)
    – Zuwendungen Dritter ohne rechtliche oder sittliche Pflicht (§ 84 Abs. 2 SGB XII)
    – Erziehungsgeld (§ 8 BErzGG) bzw. Elterngeld vor Geburt in Höhe von 300 € (§ 10 Abs. 5 BEEG)

(6) Was muss vom Einkommen abgesetzt werden?
    – Steuer (§ 82 Abs. 2 Nr. 1 SGB XII)
    – Sozialversicherungsbeiträge (§ 82 Abs. 2 Nr. 2 SGB XII)
    = Nettoeinkommen
    – Versicherungsbeiträge (§ 82 Abs. 2 Nr. 3 SGB XII)
    – Altersvorsorgebeiträge (§ 82 Abs. 2 Nr. 3 SGB XII)
    – Werbungskosten (§ 82 Abs. 2 Nr. 4 SGB XII)
    – Arbeitsförderungsgeld (§ 82 Abs. 2 Nr. 5 SGB XII)
    – bei HzL und GSi: Absetzungsbetrag für Einkommen aus Tätigkeit (§ 82 Abs. 3 SGB XII)
    – bei der HzL in einer Einrichtung: Einkommenseinsatz in Höhe der häuslichen Ersparnis; darüber hinaus in angemessenem Umfang bei länger als 6 Monate dauernder Unterbringung (§ 92 a SGB XII)
    = bereinigtes Einkommen

Kunkel

3.6 Prüfschema*: Sind die Kosten der Unterkunft angemessen?

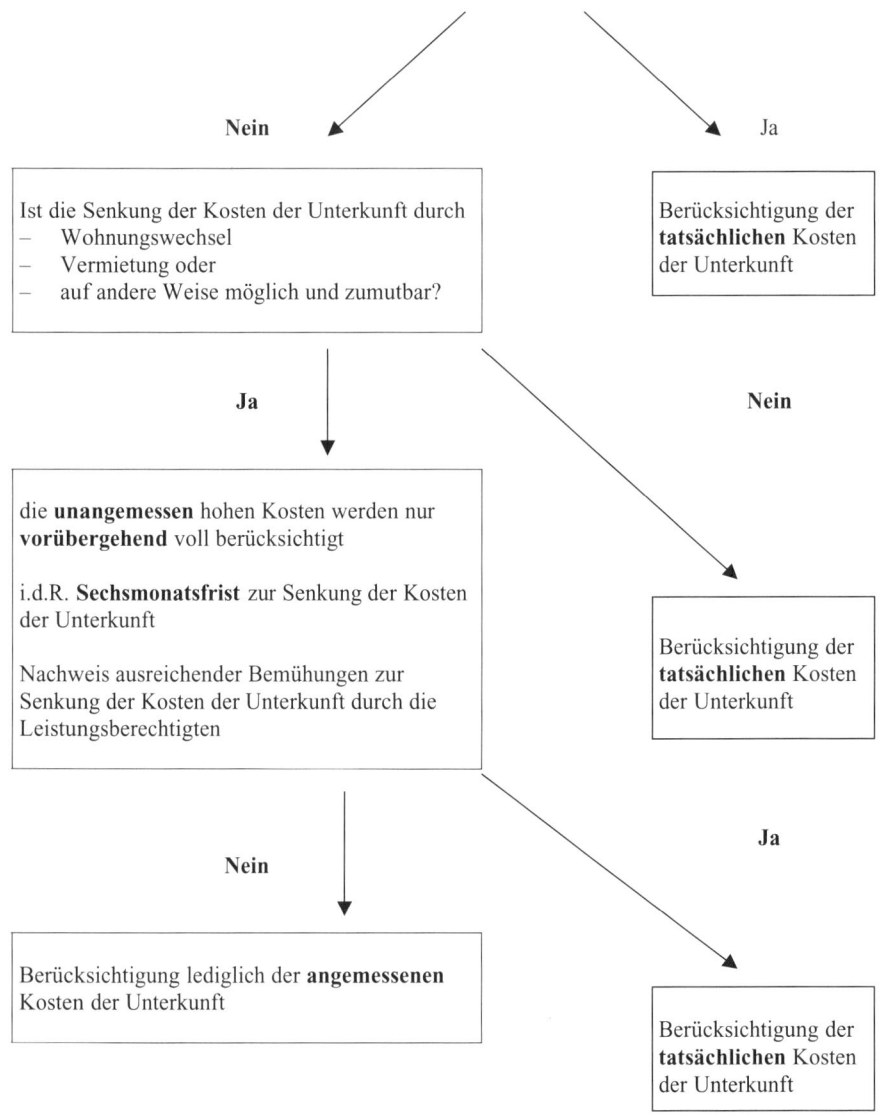

Nein

Ja

Ist die Senkung der Kosten der Unterkunft durch
- Wohnungswechsel
- Vermietung oder
- auf andere Weise möglich und zumutbar?

Berücksichtigung der **tatsächlichen** Kosten der Unterkunft

Ja

Nein

die **unangemessen** hohen Kosten werden nur **vorübergehend** voll berücksichtigt

i.d.R. **Sechsmonatsfrist** zur Senkung der Kosten der Unterkunft

Nachweis ausreichender Bemühungen zur Senkung der Kosten der Unterkunft durch die Leistungsberechtigten

Berücksichtigung der **tatsächlichen** Kosten der Unterkunft

Nein

Ja

Berücksichtigung lediglich der **angemessenen** Kosten der Unterkunft

Berücksichtigung der **tatsächlichen** Kosten der Unterkunft

---

* Stefanie Pfefferle, Seminararbeit bei Prof. Kunkel (2004).

Kunkel

3.7 Prüfschema: Kostenersatz durch Erben (§ 102 und § 103 Abs. 2 SGB XII)

Direkte Erbenhaftung (§ 102 SGB XII)	Indirekte Erbenhaftung (§ 103 Abs. 2 SGB XII)

Voraussetzungen:
(1) Leistungsberechtigter oder dessen Partner ist gestorben;
(2) 10 Jahre vor dem Todesfall ist Sozialhilfe (aber nicht Grundsicherung) geleistet worden;
(3) es sind mindestens Hilfekosten in Höhe des 3-fachen Grundbetrags nach § 85 Abs. 1 SGB XII entstanden.
 	
Ausnahmen:
Der Erbe des Partners des Leistungsberechtigten haftet nicht für die während des Getrenntlebens beim Leistungsberechtigten entstandenen Sozialhilfekosten.
 	
Begrenzung des Ersatzanspruchs:
Nur in Höhe des Nachlasses
 	
Verzicht auf Kostenersatz:
(1) Soweit Nachlasswert geringer ist als das 3-fache des Grundbetrages nach § 85 Abs. 1 SGB XII oder
(2) soweit Nachlasswert unter 15.340 € liegt, wenn Erbe
    – Partner des Leistungsberechtigten oder
    – Verwandter des Leistungsberechtigten und
    – Pflege bis zum Tod in häuslicher Gemeinschaft;
(3) soweit Inanspruchnahme besondere Härte wäre
 	
Erlöschen des Ersatzanspruches:
Nach drei Jahren, gerechnet vom Tod des Leistungsberechtigten oder seines Partners an.
 	
Hemmung und Unterbrechung der Erlöschensfrist:
Nach §§ 203 bis 218 BGB;
Erlass eines Leistungsbescheids (VA) gilt wie Klage.
	Voraussetzung:
	Die Ersatzpflicht nach § 103 Abs. 1 SGB XII muss bereits beim Erblasser eingetreten sein.
	
	Folge:
	Der Erbe ist zum Ersatz verpflichtet.
	
	Begrenzung des Ersatzanspruchs:
	Nur in Höhe des Nachlasses

3.8 Prüfschema: Erstattung zu Unrecht geleisteter Sozialhilfe

I. **Materielle** Voraussetzungen
1. Ermächtigungsgrundlage

> Eine Erstattungspflicht kann nur festgesetzt werden, wenn eine Rücknahme des VA erfolgt ist (§ 50 Abs. 1 SGB X).

> Die Rücknahme setzt voraus:
> a. Hilfebescheid muss rechtswidrig gewesen sein;
> b. Rücknahme darf nicht durch „Vertrauenskette" gesperrt sein. Diese liegt vor, wenn
>   (1) der HE auf den Bestand des VA vertraut hat und
>   (2) er sich auf das Vertrauen berufen kann und
>   (3) sein Vertrauen schutzwürdig ist.

2. Ermessen ohne Ermessensfehler ausüben.
3. Bescheid im Tenor bestimmt formulieren.

II. **Formelle** Voraussetzungen
1. Zuständigkeit
    a. sachliche (wie für den Hilfebescheid nach § 97 SGB XII)
    b. örtliche (nach Unanfechtbarkeit des Hilfebescheides: die Behörde, die im Zeitpunkt der Rücknahme örtlich nach § 98 SGB XII zuständig ist; vor Unanfechtbarkeit des Hilfebescheides: die Behörde, die den Hilfebescheid erlassen hat; § 45 Abs. 5 i.V.m. § 45 Abs. 3 SGB X).
2. Verfahren
    a. Anhörung (§ 24 SGB X)
    b. Jahresfrist (§ 45 Abs. 4 SGB X i.V.m. § 26 SGB X i.V.m. §§ 187 Abs. 1, 188 Abs. 2, 193 BGB)
3. Form
    a. Schriftlichkeit (§ 50 Abs. 3 S. 1 SGB X)
    b. einheitliche Tenorierung von Rücknahme und Erstattungspflicht (§ 50 Abs. 3 S. 2 SGB X)
    c. Begründung (§ 35 Abs. 1 S. 3 SGB X)
    d. Rechtsbehelfsbelehrung (§ 36 SGB X)

3.9 Prüfschema: Existenzsicherung* nach SGB II oder SGB XII? (Kunkel/Pattar)

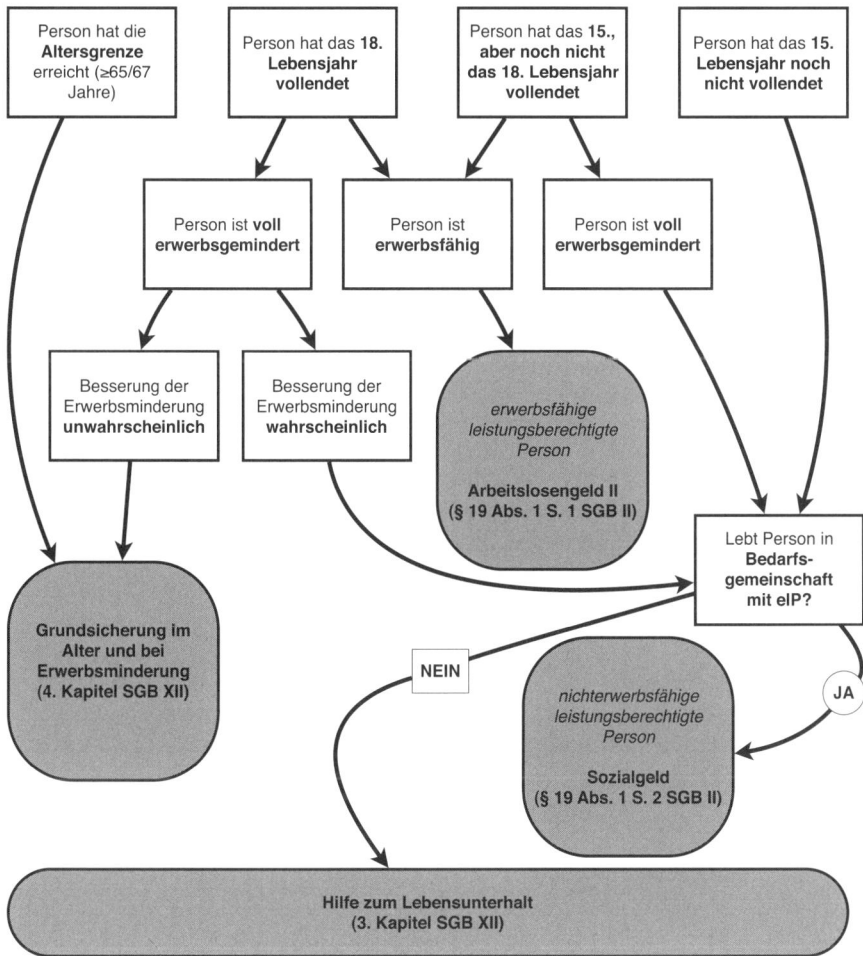

---

* Voraussetzung ist Bedürftigkeit, d.h. das einzusetzende Einkommen/Vermögen reicht nicht aus, den Lebensunterhalt (Bedarf) zu decken.

Kunkel

3.10 Fälle zur Anwendung von SGB XII oder SGB II (Kunkel/Pattar)

1. Vater (40 J.), Mutter (35 J.), Kind (3 J.)

   Vater: Alg II (337 €) nach § 19 Abs. 1 S. 1 (§ 20 Abs. 4) SGB II
   Mutter: Alg II (337 €) nach § 19 Abs. 1 S. 1 (§ 20 Abs. 4) SGB II
   Kind: Sozialgeld (219 €) nach § 19 Abs. 1 S. 2 (§§ 23 Abs. 1 Nr. 1, 77 Abs. 4 Nr. 2) SGB II

2. Vater (40 J.; voll erwerbsgemindert; keine Besserungswahrscheinlichkeit), Mutter (35 J.), Kind (3 J.):

   Vater: GSi (337 €) nach §§ 41, 42 Nr. 1, Regelbedarfsstufe 2 der Anlage zu § 28 SGB XII
   Mutter: Alg II (337 €) nach § 19 Abs. 1 S. 1 (§ 20 Abs. 4) SGB II
   Kind: Sozialgeld (219 €) nach § 19 Abs. 1 S. 2 (§ 23 Abs. 1 Nr. 1, 77 Abs. 4 Nr. 2) SGB II

3. Vater (40 J.), Mutter (40 J.), Kind (13 J.; erwerbsunfähig)

   Vater: wie oben 1.
   Mutter: wie oben 1.
   Kind: Sozialgeld (251 €) nach § 19 Abs. 1 S. 2 (§ 23 Abs. 1 Nr. 1, 77 Abs. 4 Nr. 3) SGB II

4. Vater (40 J.), Mutter (40 J.), Kind (15 J.)

   Vater: wie oben 1.
   Mutter: wie oben 1.
   Kind: Alg II (287 €) nach § 19 Abs. 1 S. 2 (§ 20 Abs. 2 S. 2, § 77 Abs. 4 Nr. 1) SGB II

5. Vater (40 J.), Mutter (40 J.), Kind (14 J.)

   Vater: wie oben 1.
   Mutter: wie oben 1.
   Kind: Sozialgeld (287 €) nach § 19 Abs. 1 S. 2 (§ 23 Abs. 1 Nr. 1, § 77 Abs. 4 Nr. 4) SGB II

6. Vater (40 J.), Mutter (40 J.), Kind (15 J., voll erwerbsgemindert, keine Besserungswahrscheinlichkeit)

   Vater: wie oben 1.
   Mutter: wie oben 1.
   Kind: Sozialgeld (287 €) nach § 19 Abs. 1 S. 2 (§ 20 Abs. 2 S. 2, § 77 Abs. 4 Nr. 1) SGB II

7. Vater (40 J.), Mutter (40 J.), Kind (18 J.)

   Vater: wie oben 1.
   Mutter: wie oben 1.
   Kind: Alg II (299 €) nach § 19 Abs. 1 S. 2 (§ 20 Abs. 2 S. 2) SGB II

Kunkel

8. Vater (40 J.), Mutter (40 J.), Kind (18 J., voll erwerbsgemindert, keine Besserungsmöglichkeit)

Vater:	wie oben 1.
Mutter:	wie oben 1.
Kind:	GSi (299 €) nach §§ 41, 42 Nr. 1, Regelbedarfsstufe 3 der Anlage zu § 28 SGB XII

9. Vater (40 J.), Mutter (40 J.), Kind (18 J., grundlos ausgezogen)

Vater:	wie oben 1.
Mutter:	wie oben 1.
Kind:	Alg II (299 €) nach § 19 Abs. 1 S. 2 (§ 20 Abs. 3) SGB II

10. Vater (40 J.), Mutter (40 J.), Kind (18 J., voll erwerbsgemindert, keine Besserungs-
    möglichkeit, grundlos ausgezogen)

Vater:	wie oben 1.
Mutter:	wie oben 1.
Kind:	GSi (374 €) nach §§ 41, 42 Nr. 1, Regelbedarfsstufe 1 der Anlage zu § 28 SGB XII

11. Vater (45 J., voll erwerbsgemindert, Besserungsmöglichkeit), Mutter (40 J.), Kind
    (15 J.)

Vater:	Sozialgeld (337 €) nach § 19 Abs. 1 S. 2 (§ 20 Abs. 4) SGB II
Mutter:	wie oben 1.
Kind:	Alg II (287 €) nach § 19 Abs. 1 S. 2 (§ 20 Abs. 2 S. 2, § 77 Abs. 4 Nr. 1) SGB II

12. Vater (40 J.), Mutter (40 J.), Kind (15 J., voll erwerbsgemindert, nicht in BG, aber
    im Haushalt der Eltern)

Vater:	wie oben 1.
Mutter:	wie oben 1.
Kind:	HzL (287 €) nach § 19 Abs. 1, 27 Abs. 1, Regelbedarfsstufe 4 der Anlage zu § 28 SGB

3.11 zur Frage: Ist der Verwaltungsakt rechtswidrig?

Rechtswidrig ist der VA dann, wenn er gegen den Grundsatz der Gesetzmäßigkeit der
Verwaltung verstößt (Art. 20, 28 GG), also materielle oder formelle Fehler aufweist.

I. Materielle Fehler
1. Rechtsgrundlage
   - Liegt gültige Ermächtigungsgrundlage (für Eingriffe; für Ansprüche: An-
     spruchsgrundlage) vor?
   - Liegen die einzelnen Tatbestandsmerkmale der Ermächtigungs- bzw. An-
     spruchsnorm vor (zunächst Auslegung der Tatbestandsmerkmale, dann
     Subsumtion des Sachverhalts)?
   - Liegt bei Eingriffen auch VA-Befugnis vor?

Kunkel

2. Bei Rechtsfolge: Ermessen

   Liegt Ermessensfehler vor (§ 39 SGB I)? Ist als Ermessensgrenze insbesondere der Grundsatz der Verhältnismäßigkeit beachtet worden? Ist bei Leistung oder Eingriff der Individualitätsgrundsatz (§ 9 SGB XII) beachtet worden?

3. Ist im Tenor des Bescheids der Grundsatz der Bestimmtheit (§ 33 Abs. 1 SGB X) beachtet worden?

II. Formelle Fehler

1. Zuständigkeit
   a. sachliche (§ 97 SGB XII bzw. § 6 Abs. 1 S. 1 Nr. 2 SGB II)
   b. örtliche (§ 98 SGB XII bzw. § 36 S. 2 SGB II)

2. Verfahren (§§ 8-30 SGB X), insbesondere
   a. Antrag (in Sozialhilfe nur für Grundsicherung nach § 41 SGB XII und die Hilfe nach § 24 SGB XII sowie nach § 34 a SGB XII; in Grundsicherung für Arbeitsuchende nach § 37 SGB II).
   b. Anhörung (§ 24 SGB X)
   c. Sozialdatenschutz (§ 35 SGB I i.V.m. §§ 67-85 a SGB X)

3. Form
   a. allgemeine (§ 33 Abs. 2-4 SGB X)
   b. Begründung (§ 35 SGB X)

4. Rechtsbehelfsbelehrung

   ist gesetzlich vorgeschrieben (§ 36 SGB X), aber besondere Fehlerfolge: § 66 Abs. 2 SGG.

5. Bekanntgabe

   erfolgt nach § 37 SGB X, besondere Fehlerfolge ist die Unwirksamkeit des VA (§ 39 Abs. 1 SGB X).

Beachte: Heilungsmöglichkeit von Verfahrens- und Formfehlern nach § 41 SGB X prüfen. Ist Fehler nicht geheilt, zusätzlich Unbeachtlichkeit des Fehlers nach § 42 SGB X prüfen.

3.12 Schema zur Frage: Hat der Widerspruch Aussicht auf Erfolg?

I. Zulässigkeit

Zulässig ist der Widerspruch dann, wenn die allgemeinen und besonderen Voraussetzungen dafür nach SGG vorliegen (§ 62 SGB X i.V.m. §§ 77-86 b SGG).

1. Wäre der Sozialgerichtsweg gegeben (§ 51 SGG ist für das Vorverfahren analog anzuwenden)?

2. Statthaftigkeit des Widerspruchs (§ 78 Abs. 1 SGG für Anfechtungswiderspruch, § 78 Abs. 2 SGG für Verpflichtungswiderspruch)? Liegt VA vor? (§ 31 SGB X).

3. Widerspruchsbefugnis (§ 54 Abs. 1 SGG analog)? Der Widerspruchsführer muss geltend machen, möglicherweise (Möglichkeitstheorie) in einem eigenen Recht verletzt zu sein. Dies ist bei dem Adressaten eines belastenden VA immer der Fall (Adressatentheorie). Wurde eine Leistung nicht erbracht, ist möglicherweise das Anspruchsrecht aus § 17 Abs. 1 i.V.m. § 19 SGB XII bzw. § 19 SGB II verletzt.

4. Frist (§ 84 SGG)?

5. Form (§ 84 SGG)?

Kunkel

6. Beteiligungsfähigkeit (§ 10 SGB X)?
7. Handlungsfähigkeit (§ 11 SGB X, bei § 11 Abs. 1 Nr. 2 SGB X i.V.m. § 36 SGB I: ab 15 Jahren)

II. Begründetheit

Begründet ist der Widerspruch dann, wenn der VA (bei Verpflichtungswiderspruch: die Ablehnung des VA)

1. rechtswidrig ist (siehe hierzu Schema 1) und
2. den Widerspruchsführer in seinen Rechten tatsächlich verletzt hat (§ 131 SGG) und
3. die Fehlerhaftigkeit des VA nicht unbeachtlich ist (§ 42 SGB X).

Wenn der Ausgangsbehörde bei ihrer Entscheidung Ermessen eingeräumt ist, ist der Widerspruch außerdem begründet, soweit der VA bzw. die Ablehnung eines VA unzweckmäßig ist und das Ermessen zumindest auch im Interesse des Widerspruchsführers eingeräumt ist.

III. Widerspruchsbehörde

Da Sozialhilfe Selbstverwaltungsangelegenheit ist (z.B. § 1 AG SGB XII BW), erlässt die Ausgangsbehörde auch den Widerspruchsbescheid (§ 85 Abs. 2 S. 1 Nr. 4 SGG), wenn nicht schon zuvor ein Abhilfebescheid (§ 85 Abs. 1 SGG) ergangen ist. Vor Erlass des Widerspruchsbescheids ist die Beteiligung sozial erfahrener Personen notwendig (§ 116 Abs. 2 SGB XII), sofern Landesrecht dies nicht ausschließt (z.B. § 9 AG SGB XII BW).

In der Grundsicherung für Arbeitsuchende gilt § 85 Abs. 2 S. 2 SGG, also ebenfalls die Ausgangsbehörde.

Anlage 4: Muster für Bescheide

Sozialhilfebescheid

Landratsamt...
– Kreissozialamt –

Datum...
Az.:...
Sachbearbeiterin...
Tel.:...

Frau und Herrn...
(Adresse)

Bescheid über die Leistung von Sozialhilfe

Sehr geehrte Frau...,
sehr geehrter Herr...,

1. für den Zeitraum von... bis... bewilligen wir Ihnen Grundsicherung in Höhe von... € monatlich.
2. Ein Mehrbedarfszuschlag wird nicht geleistet.
3. Der Bescheid ergeht gebührenfrei.

Begründung:

Tatsächliche Gründe:

Ihr Einkommen aus Rente beträgt... €, Wohngeld erhalten Sie... €. Vermögen haben Sie als Sparguthaben... €. Für Unterkunft und Heizung haben Sie monatlich... € Aufwendungen. Mit Antrag vom... haben Sie Sozialhilfe beantragt, insbesondere die Zuerkennung eines Mehrbedarfszuschlags wegen Alters.

Rechtliche Gründe:

Zu 1.:

Gemäß §§ 17, 19 Abs. 2 Sozialgesetzbuch Zwölftes Buch (SGB XII) haben Sie einen Anspruch auf Grundsicherung. Die Voraussetzung hierfür nach § 41 SGB XII erfüllen Sie, da Sie das 65. Lebensjahr vollendet haben und Ihren Lebensunterhalt nicht vollständig aus Ihrem Einkommen und Vermögen beschaffen können (§ 41 SGB XII). Gemäß § 42 Nr. 1 SGB XII in Verbindung mit der Anlage zu § 28 SGB XII gilt für Sie Regelbedarfsstufe 2, das sind 337 € pro Person. Außerdem haben Sie nach § 42 Nr. 4 SGB XII einen Anspruch auf Übernahme der Kosten für Unterkunft und Heizung in Höhe von... €.

Daraus ergibt sich ein Bedarf von insgesamt... €.

Ihr Einkommen haben Sie gemäß § 41 Abs. 2 in Verbindung mit §§ 82,83 SGB XII einzusetzen. Dies ist die Rente in Höhe von... € und das Wohngeld in Höhe von... €. Ihr Vermögen ist nach § 90 Abs. 2 Nr. 9 SGB XII in Verbindung mit § 1 Abs. 1 Nr. 2 der Verordnung hierzu in Höhe von 3.214 € geschont.

Kunkel

Die Höhe der Grundsicherung ergibt sich aus der Differenz zwischen Ihrem Bedarf und Ihrem Einkommen, beträgt also... €.

Zu 2.:
Der von Ihnen beantragte Mehrbedarfszuschlag wegen Alters kann nicht bewilligt werden, da § 42 Nr. 2 i.V.m. § 30 Abs. 1 SGB XII den Besitz eines Ausweises mit dem Merkzeichen „G" verlangt. Die Voraussetzungen für den Besitz dieses Ausweises nach § 69 Abs. 5 Sozialgesetzbuch Neuntes Buch (SGB IX) erfüllen Sie aber nicht.

Zu 3.:
Die Gebührenfreiheit ergibt sich aus § 64 Sozialgesetzbuch Zehntes Buch (SGB X).

Hinweis:
Wir weisen Sie darauf hin, dass Sie Änderungen in Ihrem Einkommens- und Vermögensverhältnissen sowie im Familienstand unverzüglich dem Sozialamt mitteilen müssen. Dieser Bescheid gilt nur, solange sich keine Änderungen in Ihren wirtschaftlichen und persönlichen Verhältnissen ergeben.

Rechtsbehelfsbelehrung:
Gegen diesen Bescheid können Sie innerhalb eines Monats nach Bekanntgabe schriftlich oder mündlich zur Niederschrift beim Landratsamt (Anschrift...) Widerspruch einlegen.

Mit freundlichen Grüßen
(Unterschrift)

Abhilfebescheid

Landratsamt...
– Kreissozialamt –

Datum:...
Az.:...
Sachbearbeiterin:...
Tel.:...

Frau und Herrn...
(Adresse)

Leistung von Sozialhilfe

Sehr geehrte Frau...,
sehr geehrter Herr...,

Sie haben mit Schreiben vom... gegen die Ihnen am... erklärte Ablehnung einer Hilfe zum Lebensunterhalt Widerspruch eingelegt. Wir haben daraufhin den gesamten Vorgang überprüft und erlassen folgenden

Kunkel

Abhilfebescheid:
1. Wir leisten Ihnen und Ihrem Ehemann ab... bis... Hilfe zum Lebensunterhalt in Höhe von monatlich... €.
2. Der Abhilfebescheid ergeht gebührenfrei.
3. Ihre zur zweckentsprechenden Rechtsverfolgung notwendigen Aufwendungen im Vorverfahren werden Ihnen erstattet.

Begründung:

...

Rechtsbehelfsbelehrung:

Gegen diesen Bescheid können Sie innerhalb eines Monats nach Bekanntgabe schriftlich oder mündlich zur Niederschrift beim Landratsamt (Anschrift...) Widerspruch einlegen.

Mit freundlichen Grüßen
(Unterschrift)

Widerspruchsbescheid

Landratsamt ...
– Kreissozialamt –

Datum:...
Az.:...
Sachbearbeiterin:...
Tel.:...

Zustellung mit Postzustellungsurkunde

Frau und Herrn...

(Adresse)

Leistung von Sozialhilfe

Sehr geehrte Frau...,
sehr geehrter Herr...,

Sie haben mit Schreiben vom... gegen die Ihnen am... erklärte Ablehnung einer Hilfe zum Lebensunterhalt Widerspruch eingelegt. Wir haben daraufhin den gesamten Vorgang überprüft und erlassen (nach Beratung mit den sozial erfahrenen Personen) folgenden

Widerspruchsbescheid:
1. Der Widerspruch vom... gegen den Bescheid des Landratsamtes... vom... wegen Hilfe zum Lebensunterhalt wird zurückgewiesen.
2. Der Bescheid ergeht gebührenfrei. Ersatz der Auslagen wird nicht verlangt. Die Ihnen entstandenen Kosten des Verfahrens haben Sie zu tragen.

Begründung

...

Kunkel

Rechtsbehelfsbelehrung:

Gegen diesen Bescheid können Sie innerhalb eines Monats nach Zustellung Klage erheben. Die Klage ist beim Sozialgericht in... schriftlich oder mündlich zu Protokoll des Urkundsbeamten zu erheben. Wird die Klage schriftlich eingereicht, empfiehlt es sich, der Klageschrift zwei Abschriften beizufügen.

Mit freundlichen Grüßen
(Unterschrift)

Beispiel für eine Tenorierung

1. Der Bewilligungsbescheid des Landratsamts... vom..., Az.:..., wird mit Wirkung für die Vergangenheit zurückgenommen.
2. Die aufgrund der zurückgenommenen Bewilligung erbrachten Sozialhilfeleistungen von 5.600 € sind zu erstatten und innerhalb von 4 Wochen nach Zustellung dieses Bescheids an die Kreiskasse zu überweisen.
3. Die sofortige Vollziehung der Regelungen Nr. 1 und 2 wird angeordnet.
4. Der Bescheid ergeht gebührenfrei.

Begründung

Tatsächliche Gründe
...

Rechtliche Gründe
...

(Rechtsgrundlage zu Nr. 1 ist § 45 Abs. 1 SGB X, zu Nr. 2: § 50 Abs. 1 SGB X, zu Nr. 3: § 86 a Abs. 2 Nr. 5 SGG, zu Nr. 4: § 64 Abs. 1 SGB X).

Anlage 5: Zusammenfassende Darstellung – zugleich Prüfungsmuster für SGB XII und *SGB II**

Teil 1: Formelle und materielle Voraussetzungen für Leistungen nach SGB XII und SGB II

Vorweg ist zu überlegen: Für wen kommt welche Leistung auf welcher Rechtsgrundlage in Betracht?

1. Für wen?

    Im Falle einer Bedarfsgemeinschaft ist leistungsberechtigte Person jedes Mitglied der Bedarfsgemeinschaft, der Bedarf kann aber für alle gemeinsam errechnet werden.

2. Welche Leistung?

    Kommt nur eine Leistung zur Existenzsicherung oder eine Hilfe in unterschiedlichen Lebenslagen in Betracht? Kommen beide in Betracht, sind ihre Anspruchsvoraussetzungen nacheinander zu prüfen. Zu beginnen ist mit der Leistung zur Existenzsicherung (HzL oder *SdL* oder GSi)?

3. Auf welcher Rechtsgrundlage?

    SGB XII, wenn Leistung für nicht erwerbsfähige (unter 3 Std. täglich: GSi) oder nicht dauerhaft erwerbsunfähige (HzL) Person. *SGB II, wenn Leistung (Alg II) für erwerbsfähige Person oder (Sozialgeld) für nicht erwerbsfähige, die in Bedarfsgemeinschaft mit erwerbsfähiger Person lebt.*

A. Formelle Voraussetzungen

I. Zuständigkeit

1. sachliche

Gemäß § 97 Abs. 1 SGB XII grundsätzlich der örtliche Träger (§ 3 Abs. 2 SGB XII), soweit nicht nach Landesrecht der überörtliche Träger (§ 3 Abs. 3 SGB XII) zuständig ist (z.B. in BW nach § 3 Abs. 4 JSVG). Hat das Landesrecht keine Bestimmung getroffen, ist die Zuständigkeit des überörtlichen Trägers nach § 97 Abs. 3 SGB XII zu bestimmen.

SGB II: § 6 Abs. 1 S. 1 Nr. 2: Land- und Stadtkreise für die dort genannten Leistungen, ansonsten BA(§ 6 Abs. 1 S. 1 Nr. 1).Beide zusammen bilden ARGE(§ 44 b),die als „Jobcenter" firmiert (§ 6 d) ebenso wie die sog. Optionsgemeinde als zugelassener kommunaler Träger (§§ 6 a, 6 b).

2. örtliche

Gemäß § 98 Abs. 1 S. 1 SGB XII richtet die örtliche Zuständigkeit grundsätzlich nach dem tats. A. des HS. Ausnahmen: bei GSi nach g.A. (§ 98 Abs. 1 S. 2 SGB XII) und bei stationärer Leistung nach g.A. vor Aufnahme in die Einrichtung (§ 98 Abs. 2 S. 1 SGB XII); für Bestattungskosten gilt § 98 Abs. 3 SGB XII.

SGB II: § 36 S. 2 (g.A.).

---

* *Prüfung nach SGB II kursiv.*

Beachte bei der sog. Delegation auf kreisangehörige Gemeinden durch Landesrecht (z.B. § 3 AG SGB XII BW i.V.m. § 99 SGB XII) die Vollzugs-Zuständigkeit der Gemeinde.
SGB II: § 6 Abs. 2 i.V.m. Landesrecht, z.B. § 2 Abs. 1 AG SGB II BW.

II. Verfahren

1. Beteiligte und Beteiligungsfähigkeit (§ 12 und § 10 SGB X).
2. Handlungsfähigkeit (§ 11 SGB X i.V.m. § 36 SGB I).
3. Antrag für GSi (§ 41 Abs. 1 SGB XII) und Bildungs- u. Teilhabepaket (§ 34 a Abs. 1 SGB XII)
   bzw. SdL. (§ 37 Abs. 1 SGB II).
4. Anhörung (§ 24 SGB X).
   Beachte:
   – Eingriff in Rechte?
   – Ausnahme nach § 24 Abs. 2 SGB X?
   – Heilung nach § 41 Abs. 1 Nr. 3 SGB X?
   – Beachtlichkeit des Fehlers nach § 42 S. 2 SGB X?
5. Sozialgeheimnis (§ 35 SGB I i.V.m. §§ 67 bis 85 a SGB X).
   Beachte:
   – Sozialdatum (§ 67 Abs. 1 SGB X)?
   – Übermittelt (§ 67 Abs. 6 Nr. 3 SGB X)?
   – Erhoben (§ 67 Abs. 5 SGB X)?
   – Genutzt (§ 67 Abs. 7 SGB X)?
   – Unbefugt?
     (1) Einwilligung (bei Übermitteln und Nutzen nach § 67 b Abs. 2 SGB X, bei Erheben nach § 67 a Abs. 3 SGB X)?
     (2) Gesetzliche Übermittlungstatbestände? Insbesondere:
       – Amtshilfe (§ 68 SGB X)?
       – Aufgabenvollzug nach dem SGB (§ 69 Abs. 1 Nr. 1 SGB X. *SGB II: § 50)?*
       – Missbrauchskontrolle (§ 118 SGB XII. *SGB II: § 50 bzw. automatisiert 52)?*
     (3) Erhebungsbefugnis (§ 67 a SGB X. *SGB II: § 51 b i.V.m. VO)?*
6. Ermittlung von Amts wegen (§ 20 SGB X), aber mit Mitwirkungspflichten (§§ 60 bis 67 SGB I).
7. Leistungsabsprache (§ 12 SGB XII); bei GSi nach Ermessen im Einzelfall (§ 44 Abs. 2 SGB XII). *SGB II: § 15 (Eingliederungsvereinbarung).*
8. Kostenfreiheit (§ 64 SGB X).

III. Form

1. Begründung (§ 35 SGB X).
   Beachte:
   – Schriftlicher oder elektronischer VA?
   – Tatsächliche und rechtliche Gründe sowie Ermessenserwägungen?
   – Ausnahmen (§ 35 Abs. 2 SGB X)?
     (1) Antrag wird entsprochen
     (2) Sach- und Rechtslage bereits bekannt (z.B. in Anhörung)

Kunkel

- Heilung (§ 41 Abs. 1 Nr. 2 SGB X)?
- Beachtlichkeit (§ 42 S. 1 SGB X)?
2. Rechtsbehelfsbelehrung (§ 36 SGB X).
 Beachte besondere Fehlerfolge: § 66 Abs. 2 SGG.
 Widerspruchsbescheid erlässt die Ausgangsbehörde (§ 85 Abs. 2 S. 1 Nr. 4 bzw. S. 2 SGG)
3. Bekanntgabe (§ 37 SGB X).
 - schriftlich oder elektronisch (§ 37 Abs. 2 SGB X),
 - förmlich durch Zustellung (§ 37 Abs. 5 SGB X i.V.m. LVwZG).
 Beachte: Besondere Fehlerfolge ist Unwirksamkeit des VA (§ 39 Abs. 1 SGB X).

B. Materielle Voraussetzungen für HzL bzw. SdL

I. Anspruchsgrundlage

- Rechtsanspruch

 Auf „Muss-Leistung" besteht ein Rechtsanspruch (§ 17 Abs. 1 i.V.m. § 19 Abs. 1, § 27 SGB XII *bzw. § 19 i.V.m. § 7 SGB II für Alg II oder Sozialgeld*). Bei Ausländern ist zusätzlich § 23 SGB XII *bzw. § 7 Abs. 1 S. 2 SGB II* zu beachten, bei Asylbewerbern das AsylbLG.

 Bei „Kann-Leistung" besteht ein Rechtsanspruch auf Ausübung fehlerfreien Ermessens. Das Ermessen muss fehlerfrei ausgeübt (§ 39 SGB I) und unter Kontrolle gehalten werden (§ 17 Abs. 2 S. 2 SGB XII).
- **Tatbestandsvoraussetzungen** (Bedürftigkeitsprüfung)

 Nach § 19 Abs. 1 S. 1 SGB XII *bzw. § 9 Abs. 1 SGB II* ist HzL *bzw.* SdL dem zu gewähren, der seinen notwendigen Lebensunterhalt nicht durch Selbst- und Dritthilfe beschaffen kann. Was zum notwendigen Lebensunterhalt (= Bedarf) gehört, ergibt sich aus § 27 a SGB XII *bzw. § 20 SGB II*. Die Feststellung der Bedürftigkeit ergibt sich aus der Gegenüberstellung des Bedarfs einerseits und des Einkommens und Vermögens andererseits, wonach der Unterschiedsbetrag als HzL *bzw.* SdL in Form laufender und einmaliger Leistungen gewährt wird. Für eine Bedarfsgemeinschaft nach § 19 Abs. 1 S. 2, § 20 SGB XII *bzw. § 7 Abs. 2 und 3 SGB II* (unterscheide hiervon die Haushaltsgemeinschaft nach § 39 SGB XII *bzw. § 9 Abs. 5 SGB II*) kann eine gemeinsame Berechnung erfolgen. Sowohl für die Bedarfsfeststellung als auch für die Leistungserbringung ist der Grundsatz der Individualität (§ 9 SGB XII) zu berücksichtigen.

1. Bedarf
 a. Laufender Bedarf
  aa. bei offener Hilfe:
   - Regelbedarf (§ 27 a Abs. 1 SGB XII i.V.m. Anlage zu § 28 SGB XII *bzw. § 20 SGB II, bei Sozialgeld ergänzend § 23 SGB II*)
   - Unterkunftsbedarf (§ 35 Abs. 1-3 SGB XII *bzw. § 22 SGB II*)
   - Heizungsbedarf (§ 35 Abs. 4 SGB XII *bzw. § 22 SGB II*)
   - Mehrbedarf (§ 30 SGB XII *bzw. § 21 SGB II*)
   - Beiträge zur Kranken- u. Pflegeversicherung sowie Alterssicherung (§§ 32, 33 SGB XII bzw. § 26 SGB II)
   - Sonderbedarf (§ 27 a Abs. 4, § 37 SGB XII *bzw. § 24 Abs. 1 SGB II*
   - Bildung und Teilhabe. (§ 34 SGB XII *bzw. § 28 SGB II*)

Kunkel

bb. bei stationärer Hilfe:
- Leistungsentgelt (§ 27bAbs. 1 i.V.m. § 75 SGB XII)
- Kleidung (§ 27 b Abs. 2 S. 1 SGB XII)
- Barbetrag (§ 27 b Abs. 2 S. 1 SGB XII).

b. Einmaliger Bedarf nach § 31 SGB XII *bzw. § 24 Abs. 3 SGB II* für
- Erstausstattung für die Wohnung
- Erstausstattung für Bekleidung und Säugling
- Orthopädische Schuhe und therapeutische Geräte;

c. Schulden nach § 36 SGB XII *bzw. § 22 Abs. 8 SGB II* für
- Mietschulden
- Schulden in vergleichbarer Notlage (z.B. Energieschulden).

2. **Selbst- und Dritthilfe** (materieller Nachrang)

Selbsthilfe ist möglich durch Einsatz von Arbeitskraft (nach SGB XII in beschränktem Maße), Einkommen und Vermögen (§ 2 Abs. 1 SGB XII *bzw. § 9 Abs. 1 SGB II)*. Erhält der HS Dritthilfe (z.B. von Angehörigen oder Trägern anderer Sozialleistungen), ist der Anspruch auf Hilfe ausgeschlossen (§ 2 Abs. 1 SGB XII *bzw. § 9 Abs. 1 SGB II)*. Erhält er diese Hilfe aber tatsächlich („bereite Mittel") nicht, ist Hilfe zu leisten, wobei der Nachrang nachträglich geltend gemacht wird (§ 2 Abs. 2 S. 1 SGB XII *bzw. § 5 Abs. 1 SGB II);* siehe hierzu Teil 2 (Ersatzleistungen).

Beachte ferner die Möglichkeiten nach §§ 42 (Vorschüsse) und 43 (vorläufige Leistungen) SGB I.

a. **Arbeit (Tätigkeit)**

HS muss einer Tätigkeit nachgehen (§ 11 Abs. 3 SGB XII), die zumutbar ist (§ 11 Abs. 4 SGB XII); bei Verweigerung wird die Leistung eingeschränkt (§ 39 a SGB XII). *Für SGB II: §§ 2; 31.*

b. **Einkommen**

Prüfe der Reihe nach: Wer hat was in welcher Höhe einzusetzen?

aa. Wer?

Die Einsatzgemeinschaft (§ 19 Abs. 1 S. 2 und § 20 SGB XII *bzw. § 9 Abs. 2 SGB II)* hat ihr Einkommen gemeinsam einzusetzen.

Liegt lediglich eine Haushaltsgemeinschaft vor (§ 36 SGB XII *bzw. § 9 Abs. 5 SGB II)*, gilt eine bloße Unterstützungsvermutung, wenn und soweit die Unterstützung erwartet werden kann.

bb. Was?

(1) Einkommen i.S.d. § 82 Abs. 1 SGB XII i.V.m. VO *bzw. § 11 SGB II i.V.m. Alg II-V* hierzu?

(2) Nicht zu berücksichtigen sind:
- Grundrente nach BVG, BEG, OEG (§ 82 Abs. 1 S. 1 SGB XII *bzw.§ 11 a Abs. 1 Nr. 2,3 SGB II)*
- Leistungen nach dem SGB XII *bzw. SGB II* selbst (§ 82 Abs. 1 S. 1 SGB XII *bzw. § 11 a Abs. 1 Nr. 1 SGB II)*
- Zweckverschiedene Leistungen aus öffentlich-rechtlicher Anspruchsgrundlage (§ 83 Abs. 1 SGB XII *bzw. § 11 a Abs. 3 SGB II)*; daher ist das Kindergeld als nicht zweckbestimmte Leistung (Wohngeld wird bei HzL *bzw. SdL* nicht mehr gewährt) als Einkommen zu berücksichtigen. *Ausnahmen bei SdL: Pflegegeld nach § 23 SGB VIII ist nicht, das nach § 39 SGB VIII nur teilweise zu berücksichtigen (§ 11 a Abs. 3 S. 2 Nr. 1,2 SGB II)*
- Schmerzensgeld (§ 83 Abs. 2 SGB XII *bzw. § 11 a Abs. 2 SGB II)*

Kunkel

- Zuwendungen der freien Wohlfahrtspflege (§ 84 Abs. 1 SGB XII *bzw. § 11 a Abs. 4 SGB II*)
- Zuwendungen Dritter ohne rechtliche oder sittliche Pflicht bei besonderer Härte (§ 84 Abs. 2 SGB XII) *bzw. bei grober Unbilligkeit oder in nicht gerechtfertigter Höhe (§ 11 a Abs. 5 SGB II)*

cc. Wieviel?

Abzusetzen sind
- Steuern und Sozialversicherung (§ 82 Abs. 2 Nr. 1 und 2 SGB XII *bzw. § 11 b Abs. 1 Nr. 1, 2 SGB II* = Nettoeinkommen)
- Versicherungen, Werbungskosten, Arbeits- und Tätigkeitsentgelt (§ 82 Abs. 2 Nr. 3 bis 5 und Abs. 3 SGB XII *bzw. § 11 b Abs. 1 Nr. 3-6 und Abs. 2,3 SGB II*; = bereinigtes Einkommen).

Bei (teil- und voll-)stationärer Unterbringung ist Einkommen gem. § 92 a SGB XII einzusetzen.

c. Vermögen

Prüfe in dieser Reihenfolge: Wer hat was in welcher Höhe einzusetzen?

aa. Wer?

Einsatzgemeinschaft wie bei Einkommen.

bb. Was?

Verwertbares Vermögen (§ 90 Abs. 1 SGB XII *bzw. § 12 SGB II*).

Beachte: Im Bedarfsmonat zugeflossene Geldleistungen sind nicht Vermögen, sondern Einkommen (Zuflusstheorie *bzw. § 11 Abs. 2, 3 SGB II*)

cc. Wieviel?

Nicht einzusetzen ist das Schonvermögen nach § 90 Abs. 2 SGB XII *bzw. § 12 Abs. 2, 3 SGB II*. Die Höhe der kleineren Barbeträge nach § 90 Abs. 2 Nr. 9 SGB XII ist in der VO hierzu geregelt. *Bei SdL sind Grundfreibeträge abzusetzen (§ 12 Abs. 2 SGB II).*

Beachte: Bei nicht geschontem Vermögen ist zunächst die (allgemeine) Härte nach § 90 Abs. 3 SGB XII zu prüfen, dann die (zeitliche) Härte nach § 91 SGB XII *bzw. § 9 Abs. 4 SGB II*.

II. Höhe (Maß) der HzL

Die Höhe der HzL *bzw. SdL* ergibt sich aus Differenz zwischen Bedarf einerseits und Einkommen und Vermögen andererseits; Ermessen besteht insoweit nicht (§ 17 Abs. 2 S. 1 SGB XII *bzw. § 19 Abs. 3 SGB II*).

Beachte: Erweiterte Hilfe ist nach § 19 Abs. 5 und nach § 92 Abs. 1 S. 2 SGB XII möglich; einmalige Leistungen können auch sog. Minderbemittelten erbracht werden (§ 31 Abs. 2 SGB XII *bzw. § 24 Abs. 3 S. 3 SGB II*); wobei ein Multiplikator für die Monate des Einkommenseinsatzes (nach SHR) berücksichtigt wird.

III. Einsetzen der Leistung

HzL setzt schon ab Bekanntwerden der Notlage ein (§ 40 Abs. 1 SGB I i.V.m. § 18 SGB XII i.V.m. § 16 Abs. 2 S. 2 SGB I; Antrag aber für Teilhabe –und Bildungspaket

Kunkel

nach § 34 a Abs. 1 SGB XII u. für ergänzende Hilfe durch Darlehen nach § 37 SGB XII). *SdL setzt Antrag voraus (§ 37 Abs. 1,2 SGB II i.V.m. § 16 Abs. 2 S. 2 SGB I).*

IV. Form der Leistung

HzL ist i.d.R. als Geldleistung zu erbringen (§ 10 Abs. 3 S. 1 SGB XII). HzL wird gleichsam von Tag zu Tag (stillschweigend mit jeweils neuem VA) geleistet; im Bescheid wird aber ein bestimmter Leistungszeitraum genannt. *SdL wird für 6 Monate gewährt (§ 41 Abs. 1 S. 4 SGB II).* HzL wird (nach SHR) auf volle Euro-Beträge aufgerundet; *SdL wird auf- oder abgerundet (§ 41 Abs. 2 SGB II).* Der Leistungsbescheid ist an alle Mitglieder der Bedarfsgemeinschaft zu adressieren; bei noch nicht handlungsfähigen Minderjährigen genügt die Angabe der Eltern im Adressfeld.

Beachte: Die Hilfe ist als Darlehen zu gewähren bei

– über den Regelbedarf hinausgehenden unabweisbarem Bedarf im Einzelfall (§ 37 SGB XII *bzw. § 24 Abs. 1 SGB II*)
– vorübergehender Notlage (§ 38 SGB XII *bzw. § 24 Abs. 4 SGB II*)
– zeitlicher Härte des Vermögenseinsatzes (§ 91 SGB XII *bzw. § 24 Abs. 5 SGB II*)
– Schuldenübernahme (§ 36 Abs. 1 S. 3 SGB XII *bzw. § 22 Abs. 8 S. 4 SGB II*).

C. Materielle Voraussetzungen für die GSi

I. Anspruchsgrundlage

– Rechtsanspruch
  § 17 Abs. 1 i.V.m. § 19 Abs. 2 SGB XII.
– Tatbestandsvoraussetzungen
  Nach § 41 Abs. 2 ist GSi dem zu gewähren, der zum Personenkreis des § 41 Abs. 1 gehört (über 65 bzw. 67 Jahre oder voll erwerbsgemindert ist) und seinen notwendigen Lebensunterhalt nicht aus eigenem Einkommen und Vermögen beschaffen kann. Der Anspruch ist aber ausgeschlossen, wenn der HS seine Bedürftigkeit in den letzten zehn Jahren vorsätzlich oder grob fahrlässig herbeigeführt hat (§ 41 Abs. 3 SGB XII).
1. Bedarf
   a. bei offener Hilfe:
      nach § 42 Abs. 1 Nr. 1-5 SGB XII;
   b. bei stationärer Hilfe:
      nach § 42 Abs. 1 Nr. 1-5 SGB XII
2. **Selbst- und Dritthilfe** (materieller Nachrang)
   Selbsthilfe muss geleistet werden durch Einsatz von Einkommen und Vermögen. Erhält der HS Dritthilfe, ist der Anspruch auf GSi ausgeschlossen (§ 2 Abs. 1 SGB XII). Unterhaltsansprüche gegenüber Kindern und Eltern bleiben aber unberücksichtigt, sofern deren jährliches Gesamteinkommen unter 100.000 € liegt (§ 43 Abs. 2 SGB XII).
   a. **Einkommen**
      Wie bei HzL, aber mit Besonderheiten:
      Zur Einsatzgemeinschaft gehören Ehegatten, Lebenspartner und Partner einer ehe- oder partnerschaftsähnlichen Gemeinschaft, aber nur soweit deren

Kunkel

Einkommen und Vermögen über ihrem eigenen notwendigen Lebensunterhalt liegen. Nicht berücksichtigt wird die Unterstützung im Rahmen einer Haushaltsgemeinschaft (§ 43 Abs. 1 SGB XII).

b. Vermögen

Wie bei HzL.

II. Höhe (Maß) der GSi

Wie bei HzL.

III. Einsetzen der Leistung

Erst ab Antrag (§ 40 Abs. 1 SGB I i.V.m. §§ 18 Abs. 1, 41 Abs. 1 SGB XII); beachte aber § 44 Abs. 1 S. 2 SGB XII.

IV. Form der Leistung

Geldleistung, die i.d.R. für 12 Kalendermonate bewilligt wird (§ 44 Abs. 1 SGB XII).

Darlehen bei

–   unabweisbarem Bedarf im Einzelfall (§ 42 Abs. 1 Nr. 5 i.V.m. § 37 Abs. 1 SGB XII)
–   Schuldenübernahme (§ 42 Nr. 4 i.V.m. § 36 Abs. 1 S. 3 SGB XII).

D. Materielle Voraussetzungen für Hilfen in unterschiedlichen Lebenslagen (§§ 47 bis 74 SGB XII)

I. Anspruchsgrundlage

–   Rechtsanspruch

    Auf „Muss-Leistungen" besteht ein Rechtsanspruch (§ 17 Abs. 1 S. 1 SGB XII i.V.m. § 19 Abs. 3 SGB XII). Bei Ausländern ist zusätzlich § 23 SGB XII zu beachten. Bei „Kann-Leistungen" besteht ein Rechtsanspruch auf Ausübung fehlerfreien Ermessens (§ 39 Abs. 1 S. 2 SGB I). Das Ermessen ist pflichtgemäß nach § 39 Abs. 1 S. 1 SGB I auszuüben.
–   Tatbestandsvoraussetzungen

    Die Hilfe ist dann zu gewähren, wenn die sachlichen Voraussetzungen einer Leistung nach §§ 47 bis 74 SGB XII (= Hilfebedarf) vorliegen und es nicht zumutbar ist, diesen Bedarf aus Einkommen und Vermögen zu decken (§ 19 Abs. 3 SGB XII = wirtschaftliche Voraussetzungen). Bei der Feststellung dieser Voraussetzungen und der Art der Leistung ist der Grundsatz der Individualität (§ 9 SGB XII) zu beachten.

1. Bedarf (sachliche Voraussetzungen)

Prüfe in dieser Reihenfolge:
(1) Besteht ein Bedarf, der über den in § 27 a SGB XII beschriebenen hinausgeht?
(2) Liegen die tatbestandsmäßigen Voraussetzungen einer Hilfe nach §§ 47 bis 74 SGB XII vor?

Kunkel

    (3) Welche Maßnahmen kommen zur Bedarfsdeckung in Betracht?

    (4) Wie hoch sind die Kosten dieser Maßnahmen?

2. **Selbst- und Dritthilfe** (materieller Nachrang = wirtschaftliche Voraussetzungen)

Selbsthilfe ist zu leisten durch Einsatz des eigenen Einkommens und Vermögens. Dritthilfe ist zu leisten durch Einsatz des Einkommens und Vermögens der Mitglieder der Einsatzgemeinschaft nach § 19 Abs. 3 SGB XII. Sozialhilfe ist ausgeschlossen, wenn der HS Leistungen Dritter tatsächlich (= bereite Mittel) erhält (§ 2 Abs. 1 SGB XII). Nachträglich wird der Nachrang wieder hergestellt durch Ersatzleistungen (§ 2 Abs. 2 SGB XII, vgl. hierzu unten Teil 2).

a. Einsatz des **Einkommens**

Prüfe in folgender Reihenfolge: Wer hat was in welcher Höhe einzusetzen?

aa. Wer?

Die Einsatzgemeinschaft nach § 19 Abs. 3 SGB XII. Die Regelung für die Haushaltsgemeinschaft in § 39 SGB XII gilt hier nicht.

bb. Was?

Wie bei HzL (siehe oben), allerdings kann bei HiuL Wohngeld gewährt werden, was dann als Einkommen einzusetzen ist.

cc. Wieviel?

Wie bei HzL, aber ohne Absetzung des Freibetrags nach § 82 Abs. 3 SGB XII.

Dieses bereinigte Einkommen ist aber nur zu einem Teil anzusetzen (= zumutbarer Eigenanteil), der sich nach einer Einkommensgrenze bestimmt.

dd. Zumutbarer Eigenanteil

Prüfe in folgender Reihenfolge:

(1) Wie hoch ist die Einkommensgrenze nach § 85 oder nach § 86 SGB XII i.V.m. mit Landesrecht? Bei minderjährigem unverheiratetem HS Berechnung nach § 85 Abs. 2 SGB XII, ansonsten nach Abs. 1:
-    Grundbetrag
-    Kosten der Unterkunft
-    Familienzuschlag (-zuschläge).

Also Einkommensgrenze =... €.

(2) Welcher Teil des bereinigten Einkommens liegt über der Einkommensgrenze (§ 87 SGB XII)?

Dieser Teil ist nur in angemessenem Umfang einzusetzen. Die Angemessenheit bestimmt sich nach den Kriterien des § 87 Abs. 1 S. 2 und 3 SGB XII.

Bei kurzzeitigem Bedarf (§ 87 Abs. 2 SGB XII) oder bei Gebrauchsgegenständen für mindestens ein Jahr (§ 87 Abs. 3 SGB XII) ist das Einkommen mehrere Monate zu berücksichtigen.

(3) Zusätzlich **kann** (Ermessen muss ausgeübt werden) auch aus dem Teil des Einkommens, der unter der Einkommensgrenze liegt, ein Anteil verlangt werden (§ 88 SGB XII), wenn
-    zweckidentische Leistungen Dritter erbracht werden oder
-    Bagatellbedarf

Beachte: Das Ermessen ist nur dann fehlerfrei ausgeübt, wenn der zu erbringende Eigenanteil nicht die Existenz des HS gefährdet (= Garantiebetragsberechnung).

(4) Zumutbarer Eigenanteil =... €.

Beachte: Liegt das bereinigte Einkommen über der Einkommensgrenze, ist die Addition der Eigenanteile über und unter der Einkommensgrenze möglich.

b. Einsatz des **Vermögens**

Wie bei HzL, aber höherer Barbetrag ist geschont nach § 90 Abs. 2 Nr. 9 SGB XII i.V.m. VO und gesetzliche Auslegungshilfe zum Begriff der Härte nach § 90 Abs. 3 S. 2 SGB XII.

II. Höhe (Maß) der Leistung

Grundsätzlich: Bedarf minus Eigenanteil. Anders bei erweiterter Hilfe nach § 19 Abs. 5 und nach § 92 Abs. 1 S. 2 SGB XII, dann Hilfe = Bedarf, aber nachträglicher Aufwendungsersatz in Höhe des zumutbaren Eigenanteils.

Beachte: Hilfe wird ohne Berücksichtigung von Einkommen und Vermögen geleistet bei der Hilfe nach § 67 SGB XII (§ 68 Abs. 2 SGB XII) und bei der Hilfe nach § 71 SGB XII (§ 71 Abs. 4 SGB XII).

III. Einsetzen der Leistung

Wie bei HzL (siehe oben).

IV. Form der Leistung

Wie bei HzL, aber zumindest die Eingliederungshilfe für behinderte Menschen und die Hilfe zur Pflege sind Dauerleistung. Der Leistungsbescheid ist zu adressieren an den Leistungsberechtigten und an die Mitglieder der Einsatzgemeinschaft.

Teil 2: Ersatzleistung nach Hilfegewährung

Hat der Träger Leistungen an den Leistungsberechtigten erbracht, gibt es mehrere Möglichkeiten des Ersatzes:

I. Nur in der Sozialhilfe: Überleitung des Anspruchs des Leistungsberechtigten gegenüber einem Dritten, der nicht Sozialleistungsträger (§ 12 SGB I) ist:

1. Grund: § 2 Abs. 2 SGB XII.
2. Voraussetzungen: § 93 SGB XII.
3. Überleitung steht im Ermessen.
4. Form: VA (Überleitungsanzeige).

Kunkel

II. Gesetzlicher Anspruchsübergang

1. Bei Ansprüchen des Leistungsberechtigten gegen Unterhaltsverpflichtete: § 94 SGB XII bzw. *nach § 33 SGB II auch gegen andere Dritte, die nicht Sozialleistungsträger sind*
2. Bei Ansprüchen des Leistungsberechtigten gegen den Arbeitgeber: § 115 SGB X.
3. Bei Ansprüchen des Leistungsberechtigten gegen einen Schadensersatzpflichtigen: §§ 116 bis 119 SGB X.

III. Kostenerstattungsanspruch des zuständigen Sozialhilfeträgers bzw. SdL-Trägers gegenüber einem anderen Sozialhilfeträger bzw. SdL-Träger

1. Bei Aufenthalt in einer Einrichtung (§ 106 SGB XII) oder in einer anderen Familie (§ 107 SGB XII).
   a. Grund: Vorläufiges Eintreten (wegen ungeklärter örtlicher Zuständigkeit oder wegen Eilfalls).
   b. Tatbestände:
      aa. § 106 Abs. 1 SGB XII (Einrichtungshilfe)
      bb. § 106 Abs. 3 SGB XII (Anschlusshilfe)
   c. Verpflichteter Träger:

      der des gewöhnlichen Aufenthalts des Leistungsberechtigten. Gewöhnlicher Aufenthalt = Ort, an dem der Mittelpunkt der Lebensbeziehung mit zukunftsoffenem Verbleib besteht (§ 30 Abs. 3 S. 2 SGB I). Ist ein g.A. nicht zu ermitteln, ist der überörtliche Träger zur Kostenerstattung verpflichtet (§ 106 Abs. 1 S. 2 SGB XII).
2. Bei Einreise aus dem Ausland (§ 108 SGB XII)
3. Für beide Fälle gilt:
   a. Umfang: § 110 SGB XII
   b. Rechtsweg: Sozialgericht
   c. Frist zur Geltendmachung: § 111 SGB X
   d. Verjährung: § 113 SGB XII.
4. *Für SdL Kostenerstattung nur bei Aufenthalt im Frauenhaus (§ 36 a SGB II).*

IV. Kostenerstattungsanspruch des Sozialhilfeträgers bzw. SdL-Trägers gegenüber dem Träger einer anderen Sozialleistung

1. Bei vorrangigen Ansprüchen des Leistungsberechtigten gegen andere Sozialleistungsträger: § 104 SGB X.
2. Bei Leistung als unzuständiger Sozialhilfeträger *bzw. SdL-Träger*: § 105 SGB X.

V. Erstattung zu Unrecht erbrachter Leistungen

1. Nach Aufhebung (§ 45 SGB X) eines rechtswidrigen VA: § 50 Abs. 1 SGB X.
2. Bei Leistung ohne VA: § 50 Abs. 2 SGB X.
3. *Bei SdL beschränkte Erstattung (§ 40 Abs. 2 Nr. 3, Abs. 3, 4 SGB II i.V.m § 330 SGB III)*

Kunkel

VI. Kostenersatz

1. Bei schuldhafter Herbeiführung der Notlage (Hilfe wurde zu Recht geleistet): § 103 SGB XII *bzw. § 34 Abs. 1 SGB II.*
2. Durch Erben: § 102 SGB XII *bzw. § 35 SGB II.*
3. Bei rechtswidriger Leistung infolge eines schuldhaften Verhaltens Dritter: § 104 SGB XII *bzw. § 34 a SGB II.*

Teil 3: Übertragung / Aufrechnung / Aufhebung / Verzinsung / Verjährung

I. Übertragung von Ansprüchen

Übertragung und Vererbung (§§ 53 bis 56 SGB I) kommen für Sozialhilfeansprüche *bzw. SdL-Ansprüche* grundsätzlich (Ausnahme: § 19 Abs. 6 SGB XII) nicht in Betracht (§ 37 S. 1 SGB I i.V.m. dem Bedarfsdeckungsprinzip nach § 18 SGB XII).

II. Aufrechnung

§ 51 SGB I ist im Sozialhilferecht nicht anwendbar, weil § 26 SGB XII *bzw. § 43 SGB II* eine spezielle Regelung enthält (§ 37 S. 1 SGB I).

III. Aufhebung des Leistungsbescheids

Die Aufhebung eines rechtswidrigen Bescheids erfolgt nach § 45 SGB X; die eines rechtmäßigen Bescheids nach § 47 SGB X. § 48 SGB X ist grundsätzlich nicht anwendbar, da Sozialhilfe keine Dauerleistung ist (§ 37 S. 1 SGB I i.V.m. dem Bedarfsdeckungsprinzip nach § 18 SGB XII); Ausnahme: GSi, aber auch Eingliederungshilfe für behinderte Menschen.

Bei SdL Aufhebung nach § 40 Abs. 2 Nr. 2,3 SGB II i.V.m. § 330 SGB III.

IV. Verzinsung

Der Anspruch auf Sozialhilfe *bzw. SdL* ist zu verzinsen (§ 44 SGB I).

V. Verjährung

§ 45 SGB I ist in der Sozialhilfe *bzw. bei SdL* nicht anwendbar (§ 37 S. 1 SGB I i.V.m. dem Bedarfsdeckungsprinzip nach § 18 SGB XII), da nur ein gegenwärtiger Bedarf zu decken ist, ist der Anspruch für zurückliegende Bedarfszeiträume untergegangen.

Anlage 6: Vergleich SGB XII-SGB II (Synopse)

	SGB XII			SGB II
	Grundsicherung (GSi)	Hilfe zum Lebensunterhalt (HzL)	Hilfen in untersch. Lebenslagen (HiuL)	Sicherung des Lebensunterhalts (SdL)
1. Persönlicher Anwendungsbereich	Personen ab 65 bzw 67 J. oder ab 18 J. und dauerhaft voll erwerbsgemindert (§ 41 Abs. 1 SGB XII).	Personen, die nicht leistungsberechtigt sind für – GSi (§ 19 Abs. 2 S. 2 SGB XII) – SdL nach SGB II (§ 5 Abs. 2 SGB II). z.B.: zeitweise Erwerbsunfähige; stationär Untergebrachte, die nicht 15 Std. erwerbsfähig sind oder Bezieher von Altersrente unter 65 bzw.67 J. (§ 7 Abs. 4 SGB II); Kinder, die nicht in BG mit Eltern leben.	Personen, die in einer arderen Bedarfslage als der des nicht ausreichenden Lebensunterhalts sind (§ 19 Abs. 3 SGB XII).	*Arbeitslosengeld II (§ 19 SGB II):* Personen zwischen 15 und 65 bzw.67 J., die – erwerbsfähig und – hilfebedürftig sind (§ 7 Abs. 1 SGB II). *Sozialgeld (§ 23 SGB II):* nicht erwerbsfähige Angehörige, die mit Alg.-II-Bezieher in BG leben (§ 7 Abs. 2 SGB II).
2. Verhältnis der Leistungen zueinander	Bezüglich *Alg. II* ist Konkurrenz wg. unterschiedlicher Zugangsvoraussetzungen ausgeschlossen. Bezüglich *Sozialgeld* ist GSi vorrangig (§ 19 Abs. 1 S. 2 SGB II). Bezüglich *HzL* ist GSi vorrangig (§ 19 Abs. 2 S. 2SGB XII). Aufstockung durch HzL nicht möglich; Ausnahme: Barbetrag bei Hilfe in Einrichtung nach § 27 b Abs. 2 SGB XII.	HzL ist ausgeschlossen neben *SdL*; Ausnahme: Übernahme von Miet- und Energieschulden nach § 36SGB XII (§ 21 S. 2 SGB XII). Vorrang der GSi (§ 19 Abs. 2 S. 2 SGB XII).	Neben allen anderen Leistungen möglich.	*Alg. II* schließt HzL aus (§ 5 Abs. 2 SGB II); Ausschluss der HzL auch bei Minderung von Alg. II oder Sozialgeld (§ 31 b Abs. 2 , § 32 Abs. 2 SGB II). *Sozialgeld* ist nachrangig gegenüber GSi (§ 19 Abs. 1 S. 2 SGB II).

Kunkel

	SGB XII			SGB II
	Grundsicherung (GSi)	Hilfe zum Lebensunterhalt (HzL)	Hilfen in untersch. Lebenslagen (HiuL)	Sicherung des Lebensunterhalts (SdL)
3. Rangverhältnis im Übrigen	Nachrang gegenüber – Selbsthilfe – Hilfe anderer, wobei Unterhaltspflichtige ersten Grades grundsätzlich nicht berücksichtigt werden – Trägern anderer Sozialleistungen (§ 2 SGB XII).	Nachrang gegenüber – Selbsthilfe – Hilfe anderer – Trägern anderer Sozialleistungen (§ 2 SGB XII).	Nachrang gegenüber – Selbsthilfe – Hilfe anderer – Trägern anderer Sozialleistungen (§ 2 SGB XII).	Nachrang gegenüber – Selbsthilfe – Hilfe anderer – Trägern anderer Sozialleistungen (§§ 5 Abs. 1, 9 Abs. 1 SGB II).
4. Antragserfordernis	Ja (§ 41 Abs. 1 SGB XII).	Nein (§ 18 Abs. 1 SGB XII). Ausn. für: – Teilhabe-u. Bildungspaket (§ 34 a SGB XII) – Darlehen bei unabweisbarem Bedarf (§ 37 Abs. 1 SGB XII)	Nein (§ 18 Abs. 1 SGB XII).	Ja (§ 37 Abs. 1 SGB II).
5. Rechtsanspruch	Ja (§ 17 Abs. 1 i.V.m. § 19 Abs. 2 SGB XII).	Ja (§ 17 Abs. 1 i.V.m. § 19 Abs. 1 SGB XII).	Ja (§ 17 Abs. 1 i.V.m. § 19 Abs. 3 SGB XII).	Ja (§ 19 Abs. 1 SGB II).
6. Bezeichnung des Normadressaten	„Leistungsberechtigter"	„Leistungsberechtigter" „Nachfragende Person"	„Leistungsberechtigter"	„Leistungsberechtigter"
7. Anspruchsausschluss bei verschuldeter Notlage	Ja (§ 41 Abs. 3 SGB XII).	Nein	Nein	Nein
8. Leistungskürzung				

Kunkel

	SGB XII			SGB II
	Grundsicherung (GSi)	Hilfe zum Lebensunterhalt (HzL)	Hilfen in untersch. Lebenslagen (HiuL)	Sicherung des Lebensunterhalts (SdL)
a. Voraussetzungen	§ 26 Abs. 1 SGB XII: – böswillige Einkommensverminderung – unwirtschaftliches Verhalten nach Belehrung. Aber Anspruchsausschluss bei verschuldeter Bedürftigkeit (§ 41 Abs. 3 SGB XII).	1.§ 26 Abs. 1 SGB XII: • böswillige Einkommensverminderung • unwirtschaftliches Verhalten nach Belehrung. 2.§ 39 a SGB XII: Ablehnung einer Tätigkeit nach Belehrung.	§ 26 Abs. 1 SGB XII: – böswillige Einkommensverminderung – unwirtschaftliches Verhalten nach Belehrung. § 39 a SGB XI gilt nicht.	§ 31 SGB II: 1.Abs. 2: • böswillige Einkommensverminderung • unwirtschaftliches Verhalten trotz Belehrung • Sperrzeit für Alg. I. 2.Abs. 1: Verweigerung der Eingliederung ohne wichtigen Grund trotz Belehrung. § 32 SGB II: Verletzung von Meldepflichten ohne wichtigen Grund trotz schriftlicher Belehrung. Die Kürzungsgründe gelten auch für Sozialgeld (§§ 31 a Abs. 4, 32 Abs. 2 SGB II).
b. Umfang	Nach § 26 Abs. 1 SGB XII bis zu absolutem Existenzminimum.	1.Bei § 26 Abs. 1 SGB XII: bis zu absolutem Existenzminimum; 2.bei § 39 a SGB XII: in Stufen um jeweils bis zu 25 % der maßgebenden Regelbedarfsstufe	Entsprechenc § 26 Abs. 1 SGB XII bis zur Grenze des unerlässlichen Bedarfs (arg. § 26 Abs. 2 S. 1 SGB XII).	1.Auf 1. Stufe um 30 % der Regelbedarfsleistung; bei Verletzung der Meldepflicht um 10 % (§ 31 a Abs. 1 S. 1 u. § 32 SGB II). 2.Bei wiederholter Verletzung der Pflicht nach Abs. 1 um weite-

	SGB XII			SGB II
	Grundsicherung (GSi)	Hilfe zum Lebensunterhalt (HzL)	Hilfen in untersch. Lebenslagen (HiuL)	Sicherung des Lebensunterhalts (SdL)
				re 30 %, danach um 100 %; bei der nach Abs. 2 um jeweils weitere 10 % auf der 2. Stufe (§ 31 a Abs. 1 S. 2, 3 SGB II). 3.„Malus" für 15- bis 24-Jährige: nur noch Unterkunft und Heizung direkt an Vermieter (§ 31 a Abs. 2 SGB II) jeweils für 3 Monate.
c. Verpflichtungsgrad	Gem. § 26 SGB XII muss die Einschränkung i.d.R. erfolgen; Höhe der Kürzung steht aber im Ermessen.	Bei § 26 SGB XII: Einschränkung muss i.d.R. erfolgen; Höhe im Ermessen. Bei § 39 a SGB XII: Einschränkung muss erfolgen; Höhe nach Ermessen von 1-25 % auf der 1. Stufe, auf 2. und weiteren Stufe(n) zusätzlich um 1-25 %.	Gem. § 26 SGB XII muss die Einschränkung i.d.R. erfolgen; Höhe steht aber im Ermessen.	Pflicht zur Absenkung; auch kein Ermessen bezüglich der Höhe.
9. Individualitätsprinzip/Wunsch- und Wahlrecht	Individualitätsprinzip nach § 9 Abs. 1 SGB XII. Wunsch- und Wahlrecht nach § 9 Abs. 2 u. 3 SGB XII.	Individualitätsprinzip nach § 9 Abs. 1 SGB XII. Wunsch- und Wahlrecht nach § 9 Abs. 2 u. 3 SGB XII.	Individualitätsprinzip nach § 9 Abs. 1 SGB XII. Wunsch- und Wahlrecht nach § 9 Abs. 2 u. 3 SGB XII.	Weder Individualitätsprinzip noch Wunsch- und Wahlrecht gelten für die Leistungen zur *Sicherung des Lebensunterhalts*. Bei den Leistungen zur *Eingliederung* in Arbeit sind lediglich individuelle Fakto-

	SGB XII			SGB II
	Grundsicherung (GSi)	Hilfe zum Lebensunterhalt (HzL)	Hilfen in untersch. Lebenslagen (HiuL)	Sicherung des Lebensunterhalts (SdL)
				ren zu berücksichtigen (§ 3 Abs. 1 S. 2 SGB II). Es gelten aber Individualitätsprinzip/ Wunsch- und Wahlrecht nach § 33 SGB I (ohne Vorbehalt nach § 37 S. 2 SGB I).
10. Leistungsformen	Dienstleistung, Geldleistung und Sachleistung (§ 10 Abs. 1 SGB XII). Die Geldleistung hat Vorrang vor der Sachleistung (§ 10 Abs. 3 SGB XII).	Dienstleistung, Geldleistung und Sachleistung (§ 10 Abs. 1 SGB XII). Die Geldleistung hat Vorrang vor der Sachleistung (§ 10 Abs. 3 SGB XII). Für Bildungs-u. Teilhabepaket vorwiegend Gutscheine (§ 34 a Abs. 2 SGB II)	Dienstleistung, Geldleistung und Sachleistung (§ 10 Abs. 1 SGB XII). Die Geldleistung hat Vorrang vor der Sachleistung (§ 10 Abs. 3 SGB XII).	Dienstleistung, Geldleistung und Sachleistung (§ 4 Abs. 1 SGB II). Kein Vorrang der Geldleistung vor der Sachleistung. Bei Bildungs-u. Teilhabepaket vorwiegend Gutscheine (§ 29 SGB II)
11. Aufenthalt als Leistungsvoraussetzung	G.A. im Inland erforderlich (§ 98 Abs. 1 S. 2 SGB XII).	Tatsächlicher Aufenthalt im Inland genügt (§ 98 Abs. 1 S. 1 SGB XII).	Tatsächlicher Aufenthalt im Inland genügt (§ 98 Abs. 1 S. 1 SGB XII).	G.A. im Inland erforderlich (§ 7 Abs. 1 S. 1 Nr. 4 SGB II).
12. Rechtsanspruch für Ausländer	Ja, soweit sie nicht unter AsylbLG fallen (§ 23 Abs. 1 S. 1, Abs. 2 SGB XII). Nein, wenn Arbeitsuchende (§ 23 Abs. 3 S. 1 SGB XII).	Ja, soweit sie nicht unter AsylbLG fallen (§ 23 Abs. 1 S. 1, Abs. 2 SGB XII). Nein, wenn Arbeitsuchende (§ 23 Abs. 3 S. 1 SGB XII).	Ja, soweit sie nicht unter AsylbLG fallen und Aufenthaltstitel haben; ohne Aufenthaltstitel Rechtsanspruch nur für die in § 23 Abs. 1 S. 1 SGB XII genannten Hilfen, für die sonstigen Hilfen besteht: Ermessen (§ 23 Abs. 1 S. 3 SGB XII). Für EU-Ausländer und im Geltungsbereich des EFA	Ja, wenn sie nicht unter AsylbLG fallen und Beschäftigungserlaubnis haben (§ 7 Abs. 1 S. 2 i.V.m. § 8 Abs. 2 SGB II) und wenn sie nicht Arbeitsuchende sind (§ 7 Abs. 1 S. 2 SGB II). Wenn ohne Möglichkeit einer Beschäftigungserlaubnis: HzL-Anspruch; ebenso wenn ohne g.A.

	SGB XII			SGB II
	Grundsicherung (GSi)	Hilfe zum Lebensunterhalt (HzL)	Hilfen in untersch. Lebenslagen (HiuL)	Sicherung des Lebensunterhalts (SdL)
13. Bedarf			Hilfe ohne Einschränkung; aber nicht, wenn Arbeitsuchende (§ 23 Abs. 3 S. 1 SGB XII).	

a. Regelbedarf	Wie HzL (§ 42 Nr. 1 SGB XII).	Mit *Regelsatz* für notwendigen Lebensunterhalt; Höhe nach Regelbedarfsstufen in Anlage zu § 28 SGB XII i.V.m. § 8 RBEG. Danach für
		– Alleinstehende: 374 €
		– Partner: 337 €
		– Erwachs. Haushaltsangeh.: 299 €
		– Jugendliche (14-18 J.).:
		287 €
		– Kinder
		  • 6-14 J.: 251 €
		  • bis 6 J.: 219 €
			Volle Bedarfsdeckung minus Eigenanteil nach Einkommensgrenze (§ 85 SGB XII). Der in einer Einrichtung gewährte Lebensunterhalt ist gesondert als HzL zu decken (§ 27 b SGB XII).	Mit gesetzesunmittelbar (§ 20 SGB II) festgesetzter *Regelbedarfsleistung* für <u>Lebensunterhalt</u>
				bei *Alg. II* für
				– Alleinstehende: 374 €
				– Partner: 337 €
				– U25 im Haushalt der Eltern: 299 €
				bei *Sozialgeld* (§ 23 SGB II) für nicht erwerbsfähige Angehörige in BG:
				– bis 6 J.: 219 €
				– 6- 14 J.: 251 €
				– 14-17 J: 287 €.

b. Unterkunft	Wie HzL (§ 42 Nr. 4 SGB XII).	Aufwendungen in tatsächlicher Höhe (§ 35 Abs. 1 S. 1 SGB XII); bei unangemessener Höhe nur befristet (Abs. 2).	Bei stationärer Hilfe als HzL zu übernehmen; Höhe nach § 42 Nr. 4 SGB XII (§ 27 b Abs. 1 S. 2 SGB XII)..	Ähnlich HzL (§ 22 SGB II).

	SGB XII			SGB II
	Grundsicherung (GSi)	Hilfe zum Lebensunterhalt (HzL)	Hilfen in untersch. Lebenslagen (HiuL)	Sicherung des Lebensunterhalts (SdL)
		Nach Ermessen: – Miet- und Energieschulden (§ 36 SGB XII) – Wohnungsbeschaffungskosten (einschl. Umzugs- u. Renovierungskosten, Nebenkostenvorauszahlung; Mietkaution als Darlehen; § 35 Abs. 2 S. 5 SGB XII).		
c. Heizung	Wie HzL (§ 42 Nr. 4 SGB XII)..	Kosten in tatsächlicher angemessener Höhe (§ 35 Abs. 4 SGB XII).	Wie bei Unterkunft.	Wie HzL (§ 22 Abs. 1 S. 1 SGB II).
d. Mehrbedarf[1]	Wie HzL (§ 42 Nr. 2 i.V.m. § 30 SGB XII).	Für Personen, die – 65 bzw. 67 J. sind und einen Ausweis „G" oder einen Bescheid der Hauptfürsorgestelle haben oder – jünger, aber voll erwerbsgemindert sind und einen Ausweis „G" oder einen Bescheid der Hauptfürsorgestelle haben – im 4. Monat schwanger sind oder – alleinerziehend sind oder – behindert (ab 15 J.) sind und Eingliederungshilfe erhalten oder – wg. Krankheit oder Behinderung einer kostenauf-	Entfällt	Für Personen, die – im 4. Monat schwanger sind – alleinerziehend sind – behindert sind und Hilfe nach § 33 SGB IX erhalten – kostenaufwändiger Ernährung bedürfen – unabweisbaren laufenden Bedarf haben – an dezentrale Warmwassererzeugung angeschlossen sind (§ 21 Abs. 1 bis 7² SGB II). Dies gilt auch für Bezieher von Sozialgeld, allerdings

---

1 Wortschöpfung „Mehrbedarfe" in § 21 SGB II ist unsinnig, da „Bedarf" Singulare tantum.

	SGB XII			SGB II
	Grundsicherung (GSi)	Hilfe zum Lebensunterhalt (HzL)	Hilfen in untersch. Lebenslagen (HiuL)	Sicherung des Lebensunterhalts (SdL)
		wändigen Ernährung bedürfen – an dezentrale Warmwassererzeugung angeschlossen sind (§ 30 Abs. 1 bis 7 SGB XII).		mit Modifikationen (§ 23 Nr. 1-4 SGB II)
e. Einmaliger Bedarf[3]	Wie HzL (§ 42 Nr. 2 i.V.m. § 31 SGB XII).	– Erstausstattung für Wohnung und Bekleidung (Pauschalbeträge möglich) – orthopäd. Schuhe, therapeutische Geräte auch für sog. Minderbemittelte (§ 31 Abs. 2 SGB XII).	Entfällt	Wie HzL, aber Erstausstattung als Sachleistung gleichrangig mit Geldleistung (§ 24 Abs. 3 S. 4 SGB II) und mit Einschränkung bei Wohnung für U-25 (§ 24 Abs. 6 i.V.m. § 22 Abs. 5 SGB II).
f. Beiträge für Kranken- und Pflegeversicherung/Alterssicherung und Sterbegeld	Nur Kranken- und Pflegeversicherungsbeiträge (§ 42 Nr. 2 i.V.m. §§ 32, 33 SGB XII).	– Beiträge für die gesetzliche Kranken- und Pflegeversicherung müssen, für die freiwillige Versicherung können (bei kurzzeitiger HzL: müssen) übernommen werden (§ 32 SGB XII) – Beiträge für Alterssicherung und Sterbegeld können und Sterbegeld werden übernommen werden (§ 33 SGB XII).	Entfällt	– Beiträge für die gesetzliche Kranken-, u. Pflegeversicherung müssen übernommen werden – für freiwillig Versicherte müssen Zuschüsse für die Beiträge in der Kranken-, Pflegeversicherung übernommen werden (§ 26 SGB II).

---

2 „ bis 6" in § 21 Abs. 1 SGB II wohl Redaktionsversehen.
3 Zu Wortschöpfung" Einmalige Bedarfe"in § 31 SGB XII s. Fußn.2.

	SGB XII		Hilfen in untersch. Lebenslagen (HiuL)	SGB II
	Grundsicherung (GSi)	Hilfe zum Lebensunterhalt (HzL)		Sicherung des Lebensunterhalts (SdL)
g. Teilhabe- u. Leistungspaket	Ja aber eingeschränkt (§ 42 Nr. 3 i.V.m. §§ 34, 34 a SGB XII)	Leistungen nach § 34 SGB II für – Schulbedarf – Mittagessen – Teilhabe am sozialen u. kulturellen Leben[4]	Entfällt	Wie HzL (§ 28 SGB II)
h. Sonderbedarf	Unabweisbarer, vom Regelbedarf umfasster Bedarf im Einzelfall auf Antrag durch Darlehen (§ 42 Nr. 5 i.V.m. § 37 SGB XII)	– Unabweisbarer, vom Regelbedarf umfasster Bedarf im Einzelfall auf Antrag durch Darlehen (§ 37 SGB XII) – bei laufendem Bedarf durch abweichenden Regelsatz (§ 27 a Abs. 4 SGB XII)	Entfällt	Unabweisbarer, vom Regelbedarf umfasster Bedarf im Einzelfall durch Sachleistung oder Darlehen (§ 24 Abs. 1 SGB II)
14. Bedarfsgemeinschaft/Einsatzgemeinschaft	Nur Einsatz-, aber keine Bedarfsgemeinschaft zwischen – Ehegatten – eheähnlich zusammenlebenden Partnern – (gleichgeschlechtlichen) Lebenspartnern nach § 1 LPartG – lebenspartnerschaftsähnlich zusammenlebenden Partnern (§ 43 Abs. 1 SGB XII).	Einsatz- und Bedarfsgemeinschaft zwischen – Ehegatten – eheähnlich zusammenlebenden Partnern – (gleichgeschlechtlichen) Lebenspartnern nach § 1 LPartG – lebenspartnerschaftsähnlich zusammenlebenden Partnern – Eltern und mj. Kindern (aber nicht umgekehrt) (§ 27 Abs. 1 S. 2 i.V.m. § 20 SGB XII).	Nur Einsatzgemeinschaft zwischen – Ehegatten – eheähnlich zusammenlebenden Partnern – (gleichgeschlechtlichen) Lebenspartnern nach § 1 LPartG – Eltern und mj. Kindern (aber nicht umgekehrt) (§ 19 Abs. 3 i.V.m. § 20 SGB XII).	Eine Bedarfs- (§ 7 Abs. 3 SGB II) und Einsatzgemeinschaft (§ 9 Abs. 2 SGB II) bilden die erwerbsfähige hilfebedürftige Person und – Ehegatte – eheähnlich zusammenlebender Partner – (gleichgeschlechtlicher) Lebenspartner nach § 1 LPartG – Eltern/Partner und Kinder unter 25 J. (aber nicht umgekehrt).

---

4 „ Absatz 6 " (statt Abs. 7) in § 34 Abs. 1 SGB XII wohl Redaktionsversehen.

Kunkel

	SGB XII		SGB II	
	Grundsicherung (GSI)	Hilfe zum Lebensunterhalt (HzL)	Hilfen in untersch. Lebenslagen (HiuL)	Sicherung des Lebensunterhalts (SdL)
15. Haushaltsgemeinschaft	Keine vermutete Bedarfsdeckung in einer Haushaltsgemeinschaft (§ 43 Abs. 1 Halbs. 2 SGB XII).	Wohn- und Wirtschaftsgemeinschaft mit jeder anderen Person[5]. Folge: Vermutung der Bedarfsdeckung (§ 39 SGB XII).	Keine Vermutung der Bedarfsdeckung in einer Haushaltsgemeinschaft.	Haushaltsgemeinschaft beschränkt auf Wohn- und Wirtschaftsgemeinschaft mit Verwandten oder Verschwägerten, aber nicht[6] mit Angehörigen des eheähnlich zusammenlebenden Partners (§ 9 Abs. 5 SGB II).
16. Einkommenseinsatz	Wie bei HzL.	Alle Einkünfte i.S.d. § 82 Abs.1 SGB XII i. V. m. VO minus Absetzungsbeträge nach § 82 Abs. 2 u. Abs. 3 SGB XII. Nicht zu berücksichtigen sind – zweckverschiedene Leistungen (§ 83 Abs. 1 SGB XII) – Schmerzensgeld (§ 83 Abs. 2 SGB XII) – Zuwendungen von freien Trägern und Dritten, wenn das gerechtfertigt ist (§ 84 SGB XII)	Einkommenseinsatz über (§ 87 SGB XII) und unter (§ 88 SGB XII) einer einheitlichen Einkommensgrenze aus: – Grundbetrag (Regelbedarfsstufe 1 x 2) – Kosten der Unterkunft – Familienzuschlag (70 % der Regelbedarfsstufe 1) für • Ehegatten oder (gleichgeschlechtlichen) Lebenspartner nach § 1 LPartG (also nicht für Partner einer ehe- oder lebenspart-	Einkommensbegriff und Absetzungsbeträge strukturell wie bei HzL, aber weitaus umfangreicher (§§ 11, 11 a, 11 b SGB II i.V.m. Alg II-V). Nicht zu berücksichtigen sind – zweckverschiedene Leistungen (§ 11 a Abs. 3 SGB II), außer Pflegegeld nach §§ 23,39 SGB VIII – Schmerzensgeld (§ 11 a Abs. 2 SGB II) – Zuwendungen von freien Trägern u. Dritten,

---

5 Verweis in § 20 S. 2 SGB XII auf § 39 SGB XII daher wohl Redaktionsversehen.
6 Redaktionsversehen?

Kunkel

	SGB XII			SGB II
	Grundsicherung (GSi)	Hilfe zum Lebensunterhalt (HzL)	Hilfen in untersch. Lebenslagen (HiuL)	Sicherung des Lebensunterhalts (SdL)
			nerschaftsähnlichen Gemeinschaft) ● überwiegend unterhaltene Person (§ 85 Abs. 1 Nr. 3 SGB XII). Grundbetrag kann für einzelne Hilfen erhöht werden (§ 86 SGB XII).	wenn das gerechtfertigt ist (§ 11 a Abs. 4, 5 SGB II)
a. Kindergeld/ Kinderzuschlag	Wie bei HzL.	Kindergeld zählt als Einkommen des Kindes (§ 82 Abs. 1 S. 2 SGB XII).	Wie bei HzL	Wie bei HzL (§ 11 Abs. 1 SGB II). Zusätzlich wird Kinderzuschlag nach § 6 a BKGG geleistet.
b. Elterngeld	Wie bei HzL.	Nur vor Geburt in Höhe von 300 € unberücksichtigt (§ 10 Abs. 5 S. 2 BEEG)	Wie bei HzL.	Wie bei HzL.
c. Wohngeld	wird nicht gewährt (§ 1 Abs. 2 Nr. 2 WoGG).	wird nicht gewährt (§ 1 Abs. 2 Nr. 3 WoGG).	als Einkommen einzusetzen	wird nicht gewährt (§ 1 Abs. 2 Nr. 1 WoGG).
17. Vermögen	Wie bei HzL.	Das gesamte verwertbare Vermögen ist einzusetzen, es sei denn, es ist geschont nach § 90 Abs. 2 Nr. 1 bis 9 oder sein Einsatz ist eine allg. (§ 90 Abs. 3 SGB XII) oder zeitliche (§ 91 SGB XII) Härte.	Wie bei HzL, aber Konkretisierung der alg. Härte (§ 90 Abs. 3 S. 2 SGB XII).	Vermögen ist nach § 12 SGB II i.V.m. §§ 7,8 Alg II-V einerseits weniger geschont als bei der HzL (z.B. nicht Familien- und Erbstücke; Gegenstände zur Befriedigung geistiger Bedürfnisse; Beurteilung des angemessenen Hausrats ohne Berücksichtigung der bisherigen Lebensverhältnisse;), andererseits ist es in höherem Maße geschont (z.B. Kfz für jedes erwerbs-

Kunkel

	Grundsicherung (GSi)	Hilfe zum Lebensunterhalt (HzL)	Hilfen in untersch. Lebenslagen (HiuL)	SGB II
				Sicherung des Lebensunterhalts (SdL). fähige hilfebedürftige Mitglied der BG; Altersvorsorge; Eigentumswohnung; Freibetrag für Anschaffungen; Grundfreibetrag - § 12 Abs. 2 u. 3 SGB II).
18. Berücksichtigung von Unterhaltsansprüchen	Der Unterhaltsanspruch des Leistungsberechtigten gegenüber Kindern und Eltern bleibt (sofern deren Einkommen unter 100.000 € liegt) unberücksichtigt (§ 43 Abs. 2 S. 1 SGB XII); sein Übergang ist aber nicht nur insoweit, sondern generell ausgeschlossen (§ 94 Abs. 1 S. 3 SGB XII). Ansonsten wie bei HzL.	Wird Unterhalt nicht geleistet, geht der Unterhaltsanspruch auf den SHTr. über (§ 2 Abs. 2 S. 1 i.V.m. § 94 SGB XII). 56% der Unterkunftskosten gehen nicht über (§ 94 Abs. 1 S. 6 SGB XII). Rückübertragung möglich (§ 94 Abs. 5 SGB XII).	Wie bei HzL.	Ähnlich wie bei HzL (§ 33 SGB II)
19. Kostenersatz/ Leistungsersatz	KE durch Erbe ist ausgeschlossen (§ 102 Abs. 5 SGB XII). Schuldhafte Herbeiführung der GSi führt nicht zum KE, sondern schließt schon den Anspruch auf GSi aus (§ 41 Abs. 3 SGB XII).	KE findet statt: – durch Erben (§ 102 SGB XII) – bei schuldhaftem Verhalten (§ 103 SGB XII) – bei rechtswidriger Leistung infolge schuldhaften Verhaltens Dritter (§ 104 SGB XII) – bei Doppelleistung (§ 105 Abs. 1 SGB XII).	Wie bei HzL.	Leistungsersatz: – bei verschuldeter Herbeiführung der Bedarfslage (§ 34 SGB II) oder – bei verschuldeter Veranlassung rw Leistung (§ 34 a SGB II) oder – durch Erben, aber mit höheren Leistungs- und Wertgrenzen als bei HzL (§ 35 SGB II).

Kunkel

	SGB XII			SGB II
	Grundsicherung (GSi)	Hilfe zum Lebensunterhalt (HzL)	Hilfen in untersch. Lebenslagen (HiuL)	Sicherung des Lebensunterhalts (SdL)
20. Leistungserstattung	Wie bei HzL.	Bei zu Unrecht gewährter Leistung gem. § 50 SGB X nach Aufhebung (§ 45 SGB X) des nw VA	Wie bei HzL.	Bei zu Unrecht gewährter Leistung gem.§ 40 Abs. 2 Nr. 3 SGB II i.V.m.§ 330 SGB III.
21. Kostenerstattung	Wie bei HzL.	(1) Zwischen SHTr. nach §§ 106-108 SGB XII (2) Gegenüber anderen SLTr nach – § 104 SGB X – § 105 SGB X	Wie bei HzL.	(1) Zwischen kommunalen Trägern bei Aufenthalt im Frauenhaus (§ 36 a SGB II) (2) Gegenüber anderen SLTr nach – § 104 SGB X – § 105 SGB X
22. Bewilligungszeitraum	Bewilligung zum Monatsersten und i.d.R. (als Dauerleistung) für 12 Monate (§ 44 Abs. 1 SGB XII).	Tagesgenaue Berechnung (§ 18 Abs. 1 SGB XII).	Wie bei HzL, aber Dauerleistung bei Eingliederungshilfe u. Hilfe zur Pflege.	Tagesgenaue Berechnung und Bewilligung (als Dauerleistung) für 6 Monate (§ 41 Abs. 1 SGB II).
23. Darlehensweise Leistungsgewährung	Nur ergänzende Darlehen (§ 42 Nr. 5 i.V.m.§ 37 SGB XII).	Darlehen nach Ermessen, wenn: – besonderer Härtefall bei Auszubildenden (§ 22 Abs. 1 S. 2 SGB XII) – Übernahme von Miet- oder Energieschulden (§ 36 Abs. 1 S. 3 SGB XII). Darlehen als Soll-Leistung, wenn	Darlehen nach Ermessen – bei Hilfe in unbenannter anderer Lebenslage, wenn vergleichbare Lebenslage vorliegt (§ 73 SGB XII). Darlehen als Soll-Leistung, wenn – Vermögenseinsatz zeitlich hart wäre (§ 91 SGB XII).	Darlehen als Muss-Leistung, wenn – Vermögenseinsatz zeitlich besondere Härte wäre (§ 24Abs. 5 SGB II) – unabweisbarer Regelbedarf (§ 24 Abs. 1 SGB II). Darlehen als Kann-Leistung, wenn

	SGB XII			SGB II
	Grundsicherung (GSi)	Hilfe zum Lebensunterhalt (HzL)	Hilfen in untersch. Lebenslagen (HiuL)	Sicherung des Lebensunterhalts (SdL)
		– unabweisbarer Regelbedarf - nur auf Antrag (§ 37 Abs. 1 SGB XII) – vorübergehende Notlage (§ 38 SGB XII) – Vermögenseinsatz zeitlich hart wäre (§ 91 SGB XII) – Mietkaution (§ 35 Abs. 2 S. 5 SGB XII).		– Mietschulden (§ 22 Abs. 8 SGB II) Darlehen als Soll-Leistung, wenn – Mietkaution (§ 22 Abs. 6 S. 3 SGB II). Darlehen nur, wenn Bedarf nicht durch Vermögen gedeckt werden kann (§ 42 a Abs. 1 SGB II).
24. Datenschutz	Regeldatenschutz nach § 35 SGB I i.V.m. §§ 67 bis 85 a SGB X. Zusätzlich: – Datenübermittlung zur Evaluationsforschung des Bundes (§ 119 SGB XII).	Regeldatenschutz nach § 35 SGB I i.V.m. §§ 67 bis 85 a SGB X. Zusätzlich: – automatisierter Datenabgleich gegen Leistungsmissbrauch (§ 118 SGB XII) – Datenübermittlung zur Evaluationsforschung des Bundes (§ 119 SGB XII).	Regeldatenschutz nach § 35 SGB I i.V.m. §§ 67 bis 85 a SGB X. Zusätzlich: – automatisierter Datenabgleich gegen Leistungsmissbrauch (§ 118 SGB XII) – Datenübermittlung z. Evaluationsforschung des Bundes (§ 119 SGB XII).	Regeldatenschutz nach § 35 SGB I i.V.m. §§ 67 bis 85 a SGB X. Zusätzlich: – Datenübermittlung an Dritte (§§ 50, 51 b SGB II) – Datenverarbeitung im Auftrag unter erleichterten Voraussetzungen gegenüber § 80 SGB X (§ 51 SGB II) – automatisierter Datenabgleich gegen Leistungsmissbrauch eingeschränkt gegenüber § 118 SGB XII (§ 52 SGB II) – Datenerhebung (§§ 51 b, 52 a SGB II).

Kunkel

	SGB XII			SGB II
	Grundsicherung (GSi)	Hilfe zum Lebensunterhalt (HzL)	Hilfen in untersch. Lebenslagen (HiuL)	Sicherung des Lebensunterhalts (SdL)
25. Hilfeplan/Leistungsabsprache	Leistungsabsprache nur im Einzelfall und nach Ermessen (§ 44 Abs. 2 SGB XII).	Bei fortlaufenden Leistungen Leistungsabsprache einschl. Förderplan notwendig (§ 12 SGB XII).	Wie bei HzL. Bei Eingliederungshilfe aber stattdessen (§ 12 S. 5 i.V.m. § 58 SGB XII) Gesamtplan notwendig.	Eingliederungsvereinbarung nur für Leistungen zur Eingliederung notwendig (§ 15 SGB II).
26. Träger	Freie und öffentliche Träger	Freie und öffentliche Träger	Freie und öffentliche Träger	Nur öffentliche Träger (Bundesagentur und kommunale Träger)
27. Zuständigkeit				
a. sachliche	Wie HzL.	Örtlicher Träger der Sozialhilfe, soweit nicht der überörtliche Träger zuständig ist (§ 97 Abs. 1 SGB XII). Heranziehung kreisangehöriger Gemeinden nach Landesrecht (z.B. BW § 3 AG SGB XII) möglich (§ 99 Abs. 1 SGB XII).	Wie HzL.	*Kreisfreie Städte und Landkreise* (§ 6 Abs. 1 Nr. 2 SGB II) für – Betreuung und Beratung im Rahmen von Leistungen zur Eingliederung (§ 16 a SGB II) – Unterkunft und Heizung (§§ 22, 27 Abs. 3 SGB II) – einmalige Leistungen (§ 24 Abs. 3 Nr. 1, 2[7] SGB II). *Bundesagentur* (§ 6 Abs. 1 Nr. 1 SGB II) für alle anderen Leistungen, soweit nicht die kommunalen Träger optiert haben (§ 6 a SGB II). Einheitliche Aufgabenwahrnehmung durch

---

7 Also nicht für orthopäd.Schuhe und therapeut. Gerät (Redaktionsversehen?).

	SGB XII			SGB II
	Grundsicherung (GSi)	Hilfe zum Lebensunterhalt (HzL)	Hilfen in untersch. Lebenslagen (HiuL)	Sicherung des Lebensunterhalts (SdL)
b. örtliche	G.A. (§ 98 Abs. 1 S. 2 SGB XII).	Tatsächlicher Aufenthalt (§ 98 Abs. 1 S. 1 SGB XII), aber bei stationären Leistungen g.A. bei Aufnahme in die Einrichtung (§ 98 Abs. 2 SGB XII).	Wie bei HzL, aber abweichende Regelung für Bestattungskosten (§ 98 Abs. 3 SGB XII).	ARGE (§ 44 b SGB II) in Job-center (§ 6 d SGB II). G.A. (§ 36 SGB II).
28. Rechtsweg	Sozialgericht (§ 51 Abs. 1 Nr. 6 a SGG).	Sozialgericht (§ 51 Abs. 1 Nr. 6 a SGG).	Sozialgericht (§ 51 Abs. 1 Nr. 6 a SGG).	Sozialgericht (§ 51 Abs. 1 Nr. 4 a SGG).
29. Widerspruchs-bescheid	Ausgangsbehörde (§ 85 Abs. 2 S. 1 Nr. 4 SGG).	Ausgangsbehörde (§ 85 Abs. 2 S. 1 Nr. 4 SGG).	Ausgangsbehörde (§ 85 Abs. 2 S. 1 Nr. 4 SGG).	Wenn Ausgangsbescheid – von kommunalem Träger: Ausgangsbehörde (§ 85 Abs. 2 S. 2 SGG); – von Bundesagentur: Ausgangsbehörde (§ 85 Abs. 2 S. 2 SGG); – von ARGE: ARGE selbst (§ 85 Abs. 2 S. 2 HS 2 SGG i.V.m. § 44 b Abs. 3 S. 3 SGB II).
30. Sofortige Vollziehbarkeit des VA	Wie HzL.	Widerspruch und Anfechtungsklage gegen Leistungsbescheid haben aufschiebende Wirkung (§ 86 a Abs. 1 SGG), aber nicht (§ 86 a Abs. 2 Nr. 4 SGG) gegen Überleitungsanzeige (§ 93 Abs. 3 SGB XII).	Wie HzL.	Widerspruch und Anfechtungsklage gegen Leistungsbescheid haben aufschiebende Wirkung (§ 86 a Abs. 1 SGG), aber nicht (§ 86 a Abs. 2 Nr. 4 SGG) in den Fällen d. § 39 SGB II[8] (u.a. Aufhebung , Minderung)

8 Nach Änderung des § 33 SGB II (cessio legis) Anwendungsbereich des § 39 Nr. 2 unklar.

Kunkel

	SGB XII		SGB II
	Grundsicherung (GSi)	Hilfe zum Lebensunterhalt (HzL)	Hilfen in untersch. Lebenslagen (HiuL)	Sicherung des Lebensunterhalts (SdL)
31. Rechtsnatur der Aufgabe	Wie HzL.	Selbstverwaltungsangelegenheit	Wie HzL.	Für kommunale Träger: Selbstverwaltungsangelegenheit; für Bundesagentur staatliche Aufgabe

Anlage 7: Rechtsquellenverzeichnis

I. **Über- und zwischenstaatliches Recht:** Vgl. Anlage 8
II. **Nationales Recht**
1. Grundgesetz für die Bundesrepublik Deutschland **(GG)** vom 23.5.1949 (BGBl. 1949, S. 1), zuletzt geändert durch Gesetz vom 21.7.2010 (BGBl. 2010 I, S. 944).
2. Sozialgesetzbuch **(SGB)**
   a. Gesetz zur Ermittlung von Regelbedarfen (Art. 1) und zur Änderung des Zweiten (Art. 2) und Zwölften (Art. 3) Buches Sozialgesetzbuch vom 24.3.2011 (BGBl. I S. 453) und Regelbedarfsstufen – FortschreibungsV 2012 (BGBl. I S. 2090).
   b. Erstes Buch **(SGB I)** – Allgemeiner Teil – vom 11.12.1975 (BGBl. I S. 3015), zuletzt geändert am 24.3.2011 (BGBl. I S. 453).
   c. Zweites Buch **(SGB II)** – Grundsicherung für Arbeitsuchende – vom 24.12.2003 (BGBl. I S. 2954), in Neufassung bekanntgemacht am 13.5.2011 (BGBl. I S. 850 u. 2094) zuletzt geändert am 22.12.2011 (BGBl. I S. 3058)

      mit Kommunalem Optionsgesetz vom 30.7.2004 (BGBl. I S. 2014) und AGSGB II BW vom 14.12.2004 (GBl. BW 2004, S. 907), zul. geä. durch VO v. 25.4.2007 (GBl. BW 2007, S. 252).

      mit Verordnungen:
      aa. Kommunalträger-Zulassungsverordnung vom 24.9.2004 (BGBl. I S. 2349).
      bb. Arbeitslosengeld II/Sozialgeld-Verordnung **(Alg II-V)** vom 17.12.2007 (BGBl. I S. 2942), zuletzt geändert am 19.12.2011 (BGBl. I S. 2833).
      cc. Einstiegsgeld-Verordnung vom 29.7.2009 (BGBl. I S. 2342, zuletzt geändert am 24.3.2011 (BGBl. I S. 453).
      dd. Verordnung zur Erhebung der Daten nach § 51 b SGB II vom 12.8.2010 (BGBl. I S. 1150).
      ee. Erreichbarkeits-Anordnung der Bundesagentur für Arbeit vom 23.10.1997 (ANBA 1997, 1685), geändert durch Anordnung vom 16.11.2001 (ANBA 2001, 1476).
   d. Drittes Buch **(SGB III)** – Arbeitsförderung – vom 24.3.1997 (BGBl. I S. 595), zuletzt geändert am 22.12.2011 (BGBl. I S. 3058).
   e. Viertes Buch **(SGB IV)** – Gemeinsame Vorschriften für die Sozialversicherung – zuletzt geändert am 22.12.2011 (BGBl. I S. 3057).
   f. Fünftes Buch **(SGB V)** – Gesetzliche Krankenversicherung – vom 20.12.1988 (BGBl. I S. 2477, 2482), zuletzt geändert am 22.12.2011 (BGBl. I S. 3059).
   g. Sechstes Buch **(SGB VI)** – Gesetzliche Rentenversicherung i.d.F. vom 19.2.2002 (BGBl. I S. 754, 1404, 3384), zuletzt geändert am 22.12.2011 (BGBl. I S. 3059).
   h. Siebtes Buch (**SGB VII**) – Gesetzliche Unfallversicherung – vom 7.8.1996 (BGBl. I S. 1254), zuletzt geändert am 22.12.2011 (BGBl. I S. 3062)
   i. Achtes Buch **(SGB VIII)** – Kinder- und Jugendhilfe – i.d.F. vom 14.12.2006 (BGBl. I S. 3134), zuletzt geändert am 22.12.2011 (BGBl. I S. 2975).

j. Neuntes Buch **(SGB IX)** – Rehabilitation und Teilhabe behinderter Menschen – vom 19.6.2001 (BGBl. I S. 1046, 1047), zuletzt geändert am 22.12.2011 (BGBl. I S. 3063)

mit Verordnungen:
aa. Frühförderungsverordnung **(FrühV)** vom 24.6.2003 (BGBl. I S. 998),
bb. Budgetverordnung **(BudgetV)** vom 27.5.2004 (BGBl. I S. 1055).

k. Zehntes Buch **(SGB X)** – Sozialverwaltungsverfahren und Sozialdatenschutz – i.d.F. vom 18.1.2001 (BGBl. I S. 130), zuletzt geändert am 23.11.2011 (BGBl. I S. 2298).

l. Elftes Buch **(SGB XI)** – Soziale Pflegeversicherung – vom 26.5.1994 (BGBl. I S. 1014), zuletzt geändert am 24.3.2011 (BGBl. I S. 453).

m. Zwölftes Buch **(SGB XII)** – Sozialhilfe – vom 27.12.2003 (BGBl. I S. 3022), zuletzt geändert am 22.12.2011 (BGBl. I S. 3063)

mit baden-württembergischem Gesetz zur Ausführung des Zwölften Buches Sozialgesetzbuch **(AGSGB XII)** vom 1.7.2004 (GBl. BW 2004, S. 469, 534 und Gesetz über die Berufe in der Altenpflege – Altenpflegegesetz **(AltenpflG)** vom 17.11.2000 (BGBl. 2000 I, S. 1513), zuletzt geändert durch Gesetz vom 17.7.2009 (BGBl. 2009 I, S. 1990) und

Gesetz über die Zertifizierung von Altersvorsorge- und Basisrentenverträgen – Altersvorsorgeverträge-Zertifizierungsgesetz **(AltZertG)** vom 26.6.2001 (BGBl. 2001 I, S. 1310, 1322), zul. geä. d. Gesetz vom 8.12.2010 (BGBl. 2010 I, S. 1768) und

Gesetz über den Kommunalverband für Jugend und Soziales Baden-Württemberg (Jugend- und Sozialverbandsgesetz – **JSVG**) vom 1.7.2004 (GBl. BW 2004, S. 469)

mit Verordnungen:
aa. Eingliederungshilfe-Verordnung i.d.F. vom 1.2.1975 (BGBl. I S. 434), zuletzt geändert am 27.12.2003 (BGBl. I S. 3059).
bb. Verordnung zur Durchführung der Hilfe zur Überwindung besonderer sozialer Schwierigkeiten vom 24.1.2001 (BGBl. I S. 179), zuletzt geändert am 27.12.2003 (BGBl. I S. 3060).
cc. Verordnung zur Durchführung des § 82 SGB XII vom 28.11.1962 (BGBl. I S. 692), zuletzt geändert am 21.3.2005 (BGBl. I S. 818, 829).
dd. Verordnung zur Durchführung des § 90 Abs. 2 Nr. 9 SGB XII vom 11.2.1988 (BGBl. I S. 150), zuletzt geändert am 27.12.2003 (BGBl. I S. 3022, 3060).
ee. Sozialhilfedatenabgleichsverordnung vom 21.1.1998 (BGBl. I S. 103), zuletzt geändert am 31.10.2006 (BGBl. I S. 2407, 2456).

3. Aufenthaltsgesetz **(AufenthG)** i.d.F. vom 25.2.2008 (BGBl. I S. 162), zuletzt geändert am 22.12.2011 (BGBl. I S. 3044).

4. Freizügigkeitsgesetz/EU **(FreizügG/EU)** vom 30.7.2004 (BGBl. I S. 1950), zuletzt geändert am 20.12.2011 (BGBl. I S. 2854).

5. Asylbewerberleistungsgesetz **(AsylbLG) i.d.F.** vom 5.8.1997 (BGBl. I S. 1130), zuletzt geändert am 22.11.2011 (BGBl. I S. 2258).

6. Asylverfahrensgesetz **(AsylVfG)** i.d.F. vom 2.9.2008 (BGBl. I S. 1798), zuletzt geändert am 22.11.2011 (BGBl. I S. 2258) mit Verordnung zur Durchführung des Asylverfahrensgesetzes, des Asylbewerberleistungsgesetzes und des Aufnahmegesetzes (Asyldurchführungsverordnung – DVAsyl) vom 4.6.2002

(GVBl. BY 2002, S. 218), zuletzt geändert durch Verordnung vom 13.11.2007 (GVBl. BY 2007, S. 788).

7. Baden-württembergisches Gesetz über die Aufnahme und Unterbringung von Flüchtlingen (Flüchtlingsaufnahmegesetz – **FlüAG**) vom 11.3.2004 (GBl. BW 2004, S. 99), zul. geänd. durch Gesetz vom 14.12.2004 (GBl. BW 2004, S. 895).

8. Lastenausgleichsgesetz **(LAG)** i.d.F. v. 2.6.1993 (BGBl. I S. 845), zuletzt geändert am 23.5.2011 (BGBl. I S. 920).

9. Bundesvertriebenengesetz **(BVFG)** i.d.F. vom 10.8.2007 (BGBl. I S. 1902), zuletzt geändert am 4.12.2011 (BGBl. I S. 2426).

10. Bundesversorgungsgesetz **(BVG)** i.d.F. vom 22.1.1982 (BGBl. I S. 21), zuletzt geändert am 1.11.2011 (BGBl. I S. 2131).

11. Bundesentschädigungsgesetz **(BEG) i.d.F.** vom 29.6.1956 (BGBl. I S. 559), zuletzt geändert am 5.2.2009 (BGBl. I S. 160).

12. Opferentschädigungsgesetz **(OEG)** i.d.F. vom 7.1.1985 (BGBl. I S. 1), zuletzt geändert am 20.6.2011 (BGBl. I S. 1114).

13. Wohngeldgesetz **(WoGG)** i.d.F. vom 24.9.2008 (BGBl. I S. 1856), zuletzt geändert am 20.12.2011 (BGBl. I S. 2854) mit Wohngeldverordnung i.d.F. vom 19.10.2001 (BGBl. I S. 2722), zuletzt geändert am 15.12.2008 (BGBl. I S. 2486, 2997).

14. Wohnraumförderungsgesetz vom 13.9.2001 (BGBl. I S. 2376), zuletzt geändert am 9.12.2010 (BGBl. I S. 1885) mit Verwaltungsvorschrift des Wirtschaftsministeriums zur Sicherung von Bindungen in der sozialen Wohnraumförderung (VwV-SozWo) vom 12. Februar 2002 – Az.: 52733.2/ 2 – (GABl. BW 2002, S. 240), zul. geändert durch Verwaltungsvorschrift vom 22. Januar 2004 – Az.: 5-2733.2/ 3 – (GABl. BW 2004, S. 248).

15. Zweites Wohnungsbaugesetz – Wohnungsbau- und Familienheimgesetz in der Fassung der Neubekanntmachung vom 19.8.1994 (BGBl. 1994 I, S. 2137), vor seiner Aufhebung (Gesetz vom 13.9.2001, BGBl. 2001 I, S. 2376) zul. geä. d. Gesetz vom 19.6.2001 (BGBl. 2001 I, S. 1149).

16. Gesetz zur Förderung und Nutzung von Wohnraum für das Land Nordrhein-Westfalen (WFNG NW) vom 8.12.2009 (GVBl. NW 2009, S. 772) mit nordrhein-westfälischen Wohnraumnutzungsbestimmungen (Runderlass des Ministeriums für Bauen und Verkehr Nr. IV.5-619-1665/09 vom 12.12.2009 zum WFNG NW, Rn. 8.2.

17. Wohnungsbindungsgesetz **(WoBindG)** i.d.F.v. 13.9.2001 (BGBl. I S. 2404), zuletzt geändert vom 31.10.2006 (BGBl. I S. 2407, 2417)

18. Gesetz über die Festlegung eines vorläufigen Wohnortes für Spätaussiedler i.d.F. v. 10.8.2005 (BGBl. I S. 2474)

19. Heimgesetz **(HeimG)** i.d.F. vom 5.11.2001 (BGBl. I S. 2970), zuletzt geändert am 29.7.2009 (BGBl. I S. 2319).

20. Bundeserziehungsgeldgesetz **(BErzGG)** i.d.F. vom 9.2.2004 (BGBl. I S. 206), zuletzt geändert am 13.12.2006 (BGBl I S. 2915, 2917).

21. Bundeselterngeld- und Elternzeitgesetz **(BEEG)** vom 5.12.2006 (BGBl. I S. 2748), zuletzt geändert am 23.11.2011 (BGBl. I S. 2298).

22. Bundeskindergeldgesetz **(BKGG)** i.d.F. vom 28.1.2009 (BGBl. I S. 142, 3177), zuletzt geändert am 7.12.2011 (BGBl. I S. 2592).

23. Bundesausbildungsförderungsgesetz **(BAföG)** i.d.F. vom 6.6.1983 (BGBl. I S. 645, 1680) in der Fassung der Bekanntmachung vom 7.12.2010 (BGBl. I 2010, S. 1952), zuletzt geändert am 6.12.2011 (BGBl. I S. 2569).

Kunkel/Pattar

24. Berufsbildungsgesetz **(BBiG)** vom 23.3.2005 (BGBl. 2005 I, S. 931), zuletzt geändert durch Gesetz vom 20.12.2011 (BGBl. I S. 2854).
25. Schwangerschaftskonfliktgesetz **(SchKG)** vom 27.7.1992 (BGBl. I S. 1398), zuletzt geändert am 8.12.2010 (BGBl. I S. 1864).
26. Gesetz zur Hilfe für Frauen bei Schwangerschaftsabbrüchen in besonderen Fällen vom 21.8.1995 (BGBl. I S. 1050, 1054), aufgehoben zum 15.12.2010 mit Gesetz vom 8.12.2010 (BGBl. I S. 1864).
27. Gesetz zur Errichtung einer Stiftung „Mutter und Kind – Schutz des ungeborenen Lebens" i.d.F. vom 19.3.1993 (BGBl. I S. 406), zuletzt geändert am 21.9.1997 (BGBl. I S. 2393).
28. Unterhaltsvorschussgesetz **(UVG)** i.d.F. vom 17.7.2007 (BGBl. I S. 1446), zuletzt geändert am 21.12.2007 (BGBl. I S. 3194)
29. Kindesunterhalt-Formularverordnung vom 17.7.2009 (BGBl. I S. 2134,3557).
30. Gesetz über die Errichtung einer Stiftung „Hilfswerk für behinderte Kinder" i.d.F. vom 29.9.1994 (BGBl. I S. 2770). Außer Kraft mit Wirkung vom 19.10.2005. Neu: Conterganstiftungsgesetz vom 13.10.2005 (BGBl. I S. 2967), geändert am 31.10.2006 (BGBl. I S. 2407, 2417)
31. Bürgerliches Gesetzbuch **(BGB)** i.d.F. vom 2.1.2002 (BGBl. I S. 42), zuletzt geändert am 27.7.2011 (BGBl. I S. 1600) und Einführungsgesetz zum Bürgerlichen Gesetzbuche **(EGBGB)** in der Fassung der Bekanntmachung vom 21.9.1994 (BGBl. 1994 I S. 1061), zuletzt geändert durch Gesetz vom 12.4.2011 (BGBl. 2011 I S. 615).
32. Lebenspartnerschaftsgesetz **(LPartG)** vom 16.2.2001 (BGBl. I S. 226), zuletzt geändert am 6.7.2009 (BGBl. I S. 1696).
33. Allgemeines Gleichbehandlungsgesetz **(AGG)** vom 14.8.2006 (BGBl. 2006 I S. 1897), zul. geä. d. Gesetz v. 5.2.2009 (BGBl. 2009 I S. 160).
34. Behindertengleichstellungsgesetz **(BGG)** vom 27.4.2002 (BGBl. I S. 1467, 1468), zuletzt geändert am 19.12.2007 (BGBl. I S. 3024)
35. Schwerbehinderten-Ausgleichsabgabeverordnung **(SchwbAV)** vom 28.3.1988 (BGBl. I S. 484), zuletzt geändert am 22.12.2008 (BGBl. I S. 2959).
36. Schwerbehindertenausweisverordnung i.d.F. vom 25.7.1991 (BGBl. I S. 1739), zuletzt geändert am 13.12.2007 (BGBl. I S. 2904).
37. Werkstättenverordnung vom 13.8.1980 (BGBl. I S. 1365), zuletzt geändert am 22.12.2008 (BGBl. I S. 1649)
38. Verordnung über Kraftfahrzeughilfe zur beruflichen Rehabilitation – Kraftfahrzeughilfe-Verordnung vom 28.9.1987 (BGBl. 1987 I S. 2251), zul. geä. d. Gesetz v. 23.12.2003 (BGBl. 2003 I, S. 2848).
39. Gesetz über die Pflichtversicherung für Kraftfahrzeughalter (Pflichtversicherungsgesetz) vom 5.4.1965 (BGBl. 1965 I S. 213), zul. geä. d. Gesetz v. 10.12.2007 (BGBl. 2007 I S. 2833).
40. Seemannsgesetz **(SeemG)** vom 26.7.1957 (BGBl. 1957 II S. 713), zuletzt geändert durch Verordnung vom 31.10.2006 (BGBl. 2006 I S. 2407).
41. Gesetz zur Förderung der Ausbildung und Beschäftigung schwerbehinderter Menschen vom 23.4.2004 (BGBl. I S. 606).
42. Mindesturlaubsgesetz für Arbeitnehmer – Bundesurlaubsgesetz vom 8.1.1963 (BGBl. 1963 I S. 2), zul. geä. d. Gesetz v. 7.5.2002 (BGBl. 2002 I S. 1529).
43. Gesetz zur Ordnung des Handwerks – Handwerksordnung, zuletzt bekannt gemacht am 24.9.1998 (BGBl. 1998 I S. 3074, berichtigt BGBl. 2006 I S. 2095), zuletzt geändert durch Gesetz vom 17.7.2009 (BGBl. I 2009 S. 2091).

44. Infektionsschutzgesetz **(IfSG)** vom 20.7.2000 (BGBl. I S. 1045), zuletzt geändert am 31.10.2006 (BGBl. I S. 2407, 2413).
45. Gesetz über den Verkehr mit Betäubungsmitteln – Betäubungsmittelgesetz **(BtMG)**, neu bekannt gemacht am 1.3.1994 (BGBl. 1994 I S. 358), zul. geä. d. Gesetz v. 11.5.2011 (BGBl. I 2011 S. 821).
46. Einkommensteuergesetz **(EStG)** i.d.F. vom 19.10.2002 (BGBl. I S. 4210), zuletzt geändert am 22.6.2011 (BGBl. I S. 1126).
47. Verordnung zur Vermeidung unbilliger Härten durch Inanspruchnahme einer vorgezogenen Altersrente – Unbilligkeitsverordnung vom 14.4.2008 (BGBl. I 2008 S. 734).
48. Gesetz über die Beaufsichtigung der Versicherungsunternehmen – Versicherungsaufsichtsgesetz **(VAG)** in der Fassung der Bekanntmachung vom 17.12.1992 (BGBl. 1993 I S. 2), zul. geä. d. Gesetz v. 1.3.2011 (BGBl. I 2011 S. 288).
49. Gesetz über den Versicherungsvertrag (Versicherungsvertragsgesetz – **VVG**) vom 23.11.2007 (BGBl. I 2007 S. 2631), zul. geä. d. Gesetz v. 14.4.2010 (BGBl. I 2010 S. 410).
50. Gesetz zur Verbesserung der betrieblichen Altersversorgung – Betriebsrentengesetz **(BetrAVG)** vom 19.12.1974 (BGBl. 1974 I S. 3610), zul. geä. d. Gesetz v. 21.12.2008 (BGBl. I 2008 S. 2940).
51. Verordnung über die Aufstellung von Betriebskosten – Betriebskostenverordnung **(BetrKV)** vom 25. 11. 2003 (BGBl. I 2003 S. 2346, 2347).
52. Bundesdatenschutzgesetz **(BDSG)** i.d.F. vom 14.1.2003 (BGBl. I S. 66), zuletzt geändert am 14.8.2009 (BGBl. I S. 2814).
53. Sozialgerichtsgesetz **(SGG)** i.d.F. vom 23.9.1975 (BGBl. I S. 2535), zuletzt geändert am 22.12.2011 (BGBl. I S. 3063).
54. Zivilprozessordnung **(ZPO)** i.d.F. vom 5.12.2005 (BGBl. I S. 3202), zuletzt geändert am 22.12.2011 (BGBl. I S. 3055).
55. Gerichtskostengesetz **(GKG)** vom 5.5.2004 (BGBl. 2004 I, S. 718), zul. geä. d. Gesetz vom 22.12.2010 (BGBl. 2010 I, S. 2248).
56. Landesjustizkostengesetz **(LJKG BW)** in der Fassung der Bekanntmachung vom 15.1.1993 (GBl. BW 1993, S. 109) zul. geä. d. Gesetz v. 7.2.2011 (GBl. BW 2011, S. 43).
57. Insolvenzordnung **(InsO)** vom 5.10.1994 (BGBl. I S. 2866), zuletzt geändert am 21.10.2011 (BGBl. I S. 2082).
58. Gesetz über die Zwangsversteigerung und die Zwangsverwaltung **(ZVG)** vom 24.3.1897 (RGBl. 1897, S. 97), zul. geä. d. Gesetz v. 29.7.2009 (BGBl. I 2009 S. 2258).
59. Rechtsdienstleistungsgesetz **(RDG)** vom 12.12.2007 (BGBl. I S. 2840).
60. Beratungshilfegesetz **(BerHG)** vom 18.6.1980 (BGBl. I S. 689), zuletzt geändert am 17.12.2008 (BGBl. I S. 2586).
61. Landkreisordnung für Baden-Württemberg (Landkreisordnung – **LKrO**), neu gefasst am 19.6.1987 (GBl. BW 1987, S. 288), zuletzt geändert durch Gesetz vom 9.11.2010 (GBl. BW 2010, S. 793, 962).
62. Gemeindeordnung für Baden-Württemberg (Gemeindeordnung – **GemO**) in der Fassung vom 24.7.2000 (GBl. BW 2000, S. 581, ber. S. 698), zul. geä. durch Gesetz vom 9.11.2010 (GBl. BW 2010, S. 793).
63. Baden-württembergische Neufassung des Landesverwaltungsgesetzes[9] **(LVG BW)** vom 14.10.2008 (GBl. BW 2008, S. 313).

---

9 So der offizielle Titel des Gesetzes.

64. Allgemeines Verwaltungsgesetz für das Land Schleswig-Holstein (Landesverwaltungsgesetz – **LVwG** –) in der Fassung der Bekanntmachung vom 2.6.1992 (GVOBl. SH 1992, 243, 534), zul. geä. d. Gesetz v. 17.12.2010 (GVOBl. SH 2010, S. 789).

65. Verwaltungsverfahrensgesetz für Baden-Württemberg (Landesverwaltungsverfahrensgesetz – **LVwVfG**) in der Fassung vom 12.4.2005 (GBl. BW 2005, S. 350), zul. geä. d. Gesetz v. 17.12.2009 (GBl. BW 2009, S. 809, 811).

66. Verwaltungsverfahrensgesetz **(VwVfG)**, neu gefasst am 23.1.2003 (BGBl. 2003 I S. 102), zul. geä. d. Gesetz v. 14.8.2009 (BGBl. 2009 I S. 2827).

67. Gesetz zur Verbesserung der Haushaltsstruktur (Haushaltsstrukturgesetz – **HStruktG** –) vom 18.12.1975 (BGBl. 1975 I S. 3091, 3104).

68. Baden-württembergisches Polizeigesetz **(PolG)** in der Fassung vom 13.1.1992 (GBl. BW 1992, S. 1), zul. geä. d. Gesetz v. 4.5.2009 (GBl. BW 2009, S. 195, 199).

Kunkel/Pattar

Anlage 8: Rechtsquellensynopse: Sozialhilfe und Grundsicherung für Ausländer

Norm	Fundstelle	gilt für	maßgebliche Regelung
I. Nationales Recht			
1. Aufenthaltsgesetz (AufenthG) i.d.F.v. 25.2.2008, zuletzt geändert am 22.12.2011 mit Aufenthaltsverordnung (AufenthV) vom 25.11.2004, zuletzt geändert am 22.12.2011, BGBl. I S. 3044 und mit Integrationskursverordnung (IntV) vom 13.12.2004, zuletzt geändert am 5.12.2007	BGBl.I S. 162 BGBl. I S. 3044 BGBl. I S. 2945 BGBl. I. S. 3044 BGBl. I. S. 3370 BGBl. I S. 2787	jeden, der nicht Deutscher i.S.d. Art. 116 Abs. 1 GG ist; für Unionsbürger gilt es grundsätzlich nicht (§ 1 Abs. 2 Nr. 1 AufenthG).	– Ausweisungsgründe: • längerfristige Obdachlosigkeit (§ 55 Abs. 2 Nr. 5 AufenthG) • Inanspruchnahme von Sozialhilfe (§ 55 Abs. 2 Nr. 6 AufenthG) • Hilfe z. Erziehung oder für junge Volljährige im Heim (§ 55 Abs. 2 Nr. 7 AufenthG) – Mitteilungspflichten: • auf Ersuchen (§ 87 Abs. 1 AufenthG) • ohne Ersuchen bei Ausweisungsgrund (§ 87 Abs. 2 Nr. 3 AufenthG) – Rechtsverordnung nach § 99 Nr. 14 d AufenthG enthält für Jugend- und Sozialamt keine zusätzl. Mitteilungspflichten
2. Gesetz über die allgemeine Freizügigkeit von Unionsbürgern (Freizügigkeitsgesetz/EU) vom 30.7.2004, zuletzt geändert am 20.12.2011	BGBl. I S. 1950 BGBl. I S. 2854	Unionsbürger	– Freizügigkeit (§ 2 FreizügG/EU) – Verlust des Aufenthaltsrechts (§ 6 FreizügG/EU) – Anwendbarkeit der Mitteilungspflicht nach § 87 Abs. 2 Nr. 3 AufenthG (§ 11 Abs. 1 FreizügG/EU)
3. Sozialgesetzbuch (SGB) Zwölftes Buch (XII) – Sozialhilfe – vom 27.12.2003, zuletzt geändert am 22.12.2011	BGBl. I S. 3022 BGBl. I S. 3063	In- und Ausländer	– Rechtsanspruch auf Sozialhilfe begrenzt (§ 23 Abs. 1 SGB XII) – Asylbewerber werden ausgegliedert (§ 23 Abs. 2 SGB XII)

Kunkel/Pattar

Norm	Fundstelle	gilt für	maßgebliche Regelung
4. SGB II – Grundsicherung für Arbeitsuchende – vom 24.12.2003, zuletzt geändert am 22.12.2011	BGBl. I S. 2955 BGBl. I S. 3058	In- und Ausländer	– Rechtsanspruch ist begrenzt (§ 7 Abs. 1 S. 2,3 SGB II) – Asylbewerber werden ausgegliedert (§ 7 Abs. 1 S. 2 Nr. 3 SGB II)
5. Asylbewerberleistungsgesetz (AsylbLG) vom 5.8.1997, zuletzt geändert am 22.11.2011	BGBl. I S. 1130 BGBl. I S. 2058	Asylbewerber und vollziehbar zur Ausreise verpflichtete Ausländer sowie Bürgerkriegsflüchtlinge	An die Stelle von Sozialhilfe oder Grundsicherung treten Leistungen nach dem AsylbLG
6. Asylverfahrensgesetz (AsylVfG), i.d.F. v. 2.9.2008, zuletzt geändert am 22.12.2011	BGBl. I S. 1798 BGBl. I S. 2258	Asylbewerber	– Handlungsfähigkeit Minderjähriger (§ 12- AsylVfG) – § 45 SGB VIII gilt nicht für Aufnahmeeinrichtungen (§ 44 Abs. 3 AsylVfG) – Gestattung (§ 55 Abs. 1 AsylVfG)
7. Gesetz über die Rechtsstellung heimatloser Ausländer v. 25.4.1951, zuletzt geändert am 30.7.2004	BGBl. I S. 269 BGBl. I S. 1950	heimatlose Ausländer	Recht auf Sozialhilfe oder Grundsicherung wie Deutsche
8. Sozialgesetzbuch X i.d.F. vom 18.1.2001, zuletzt geändert am 23.11.2011	BGBl. I S. 130 BGBl. I S. 2298	In- und Ausländer	Übermittlungsbefugnis für Mitteilungen an die Ausländerbehörde (§ 71 Abs. 2 SGB X)
II. EU-Recht			
1. Richtlinie Nr. 64/221 des Rats der EWG zur Koordinierung der Sondervorschriften für die Einreise und den Aufenthalt von Ausländern, soweit sie aus Gründen der öffentlichen Ordnung, Sicherheit oder Gesundheit gerechtfertigt sind, vom 25.2.1964	ABl. 1964 S. 850	27 EU-Staaten (Belgien, Deutschland, Frankreich, Italien, Luxemburg, Niederlande als Gründungsmitglieder, seit 1973 Dänemark, Irland, Großbritannien; seit 1981 Griechenland, seit 1986 Portugal und Spanien; seit 1995 Österreich, Schweden, Finnland, seit 2004 Estland, Lettland, Litauen, Malta,	Einschränkungen für Ausweisung (Art. 3 Abs. 1)

Norm	Fundstelle	gilt für	maßgebliche Regelung
		Polen, Slowakei, Slowenien, Tschechische Republik, Ungarn und Zypern; seit 2007 Bulgarien, Rumänien).	
2. **Verordnung Nr. 1612/ 68** des Rats der EWG über die Freizügigkeit der Arbeitnehmer innerhalb der Gemeinschaft vom 15.10.1968	ABl. 1968 Nr. L 257		Gleiche soziale Vergünstigungen wie inländische Arbeitnehmer für Unionsbürger (Art. 7 Abs. 2)
3. Richtlinie Nr. 68/360 des Rats der EWG zur Aufhebung der Reise- u. Aufenthaltsbeschränkungen für Arbeitnehmer der Mitgliedstaaten und ihre Familienangehörigen innerhalb der Gemeinschaft vom 15.10.1968	ABl. 1968 Nr. L 257		EU- Aufenthaltserlaubnis (Art. 4)
4. Verordnung Nr. 1251/70 der Kommission der EWG über das Recht der Arbeitnehmer, nach Beendigung einer Beschäftigung im Hoheitsgebiet eines Mitgliedstaates zu verbleiben v. 29.6.1970	ABl. 1970 Nr. L 142 S. 24		Voraussetzungen des Verbleiberechts (Art. 2)
5. **Verordnung Nr. 1408/71** des Rats der EWG zur Anwendung der Systeme der sozialen Sicherheit auf Arbeitnehmer und deren Familien, die innerhalb der Gemeinschaft zu- und abwandern vom 14.6.1971.	ABl. 1971 Nr. L 149		Bestimmungen über soziale Sicherheit, wobei die Sozialhilfe ausdrücklich (Art. 4 Abs. 4) ausgeschlossen ist.

Norm	Fundstelle	gilt für	maßgebliche Regelung
6. Richtlinie Nr. 73/184 des Rats der EWG zur Aufhebung der Reise- und Aufenthaltsbeschränkungen für Staatsangehörige der Mitgliedstaaten innerhalb der Gemeinschaft auf dem Gebiet der Niederlassung und des Dienstleistungsverkehrs vom 21.2.1973	ABl. Nr. L 172 S. 14		Wie Richtlinie Nr. 68/360, aber für Selbständige (Art. 4)
7. Abkommen zur Gründung einer Assoziation zwischen der Europäischen Wirtschaftsgemeinschaft und der Türkei vom 12.9.1963 mit Zusatzprotokoll vom 19.5.1972 und Beschluss Nr. 1/80 des Assoziationsrats EWG /Türkei v. 19.9.1980	BGBl. 1964 II S. 509 BGBl. 1972 II S. 385 ABl. 1969 Nr. C 110		In Art. 12 verpflichten sich die Vertragspartner, „sich von den Art. 48, 49 und 50 des EWG-Vertrages leiten zu lassen, um untereinander die Freizügigkeit der Arbeitnehmer schrittweise herzustellen".
9. Gemeinschaftscharta der sozialen Grundrechte der Arbeitnehmer (Sozialcharta) vom 8.12.1989	Sonderdruck der Kommission der EG 1990	EU-Staaten, außer Großbritannien	Sozialer Schutz, aber keine subjektiven öffentlichen Rechte
10. Richtlinien Nr. 90/364/365/366 des Rats der EWG über das Aufenthaltsrecht der Studenten, der aus dem Erwerbsleben ausgeschiedenen Arbeitnehmer und selbständigen Erwerbstätigen, sonstiger Personen vom 28.6.1990	ABl. Nr. L 180/26/28/30		– Existenzmittelnachweis – Krankenversicherungsschutz
11. Abkommen über den Europäischen Wirtschaftsraum (EWR-Abkommen) vom 2.5.1992 (BGBl. 1992 II, S. 267), zul. geä. d.			–

Kunkel/Pattar

Norm	Fundstelle	gilt für	maßgebliche Regelung
Beitrittsüberein-kommen v. 25.7.2007 (ABl. EU Nr. L 221/15 v. 25.8.2007).			
12. EU-Richtlinie 95/46/ EG zum Schutz na-türlicher Personen bei der Verarbei-tung personenbe-zogener Daten und zum freien Daten-verkehr vom 24.10.1995	ABl. Nr. L 281/31		– Schutz von Daten nur in Dateien – Geltung auch für freie Träger – Umsetzungsfrist 3-12 Jahre
13. Verordnung [EG] Nr. 1103/97 des Ra-tes über bestimmte Vorschriften im Zu-sammenhang mit der Einführung des Euro vom 17.6.1997, ABl. EG L 162/1 v. 19.6.1997.			–
14. Verordnung (EG) Nr. 974/98 des Ra-tes über die Einfüh-rung des Euro vom 3.5.1998, ABl. EG L 139/1 v. 11.5.1998.			–
15. Verordnung (EG) Nr. 2866/98 des Ra-tes über die Um-rechnungskurse zwischen dem Euro und den Währun-gen der Mitglied-staaten, die den Eu-ro einführen, vom 31.12.1998, ABl. EG L 359/1 v. 31.12.1998.			–
16. **Vertrag zur Grün-dung der Europä-ischen Gemein-schaft (EGV) i.d.F. vom 2.10.1997 (nicht zu verwech-seln mit dem Ver-trag über die Euro-päische Union**	BGBl. 1998 II S. 465		– Diskriminierungsver-bot (ex Art. 12, jetzt Art. 18) – Freizügigkeit (ex Art. 18, jetzt Art. 21) – Beihilfeverbot für wirt-schaftliche Unterneh-

Norm	Fundstelle	gilt für	maßgebliche Regelung
-EUV, beide geändert durch den Vertrag von Lissabon (unten Nr.)Der EGV heißt damit „ Vertrag über die Arbeitsweise der Europäischen Union"- AEUV.			men (ex Art. 86, 87, jetzt Art. 106, 107) – Datenschutz (ex Art. 286, jetzt Art. 16)
17. Grundrechte-Charta der EU vom 7.12.2000 überarbeitet am 12.12.2007	ABl. C 364		Schutz personenbezogener Daten (Art. 8),aber nicht einklagbar
18. De-minimis-Verordnung Nr. 69/2001/ EG vom 12.1.2001.	BGBl. 2008 II S. 1165		Grenze der Geringfügigkeit v. Beihilfen bei 100.000,– € (pro Einrichtung über 3 Jahre)
19. Richtlinie 2004/18/ EG v. 31.3.2004 über die Koordinierung der Verfahren zur Vergabe öffentlicher Dienstleistungs-, Liefer- und Bauaufträge	ABl. Nr. L 10/30 ABl. EG Nr. L 328		– Verfahren bei der Vergabe öffentlicher Aufträge – Schwellenwert für Dienstleistungsaufträge: 200.000 €
20. **Richtlinie** 2004/38/ EG zur Freizügigkeit und zum Aufenthaltsrecht vom 29.4.2004	ABl. Nr. L 158		Die unter Nr. 10 genannten Richtlinien werden mit Wirkung zum 30.4.2006 aufgehoben; die Freizügigkeit wird übergreifend für alle Unionsbürger geregelt. Eine Ausnahme gilt für 8 der 10 neuen Beitrittsländer bis zum 1.5.2011.
21. Verordnung (EG) Nr. 883/2004 v. 29.4.2004	ABl. Nr. L 1200/01		– Änderung der VO Nr. 1408/71 (oben Nr. 5) – Koordinierung des Sozialrechts
22. EU-Verfassungsvertrag v. 29.10.2004, geändert durch **Vertrag von Lissabon** v. 13.12.2007, nach Entscheidung des BVerfG am 30.6.2009 ratifiziert;	ABl. Nr. 310 v. 16.12.2004 BGBl. 2008 II S. 1038 ABl. 2010/C 83/01 v. 30.3.2010		– Schutz bei Abschiebung (Art. 2-79 – Freizügigkeit (Art. 2-105)

Kunkel/Pattar

Norm	Fundstelle	gilt für	maßgebliche Regelung
in Kraft seit 1.12.2009			
III. Zwischenstaatliche Abkommen			
1. Multilaterale Abkommen			
a) Übereinkommen Nr. 97 der Internationalen Arbeitsorganisationen über Wanderarbeiter vom 1.7.1949	BGBl. 1959 II S. 87 BGBl. 1960 II S. 2204	Vertragsstaaten	Schützt Wanderarbeiter vor Ausweisung aufgrund Inanspruchnahme von Hilfe zum Lebensunterhalt
b) Europäisches Niederlassungsabkommen (ENA) vom 13.12.1955 mit Zustimmungsgesetz vom 30.9.1959	BGBl. 1959 II S. 997 BGBl. 1965 II S. 1099	Vertragsstaaten: Belgien, BR Deutschland, Dänemark, Griechenland, Irland, Italien, Luxemburg, Niederlande, Norwegen, Schweden, Vereinigtes Königreich Großbritannien	Ausweisungsschutz (Art. 3)
c) **Europäisches Fürsorgeabkommen** (EFA) vom 11.12.1953 mit Zustimmungsgesetz vom 15.5.1956 und Zusatzprotokoll sowie Anhang	BGBl. 1956 II S. 563 BGBl. 1991 II S. 688	Angehöriger folgender Staaten: Belgien, BR Deutschland, Dänemark, Finnland, Frankreich, Griechenland, Großbritannien und Nordirland, Irland, Island, Italien, Luxemburg, Malta, Niederlande, Norwegen, Portugal, Schweden, Spanien, Türkei	– Gleichstellung mit Deutschen hinsichtlich Fürsorgeleistungen (Art. 1) – Geltung auch für Hilfen nach §§ 27, 32-35, 39, 41 SGB VIII – Ausschluss der Hilfe nach § 67 SGB XII – Geltung auch für Flüchtlinge, wenn im Vertragsstaat anerkannt – Verbot der Rückschaffung (Art. 6 mit Abweichung in Art. 7)
d) Europäische Sozialcharta vom 18.10.1961 mit Zustimmungsgesetz vom 19.9.1964	BGBl. 1964 II S. 1261 BGBl. 1965 II S. 1122	BR Deutschland, Dänemark, Frankreich, Großbritannien, und Nordirland, Irland, Italien, Norwegen, Österreich, Schweden, Zypern	Kein Rechtsanspruch auf Fürsorge

Norm	Fundstelle	gilt für	maßgebliche Regelung
e) Abkommen über die Rechtsstellung der Flüchtlinge – **Genfer Konvention** – vom 28.7.1951	BGBl. 1953 II S. 553 BGBl. 1954 II S. 619	Vertragsstaaten	Gleichbehandlung der Flüchtlinge mit eigenen Staatsangehörigen auf dem Gebiet der Fürsorge (Art. 23) – Inklusion – Kinder mit Behinderungen (Art. 7)
f) UN-Behindertenrechtskonvention vom 13.12.2006, in Deutschland in Kraft seit 26.3.2009	BGBl. 2008 II S. 1419 BGBl. 2009 II S. 812	Vertragsstaaten	
2. Bilaterale Abkommen			
a) Abkommen zwischen der BR Deutschland und der Republik Österreich über Fürsorge und Jugendwohlfahrtspflege vom 17.1.1966 mit Zustimmungsgesetz vom 21.12.1968	BGBl. 1969 II S. 2, 1550	Vertragsstaaten	– Rückbeförderungsverbot (Art. 8 Abs. 1) – gleiche Leistungen der Jugend- und Sozialhilfe (Art. 2 Abs. 1)
b) Vereinbarung zwischen der BR Deutschland und der Schweizerischen Eidgenossenschaft über die Fürsorge für Hilfsbedürftige v. 14.7.1952 mit Zustimmungsgesetz vom 17.3.1953; gekündigt zum 31.3.2006	BGBl. 1953 II S. 31, 129	Vertragsstaaten	– gleiche Jugend- und Sozialhilfeleistungen (Art. 1 Abs. 2) – Heimschaffungsregelung (Art. 5)

Stichwortverzeichnis

(Die Zahlen beziehen sich auf Kapitel und Randnummer; z.B. 3/14, 22 = im 3. Kapitel die Rand-
nummern 14 und 22)